일과 심리학, 9판

Psychology and Work Today:

An introduction to Industrial and Organizational Psychology

Duane P. Schultz · Sydney Ellen Schultz 지음
양윤 · 이재식 · 신강현 옮김

박학사

Psychology and Work Today:
An introduction to Industrial and Organizational Psychology

Authorized translation from the English language edition, entitled PSYCHOLOGY AND WORK TODAY, 9th Edition, ISBN 0131932128 by SCHULTZ, DUANE P.; SCHULTZ, SYDNEY, published by Pearson Education, Inc, publishing as Prentice Hall, Copyright ⓒ 2006

KOREAN language edition published PAK HAK SA Copyright ⓒ 2008
KOREAN translation rights arranged with PEARSON EDUCATION, INC., publishing as by Prentice Hall through AGENCY ONE, SEOUL KOREA.

Printed in Seoul, KOREA

ISBN 978-89-91633-43-8

역자 서문

이 책은 산업현장에 관한 실제적이고 포괄적인 내용을 담고 있으며, 크게 네 가지 분야를 다루고 있다. 그 분야는 산업심리학, 조직심리학, 공학심리학, 소비자심리학이다. 이 책은 이러한 네 가지 분야가 산업현장에서 적절하게 활용됨을 학생들에게 보여 줌으로써 산업현장을 다루는 응용심리학에 대한 학생들의 이해를 높이는 데 많은 도움을 줄 것이다.

무엇보다도 이 책의 최대 장점은, 저자들이 서문에서 언급했듯이, 심리학과 실험실에서 모의 작업과제를 수행한 대학생이 아니라 실질적으로 직무에 종사하는 근로자를 다룬 연구들을 인용하였다는 점이다. 그리고 변화하는 환경에 따른 새로운 주제가 첨가되어 산업 및 조직심리학의 중요성을 새롭게 부각시켰다는 점도 장점이다. 아울러 공학심리학을 산업 및 조직심리학과 연계한 것도 돋보인다.

한 가지 아쉬운 점은 공학심리학과 소비자심리학을 산업 및 조직심리학의 하위영역으로 다루고 있다는 것이다. 공학심리학과 소비자심리학은 산업 및 조직심리학과는 별도의 독자적인 학문 분야로 발전하고 있다. 그래서 저자들은 이 책의 이름을 '산업 및 조직심리학'이 아니라 『오늘날의 심리학과 일(Psychology and Work Today)』이라고 한 것 같다. 그러나 산업현장을 다루는 응용학문이라는 점에서 학생들에게 산업현장의 전반에 관해 보여줄 수 있기 때문에, 이 책에서 공학심리학과 소비자심리학을 포함한 것은 나름대로 의미가 있다.

이 책의 구성을 보면, 1장은 산업 및 조직심리학의 역사와 전반에 관해 다루고 있으며, 2장은 산업현장을 연구하는 데 도움을 주는 연구방법에 관해 다루고 있다. 3장부터 6장까지는 산업심리학을 다루고 있는데, 여기에는 인사선발의 원칙과 방법(3장), 심리검사(4장), 수행평가(5장), 훈련과 개발(6장) 등이 포함된다. 그리고 7장부터 9장까지는 조직심리학을 다루고 있으며, 구체적으로 리더십(7장), 동기·직무만족·직무관여(8장), 조직의 재구조화(9장) 등이 포함된다.

10장부터 13장까지는 인간이 작업환경 혹은 시스템과 어떻게 상호작용하는지, 그리고 좀 더 효율적인 인간-시스템-환경의 상호작용을 구현하기 위해 어떠한 노력이 필요한지를 기술하고 있다. 이 책에서는 산업 및 조직심리학에서의 인간-시스템-환경 사이의 관계를 물리적 작업환경이나 작업방식(10장), 작업 장면에서의 안전과 건강(11장), 작업장에서의 스트레스 유형 및 그 효과(12장), 그리고 작업장 및 장비설계와 관련한 공학심리학(13장) 등으로 구분하여 기술하고 있다.

14장은 소비자심리학을 다루고 있는데, 아울러 광고심리학도 함께 포함하고 있다. 여기서는 조사, 초점집단, 동기조사, 관찰 등의 소비자 연구방법과 광고 소구의 유형, 광고 효과, 웹 광고 등의 광고심리학, 그리고 광고가 소비자에게 주는 영향 등을 다루어, 소비자와 광고에 심리학이 어떻게 적용되는지를 간략하게 보여주고 있다.

이 책은 산업 및 조직심리학에서 기본적으로 이해해야 하는 이론, 원리, 기법, 실제 등의 여러 측면들을 비교적 충실하게 포함하고 있으면서도 이해하기 쉬운 내용으로 구성되어 있다. 따라서 산업현장을 다루는 응용심리학을 공부하는 학생들 혹은 산업현장을 다양한 시각에서 이해하고자 하는 독자들에게 훌륭한 참고서가 될 것이다.

2008년 1월

역자 일동

저자 서문

산업 및 조직심리학의 개론과목을 수강하는 대부분의 학생은 여러 유형의 조직에서 일을 할 것이다. 이들 중 많은 수가 대학에 다니는 동안 취업을 한다. 이 책의 목표는 산업 및 조직심리학이 직무 지원자, 훈련생, 근로자, 관리자, 소비자로서의 이들의 삶에 어떻게 직접적인 영향을 주는지를 보여 주고자 하는 것이다. 간략히 말해, 현대사회에서의 일의 특성에 관해 학생들을 가르치려는 것이다.

이 책의 초점은 과학적 이상이 아니라 실제적이고 응용적인 데 있다. 예를 들어, 훈련의 요구분석과 같은 주제를 학생들에게 소개해야 하지만, 현실의 기업이 이 분석에 비용을 투자하길 주저하기 때문에 훈련 요구분석은 실질적으로 거의 수행되지 않음을 학생들은 알아야만 한다.

학생들이 산업 및 조직심리학의 주요 이론, 모델, 연구방법, 연구결과 등에 관해 배워야 하는 것은 중요하며, 이를 통해 학생들은 이 분야의 목표와 목적을 이해할 수 있다. 그러나 학생들은 산업 및 조직심리학이 실제적으로는 조직적 삶의 조건 및 요구에 의해 조율된다는 것을 인식해야만 한다. 따라서 학문적 훈련이 아니라 실질적인 작업 상황과 직무관련 문제의 틀에서 이론, 방법, 연구결과를 논의하고자 한다.

이 책에서 인용되는 모든 연구들은 심리학과 실험실에서 모의 작업과제를 수행한 대학생이 아니라 실질적으로 직무에 종사하는 근로자를 다룬다. 이 책은 많은 국가의 다양한 집단의 근로자를 활용하여 다양한 조직에서 산업 및 조직심리학 프로그램이 어떻게 개발되고 시행되는지를 보여 줌으로써 산업 및 조직심리학 프로그램을 실제적으로 기술한다.

따라서 『오늘날의 심리학과 일(Psychology and Work Today)』의 9번째 판도 일이 실제로 일어나는 맥락에서 산업 및 조직심리학을 소개한다. 우리는 작업장에서 증가하는 인종 다양성, 변화하는 경제 환경의 영향, 그리고 현대 기술의 영향 등을 인식하고 있다.

우리는 이 책을 기본적으로 심리학 전공생이 아닌 그리고 심리학의 배경이 없는 학생을 위해 만들었다. 이러한 학생들이 지역대학, 전문대학, 대학교의 심리학과와 경영학과에서 개설되는 산업 및 조직심리학, 기업심리학, 인사심리학, 응용심리학 과목의 수강생들 중 다수를 이룬다.

이번 판에서의 변화는 이 분야의 역동적인 특성을 반영한다. 각 장은 산업 및 조직심리학에서의 가장 최근의 발견과 트렌드를 보여 주는 350편 이상의 새로운 연구결과를 반영하기 위해 재기술되고 재조직되었다. 이러한 논문들은 30개 이상의 국가에서 수행된 연구들을 반영하여 이 분야의 세계화를 강조한다. 이번 판에서의 새로운 몇몇 주제는 9·11 이후의 공항검색원을 위한 선발 프로그램, 9·11의 직무스트레스 관련 효과, 성기반 차별, 직무면접에서의 수행에 미치는 지원자 특성의 효과, 웹기반 조사기법, 작업장 폭력의 예측요인, 조직 시민행동, 리더십에서 성격의 역할, 일상에서 공학심리학의 적용, 온라인 쇼핑과 소비자 행동, 그리고 총체적 직무만족 등을 포함한다.

이전 판에서의 몇몇 주제는 이번 판에서 좀 더 확장되었는데, 이는 가상 실험실과 웹기반 연구, 온라인 모집과 검사, 경력개발과 훈련, 물질 남용, 관리자를 위한 작업시간, 성격요인과 직무수행, 그리고 일에서의 커뮤니케이션과 협상에 미치는 컴퓨터의 영향 등이다.

각 장은 개요, 요약, 더 읽을거리, 주요 용어 등을 포함한다. 주요 용어의 정의는 본문 가장자리와 이 책 뒤의 용어풀이에 제시되었다. 복습질문은 학생으로 하여금 각 장의 내용을 분석하게 할 것이며, 또한 이러한 질문은 강의토론과 과제에도 적합할 것이다. "여기서 잠깐(Newsbreak)"은 이번 판에서 좀 더 늘렸다. 이런 간결한 곁글은 면접 피하기, 임시고용, 직무의 과다자격, 새로운 기술의 학습에 의한 경력 자기관리 등과 같은 실세계의 직무문제에 대한 비공식적 논의를 제공한다.

이 책에 수반되는 강사 매뉴얼과 검사은행은 Virginia Military Institute의 Thomas Meriwether에 의해 준비되었다.

우리는 이 책에 관해 가치 있는 제안을 하고 우리를 도와주었던 많은 학생과 동료에게 감사를 표한다. 더욱이 몇몇 검토자는 원고에 대한 좋은 피드백을 제공하였고, 우리는 이들의 노력에 진심으로 감사를 표한다. 이들은 University of North Carolina-Charlotte의 Anita Blanchard, Penn State Erie-The Behrend College의 Robert A. Howells, Ithaca의 Ann Lynn, 그리고 University of South Dakota의 Douglas Peterson이다. 이전 판의 검토자는 College of DuPage의 Ken Gray, Baldwin Wallace College의 Nancy Gussett, Earlham College의 Diana Punzo, Emerson College의 Lori Rosenthal, Owens Community College의 Keith Syrja, State University of New York-Albany의 Jessica M. Sterling, 그리고 University of Rochester의 Ladd Wheeler이다.

Duane P. Schultz
Sydney Ellen Schultz

차 례

제 2 부 인적자원 개발

제 08 장 동기, 직무만족 그리고 직무관여 307

제 4 부 작업장 특성

제 10 장 작업 조건 395

제5부 공학심리학

제 6 부 소비자심리학

제 14 장 소비자심리학 597

제 1 부

산업 및 조직심리학의 실제

산업 및 조직심리학자의 연구는, 당신이 일을 하든지 안 하든지, 당신이 첫 번째 직업을 찾거나, 당신의 경력을 증진시키거나, 혹은 당신의 은퇴를 계획할 때, 당신의 행동과 정서적인 웰빙에 영향을 미칠 것이다. 1장에서는 산업 및 조직심리학의 범위에 대하여 기술할 것이다. 2장에서는 산업 및 조직심리학자가 조직 생활의 모든 면에 연구 결과를 적용하려는 목적으로 자료를 수집하고, 결론을 도출하며, 경영에 대해 제안하기 위해 사용하는 연구 방법을 고찰할 것이다.

제1장

원리, 실제, 그리고 문제

이 장의 개요

'일(work)'은 4개의 철자로 이루어진 단어인가?

Tom Gau의 경우는 아니야, 분명히 아니야. 그는 매우 운이 좋은 몇 안 되는 사람들 중 한 사람이다. California주의 Torrance 출신인 40대의 금융설계사는 절대적으로 그의 일을 즐긴다. 그는 그 일로 인해 성공했고 일에 대해 열정적으로 말한다. 그는 "전 제 직업을 사랑합니다."라고 면접자에게 말하였다.

> 저는 아침 6시나 7시 즈음에 이곳에 도착합니다. 밤 9시에 퇴근을 하구요. 저는 많은 돈을 관리하고 있습니다. 전국적으로 일류 프로듀서들 중 하나로 손꼽히죠. 그러나 저는 그것 때문에 이곳에 있는 것이 아닙니다. 저는 사람들을 돕기 위해 이곳에 있습니다. 저는 사람 도와주는 것을 사랑합니다. 저는 더 이상 일할 필요가 없는 사람입니다. 저는 재정적으로 독립했습니다. 그런데 왜 제가 이렇게 오랜 시간 동안 일을 하냐고요? 그건 제가 사람 돕는 일을 무척 좋아하기 때문입니다(Gladwell, 2000, p. 71).

당신은 어떠한가? 당신은 돈이 필요하지 않아도 일할 것인가? 만약 당신이 주 복권에서 5,000만 달러를 받았다고 상상해 보자. 그래도 당신은 삶의 대부분을 Tom Gau처럼 1주일에 5일이라는 오랜 시간 동안 일하겠는가? 많은 사람이 실제로 그렇게 할 것이라고 대답을 한다. 우리는 단지 영화배우나 운동선수 또는 인기 음악가에 관해 얘기하는 것이 아니다. 남은 인생을 편안하게 살 만큼 충분한 돈을 갖고 있더라도 계속해서 열심히 일하는 전통적인 직업을 가진 사람에 관해 이야기하고 있는 것도 아니다.

1주일에 최고 100만 달러를 받는 대기업의 많은 CEO에 대해 생각해 보라. 그들은 아직도 일하고 있다. 또는 휴가를 거의 가지 못하고 성공하기 전과 동일한 열정을 가지고 오랜 시간 동안 일에 매진하는 Wall Street의 성공한 증권업자에 대해 생각해 보라.

많은 조사는 교사, 컴퓨터 프로그래머, 실험실 연구원, 혹은 자동차 기술자와 같은 덜 화려한 직업에 종사하고 있는 사람을 대상으로 한다. 이러한 조사 결과에서, 4명 중 3명 이상이 그들이 갑자기 재정적으로 안정적이 되거나 더 이상 직장에서 돈을 벌어야 할 필요가 없어지더라도 일을 계속해서 할 것이라고 대답하였다.

사람들은 봉급보다 더 많은 것을 그들의 직업에서 얻는다. 운이 좋아 자신의 능력에 부합하는 유형의 일을 발견한 사람은 개인적인 만족감, 성취감, 그리고 자부심을 경험한다. 이러한 감정이 수입과는 별개로 그들만의 보상을 제공한다. 따라서 일은 경제적인 웰빙과 관련되어 있을 뿐만 아니라 정서적인 안정감과 자존감, 만족과도 관련되어 있다. 이러한 사람에게 일(work)은 단지 4개의 철자로 이루어진 단어가 분명히 아니다. 또한 그것은 당신에게도 적용되는 말이 아니다.

당신의 직업은 당신과 다른 사람에게 당신이 누구이고 무슨 일을 하는지 표현해 주는 정체성과 지위를 제공할 수 있다. 또한 당신의 직업은 당신에게 새로운 기술을 배우고 새로운 도전을 완수할 수 있는 기회를 제공할 수 있다. 그것은 어떤 집단에 속하고자 하는 당신의 욕구를 만족시킬 뿐만 아니라 한 팀에 수용되고 그곳의 가치 있는 구성원이 되는 것으로부터 나타나는 안전을 제공할 수 있는 긍정적인 사회경험을 가져올 수도 있다. 직업은 우정을 형성하고 다양한 배경을 가진 사람을 만날 수 있는 기회를 제공할 수 있다.

다른 한편, 만약 당신이 자신의 일을 사랑하는 운 좋은 사람들 중 하나가 아니라면, 당신의 직업은 지겹고 단조로우며, 심지어 당신의 건강을 위협할 수도 있다. 어떤 작업환경은 신체적인 위험을 불러일으킨다. 다른 환경은 스트레

일은 사람의 정체성 확립에 도움을 주고 아울러 자존감에 기여한다.

스, 불안, 불만족을 야기할 수 있다. 만약 당신이 자신의 직업에 지루함을 느끼면, 당신의 발전계획은 망쳐지고, 혹은 당신의 상사에게 분노를 경험하면, 당신은 퇴근할 때 불만족을 가져와 가족과 친구에게 그러한 부정적인 감정을 전할지도 모른다. 이럴 때 당신은 정말로 일이란 4개의 철자로 이루어진 단어일 뿐이라고 생각하게 될지도 모른다.

오랜 기간에 걸친 연구는 일과 관련된 스트레스 요인을 신체 및 정서 건강과 연결시켜 왔다. 장수와 관련한 가장 신뢰할 만한 예측요인은 자신의 직업에

<여기서 잠깐>

일에 대한 열의

만일 당신이 당신에게 중요한 직업, 즉 당신이 흥미를 가지고 직업에 종사하도록 만드는 직업의 특성에 대해서 목록을 작성하도록 질문을 받는다면, 당신은 무엇이라고 대답할 것인가? 봉급? 부가급부? 많은 휴가? 다양한 직업에 종사하고 있는 35,000명에게 이 질문을 한 결과 극히 소수의 사람만이 수입이나 혜택이라고 대답하였다. 사실 그러한 대답들은 상위 10위 안에도 들지 못했다. 사람들로 하여금 자신의 일에 가장 흥분하게 만드는 요인들은 다음과 같다.

- 도전적인 과제
- 의사결정에의 참여
- 작업환경에 대한 통제
- 경력개발과 향상을 위한 기회
- 유능한 리더십
- 그들의 상사가 종업원의 웰빙에 관심을 가지고 있다는 생각

이것은 어떤 직업에서든 요구할 요인들이다.

이 조사에 응답한 사람들 모두 그들의 직업이 이런 요인들에 의해 규명된다고 말한 것은 아니다. 오직 일부 20%의 사람만이 자신의 직업에 충분히 몰입하고 자신의 직업에 흥분된다고 보고했을 뿐이었다. 그들은 운이 좋은 사람들이다. 당신도 그러한 사람들 중 한 명인가?

출처: *St. Petersburg (FL) Times*, September 14, 2003.

대한 만족이었다. 자신의 일에 만족한 사람은 불만족한 사람보다 더 오래 사는 경향이 있었다.

당신의 흥미, 기술, 기질과 잘 조화를 이룰 수 있는 직업을 선택하는 것은 당신이 할 수 있는 가장 중요한 결정 중 하나이다. 그러한 이유 때문에 산업 및 조직심리학 과목은 당신의 대학시절의 경력과 가장 개인적으로 관련될지도 모른다. 당신은 산업 및 조직심리학이 당신이 첫 번째 직업에 지원하는 그날부터 당신이 은퇴하는 그날까지 당신의 미래에 결정적인 영향을 미치게 될 것임을 발견할 것이다.

산업 및 조직심리학자의 연구 결과와 현장경험은, 당신의 기술과 동기에 버금가는 당신이 고용될 직위, 당신의 임무 및 서열과 보상 그리고 당신의 궁극

적인 책임수준을 당신이 수행할 방식, 그리고 당신이 자신의 일로부터 얻는 개인적 행복을 결정할 것이다.

직업에서의 산업 및 조직심리학

인적자원 분야나 인사 선발 분야에서 활동하고 있는 산업 및 조직심리학자는 직업을 선택하는 어려운 과제를 우선적으로 돕는다. 강의실 외부에서 당신이 산업 및 조직심리학자를 공식적으로 처음 접하는 방법은 모집 웹사이트, 지원서, 면접, 심리검사, 산업 및 조직심리학자가 고용주로 하여금 당신이 적합한 인력임을 그리고 특정 직무가 당신에게 가장 적합한 것인지를 결정할 수 있게 돕기 위해 고안한 인사 선발용 측정도구 등을 통해서일 것이다.

당신이 자신의 직위에 대해 스스로 만족하고 아울러 당신의 조직에도 만족한 후, 당신의 발전은 산업 및 조직심리학자에 의해 개발된 평가준거를 사용하는 훈련 프로그램과 해당 직무에서 당신이 보이는 수행에 달려 있을 것이다.

당신이 대학교육을 받은 덕분에 당신은 기업위계 내에서 관리직위의 자격을 갖추게 될 것이다. 이러한 직무는 당신이 당신을 위해 일하는 사람에게 영향을 미치는 다양한 동기요인과 개인 관심사를 의식하고 이에 민감할 것을 요구한다. 당신의 부하가 최선을 다하도록 그들을 리드하고 동기를 부여하는 방법을 배우기 위해서, 당신은 이러한 요인들에 대한 산업 및 조직심리학자의 연구결과에 주시할 필요가 있을 것이다.

비록 당신이 직속부하를 갖고 있지 못할지라도, 예를 들어 당신이 기술자나 회계사 또는 자영업자라 할지라도, 당신은 인간관계 기술에 대한 지식을 통해서 이득을 볼 수 있을 것이다. 타인과 잘 지내는 방법을 아는 것이 실패와 성공을 구분지을 수 있다.

이상적으로, 당신은 당신을 고용한 조직에 어떤 몰입을 느낄 것이고 그 조직이 당신에게 발전기회를 계속해서 주도록 그 조직이 번창하길 원할 것이다. 기업의 생산은 효율적으로 그리고 고품질로 이루어져야만 한다. 공장, 장비, 그리고 작업 조건 등은 생산적인 작업 분위기를 조성해야만 한다. 산업 및 조직심리학자는 생산성을 극대화하기 위한 공장과 사무실 환경의 설계를 도와야 한다. 게다가 기업의 생산물은 효과적으로 포장, 광고, 판매되어야만 한다. 심리학자는 이 모든 활동에서 역할을 수행하고 있다.

따라서 현대 조직 생활의 모든 수준에서, 심리학자는 고용주와 근로자 모두에게 필수적인 서비스를 제공한다. 산업 및 조직심리학자는 당신과 당신의 회사 양자를 위해 일한다. 한쪽에게 이로울 때, 자동적으로 나머지 다른 쪽도 이롭다.

그러나 한 가지 주의할 것이 있다. 산업 및 조직심리학이 필요하고, 당신의 직업경력에 영향을 미칠지라도 그것은 기본적으로 도구일 뿐이다. 그리고 어떤 도구도 그것을 사용하는 사람의 기술만큼만 가치가 있다. 만약 산업 및 조직심리학의 방법과 연구 결과가 경영에 부적절하게 사용되거나 근로자에게 잘못 이해된다면, 그것들은 이득보다는 더 많은 손해를 줄 것이다. 따라서 당신은 단지 자기방어를 위해서라도 산업 및 조직심리학에 관해 알고 있어야 한다.

일상생활에서의 산업 및 조직심리학

산업 및 조직심리학은 삶의 여러 다른 부분에서 당신의 태도와 행동에 영향을 미친다. 당신이 하루를 어떻게 시작하는지 생각해 보라. 치약이나 비누를 살 때 무엇이 당신의 선택을 좌우하는가? 왜 당신은 오늘 아침에 특정한 종류의 시리얼을 선택했는가? 당신의 결정은 제품을 위해 만들어진 심리적 이미지에 의해, 포장의 지각된 매력에 의해, 또는 특정한 상표가 만족시키려 하는 정서적 욕구에 의해 대부분 영향을 받는 경향이 있다. 광고나 슬로건에서 만약 당신이 특정 청바지를 입거나 특정 자동차를 운전한다면 더 인기가 있을 것이고 더 성공할 것이라고 당신에게 말했었는가? 산업 및 조직심리학자는 이러한 욕구를 창조하고, 확인하고, 영향을 주기 위해 광고와 마케팅 기법 개발에 협력하고 있다.

유사한 심리학적 기법들이 정치후보를 장려하거나 그들을 판매하기 위해서 사용되고 있다. 여론조사와 초점집단이 다양한 이슈에 대한 정치후보의 대중적 입장에 대해 유권자가 어떻게 느끼고 있는지를 정치후보에게 말해 주기 위해 사용되고 있다. 또한 여론조사 기법들은 텔레비전 프로그램의 시청률을 결정하기 위해서도 사용된다.

산업 및 조직심리학자는 당신 차의 계기판이나 다양한 소비도구와 같은 것들을 설계하고 디스플레이와 제어장치를 배열하는 기술자를 돕는다. 심리학자는 제어장치가 조작하기 편하고 시각 디스플레이가 해석하기 쉽다는 것을 확신한다. 친숙한 도로 교통 표지판의 형태와 색채는 산업 및 조직심리학 연구로부터 유래하였다. 심리학자는 사용자 편의성과 효율성을 위해 비행기 조종실, 휴대폰, 전자레인지, 컴퓨터 모니터와 키보드의 설계에 관여하고 있다.

산업 및 조직심리학이 고용주에게 의미하는 것

많은 유형의 조직이 산업 및 조직심리학자가 제공하는 서비스를 사용하는 이유가 무엇일까? 그 이유는 그 서비스가 실제로 작동하기 때문이다. 이들은 능률을 증진시키고, 사기를 향상시키며, 기업이윤을 증가시킨다. 근로자의 결근문제에 대해서 생각해 보자. 결근하는 근로자는 기업비용을 증가시킨다. 결근을 감소시키기 위해 산업 및 조직심리학자에 의해 고안되고 적용된 기법은 실질적인 절약을 가져왔다. 3만 명의 근로자를 고용하고 있는 캐나다의 한 은행은 심리학자의 자문과 상담을 통해 컴퓨터로 결근을 기록하는 시스템을 설치하여 1년에 700만 달러를 절약하였다. 심리학자의 자문비와 시스템 개발비는 절약된 금액보다도 훨씬 적었다.

조직에서 또 다른 비용문제는 이직이다. 근로자가 직장을 그만둘 때, 기업은 그들을 모집, 선발, 훈련시키는 데 투자했던 것을 잃어버린다. 다시 새로운 근로자를 고용하고 훈련시켜야만 한다. 뉴욕시에 있는 한 금융 중개소에서는 사직한 각각의 근로자로 인한 손실이 1만 달러를 초과하였다. 어떤 산업 및 조직심리학자는 그 상황에 대해 조사하였고 높은 이직률을 다룰 방법을 제안하였다. 이러한 제안의 실행으로 이직률은 10% 감소하였고 첫해에 10만 달러가 절약되었다. 다른 연구는 근로자 태도, 관리자와 근로자 간의 공식적인 의사소통 프로그램, 그리고 채용시험에 대해 정기적으로 기획된 조사가 회사 이윤을

20% 이상 증가시켰음을 발견하였다(Rynes, Brown, & Colbert, 2002).

직무만족을 향상시키는 것은 오늘날의 산업에서 주요 관심사이다. 기업 리더는 직무와 조직에 대한 근로자의 태도를 향상시키기 위해서 산업 및 조직 심리학자에게 도움을 청한다. 향상된 직무만족은 불평불만과 다른 노동분쟁을 감소시킬 수 있고 결근, 이직, 근무태만, 불량품과 사고 등을 줄일 수 있다.

산업 및 조직심리학자가 개발하고 감시하는 심리검사와 같은 적절한 근로자 선발방법은 가장 적합한 지원자를 채용할 수 있음을 확신시킨다. 예를 들어 연구자는 인지능력(예: 지능) 검사점수에 기초하여 채용된 연방정부 근로자와 교육 수준과 작업경험에 기초하여 채용된 근로자를 비교하였다. 그 결과는 인지능력검사가 더 나은 생산적인 근로자를 선발하는 데 있어서 더 탁월했고 비용도 절감할 수 있었다고 밝혔다.

이러한 사례는 모든 채용기관에서 산업 및 조직심리학자의 활동이 중요함을 지적하는 것이다. 산업 및 조직심리학은 조직효율성에 기여하며 기업의 회계보고에서 손익을 개선한다.

산업 및 조직심리학의 범위 및 역사적 발전

산업 및 조직심리학
심리학의 방법, 사실, 원리 등을 근무하는 사람에게 적용.

심리학은 행동과 인지과정을 연구하는 과학이다. **산업 및 조직심리학**은 심리학의 방법, 사실, 원리 등을 근무하는 사람에게 적용하는 것이다. 심리학이 과학이라는 사실은 심리학이 어떻게 작용하는지를 우리에게 알려 준다. 과학은 볼 수 있고, 들을 수 있으며, 만질 수 있고, 측정할 수 있는 관찰 가능한 사실을 다룬다. 따라서 과학은 경험적이며, 경험적이란 말은 과학이 의견, 육감, 특별히 좋아하는 개념, 혹은 사적 편견이 아니라 검증 가능한 관찰, 실험, 경험에 의존한다는 것을 의미한다. 과학은 접근과 결과에서 객관적이다.

과학이 주제가 아니라 방법에 의해 정의됨을 기억하는 것이 중요하다. 방법과 절차에서 산업 및 조직심리학은 물리학이나 화학만큼이나 과학적으로 접근한다. 심리학자가 직장에서 사람들의 행동을 관찰할 때, 그들은 과학의 전통인 객관성, 공평성, 체계성 등을 따른다.

산업 및 조직심리학의 주제는 또한 객관적이다. 심리학자는 운동, 말, 글쓰기 그리고 기타 창조적 활동과 같은 명백한 인간행동을 관찰하고 분석한다. 이러한 명백한 행동은 객관적으로 보이고, 들리고, 측정되고, 기록될 수 있는 인간 존재의 유일한 측면이다. 그러나 무언가 더 많은 것이 포함돼야만 하는데, 그 이유는 심리학이 인지과정의 과학이기 때문이기도 하다. 심리학자는 동기, 정서, 욕구, 지각, 사고, 느낌과 같은 무형의 특성도 연구해야만 한다. 인간의 내적 삶의 이러한 면들은 직접적으로 관찰할 수 없다.

예를 들어 동기는 볼 수 있는 것이 아니다. 그것은 관찰이 불가능한 인간 내부의 추동적 힘이기 때문이다. 그러나 동기의 영향은 볼 수 있다. 화가 난 사람은 붉어진 얼굴, 거친 호흡, 불끈 쥔 주먹과 같은 행동으로 분노를 드러낼 수 있다. 성공을 성취하려는 강력한 욕구를 가진 사람은 단순히 잘 지내려는 사람과는 다른 행동을 보여 준다.

우리는 지능을 직접적으로 볼 수 없지만, 지능의 다른 수준에서 명백하게 표출된 행동은 관찰할 수 있다. 심리학자는 한 사람이 또 다른 사람보다 인지능력검사에서 더 높게 수행함을 객관적으로 기록할 수 있고 그 다음에 첫 번째 사람이 더 지적이라고 추론할 수 있다. 행동의 객관적 관찰에 기초한 추론은 우리로 하여금 개인적 요인이나 조건을 고려한, 심지어 우리가 그것들을 직접적으로 볼 수 없을 때조차도, 결론을 내릴 수 있게 한다.

이것이 산업 및 조직심리학자가 자신의 일을 수행하는 방식이다. 그들은 잘 통제되고 체계적인 조건에서 일을 하는 근로자의 행동을 관찰한다. 그들은 생산라인에서 시간당 생산되는 부품의 수, 컴퓨터 작업자가 분당 키보드를 친 회수, 또는 항공 예약담당 직원에 의해 고객에게 제공된 전화서비스의 질 등과 같은 행동반응을 기록한다. 그들은 직무가 수행되는 조건을 다양하게 하고 수행에서 나타나는 차이를 측정한다. 이런 저런 기법을 사용하면서 산업 및 조직심리학자는 인간행동을 더 잘 이해하기 위해 관찰한다. 그들은 과학적 방법을 충실히 이행하여 객관적이면서도 정확하게 보고, 듣고, 측정하고 기록한다.

어떻게 산업 및 조직심리학이 현대의 조직적 삶에서 필요하게 됐을까? 이 분야는 필연적으로 형성되고 만들어졌다. 독창적인 해결을 요구하는 긴박하고 실제적 문제가 이 분야에 가장 먼저 자극을 주었고, 그 후 위기와 필요의 수요가 이 분야의 성장과 영향을 계속해서 자극하였다.

인사 선발의 개척자

산업심리학은 20세기 초에 시작하였다. 이 분야의 눈부신 발전에 대한 영예는 대개 Walter Dill Scott(1869~1955)에게 주어진다. 노스웨스턴 대학교의 축구 선수였던 Scott는 중국선교사가 되기 위해 신학과를 졸업하였다. 그러나 그가 이 소명을 위해 준비하고 있었을 당시 중국에는 선교사를 위한 자리가 없었다. 그래서 그는 대신에 심리학자가 되었다.

Scott는 광고, 인사 선발, 관리 등에 심리학을 처음으로 적용시켰다. 20세기의 전환점에서 그는 광고에서 심리학의 적용에 대해 연설하였다. 기업리더들의 반응에 힘입어 Scott는 몇 편의 글을 썼고 『광고의 이론과 실제(The Theory and Practice of Advertising)』(Scott, 1903)라는 제목의 책을 출간하였데, 이 책은 기업세계의 문제해결을 돕기 위해 심리학을 사용하는 것에 대해 알려 주었던 최초의 책으로 간주된다. 1919년에 Scott는 주로 인사 선발 분야에서 미국의 주요 40개 이상의 기업들을 대상으로 서비스를 제공하는 산업심리학 분야의 최초의 컨설팅회사를 설립하였다.

1913년에 하버드 대학교의 독일 심리학자인 Hugo Münsterberg(1863~1916)는 『산업능률의 심리학(The Psychology of Industrial Efficiency)』이라는 책을 집필하였다. 그는 유망한 근로자의 기술을 측정하기 위해 그리고 그 근로자를 특정한 직무의 요구조건에 맞추기 위해 심리검사를 사용해야 한다고 주장하였다. 그는 현장직무의 효율성을 개선하려는 목표를 가지고 실제 직업상황과 작업장에서 상당한 연구를 수행하였다. 그의 글, 연구, 자문활동은 산업심리학의 영향을 널리 퍼뜨리는 데 도움을 주었고, 그 결과 그는 미국의 가장 유명한 심리학자가 되었다. Münsterberg는 여러 왕과 대통령, 인기 영화배우와 친밀한 관계를 유지하였고 간첩으로 고소된 두 명의 심리학자 중 한 사람이기도 하였다(사실 그는 간첩이 아니었다).

제1차 세계대전과 검사

Scott와 Münsterberg의 활동이 이 분야를 탄생시켰다면, 이 분야를 중요하고 유용한 학문으로 떠오르게 한 것은 제1차 세계대전 동안 미국 육군이었다. 군대에 지원한 수많은 지원자를 선별하고 분류하는 과제에 직면한 육군은 심리학자에게 낮은 지능을 가진 사람을 분류하여 훈련 프로그램의 대상에서 제외시킬 수 있도록 검사를 개발할 것을 의뢰하였다. 두 가지 검사가 이들의 노력을 통해 개발되었는데, 이는 글을 읽고 쓸 수 있는 지원자를 대상으로 한 Army 알파와 문맹자를 대상으로 미로, 그림, 상징을 사용한 Army 베타였다. Army 베타는 영어를 잘 할 수 없었던 이민자에게도 적합하였다.

부가적인 검사가 장교와 비행훈련 후보자의 선발과 특수한 능력을 요구하는 다른 부대 지원자의 분류를 위해 준비되었다. 한 번에 큰 집단에서 실시할 수 있는 개인적 자료집인 성격검사는 군대 지원자들 사이에서 신경증을 가진 사람을 식별하기 위해 개발되었다.

종전 후, 많은 사람을 선별하고 분류할 필요가 있었던 기업, 제조사, 학교, 그리고 다른 조직은 더 나은 검사기법들을 요구하였다. 군대를 위해 고안된 검사는 일반인을 위한 용도로 수정되었고, 새로운 검사들이 다양한 상황에 맞게 개발되기도 하였다. 심리검사에 대한 열정은 미국 전역으로 퍼져나갔다. 곧 수백만 명의 학동들과 직업 지원자들은 관례적으로 심리검사를 접하게 되었다. 따라서 산업심리학자의 초기 공헌은 개인을 평가하고 그들을 적절한 등급, 직무, 훈련 프로그램에 배치하려는 인사 선발에 초점을 두었다.

호손 연구와 동기

호손 연구 일리노이 주의 호손에 있는 Western Electric사 공장에서 장기간에 걸쳐 수행된 연구. 근로자 행동에 미치는 다양한 관리 및 조직요인의 영향력을 보고함.

이 분야의 범위는 직무상황에서 실질적으로 착수된 심리학적 연구의 가장 의미 있는 사례들 중 하나와 더불어 상당히 넓게 퍼져 있다. 1929년부터 1932년까지 지속되었던 연구는 하버드 대학교의 산업연구 학과장인 심리학자 Elton Mayo에 의해서 수행되었다. 그것은 **호손 연구**라고 불렸는데 그 이유는 연구가 Western Electric 회사의 공장이 있던, 일리노이 주의 호손에서 수행되었기 때문이었다. 이 장기간의 연구는 인사 선발과 배치를 넘어서서 더 복잡한 동기, 대인

관계, 그리고 조직역학에까지 산업심리학의 영역을 넓히는 계기가 되었다(Roethlisberger & Dickson, 1939; 또한 Hsueh, 2002 참고).

이 연구는 근로자의 능률에 미치는 물리적 작업환경의 효과를 직접적으로 살펴보았다. 연구자들은 다음과 같은 질문을 하였다: 만약 작업장에서 빛의 밝기를 증가시킨다면 생산성에서 어떤 효과가 있을까? 온도와 습도수준이 생산에 영향을 미칠까? 만약 관리자가 작업자에게 휴식기간을 제공한다면 무슨 일이 일어날까?

호손 연구의 결과는 연구자와 공장관리자 모두를 놀라게 하였다. 이들은 작업환경에서의 사회적 및 심리적 요인이 물리적 요인보다 잠재적으로 더 큰 중요성을 갖는다는 것을 발견했다. 예를 들어 작업실에서 매우 밝은 수준부터 어두운 수준에까지 조도수준을 변경하는 것이 작업자의 능률을 감소시키지 못하였다. 더 많은 미묘한 요인이 작업자로 하여금 거의 어두운 조건에서도 그들의 기존 생산수준을 유지하도록 만들고 있었다.

작업자의 또 다른 집단에서, 조도가 증가하였고 생산도 증가하였다. 연구자들은 휴식시간, 자유로운 점심, 단축근무와 같은 다른 변화를 주었고 각각의 변화가 도입됐을 때 생산도 증가하였다. 그러나 모든 혜택이 갑자기 제거됐을 때조차도 생산은 계속 증가하였다. 연구자들은 작업환경의 물리적 측면이 관리자가 가정하는 것만큼 근로자에게 중요하지 않다고 결론을 내렸다.

호손 연구는 산업 및 조직심리학자에게 탐구할 새로운 분야를 열어주었는데, 이러한 분야는 현재 능률, 동기, 직무만족에 영향을 주는 것으로 인식되고 있는 리더십, 작업자들 간의 비공식 집단의 형성, 근로자 태도, 의사소통 패턴, 그리고 여러 관리 및 조직변수들을 포함한다.

비록 호손 연구가 과학적 엄격성이 부족하다고 비판을 받아왔지만, 심리학자가 작업의 특성을 바라보는 방식에 그리고 산업 및 조직심리학의 범위와 방향에 끼친 영향을 부인할 수는 없다.

제2차 세계대전과 공학심리학

제2차 세계대전은 2,000명이 넘는 심리학자를 전장으로 불러왔다. 이들이 이론 가장 중요한 공헌은 여러 예하부대에서 수백만 명의 지원자들을 검사하고 분류하고 훈련시키는 것이었다. 정교한 항공모함, 탱크, 군함을 조작할 수 있는 새로운 기술이 요구되었고, 이 과제를 수행하는 법을 배울 수 있는 사람을 확인하는 것은 필수적인 요소였다.

증가하는 복잡한 전쟁무기들은 새로운 분야의 개발을 이끌었다. 바로 공학심리학이다. 기술자와 가깝게 일하면서 심리학자는 초고속의 항공모함, 잠수함, 그리고 여러 장비를 조작하는 인간의 능력과 한계에 관한 정보를 그들에게 제공하였고 그것은 결과적으로 그들의 도구설계에 영향을 주었다.

산업 및 조직심리학은 전쟁성과에 대한 공헌으로 더 나은 위업을 달성하였다. 정부와 산업체 리더들은 심리학자가 많은 실질적인 기업문제를 해결할 수 있음을 깨달았다. 또한 그 경험은 전쟁 전에는 격리된 대학 실험실에서 활동했던 심리학자에게 현실세계에는 그들이 해결할 수 있는 도전할 만한 문제가 많이 있음을 보여 주었다.

산업 및 조직심리학의 현대적 발전

1945년에 제2차 세계대전이 끝난 이래 산업 및 조직심리학의 폭발적인 성장은 미국의 산업과 기술업체의 성장에 견줄 만하였다. 현대조직의 크기와 복잡성은 산업 및 조직심리학자에게 추가로 기술을 요구하고 이 분야의 발전을 위한 기회를 제공하였다. 새로운 테크놀로지는 근로자에게 향상되고 재설계된 훈련 프로그램이 필요하다는 것을 뜻한다. 예를 들어 컴퓨터의 발달은 프로그래머들과 기술 지원인력의 필요를 불러왔고 많은 직무의 수행방식을 변화시켰다. 심리학자는 이러한 직무에서 요구하는 능력과 이러한 능력을 가지고 있을 법한 사람들과 이들을 구별하고 훈련할 최선의 방법을 결정해야 한다.

공학심리학자의 수요 또한 증가하였다. 초음속 항공기, 미사일과 향상된 무기 시스템, 또 정보기술과 같은 혁신은 최대한의 효과적 조작을 위한 추가적인 훈련을 요구하였다. 공학심리학자는 산업로봇과 하이테크 사무기기를 설계하고 오늘날의 자동화를 위한 작업공간을 재설계하는 데 관여하게 되었다.

조직의 문제들은 더 큰 중요성을 제안하였다(산업 및 조직심리학의 조직 측면). 관리자와 임원은 인간관계 기술이 근로자의 높은 수준의 직무수행을 유지하기 위해서 매우 중요함을 인식하였다. 리더십의 특성, 동기와 직무만족의 역할, 조직구조와 풍토의 영향, 그리고 결정 과정 등이 지속적으로 분석되고 있다. 조직변수의 중요성으로 인해 미국 심리학회의 산업심리학 분과학회가 산업 및 조직심리학회로 변경되었다.

산업 및 조직심리학에 대한 현대의 도전

기술적 진보 및 더 다양해진 인구변화와 더불어 직무특성의 급격한 변화는 21세기의 산업 및 조직심리학자에게 새로운 요구와 책임을 요구한다. 이러한 변화는 이용 가능한 직무 유형과 직무가 수행되는 방법 그리고 직무를 수행할 근로자의 유형과 관련되어 있다.

가상의 작업장

한 유능한 조직심리학자가 다음과 같이 직무의 특성을 기술하였다.

> 직무의 새로운 패러다임을 고려하라—언제 어디서나, 현실 세계나 사이버 세계에서나. 근로자가 서로 그리고 관리자로부터 떨어져 원격으로 일하는 가상의 작업장은 지금 현실이며 미래에 더 확장될 조짐을 보인다(Cascio, 1998, p. 32).

자택 사무실에서 원격통근을 하고, 사업차 여행하는 동안 자동차나 비행기에서 전화를 하며, 또는 호텔이나 휴양지에서 화상회의를 하는 것같이 많은 근로자가 회사가 아닌 다른 곳에서 일하는 것은 오늘날의 조직에서 흔한 일이 되었다. 일하는 장소와 방식을 바꾸어 버린 이러한 놀라운 변화는 정보시대의 효과이다. 많은 직무가, 이메일, 보이스메일, 삐삐, 휴대폰, 노트북, 개인 자료 시스템 덕분에, 자택 사무실 또는 실제 작업공간에서 전자적으로 연결되는 공간이면 어디에서든 수행될 수 있다.

능률적이고 생산적으로 기능하기 위해서, 가상 작업장은 적어도 세 가지 유형의 정보 접근이 필요하다: (1) 다운로드와 출력이 가능한 온라인 자료; (2)

고객과 제품에 대한 데이터베이스, 그리고 원격으로 접속될 수 있는 자동화된 중앙처리 파일; (3) 언제든 근로자와 그들의 직무과제를 추적할 수 있는 수단.

전자적으로 연결된 가상 작업장의 단점은 근로자가 조직의 정규 근무시간을 넘어서 일할 수 있거나 일하리라 기대된다는 것이다. 어떤 기업은 근로자가 직무로부터 도망갈 수 없도록 사무실에 효율적으로 잡아두기 위해서 항상 휴대폰이나 삐삐를 소지하고 다닐 것을 요구한다. 「New York Times」의 한 작가는 "거의 쉬지 않고 일하는 24/7(7일 24시간) 문화는 유선으로 연결된 경제사회의 특징이다."라고 말하였다. 985명의 산업 및 조직심리학자에게 이 분야의 미래에 영향을 미칠 트렌드를 말하도록 질문했을 때, 37%가 테크놀로지와 인터넷 관련 발전의 영향력을 선택하였다(Waclawski, Church, & Berr, 2002).

가상 근로자

많은 사람이 자신의 사무실에서 멀리 떨어진 곳에서 일하는 것뿐만 아니라, 이들은 자신의 경력을 지속하기 위해 동일한 고용주와 함께 남아 있으리라 기대할 수 있는 풀타임 근로자가 될 가능성도 적다. 이전 세대의 근로자는 자신의 고용주와 일종의 암묵적인 심리적 계약을 맺었다. 예를 들어 "만약 내가 일을 잘한다면, 회사는 내가 은퇴할 때까지 나를 거두어줄 것이다."라고 가정했으나, 오늘날의 근로자는 평생직장의 보장을 확신하지 않는다.

오랜 기간 동안 한 회사에 충성하고 헌신한다는 생각은 수백만 명의 근로자와 관리자의 직업을 앗아간 지나친 기업합병과 인수, 감축과 공장폐쇄 등을 통해 20세기를 마감하는 10년 동안 사라졌다.

오늘날 많은 근로자가 임시직, 프리랜서, 독립계약자, 혹은 파트타임 계절노동자일 가능성이 높다. 수백만의 미국인은 프리랜서로 일한다. 전문가적인 수준에서, 노동부는 800만 명이 넘는 사람이 독립계약자로 분류될 수 있다고 추정한다.

많은 근로자가, 특히 젊은 근로자가, 임시직이 자신의 작업경험과 직무기술을 지속적으로 향상시키기 위한 융통성, 독립성, 도전정신, 기회를 제공하기 때문에 임시직을 더 선호한다고 응답하였다. 많은 기업들도 역시 이를 선호했는데 그 이유는 그들이 관리비용과 세금을 절약할 수 있고 연금제도나 보험과 같은 혜택을 제공할 필요가 없기 때문이다.

그러나 연구 결과는 임시직의 채용이 그 조직의 풀타임 근로자에게 부정적인 영향을 미칠 수 있음을 보여 주었다. 몇몇 조직에서 일하는 415명의 풀타임 근로자를 조사한 결과 계약직의 채용이 풀타임 근로자의 조직충성도를 감소시켰음을 발견하였다. 풀타임 근로자는 또한 조직 관리체계와 그들의 관계가 악화됐다고 보고하였다(Davis-Blake, Broschak, & George, 2003).

게다가 많은 조직이 풀타임 근로자가 임시직원을 훈련시키고 감독하기를 기대한다. 또한 조직은 임시직원에게 할당된 과제에 대한 책임을 풀타임 근로자에게 부과한다. 이로 인해 풀타임 근로자는 업무량과 책임감에서 부담을 갖게 됐지만, 이들은 이에 대해 거의 보상을 받지 못한다.

326명의 근로자(그 중 189명은 풀타임 근로자)를 대상으로 한 조사는 그들이 자신의 직무가 임시직원의 직무보다 더 뛰어나다고 믿고 있음을 밝혔다. 따라서 임시직원을 풀타임 근로자와 동등하게 바라보는 것은 거의 불가능하였고 작업장에서 불편한 관계가 형성되었다(Chattopadhyay & George, 2001).

작업자 관여

오늘날 기업이 사업을 하는 방식은 급격하게 변하고 있는데, 이러한 변화는 기존의 직무에서도 일어나고 있으며 새롭게 생겨나는 새로운 직무에서도 그렇다. 그 결과, 블루칼라 근로자, 관리자, 임원 등은 혁신적인 도전에 직면하고 있다.

근로자가 단순과제를 어떻게 수행하는지 배우고 질문 없이 그것을 계속하도록 지시받았던 날들은 사라져가고 있다. 오늘날의 근로자는 질적인 관리를 원한다. 이에 관한 주제어는 '권력위임' '관여' '참여'이다. 근로자가 단일 직무의 과제들을 완수하는 것뿐만 아니라 여러 직무에 적용할 수 있는 개인적 기술을 습득할 것으로 기대된다. 근로자는 이러한 기술을 지속적으로 향상시켜야만 하고 직무가 최고로 수행되도록 의사결정 팀에 참여하는 방법을 배워야만 한다. 오늘날의 근로자는 생산이나 서비스 과정에서, 심지어 새로운 근로자를 선발하고 고용하는 과정에서조차도, 자신이 맡은 부분의 책임감이 증가하고 있

<여기서 잠깐>

임시직

10년 전, 나는 편지봉투를 가득 채우는 일을 하였다. 이것은 내게 필수적인 것이었다: 나는 대학을 막 졸업한 상태였고 내 인생에서 내가 진정으로 원하는 것이 무엇인지 전혀 알지 못했다. 그러나 내게 대학 교육비를 빌려준 사람들은 나의 존재위기에 전혀 동정심을 가지지 않았다. 그래서 그 상황은 나를 임시직 고용센터로 이끌었고 그것은 엷은 황갈색 봉투에 회사의 음성 수입을 채워 넣는 일을 주었고 나는 한 시간에 7.25달러를 받았다. 나는 하루밖에 일할 수 없었다. 그 이후로 임시직 세계는 극적으로 바뀌었다.

임시직은 크게 성장하였다. 왜냐하면 고용주가 그들 자신을 위탁하는 일에 훨씬 더 신중해졌기 때문이었다. 뉴욕 맨해튼에 위치한 회사인 Tempositions Group의 대표로 있는 James Essey는 "그들은 사람을 고용하기 전에 시험해 보기 원합니다."라고 말하였다. 많은 회사도 임시직에게 임금 전부를 주지 않거나 혹은 아예 주지 않아도 됐기 때문에 임시직을 선호하였다.

그러나 변덕스러웠던 것은 고용주뿐만이 아니었다. 많은 젊은 사람이 기업에서 뿌리를 내릴 때까지 진지한 관계를 갖는 것을 거부하며 연속적인 단일작업에만 참여한다. 맨해튼의 Fifth Avenue Temporary Service의 부회장을 맡은 Georgia Ellis는 "당신은 계약결혼처럼 서로에 대해서 확인해 보라."고 말하였다. "그리고 그것은 당신의 이력서상에 전혀 나빠 보이지 않을 것이다. 왜냐하면 그것은 당신이 이곳저곳을 이직한 것처럼 보이게 하지 않을 것이기 때문이다. 당신은 임시직이었다고 사유를 말할 수 있을 것이다."

29세의 Kristin Robinson은 소위 '영원한 임시직'이라고 알려져 있는 형태의 직업에 취업을 했고 그것은 장기과제를 가지고 있는 업무였다. 지난 2년 동안 배우이기도 했던 Robinson 부인은 맨해튼의 Anderson Consulting에서 1주일에 3일 정도씩을 그래픽 디자이너로서 임시직으로 계속 근무하였다. 그녀는 다른 임시직에서 연결해 준 곳에서 이틀 정도를 프리랜서로 일하였다. 그녀는 자유가 값을 헤아릴 수 없을 정도라고 말하였다: "나는 성실하고 주의 깊게 일하고자 했고 떠나고 싶을 때는 자유롭게 떠났다. 그리고 집으로는 일을 가져오지 않았다."

배우나 음악가나 작가를 포함하는 대부분의 젊은 취업 유목민은 "프라이(정규직업으로 인해 얻을 수 있는 부가가치를 의미한다)도 함께 원하세요?"라는 질문을 따로 할 필요 없이 '현실적인' 경력에 초점을 맞추길 원한다. 이들은 철저하게 융통성을 활용하고 이들의 삶을 관리하는 데 있어서 떠돌아다닐 수 있는 직장을 종종 이용한다.

만약 이들이 일할 때 행복하지 않다면, 이들은 간단히 떠날 수 있다. 27세의 Suzanne Lynn이 점심을 먹으러 South California주 Greenville의 로펌을 떠났다가 고함소리를 듣고는 직장으로 돌아오지 않았다. 그녀의 중개인은 그녀를 이해했고 그녀에게 또 다른 업무를 주었다. 그런 자유와 무조건적 사랑 때문에 임시직은 미래의 한 흐름이 될 것이다.

출처: Abby Ellin, *New York Times*, April 18, 1999.

다고 가정한다.

근로자의 이러한 관여는 관리자가 자신의 직무를 수행하는 방식에 영향을 준다. 관리자는 더 이상 근로자에게 무엇을 언제 어떻게 하라고 명령하는 식으로 근로자를 통제할 수 없다. 오늘날 관리자는 전통적 리더가 아니라 가이드와 멘토로서의 기능을 한다. 이러한 변화는 근로자와 관리자에게 실질적인 조정을 요구하며, 부분적으로는 작업장에서 기술변화에 대한 반응에 기인한다.

변화하는 테크놀로지와 기술

직장에서의 급격한 변화는 워드프로세서, 컴퓨터, 산업로봇과 같은 전자공학의 발전에서 유래하였다. 크고 작은 작업환경은 한 때 인간이 수행했던 기능을 능가하는 정교한 장비를 통해 자동화되었다. 대다수의 근로자는 오늘날 낮은 수준의 기술을 요구했던 사무직을 없어지게 만든 워드프로세서나 데이터프로세서 장비를 사용하고 있다. 근로자는 이전 세대의 근로자가 알지 못하는 시스템과 과정에서 기술적으로 숙련돼야만 한다. 컴퓨터, 팩스, 모뎀, 휴대폰, 노트북, 이메일과 인터넷 등은 많은 직무의 기능을 변화시켰고 전에는 결코 이룰 수 없던 것을 창조하였다.

어떤 회사들은 직무특전으로 전자장비를 사용하고 있다. 예를 들어 Ford와 Delta Air Lines는 근로자에게, 그들이 사무실에서 일하든 공장에서 일하든 정비격납고에서 일하든, 집에서 쓸 수 있는 컴퓨터와 프린터뿐만 아니라 인터넷 무료사용도 제공한다.

많은 제조관련 직무의 감소와 현대 테크놀로지의 수요 덕분에, 컴맹이나 낮은 수준의 교육을 받은 사람을 위한 직무는 점점 줄어들고 있는 추세이다. 머리보다는 힘을 많이 요구하는 업무로 묘사됐던 부두 노동자나 하역인부에 대하여 생각해 보라. 40년 전 900피트의 화물선에서 짐을 내리기 위해 3개월 동안 500명의 일꾼이 필요하였다. 오늘날 자동화된 장비를 사용하면 10명의 일꾼만이 24시간 안에 컨테이너에서 짐을 운반한다. 1969년 국제 부두노동자 연합에는 27,000명의 구성원이 있었다. 2000년대가 되어서는 단지 2,700명의 구성원만이 남아 있다. 그리고 이들의 직무는 배의 화물에서 전산화된 재고를 체크하는 능력과 같이 40년 전에는 필요하지 않았던 기술을 요구한다.

17세 이상의 2,500만 명의 미국인은 기능적으로 문맹인데, 이는 그들이 직무 지원서를 완성할 수 있는 충분한 작문과 독해력을 가지고 있지 않음을 의미한다. 기초적인 수학능력 역시 부족하였다. 한 연구는 21~25세 사이의 집단이 두 가지 음식에 대한 청구서에서 거스름돈을 계산하라는 과제를 받았을 때, 백인의 34%, 히스패닉의 20%, 흑인의 8% 이상이 정확하게 계산할 수 없었다고 보고하였다.

고용주의 입장에서, 많은 직무를 수행하기 위해 배울 필요가 있는 기본적 기술을 소유하고 있는 신입사원을 모집하는 일은 점점 어려워진다. 미국 북동지역의 한 텔레커뮤니케이션 회사는 고등학교 졸업장을 요구하지 않는 직무를 위해 훈련받을 수 있는 2,000명의 지원자들을 찾기 위해 9만 명의 지원자들을 면접하고 시험해야만 하였다. General Motors는 적절한 독해, 작문, 수학기술이 부족한 근로자가 기술을 향상시키고 새로운 제조과정에 익숙하게 하기 위해 제공되는 훈련 프로그램을 끝내기 어렵다는 것을 발견하였다.

작업환경의 세계화

당신이 직무를 위해 해외로 나갈지도 모르지만, 여전히 이곳에서 남아 있을 것이며 미고용 상태일 수도 있을 것이다. 많은 미국의 기업이 다른 국가의 근로자에게 일을 맡김으로써 고객관리, 기술지원, 콜센터와 같은 직무를 아웃소싱하고 있다. 예를 들어 IBM은 많은 고소득의 정보기술 직무를 중국으로 보냈는데, 이는 그 과제가 중국에서 미국인 근로자가 요구하는 봉급의 아주 적은 양으로도 수행될 수 있었기 때문이었다. 마이크로소프트사도 직무를 인도로 보냈는데, 인도의 컴퓨터 프로그래머의 연봉이 미국 내 프로그래머의 연봉 8만 달러에 비해 절반 정도인 4만 달러밖에 되지 않았기 때문이었다. 세계화의 개념은 더 낮은 임금과 경쟁이 비교적 심하지 않은 곳으로의 직무이동을 의미하기도 한다(예를 들어 2003년의 Herbert의 연구 참고). 이러한 현상은 수많은 숙련된 근로자에게 현대 산업에서의 요구와 임금 양자를 양립할 수 있는 직무기술의 개발을 위한 재훈련과정의 필요성을 남겨 두었다.

<여기서 잠깐> **어떤 직무가 당신을 위한 것일까?**

미국 내 어떤 직무는 아웃소싱되고 있고, 다른 어떤 직무는 없어지고 있다. 여전히 어떤 직무는 새로운 기술공학에 의해 완전히 바뀌어서 오래된 기술이 더 이상 적용되지 않고 있다. 그러나 당신은 당신의 직업경력을 시작할 수 있도록 준비되어 졸업할 즈음에 어떤 직무가 당신을 위해 대기하고 있을지 예측할 수 있는가? 수출될 수 있는 직무 유형에 관하여 하버드와 매사추세츠 공대에서 시행된 연구는 가장 중요한 요인이 직무가 일상화될 수 있는가 없는가 하는, 다시 말해, 직무가 거의 변하지 않는 반복적인 단계로 분리될 수 있는가 하는 문제라는 것을 발견하였다. 이러한 직무는 소프트웨어로 쉽게 대체될 수 있거나 미국 이외의 국가에서 낮은 봉급을 받고 있는 근로자에게 쉽게 양도될 수 있다(Coy, 2004).

「Business Week」에 따르면, 당신의 미래에서 가장 좋은 직무는 단순과제들로 쉽게 축소되지 않는 것일 것이다. 그러한 직무는 당신의 사업과 사회적 기술에서 융통성, 창의성, 지속적인 발전을 요구한다. 미국 노동부는 다음과 같이 가장 매력적인 직무와 평균연봉을 목록으로 만들었다:

- 대학 교육자 (59,000달러)
- 관리자 (84,000달러)
- 소프트웨어 기술자 (74,000달러)
- 경영 컨설턴트 (70,000달러)
- 예술가와 디자이너 (46,000달러)

출처: *Business Week*, March 22, 2004.

다양성 이슈

작업장에서의 또 다른 변화는 인구통계이다. 그것은 노동력의 인종 구성에서의 변화를 포함한다. 아프리카, 아시아, 히스패닉 계통의 인종은 현재 모든 새로운 근로자의 35%를 차지하고 있다. 나아가 모든 새로운 근로자의 절반은 여성이다. 백인 남성근로자가 오히려 소수가 되어가고 있다. 크고 작은 기업들은 많은 문화와 배경으로 구성된 노동력의 요구와 관심에 민감해야만 한다.

대략 80만 명의 이민자들이 매년 미국으로 온다. 이들 대부분은 일하기를 간절히 원하지만, 많은 사람이 영어훈련을 받지 못했고 어떤 사람은 문맹이다.

오늘날 미국의 노동력에서 고령의 작업자가 증가하고 있으며, 이들은 종종 젊은 작업자의 멘토나 훈련자로 봉사한다.

이들은 또한 기업의 작업습관에 익숙하지 않을 수 있다. 이것은 산업에 부가적인 도전을 제시한다.

작업장과 노동력에서의 이러한 모든 변화는 근로자를 선발하고 훈련시키고, 직무와 장비를 재설계하며, 관리방식을 재정비하고, 사기를 증가시키며, 건강과 안전 문제를 다루는 과정에서 산업 및 조직심리학자에게 기회를 제공한다. 이러한 도전은 바로 지금이 산업 및 조직심리학자로서의 전문적인 진로를 고려할 때라고 제안한다.

경력으로서 산업 및 조직심리학: 훈련과 고용

비록 사람들이 한두 과목을 수강하고 스스로 물리학자, 화학자, 또는 생물학자로서의 자질이 충분하다고 생각하지 않을지라도, 많은 사람이 공식적인 훈련을 받지 않을 때조차 스스로를 전문 심리학자라고 생각한다. 어떤 사람은 심리학의 실습이 상식 이상의 것은 없고 타인과의 상호작용에 많은 시간을 들일 것을 요구한다고 생각한다. 그러나 당신이 여러 해 동안 약물을 다루었다는 이유로 의사가 될 수 없는 것처럼 이것이 당신을 심리학자로 만들 수 없다.

현대 산업 및 조직심리학은 대학과정, 실제 경험, 새로운 발전을 의식하게 하는 지속적 연구를 요구하는 복잡하고 엄격한 전문분야이다. 산업 및 조직심리학자로 활동하기 위한 최소한의 요구조건은 석사학위이고, 학위를 마치기까지 보통 42학점과 2~3년 정도 걸린다. 대부분의 석사과정 학생은 학교에서 공부하는 동시에 풀타임이나 파트타임으로 일하면서 경험을 쌓는다. 매년 산업

<여기서 잠깐>

심리학 학사 졸업생으로 당신이 할 수 있는 일은?

학사학위를 가진 모든 심리학과 학생 중 절반도 안 되는 학생이 대학원에 진학한다. 그들에게 어떤 일이 일어났을까? 그들은 어디에서 일하고 있을까? 어떤 종류의 경력을 기대해 볼 수 있을까? 진정해라. 만약 이것이 바로 당신의 상황이라면, 비록 당신이 석사나 박사학위 계획이 없다고 할지라도, 당신의 미래는 유망할 것이다.

4년제 대학에서의 심리학 전공은 모든 경제 분야에서 일자리를 찾아볼 수 있다. 대체로 50%가 사기업에서, 정부기관에서는 15%가, 교육 분야에서는 14%, 개인사업에서는 12%, 자선단체에서 9% 정도가 일하고 있다.

기업 분야에서는 대부분이 관리직을 맡는다. 나머지는 판매, 인적자원, 훈련, 다른 스태프 기능 분야에서 종사하고 있다.

최근 심리학 전공의 학사 졸업생의 약 절반이 그들의 직무가 자신의 전공과 밀접하게 관련되어 있다고 말하고 있다. 그들은 또한 그들의 직무가 매우 높은 잠재력을 지니고 있다고 말한다. 고용주가 심리학 학사학위를 갖고 있는 취업 지망생에게서 그들이 찾고자 하는 기술과 능력이 무엇인지를 질문받았을 때, 그들은 상당한 대인관계 기술과 강한 직업윤리를 지닌 사람을 원한다고 대답하였다. 특히 그들은 타인과 잘 어울릴 수 있고, 팀원이 될 수 있으며, 새로운 기술을 배우려는 열정을 지닌 대학 졸업생을 찾았다.

따라서 당신은, 비록 대학원 진학을 준비하고 있지 않더라도, 당신을 위해 준비된 좋은 직장을 발견할 수 있을 것이다. 그러나 당신은 '대인관계'에서 노력해야 하고 배우려는 의지가 필요할 것이다.

출처: J. Kohout, A look at recent baccalaureates in psychology. *Monitor on Psychology*, January 2000, P. 13. Also R. Landrum & R. Harrold, What employees want from psychology graduates, *Teaching of Psychology*, 2003, *30*, 131–133.

및 조직심리학에서 수여되는 졸업학위 중의 3분의 2는 석사학위이다.

산업 및 조직심리학의 석사학위를 받은 대다수의 졸업생은 산업체, 정부, 컨설턴트 회사와 연구기관 같은 곳에서 전문적인 직무를 찾는다. 직무에 적용될 수 있는 이들의 가장 시장성이 높은 기술은 심리검사와 조사 구성과 타당화, 인적자원 선발과 배치, 수행평가, 공정한 고용 실습과 근로자 훈련 등과 같은 분야와 관련이 있다. 동기, 직무만족, 조직개발에 관한 학부 교과목은 직무에서 유용하다. 따라서 산업 및 조직심리학의 석사학위는 생산적이고 보상을 주는 경력으로의 가치 있는 준비과정을 제공한다. 그러나 기업과 대학에서의 더 높은 지위는 전형적으로 박사학위를 요구할 것이고, 이는 대학원에서 3~5년 정도의 시간을 요구한다.

산업 및 조직심리학의 대학원 학생의 수는 석사과정에서 지속적으로 증가하고 있다. 미국의 노동 통계국은 산업체와 연구직에서, 비영리 조직에서, 그리고 컴퓨터 회사에서 심리학자를 위한 취업기회가 증가하리라 기대한다.

산업 및 조직심리학의 경력을 위해 요구되는 훈련과정은 어렵지만 보수는 클 수 있다. 산업 및 조직심리학자는 다른 심리학 분야에서 일하는 심리학자보다 높은 보수를 받는다. 2000년에 산업 및 조직심리학자가 벌었던 평균 연봉은 90,000달러에 가까웠다. 상위 10%는 180,000달러가 넘는 연봉을 받았다고 보고하였다. 석사학위를 지닌 심리학자의 경우, 평균 연봉은 67,000달러였고 상위 10%는 185,000달러 이상의 수입을 벌었다(Katkowski & Medsker, 2001).

더욱이 산업 및 조직심리학자로 하여금 일하게 하고 책임감을 갖게 하며 지적으로 성장하게 하는 보상은 주목할 만하다. 산업 및 조직심리학회의 전 회장이었던 Ann Howard가 언급했듯이, “산업 및 조직심리학은 당신이 무언가가 일어날 수 있게 만들 수 있는 분야이다. 당신은 더 좋은 사람이 선발됨을, 또는 직무만족이 증가함을, 또는 이직이 감소함을 볼 수 있을 것이다. 당신이 무언가가 일어나도록 만들었다면, 이것이야말로 매우 흥분되는 보상이다.”

산업 및 조직심리학자는 산업체, 정부기관, 서비스 기관, 컨설팅회사, 대학교에서 활동하고 있다. 산업 및 조직심리학을 가르치는 많은 심리학자가 연구와 자문활동을 하고 있다. 고용기회가 표 1-1에 제시되어 있는데, 직무명, 책임, 조직유형의 예를 볼 수 있다.

풀타임 산업 및 조직심리학자를 고용할 수 없는 소규모 기업은 세부적인 요구를 충족하고 특정한 문제를 해결하기 위해 계약직으로 고용된 컨설팅 심리학자의 서비스를 받는다. 컨설턴트들은 지원자를 평가하고, 장비나 조립라인을 설계하며, 훈련 프로그램을 수립하고, 신제품에 대한 소비자 수용을 조사하며, 또는 사기나 생산성이 떨어진 이유를 찾으려 할 수 있다. 컨설팅 서비스의 가치는 산업 및 조직심리학자가 제공하는 기술뿐만 아니라 외부인이 기업에 가져올 수 있는 기술의 참신성과 객관성에도 있다.

표 1-1

선별된 산업 및 조직심리학자의 고용 장소와 직무

인적자원 컨설팅회사
검사개발과 타당화, 면접훈련, 평가센터 설계, 평가체계 설계, 경력개발 프로그램, 태도조사

시장조사, 컨설팅, 촉진서비스 회사; 시장조사 프로젝트 디렉터
사회과학 조사기술을 프로포잘 개발, 분석, 보고서, 발표 등에 적용

국제 항공사, 해외개발을 위한 평가센터 전문가
승진대상인 근로자를 평가하는 평가센터의 조정 및 관리: 평가자료 개발, 능률개선을 위한 추천, 자격을 갖춘 평가자가 되도록 스태프를 선발하고 훈련

경영 컨설팅회사, 상급 수준의 관리자
훈련, 훈련기법, 관리/경력개발 훈련에 대한 시스템 접근을 포함한 해외 프로젝트

인적자원 연구와 컨설팅 협회, 산업 및 조직 프로젝트 관리자
선별된 법정사례에서 전문적인 증인 증명을 포함하여 정보체계, 검사개발, 조사설계, 동일한 고용문제 등에 대하여 학제간 스태프(심리학자, 사회학자, 컴퓨터 전문가, 교육자)와의 협력

근로자 결정 컨설팅회사, 인적자원 디렉터
직무면접, 평가와 검사해석, 그리고 경력개발을 위한 임원대상자를 자문하고 코칭하는 서비스 제공

제약회사, 심리 서비스의 관리자
근로자 검사와 직무분석을 위한 심리적 전략설계, 고용에서 합법성 고려, 기업 보상절차에서의 변화 추천, 수행평가 개발과 감시

공공 서비스(가스와 전기회사), 조직계획과 개발에서 자문
노조, 인적자원 부서, 인적자원 체계를 재설계하고 주요한 조직변화를 실행하는 상급 관리집단과의 협력

전자회사, 팀 리더십과 커뮤니케이션 훈련자
자기지향적 생산 작업팀 실행: 제조팀 개념에서 작업자 훈련, 문제해결 기법, 리더십 개발, 의사소통, 기업 의사결정. 프로그램을 모니터링하고 평가하며 결과를 기록

텔레커뮤니케이션 회사, 인적자원 연구인턴
자격을 갖춘 산업 및 조직심리학자와 인적자원 전문가와 활동하면서 인적자원 프로그램에 대한 연구를 진행하기 위해 공인된 대학교의 박사후보자에게 허락된 박사 전 인턴제도

주립대학, 심리학 조교수
조직행동, 집단과정, 검사와 측정 등의 과목 강의; 학부생의 연구프로젝트 관리

오늘날 박사학위를 위해 공부하고 있는 산업 및 조직심리학자의 절반 이상이 여성이다. 어떤 다른 분야에서보다도 산업 및 조직심리학에서 학위를 준비하고 있는 여성의 수는 계속 증가하였다. 2002년에 심리학 박사학위 졸업생의 67%가 여성이었다. 심리학에서 소수인종의 대학원 학생을 위한 집중적인 모집노력이 긍정적인 효과를 주었다. 2002년에 새로운 박사학위 취득자의 7%는 히스패닉이었고, 6%가 흑인, 4%가 동양인이었다(Bailey, 2004).

산업 및 조직심리학자는 미국심리학회(APA)의 네 분야와 주로 연관을 갖는데, 이는 산업 및 조직심리학 분야, 군사심리학 분야, 응용실험 및 공학심리학 분야, 소비자심리학 분야 등이다. 학술과 연구를 지향하는 많은 산업 및 조직심리학자는 또한 미국심리학협회(APS)에도 가입되어 있다. 대학원에서 어떻게 살아남아야 하고 어떻게 직장을 찾아야 하는지에 대한 정보를 위해 심리학과 대학원 학생들이 추천한 인터넷 사이트를 보라. 여기에는 www.apa.org/apags(대학원생의 미국심리학회), www.users.erols.com/fezworth(PsyHits: 대학원생을 위한 심리학 참조 사이트), www.socialpsychology.org(사회심리학 네트워크), 그리고 www.personal.umich.edu/~danhorn/graduate.html(웹에 있는 대학원 학생 자원) 등이 있다.

산업 및 조직심리학의 제 문제

어떤 학문 분야도 내부 및 외부문제로부터 자유로울 수 없다. 산업 및 조직심리학자는 몇 가지 어려움에 직면했는데, 모든 문제가 이 분야를 너무 성공적이고 유명하게 만든 바로 그 요인들에 의해 악화되었다.

무자격 개업자

어떤 과학 분야보다도 심리학은 사기꾼에 의해서 손해를 보았다. 즉 전문적인 훈련을 거의 또는 전혀 받지 않은 사람들에 의해 불법적이고 부정적으로 이용당하였다. 이 문제는 특히 임상심리학에서 두드러지게 나타났고, 이 분야에서 훈련받지 않은 사람들이 스스로를 상담가나 치료사로 지칭하며 도움을 구하는 정서적으로 상처 입은 사람들에게 더 큰 상처를 주기도 하였다.

사기꾼들은 또한 산업 및 조직심리학에도 영향을 미쳤다. 산업 및 조직심리학회의 전 회장인 Mary Tenopyr은 이렇게 기술하였다:

> 산업에서 심리학자의 활동에 주요하게 영향을 미치는 것은 기업에 심리적 유형의 서비스를 제공하는 잘못 훈련을 받거나 비도덕적인 사람이다... 내가 나의 경력기간 동안 접했던 가장 어려웠던 몇몇 문제들은 고위 관리자의 마음을 빼앗은 가짜 심리학자의 행동에서 초래하였다(Tenopyr, 1992, p. 175).

잘 알려지지 않은 기업도 개인만큼이나 잘 속일 수 있다. 비윤리적인 컨설팅회사는 그들의 서비스를 기업에 팔고 기업이 속았다는 사실을 깨닫기 전에 빠르게 돈을 번 후 빠르게 사라진다. 이러한 비윤리적인 행동은 산업에 매우 위험하고 불공평할 뿐 아니라 심리학에도 매우 해로운 영향을 준다(예를 들어 가짜 심리학자가 만든 심리검사에서 안 좋은 점수를 받아 고용되지 않은 모든 지원자를 생각해 보라). 만약 한 회사가 어떤 사기꾼에 의해 손해를 보게 된다면, 그 분야 전체는 손해를 보게 된다. 과거에 사기를 당한 조직임원은 미래에도 합법적인 심리적 서비스를 받기 꺼려할 것이다.

자격과 자격증

가짜 전문가의 문제는 임상심리학 분야에서 점차 사라져가고 있다. 왜냐하면 각 주는 현재 정신과 의사에게 면허를 주는 것과 똑같은 방식으로 심리학자에게도 면허나 자격증을 주기 때문이다. 사람들이 면허나 자격증이 없으면서 대중에게 스스로를 심리학자라고 소개하거나 심리학의 도구를 사용하는 것은 불법이다. 이러한 자격은 보통 대학원 학위나 심리학의 모든 분야의 지식을 포함하는 시험에서 만족할 만한 점수를 받아야 취득된다. 이 절차는 임상과 상담심리학 분야의 사기꾼으로부터 대중을 보호하기 위해 특별히 만들어졌다. 산업 및 조직심리학자의 면허나 자격증에 관해서는 논쟁이 있다. 자격증을 제공하는 주에서 활약하고 있는 많은 산업 및 조직심리학자는 자격증을 신청한다. 비록 많은 산업 및 조직심리학회 회원들이 자격을 가지고 있을지라도, 산업 및 조직심리학회는 사실상 자격증을 필요로 하지 않는다는 입장을 취하고 있다.

기업은 심리학자의 도움을 구할 때 신중해야만 한다. 전화번호부를 뒤지거나 인터넷 검색창에서 '산업 및 조직심리학'이라는 키워드를 치는 것으로는 충분하지 않다. 심리학자라고 불리는 사람들의 교육적이고 전문적인 자격은 신중하게 검토돼야 할 것이다.

관리에서의 의사소통

모든 과학 분야는 그 구성원들이 서로 의사소통하기 위해 사용하는 특별한 기술적 용어를 개발한다. 이 용어는 때때로 특정 분야 밖의 사람들에게는 이해되지 못할 때가 있다. 산업 및 조직심리학자는 심리학자가 아니라 경영 관리자나 근로자와 밀접하게 일하기 때문에, 이들은 자신의 생각, 활동, 연구 결과를 분명히 전달하기 위해 노력을 기울여야 한다. 산업 및 조직심리학자의 조언이 이해될 수 없다면, 그 조언은 기업에 아무런 가치가 없을 것이고, 보고서는 가까운 쓰레기통에 버려질 것이다. 심리학자는 자신의 서비스를 이용하는 사람이 잘 이해할 수 있는 방식으로 자신의 기여에 대해 잘 표현할 수 있어야 할 것이다.

새로운 아이디어에 대한 저항

이 문제는 이렇게 불릴지도 모른다, "나는 항상 이 방법으로 해 왔고, 나는 지금 내 방식을 바꾸지 않을 거야!" 기업이나 산업에서 일하는 심리학자는 종종 이러한 자세—변화에 대한 저항, 즉 무언가 새로운 것을 시도하지 않거나 색다른 생각을 하지 않으려는 자세—를 접한다. 산업 및 조직심리학자가 직무를 수행하는 기존의 방식을 바꾸라고 조언을 해 줄 때, 근로자는 때때로 그것을 위협으로 받아들이는 경우가 있다. 잠재적으로 일의 효율을 높이기 위해 작업습관을 바꿔야 한다는 말을 들은 근로자는 실제적으로 저항할지도 모른다. 왜냐하면 그들은 기업이 자신에게 월급을 올려주지 않으면서 일을 더 많이 시키려고 한다고 생각하기 때문이다. 불안한 근로자는 기업이 자신의 과거 직무수행을 비판한다고 느낄지도 모른다. 변화에 대한 이러한 저항은 조립라인이나 전화은행에서부터 큰 기업의 CEO에 이르기까지 모든 단계에서 매우 심각한 문제일 것이다.

만일 산업 및 조직심리학자의 연구 결과가 영향을 주려면, 관리자와 근로자가 이러한 결과를 지지해야 한다. 심리학자는 직무가 바뀌게 될 근로자의 협조를 필요로 한다. 심리학자는 기술적 전문성뿐만 아니라 상당한 인간관계 기술, 인내심, 설득력 등을 보여줘야 한다.

연구 vs. 적용?

연구냐 적용이냐 하는 문제는 산업 및 조직심리학자가 관리자와의 관계에서 지속적으로 갖는 관심사이다. 어떤 관리자는 산업 및 조직심리학 학술지에 게재된 연구가 관리자가 일상에서 다루는 실질적인 현실세계의 문제를 다루지 않는다고 불평한다. 이것이 많은 인적자원 관리자가 산업 및 조직심리학에서 출판된 문헌들을 읽지 않는 이유를 설명할 수 있을 것이다. 관리자는 이 문헌들이 너무 기술적이고 이해하기 어려우며 비현실적이고 그들의 요구와 무관하다고 생각할지도 모른다. 인적자원 관리 협회에서 959명을 대상으로 조사를 한 결과, 1%도 안 되는 사람이 학문적인 문헌에 흥미를 갖고 있는 것으로 나타났다. 75% 이상의 사람은 전혀 읽지 않는다고 대답하였다(Rynes, Brown, & Cogbert, 2002). 기업을 위해 종사하는 심리학자는 분명하고 직접적으로 글을 씀으로써, 따라서 인적자원 관리자가 직무에서 자신의 일상 문제에 유용하게 적용할 수 있게끔 연구 결과를 해석함으로써 이 문제를 완화시킬 수 있다.

아울러 현장에서 활동하는 학문적 산업 및 조직심리학자와 심리학자 사이에는 심각한 차이가 있다. 비록 이들이 동일한 훈련을 받았을지라도, 이들이 대학원을 졸업한 후에는, 이들의 고용경험과 가치는 다양해진다. 이론과 방법에만 흥미가 있는 것으로 보이고 적용에는 관심을 두지 않는 연구자가 있는 반면, 이론적인 증거를 무시하는 문제해결자로서 보이는 현장실무자가 있다(Brooks, Grauer, Thornbury, & Highhouse, 2003 참고). 비록 많은 학술적인 연구가 즉각적으로 적용되지 않더라도, 기업을 위해 활동하는 심리학자는 연구와 적용이라는 두 개의 기능이 상호의존적임을 알고 있다.

연구 없이 직무에 결정적으로 적용될 수 있는 신뢰할 만한 정보는 어디에도 없다. 그러나 특정한 문제에 대한 즉각적인 해결을 요구하는 관리자 그리고 문제에 대한 답은 연구를 통해서만 얻을 수 있다고 말하는 심리학자의 주저함을 이해할 수 없다는 관리자는 이 점을 종종 간과한다.

연구와 적용 간의 갈등은 조직이 종종 신속한 답을 필요로 하기 때문에 발생한다. 생산일정이나 계약마감은 연구의 설계와 실행을 기다리지 않는다. 시간압박에 직면한 관리자는 인간행동을 연구하는 전문가라고 알려진 기업 심리학자가 빠른 해결방안을 제공할 수 없을 때 비현실적인 기대를 가지고 참을성을 가지지 못할 수도 있다.

저자는 산업 및 조직심리학자가 질문을 받을 때는 언제나 1개월 기간의 실험을 하기 위해 실험실로 뛰어가야 한다고 제안하는 것은 아니다. 심리학의 역사는 이미 다양한 상황에서 일어나는 인간행동에 대하여 경험적인 자료를 제공해 왔고, 잘 훈련된 심리학자는 작업장에서의 특정 문제들에 이 결과를 어떻게 적용해야 할지를 잘 알고 있다. 그러나 이 자료의 가치는 그것들이 획득된 상황과 현재 상황 사이에서 나타나는 공통점에 의존한다.

예를 들어 대학 2학년 학생들이 어떻게 복잡한 과제를 배우는지에 대한 연구는 철강회사에서 일하는 근로자의 학습능력에 대해서 실행된 연구와 화학회사에서 일하는 근로자의 학습능력에 대한 연구와는 관련이 없다. 현장에서 수행된 철강회사 연구는 유용한 결과를 더 많이 제공할 것이다. 그러나 화학회사에서 시행된 연구는 더 많은 적용이 가능할 것이다. 그리고 학습습관에 문제가 있는 근로자에게 시행된 연구는 아마도 가장 유용할 것이다.

때때로 환경은 연구가 수행되기에 충분한 시간과 자원을 허용하지 못한다. 산업 및 조직심리학회는 다음과 같은 충고를 한다.

> **당신은 모든 질문을 연구할 수 없다.** 당신의 행동을 뒷받침하기 위한 연구를 하는 것은 매우 바람직한 일이나 그것은 항상 가능하지는 않다. 당신이 선행연구가 없는 조건에서 의사결정을 내려야 할 때, 당신은 유사한 상황에 대해 당신이 알고 있는 것을 활용하여 스스로 판단을 해야 한다(Baker, 1996, p. 103).

적절하게 고안된 연구는 조직의 생산능률에 거대한 가치를 제공할지도 모르지만, 작업장에서는 종종 관리자와 심리학자 양자의 타협, 인내, 이해를 필요로 한다. 근본적인 문제는 연구 대 적용이 아니라 연구에 적용을 더하는 것이다. 이 두 가지 기능은 서로 양립 가능하고 상호보완적이다.

산업 및 조직심리학의 제 분야

우리는 산업 및 조직심리학이 당신과 당신의 일 사이의 많은 면들에 어떻게 영향을 미치는지를 살펴보았다. 이번에는 다음 장에서 살펴볼 산업 및 조직심리학의 특정 분야에 대해서 서술한다.

과학의 도구와 기법(2장). 심리학자는 과학적 도구와 기법을 통하여 인간행동을 연구한다. 심리학자의 일을 이해하기 위하여 우리는 심리학자가 연구하고, 자료를 분석하며, 결론을 도출하는 방법에 친숙해져야 한다.

근로자 모집과 선발(3장과 4장). 악수와 눈 맞춤이라든가 옷 입는 스타일로 지원자를 판단할 수 있다는 임원과 관리자의 의견이 있음에도 불구하고, 근로자를 선발하고 평가하는 일은 초기 모집과 고용 후에도 오래 지속되는 복잡한 과정이다. 당신의 경력을 통해서 승진과 연봉이 증가할 것이다. 당신이 처음으로 고용결정을 할 때 사용한 면접이나 심리검사와 같은 많은 선발도구가 차후의 경력결정에도 적용될 것이다. 따라서 당신이 선발과정을 이해하는 것은 중요한 일이다. 당신의 잠재적인 고용주가 가장 타당한 기법을 사용하는 것은 당신에게도 이득이다. 사람과 직무의 부적절한 연결은 고용주와 근로자 모두에게 비능률과 불만족을 가져다줄 수 있다.

근로자 수행평가(5장). 당신의 직무수행을 평가하는 것은 당신이 일하는 한 주기적으로 계속될 것이다. 승진, 연봉 인상, 전근, 해임 등이 모두 직무수행평가에 기초한다. 이러한 결정은 가능한 공평하고 객관적으로 행해져야 하고 감독자의 개인적 선호에 따라 주관적으로 행해져서는 안 된다는 것은 명백한 사실이다. 산업 및 조직심리학자는 많은 직무 유형을 위한 평가방법을 고안하였다. 당신의 미래 만족도와 안전이 이러한 평가에 기반을 두고 있기 때문에, 당신 회사는 당신의 직무수행을 평가할 수 있는 공평하고 적절한 시스템을 갖춰야 하고 당신은 그 시스템이 어떻게 작용하는지 이해해야 한다.

근로자 훈련과 개발(6장). 매번 새로운 근로자가 몇몇 유형의 직무훈련을 받는다. 경험이 없는 작업자는 자신이 수행해야 하는 일에 대해서 배워야만 하고 좋은 작업습관을 익히기 위해서도 훈련을 받아야 한다. 직무를 바꾼 경험 있는 작업자는 자신의 새로운 고용주가 지시하는 정책과 절차를 배워야 한다. 기술변화로 인해 직무가 바뀌었던 작업자는 재훈련을 필요로 한다. 생산기계와 조직삶의 역동성이 더 복잡해질 때, 근로자는 더 배워야 하고 고용주는 그 범위의 증가와 중요성을 가르쳐야 한다.

조직 리더십(7장). 산업사회에서 가장 큰 도전들 중 하나는 선발, 훈련, 효과적인 리더 개발이다. 이 문제는 당신에게 두 가지 이유 때문에 중요하다. 첫 번째로 감독자나 관리자 밑에서 일하는 근로자로서의 당신은 능률과 만족에서 감독자나 관리자의 리더십 스타일에 의해 영향을 받을 것이다. 두 번째로 대부분의 기업리더는 대학수준의 교육을 받았기 때문에 당신도 당신의 경력에서 관리자로 근무할 것이다. 심리학자는 다양한 상황에서의 리더의 능력과 부하에게 미치는 여러 다른 리더십 스타일의 효과에 관심을 둔다. 조직에서 가장 유능한 사람이 리더의 지위를 갖고 가장 효과적인 방법으로 자신의 기술을 발휘하는 것은 조직의 지속적인 성장에 필수적인 것이다.

동기, 직무만족, 직무관여(8장). 조직의 능률에서 중요한 것은 근로자의 동기, 일에 대한 만족, 회사에 몰입하는 정도이다. 작업환경의 많은 부분이 동기, 만족, 관여에 영향을 준다. 이러한 것들은 리더십의 질, 발전기회, 직무안전, 물리적 및 심리적 작업 풍토의 특성 등을 포함한다. 직무의 부정적인 측면은 결근, 이직, 낮은 생산성, 빈번한 사고, 노동 불만과 같은 바람직하지 못한 효과를 초래할 수 있다. 산업 및 조직심리학자는 근로자와 고용주 모두를 위해 심각한 심리적 경제적 문제가 초래되기 전에 직장생활의 질을 악화시키는 조건들을 확인하고 수정하기 위해 노력하고 있다.

조직의 재구조화(9장). 어떤 사람도 격리되어 일하지 않는다. 우리의 일이 교실에서 일어나든 백화점이나 소프트웨어 회사에서 행해지든, 일은 특정한 조직풍토나 문화에서 일어난다. 이 문화는 조직의 형식적인 구조와 정책, 리더십의 특성, 그리고 작업자들 사이에서 형성된 비공식 집단 등을 포함한다. 비공식 집단은 회사정책과 불일치하는 규준과 행동을 지시할 수도 있다.

작업 조건(10장). 작업환경의 물리적인 측면들은 산업 및 조직심리학자에 의해 처음으로 연구되었다. 많은 연구가 조명, 온도, 소음, 작업공간 설계, 근무시간 등에 관해 수행되었다. 나중에 더 복잡한 사회적 심리적 작업 조건에 주의가 주어졌다. 피로나 지루함과 같은 요인을 포함하는 직무의 심리적 환경이 물리적 환경보다 더 중요할 수도 있는데, 이는 심리적 환경이 더 큰 개인별 변화량을 드러내기 때문이다.

근로자 안전, 폭력, 건강(11장). 산업재해의 비극적인 신체적 개인적 결과와 더불어, 경제적 손실은 잃어버린 작업시간, 근로자 보상, 새로운 근로자의 고용과 훈련 등에서 많은 비용을 지출하게 만든다. 대부분의 사고가 사람의 실수에 의해 일어나기 때문에, 산업 및 조직심리학자는 사고비용을 줄이기 위해 노력을 기울인다. 심리학자는 음주와 약물사용 그리고 작업장에서의 폭력문제도 다루고 있다.

작업장에서의 스트레스(12장). 직무에서 받는 스트레스가 신체적 정신적 건강에 영향을 미친다. 스트레스는 직무수행을 방해하고 심각한 질병으로까지 이끌 수 있다. 많은 조직이 상담 프로그램을 통해서 그리고 직무에서 스트레스를 덜 받게 직무를 재설계함으로써 스트레스를 다루려고 한다.

공학심리학(13장). 직무수행에 필요한 도구와 장비의 설계는 물리적 작업환경, 근로자 동기와 사기, 직무안전 등에 직접적으로 관련된다. 제조기계, 운송, 서비스 산업 등이 더 복잡해질 때, 이러한 장비를 조작할 수 있는 사람의 수요도 증가하고 있다. 사람과 기계의 장단점을 고려하여 최고의 작업관계를 확실하게 하는 것이 공학심리학자가 하는 일이다.

소비자심리학(14장). 만일 당신이 소비재와 서비스를 제조하고 판매하는 기업에 취업을 한다면 그리고 현명하고 박식한 구매자가 되기 원한다면, 소비자심리학은 당신에게 매우 중요할 것이다. 소비자심리학자는 소비재를 위한 시장을 규정하고, 광고캠페인의 효과를 결정하며, 구매대중의 동기와 욕구를 분석하는 데 관여한다.

요 약

일은 개별 정체감을 제공해 주고 당신의 사회적 지위를 결정하며 당신의 자존감에 크게 기여하고 집단에 속하고자 하는 당신의 욕구를 만족시켜 준다. **산업 및 조직심리학**은 행동과 정신과정의 과학인 심리학의 방법, 사실, 원리 등을 일하는 사람들에게 적용하는 학문으로 정의한다. 과학으로서 심리학은 관찰과 실험에 의지하며 전반적인 인간행동—객관적으로 관찰할 수 있는 행동—을 다룬다.

산업심리학은 20세기 초에 시작되었고 세계대전을 통해 성장하였다. 산업심리학에서의 중요한 변화는, 1920년대와 1930년대의 **호손 연구**에서 설명된 것처럼, 근로자의 행동에 사회적이고 심리적인 요인이 영향을 미친다는 사실을 인식했다는 것이다. 공학심리학의 분야는 제2차 세계대전의 정교한 무기개발을 통해 등장하였다. 조직심리학은 작업이 일어나는 조직 환경에 관심을 두며 1960년대에 등장하였다.

산업 및 조직심리학자의 지속적인 도전은 가상 작업장과 가상 근로자, 새로운 기술의 필요, 노동력의 다양성, 일 자체의 변화, 그리고 일의 세계화와 관련이 있다.

산업 및 조직심리학자로서 전문적으로 일하고자 한다면, 당신은 석사학위가 필요하지만 박사학위를 통해서 더 큰 책임을 요하는 직무를 찾을 수 있을 것이다. 기업에서의 산업 및 조직심리학자는 그들의 서비스와 관련하여 여러 문제에 직면하게 된다. 이러한 문제들은 전문적으로 훈련받지 않은 가짜 산업 및 조직심리학자의 문제, 전문적이고 기술적인 용어를 잘 번역해서 관리자와 잘 의사소통 하는 것, 변화의지가 별로 없는 관리자와 근로자에게 새로운 작업방식을 소개하는 것, 그리고 연구와 시기적절한 문제해결의 균형을 맞추는 것 등을 포함한다.

다음 장에서 다루게 될 산업 및 조직심리학의 분야들은 근로자 선발, 심리검사, 수행평가, 훈련과 개발, 리더십, 동기와 직무만족, 조직심리학, 작업 조건, 안전과 건강, 스트레스, 공학심리학, 그리고 소비자심리학 등이다.

주요 용어

산업 및 조직심리학 호손 연구

복습 문제

1. 산업 및 조직심리학의 장점은 무엇인가? 이 분야가 최근 당신에게 어떤 영향을 미쳤는가?
2. 직무의 어떤 측면이, 당신에게 비록 당신이 복권에 당첨되어 생계를 위해 일하고 싶지 않다는 생각이 들 때조차, 그 일을 계속하고 싶다는 마음을 불러일으켰는가?
3. 산업 및 조직심리학이 고용주에게 알려 준 돈을 절약하는 방법의 예를 들어보시오.
4. 어떻게 다음 사항들이 산업심리학의 발전에 영향을 미쳤는가? Walter Dill Scott, Hugo Münsterberg, 제1차 세계대전.
5. 호손 연구가 무엇인가? 이 연구가 어떻게 산업심리학의 특성을 변화시켰는가?
6. 임시직 고용이 회사의 풀타임 근로자에게 어떤 영향을 미치는가? 만약 당신 회사가 갑자기 당신이 있는 부서에 임시직을 고용한다면 어떻게 반응할 것인가?
7. 가상 근로자, 가상 작업장, 세계화가 당신의 경력에 어떤 영향을 미칠 것이라고 생각하는가?
8. 산업 및 조직심리학에서의 학사학위, 석사학위, 박사학위를 갖고 얻을 수 있는 직무는 어떤 것인가?
9. 산업 및 조직심리학자가 작업장에서 직면하는 독특한 문제는 무엇인가?
10. 작업장에서 연구와 적용 간의 논쟁을 기술해 보라.

더 읽을거리

Anderson, N., Ones, D. S., Sinangil, H. K., & Viswesvaran, C. (Eds.). (2002). *The handbook of industrial, work and organizational psychology. Vol. 1: Personnel psychology; Vol. 2: Organizational psychology.* Thousand Oaks, CA: Sage. 작업설계, 인사 선발과 훈련, 근로자 행동, 직무수행과 만족, 평가와 피드백, 사회화, 커뮤니케이션과 결정, 조직개발과 변화, 그리고 인간-기계 상호작용 등에 관한 이론, 방법,

연구 결과들의 원전.

Borman, W. C., Ilgen, D. R., & Klimoski, R. J. (Eds.). (2003). *Handbook of psychology. Vol. 12: Industrial and organizational psychology*. New York: Wiley. 산업 및 조직심리학에서의 다양한 주제를 고찰한 원전. 검토자는 위에서 인용한 Anderson의 책이 폭넓은 이슈를 다룬 반면에 이 책은 당대와 미래의 선별된 연구 질문을 보다 깊게 다루고 있다고 제안한다.

Bowe, J., Bowe, M., & Streeter, S. (Eds.). (2000). *Gig: Americans talk about their jobs at the turn of the millennium*. New York: Crown. 공군장군으로부터 영화감독, 잔디관리 작업자와 여종업원에 이르기까지 미국 노동력의 폭넓은 범위에 걸쳐 행해진 126회의 구두면접을 포함한다. 흥미로운 주제는 직무만족 또는 불만족, 일과의 개인적 동일시, 매혹적인 직무의 부정적 특성, 그리고 반복적인 직무의 매력적인 특성 등을 포함한다.

Donkin, R. (2001). *Blood, sweat and tears: The evolution of work*. New York: Texere. 초창기부터 21C까지 일의 역사적 발전을 살펴본다. 사람들이 일을 해온 이유와 그들이 성취할 것이라고 기대하는 것을 알아보기 위해 역사, 정치이론, 철학, 종교, 심리학, 사회학 등의 분야에서 트렌드를 함께 도출한다. 산업화와 경영에 대한 인간관계 접근과 같은 주요 발전적 변화를 논의한다.

Fraser, J. A. (2001). *White-collar sweatshop: The deterioration of work and its rewards in corporate America*. New York: Norton. 자신이 승리할 수 없는 경기에 사로잡혀 스트레스로 압박받는 사람과 같은 미국 노동력에 대한 섬뜩한 묘사. 연장된 작업일, 해고와 임시직원에 의한 대체의 공포, 근로자 혜택의 감소, 그리고 근로자를 집에 머물도록 하는 직무 기술력 등에 관한 상황을 비난한다.

Stockdale, M. S., & Crosby, F. J. (Eds.). (2004). *The psychology and management of workplace diversity*. Victoria, Australia: Blackwell. 작업장에서의 다양성을 관리하고, 다양성 이슈(찬반)를 규정하며 다양성의 가치를 조직에서 실증적으로 입증한 분명하게 잘 서술된 안내서. 다양성은 문화 차이를 적극적으로 수용하도록 설계되었다는 점에서 동일 고용기회 또는 차별 수정계획보다 더 포괄적인 개념으로 생각된다. 책의 장들은 여성, 아프리카 미국인, 노년 작업자, 장애 작업자(비만으로 고려되는 사람 포함), 성별 소수집단, 그리고 경제적 하층민 등에 중점을 둔다.

제2장

기술, 도구, 방법

이 장의 개요

자료 분석 방법
  기술통계
  추리통계
요 약
주요 용어
복습 문제
더 읽을거리

왜 연구 방법을 공부해야 하는가?

왜 연구 방법을 공부해야 하는가? 이 질문을 더 솔직하게 바꾸어 보자: 당신에게 돌아가는 이익은 무엇인가? 왜 당신은 심리학자가 어떻게 자료를 수집하고 분석하는지 알 필요가 있는가? 비록 당신이 산업 및 조직심리학자가 되는 것에 관심이 없을지라도, 이들의 연구 결과를 다루어야 할 일이 생길 것이다. 잠재적 관리자로서 당신은 관리문제에 대한 해결책을 찾기 위해 심리학자와 협력할 수도 있을 것이며, 당신은 기업 심리학자 혹은 당신의 기업에서 고용한 컨설팅 심리학자의 제안에 근거해 내린 결정에 대해 책임이 있을 것이다.

예를 들어 당신이 컴퓨터 컬러모니터를 생산하는 새로운 제조과정의 시행을 담당했다고 가정해 보자. 최신식 생산설비가 설계되고 만들어져야 하며, 당신이 해야 할 일 중의 일부는 예전의 방법에서 새로운 방법으로의 전환을 촉진하는 것이 될 것이다.

당신은 몇 가지 문제점을 고려해야 한다. 근로자가 일을 하는 방식에 있어서 갑작스러운 변화에 어떻게 반응할 것인가? 이들이 새로운 기기를 조작하고 높은 수준의 생산성을 유지하기 위해 충분히 동기부여됐는가? 이들에게 재훈련이 필요할 것인가? 만약 그렇다면, 훈련이 어디서 어떻게 행해져야 하는가? 새로운 방식이 기업의 안전기록에 어떻게 영향을 미칠 것인가? 이러한 점들이 당신이 답을 얻고자 기대하는 몇 가지 질문이다. 만약 당신이 틀린 결정이나 옳지 않은 판단을 한다면, 당신과 기업의 손실이 클 것이다.

심리학 연구에 근거한 정보를 사용하면, 산업 및 조직심리학자가 당신을 도울 수도 있다. 그러나 만약 당신이 그들의 조언이나 충고를 평가하고자 한다면, 그들이 어떻게 문제를 연구하고 결론에 이르렀는지 이해해야 한다. 연구 방법에 대한 이해는 이러한 결정을 더 현명하게 하도록 도울 것이다.

이 장의 목표는 당신이 연구를 관리하도록 훈련시키는 것이 아니라, 연구의 필요, 한계, 그리고 과학적 접근의 방법을 획득하도록 하는 것이다. 자주 직관과 추측에 의해 다루어지는 문제에 **과학적 방법**을 적용시킴으로써, 산업 및 조직심리학은 향상된 경영관리와 작업관행에 특별한 공헌을 한다. 당신이 이러한 연구 도구를 이해한다면, 당신은 그것들이 과제에 적절하게 사용되었는지 확인할 수 있을 것이다.

과학적 방법 통제되고 객관적이며 체계적인 연구 방법.

심리학 연구의 조건

과학적 연구의 세 가지 조건은 객관적 관찰, 통제, 그리고 검증이다.

객관적 관찰. 과학적 연구의 기본적 조건이며 규정적 특성이 객관적 관찰이다. 이론적으로, 연구자는 자신의 결론을 선입관이나 편견이 없는 객관적인 증거에 근거한다. 예를 들어 심리학자가 특정한 검사, 훈련 방법, 혹은 작업공간 디자인을 선택할 때, 그 선택은 개인적인 예감, 권위자 권한에 의한 제안, 혹은 과거 연구 등에 의해서 내려질 수 없다. 결정은 현재 상황의 사실에 대한 객관적인 평가에 기초해야 한다.

통제. 심리학 연구의 두 번째 조건은 관찰이 잘 통제되고 체계적으로 이루어져야 한다는 것이다. 객관적 관찰이 이루어지는 조건은 결과에 영향을 미칠 수 있는 모든 요인을 연구자가 알 수 있도록 미리 결정돼 있어야 한다. 예를 들어 만약 우리가 자료입력을 담당하는 근로자의 능률에 미치는 배경음악의 영향을 알아보고자 한다면, 음악을 제외한 다른 요인들이 근로자의 생산성에 영향을 미치지 않도록 실험상황을 통제해야 한다.

반복과 검증. 객관적 관찰에 대한 체계적 통제는 세 번째 조건의 실행으로 이어지는데, 그것은 반복과 검증이다. 조건을 주의 깊게 통제한다면, 다른 시간과 공간에서 연구하는 연구자는 선행실험이 구성되었던 조건을 반복 시행할 수 있다. 우리는 실험결과가 다른 연구자에 의해 검증된다면 이를 더 신뢰할 수 있다. 이 검증은 신중히 통제된 조건에서만 가능하다. 따라서 모든 심리학 연구는 (1) 체계적인 계획, (2) 결과가 반복되고 검증될 수 있도록 통제된 실험 상황, 그리고 (3) 객관적인 관찰을 요구한다.

심리학 연구의 한계

심리학자는 대학 실험실에서 심리학 연구 프로그램을 설계하고 수행하는 동안 많은 도전에 직면한다. 그러나 연구가 공장이나 사무실 같은 실제 생활환경에서 이루어질 때 문제는 더욱 커진다.

모든 행동이 연구될 수 없다. 한 가지 명백한 한계는 연구 방법이 모든 문제에 적용될 수 없다는 것이다. 예를 들어 사회심리학자는 폭동상황에서 사람들이 어떻게 반응하는지에 대한 통제된 관찰을 할 수 없다. 사전에 조작하기에는 상황이 너무 복잡하고 위험하다. 유사하게, 기업에서도 근로자에게 상해를 입힐 수 있는 기계의 안전장치 때문에 체계적인 연구를 실행하기 불가능하다. 과학적 연구에 대한 관심으로 사람들에게 위험을 감수하라고 부탁하는 데는 한계가 있다.

행동관찰이 행동을 변화시킬 수 있다. 두 번째 문제는 실험에서 사람을 관찰하는 행위는 심리학자가 연구하고자 하는 행동을 간섭하거나 변화시킬 수 있다는 것이다. 예를 들어 만약 근로자가 직무만족 연구의 일환으로 성격검사를 요청받았다면, 그들은 개인적인 질문에 대답하기 원하지 않기 때문에 혹은 그들의 상사나 기업의 심리학자를 좋아하지 않기 때문에, 일부러 대답을 왜곡시킬 수 있다. 또 다른 예로, 항공사 기술의 효율성을 알아보기 위해 제트엔진 소음의 영향을 조사하는 연구를 생각해 보자. 만약 기계공들이 자신이 심리학 연구의 일부분이라고 인식한다면, 그들은 관찰되지 않았던 정상적인 작업보다 일부러 더 빠르게 혹은 더 느리게 일할 것이다.

호손 효과. 때때로 근로자의 행동은 새로운 무언가가 작업장에 도입되었다는 것만으로도 변화한다. 이 현상은 호손 실험 중에 처음으로 관찰되었기에 호손 효과라고 부른다. 1장을 돌이켜봤을 때, 호손연구 중 하나는 작업장에서의 조명수준의 증가를 포함한다. 생산량은 조명의 증가에 따라 향상되었는데, 그 후 조명의 강도가 약해졌음에도 불구하고 향상된 생산량의 수준을 유지하였다. 조명이 더 밝고, 더 어두운가는 문제가 되지 않는 듯했다. 중요한 것은 변화였는데, 작업장에 무언가 새로운 것이 일어난다는 사실이 근로자의 생산성에 영향을 주었다. 연구를 수행하는 산업 및 조직심리학자는 연구 참가자가 보인 행동에서의 관찰된 차이가 연구 중인 실제 작업 조건의 결과인지, 혹은 작업 조건과는 독립적으로 변화 그 자체의 새로움에 의한 결과인지 결정해야만 한다.

인위적 환경. 어떤 연구는 인위적으로 조작된 환경에서 이루어져야 한다. 경영진은 심리학자가 조립라인이나 사무실에서 다양한 작업방식을 통한 실험으로 생산을 방해하도록 허락하지 않을 것이다. 결과적으로 연구는 모의 작업환경에서 이루어져야 한다. 이러한 경우, 연구 결과는 결과들이 적용될 동일한 작업환경과는 다른 상황에서의 행위에 근거한다. 이러한 인위성은 연구 결과의 유용성을 감소시킬 수 있다.

참가자로서의 대학생. 인위성의 문제는 산업 및 조직심리학에서의 대부분의 연구가 대학교에서 이루어지고, 연구대상으로 대학생에 의존한다는 사실에서 더욱 악화된다. 5개의 대표적인 저널의 고찰은 발표된 연구의 87%가 학생을 연구대상으로 활용하고 있다는 점을 보여 준다. 학생과 학생이 아닌 표본에서의 특성과 행동을 비교한 대부분의 연구는 두 집단 간에 중요한 차이를 나타낸다. 예를 들어 동일한 과제－관리직에 지원한 지원자를 평가하는 것－를 수행하는 경험 있는 관리자와 대학생 집단에서, 대학생은 관리자에 비하여 지원자가 더 뛰어나며, 더 높은 첫 월급을 받을 만한 자격이 있다고 판단하였다.

따라서 대학생은 직무상황의 근로자 및 관리자와는 다르게 행동할 수 있으며, 이러한 차이가 연구 결과의 일반화를 제한한다. 비록 어떤 산업 및 조직심리학자가 대학교 실험실에서 진행된 연구를 인적자원과 조직문제로 일반화시킬 수 있다고 주장할지라도, 다른 심리학자는 그 차이가 너무 커서 결과를 매우 주의 깊게 일반화해야 한다고 주장한다. 이 책에서 논의한 결과의 유용성을 극대화하기 위해서, 우리는 실제 작업 상황에서의 근로자와 관리자를 살펴본 연구를 우선적으로 신뢰한다.

심리학 연구의 방법

작업장에서 연구를 수행하는 산업 및 조직심리학자에게 몇 가지 방법이 사용 가능하다. 가장 효과적인 방법을 선택하는 것은 모든 연구 프로그램에 해당하는 우선적인 문제들 중 하나이다. 대부분의 사례에서, 방법은 연구할 문제의 성격에 의해 결정될 것이다. 우리는 다음과 같은 방법들을 논의할 것이다: 실험, 자연주의적 관찰, 조사, 그리고 웹기반 연구.

실험법

실험법 실험참가자의 수행 또는 행동에 미치는 변수의 효과를 결정하기 위한 과학적 방법.

독립변수 실험에서 참가자의 행동에 미치는 효과를 결정하기 위해 실험자가 조작하는 자극변수.

종속변수 실험에서 독립변수의 조작에 따라 나타나는 참가자의 결과적 행동.

실험법은 기본적인 개념상으로는 간단하지만, 실행하기는 어렵다. 실험의 목적은 연구되는 사람(연구 참가자 혹은 피험자)의 수행이나 행동에 미치는 변수의 효과나 영향을 결정하는 것이다.

심리학자는 실험에서 두 가지 변수를 구분한다. 하나는 자극 혹은 **독립변수**인데, 이는 우리가 결정을 하는데 관심을 가지고 있는 것의 효과이다. 나머지 하나는 참가자가 초래한 행동으로 이를 **종속변수**라고 하는데, 왜냐하면 이는 독립변수에 의해 좌우되기 때문이다. 두 변수 모두 객관적으로 관찰되고, 측정되며, 기록될 수 있다.

실험 설계하기

다음과 같은 실험을 생각해 보자. 관리자는 TV부품을 조립하는 근로자들의 저조한 생산성 때문에 걱정을 한다. 기업 심리학자는 어떻게 생산성을 증대시킬 수 있는지 연구하도록 지시받았다. 처음에 이들은 낮은 임금, 불충분한 훈련, 평판이 안 좋은 관리자, 그리고 구식 장비 등과 같이 낮은 수준의 생산에 책임이 될 만한 몇 가지 요인들을 제안한다. 그러나 작업장을 조사한 후, 심리학자는 문제가 불충분한 조명이라는 점에 의심을 둔다. 이들은 이 가설을 검증하기 위하여 실험을 설계한다.

실험에서 두 변수를 확인하고 측정하는 것은 쉽다. 독립변수는 조명의 정도이다. 이는 자극변수로, 심리학자는 실험 동안 조명의 효과를 알아보기 위하여 조명수준을 증가시킬 것이다. 종속변수는 근로자의 반응 정도이다—이 사례에서는 변화된 조명에 따라 측정된 생산율이 될 것이다.

심리학자는 작업장에서 조명수준이 높아지도록 조정하고, 실험 전의 생산과 조명을 밝게 한 2주 후의 생산을 측정한다. 조명을 변화시키기에 앞서서 각 근로자는 한 시간 동안 평균적으로 3대의 텔레비전을 조립하였다. 2주 후 개인의 생산량은 시간 당 평균 8대였으며, 이는 무시할 수 없는 증가량이었다.

왜 생산이 증가하였나? 독립변수의 변화(더 밝아진 조명)가 종속변수의 변화(더 높아진 생산성)를 가져왔다고 결론지을 수 있을까? 아니다. 우리는 실험에서 나타난 결과에 기초해서 그러한 결론을 내릴 수 없다.

조명이 아닌 다른 요인이 더 높은 생산의 원인이 되지 않았다고 어떻게 알 수 있는가? 아마 상사가 기업 심리학자가 돌아다닌다는 것을 알고, 2주의 실험 기간 동안 근로자에게 더 친절하게 대했을 수도 있다. 어쩌면 근로자가 자신의 직무가 위험에 처해 있다고 판단하여 의도적으로 더 많이 생산했을 수도 있다. 어쩌면 맑은 날씨가 근로자를 더 기쁘게 했을 수도 있고, 일상작업의 단조로움을 깨뜨리도록 어떤 변화가 끼어들었다는 사실을 나타내는 호손 효과로 인해 생산이 증가했을 수도 있다. 많은 다른 요인이 생산의 증가요인으로 간주될 수 있다. 그러나 심리학자는 조작되는 자극을 제외하고는 어떠한 다른 것도 실험참가자의 행동에 영향을 주지 못하도록 확실히 해야만 한다.

통제 요소. 과학적 방법에서의 중요한 특성이 우리의 실험에서 간과되었는데, 이는 통제 요소이다. 실험조건의 통제는 참가자의 행동이나 태도에서의 변화가 전적으로 독립변수로부터 비롯되었다는 것을 확실하게 해 준다.

이러한 필수적인 통제를 위해, 심리학자는 실험에서 두 집단의 실험참가자를 사용하는데, 이는 독립변수에 노출되는 참가자로 구성된 **실험집단**과 그렇지 않은 **통제집단**이다. 실험집단과 통제집단은 통제집단이 독립변수에 노출되

실험집단 실험에서 독립변수에 노출된 참가자의 집단.

통제집단 실험에서 독립변수에 노출되지 않은 참가자의 집단.

지 않는다는 점을 제외하고는 모든 면에서 가능한 한 유사해야 한다.

실험을 적절하게 수행하기 위해서, 우리는 근로자를 두 집단으로 나누어야 한다. 이들의 생산성은 실험기간의 전과 후에 측정이 될 것이다. 통제집단의 생산수준은 실험집단의 결과 행동과 비교하여 기준으로 적용된다.

만약 근로자의 집단이 유사하고 실험 끝 무렵에 실험집단의 행동이 통제집단에 비하여 유의하게 높게 나타난다면, 우리는 높아진 조명이 증가된 생산의 원인이 된다고 결론지을 수 있다. 날씨, 상사의 행동 혹은 호손 효과와 같은 외부요인은 실험참가자의 행동에 영향을 주지 않았을 것이다. 만약 이러한 요인이 영향을 주었다면, 두 집단 모두의 행동이 유사하게 변화했을 것이다.

연구 참가자 선정

통제집단과 실험집단은 가능한 한 유사해야 한다. 실험자가 이를 확실히 하기 위한 두 가지 방법이 있는데, 이는 무선집단 설계와 대응집단 설계이다.

무선집단 설계 실험참가자를 실험집단과 통제집단에 무선으로 할당하여 두 집단 간에 유사성을 확보하려는 방법.

무선집단 설계는 실험집단과 통제집단에 무선으로 실험참가자를 할당하는 것을 말한다. 우리의 실험에서, 만약 기업이 TV를 조립하는 근로자 100명을 고용했다면, 우리는 50명을 실험조건으로, 50명을 통제조건에 임의로 할당할 것이다. 실험과 통제조건에 근로자를 나누는 근거가 무선이기 때문에, 우리는 집단이 본질적으로 유사하다고 가정할 수 있다. 나이, 직무 경험과 같은 가외변수들이 두 집단에 균등하게 분포돼야 하는데, 이는 이러한 요인들이 실험참가자의 과제에 영향을 주어서는 안 되기 때문이다.

대응집단 설계 종속변수에 영향을 줄 수 있는 연령, 직무 경험, 지능 등과 같은 특성에서 실험집단과 통제집단의 참가자를 일치시켜 두 집단 간에 유사성을 확보하려는 방법.

대응집단 설계에서, 실험과 통제집단의 유사성을 확실하게 하기 위해서, 한 집단의 실험참가자는 행동에 영향을 줄 수 있는 특성에 근거하여 다른 집단의 실험참가자와 맞춰진다. 우리의 실험을 위해서 나이, 직무 경험, 지능, 그리고 상사의 평가에서 일치하는 실험참가자의 쌍을 찾을 수 있으며 각 집단에 각 쌍에서의 한 구성원을 할당할 수 있다. 이러한 방법으로 실험집단과 통제집단은 가능한 한 비슷해질 것이다.

대응집단 설계가 바람직함에도 불구하고, 이는 비용이 많이 들고 실행하기가 어렵다. 충분한 실험참가자의 쌍을 찾기 위해서는 많은 수의 가능성 있는 연구 참가자가 필요하다. 또한 하나 이상의 요인에서 실험참가자의 쌍을 동등하게 하는 것은 매우 복잡하다. 사람들을 직무 경험에서만 일치시키는 것은 약간의 문제만을 야기하지만, 사람들을 동시에 몇 가지 요인에서 일치시키는 것은 성가신 일이다.

직장에서: 이직과 생산성에 미치는 훈련 효과

전형적인 실험의 고전적인 사례로 재봉사가 여성용 속옷을 생산해내는 공장에서 이루어진 연구를 고려해 보자. 관리자는 컨설팅 심리학자에게 1년 내에 재봉사의 68%가 그만두는 이유를 알아봐 달라고 요청하였다. 근로자에게 조사를 하고 상사와 면접을 한 뒤, 심리학자는 높은 이직률이 불충분한 직무훈련으로부터 비롯되었다고 가정하였다.

심리학자는 이직률과 생산율에 미치는 몇 가지 훈련 조건의 효과를 알아보기 위하여 연구를 고안하였다. 연구를 수행하게 만든 문제는 많은 사람이 그만두기 때문임을 주목하라. 이 문제에 초점을 두기 위해 실험을 설계하는 과정에서, 심리학자는 추가적인 노력을 하지 않고서도 두 번째 종속변수인 생산수준에 관한 자료 역시 확보할 수 있음을 알았다.

실험참가자와 실험설계. 연구 참가자는 1년 동안 훈련생으로 고용된 208명의 여성이었다. 종속변수는 (1) 직무이직, 직무를 시작한 지 40일 안에 그만두는 작업자의 비율로 정의됨, (2) 생산성, 직무를 시작한 지 40일 동안의 일일성과로 정의됨. 심리학자는 40일이라는 기간을 정했는데, 왜냐하면 기업의 인사기록에서 대부분의 이직이 이 기간 내에 이루어진다고 보고됐기 때문이다. 종속변수는 정확하게 관찰, 측정, 기록되기 쉬웠다.

독립변수는 훈련 수준이었다. 심리학자는 훈련기간을 네 가지로 나누었다. 그 기업의 표준적인 실습은 특별한 훈련시설에서 새로운 근로자에게 하루의 훈련을 제공하는 것이었다. 이 하루의 훈련은 비교되는 다른 훈련기간에 대하여 통제조건으로 설정되었다.

집단 1에 할당된 훈련생은 표준인 하루의 훈련과정을 받았다. 집단 2는 훈련시설에서 이틀간 훈련을 받았으며, 집단 3은 훈련시설에서 3일간 훈련을 받

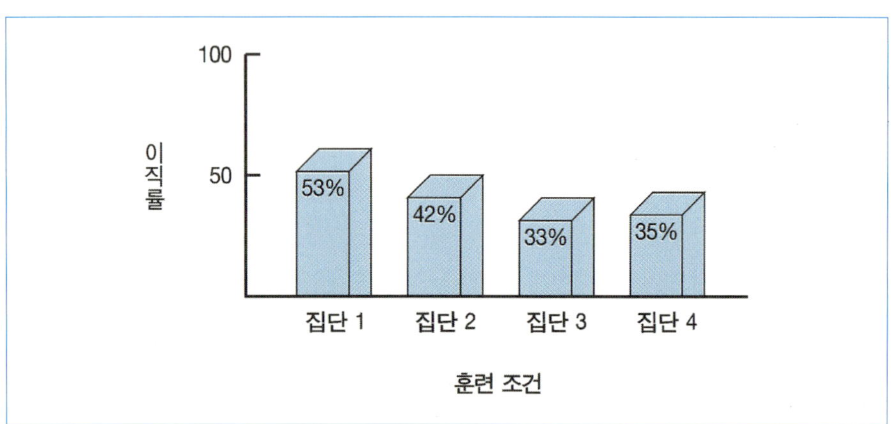

그림 2-1. 네 가지 훈련 조건에서의 이직률

았다. 집단 4는 3일간의 훈련을 받았지만, 훈련은 훈련시설과 작업장에서 나누어 진행되었다.

작업자는 기업에 처음 고용된 날짜에 근거해서 각각의 네 가지 조건에 할당되었다. 연구의 첫 달 중에 고용된 이들은 집단 1에, 두 번째 달에 고용된 이들은 집단 2에, 이런 식으로 주기를 반복하면서 1년 동안 연구가 진행되었다. 각 집단의 초기수행을 통계적으로 비교한 결과, 초기수행은 유사하였다.

결과. 이직에 관한 연구 결과, 훈련시설(집단 1, 2, 3)에서 오랫동안 훈련을 받을수록 이직률이 낮았다(그림 2-1). 직무현장과 훈련시설을 결합한 3일 간의 훈련(집단 4)은 훈련시설에서만으로 이루어진 3일 간의 훈련(집단 3)과 비교하여 이직률이 낮게 나타나지는 않았다. 그러나 그림에서 볼 수 있듯이 집단 1과 3은 추가적 훈련기간이 이직을 53%에서 33%로 감소시켰음을 보여 주었다.

연구의 두 번째 부분(생산성에 미치는 훈련의 효과)은 예상치 못했던 혼란을 가져왔다. 자료는 훈련시설에서 오랜 시간을 보낼수록, 일일 평균 생산량이 감소한다는 것을 보여 주었다(그림 2-2). 훈련시설과 직무현장에서의 3일간 훈련(집단 4)은 시설에서만 이루어진 3일간의 훈련(집단 3)보다 높은 생산을 이끌어냈다.

따라서 독립변수(훈련 수준의 차이)는 종속변수에 일치하지 않는 결과를

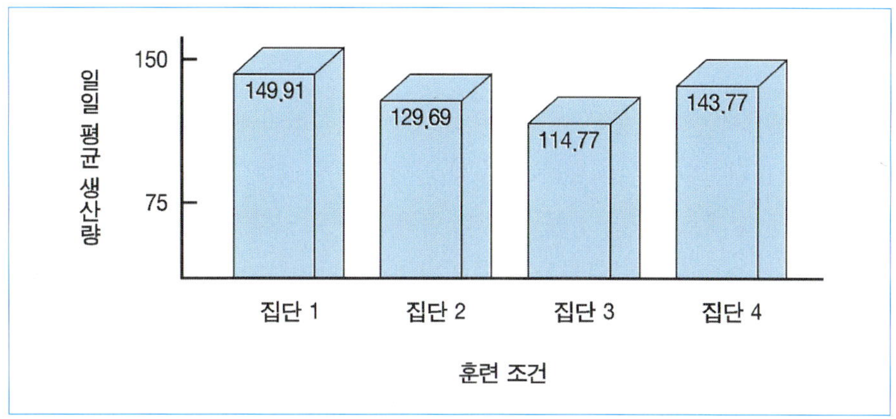

그림 2-2. 네 가지 훈련 조건에서의 생산수준

가져왔다. 훈련시설에서의 더 많은 시간은 낮은 이직으로 이어졌으나, 낮은 생산성을 산출하기도 했다. 연구 결과를 해석해야 하는 이 시점이 바로 산업 및 조직심리학자의 경험과 훈련이 가장 어려운 시련에서 필요한 순간이다. 실험은 연구자가 바라는 대로 항상 나타나지 않는다. 가설이 항상 지지되는 것은 아니다. 결과가 항상 명백하고 일관적이지 않으며, 상당한 해석적 기술이 자료와 직무 혹은 연구되는 문제를 관련짓기 위해 그리고 관리자에게 대안을 설명하기 위해 필요하다.

이 실험을 진행한 심리학자는 생산성과 이직 자료를 평가하고 3일간의 통합된 훈련 조건(집단 4)이 가장 기업에 적합할 것이라는 결론을 내렸다. 이 훈련 조건이 거의 두 번째로 높은 생산수준과 두 번째로 낮은 이직률을 산출하였다.

우리는 산업 및 조직심리학 연구가 두 가지 수준에서 진행돼야 함을 명심해야 하는데, 이는 (1) 실험을 설계하고, (2) 결과를 해석하고 실행하는 것이다. 두 수준에서 심리학자는 심리학 연구의 요구조건을 이해하는 관리자와 근로자의 협력에 의존한다.

자연주의적 관찰법

작업현장에서의 인간행동을 연구하는 데 있어서, 실험법에서 요구하는 정밀한 통제 하에 관련변수를 살펴보는 것은 항상 가능하지 않다. 또한 실생활에서 일어나는 행동 그대로를 연구하는 것이 더 유용할 수도 있다. 우리는 실험법의 한계 중 하나가 인위성임을 언급한 적이 있다. 이를 방지하기 위해서, 심리학자는 때때로 독립변수를 조작하지 않고 자연적인 환경에서 행동을 관찰하는 것을 선호한다. 이것이 자연주의적 관찰법의 핵심이다. 비록 이 방법이 독립변수의 조작을 포함하고 있지 않지만, 심리학자는 상황 전반에 다소의 통제를 유지할 수 있다.

자연주의적 관찰 독립변수의 실험조작 없이 자연스런 상태에서 행동을 과학적으로 관찰하는 방법.

자연주의적 관찰의 한 가지 장점은 관찰 행동과 관찰 상황이 일상생활에서 일어난다는 것이다. 자연주의적 관찰의 결과는 실제로부터 얻어진 것이기에 더 즉시 일반화될 수 있고 적용될 수 있다. 결국 우리의 평범한 일상 활동은 실험법에서 요구하는 엄격한 통제가 없는 상황에서 이루어진다.

이러한 장점은 또한 가장 큰 약점이 되기도 한다. 연구자가 독립변수를 조작하지 않기 때문에, 무엇이 실험참가자의 행동이나 태도를 변화시켰는지 확신을 가지고 결론을 내리기 어렵다. 또 다른 한계는 관찰이 반복될 수 없다는 것이다. 최초의 관찰 동안 우세하였던 조건들을 정확하게 반복하기란 불가능하다.

언급하였던 바와 같이, 실험법도 문제는 있다. 그렇지만 그것이 사용될 수 있을 때에는 실험자가 독립변수를 통제하고 체계적으로 조작할 수 있기 때문에 자연주의적 관찰보다 더 좋은 선택이 된다. 그러나 두 가지 방법 모두 정확하게 적용되고 신중하게 해석된다면, 작업장에서의 인간행동을 연구하는 데 가치가 있다.

직장에서: 매장 점원의 친절한 행동

전국적인 체인을 갖고 있는 편의점은 매장 점원이 고객들에게 친절하도록 가르치기 위한 훈련 프로그램을 만들었다. 기업은 친절한 행동이 판매의 증가로 이어질 수 있는지 알아보고자 하였고, 이런 식으로 훈련의 비용을 정당화하고 싶어 했다. 실험을 설계하는 것은 어려웠고 유익하지 않을 듯했다. 기업은 한 매장에서는 친절하게 교육받은 직원이 있고, 다른 곳에서는 그렇지 않은 두 매장의 판매를 비교할 수도 있었으나, 그것은 통제집단 매장에서의 손실과 고객의 소원함을 의미할 것이다.

기업은 사람들이 예의바른 점원과 무례한 점원으로 태도를 취하는 실험실 실험을 설계할 수 있었다. 고객역할을 연기하는 사람은 그들이 무례한 점원보다 예의바른 점원에게서 더 많은 것을 구매할 것인지 물어볼 것이나, 그것은 너무 인위적인 상황이 될 것이다. 또한 결과는 기업에게 실제 판매에 미치는 친절행동의 영향에 대해 어떤 것도 말해 주지 못할 것이다.

연구 설계. 심리학자는 576개 편의점에서 1,319명 점원의 행동이 고객과의 11,805번의 거래 동안 훈련된 관찰자에 의해 비밀리에 관찰되는 자연주의적 관찰을 수행하기로 결정하였다. 점원들은 그들의 친절함의 정도를 때때로 감시받을 것이라고 전달받았지만, 언제 그리고 어떻게 관찰이 이루어질지에 대해서는 알지 못하였다.

전형적인 고객처럼 보이는 관찰자는 구매를 하는 것처럼 가장하였다. 이들은 매장에 얼마나 많은 실제 고객이 있는가에 따라 각 매장에서 4~12분을 보냈다. 매장이 붐빌수록, 관찰자는 점원의 의심 없이 더 오래 머무를 수 있었다. 관찰자는 그들의 관찰에서 3% 이하의 점원이 관찰자를 의심스럽게 여겼다고 보고하였다; 이 자료는 고려대상에서 제외되었다. 점원의 친절한 행동은, 관찰자의 기록에 의하면 고객에게 미소 짓기, 고객에게 인사하기, 고객에게 감사하기, 그리고 고객과 눈 마주치기 등을 포함하였다. 각 매장의 총 판매액과 함께 이러한 행동이 종속변수이었다.

비록 독립변수가 조작되지 않았지만, 행동과 판매에 영향을 줄 수 있는 요인들은 통제되었다. 예를 들어 성별에 따른 친절행동의 변화를 통제하기 위하여 여성 점원과 남성 점원의 비율이 고려되었다. 기존연구는 여성이 남성에 비해 어떠한 환경에서든지 더 친절한 경향이 있다고 주장하였다. 여성과 남성고객의 비율도 구매행동에서의 성차를 통제하기 위해 기록되었다. 왜냐하면 예를 들어 어떤 매장에 우선적으로 여성단골이 많다면, 그리고 남성에 비해 여성이 더 전형적으로 많은 구매를 한다면, 점원의 행동에 상관없이 그러한 매장에서의 총 판매액이 더 높을 것이기 때문이다.

관찰을 위한 매장은 무선으로 선택되었지만, 모두 번화한 도시지역에 위치하였다. 도시지역과는 다른 판매양상을 보이는 시외나 시골지역의 매장은 없었다. 기업의 훈련 프로그램과는 독립적으로, 미국의 다양한 지역의 사람이 다른 구매행동을 가지고 있다는 것을 알기에 네 영역—북동부, 남부, 중서부, 서부—의 자료가 분리, 분석되었다. 이런 식으로, 실험실 밖에서 연구를 계획하고 실세계에서 이를 수행하는 경우에도 심리학자가 관련변수를 통제할 수 있고 객관적인 관찰을 할 수 있다.

결과. 놀랍게도 결과는 친절한 행동의 빈도가 높을수록, 판매는 감소하였다. 자료의 분석은 매장의 판매수준이 점원의 행동에 영향을 주고, 훈련 프로그램에서 가르친 친절한 행동은 판매의 증진과 연결되지 않음을 나타냈다. 매장이 바쁠수록(판매가 많아질수록), 점원이 친절해야 할 시간은 적었다. 낮은 수준의 판매 매장에서 점원은 더 친절해야만 했다. 결과는 또한 여성 점원이 남성 점원보다 더 친절하였으며, 서부의 점원이 북동부의 점원보다 더 친절하다는 것을 확인하였다.

이 사례에서 관찰된 행동은 실험조건에서 이루어지는 것보다 통제가 잘 되지는 않았지만, 실생활 상황의 중요한 현실성이 그 단점을 상쇄시켰다. 많은 사례에서, 연구되는 현상의 특성과 복잡성이 연구의 가장 적합한 방법을 결정한다. 다른 사례에서, 심리학자는 더 큰 적용성을 위해 어떤 통제를 희생해야 할지 결정해야 한다.

조사연구법 사람들이 자신의 느낌이나 의견에 관해 무엇을 말할지 또는 그들이 주어진 상황에서 어떻게 행동할 것이라고 말할지를 파악하기 위해 설계된 면접, 행동관찰 및 설문.

조사와 여론조사

조사와 여론조사는 개별 면접과 설문에 대해 참가자가 보이는 반응에서 행동을 관찰한다. **조사연구법**의 초점은 사람이 무엇을 하는가에 있는 것이 아니라(실험 혹은 자연주의적 관찰에서처럼) 그들이 무엇을 할 것이라고 말하는가에 있다.

조사 설문과 면접은 산업 및 조직심리학에 많은 응용성을 제공한다. 심리학자는 직무만족과 사기에 기여하는 요인을 확인하기 위해 조사를 활용한다. 규모가 큰 조직은 다양한 직무 관련 문제에 대해 근로자 조사를 주기적으로 수행하기 위해 의견수렴 부서를 운영한다. 이러한 조사는 근로자에게 고민을 말하고 불평할 수 있는 기회가 된다(상향 커뮤니케이션의 형태). 이는 또한 작업절차와 정책의 변화에 대한 반응을 평가하고 근로자에게 정책에 참여하는 기회를 제공한다.

조사법은 사람들이 실제로 행하는 것보다 그들이 행할 것이라고 면접자에게 말하는 것에 초점을 둔다.

결과적으로 조사는 근로자의 사기를 증진시키고, 이직을 감소시키며, 희생이 큰 노조항의 절차를 피하게 하는 잠재력을 갖고 있다. 어떤 공장에서는 근로자와 고용주 간의 열린 커뮤니케이션 경로를 유지함으로써 노조의 설립 가능성을 줄이고 있다. 관리자가 자신의 의견에 귀 기울이고 가치 있게 여긴다고 믿는 근로자는 노조의 필요성을 덜 느끼는 경향이 있다.

광고와 동기연구 회사는 소비자 선호를 밝혀내기 위해 조사법을 사용한다. 예를 들어 캠벨 수프회사는 100,000명보다 많은 소비자에게 그들이 좋아하는 음식과 좋아하지 않는 음식을 알아보기 위해 설문을 했다. 조사 결과에 근거하여, 회사는 자사의 냉동식품 저녁식사에 들어가는 양념을 바꾸고 저염분 수프의 생산라인을 도입하였다.

이에 더하여 여론조사는 정치적인 캠페인에서 후보자와 공약에 대한 유권자의 반응을 알아보기 위해 일상적으로 사용된다.

조사의 문제점. 그러나 최고의 여론조사 기관도 개인의 의견과 태도를 정확히 측정하는 데 어려움을 갖고 있다. 한 가지 문제점은 어떤 사람은 조사에서 질문이 주어졌을 때 일부러 거짓말을 한다는 것이다. 그들은 어떠한 것을 할 것이라고 말하고, 다른 것을 한다. 때때로 그들은 생각을 바꾸는데, 예를 들어 면접자에게 10월에는 공화당에 투표할 것이라고 말하고 11월 선거에서는 민주당에 투표한다.

사람은 특정한 상표의 의복 혹은 자동차를 선호한다고 말할 수 있는데, 왜냐하면 그들은 이 선택이 그들을 지적으로 보이게 만든다고 믿기 때문이다. 예를 들어 어떤 사람이 비싼 수입 맥주를 마신다고 말할 수 있지만, 면접자가 그 사람의 냉장고를 들여다본다면, 면접자는 비싼 수입 맥주 대신에 저가의 지역 맥주를 발견할 수 있을 것이다.

때때로 사람들은 의견을 가지고 있지 않더라도 조사 질문에 대답하기 위해 의견을 표현할 수 있는데, 그 이유는 면접자가 자신을 무식하다고 여기지 않기를 바라기 때문이다. 37개 조사의 분석에서 64%의 응답자는 면접자가 물어보는 잡지기사를 읽었다고 말하였다. 실제로 그러한 기사는 발표된 적이 없었다. 결과는 또한 사람들이 면대면의 면접에서 같은 설문을 받았을 때보다 사적으로 설문을 완성할 때, 대답에서 더 솔직한 경향이 있음을 보여 주었다.

이러한 조사법과 관련한 어려움은 패배한 선거, 실패한 사업, 그리고 잘못된 경영 결정에 대해 설명해 줄 수 있다. 잘못은 방법 그 자체에 있는 것이 아니라, 복잡성, 주관성, 그리고 때때로 우리의 태도, 선호, 그리고 행동에서의 잘못된 특성에 있다. 여하튼 적절히 설계된 조사는 매우 정확할 수 있으며 실패하는 것보다 더 자주 성공한다는 것을 명심해야 한다.

개별 면접

조사 자료를 수집하는 네 가지 기본적인 방법은 개별 면접, 지필 설문, 웹기반 설문, 그리고 전화 조사이다. 가장 비용이 많이 들고 시간을 소요하는 기법인 개별 면접은 응답자와의 면대면 만남을 필요로 한다.

유능한 면접자를 찾고 훈련시키는 것은 매우 중요한데, 왜냐하면 그들의 외모, 매너, 그리고 행동이 사람들로 하여금 그들과 협조하게 하고 질문에 대답하게 하는데 영향을 주기 때문이다. 연구 결과는 사람들이 면접자의 나이, 인종, 그리고 성별에 따라 면접질문에 다르게 반응한다는 것을 보여 주었다.

더욱 미묘한 면접자 변수도 조사 결과에 영향을 줄 수 있다. 예를 들어 만약 마약사용에 관한 질문을 하는 면접자가 응답자가 말하는 것에 대해 웃거나 눈살을 찌푸리며 분명한 동의나 이의를 보인다면, 그 사람은 마약사용에 대한 면접자의 개인적 의견을 눈치 채고 후속 질문의 답을 바꿀지도 모른다.

개별 혹은 면대면 면접은 조사 자료를 수집하는 다른 방법보다 많은 장점을 제공한다(예를 들어 Tourangeau, 2004 참고). 일반적으로 개별 면접은 전화설문이나 우편설문에 비하여 높은 응답률을 가진다(어떤 것은 90% 가까이 높다). 개별 면접은 글을 읽지 못하는 사람에게도 가능하다. 게다가 면접자는 응답자가 면접과정 중에 가질 수 있는 의문점을 명료하게 할 수 있다.

이러한 면접의 단점은 사람들이 면대면의 상황에서 개인적인 정보를 드러내는 것을 불편해한다는 것이다. 또한 많은 사람이 경비가 있거나 울타리가 쳐진 주거 공동체, 혹은 안전하게 지켜지는 아파트 혹은 콘도 복합시설 등에서 생활하기에 이러한 경제적 수준의 사람을 면접하는 것이 점점 어려워진다.

지필 설문

우편설문은 넓은 지역의 많은 사람들로부터 정보를 획득하는 데 더 저렴하고 더 쉬운 방법을 제공한다. 오늘날 산업 및 조직심리학에서 설문은 근로자에게서 정보를 얻기 위해 가장 흔히 사용된다. 근로자가 익명성을 보장받을 수 있기 때문에, 더 자유롭게 그리고 개방적으로 응답을 하는 경향이 있다. 또한 근로자가 자신의 시간을 가질 수 있기 때문에, 더 신중히 답변할 수 있고 그래서 이들의 보고는 개별 면접보다 종종 더 신뢰성이 있기도 하다.

우편설문조사의 가장 큰 단점은 응답률이 보통 40~45%밖에 되지 않는다는 것이다. 추가적인 회답을 확보하기 위해 후속절차가 때때로 사용된다. 모든 설문 수령인에게 조사의 중요성과 협조를 알리는 상기용 편지나 엽서를 보낼 수 있다. 등록된 주소로 보낸 편지와 전화 또한 협조를 받아내기 위해 사용될 수 있다. 어떤 기업은 조사에 응하는 데 있어 보상을 제공하기도 한다. 몇몇은 질문회수를 위한 유인으로 값비싼 상을 주는 콘테스트를 개최하기도 한다. 대부분의 기업은 1달러 정도의 작은 액수의 돈을 지불하는데, 이는 응답자로 하여금 돈을 받고 질문을 하지 않을 경우 죄책감을 느낄 수 있도록 하기에 충분하다.

웹기반 조사

오늘날 대부분의 조직은 근로자에게 여론조사를 하기 위해 전자적인 방법을 사용한다. 질문은 이메일, 인트라넷, 혹은 인터넷 서비스를 통해 제시되고, 근로자는 답을 입력하기 위해 키보드를 사용하면서 응답한다. 전자 여론조사는 면대면 여론조사보다 더 빨리 완결될 수 있다. Allstate, Duke Power, IBM, Xerox와 같은 기업은 주기적으로 전자조사를 실행하며, 모든 사람이 접근 가능하도록 결과를 온라인에 게시한다.

산업 및 조직심리학자는 지면설문과 컴퓨터기반 설문의 답을 비교하기 위한 연구를 수행하였다. 다양한 연구는 둘 사이에 유의한 차이가 없음을 보고하였다(예를 들어 Donovan, Drasgow, & Probst, 2000 참고). 그러나 응답률은 크게 변화하였다. HP(Hewlett-Packard)에서 이루어진 연구는 근로자 표본에 보내진 지면설문에 대한 응답률이 26% 미만임을 보여 주었다. 같은 조사가 근로자에게 이메일로 보내졌을 때, 응답률은 42%로 증가하였다. 웹기반 조사의 응답률은 60%였다. 또한 우편조사보다 전자조사에 근로자는 더 빠르게 응답하였다(Frame & Beaty, 2000).

웹기반 설문과 지필 설문을 비교한 다른 연구는 미국, 일본, 프랑스에 있는 근로자가 지필형식에 비해 온라인 조사를 선호했음을 보여 주었다. 나이에 따른 유의한 차이가 발견되었다; 50세 이하는 온라인 접근을 선호했지만, 50세가 넘는 근로자는 지필기법을 선호하였다(Church, 2001). 후속연구는 다수의 근로자가 온라인 조사를 선호한다는 결과를 지지하였다. 성별, 인종, 혹은 군인과 일반인에서 유의한 차이가 없었다(Thompson, Surface, Martin, & Sanders, 2003).

웹기반 조사의 인기에도 불구하고, 이 접근에는 몇 가지 단점이 있다. 이 조사법이 실행에 있어서 다른 조사유형보다 더 빠르고 비용이 저렴하기 때문에 그리고 쉽게 수행할 수 있기 때문에 근로자의 의견을 구하는 경영관리의 기법으로 활용되는 경향이 있다. 때때로 관리자는 조사 결과를 어떻게 활용할 것인

<여기서 잠깐>

난 전화 안 받아!

당신이 원한다면, 여론조사에서 보수당이 열세를 보인 것에 대해 나를 비난해도 좋다. 나는 전화 조사에 답하는 것을 거절했다. 내가 애국적이지 않거나, 내 의견이 반영되지 않기를 바라는 것은 아니다. 나는 매 선거에서 투표를 하였고, 내 이름이 투표자 명단에 있기에 한 주에 한 통 혹은 두 통의 많은 전화를 받는다. 나는 여론조사에 응답을 하곤 했다. 왜 내가 그것을 안 하겠다고 했을까?

- 여론조사는 내 시간을 가져간다. 전화는 내가 하던 것들을 방해한다. 갤럽 혹은 어느 누가 내 권리 중 무언가를 가졌기에 정치적 정당이나 출판사에 그것을 파는가?
- 전화선의 다른 끝에 있는 것이 Gallup인지 Harris인지 Fox News인지 또는 Time/CNN인지 혹은 어떤 사람인지 내가 어떻게 아는가? 내가 여론조사에 응답한 직후, 한 여론조사원은 나에게 어떠한 은행을 가고, 얼마나 자주 방문을 하는지 물어봤다. 이런 까닭에 나의 거부는 시작되었다.
- 어떤 질문들은 너무 사적이거나, 은행 질문처럼 응답하기에 위험하기까지 하다. 또한 나는 집에 몇 명이 사는지, 내가 강아지를 기르는지, 총은 있는지, 그리고 우리 집의 총수입은 얼마인지 질문을 받았다. 처음부터 대답을 안 하는 것보다 중반부에 응답을 그만두는 것이 더 어렵기에 이러한 예민한 문제들은 여론조사의 후반부에 제시되었다.
- 많은 조사원들은 친절하지만, 몇몇은 무례하다. 한 명은 가족 수입 내용을 묻기까지 10분을 기다렸다. 내가 질문을 거절하자 그녀는 화를 냈다. 그녀는 내가 대답을 하지 않으면, 전체의 심층조사와 그녀의 시간이 낭비될 것이라고 말했다. 그래서 우리 둘 모두는 우리의 시간을 낭비했다.
- 어떠한 조사원은 판매원이다. 예를 들어 여론조사라는 구실 하에, 전화를 건 사람은 교회에 다니는지, 신을 믿는지, 새로운 종교집단의 예배에 참석하거나 종교적인 책을 사려는지 등을 물어볼 수 있다.
- 많은 조사원은 의견에 영향을 주고자 한다. 그들은 당신의 정당 후보가 최근에 한 안 좋은 일들에 대해 알고 있는지 물어볼지도 모른다. 그들은 실제로 예 혹은 아니오를 원하지 않는다. 그들은 당신의 관점을 형성하고 그들의 주장을 지지하는 토론을 바란다.
- 여론 답변들은 종종 사적이지 않다. 이는 응답자의 이름이 붙여진 채로 기록될 수 있고 유포될 수 있다. 한 저녁 공화당 간부회의에서, 나는 동네에서 수행된 여론조사의 컴퓨터 출력물로 다루어졌다. 우리가 누구에게 투표하고자 하는가, 후보 A, 후보 B, 의견 없음, 혹은 응답거부? 내 거주구역에 사는 사람들, 집집마다 모두 내 주소도 응답거부의 목록에 적혀진 채로 있었다. 그러나 내가 아는 모든 사람의 정치적 성향을 멍청하게 바라보는 것은 재미있지 않은가? 나는 여론조사 결과를 에누리하여 들음으로써 내 본문을 다했다. 다른 이들도 마찬가지였을 것이다.

출처: Genie Dickerson. *New York Times*, July 13, 1999.

조사 질문의 유형

어떠한 조사에서도, 자료를 수집하는 방법에 관계없이 두 가지 기본적인 문제가 결정되어야 한다. (1) 어떠한 질문이 주어져야 하는가, 그리고 (2) 누가 질문을 받을 것인가이다. 일반적으로 조사는 개방형 질문이나, 고정대안 질문을 활용한다.

개방형 질문 응답자가 자신의 말로 자신의 견해를 진술하는 조사 질문. 대학교 시험에서의 에세이 질문과 유사하다.

대학교 시험에서 볼 수 있는 에세이 질문과 유사한 **개방형 질문**의 경우, 응답자는 아무런 제한 없이 자신의 말로 자신만의 견해를 표현한다. 여기서 원하는 만큼 응답하도록 권장되며 필요한 만큼 시간을 쓸 수 있다. 만약 설문이 많은 개방형 질문을 가지고 있다면, 설문과정은 시간을 많이 소비할 것이다. 응답의 유용성은 얼마나 능숙하게 참가자가 자신의 생각과 감정을 말로 표현할 수 있는가에 달려 있다. 개방형 질문은 면접자에게 응답을 기록할 때 철저해야 하고 정확해야 한다는 상당한 압력을 준다.

고정대안 질문 응답자의 답변을 제시된 선택대안으로 제한하는 조사 질문. 대학교 시험에서 사지선다형 질문과 유사하다.

당신이 친숙한 사지선다형 시험과 같은, **고정대안 질문***은 사람의 응답을 특정한 대안들로 제한한다. 전형적인 개방형 질문은 다음과 같을 것이다: 학교에 돈을 제공하기 위해 세금을 올리는 것에 대해서 어떻게 생각하십니까? 동일한 주제에 대해 고정대안의 질문은 이러할 것이다: 학교에 돈을 제공하기 위해 세금을 올리는 것에 대하여 당신은 찬성 ________, 반대 ________, 또는 미결정 ________? 따라서 응답자는 제한된 수의 선택대안과 응답에서의 제한된 방식에 마주한다.

고정대안 질문은 주어진 시간 동안 더 많이 질문할 수 있게 함으로써 조사를 단순화시킨다. 또한 고정대안 질문에 대한 답은 개방형의 응답보다 더 쉽고 정확하게 기록된다.

한 가지 단점은 제한된 수의 선택대안이 응답자의 의견을 정확하게 반영하지 못할 수 있다는 것이다. 어떤 사람은 특정한 상황에서는 높은 학교세금에 찬성하고, 다른 상황에서는 반대할 수 있다. 응답자의 답변이 예, 아니오, 혹은 미결정으로 제한될 때, 이들은 이러한 느낌을 면접자에게 알릴 수 없다. 만약

---

*[역자 주] 일반적으로 폐쇄형 질문(close-ended question)이라고 부른다.

표본에서의 많은 사람이 이러한 표현되지 않은 답변을 가지고 있다면, 결과는 왜곡될 수 있을 것이다.

보통 질문이 명확하게 명시되어 있는지 확인하기 위해 작은 표본의 응답자에게 조사 질문을 사전에 검사하는 것은 좋은 생각이다. 만약 참가자가 질문을 오해하거나 의도하지 않은 의미를 탐지한다면, 결과는 편향될 것이다. 예를 들어 National Center for Health Statistics에 의한 한 조사에서, 여론조사자가 조사 결과를 왜곡시키기에 충분한 수의 사람이 복부(abdominal)란 문구를 이해하지 못하고, 복부가 어디에 위치해 있는지 모르며, 심지어는 그것이 무엇인지도 모른다는 것을 발견했을 때까지 미국인에게 복부통증에 관해 질문을 하였다. 응답자에게 신체 그림을 보여 주고 복부의 위치를 가리켜 보여 준 후의 응답은 전혀 다르게 나타났다.

조사 질문의 표현은 산업 및 조직심리학자에게 도전인데, 이는 대략 25%의 미국 근로자가 기능적으로 문맹이기 때문이다. 설문과 지시사항을 읽고 이해하지 못하는 사람은 조사를 완성하는 데 동기화되지 않을 것이며, 그들이 원할지라도 제대로 이를 완성할 능력을 갖고 있지 않을 것이다. 다양한 문제를 위한 최신의 조사 결과 그리고 조사에 참여하기 위해서는 www.ropercenter.uconn.edu, www.gallup. com, 혹은 www.pollingreport.com에 접속하라.

표집 방법

컨설팅 심리학자가 텍사스 주 의회로부터 운전면허증 수수료 인상에 대한 자동차 소유자의 의견을 확인하도록 요청받았다고 가정해 보자. 주에 있는 모든 자동차 소유자를 조사하는 것은 충분한 시간과 비용이 있더라도 지루하고 따분한 일일 것이며, 모두의 위치를 알아내고 면접을 하는 것도 가능하지 않다. 또한 이럴 필요도 없다. 신중하게 계획을 세운다면, 자동차 소유자의 대표적인 표본을 조사하는 것이 원하는 정보를 획득하고 전체 모집단의 반응을 예측하게 할 것이다.

텍사스의 자동차 소유자의 표본을 선정하기 위해 우리는 쇼핑센터, 주유소, 혹은 복잡한 도로의 교차지점에서 사람들을 조사할 수 있다. 그러나 우리가 이야기하고 있는 사람이 주에 있는 모든 자동차 소유자의 전형이라는 것을 보장할 수 없다. 예를 들어 댈러스나 휴스턴 근교에 있는 고급쇼핑몰에서 찾은 사람은 텍사스 주의 많고 다양한 인구 중에서도 고소득층을 대표하는 경향이 있을 것이다. 조사를 위한 대표적 표본을 얻기 위해서는 더 나은 방법을 찾아야 한다.

확률 표집 조사를 위해 모집단의 대표적인 표본을 구성하는 방법. 모집단에 있는 각각의 사람은 표본에 포함될 동등한 확률과 기회를 갖고 있다.

모집단의 대표적 표본을 구성하는 두 가지 방법에는 확률표집과 할당표집이 있다. **확률표집**에서, 모집단에 속한 각각의 사람이 표본에 포함될 확률 또는 기회가 알려져 있고 동등하다. 자동차 관리국으로부터 자동차 소유주의 목록을 확보함으로써, 우리는 얼마나 많은 표본이 필요하냐에 따라 매번 10번째 혹은 25번째의 이름을 선택할 수 있다. 이러한 방법으로 등록된 자동차 소유자의 모집단에 있는 모두가 표본에 속할 동등한 기회(10명당 한 명, 혹은 25명당 한 명)를 갖는다. 이 방법은 모집단에 속한 모두의 목록이 있는 한 더할 나위 없는 방법이다. 만약 우리가 미국에서 자격이 있는 모든 유권자를 연구하고 싶다면, 이 방법은 유용하지 않을 것이다. 왜냐하면 오직 등록된 유권자만 목록에 있기 때문이다.

할당 표집 조사를 위해 모집단의 대표적인 표본을 구성하는 방법. 표본이 모집단의 구성 비율을 반영해야 하기 때문에, 할당은 연령, 성별, 인종 등과 같은 다양한 범주에서 정해진다.

할당표집에서, 연구자는 광범위한 모집단을 축소판으로 구성하고자 시도한다. 만약 인구조사로부터 텍사스의 자동차 소유자 중 20%는 대학 졸업자이며, 50%는 남성이고, 40%는 히스패닉이라는 등등이 알려져 있다면, 표본도 이러한 비율을 반영해야 한다. 면접자는 다양한 범주에서 면접할 사람을 할당받으며, 적합한 응답자를 찾아야 한다. 그러나 질문을 받게 될 사람이 면접자에 의해 선택되기 때문에, 면접자의 개인적인 느낌과 선입견이 표본의 선택에 영향을 줄 수 있다. 어떤 면접자는 옷을 잘 차려입은 사람하고만 말하려 할 수 있으며, 어떤 이는 여성 응답자만을 선택할지도 모른다.

거절하는 근로자

어떠한 근로자는 조사 질문이 얼마나 신중하게 구성됐는지 또는 응답을 했을 때 보상이 얼마나 매력적으로 제공되는지에 관계없이 조사에 응답하기를 거절한다. 이러한 거부가 결과를 편향시킬 수 있다. 어떤 경우에 근로자는 설문을 못 받았을 수도 있고, 잘못 두었을 수도 있으며, 잊어버렸을 수도 있다. 그러나 어떤 근로자는 고용주가 실시하는 자신의 태도, 의견, 관심, 그리고 느낌에 대한 어떠한 조사에도 참여하기를 완강하게 거부한다.

관리자가 근로자를 너무 자주 조사하거나, 정보를 너무 자주 요청해서 근로자를 귀찮게 하기 때문에 조사를 거절하는 근로자의 수가 증가한다. 기업의 설문 응답률이 감소할 때, 결과로 나온 자료는 관리자에게 잘못된 정보를 제공할 수 있다.

194명의 근로자에 대한 연구는 기업의 조사에 응하지 않겠다고 말한 사람이 기업의 질문에 응답하기로 동의한 사람과 중요한 방식에서 차이가 있음을 발견하였다(Rogelberg, Luong, Sederburg, & Cristol, 2000). 거절하는 근로자는 직무를 그만두겠다는 더 큰 의도를 나타냈다. 조사에 응답한 근로자와 비교했을 때, 거절하는 근로자는 기업에 덜 몰입하였고 자신의 직무에 덜 만족하였다. 더욱이 이러한 근로자는 기업의 사전조사에서 나타난 응답에 낮은 가치를 부여하였다. 이 사례에서, 관리자가 조사에서 얻은 응답은 우선적으로 직무에 만족을 하고 기업에 협조적인 근로자로부터 나타난 것이다. 따라서 기업은 근로자의 관점에서 대표적인 표본을 획득하지 못하였다.

가상 실험실: 웹기반 연구

이제 산업 및 조직심리학자는 24/7의 연구를 수행하기 위해 웹을 이용한다. 가상 실험실에서 이들은 더 빠르고 더 저렴하게 연구를 진행할 수 있으며 대학실험실이나 기업환경보다 더 다양하고 광범위한 참가자 집단을 구성할 수 있다. 웹기반 연구는 근로자가 자신의 컴퓨터 스크린에 제시된 자극에 반응하는 직무지원자를 위한 설문, 근로자 태도에 대한 조사, 실험, 심리검사 등을 포함한다.

개인 실험실과 넷실험실(NetLab)을 연결하는 네트워킹은 다른 나라와 다른 기업의 수천 명의 연구 참가자로부터 자료를 수집하는 대규모의 연구를 가능하게 한다. 넷실험실은 참가자가 실제 작업환경에서 상황 시뮬레이션에 반응하는 가상-현실 집단실험을 조작할 수 있다.

가상연구는 기존의 작업장이나 대학 실험실에서 수행되는 전통적인 연구에 비해 추가적인 장점을 제공한다. 한 연구자가 지적한 것처럼, "조사와 실험은 웹에 접속한 이들에게 빠르게 전달될 수 있으며, 실험실 공간의 비용, 사용도구, 종이, 우편비용, 그리고 노동을 감소시켜 주면서 자료는 자동적으로 전자형식으로 저장이 된다."라고 말하였다(Birnbaum, 2004, p. 804).

나이, 성별, 교육 수준, 작업형태, 수입, 사회계층 그리고 국적 등과 같은 폭넓은 범위에서 연구 참가자를 모집하는 것은 웹에서 더 쉽게 이루어질 수 있다. 우리는 많은 심리학 연구가 대학생을 대상으로 이루어졌음을 보았는데, 이는 이들이 거의 모든 연구가 수행되는 대학교 캠퍼스에서 즉각적으로 모집 가능하기 때문이다. 이와는 대조적으로, "인터넷 채팅방과 게시판은 다른 주제들 중에서 커뮤니케이션, 편견, 그리고 조직행동의 연구에 주의를 줄 수 있는 인간행동의 많은 표본을 제공한다"(Kraut, et al., 2004, p. 105).

계통학에 관심을 표현한 노년층을 연구하고 싶어 하는 대학원생의 사례를 고려해 보자. 계통학을 다루는 공지와 광고를 출판물에 게재하고, 사람으로 하여금 응답하도록 요청하는 식의 수개월이 걸릴 수 있는 과정 대신, 연구자는 온라인에서 계통학 집단에 문의를 하여 연구를 위한 4,000명이 넘는 사람을 일주일도 안 되어 확보하였다(Birnbaum, 2004).

웹기반 연구에 대한 비판은 나이, 성별, 인종 등과 같은 준거에서 응답의 정직성과 정확성을 평가하는 것이 불가능하고, 또는 참가자가 답을 속이는지 혹은 반대로 행동하기 위해 명백하게 옳지 않거나 시시한 답변을 하는지를 알아내는 것이 불가능하다는 것이다. 또한 컴퓨터를 사용할 줄 알고 인터넷 자료와의 상호작용을 편하게 생각하는 사람은 컴퓨터와 친숙하지 않은 사람에 비해 교육 및 사회경제적 특성에서 다른 경향이 있다. 따라서 어떤 면에서 응답자는 자기-선택적이며 모집단을 대표하지 못한다. 그러나 웹기반 연구의 지지자는 심리학 연구의 전형적인 참가자인 대학생 역시 일반 모집단을 대표하지 못한다는 점을 지적한다.

비평가는 또한 온라인 조사의 응답률이 개별조사 또는 전화 조사의 응답률보다 낮음에 주목하였다. 탈락률은 실험실 연구에서보다 웹기반 연구에서 더 높다. 대학생이 자신의 교수에 의해 진행되는 실험도중에 나가는 것보다 익명의 참가자가 접속을 끝내는 것이 훨씬 쉽다. 그럼에도 불구하고, 온라인 연구를 실험실 연구 및 직업사이트 연구와 비교하는 많은 연구는 모든 형태의 연구에서의 결과가 유사하고 일치함을 보여 주었다(예를 들어 Birnbaum, 2004; Gosling, Vazire, Srivastava, & John, 2004; Kraut, et al., 2004 참고). 다양한 심리학 분야에서의 연구 결과뿐만 아니라 어떻게 연구를 하는지에 대한 정보를 포함하여 웹기반 연구에 대해 더 알아보기 위해서는, www.psych.hanover.edu/research/exponnet.html과 www.psych exps.olemiss.edu/에 접속해라.

자료 분석 방법

다른 과학 분야의 연구에서처럼, 심리학 연구에서 자료를 수집하는 것은 문제를 해결하는 과학적 접근의 첫 번째 단계이다. 우리가 200명의 조립라인 근로자의 생산성을 측정하기 위해 실험을 수행하거나 혹은 200명의 판매직 지원자의 적성검사를 시행한다고 가정해 보자. 우리는 무엇을 배웠는가? 지금까지 우리는 200개의 원자료를 모았다. 이제는 그 의미에 대해 결론을 내리고 현재 상황에 결과를 적용시키기 위하여 원자료를 분석하고 해석해야 할 필요가 있다. 이를 위해 우리는 통계방법의 자료를 요약하고 기술하는 데 적용한다.

기술통계

당신은 기술적이라는 용어와 이미 친숙할 것이다. 당신이 사람이나 사건을 말로 기술할 때, 당신은 마음속의 이미지를 전달하려고 노력할 것이다. 유사하게 심리학자가 **기술통계**를 사용할 때는 가지고 있는 자료를 의미 있는 방법으로 기술하거나 묘사하고자 한다. 몇몇 연구자료를 살펴보고 어떻게 통계가 이를 기술할 수 있는지 살펴보자.

기술통계 연구자료를 간결하고 의미 있는 형태로 기술하거나 묘사하는 방법.

위성 TV시스템 판매에서의 성공을 예측하기 위해 고안된 직무 지원자의 새로운 검사를 평가하기 위해서, 심리학자는 99명의 지원자에게 검사를 시행하였다. 검사기록은 표 2-1에 나타나 있다. 이러한 숫자들은 수를 요약하고 기술하는 방법이 중요한 이유를 알려 줄 것이다. 자료를 그 자체로 이해하는 것은

표 2-1

위성 TV 판매직의 99명 직무지원자의 원점수

141	91	92	88	95	113
124	119	108	146	120	123
122	118	98	97	94	89
144	84	110	127	81	120
151	76	89	125	108	90
102	120	112	89	101	118
129	125	142	87	103	147
128	94	94	114	134	114
102	143	134	138	110	128
117	121	141	99	104	127
107	114	67	110	124	122
112	117	144	102	126	121
127	79	105	133	128	118
87	114	110	107	119	133
156	79	112	117	83	114
99	98	156	108	143	99
96		145		120	

불가능하다. 당신은 표에 있는 개개의 수를 보면서 유용한 예측을 하거나 혹은 전반적으로 지원자의 잠재적 직무수행에 대해 의미 있는 평가를 할 수 없다.

빈도 분포 각 점수가 나타난 횟수를 보여 주는 원자료에 대한 그래프 묘사.

자료를 기술하는 방법 중에 하나는 **빈도분포** 또는 각 점수가 나타난 횟수를 나타내는 막대그래프를 만드는 것이다(그림 2-3 참조). 많은 점수를 다루기 편리하게, 우리는 이들을 동등한 간격으로 묶을 수 있다. 자료를 집단화하는 것이 요구되지는 않지만 작업하기 편리하게 해 준다. 그래프는 원점수로 구성된 표보다 직무 지원자 집단의 검사수행에 대한 분명한 견해를 제공한다. 또한 그래프는 중간 범위의 검사점수를 가진 대부분의 참가자를 보여 줌으로써 집단수행에 대한 유용한 정보를 제공한다.

평균, 중앙치, 최빈치. 자료를 과학적으로 분석한다는 것은 원점수를 양적으로 요약하고 기술하는 것이다. 우리는 자료를 단일의 수인 분포의 중심경향치로

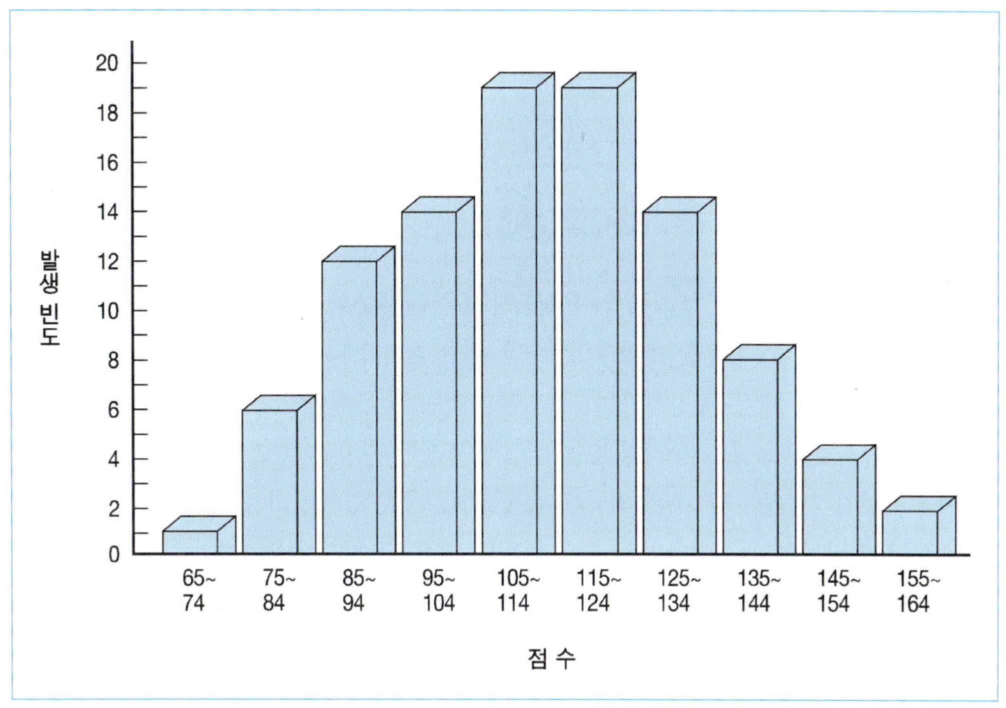

그림 2-3. 위성 TV판매 검사점수의 분포(집단화된 자료)

나타낼 수 있어야 한다. 분포에서 전형적인 점수를 발견하기 위해 우리는 평균, 중앙치, 혹은 최빈치를 계산할 수 있다.

가장 보편적이고 유용한 중심경향치는 산술평균 혹은 **평균**으로, 이는 모든 점수를 다 더한 후 전체 참가자의 수로 나눔으로써 계산된다. 앞의 예에서, 99명의 직무 지원자 집단의 평균은 모든 점수의 총합인 11,251을 참가자의 총수인 99로 나눈 113.6이다. 따라서 평균은 원자료를 단일의 수로 축소한다. 평균은 많은 높은 수준의 통계분석의 기초를 제공한다.

평균 산술평균; 자료분포의 중심경향을 기술하는 방법.

중앙치는 분포의 중앙에 위치한 점수이다. 99개의 점수를 낮은 것부터 높은 것까지 순서대로 정렬하면, 중앙치는 50번째 사람이 획득한 점수이다. 반 이상의 직무 지원자의 점수는 중앙치보다 높으며, 나머지 반은 낮다. 우리의 표본에서 중앙치는 114이며 이는 평균과 가깝다. 중앙치는 편포를 다룰 때 유용한 측정치이다.

중앙치 통계분포의 중간지점에 있는 점수; 점수의 반은 중앙치 아래에 나머지 반은 위에 놓인다.

최빈치 자료 분포에서 가장 빈번하게 획득된 점수.

최빈치는 분포에서 가장 빈번하게 획득된 점수이다. 분포는 하나 이상의 최빈치를 가질 수도 있다. 우리의 자료에서 최빈치는 114이다. 최빈치는 자료를 기술하는 데 거의 적용되지 않지만, 어떤 작업 상황에서는 유용하다. 예를 들어 적절한 스테레오 세트의 구입을 고려하는 매장 관리자는 어떠한 품목이 다른 것에 비해 가장 빈번하게 구매되었는지 알고자 할 것이다.

정규 분포와 편포. 그림 2-3에서 당신은 대부분의 직무 지원자가 분포의 중간 지점의 검사점수를 받았고, 소수만 아주 높거나 낮은 점수를 받았다는 것을 볼 수 있다. 많은 측정치가 이 종모양의 분포에 근접한다. 일반적으로 이러한 정규곡선의 분포는 물리적 또는 심리적 특성이 측정될 때 발생한다. 예를 들어 우리가 키, 몸무게, 혹은 지능을 측정할 때, 충분한 크기의 표본은 대부분이 중앙에 위치하고 소수만이 극도로 낮거나 높은 끝 지점에 위치하는 분포를 산출할 것이다.

정규분포 대부분의 점수가 중심 근처에 위치하고 소수가 좌우 극단에 위치하는 종모양의 분포.

정규분포는 무선과 검사된 표본의 크기에 의해 예측된다. 만약에 표본이 모집단의 대표가 되지 못하고 한 방향이나 다른 방향으로 치우쳐 있다면, 분포는 정규곡선에 근접하지 않을 것이다.

고등학교를 중퇴한, 공식적인 학교교육과 표준화된 검사를 받아본 적이 없는 집단에게 IQ 검사를 시행했다고 가정해 보자. 이러한 집단은 일반적인 집단의 전형이거나 대표가 아니기 때문에, 이들의 검사점수 분포는 정규곡선으로 보이지 않을 것이다. 특별히 선정된 집단에서 측정이 이루어질 때, 분포는 불균형 혹은 **편포**처럼 보일 것이다(그림 2-4 참조).

편포 대부분의 점수가 높거나 낮은 한 극단에 위치한 자료의 비대칭 분포.

편포를 다루는 데 있어서, 중앙치가 가장 유용한 중심경향치이다. 평균은 한 방향의 소수의 극단적인 점수에 의해 영향을 받기 때문에 자료에 대한 잘못된 기술을 제공할 수 있다. 중앙치는 극단적인 점수들에 영향을 덜 받는다.

당신은 사람들이 통계가 거짓말을 한다고 말하는 것을 의심 없이 받아들인다. 통계가 사람들을 잘못 인도하기 위해 사용될 수 있지만, 잘못은 통계기법 자체가 아니라 통계를 부적절하게 적용하는 데 있다. 예를 들어 24년의 기간 동안의 기업 책임보험 사례에서 보험금의 평균과 중앙치를 나타내는 그림 2-5의 자료를 고려해 보자. 보험금의 중앙치가 해당기간 동안 조금 감소한 반면에,

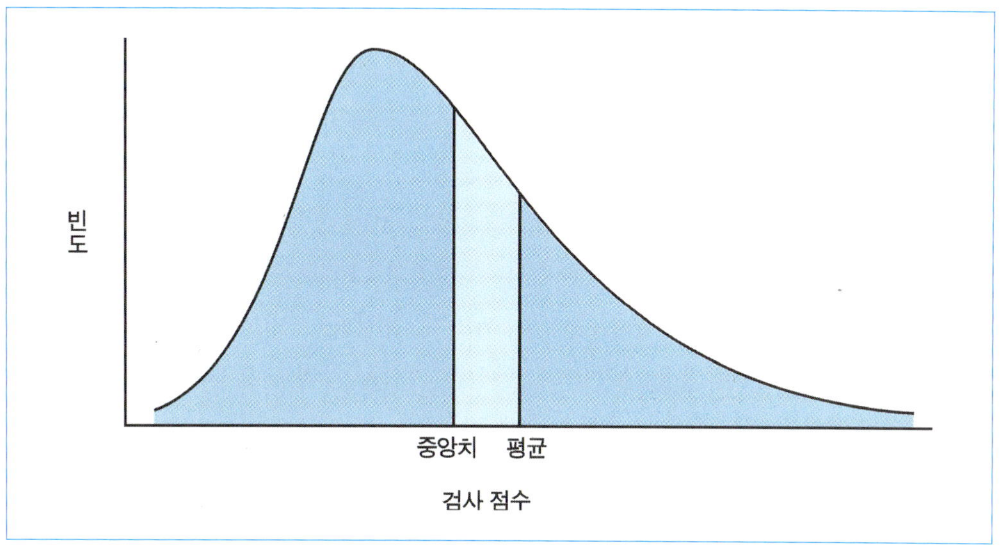

그림 2-4. 편포

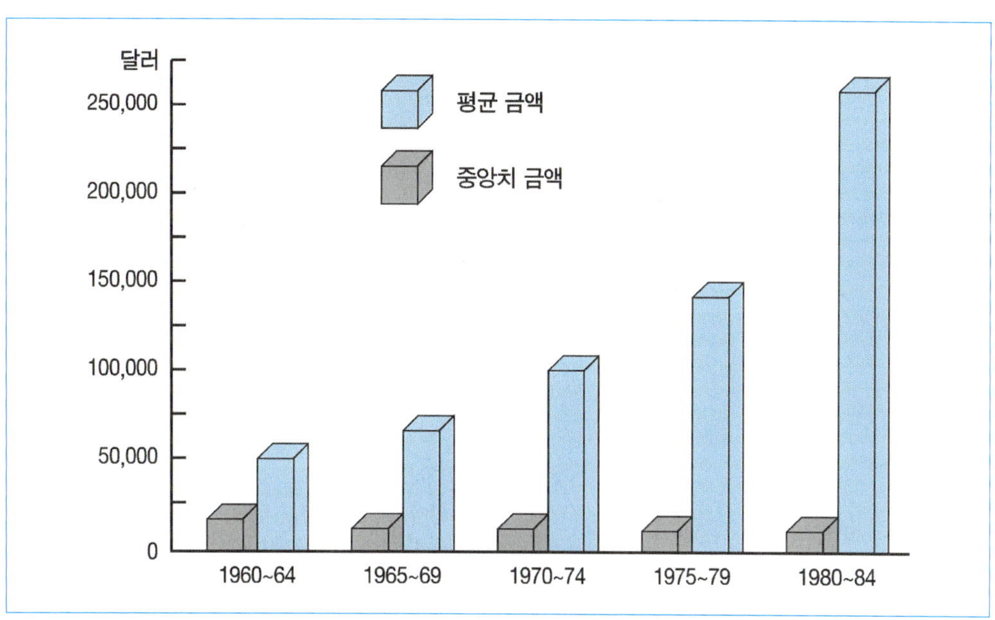

그림 2-5. 책임보험금의 중앙치와 평균

평균보험금은 60,000달러에서 250,000달러까지 증가하였다.

이 자료의 해석은 논쟁을 불러왔다. 큰 배상금으로 고객에게 이익을 주는 변호사는 책임보험금이 지난 24년 동안 증가하지 않았다고 주장하였다. 책임보험금을 지급해야 하는 보험회사들은 5배의 증가가 있었다고 주장하였다.

변호사는 중앙치의 책임보험금을 사용하였고, 보험회사는 평균 책임보험금을 사용하였다. 비록 편포에서는 중앙치가 더 나은 측정치이긴 하지만, 양쪽 모두 기술적으로 옳았다. 근로자, 관리자, 유권자, 그리고 소비자로서, '평균적(average)'이란 말을 들었을 때, 당신은 의심을 가질 필요가 있다. 평균적임이 무엇인지 질문하여라. 중앙치 혹은 평균?

분산도와 표준편차. 분포의 중심경향을 계산하고 도표화하였다면, 당신은 점수분포의 더 종합적인 기술을 제공하기 위해 분석이 더 필요하다는 것을 알고 싶어하지 않을 것이다. 그러나 중심경향을 아는 것만으로는 충분하지 않다. 자료를 잘 사용하기 위해서 우리는 중간을 중심으로 점수의 퍼짐에 대해 말해 주는 수를 가지고 있어야 한다.

그림 2-6의 정규분포를 고려해 보라. 만약 우리가 이러한 분포의 중심경향치로 평균이나 중앙치를 선택한다면, 분포가 동일하다는 결론을 얻을 것이다. 두 곡선에서 평균과 중앙치는 동일하다. 그러나 보는 바와 같이 분포는 동

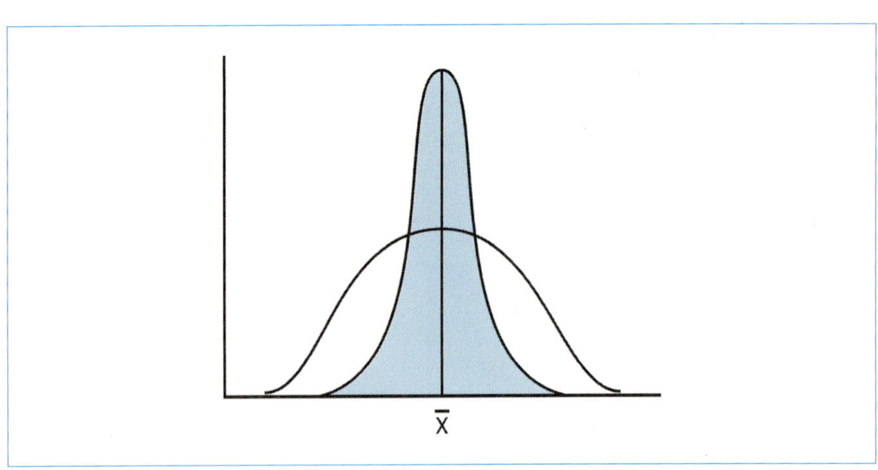

그림 2-6. 동일한 중심경향을 가졌지만 다른 분산도를 지닌 정규분포

일하지 않다. 분포는 퍼짐에서 혹은 분산도에서 차이가 있다.

분산도의 기본 측정치는 **표준편차**(SD)로, 분포의 기준선에 따른 정확한 거리이다. 이 거리를 측정하였다면 자료에 대한 더 많은 관계를 알 수 있고 더 의미 있게 기술할 수 있다.

표준편차 분포분산도의 측정치로 분포의 기준선에 따른 정확한 거리.

그림 2-7에 제시된 IQ 점수의 분포를 살펴보자. 자료는 평균이 100이고 표준편차가 15인 정규분포를 형성한다. 표준편차가 15임을 안다는 것은 115의 IQ 점수가 1 표준편차 단위 혹은 평균 100보다 위의 거리에 있다는 것을 알려준다. 130의 IQ 점수는 평균으로부터 +2 표준편차에 있다고 해석할 수 있다. 비슷하게 85의 IQ 점수는 평균보다 아래로 1 표준편차의 거리에 있다(−1 표준편차).

표준편차를 갖고 우리는 분포에서 어떠한 특정한 원점수보다 위 또는 아래에 놓인 점수비율을 알 수 있다. 정규분포를 위해 수학적 공식에 기반을 둔 표는 표준편차 단위 사이에 놓이는 사례의 비율 또는 점수의 빈도를 제공한다.

예를 들어 그림 2-7에서 볼 수 있듯이, 모집단의 99.5%는 145 이하의 IQ 점수를 가지고 있고, 97.5%는 130 이하의, 그리고 84%는 115 이하의 점수를 가진다. 이 비율은 자료의 분포가 정규곡선을 따르는 한 어떠한 측정변수에서도 유지된다. 우리가 분포의 표준편차를 안다면, 우리는 어떤 특정한 점수의 의미

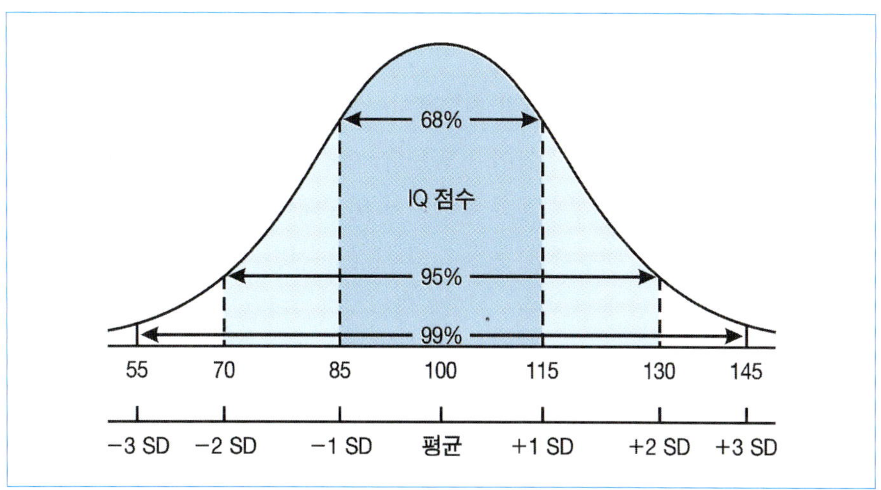

그림 2-7. 표준편차 단위를 보여 주는 IQ점수의 정규분포

를 결정할 수 있다. 우리는 전체 집단의 수행에서 특정한 점수가 어디에 위치하는지 말할 수 있다.

치과수술에서 이용되는 기구의 조작에 필요한 운동기술을 측정하기 위해 사용할, 치대학생을 위한 적성검사를 개발하였다고 가정해 보자. 당신의 룸메이트가 검사를 받고 60점을 획득하였다. 이 숫자는 그 자체만으로 다른 모든 학생의 적성과 관련하여 그 학생의 적성에 대해 아무 것도 말해 주지 못한다. 그러나 만약 우리가 검사점수의 분포가 정규분포를 따르고, 평균은 50이며 표준편차가 10이라는 것을 알았을 때, 60점이라는 점수(평균으로부터 +1 표준편차)는 16%의 학생만이 높은 점수를 받고 84%가 낮은 점수를 받았음을 나타낸다. 여하튼 당신의 룸메이트는 상당히 실력 있는 치과의사가 될 수 있을 것이다.

원점수를 표준편차로 전환할 수 있는 방법이 있는데, 이는 분포에서 각각의 원점수를 해석 가능하게 한다. 표준편차는 또한 다른 점수 체계를 사용하는 둘 또는 그 이상의 측정치에서 개인의 수행을 비교할 수 있게 해 준다. 모든 검사의 분포를 표준편차 단위로 전환함으로써, 우리는 한 검사에서의 수행을 다른 검사에서의 수행과 비교할 수 있는데, 이는 점수가 동일한 용어로 표현되기 때문이다.

상관. 우리는 직무 지원자 집단의 검사점수와 같은 한 번에 하나의 변수를 다루는 통계적 방법을 언급하였다. 산업 및 조직심리학자는 둘 이상의 변수 사이의 관계에 더 관심을 둔다. 개인이 직무에서 성공을 할 수 있을지에 대한 예측 상황에도 둘 이상의 변수의 결합이 포함된다. 예를 들어 선발검사에서 근로자의 수행은 훗날의 실제 직무수행의 측정치와 비교돼야 한다. 그것이 심리학자로 하여금 선발방법이 직무에 맞는 최적의 사람을 선발하는 데 타당한 수단이었는지를 결정할 수 있게 해 주는 유일한 방법이다. (타당도의 개념은 4장에서 더 자세하게 다룰 것이다.) 심리학자는 변수들 간의 관계를 연구하기 위해 상관을 사용한다.

상관 두 변수 간의 관계. 관계의 강도와 방향이 상관계수에 의해 표현된다.

상관은 연구자에게 두 가지를 말해 주는데, 이는 (1) 변수 사이의 관계 방향 그리고 (2) 그 관계의 강도이다. 관계의 방향은 한 변수에서의 높은 점수가 다른 변수에서의 높은 점수 혹은 낮은 점수를 수반하는지 여부에 따라 긍정적인 방향일 수도 있고 부정적인 방향일 수도 있다.

긍정적 관계에서, 한 변수에서의 증가하는 점수는 다른 변수에서의 증가하는 점수를 수반한다. 예를 들어 근로자의 검사점수와 근로자의 직무수행에 대한 감독자 평가 사이의 긍정적 상관은 검사점수가 높을수록 상관의 평가가 높다는 것을 말해 준다. 한 변수가 증가할수록 다른 변수도 따라서 증가한다. 우리는 적성검사에서 잘한 직무 지원자가 직무도 잘 수행할 것이라고 예측할 수 있다. 다시 말해, 높은 검사점수를 받은 지원자가 상사로부터 높은 점수를 받기 쉽다.

부정적 상관에서는, 한 변수에서의 증가하는 점수가 다른 변수에서의 감소하는 점수를 수반한다. 우리의 사례에서, 선발검사에서 높은 점수를 받은 지원자가 상사로부터 낮은 평가를 받을 가능성이 크다는 것이다. 다시 말해, 검사에서 잘한 사람이 직무에서 수행을 잘 못하는 경향이 있다는 것이다.

상관계수를 위한 통계공식의 적용을 통해, 우리는 변수들 사이의 방향과 관계를 계산할 수 있다. 긍정적 상관은 0에서부터 +1.00의 범위에 속한다. 부정적 상관은 0에서부터 −1.00의 범위에 속한다.

−1.00의 상관계수는 +1.00의 계수처럼 강한 관계 혹은 대응을 나타낸다. 단지 방향만이 다를 뿐이다. 양쪽의 사례에서, 직무수행평가와 같은 한 변수에서의 수행은 검사점수와 같은 다른 변수에서의 수행으로부터 예측될 수 있다. 상관계수가 +1.00 혹은 −1.00과 가까울수록, 더 정확하게 한 변수에서의 수행으로부터 다른 변수에서의 수행을 예측할 수 있다. 상관은 산업 및 조직심리학에서 가치 있고 광범위하게 사용되며, 이 책의 많은 사례에서 그 활용을 볼 수 있다.

추리통계

전형적인 심리학 실험에서, 연구자는 두 집단의 수행수준을 비교하는 데 관심이 있다−실험집단과 통제집단. 예를 들어 새로운 훈련법의 가치를 검사하고자 하는 실험에서, 훈련을 받은 실험집단의 직무수행은 새로운 훈련에 노출되지 않은 통제집단과 비교된다. 중요한 결정이 이 비교에 의해 내려져야 한다. 새로운 훈련법이 조직 전체에서 실시되어야 하는가? 결정은 직무수행에서의 두 집단 간 차이의 크기에 따라 정해진다.

통계 유의성 실험결과에 대해 우리가 가질 수 있는 확신수준. 유의성은 확률 계산에 근거한다.

추리통계 확률에 의해 관계를 드러내는 연구자료를 분석하는 방법.

확률 실험과 통제집단의 평균 간의 차이가 우연에 의해 일어날 수 있다는 생각.

유의성 수준. 어떻게 산업 및 조직심리학자는 두 집단 간의 차이가 회사 전체에 훈련 프로그램을 실시하는 비용을 정당화시킬 수 있을 만큼 큰 것인지를 알 수 있을까? 이들은 두 집단의 평균 간 차이에 대한 **통계 유의성** 수준을 결정해야 한다. 이들의 대답은 확신보다 확률의 개념으로 표현될 것이다. 문제는 이것이다: 집단평균 간의 차이가 우연으로 일어날 수 없을 만큼 충분히 큰가?

확률. 실험과 통제집단의 자료에 **추리통계**의 방법을 적용할 때, 우리는 평균 간의 차이를 위한 **확률**을 계산할 수 있다. 이 수는 차이가 우연히 일어날 수 있는 확률을 나타낸다.

심리학자는 두 가지의 통계 유의성 수준을 인정하는데, 이는 .05의 확률(p)과 .01의 확률이다. .01의 확률은 실험에서 획득한 만큼의 차이가 100번에 한 번 정도 우연히 일어날 것임을 의미한다. 따라서 이 유의성 수준에서의 차이는 우연이 아니라 실험집단에 사용된 새로운 훈련법에서 비롯된 것임을 확신할 수 있다. 만약 확률이 .05였다면, 이는 100번에 5번의 확률로 차이가 우연히 일어날 수 있음을 말해 준다.

메타분석 이전 연구결과에 대한 대규모 재분석.

메타분석. 산업 및 조직심리학에서 **메타분석**은 유의성 검증보다 높은 수준의 분석이다. 메타분석은 전반적인 트렌드를 결정하기 위해 기존 연구들의 결과를 대규모로 재분석하는 것이다. 이 방법은 상당한 양의 연구자료에 있는 논점에 대해 더 객관적으로 결론을 내리려는 방법으로 많은 심리학자에 의해 채택된다. 메타분석은 산업 및 조직심리학, 경제학, 의학연구와 같이 다양한 분야에서 사용되었다.

연구자료를 분석하기 위해 사용되는 특정한 기법에 관계없이, 통계 도구는 산업 및 조직심리학자로 하여금 기업과 산업의 중요한 문제에 대한 결정과 제안에 도달하도록 돕는다. 통계의 활용은 인간이 내려야 할 결정을 배제하는 것이 아니라, 특정 과업에서의 연구자, 관리자, 혹은 임원을 돕기 위한 것이다.

통계 도구는 목적을 위한 수단이지, 그 자체로 목적이 아님을 명심해야 한다.

요 약

심리학 연구에서 관찰은 객관적이어야 하며, 잘 통제되고 체계적이어야 하며, 반복 가능해야 하고 확증돼야 한다. 연구는 몇 가지 한계를 가지고 있다. 예를 들어 어떠한 문제는 심리학 연구 방법으로 연구하기 너무 복잡하다. 어떠한 행동을 관찰하는 행위는 그 행동을 방해할 수 있다. 변화의 신기함은 실제적 변화 자체보다 더 크게 행동을 바꿀 수 있다(호손 효과). 또한 어떤 연구는, 결과 일반화의 한계를 가진 채 인위적 환경에서 이루어져야 한다.

실험법에서, 심리학자는 다른 변수는 일정하게 유지한 채 하나의 영향변수를 연구한다. 연구되는 변수는 **독립변수**이다; 결과로 나타나는 행동은 **종속변수**이다. 참가자의 두 집단이 활용된다: **실험집단**과 **통제집단**. 집단은 가능한 한 유사해야 하며, 그 조건은 **무선집단 설계**(두 집단에 참가자를 무선으로 할당하는 것), 혹은 **대응집단 설계**(여러 개인특성에 근거하여 집단의 참가자를 대응시키는 것)로 이루어진다.

자연주의적 관찰은 일상의 환경에서 행동을 관찰하는 것을 포함한다. 실험자는 독립변수를 통제할 수는 있지만 실험법에서처럼 정밀하게 조작할 수 없다.

조사연구는 태도와 의견에 중점을 둔다. 조사방법은 면대면의 개별 면접, 지필설문, 웹기반 설문 그리고 전화 조사를 포함한다. 미국, 일본, 그리고 프랑스의 근로자를 대상으로 이루어진 조사는 참가자가 지필조사에 비해 온라인 조사를 선호한다는 것을 보여준다. 50살 이하의 근로자는 온라인 조사를 더 선호하는 경향이 있었다. 조사 설문은 응답자가 자신의 말로 대답할 수 있도록 허용하는 **개방형 질문**일 수도 있고, 응답자가 소수의 선택대안으로 제한되는 **고정대안 질문**일 수도 있다. 조사에서 질문이 주어질 모집단의 대표적 표본은 모집단에 속한 각 개인이 표본에 포함될 기회를 이미 알고 있는 **확률표집**을 통해 혹은 큰 모집단의 축소판의 복제가 이뤄지는 **할당표집**을 통해 선정된다.

조사 질문에 답하기를 거절한 근로자는 질문에 기꺼이 답을 한 근로자보다 직무에 더 불만족할지도 모른다. 심리학자는 또한 가상 실험실에서 웹기반 연구를 수행하였는데, 여기서는 더 큰 규모의 다양한 참가자 집단이 연구될 수 있다. 웹기반 연구와 실험실 연구의 비교는 두 방법에서 유사한 결과가 획득된다는 것을 보여 주었다.

연구 프로젝트에서 얻은 원자료는 **기술통계**에 의해 요약, 기술, 분석될 수 있다. 자료는 그래프나 몇몇의 의미 있는 숫자로 축소되어 제시될 수 있다. 자료 분포의 중심경향을 측정하는 세 가지 방법은 **평균**, **중앙치**, **최빈치**이다. 모집단의 대표적 표본으로부터 충분한 자료가 수집되었다면, 대부분의 점수가 가운데나 평균범위에 위치하는 종 모양 혹은 **정규분포**를 형성한다. 분포의 분산도를 측정하기 위해서, 심리학자는 분포의 기준선에 따른 거리를 나타내는 **표준편차**를 사용한다. 표준편차는 어떤 특정한 원자료보다 위에 또는 아래에 놓인 점수의 비율에 대한 정보를 제공한다. **상관계수**는 두 변수 간의 관계에 대한 방향과 강도를 나타내며, 심리학자는 상관계수를 가지고 한 변수에서의 수행으로부터 다른 변수에서의 수행을 예측할 수 있다.

추리통계는 두 집단 간의 차이가 커서 우연히 일어날 가능성이 없는지의 여부를 지적함으로써, 두 집단 평균 간의 차이에 대한 **통계 유의성** 수준을 결정하는 데 사용된다. **메타분석**은 많은 연구 결과를 평균화하는 방법이다.

주요 용어

- 개방형 질문
- 과학적 방법
- 대응집단 설계
- 메타분석
- 빈도분포
- 실험법
- 자연주의적 관찰
- 조사연구법
- 중앙치
- 추리통계
- 통제집단
- 평균
- 할당표집
- 확률표집
- 고정대안 질문
- 기술통계
- 독립변수
- 무선집단 설계
- 상관
- 실험집단
- 정규분포
- 종속변수
- 최빈치
- 통계 유의성
- 편포
- 표준편차
- 확률

복습 문제

1. 심리학 연구 방법에 대한 지식이 당신의 직업경력에 있어서 왜 가치가 있을까?
2. 심리학 연구의 세 가지 기본조건은 무엇인가? 심리학 연구의 제한점은 무엇인가?
3. (a) 종속과 독립변수, (b) 무선집단 설계와 대응집단 설계, 그리고 (c) 실험집단과 통제집단을 구분해 보라.
4. 5년간 기업에서 일을 한 숙련된 컴퓨터 기사가 부서를 새로운 작업장으로 옮겼을 때, 왜 갑자기 자료입력 실수를 하기 시작했는지 알아보기 위해 당신은 어떻게 실험을 설계할 것인가?
5. 자연주의적 관찰법의 장점과 제한점을 설명해 보라.
6. 조사와 여론조사의 용도는 무엇인가? 그것들의 유용성을 제한시킬 수 있는 문제들에 대해 논의해 보라.
7. 조사 자료를 수집하기 위해 사용되는 네 가지 방법을 설명해 보라.
8. 만약 당신의 직무가 BMW 자동차 소유자에게 그들이 새로운 모델에서 바라는 변화에 대해 알아보기 위한 시장조사를 하는 것이라면 어떠한 조사연구 방법을 사용할 것인가? 그 이유는 무엇인가?
9. 여론 조작(push poll)은 무엇인가? 그것이 어떻게 선거결과에 영향을 주는가?
10. 개방형과 고정대안 질문을 구별하여라. 확률표집과 할당표집 간의 차이를 논의해 보라.
11. 가상 실험실에서 심리학 연구를 수행하는 것의 장점과 제한점을 설명해 보라.
12. 기술통계와 추리통계의 차이는 무엇인가?
13. 당신이 생각하기에 통계가 없다면 세상은 더 살기 좋은 곳이 될 것인가? 적절한 자료를 보여 주면서 당신의 의견을 옹호하라.
14. IQ 검사에서 당신의 수행에 대해 표준편차는 무엇을 말해 줄 수 있는가?
15. 당신의 IQ 점수와 당신의 직무수행에 대한 상사평가 간의 관계에 대한 +.85의 상관은 무엇을 말해 주는가?

더 읽을거리

Birnbaum, M. (2004). Human research and data collection via the Internet. *Annual Review of Psychology*, *55*, 803-832. 실험실 연구와 웹에서 수행된 연구의 장단점을

고찰한다. 웹기반 연구의 경우, 연구자는 많은 이질적인 표본 또는 소수의 특수 표본에 빨리 도달할 수 있다. 그러나 탈락률이 더 높다.

Boyle, D. (2001). *The sum of our discontent: Why numbers make us irrational.* New York: Texere. 역사를 통해 수량화와 통계의 효용과 오용에 대한 주목할 만하고 재미있는 예를 제시한다.

McConnell, J. H. (2003). *How to design, implement, and interpret an employee survey.* New York: AMACOM. 근로자 조사의 발전을 고찰하며, 이는 질문내용, 조사를 관리한 과정, 그리고 피드백의 관점에서 관리수행을 위한 가치 있는 평정도구이다.

Mitchell, M., & Jolley, J. (2001). *Research design explained* (4th ed.). Fort Worth, TX: Harcourt College Publishers. 학부의 연구 방법론 교재.

Pagano, R. R. (2001). *Understanding statistics in the behavioral sciences* (6th ed.). Belmont, CA: Wadsworth. 통계개론 교재.

Smith, F. J. (2003). *Organizational surveys: The diagnosis and betterment of organizations through their members.* Mahwah, NJ: Erlbaum. 조직의 다양한 장면에서 고용이슈인 다양성에 관한 조사의 개발, 실행, 해석 등을 고찰한다. 조사가 제공할 수 있는 자료의 유형 그리고 이러한 정보가 인적자원 관리와 조직효율성을 개선하기 위해 어떻게 적용될 수 있는지를 논의한다.

Tourangeau, R., Rips, J. L., & Rasinski, K. (2000). *The psychology of survey response.* New York: Cambridge University Press. 조사응답의 심리적 기제에 관한 연구를 요약하고 고찰한다. 조사질문의 표현에서의 사소한 변화가 근로자 이해, 판단, 응답에 영향을 줄 수 있음을 보여 준다.

제2부

인적자원 개발

산업 및 조직심리학의 전문성은 선발, 훈련, 종업원에 대한 평가를 포함하는 '인적자원'에 관한 것이다. 당신이 회사에 지원한 경우 다양한 선발 과정을 거치게 된다. 회사 또는 조직은 지원서에서 정교한 심리검사를 포함하는 기법들을 사용할 것이다. 채용될 경우 직무를 효과적으로 수행하기 위해 훈련을 받는다. 또한 선발과 훈련 기법들은 승진시에도 사용된다. 회사는 당신이 가진 기술과 새로운 직무에서의 요구사항의 적합성을 찾으려고 노력할 것이다. 당신이 더 책임 있는 지위로 승진했을 경우, 새로운 지위의 역할에 맞는 훈련을 받을 것이다. 주기적으로 당신의 상사는 당신의 직무수행을 평가할 것이다. 당신은 이러한 평가가 가능하면 공정하고 객관적이기를 바랄 것이고, 평가는 직무에 관해서 당신이 얼마나 잘하고 있는지 피드백을 제공할 것이다. 종업원 선발, 훈련, 평가 방법들은 당신이 일할 직무의 종류를 결정해 줄 것이다. 3장과 4장은 선발의 문제를 다룬다. 3장에서는 지원서, 인터뷰, 추천서, 평가센터와 같은 선발 기법들에 대해 살펴볼 것이다. 4장에서는 지능, 흥미, 적성, 성격, 정직성 검사가 선발에 사용되는 것을 살펴볼 것이다. 5장에서는 수행평가 기법들이, 6장에서는 훈련 기법들이 논의될 것이다.

제3장

인사 선발의 원칙과 방법

이 장의 개요

조직에 진입

고용인의 선호

모집 절차

- 모집 경로
- 모집인 특성
- 학내 모집
- 〈여기서 잠깐〉 만일 너무 좋게 들린다면...
- 현실적인 직무 소개

선발 절차의 개관

- 직무 및 작업자 분석
- 모집 결정
- 선발 방법
- 선발 프로그램 예제: 공항 검색원

공정한 고용

- 소수집단에 대한 불리효과
- 차별적인 질문
- 역차별
- 다양성은 유익한가?
- 〈여기서 잠깐〉 더 이상 버스 뒷좌석으로 가지 않는다.
- 다른 형태의 차별

직무분석

생활의 초기 단계에서 긍정적인 기대를 가지게 되며 계속해서 잘 하게 된다.

처음 직업이 주는 도전감의 정도는 여러분의 직무에 대한 몰입, 성취 수준 그리고 여러분 자신과 회사를 위해 잘 하려는 동기에 영향을 미친다. 도전적인 직업의 긍정적인 영향은 높은 수행수준과 향후 지속적인 성공을 이끌어 줄 기술적 역량을 자극하는 것이다. 산업 및 조직심리학 분야의 연구들은 최초 직업이 제공하는 도전의 수준이 이후 다양한 직업과 다양한 조직에서 종업원의 성공과 관련이 있음을 보여 주고 있다.

적당한 도전 정도를 발견하는 것이 여러분이 조직에 진입 과정에서 가장 중요한 일인 것이다. 첫 직업이 주는 도전이 여러분의 기대와 선호와 조화를 이루는 것은 매우 중요하다. 게다가, 첫 직업에 대한 모든 것이 여러분의 욕구를 만족시키는 것은 여러분과 여러분의 고용주에게 매우 중요하다. 그것이 바로 고용주들이 잠재적 고용인들의 기대와 흥미에 대해 그들이 할 수 있는 한 모든 것을 알려고 애쓰는 이유이다.

사람들이 실제로 다양한 직업에서 무엇을 하는지, 그들이 어떤 교육과 훈련을 필요로 하는지, 그들의 작업 조건은 어떠한지, 그리고 그들의 임금과 전망은 어떤지를 알아보려면 미국 노동부에서 제공하는 직업전망서(Occupational Outlook Handbook)를 보기 바란다. 인터넷으로는 www.bls.gov.oco/에서 볼 수 있다.

고용인의 선호

여러분은 어떤 직업을 찾고 있는가? 높은 임금? 스톡옵션(stock option)? 폭넓은 건강보험 혜택? 지정된 주차공간? 한 개인은 가장 중요한 한 개의 요인을 말할 수 있겠지만, 모든 고용인을 놓고 보면 한 개의 답이 있을 수 없다. 산업 및 조직심리학자들은 고용인들에게 중요하게 여겨지는 몇 가지 직무특성들을 밝혀냈다. 그 중 몇 가지를 아래에 제시하였다. 여러분의 경우는 아래의 사항들에 어떤 순위를 줄 것인가?

_____ 도전적이고 흥미롭고 의미 있는 일

제3장

인사 선발의 원칙과 방법

이 장의 개요

플로리다의 파나마 시에서 봄 방학을 보내 본 경험이 있는가? 매년 수천 명의 학생들이 그곳에서 봄 방학을 보내는데 그 이유는 그곳에서 수많은 취업 설명회가 열리기 때문이다. 다양한 기업에서 나온 모집 담당자들이 부스를 세워놓고 대학 예비 졸업생들이 자신의 회사로 들어오도록 안내한다. 2000년 3월에 취업 설명회에서는 예비 졸업생들에 대한 설문조사가 실시되었다. 설문지 질문 중에 하나는 "당신은 첫 직장에서 2년 이상 근무하실 생각이십니까?"였다. 설문 결과는 회사를 성장시키는 데 도움을 줄 신규 대학 졸업생들을 고용하려는 모집 담당자들에게 꽤 실망스러웠는데, 설문에 참여한 학생들의 3분의 2가 첫 직장에서 2년 이상 머물지 않을 것이라고 응답했기 때문이다(Dunn, 2000).

여러분은 대학 졸업 후 첫 직장에서 얼마나 오래 근무할 것이라고 생각하는가? 다수의 연구들에 따르면 최소한 졸업생의 절반 이상이 첫 직장에서 충분한 만족을 얻지 못하여 오래 머물지 않을 것이라고 말한다. 취업한 이들이 자신의 직업이 모집 담당자나 인사부서(HR 부서)의 면접관이 했던 말과 다르다는 것을 알게 될 수도 있고, 자기 자신에 대해 잘 모르고 있었다거나, 자신의 능력이나 흥미가 자신이 생각했던 것과 다르다거나, 사회적 혹은 성격적으로 특정 직업과 맞지 않는다는 것을 발견하게 될 수도 있다.

직업에 대한 불만족의 원인이 무엇이든 간에 이것은 고용인과 고용주 양자 모두에게 손실이다. 이 예는 인사 선발의 원칙 및 실천의 중요성을 보여 주는 것이라 할 수 있다. 사람과 직업의 부적절한 연결(matching) 예를 들어 사람이 지닌 기술과 그 직업이 요구하는 사항들의 불일치는 작업 상황에서 불행감과 낮은 수행을 유발하게 된다.

어떤 영향요인들은 여러분이 취업하려는 회사의 인사부서에 방문하거나 그 기업의 홈페이지에 입사지원서를 제출하기 전에 여러분의 선택에 영향을 미칠 것이다. 그러한 영향요인들에는 여러분이 하고자 하는 일의 종류나 회사에 대한 기대와 같은 내적인 요인도 있고, 여러분이 회사와 접촉할 수 있도록 해 준 회사의 모집활동이나 여러분이 받은 회사에 대한 현실적인 정보의 양과 같은 외적인 요인도 있다. 산업 및 조직심리학자들은 이러한 예비 선택(preselection)에 관련된 주제를 조직진입(organizational entry)의 문제로 설명하고 있다.

조직에 진입

여러분이 조직에 처음으로 진입하는 것은 그 조직이 여러분에게 가져다줄 즉각적인 만족뿐 아니라 장기적인 만족을 위해서도 매우 중요한 것이다. 첫사랑의 경험이 향후 대인관계에 영향을 미치는 것과 마찬가지로, 여러분의 첫 직장 경험은 향후 여러분의 직무수행과 여러분의 진로에 대한 스스로의 기대에 영향을 줄 것이다.

연구에 따르면 초기 커리어에서 성공적인 사람들은 그렇지 않은 사람들보다 승진을 잘 하는 것으로 나타났다. 다시 말해, 출발을 잘 한 종업원는 자신의 직업생활의 초기 단계에서 긍정적인 기대를 가지게 되며 계속해서 잘 하게 된다.

처음 직업이 주는 도전감의 정도는 여러분의 직무에 대한 몰입, 성취 수준 그리고 여러분 자신과 회사를 위해 잘 하려는 동기에 영향을 미친다. 도전적인 직업의 긍정적인 영향은 높은 수행수준과 향후 지속적인 성공을 이끌어 줄 기술적 역량을 자극하는 것이다. 산업 및 조직심리학 분야의 연구들은 최초 직업이 제공하는 도전의 수준이 이후 다양한 직업과 다양한 조직에서 종업원의 성공과 관련이 있음을 보여 주고 있다.

적당한 도전 정도를 발견하는 것이 여러분이 조직에 진입 과정에서 가장 중요한 일인 것이다. 첫 직업이 주는 도전이 여러분의 기대와 선호와 조화를 이루는 것은 매우 중요하다. 게다가, 첫 직업에 대한 모든 것이 여러분의 욕구를 만족시키는 것은 여러분과 여러분의 고용주에게 매우 중요하다. 그것이 바로 고용주들이 잠재적 고용인들의 기대와 흥미에 대해 그들이 할 수 있는 한 모든 것을 알려고 애쓰는 이유이다.

사람들이 실제로 다양한 직업에서 무엇을 하는지, 그들이 어떤 교육과 훈련을 필요로 하는지, 그들의 작업 조건은 어떠한지, 그리고 그들의 임금과 전망은 어떤지를 알아보려면 미국 노동부에서 제공하는 직업전망서(Occupational Outlook Handbook)를 보기 바란다. 인터넷으로는 www.bls.gov.oco/에서 볼 수 있다.

고용인의 선호

여러분은 어떤 직업을 찾고 있는가? 높은 임금? 스톡옵션(stock option)? 폭넓은 건강보험 혜택? 지정된 주차공간? 한 개인은 가장 중요한 한 개의 요인을 말할 수 있겠지만, 모든 고용인을 놓고 보면 한 개의 답이 있을 수 없다. 산업 및 조직심리학자들은 고용인들에게 중요하게 여겨지는 몇 가지 직무특성들을 밝혀냈다. 그 중 몇 가지를 아래에 제시하였다. 여러분의 경우는 아래의 사항들에 어떤 순위를 줄 것인가?

_____ 도전적이고 흥미롭고 의미 있는 일

_____ 높은 임금
_____ 발전할 수 있는 기회
_____ 직업 안정성 (임금 삭감이나 해고의 위험이 없는)
_____ 회사의 스톡옵션 (주식매입선택권)
_____ 만족스러운 근무시간
_____ 즐거운 근무조건
_____ 편안한 동료
_____ 상사로부터의 존중과 이해
_____ 새로운 기술을 배울 기회
_____ 공정하고 성실한 관리자
_____ 일과 관련된 주제에서 개인의 견해를 묻는 것
_____ 개인적인 문제를 돕는 것

독일의 14개 회사에서 81명의 신입 종업원을 대상으로 한 연구에서 고용되기 이전에 개인적인 직업 목표와 선호를 가지고 있던 종업원들은 회사가 그 목표를 달성하도록 기회를 제공한다는 믿음을 가졌을 때, 8개월 후의 직무만족과 조직몰입에서 유의하게 높은 수준을 보여 주었다. 반면 고용주가 개인적 목표를 성취할 수 있도록 적절한 상황을 제공하지 않을 것이라고 생각한 종업원들은 8개월 후 직무만족과 조직몰입에서 유의하게 낮은 수준을 보여 주었다 (Maier & Brunstein, 2001).

미국에서 신규 대학 졸업자 113명을 대상으로 그들이 최초 직업을 가지기 전과 4개월 후에 설문을 실시한 연구자들은 회사가 개인의 커리어 목표를 달성할 기회를 제공할 것 같지 않다고 생각하는 종업원들보다 자신의 커리어 목표를 달성할 수 있을 것이라고 믿고 있는 종업원들이 높은 조직몰입을 보여 준다는 것을 발견했다(Sak & Ashforth, 2002). 이러한 연구들이 말해 주는 것은 여러분이 대학 졸업 후 처음 직업을 찾기 시작할 때, 여러분의 개인적 목표와 커리어 선호가 무엇인지를 아는 것이 매우 중요하다는 것이다.

고용인의 선호는 교육 수준과 같은 외적인 요인에 의해 영향 받을 수 있다. 대학 졸업자들은 고등학교 졸업자들과 다른 기대를 가지고 있다. 모든 대학 졸

업자들이 동일한 선호를 가지는 것은 아니다. 공학과 컴퓨터과학 전공의 선호는 교양 전공의 선호와 다르고, A 학점 학생의 선호는 C 학점 학생의 선호와 다르다. 젊은 종업원의 선호는 나이 많은 종업원의 선호와 다르고, 사무직 종업원의 선호는 생산직 종업원의 선호와 다르며, 기술직의 선호와 관리직의 선호도 다르다.

고용인의 선호는 경제 상황에 따라서도 변화한다. 경기가 침체국면이어서 직업이 모자랄 경우, 직업시장에서 새로운 고용인들은 임금과 안정성에 보다 관심을 보이며 회사가 자신의 목표와 선호에 딱 맞지 않더라도 그 회사에 보다 오래 남아 있으려고 한다. 경기가 활성국면이어서 직업이 풍부할 경우에는 도전적인 일이나 새로운 기술을 개발할 기회와 같은 것이 임금이나 안정성보다 우선시된다.

많은 사람들이 직업이나 회사에 대해 비현실적이거나 확대된 기대를 가지고 조직에 들어오는데, 그것이 많은 사람들이 첫 직장에서 떠나게 되는 이유이다. 기대와 현실의 차이는 매우 크다. 그러한 기대는 처음으로 향후 고용인이 될 사람과 만나는 순간이나 회사의 모집담당자와 처음 만나는 순간, 초기부터 현실과 충돌하기 시작한다. 이는 조직 진입의 예비 선택 과정에서 매우 중요한 단계이다.

모집 절차

산업 및 조직심리학자들은 모집 절차에 있어서 몇 가지 주제에 관심을 가지고 있다: 고용인이 직업을 찾는 데 사용하는 경로, 모집자의 특성, 학내 모집(campus recruiting), 지원자에게 제공되는 정보.

모집 경로

일반적으로 모집은 인터넷 검색 서비스, 신문 모집광고, 현직자의 추천, 직업소개소의 검색 서비스, 전문협회의 소개, 취업 설명회, 재취업 기관을 통해 이루어진다. 또 다른 모집방식으로 대학 캠퍼스가 인기 있다. 모든 대기업의 거의 절반 정도가 캠퍼스 인터뷰를 통해 관리자와 전문 고용인을 적극적으로 모집하고 있다.

3개 기술대학의 113명의 졸업생을 대상으로 한 연구 결과는 시장에서의 소비자와 마찬가지로 그들은 뉴스보도나 광고를 통해 친숙하게 접했던 회사에 더 많은 매력을 느끼고 있는 것을 보여 주었다. 기업이 받거나 만들어낸 긍정적인 광고가 많을수록, 대학 졸업생들의 모집에서 성공할 가능성이 높다(Collins & Stevens, 2002).

인터넷 모집은 중견기업의 대부분과 많은 고용주들에게 점차 널리 쓰이고 있다. 전자 게시판에 회사의 광고를 게재하면, 구직자가 자신의 이력서를 첨부한다. 인터넷의 이용은 전체 모집과 인사 선발 과정의 속도를 높여준다.

인터넷 모집이 효과적이긴 하지만, 이 또한 문제점과 제한점이 있다. 수백명의 구직자의 설문조사 결과 인터넷 모집은 효과성에서 3 순위였다. 보다 효과적인 모집은 (1) 네트워크나 개인적인 접촉, (2) 전문 모집인과 헤드헌터를 통한 모집이었다. 인터넷 모집에 대해 자주 언급되는 불만사항은 (1) 회사의 결과 피드백이나 추가조치가 늦고, (2) 충분한 검색을 할 여유가 없으며, (3) 회사의 웹사이트에 유용한 정보가 없다는 것이다(Feldman & Klass, 2002).

254명의 대학생을 대상으로 한 연구에서 학생들은 회사의 가치와 목표에 관한 정보를 제공하고 있는 회사의 웹사이트에 보다 매력을 느끼고 있었다(Dineen, Ash, & Noe, 2002).

모집인 특성

회사의 모집인의 행동이나 개인적 특성은 대학 졸업생들의 직업선택에 중요한 영향을 미칠 수 있다. 심리학자들은 대학 졸업생들이 직업을 받아들이도록 하는 특성으로 모집 담당자의 미소, 고개 끄덕거림, 눈 맞춤 유지, 공감과 온정 표현, 친절을 꼽았다.

학내 취업지원 센터에서 직업 지원자에게 실시한 다른 연구에서, 지원자들은 인터뷰 동안에 회사에 대한 정보를 제공하거나, 지원자에 대한 정보를 요구하거나, 지원자의 질문에 답변을 해 주는 모집인을 선호하는 것으로 나타났다. 모집인들이 인터뷰 동안에 별로 상관없는 주제에 대해 이야기하느라 너무 많은 시간을 소비하고 있다고 생각될 경우, 이들이 제공하는 직업은 학생들에게 유의하게 덜 받아들여졌다.

학내 모집

학내 모집은 그 가능성을 살리지 못하고 있으며, 회사들도 그들의 모집 프로그램의 가치를 완전히 깨닫지 못하고 있다. 이를 보여 주는 단적인 예로, 적절한 모집 인터뷰 기법을 위해 훈련을 받은 모집인이 전체의 절반 이하에 그친다는 것이다. 모집인은 인터뷰 처음 몇 분 내에 지원자의 자질에 대해 긍정적 혹은 부정적인 인상을 형성하는 경향이 있다. 모집결정에 기초할 만한 자료를 수집하는 데 충분한 시간을 거의 들이지 않는다.

또한 모집인은 겉으로 보기에 자질 있어 보이는 지원자와 더 많은 시간 동안 이야기하며 그렇지 않은 지원자와는 적은 시간 동안만 이야기한다. 모집인들은 간혹 한 번의 인터뷰로 끝낼 수 없는 주제를 꺼내거나, 정작 중요한 주제를 지원자와 논의하지 못하기도 한다. 이 모든 점들이 인터뷰 기술이 부족하다는 것을 보여 주는 것들이다.

캠퍼스 모집비용을 줄이려는 노력으로, 많은 조직들은 지원자의 이력서와 같은 정보를 컴퓨터화된 데이터베이스로 전환해 왔다. 특정한 재능을 가진 지원자를 찾던 모집인은 사전에 이러한 문서들을 검색해 볼 수 있다.

학내 모집이 면대면으로 이루어지든 온라인으로 이루어지든, 대학에서 회사의 모집인이 당면하는 중요한 어려움의 하나는 기업세계에 대한 현실적인 시각을 가진 지원자를 찾기 힘들다는 것이다. 캠퍼스 모집 인터뷰 동안, 많은 학생들은 직업과 조직에 대해 잘못된 그림을 가지고 있으며, 경험이 없기 때문에 모집인에게 무엇을 질문해야 하는지도 모르고 있는 경우도 있다. 그들은 좋은 인상을 남기려 애쓰며, 모집인이 좋아하지 않을 것으로 생각되는 특성이나 태도를 숨기려고 노력한다. 이러한 잘못된 현상의 또 다른 원인은 모집자의 잘못에 있다. 그들의 목적은 회사의 전망에 맞는 사람을 찾는 것이다. 이를 위해, 그들은 그들 조직과 졸업생들의 새로운 직장을 이상적으로 묘사한다.

THEY'LL BE PROUD TO BE HERE.

The Army offers young people great opportunities to learn self-discipline, confidence and teamwork, qualities they need throughout life.

WE'LL BE PROUD TO SEND THEM THERE.

And they can earn up to $40,000 to go to college if they qualify for the Montgomery GI Bill plus the Army College Fund.

ALL 1-800-USA-ARMY www.goarmy.cor

미 육군은 젊은이들에게 자기관리, 자신감, 팀워크, 인생에서 추구해야 할 가치를 알 수 있는 기회를 제공한다.

대학 캠퍼스 취업 박람회는 학생들에게 다양한 직업에 대한 정보를 알 수 있는 기회를 준다.

따라서 지원자와 모집인 모두 서로에게 그릇된 인상을 심어 주고 있는 것이다. 그 결과 현실이 기대했던 것에 미치지 못하게 불일치할 때 불만족이 발생할 수 있다. 분명한 해결책은 보다 정직하게 좋은 부분과 나쁜 부분을 서로에게 개방하는 것이다. 몇몇 회사에서는 조직진입(organizational entry) 절차의 일환으로 직업 현장을 보여 줌으로써 이러한 문제를 해결하고 있다.

현실적인 직무 소개

현실적인 직무 소개 구직 희망자들에게 직무에 대한 긍정 및 부정적 측면에 대한 정보를 제공하는 모집 방법.

현실적인 직무 소개(realistic job previews)는 직업의 모든 측면에 대해 가능한 정확한 정보를 제공한다. 그러한 정보는 직업에 대한 소책자나 설명글을 통해 제공될 수도 있고, 사진이나 비디오를 통해서도 가능하며, 지원자가 할 수 있다면 실제 작업을 해 보는 현장 작업표본(on-the-job sample of work)을 통해서 제공될 수도 있다. 현실적인 직무 소개의 목적은 고용희망자들에게 직업의 긍정적인 측면과 부정적인 측면을 알게 해 주는 것이다. 우리는 이러한 활동이 직업에 대한 지나친 낙관주의나 비현실적인 기대를 감소시켜 줄 것이라고 기대한다.

<여기서 잠깐>

만일 너무 좋게 들린다면...

Marc Russell은 대학 졸업 후 첫 직장으로 다음과 같은 자리를 제안 받았다; 포춘 500대 기업의 복잡한 기업 문제나 기술적 요구를 도와주고 있는 컨설팅회사로 고도성장 중이며, 빠른 승진기회와 국제여행 그리고 스톡옵션이 주어지는 직위이다. 이런 꿈 같은 이야기는 놀라운 진상으로 이어진다: 그는 시애틀 외곽에 있는 빈 방에서 자신의 순서를 기다리며 3개월을 보냈다.

"그가 한 가장 긴 여행은 시애틀에서 포틀랜드로 가는 것이었으며, 그가 받은 스톡옵션은 10주에 불과했다. 그가 맡은 가장 큰 프로젝트는 킹 카운티 교도소를 위해 일하는 것이었는데, 그의 날카로운 통찰력은 아무짝에도 쓸 데가 없었다. 그는 수감자의 이동을 추적하는 소프트웨어를 제작했다. (그들이 얼마나 멀리 갈 수 있겠는가?)"

모집자가 꿈만 같은 직장을 약속한다면 그것은 악몽으로 드러나는 경우가 많다. 이러한 일은 여러분이 생각하는 것보다 훨씬 더 많이 일어난다. 한 전문 모집자는 다음과 같이 충고하고 있다. "믿기 힘들 정도로 좋은 조건을 약속하든 아니든 상관없이 지원자는 어떤 직업에 지원하기 전에 그 직업에 대한 가능한 모든 것을 알아보아야 한다."

출처: When employers promise the moon, *St. Petersburg (FL) Times*, November 2, 2003; *Wall Street Journal*.

연구 결과는 현실적인 직무 소개가 직무만족, 직무수행, 조직몰입, 이직감소와 정적인 상관관계를 가진다는 것을 지지해 주고 있다(Ganzach, Pazy, Ohayun, & Brainin, 2002; Kammeryer-Mueller & Wanberg, 2003). 현실적인 직무 소개는 또한 처음에 직업을 가지는 지원자의 수를 감소시켜 주는 것으로 나타났는데, 이는 고용희망자들이 직업을 가지기 전에 그 직업 상황의 어떤 측면이 자신에게 비매력적이거나 혹은 적합하지 않은 것은 아닌지를 알 수 있게 되기 때문이다.

선발 절차의 개관

신문 구인광고나 인터넷 검색서비스 이상으로 구직자들이 사무실로 찾아와 지원서를 작성하고 간단한 면접을 통해 궁금한 사항을 물어보도록 만들어 주는 보다 적절한 선발방법이 있다. 그러한 성공적인 선발 프로그램에는 몇 가지 부가적인 과정이 포함되어 있다. 상상해 보라. 디지털 카메라를 생산하기 위해 도입된 복잡한 기계를 작동시키기 위해 200명의 신입사원을 고용해야 하는 HR 부서의 책임자는 그러한 종업원들을 어떻게 찾아야 할 것인가?

직무 및 작업자 분석

선발 절차의 첫 번째 단계는 산업 및 조직심리학자들이 직무의 성질을 조사하는 것이다. 직무를 효율적으로 수행하기 위해 고용인들이 해야 할 일들이 무엇인지 모른다면, 조직은 고용희망자들이 가져야 할 능력이 무엇인지도 알 수 없을 것이다. **직무분석**(job analysis)이라 부르는 절차는 직무에 필요한 구체적인 기술들을 결정하기 위해 수행된다. 직무분석을 통해, 종업원의 자격조건들도 개발할 수 있다.

직무분석 작업자가 수행하는 과업의 본질에 대해 세부적으로 기술하는 방식.

이러한 능력들이 구체적으로 드러나면, 인적자원 관리자(human resource manager)는 고용희망자들이 이러한 특성을 가졌는지를 확인할 효과적인 방법들을 결정해야 한다. 해당 직무를 수행하는 데 복잡한 도표를 읽는 능력이 필요한가? 작은 요소들을 조작하는 능력이 필요한가? 전기적인 지식이 필요한가? 또 지원자들이 그러한 기술을 가졌는지를 어떻게 판별할 수 있을까?

3,000명의 종업원들을 대상으로 실시한 조사 결과는 직무가 요구하는 기술이 복잡하고 직무의 요구(job demanding)가 많을수록, 그 직무를 위한 선발 방법의 수가 많고 다양하며 복잡한 것으로 나타났다(Wilk & Cappelli, 2003).

직무 및 작업자 분석으로 밝혀진 직무요구 특성이나 적성들은 면접시의 질문이나 적절한 심리검사 등을 통해 지원자들을 평가하는 데 적용되어야 한다. 다양한 능력에 대한 최소 기준 점수나 교육 및 경험과 같은 커트라인 수준이 확립될 것이며, 그러한 수준에 미치지 못하는 사람들은 고용하지 않을 것이다. 특정 직무에서 요구하는 특정 능력에 대한 커트라인 점수를 결정하기 위해 산업 및 조직심리학자들은 그 직무와 동일하거나 유사한 직무에서 근무하고 있는 현직 종업원들을 대상으로 능력수준을 평가할 필요가 있다.

모집 결정

선발 절차의 다음 단계는 모집을 결정하는 것이다. 이때 회사는 새로운 고용인을 인쇄나 온라인 광고를 통해서 모집할 것인가? 고용기관을 통해 모집할 것인가? 현직자의 추천을 통해 모집할 것인가? 이러한 모집 노력에 영향 받은 고용희망자들의 수는 결국 제공된 직무에 대한 경쟁률에 영향을 미친다. 만일 200개의 직무에 대해 광고와 추천을 통해 250명이 지원했다면, 회사는 400명이 지원했을 경우보다 고용선택의 폭이 좁아지는 것이다. 산업 및 조직심리학자들은 이를 **선발률**(selection ratio)이라고 부르는데, 이는 고용 가능한 사람의 수와 고용한 사람의 수 사이의 관계를 말한다. 따라서 노동력의 확보 가능성은 그 직무를 위한 채용 조건들의 경직성에 영향을 미친다. 만일 특정 직무에 지원하는 사람들이 적고 빠른 시일 내에 그 직무에 종업원을 확보해야 한다면, 그 직무에 대한 자격 조건들(예: 지능검사 커트라인 점수)이 낮아질 것이다.

선발률 고용 가능한 사람의 수와 고용된 사람 수 사이의 관계

저조한 지원자의 수는 회사로 하여금 모집활동을 확대하고 임금, 수익배당, 작업 조건 등을 향상시킴으로써 새로운 고용인들을 유인하고 확보하는 노력을 하게 만든다. 결과적으로 노동력 공급 규모는 모집과 선발 절차는 물론 직무 자체의 특성에도 영향을 미친다.

선발 방법

새로운 고용인을 선발하여 특정 직무에 적합하거나 부적합한 사람으로 분류하는 작업은 지원서 작성(application blank), 면접(interview), 추천서(recommendation), 평가센터(assessment center), 심리검사(psychological tests)와 같은 다양한 방법을 통해 진행된다. 고용결정은 일반적으로 한 가지 방법에만 의존하지 않으며, 여러 방법들을 조합하여 이루어진다. 심지어 최근에는 여러 직무에서 약물사용 검사를 하기도 한다(12장 참조). 또한 어떤 직무에서는 신체적인 요구조건을 제시하며 힘과 인내력 테스트를 하기도 한다. 어떤 조직에서는 에이즈, 화학적 민감성, 특정 질병에 대한 유전적 경향 등을 검사하고 있다.

선발과정에서 다음 단계는 선발절차가 직무에 가장 적합한 사람을 잘 구별해낼 것인가를 검토하는 것이다. 앞에서 언급한 예에서, 200명의 종업원이

고용된 이후, 인적자원(HR) 부서에서는 그들이 수행을 잘 해내는지를 확인하기 위해 그들의 업무진행 사항을 점검할 것이다. 이것은 선발 프로그램의 가치에 대한 중요한 검증과정이다.

모든 새로운 선발 프로그램은 예측의 정확성과 타당성을 검토 받아야 한다. 이러한 검토는 그 새로운 과정을 통해 선발된 고용인들의 수행을 평가함으로써 이루어진다. 예를 들어 200명의 새로운 종업원들이 6개월 간 근무한 이후에, 그들의 상사를 통해 그들의 수행에 대해 평가하도록 할 수 있다. 새로운 선발방법에 대한 수행평가를 비교함으로써, 우리는 선발방법과 수행이 얼마나 관련성이 있는지를 판단할 수 있다. 우리가 알고 싶은 것은 선발방법들이 일을 잘할 지원자들을 찾아 줄 수 있는가 하는 것이다.

상사로부터 높은 평가 점수를 받은 고용인들은 손기술에서 커트라인보다 평균 10점 높은 수행을 보이고 고등학교를 졸업한 사람들이었으며, 상사로부터 낮은 평가 점수를 받은 고용인들은 손기술에서 한두 가지가 커트라인 이하 점수를 받았고 고등학교를 마치지 못한 사람들이었다는 것을 우리가 알게 되었다고 상상해 보라. 이러한 발견들은 두 가지 요소(손기술과 고등학교 졸업)를 통해 향후 수행이 우수할 종업원과 저조할 종업원을 구별할 수 있다는 것을 말해 준다. 따라서 앞으로 인적자원(HR) 부서는 직무에 가장 적합한 사람들을 선발하기 위해 이러한 준거(criteria)를 믿고 이용할 수 있다.

여기서 여러 선발 과정들을 비교하기 위해서는 직무수행에 대한 측정자료가 필요하다는 것을 명심해야 한다. 직무수행을 평가하고 측정하는 여러 방법들은 5장에서 논의할 것이다.

선발 프로그램 예제: 공항 검색원

공항 보안 검색원이 되고자 하는 사람들은 여러 기술과 능력을 가지고 있어야 한다. 몇몇 심리학자들은 직무분석을 통해 이러한 기술과 능력을 찾아내어, 4단계의 선발 프로그램을 만들었다.

1. 지원자는 온라인으로 지원서를 작성하여, 해당 직무에 대해 자신이 가진 최소한의 자질을 명시한다. 지원서 양식에는 미국 시민권, 고등학교 졸업

여부, 검정고시 여부, 1년 이상의 검색원 경력 등이 포함되어 있다.

2. 지원자는 성실성(integrity), 고객 서비스 지향성(customer service orientation), 영어능력, 기계적성(X-레이 투시화면을 보는 시각적 능력) 등의 컴퓨터로 진행되는 검사를 3시간 반 동안 수행한다. 지원자의 약 48%가 이 단계를 통과한다.
3. 지원자는 구조적 면접; 신체적 능력검사(수하물 들기, 수하물 검색); 시력, 청력, 심혈관 기능, 약물소변검사를 포함한 의료검사 등을 받는다. 지원자의 약 86%가 이 단계를 통과한다.
4. 지원자는 보안 및 배후(background) 조사에서 통과해야 한다.

2002년에 이 프로그램이 시작되었을 때, 교통안전청은 200만 명에 가까운 지원자로부터 지원서를 받았다. 그들 중 34만 명이 검사를 받았으며 약 5만 명이 고용되었다(Kolmstetter, 2003).

공정한 고용

성공적인 선발 프로그램은 1972년에 만들어진 평등고용기회위원회(Equal Employment Opportunity Commission, EEOC)의 규칙과 1964년과 1991년에 제정된 시민권법(Civil Rights Acts)을 준수해야 한다. 모든 직업 지원자들은 인종, 민족, 종교, 성별, 출신지에 관계없이 직업을 구하고 고용을 유지하는 데 있어서 평등한 기회를 보장받는다. 고용차별은 비윤리적이며 비도덕적이고 불법에 해당한다. 이 규칙으로 인해 지난 20년에 걸쳐 고용차별이 눈에 띄게 감소했다. 하지만, 작업장에서의 편견과 차별의 사례는 여전히 발견되고 있다.

한 연구는 백인이 주로 가지고 있는 브레드(Brad)나 크리스틴(Kristen)과 같은 이름의 지원자가 흑인이 주로 가지고 있는 타이런(Tyrone)이나 타미카(Tamika)와 같은 이름의 지원자보다 면접 참석 알림전화를 더 많이 받게 된다는 것을 발견했다(Ferdman, 2003). 이러한 결과는 지원서에 이름 이외의 다른 모든 정보가 같은 경우에서조차 나타났다.

미국 정부 시민서비스 고급관리직에 지원한 357명의 지원자에 대해 내려진 고용결정을 분석한 결과 심사위원단의 인종과 성별 구성이 다양할 경우, 여성 지원자에게는 보다 우호적인 반응을 보였으나 흑인과 히스패닉계 지원자에게는 보다 부정적인 반응이 나타났음을 알 수 있다. 더욱이 아프리카계 미국 남성인 심사위원은 아프리카계 미국 여성이거나 백인인 심사위원보다 아프리카계 미국 남성 지원자를 선호하지 않는 경향이 있었다(Powell & Butterfield, 2002).

소수집단에 대한 불리효과

불리효과 선발 결정에서 소수집단의 직무 지원자가 다수집단의 직무 지원자에 비해 눈에 띄게 부당한 대우를 받는 효과.

직업 지원자 중 소수집단의 사람들이 다수집단에 비해 눈에 띄게 부당한 대우를 받을 경우 이들은 선발과정에서 **불리효과**(adverse impact)의 대상이 되었다고 할 수 있다. 소수집단의 선발률이 다수집단 선발률의 80%보다 작다면 이는 불리효과가 있음을 보여 주는 증거이다.

200명(흑인 100명과 백인 100명)의 지원자 중에서 100명(흑인 20명과 백인 80명)이 채용되었을 때를 생각해 보자. 이 경우 백인 지원자의 80%가 선발되었는 데 반해, 흑인 지원자는 20%만이 선발되었다. 흑인의 선발률은 백인 선발률의 4분의 1, 즉 25%에 불과하며 이는 불리효과를 보여 주는 80% 규칙보다 낮은 선발률이다. 이 회사는 소수집단과 다수집단 지원자에 대한 차별적인 선발률에 대해 법정에서 이의신청을 당할 수 있다.

차별적인 질문

면접과 지원서의 내용 역시 시민권법에 영향을 받아왔다. 특정 집단에 대한 차별적인 질문은 소송으로 이어질 수 있다. 예를 들어 지원자의 출생지, 민족, 종교, 인종을 묻는 질문은 법에 저촉된다. 지원자의 출생지나 일가친척의 이름을 물어서도 안 된다. 일가친척 중 여성의 결혼 전 성을 물어서도 안 된다. 지원자가 속해 있는 클럽이나 사회단체에 대한 질문도 피해야 하며, 지원자에게 지원서와 함께 사진을 요구해서도 안 된다. 이러한 질문이나 요구들은 차별로 인식될 수 있으며, 지원자가 해당 직무에 적합한지 혹은 성공잠재력을 지녔는지와 아무런 관련성이 없다.

추가적으로, 고용주는 지원자가 이전에 어떤 범죄로 인해 체포된 경험이 있는지를 물을 수도 없는데, 그 이유는 다수집단에 비해 소수집단이 범죄 용의자로 체포되는 경향이 많기 때문이다. 그러나 지원자에게 유죄판결을 받은 적이 있는지를 묻는 것은 합법적인 것이다. 이는 은행직원이 공금횡령으로 유죄판결을 받은 경우처럼, 유죄판결은 직무수행과 관련이 있다고 생각할 수 있기 때문이다.

역차별

소수집단 구성원의 모집, 고용, 승진을 보장해 주고 평등고용기회위원회(EEOC)의 규정을 준수하려는 노력은 반대로 다수집단 구성원에게 차별을 가하는 결과를 낳기도 한다. 예를 들어 어떤 조직은 연방정부의 지침을 만족시키기 위해 여성 종업원의 수를 늘리는 데 지나치게 치중한 나머지 남성에게 동등한 기회를 주지 않았다. 1992년 플로리다에 있는 의과대학의 한 백인 남자 교수는 대학에서 임금을 올려 줄 충분한 돈을 여성과 소수집단 직원에게 분배하여, 자신의 봉급 인상을 부당하게 거부했다는 차별 소송을 제기했다. 이러한 현상은 **역차별**(reverse discrimination)이라 부르는데, 백인 지원자가 대학원과 전문학교에서도 발생한 바 있는데, 여기서는 백인 지원자만큼 성적이나 시험 점수가 높지 않은 소수집단 지원자를 위해 백인 지원자가 불합격되었다.

역차별 모집, 고용, 승진 및 기타 인적자원 의사결정시 소수집단에 대한 선호가 다수집단에 대한 차별을 일으키는 현상.

역차별은 여성이나 소수집단이 비슷한 자질의 백인 남성보다 많은 기회를 제공받는 것과 같이 직무에서의 승진결정에서도 나타날 수 있다.

기회평등 프로그램(equal opportunity program)은 차별금지(affirmative action) 조치로 고용되거나 승진된 사람에게 오명을 씌울 수도 있다. 다수집단의 구성원들은 여성과 소수집단에 대한 우선 고용 방침으로 자질이 부족한 사람들이 고용된다고 생각할 수도 있다. 결과적으로 어느 정도의 백인 남성은 분노를 느끼고 있다. 차별금지 프로그램(affirmative action program)에 대한 반대가 불만족한 고용인, 고용주, 정치 지도자들에 의해 표출되어 왔다.

178명의 대학생과 다양한 회사에 근무하는 161명의 종업원을 대상으로 한 연구에서 두 연구 참여자 집단 모두에서, 차별금지 조치의 목적을 이해하고 있는 참여자들은 가상의 흑인 고용인의 성공을 그의 개인적 강점과 능력으로 돌렸다. 그에 반해, 회사가 단순히 소수집단 고용 할당량을 맞추고 있다고 생각한 참여자들은 흑인 고용인의 성공을 그들의 능력으로 돌리는 경향이 매우 낮았다 (Evan, 2003).

통신회사에 근무하는 125명의 백인 종업원을 대상으로 한 연구에서는 심한 편견을 가지고 있고 회사의 차별금지 정책이 흑인에게 유리하도록 불공정하게 만들어졌다고 생각하는 사람들의 경우 그들 자신의 승진 기회에 대해 불만족 하고 있었다(James, Brief, Dietz, & Cohen, 2001). 또한 직장을 잃고 실업급여를 받는 439명의 종업원을 상대로 실시한 설문조사에서 흑인 종업원들에 비해 백인 종업원들은 자신의 해고 원인을 차별이라고 주장하며 평등고용기회위원회를 고소하는 경향이 많았다. 연구자들의 설명에 따르면, 적은 수의 흑인만이 차별에 대해 고소를 한 이유는 그들이 사회 시스템의 공정성에 대해 신뢰하지 않으며, 직장에서의 차별은 일상적으로 경험해 왔기 때문이다. 따라서 이들에게 있어서 흑인이라는 이유로 해고당하는 것은 더 이상 새로울 것이 못되는 것이다(Goldman, 2001).

414명의 백인, 392명의 흑인, 162명의 미국 태생 히스패닉, 177명의 히스패닉 이민자를 대상으로 한 전화설문에서는 차별금지 프로그램은 흑인에게 가장 강하게 지지되었으며 그 다음은 히스패닉이었다. 백인의 대부분은 그 프로그램에 반대했다. 더불어 흑인은 차별금지가 공정하며 우선적 조치는 아주 드물게만 취해진다고 믿는 경향이 있었다(Kravitz & Klineberg, 2000).

다양성은 유익한가?

차별금지 프로그램은 작업장에서 여성 종업원과 소수인종 종업원의 수가 급격히 증가하게 만들었다. 이렇게 증가한 다양성이 고용인 혹은 회사에 이익이 되었는가? 한 연구는 회사의 웹사이트가 작업장의 구성을 어떻게 묘사하고 있는가를 근거로, 273명의 흑인과 백인 대학생들이 회사의 웹사이트에 얼마나 매력을 느끼는지를 조사했다. 어떤 웹사이트는 3명의 백인 관리자와 함께 있는 백인 종업원들의 사진만 보여 주었다. 학생들에게는 그 회사에 들어가게 될 경우

<여기서 잠깐>

더 이상 버스 뒷좌석으로 가지 않는다.

우리는 사무실 건물 앞에서 택시를 잡을 수 없다. 우리는 교외 통근열차에서 몸수색을 당하거나 구류당하기도 한다. 우리는 백화점에서 감시당하며 유명한 식당에서 점심식사하는 중에 휴대품 보관실 직원이나 화장실 관리인으로 오해받는다. 우리는 우리 자신의 회사에서도 우리를 알아보지 못한 접수원에 의해 화물용 엘리베이터를 이용하도록 안내받는다. 우리는 미국 회사에서 일하는 흑인 전문가이다.

나는 매일 아침 다른 백인 동료들과 마찬가지로 같은 업무에 시달리지만, 내가 회사에서 느끼는 스트레스는 모두 내 일과 관련이 없는 것으로부터 나온 것이다. 나의 아버지는 그의 아들이 전 도시가 내려다보이는 높은 사무실에서 일하는 것을 꿈꾸셨다. 그가 몰랐던 것은 그곳에 가는 것이 미국 흑인이 발버둥친다고 되는 일이 아니라는 것이다.

비록 그간 내가 차별철폐법의 수혜자였지만, 그러한 수혜의 문제점 즉, 백인 사이에서 분노가 발생하고 여성과 소수자들이 집단적으로 불리고 있는 것을 알 수 있다. 하지만 기업 변호사로서, 교수로서, 미국에서 가장 백인적인 환경에서 일하는 흑인 전문가로서 내 경험에 비춰볼 때 오늘날조차도 인종 차별은 고치기 힘들어서 차별금지법 제정의 정당성을 느끼게 해 준다.

내가 차별금지 조치의 시행을 지나치게 열성적으로 제안한다고 생각하는 사람들에게 나는 맨해튼에서 기업 변호사로서의 새로운 직무를 시작하게 된 이후 곧 발생한 한 가지 사건을 알려 주고자 한다.

경비원을 대동한 응접원이 내가 사무실에서 고객과 통화하고 있는 중에 내 비서의 책상을 지나쳐 달려들어 왔다.

"죄송하지만 래리 씨, 밖에 비서가 있을 텐데요." 응접원은 숨 가쁘게 내 통화를 가로막으며 말했다. "응접실을 지나 보라색 가방을 들고 이곳으로 온 배달 소년을 보셨나요?"

나는 구석에 있는 버그도프 굿맨 백화점의 쇼핑백과 부인을 위해 구입한 모자를 쳐다보았다.

"저기 그 애가 있다." 경비원은 나를 가리키며 소리쳤다.

쇼핑백을 보고 알아차린 응접원은 안심하며 얼굴을 쓸어내렸다. "이것 참 웃긴 일이네요." 그녀는 문을 닫으며 웃음지었다. "우리는 당신이 배달 소년인 줄 알았어요. 방해해서 죄송합니다."

나를 바라보는 고객의 표정에는 엷게나마 회의적인 표정이 비쳤다.

출처: Lawrence Otis Graham. The case for affirmative action. *New York Times*, May 21, 1995.

그 관리자들이 자신들의 상사가 될 것이라고 말해 주었다. 두 번째 웹사이트는 백인 관리자와 함께 있는 흑인 종업원과 백인 종업원 모두를 보여 주었으며, 세 번째 웹사이트는 백인 및 흑인 관리자와 인종적으로 섞여 있는 종업원들을 보여 주었다. 이 연구에서 백인 대학생들은 웹사이트에 나오는 특정 회사에 대한 어떠한 선호도 보여 주지 않았다. 흑인 대학생들은 관리자들이 인종적으로 다양한 회사의 사이트를 선호했다(Avery, 2003). 이러한 결과는 관리자들의 인종 분포가 다양할 경우 소수집단 고용인을 모집하는 데 도움이 된다는 점을 제안하는 것이다.

여러 연구들은 조직을 구성하는 인종이나 성별이 다양할수록 문제해결에 대한 새로운 시각과 보다 많은 고품질의 아이디어가 나오게 된다는 것을 보여 주고 있다. 경제분석가들은 차별금지에 관한 기록이 좋은 것으로 알려진 회사들은 주가가 높고 투자대비수익(ROI)이 높은 경향이 있다고 지적하고 있다 (Crosby, Lver, Clayton, & Downing, 2003).

다른 형태의 차별

나이 많은 종업원에 대한 차별. 미국의 노동자들은 나이 들어가고 있다. 산업 및 조직심리학 연구 결과들이 나이 많은 종업원이 젊은 종업원에 비해 더 생산적이며 결근율과 이직률에서 더 낮다는 것을 지속적으로 보여 주고 있지만, 대부분의 고용주들은 여전히 젊은 종업원들을 고용하고 싶어 한다. 일반적으로 나이 많은 종업원들은 젊은 종업원들과 비교할 때 건강이 나빠지거나 열정이 사라지거나 정신적 능력이 쇠퇴하는 일은 경험하지 않는다.

나이 많은 종업원들에 대한 고정관념은 지속적으로 유지된다. 나이 많은 종업원들은 실제 작업 수행보다 나이에 근거해서 평가를 받게 되어, 젊은 종업원에 비해 더 부정적인 수행평가를 받는 경향이 있다. 나이 많은 종업원들은 고용이나 승진에 있어서 나이로 인한 차별을 받지 않도록 법으로 보고되고 있다. 1967년 고용법(Engagement Act)은 45세에서 65세 사람들의 고용을 거부하지 못하도록 규정을 두고 있으며, 1978년에는 은퇴를 요구할 수 있는 나이의 상한선을 65세에서 70세로 상향조정했다.

장애를 지닌 종업원에 대한 차별. 신체적 정신적 장애를 가진 종업원들은 연방법에 의해 직업적 차별을 받지 않도록 보호되고 있다. 1973년 제정된 직업적 사회복귀법(Vocational Rehabilitation Act)은 조직이 자격을 갖춘 장애인을 모집, 고용, 승진시킬 것을 의무로 규정하고 있다. 1990년 미국 장애법(Americans with Disabilities Act, ADA)은 고용주, 주정부 및 지방정부, 고용기관, 노동단체가 자격을 갖춘 장애인을 직업 지원과정, 고용, 해고, 승진, 임금, 직업 훈련, 기타 고용조건에서 차별하지 못하도록 하고 있다. 이 법은 자격을 갖춘 장애인 지원자나 장애 종업원들이 일상적인 근무에서 부당한 곤란에 노출되지 않도록 고용주가 적절한 장애인 편의시설을 갖출 것을 요구하고 있다.

'적절한 편의시설'의 예로, 한 슈퍼마켓 종업원은 결핵을 앓고 있었는데, 그녀에게 의자를 제공해 줌으로써 근무시간 내내 그녀는 서서 일하지 않고 계산대에서 앉아서 근무할 수 있었다. 또 다른 장애를 가진 사람들을 위한 편의시설로는 시각장애를 가진 지원자나 종업원을 위한 소리나 점자를 이용한 안내와 휠체어 사용자들을 위한 경사로나 다른 구조적 개선사항들이 있다. 어떤 고용주들은 장애인을 위해 작업장을 변경하는데 여전히 반대하고 있다. 114명의 관리자를 대상으로 한 조사 결과, 조정해야 할 사항이 많을수록, 더 많은 관리자들이 그 조정을 진행하는 데 반대한다는 것을 보여 준다(Florey & Harrison, 2000).

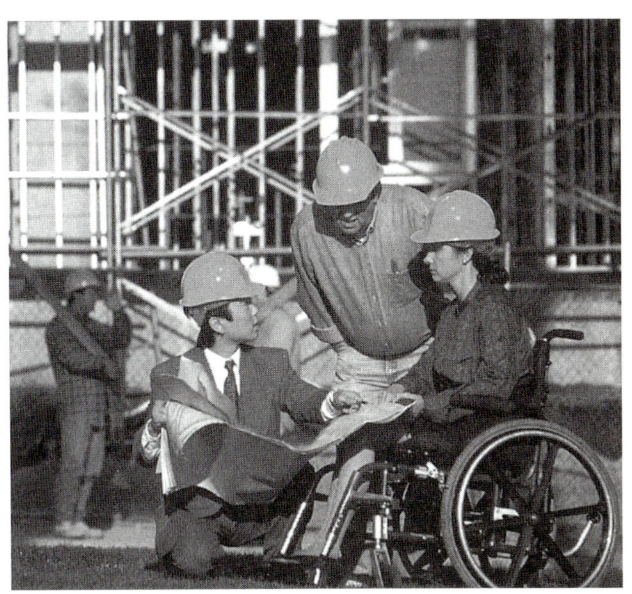

1990년 미국 장애법은 자격을 갖춘 장애인들을 고용주들이 차별하는 것을 금지한다.

장애 종업원을 위해 편의시설을 확충하는 데 있어 나타난 계획하지 않았던 결과는 그러한 변화가 그러한 장애를 가지지 않은 종업원들에게 분노감을 야기 시킬 수도 있다는 것이다(예는 Colella, Raetzold, & Belliveau, 2004를 참고할 것). 결핵에 걸린 슈퍼마켓 계산원의 경우를 생각해 보면, 다른 계산원들은 자신들도 피곤하며 근무 내내 서서 일할 필요는 없다고 느낄 수 있다. 이들은 의자를 받을 만하지 않은가? 다른 예로 제 시간에 일어나기 힘든 항우울제의 복용으로 직장에 늦게 나오는 것이 허용되고 있는 사람들은 어떠한가? 다른 종업원들도 아침에 일찍 일어나기 힘들지만, 이들은 미국 장애법(ADA)에서 언급된 우울(depression)과 같은 증상을 호소하지 않기 때문에 제 시간에 출근해야 한다. 또 다른 문제는 장애 종업원의 동료들에게서 나타날 수 있는데, 장애 종업원들이 더 적은 시간 동안 일을 하기 때문에 이들의 동료들은 상대적으로 자신들이 더 힘들게 일을 해야 한다고 생각할 수 있다.

장애 종업원을 고용하는 데 대한 편견은 그들의 실제 직무수행과 모순됨에도 불구하고 여전히 발견되고 있다. 산업 및 조직심리학자들의 연구 결과들은 장애 종업원의 수행이 비장애 종업원의 수행과 같거나 그 이상임을 보여 주고 있다. 듀퐁(Dupont), 3M, 맥도날드(McDonnell), 더글라스(Douglas)와 같은 많은 미국 대기업들은 정기적으로 장애인을 고용하고 있는데, 그 이유는 그들이 좋은 종업원임을 알았기 때문이다. 맥도날드와 마리오트(Marriott) 같은 회사는 정기적으로 약간의 인지적 장애를 지닌 사람들을 고용하며 이들이 다른 종업원들만큼 생산적으로 일한다는 것을 발견했다. 그러나 정신장애로 분류되는 취업연령의 사람들 중 20% 이하만이 직업을 얻으며, 이러한 직업의 절반은 연방정부의 보조금 프로그램에 들어 있는 것들이다. 그 직업들로는 수위, 정원사, 식료품점 점원, 사무실 접수원, 요금징수원, 패스트푸드점 요리사 등이 있다.

1990년 미국 장애법(ADA)으로 인해 수천 건의 직업차별을 고발하는 고소와 고용주에 대한 고소가 제기되었다. 불행히도, 이러한 법적 도전(legal challenge)은 많은 조직으로 하여금 장애 종업원을 고용하는 것을 보다 경계하게끔 만들었다. 이러한 소송에 대한 두려움으로 인해 실제로 지난 10년이 넘는 기간 동안 노동시장에서 장애인의 수가 늘어나지 않았다. 미국 시민권 위원회의 일원이면서 그 자신도 장애를 가지고 있는 Russell Redenbaugh는 미국 장애법(ADA)의 효과가 매우 실망적이라고 결론 내렸다.

여성 종업원에 대한 차별. 여성은 직업현장에서 차별을 겪고 있으며, 특히 그들이 전통적으로 남성의 직업이라고 생각되는 직업에 지원하는 경우에는 더욱 그렇다. 2000년 미국 인구조사 보고서에 따르면 대부분의 여성 직업은 소위 핑크칼라(pink collar)로 불리는 간호사, 교사, 비서, 점원, 계산원, 식당 직원, 요리사, 접수원 등의 직업들에 한정되어 있었다. 관리직에서 괄목할 만한 성장을 보이기도 했지만, 종종 인적자원부서나 홍보부서와 같이 까다롭지 않은 영역에 국한되어 있었다.

291개의 미국 회사와 410개의 다른 회사를 대상으로 진행된 두 개의 연구는 "여성 직원이 회사의 수행에 미치는 효과가 전반적으로 긍정적이다."는 것을 밝혀 주었다. 더불어, 회사의 여성 직원의 수가 약 50% 정도일 때 생산성이 가장 높았다(Kravitz, 2003, pp. 148-149). 따라서 인종의 다양성과 마찬가지로 성별의 다양은 조직의 경제적 성공에 기여할 수 있다.

성적 경향성에 대한 차별. 남녀 동성애자(게이, 레즈비언)는 공공기관과 사기업 모두에서 고용의 차별을 겪고 있다. 현재 직업현장에서 동성애자를 보호하는 연방법은 전무한 상태이다. 하지만 몇몇 주(states)는 시민권법에서 보호범주 안에 성적경향성(sexual orientation)을 포함시키고 있으며 동성연애자에게 직업적 차별을 금하는 법령을 통과시키는 시가 늘어가고 있다.

많은 미국 기업들은 동성연애자에 관한 차별금지 정책을 수행해 오고 있다. AT&T, Xerox, Lockheed Martin, Levi Strauss와 같은 기업들은 그들의 동성애 종업원들의 모임이나 조직을 후원하고 있다. IBM, Citigroup 그리고 몇몇 지방정부는 물론 굴지의 미국 자동차 제조사들(Ford, Gerneral Morors, DaimlerChrysler)도 동성애 종업원들의 파트너에게 임금 외 보상(standard fringe benefit)을 제공하고 있다.

38개의 기업에 근무하고 있는 537명의 남녀 동성애자를 대상으로 한 연구는 차별금지 정책이 정식으로 정해져 있을 경우 이들에게서 높은 직무만족과 조직몰입이 나타난다는 것을 보여 주었다(Button, 2001). 또 다른 연구는 자신의 성적 경향성으로 인해 차별을 받았다고 느끼고 있는 남녀 동성애자는 차별받지 않았다고 느끼는 남녀 동성애자보다 자신의 일에 대해 부정적인 태도를 가지고 있었으며, 승진할 기회가 많지 않은 것으로 나타났다(Ragins & Cornwell, 2001).

379명의 남녀 동성애 종업원들에 대한 연구는 자신의 성적 경향성에 대해 공개할 정도로 직업환경이 충분히 지지적이라고 생각하는 사람들은 직무만족이 높고 불안이 낮았다. 또한 이들은 동료로부터 보다 호의적인 반응과 상사로부터 공정한 대우를 받는다고 느끼고 있었다(Griffith & Hebl, 2002).

성적 경향성에 관한 다양성을 인정하는 정책들에 대해 보다 더 알고 싶다면 다음 두 웹사이트를 방문해 보기 바란다: www.gaybusinessworld.com, www.hrc.org. 후자는 인권운동 웹사이트이다.

신체적 매력에 의한 차별. 어떤 지원자는 다른 사람에 비해 좋은 외모를 가지고 있다. 뷰티즘(beautyism)이라 불리기도 하는 이러한 외모에 대한 판단은 직업사회에서 고용과 승진에 영향을 미친다. 사람들은 신체적으로 매력적인 사람이 바람직한 개인적 특성과 사회적 특성들도 가지고 있을 것이라고 믿고 있다. 일부 산업 및 조직심리학자들은 이러한 태도를 '아름다운 것이 좋은 것(what is beautiful is good)'이라고 요약하고 있다. 신체적으로 매력적인 사람들은 그렇지 않은 사람들보다 사교적이고(sociable), 중요하고(dominant), 정신적으로 건강하다고 인식된다.

직업현장에서 신체적 매력의 왜곡효과(biasing effect)를 다룬 연구들을 메타분석(meta analysis)한 연구에서 회사의 모집인과 인적자원 관리자들은 고용결정에 있어서 대학생들만큼이나 지원자의 신체적 매력에 영향을 받고 있음을 보여 주었다. 또한 이 연구는 이러한 왜곡효과가 남성 지원자와 여성 지원자 모두에게서 강하게 나타나지만, 지난 수십 년에 걸쳐 매력도의 왜곡효과는 점차 감소되어 왔다는 것을 알려 주고 있다(Hosodo, Stone-Romero, & Coats, 2003).

지원자의 신장(height) 또한 선발, 고용, 승진결정에서 이점으로 작용할 수 있다. 8,590명이 포함된 메타연구 결과, 신장은 직무수행평가, 리더로의 부상, 수입(income)과 유의한 관련성이 있었다. 키가 큰 사람들은 작은 사람들에 비해 세 가지 모두에서 높게 나타났다(Judge & Cable, 2004).

직무분석

직무분석의 목적은 특정 직무에 종사하는 종업원이 수행하는 과업들(tasks)의 성질을 구체적인 용어로 기술하는 것이다. 직무분석에는 사용되는 도구나 기구, 수행목적, 요구되는 교육이나 훈련, 임금수준 및 안전저해요소와 같은 그 직무에 독특한 측면들에 대한 정보가 포함되어 있다.

많은 산업 및 조직심리 실무자(practitioner)들은 직무분석(job analysis)이라는 용어보다는 **직업분석**(work analysis)을 더 선호한다는 것을 명심할 필요가 있다. 직업분석(work analysis)은 한 직무에서 다른 직무로 전환될 수 있는 과업(tasks)과 기술(skills)에 초점을 맞춘다. 오늘날의 직업시장에서 종업원들은 다양한 직무에 지원할 수 있도록 다양한 기술들을 지속적으로 개발하고 다듬어야 한다. 이전 세대의 종업원들과 달리, 21세기의 종업원들은 단순 반복적인 일만을 하면서 직업생활을 해 나갈 수는 없다.

직업분석 한 직무에서 다른 직무로 전환될 수 있는 특정한 과업과 기술에 관한 연구.

우리는 앞에서 고용인 선발에 있어서 직무 및 직업분석(job and work analysis)의 가치에 대해 언급한 바 있다. 만일 회사가 그 직무에 무엇이 포함되어 있는지, 그 일들을 성공적으로 수행하려면 무엇이 필요한지에 대해 상세히 알고 있지 않다면, 그 직무를 위한 지원자를 어떤 자질을 기준으로 찾을 것인지를 알 수 없다.

직무 및 직업분석은 조직의 측면에서 또 다른 중요성을 가지고 있다. 예를 들어 특정 직무에 대한 훈련 프로그램을 개발하기 위해서는 그 직무의 속성과 그 직무가 요구하는 기술들에 대해 알아야 한다. 직무를 성공적으로 수행하기 위해 요구되는 과업(tasks)과 작업(operation)들을 기술할 수 없다면, 기업은 사람들이 그 직무를 수행할 수 있도록 훈련시키지 못할 것이다.

직무분석은 또한 효과적인 수행을 위해 직무(job)나 작업장(workspace)을 설계하는 데 도움을 준다. 선반기계 조작원이 선반기계에 원재료를 넣을 때마다 기계에서 저장고까지 50야드를 걸어야 한다는 것을 직무분석을 통해 알아내면, 작업장 재설계(redesigning)를 통해 그러한 시간과 노력의 낭비를 제거할 수 있다. 직무분석은 작업과정에서의 안전 저해요소나 위험요소를 발견해 낼 수도 있다.

산업 및 조직심리학자들은 직무 및 직업분석을 수행하기 위한 수많은 기법들을 고안해 왔다. 한 가지 방법은 이전에 수집된 분석자료들을 참고하는 것이다. 미국 노동부는 직업정보망(O*NET) 즉, 직업정보를 요약하여 담고 있는 데이터베이스를 개발해 왔다. 이 온라인 데이터베이스는 고용주에게 이러한 직무들을 수행하는 데 필요한 고용인의 지식(knowledge), 기술(skill), 능력(ability)에 대한 분석과 예를 제공하기 위해 빈번히 업데이트 된다. 이 온라인 데이터베이스는 수천 개의 직무를 분석하는 데 있어 비용이 많이 들지 않으면서도 사용하기 쉬운 방법이며, 연구적인 측면이나 실무적인 측면 모두에서 큰 중요성을 지니고 있다(Jeanneret & Strong, 2003; Peterson, et al., 2001 참고할 것). 일반적으로 O*NET는 각 직무에 대해 다음과 같은 정보를 제공해 준다.

- 개인적 요구(personal requirement): 그 직업을 수행하는 데 필요한 기술과 지식
- 개인적 특성(personal characteristics): 그 직업을 수행하는 데 필요한 능력, 흥미, 가치
- 경험적 요구(experience requirement): 그 직업을 수행하는 데 필요한 훈련과 자격수준 및 경험
- 직무요구(job requirement): 그 직업에 포함된 물리적, 사회적, 조직적 요소와 같은 직무활동과 직무환경
- 노동 시장(labor market): 그 직업의 직업전망과 임금수준

표 3-1은 O*NET의 예로써, 상이한 유형의 과업(tasks)을 수행하는 데 요구되는 지식을 보여 주고 있다. 표 3-2는 다양한 과업(tasks)에 요구되는 언어적, 수리적, 그리고 인지적 능력을 보여 주고 있다. O*NET이나 직무에 대한 상세한 정보를 원한다면 다음 웹사이트에 방문해 보기 바란다: http://online.onetcenter.org/

특정 직무에 대한 직무 및 직업분석을 수행하는 다른 기법들로는 면접법(interviews), 질문지법(questionnaires), 관찰법(observations), 행동기록법(activity logs), 중대사건기법(critical incidents)이 있다.

표 3-1

O*NET 직무설명과 지식수준

범주와 직업적 정의	지식수준
경영/관리: 사업과 조직의 계획, 협력, 실행에 포함된 원리와 과정에 대한 지식. 전략적 계획, 자원할당, 인력 모델링, 리더십기술, 생산 방법을 포함	**고**: 100만 달러 수준의 회사 관리 **저**: 지급보증 싸인
사무원: 문서화, 분류, 자료 관리, 양식 디자인 등 사무적 과정과 같은 경영적 및 사무적 절차와 시스템에 대한 지식	**고**: 회사 보관 시스템 운영 **저**: 편지를 철자 순으로 분류
판매/마케팅: 제품과 서비스의 진열, 판촉, 판매를 포함한 원리와 방법에 대한 지식. 마케팅 전략, 상품 전시 및 판매기법, 판매 통제 시스템을 포함	**고**: 국가범위의 전화 시스템 마케팅 계획 개발 **저**: 케이크 판매
컴퓨터/전자: 회로, 프로세서, 칩, 컴퓨터 하드웨어와 소프트웨어에 대한 지식	**고**: 컴퓨터바이러스를 잡는 프로그램 개발 **저**: 녹화테이프를 보기 위해 비디오 작동
엔지니어링/기술: 장비, 도구, 기계 장치에 대한 지식	**고**: 깨끗하고 효율적인 발전소 설계 **저**: 문에 열쇠 장착

면접법. 직무 및 직업분석을 위한 면접법은 그 직무와 직접적으로 관련되어 있는 사람들을 폭넓게 만나는 것인데, 이들을 소위 주제관련전문가(subject matter experts)라고 부른다. 주제관련전문가에는 그 직무를 수행하는 현직자와 현직자의 상사 그리고 그 현직자들을 훈련시킨 사람 등이 포함된다. 직무분석가는 질문지법과 함께 면접법을 실시할 수도 있다. 면접받는 사람들에게는 그 면접의 목적은 물론 질문에 대한 정직한 답변이 왜 중요한지에 대해 설명해 주어야 한다. 질문내용은 가능한 많은 정보를 얻어낼 수 있도록 주의 깊게 사전에 준비되어야 하며 질문의 표현들도 명확해야 한다.

질문지법. 직무분석에는 두 가지 유형의 질문지가 사용된다: 비구조적 질문지(unstructured questionnaire)와 구조적 질문지(structured questionnaire). 비

표 3-2

O*NET 직업능력의 구체적인 예

능력	수준
언어(Verbal)	
듣기 이해: 문장과 단어를 듣고 이해하는 능력	**고**: 고급 의학 강의를 이해 **저**: 텔레비전 광고를 이해
읽기 이해: 쓰여진 정보를 읽고 이해하는 능력	**고**: 미사일 방어 시스템 수리에 대한 책을 이해 **저**: 고속도로 표지판 이해
언어 표현: 정보나 아이디어를 다른 사람이 이해할 수 있도록 말로 전달하는 능력	**고**: 대학 1학년 학생에게 고급 유전학의 원리를 설명 **저**: 신문구독을 전화로 취소
작문 표현: 정보나 아이디어를 다른 사람이 이해할 수 있도록 글로 전달하는 능력	**고**: 고급 경제학 교과서 집필 **저**: 냉동고를 녹이기 위해 물건들을 꺼내라고 메모남기기
양(quantitative)	
수학적 추리: 문제를 이해하고 조직하고 문제를 해결하기 위해 공식이나 수학적 방법을 선택하는 능력	**고**: 우주선이 달에 착륙하는 상황에 요구되는 수학 계산 **저**: 2개에 29센트짜리 오렌지 10개의 가격 계산
연산: 더하기, 빼기, 곱하기, 나누기를 빠르고 정확하게 하는 능력	**고**: 비행기의 비행경로를 속도, 연료, 바람, 고도 등을 고려하여 계산 **저**: 2 더하기 7 계산

구조적 질문지 방법은 개방적인(opened) 방법이라고도 하는데, 주제관련전문가(현직자, 감독관, 훈련관)들이 그 직무(job)와 과업(task)들이 수행하는 내용들을 그들 나름대로의 표현으로 기술한다.

구조적 질문지 방법은 사람들에게 과업, 목적, 작업환경에 대한 문항들을 주고, 그 문항들이 직무와 일치하는 정도를 평가하게 하거나 직무의 성질을 반영하는 문항들을 선택하게 하는 방법이다. 하지만 연구 결과에 따르면, 사람들은 부주의하게 이러한 평가를 할 수 있으며, 그로 인해 직무 및 직업분석의 정확성이 떨어질 수 있다.

많이 사용되고 있는 질문지는 직위분석질문지(Position Analysis Questionnaire, PAQ)인데, 이 질문지는 구체적인 행동과 활동에 관련된 194 문항의 직무요소들로 구성되어 있다. 이 직무요소들은 6개의 직무 행동 범주로 나뉜다: 정보입력(information input), 정신과정(mental processes), 작업결과(work output), 타인과 관계(relationships with other persons), 직무환경(job context), 기타 직무활동 및 조건(other activities and conditions). 종업원들과 관리자들은 질문지에 있는 각 문항이 해당 직무에 얼마나 중요한 요소인지를 평가한다. PAQ를 이용한 방법은 비구조적 질문지 방법의 결과로 얻을 수 있는 정성적 정보와 달리 정량적으로 수량화할 수 있는 평가 점수를 얻을 수 있다는 큰 이점이 있다. 요즘은 새로운 설문지 실시방법으로 인쇄된 질문지 외에 온라인으로 직무분석 설문지를 만들어 실시할 수 있다.

직접관찰법. 세 번째 직무 및 직업분석 방법은 직무를 수행하고 있는 종업원들을 직접 관찰하는 것이다. 사람들은 누군가 자신을 관찰하고 있다는 것을 알게 되면, 평소와 다르게 행동할 수 있기 때문에 직무분석가들은 가능한 조심성 있게 관찰을 진행해야 한다. 또한 모든 종업원들을 대표할 수 있는 사람을 대상으로 관찰을 해야 하며, 피로도와 같은 요인의 영향을 고려할 수 있도록 하루일과 중 다양한 시간대에 관찰을 해야 한다.

오늘날 행해지고 있는 직접관찰에는 전자장비가 많이 이용된다(이 내용은 5장 직무수행평가의 기법에서 다룬다). 예를 들어 수송회사는 차내에 컴퓨터를 설치하여 운행시간(running time), 비운행시간(down time), 속도 등을 관찰할 수 있다. 케이블 TV 회사에서는 고객서비스 전화 건당 소요시간을 기록하여 해당 직무 종업원의 직무활동을 관찰한다.

작업일지법. 규칙적인 작업일지 작성 방법은 주어진 기간 동안 작업자와 감독자가 자신들의 작업활동을 상세하게 기록해나가는 방법이다. 이 방법은 주의깊게 준비된다면 다른 경우에는 얻을 수 없었던 직무에 대한 세부사항들을 알려 줄 수 있다.

중대사건기법 직무상에서 바람직한 또는 바람직하지 않은 결과를 일으키는 구체적 행동을 규명하기 위한 방법.

중대사건기법. **중대사건기법**(critical-incidents technique)은 성공적인 직무수행에 필요한 사건들이나 행동들을 규명하는 것으로, 우수한 수행자와 열등한 수행자를 구분해 주는 행동들이 무엇인지를 주제관련전문가(SMEs)에게서 알아내기 위한 방법이다. 중대사건기법은 직무를 수행함에 있어 바람직하거나 바람직하지 않은 결과를 야기했던 구체적인 행동들에 초점을 맞춘다. 하나의 중대사건은 별로 가치가 없지만, 수백 개의 중대사건은 직무를 잘 수행하는 데 필요한 특정한 행동들을 효과적으로 설명해 줄 수 있다. (우리는 6장에서 중대사건이 직원 재교육이 필요한 분야를 찾아내는 데 사용될 수 있음을 보게 될 것이다.)

직무분석은 고용인 선발과정에서 계속해서 중요한 부분을 차지하고 있다. 직원을 고용하는 모든 조직은 그들이 지원자에게 요구하는 요건들 하나하나가 직무를 수행하는 데 필요한 능력들과 직접적인 관련성을 가지고 있다는 것을 입증할 수 있어야 한다. 기업은 차별을 유발하고 고용기회평등을 저해할 수 있는 임의적인 종업원 자격조건을 수립해서는 안 된다. 세부적인 직무 및 직업분석은 구체적인 직무 요건들을 결정하기 위한 근거를 제공해 준다. 예를 들어 여성 종업원이 동일한 직무로 보이는 일을 수행하는 남성 종업원에 비해 적은 임금을 받는다는 이유로 회사를 상대로 성차별 소송을 제기했다면, 회사는 그 남성이 다른 과업들(tasks)을 수행하고 있으며 그로 인해 높은 임금을 받은 것임을 보여 주어야 한다. 직무분석은 그러한 정보를 제공해 줄 수 있다. 그러므로 조직은 직무수행을 신중히 고려해야 한다. 직무분석 없이 평등한 고용기회와 성공적인 선발 프로그램은 불가능한 것이다.

이제 현재 사용되고 있는 몇몇 구체적인 선발 기법들 즉, 전기적 정보(biographical information forms), 면접(interviews), 참조인(references), 그리고 평가센터(assessment centers)에 대해 살펴볼 것이다.

전기자료

지원자의 배경에 대한 전기자료를 수집하는 것은 선발장면에서 보편적으로 쓰이는 방법이다. 이러한 방법을 사용하는 기본논리는 과거의 경험이나 개인적 특성이 앞으로의 행동과 성공 가능성을 예측해 줄 수 있다는 것이다. 우리의 행동, 가치, 태도의 많은 부분은 인생 전반에 걸쳐 유지되기 때문에, 미래에 우리의 행동이 과거의 행동에 기초할 것이라는 가정이 불합리한 가정은 아니다.

지원서

지원자가 회사에 고용되기에 적합한지를 결정하는 데 처음으로 사용되는 정보는 그 지원자가 회사의 지원서에 기재한 정보들이다. 요즘 종이서식을 사용하는 회사는 점차 줄고 있으며, 대신 온라인으로 지원서를 받고 있다.

건축자재 전문회사인 Home Depot은 1999년부터 매장 내 컴퓨터를 통하여 고용 희망자들이 온라인 지원서를 작성하도록 하기 시작했다. Home Depot이 매년 고용하는 4만 명 중 많은 부분이 컴퓨터로 처리된다. Blockbuster (DVD, 게임대여점)와 Target(대형할인점)을 포함한 다른 회사들은 그들이 고용하는 시간제 근무자의 80%를 매장 내 컴퓨터를 통해 처리하고 있다. 몇몇 회사들은 지원자들이 해당 직무를 사전에 검토해 볼 수 있도록 짧은 영상자료도 제공하는데, 이 자료는 직장생활이 실제로는 어떤지, 고용인은 어떤 일을 해야 하는지와 같은 내용을 담고 있다. Home Depot은 그들의 직무가 무거운 물건을 들고, 가끔 주말에도 일을 한다는 것을 알려 주고, 지원자가 지원서를 보내기 전에 그러한 사실들을 확실히 알고 있는지를 확인한다.

표준적인 지원서는 개인의 생활사, 직무 경험, 기술, 흥미, 사회봉사와 경력목표에 대한 질문들을 포함하고 있다.

또한 지원자들은 산업 및 조직심리학자들이 고

안한 성격과 가치에 관련된 질문들에 '예-아니오'나 다지선다형으로 답할 수도 있다. 어떤 질문내용은 단어들을 바꿔가며 몇 차례 반복해서 묻기도 한다. 지원서가 온라인으로 완성된 후 몇 분 이내에 점장은 여러 색으로 표시된 각 지원자의 점수를 받아보게 된다. 녹색 점수는 매우 좋은 점수이기 때문에 관리자는 그 지원자가 매장을 나가기 전에 만나서 면접을 하려고 할 것이다. 노란색 점수는 경계선에 걸친 점수이며, 전체 지원자의 30%를 차지하는 빨간색 점수를 받은 사람은 고용되지 않을 것이다.

지원서는 그것이 서면으로 진행되건 아니면 온라인으로 진행되건, 지원자의 응답이 얼마나 정직한지가 관건이다. 과연 지원자들이 제공한 정보는 완전하고 거짓이 없는 것일까? 정말 지원서에 기재한 그 학교를 졸업했을까? 정말 이전 직장에서 50명의 직원을 관리하는 일을 했었을까? 지원서에 기록한 연봉은 사실일까 아니면 과장한 것일까? 꽤 많은 수의 지원자들이 특히 그들의 이전 직업명, 임금, 직책에 대해 거짓 정보를 제공하고 있다.

2001년, 노틀담 대학에 새로 고용된 축구 코치가 겨우 5일 만에 해고되었다. 대학시절 3번이나 우수선수 상을 받았다는 그의 주장이 거짓으로 드러난 것이다. 게다가 그는 지원서에 기재했던 석사학위도 받은 적이 없었다. 그러나 그는 20년간 축구 코치직을 성공적으로 수행해 왔다. 노틀담 대학으로 갈 때까지 어느 누구도 그가 지원서나 이력서에 기재한 사실들을 확인하려 하지 않았었다.

이러한 사태는 기업세계에서도 발생한다. 2002년, 콘텍트렌즈 전문업체인 바슈롬(Bausch & Lomb) 최고경영자(chief executive officer)의 MBA 학위가 거짓임이 밝혀졌다. 그는 비록 해고되지 않았지만, 그의 연봉은 110만 달러가 삭감되었다. 정보보안 솔루션 개발업체인 VERITAS 소프트웨어의 최고 재무관리자(chief financial officer)는 그의 MBA 학위가 거짓임이 알려지자 회사를 사직했다.

개인의 자질에 대한 거짓진술은 하위 종업원에서 최고경영자에 이르기까지 보편적으로 나타나고 있다. 몇몇 회사의 신규 고용인의 배경을 조사한 한 기관이 보고한 바에 따르면, 매년 수행되는 260만 건의 배경정보 확인작업 중에서 44%의 지원서와 이력서에 허위진술이 포함되어 있었으며, 이는 대개 학력에 대한 것이었다(Stanton, 2002).

인적자원 관리협회(Society for Human Resource Management)가 인적자원 관리자들을 대상으로 실시한 설문조사 결과는 관리자의 90%가 이전 직장에서의 근무기간을 속이는 지원자를 만난 적이 있음을 말해 주고 있다. 관리자의 약 78%는 지원자가 학력을 속였음을 나중에 알게 되었다(Butler, 2000). 많은 회사들은 지원서에 적힌 정보들의 진위를 확인할 시간과 여력이 없다. 때때로 이러한 거짓 정보는 추후면접 일정과 회사가 지원서에 적힌 정보를 확인할 것이라는 경고를 통해 감소될 수 있다.

많은 기업들은 전기자료의 정확성을 확인하기 위해 이전 고용주와 참조인(reference)들을 만난다. 그러나 많은 곳에서 소송에 대한 두려움으로 개인적인 정보를 공개하지 않으려 한다. 이전 고용주도 불리한 정보를 제공하면 명예훼손으로 고소를 당할 수 있다. 따라서 많은 기업들은 직업명, 고용기간과 같은 몇 가지 사실적인 자료들 이상은 제공하기를 꺼려한다. 해당 종업원에 대한 수행평가나 그가 왜 이직하게 되었는지 또는 왜 그를 해고했는지와 같은 평가적인 정보는 거의 제공하지 않는다. 따라서 기업이 지원서의 정보들을 확인하기란 매우 어렵다.

전기검사

전기검사(biographical inventories) 또는 전기자료 양식(biographical information blank)은 지원서(application blank)의 보다 체계화된 형태이다. 일반적으로 전기검사가 지원서보다 길며, 지원자의 배경과 경험에 대해 보다 상세하게 알아낸다. 이렇게 폭넓은 조사를 하는 이유는 직무상의 행동이 태도, 흥미, 가치뿐 아니라 과거 다양한 상황에서의 행동과 관련되어 있다고 가정하기 때문이다.

전기검사 지원자의 과거 행동, 태도, 선호 및 가치와 같은 것을 포괄하는 종업원 선발 기법.

표준화된 지원서 양식이 지원자의 학교 이름, 전공 분야, 재적기간을 묻는 데 반해, 전기검사는 대학시절의 경험에 대해 다음과 같은 질문을 할 수 있다.

다른 학생과의 관계에서 얼마나 자주 문제를 겪었습니까?
다른 학생들이 당신에게 얼마나 자주 조언을 구합니까?

다른 사람보다 나아지기 위해 얼마나 자주 목표를 세웁니까?
자신이 자기훈련이 필요하다는 생각을 얼마나 자주 하십니까?

직무의 성공과 관련된 배경 경험이 무엇인지를 알아내기 위해서는 상당히 많은 연구가 진행되어야 한다. 전기검사에 포함된 문항을 타당화하는 과정은 선발 기법을 타당화하는 과정과 유사하다. 각 문항은 직무수행 측정치와 관련성을 가져야 한다.

전기검사에 대한 연구는 이들의 높은 예측타당도를 입증해 주고 있다. 예를 들어 약 400명의 사무원을 대상으로 한 연구에서, 인지능력 및 성격검사와 결합된 전기자료는 이들의 향후 직무수행을 매우 정확히 예측해 주는 것으로 나타났다(Mount, Witt, & Barrick, 2000).

지원서 양식에서처럼, 전기검사에 대해서도 거짓진술이 문제가 될 수 있다. 어떤 지원자들은 자신의 직업경력이나 인생경험에 대해 보다 긍정적으로 표현하기 위해 자신의 답변을 신중하게 왜곡시킨다. 간혹 지원자들에게 그들의 응답이 점검될 것임을 충고해 주면 이러한 문제가 감소한다. 또한 전기검사 안에 거짓진술을 탐지하기 위한 검사가 포함되어 있다거나, 채점 시스템이 정직하지 않은 응답의 점수를 뺄 것이라는 것을 알려 주는 경고문도 효과적일 수 있다.

또 다른 방법은 지원자들이 전기검사의 문항에 대해 정성껏 답변하게끔 하기 위한 것이다. 연방 시민서비스직을 위한 311명의 지원자를 대상으로 한 실험에서, "지난 5년간 얼마나 많은 작업그룹을 이끌었습니까?"와 같은 질문에 대해 지원자들에게 추가적인 정보를 제시할 것을 요청한 결과 그러한 질문에 대한 점수가 별로 높지 않았다(Schmitt & Kunce, 2002).

언급했던 바와 같이, 전기검사는 직무 성공에 대한 타당한 예측요인임이 밝혀져 왔다. 하지만 불행히도, 이 기법은 산업현장에서 폭넓게 사용되지 않고 있다. 몇몇 관리자들은 전기검사가 다소 어색하다고 주장한다. 다른 관리자들은 전기검사를 개발할 시간, 돈, 전문가가 없다고 말한다. 그러한 회사에서 일하고 있거나 전기검사에 대해 연구하고 있는 산업 및 조직심리학자들은 이 기법의 가치를 그것을 사용할 위치에 있는 사람들에게 효과적으로 전달하지 못해 왔다.

이러한 상황은 산업 및 조직심리학에서 연구와 실제 사이에서 존재하는 격차를 보여 주는 것이다. 연구자들은 전기검사를 가지고 매우 성공적인 종업원을 선발하는 도구를 개발해 왔지만, 직업현장에서는 좀처럼 사용되지 않고 있다. 심리학자들은 가장 우수한 종업원을 선발하게 해 주는 이 기법이 장기적으로는 초기 개발비용보다 더 많은 비용을 절약하게 해 줄 것이라는 점을 인적자원 관리자들에게 설득할 필요가 있다.

면 접

개인면접은 폭넓게 사용되고 있는 선발기법이다. 회사가 어떤 선발 프로그램을 사용하고 있는지에 관계없이 거의 모든 고용주는 직무를 부여하기 전에 개인적으로 지원자를 만나보고 싶어 한다. 대학 내에서 실시되는 모집면접과 마찬가지로, 고용면접 또한 양방향적인 과정이다. 면접의 목적은 회사로 하여금

개인면접은 거의 모든 종업원 선발 프로그램에서 사용된다.

<여기서 잠깐>

고용되지 않는 이유

당신은 눈에 띄는 수영복을 입고 면접에 참석하겠는가? 의자에 기대어 면접관의 책상에 다리를 얹어 놓겠는가? 그렇다, 사람들은 이러한 행동은 실제로 해 왔다. 아래는 면접자들이 보여준 현명하지 않은 면접시의 행동들이다.

- 지원자가 내 질문에 너무 오래 답을 안 해서 보니 코를 골고 있었다.
- 인터뷰 시작 전에 지원자에게 나의 명함을 주자, 그녀는 그것을 즉시 구겨 휴지통에 던져 넣었다.
- 지원자가 자신과 친구들이 항상 우리 회사가 만든 옷을 입고 다닌다는 말을 하기 전까지는 면접이 순조롭게 진행되었었다. 나는 그에게 우리 회사는 사무용품을 만드는 회사이지 옷을 만드는 회사가 아니라고 말해 주었다.
- 그녀는 인터뷰하는 동안에 내 사무실로 피자를 주문했다.
- 그는 나에게 묻지도 않고 시가에 불을 붙였으며 성냥개비를 카펫에 던졌다. 그는 내가 왜 화가 났는지를 모르는 것 같았다.
- 지원자에게 이력서와 2명의 추천인을 요구했다. 그녀는 이력서와 함께 두 명의 친구를 데리고 왔다.
- 지원자는 나의 처음 몇 가지 질문들에 대답하고는 자신의 휴대전화로 부모에게 전화를 걸어 인터뷰가 잘 진행되고 있다고 이야기했다.

지원자가 고용에 적합한지를 평가할 수 있게 해 주는 것이지만, 또한 지원자에게 있어서도 적당한 질문을 통해 그 회사와 직무가 자신에게 적당한지를 판단할 수 있는 기회를 제공해 준다. 연구에 따르면, 지원자들은 전기검사나 심리검사를 포함한 다른 어떤 선발 기법보다도 면접에 호의적인 태도를 가지고 있는 것으로 나타났다(Posthuma, Morgeson, & Campion, 2002).

적절히 수행될 경우 면접은 고용주에게 상당히 많은 정보를 제공해 줄 수 있다. 47개 면접연구에서 수행된 338개의 평가를 분석한 결과, 고용면접에서 가장 자주 평가되는 특성들은 성격 특성과 사회적 기술이었다. 가장 많이 평가되는 성격 특성은 성실성(conscientiousness), 책임감(responsibility), 믿음직함(dependability), 독창성(initiative)이었다. 사회적 기술에는 사람을 대하거나 팀으로 일하는 능력이 포함되어 있다. 지능, 직업지식, 직업기술 또한 중요하게 여겨졌다. 이러한 특성들 모두는 고용결정을 해야 하는 사람들에게 유용한 정보를 제공해 준다(Huffcutt, Conway, Roth, & Stone, 2001).

좋은 인상 만들기

면접이 진행되는 동안에 지원자가 남긴 인상은 그의 고용에 대한 결정요인이 될 것이다. 산업 및 조직심리학 연구들은 지원자에 대한 면접관의 평가가 지원자의 경력, 학력, 학업 외 활동과 같은 구체적인 사항들보다 그들에 대한 주관적인 인상에 의해 영향을 받는다는 것을 보여 주었다. 매력도, 사교성, 자기 PR과 같은 개인적 자질들은 종종 고용결정에 핵심적인 요인이 된다.

물론, 경험을 통해 알고 있듯이 좋은 인상을 만들기 위해 의도적으로 행동할 수도 있다. 즉, 자기 자신의 가장 바람직한 측면을 보여 주는 것이다. 산업 및 조직심리학자들은 이러한 기술을 **인상관리**(impression management)라고 부르며 지원자들이 사용할 수 있는 두 가지 방법을 지적하고 있다: 환심사기(ingratiation)와 자기-PR(self-promotion).

인상관리 좋은 인상을 만들고, 자신을 바람직하게 보이기 위해 의도적으로 하는 행동.

환심사기(ingratiation)는 면접관이 자신을 좋아하도록 설득하는 행동방식이다. 예를 들어 지원자는 면접관의 옷 입은 스타일을 칭찬하거나 면접관의 생각이나 태도에 동의하는 것을 표명할 수 있다. 자기-PR 전략은 자신의 성취, 성격 특성, 목표를 스스로 부각시키는 것이다. 자기-PR 전략은 환심사기 행동보다 빈번히 사용되며, 면접관으로부터의 평가 점수도 높은 것으로 나타났다(Ellis, West, Ryan, & DeShon, 2002; Posthuma, Morgeson, & Campion, 2002).

심리학자들은 타인에게 보여 주는 자신의 이미지에 영향을 미치는 것으로 자기 감시(self-monitoring)라는 또 다른 개념을 제안해 왔다. 자기 감시란 면접과 같은 공적인 장면에서 내보이는 자신의 이미지를 스스로 관찰하고 조절하며 통제하는 정도를 말한다. 자기 감시가 높은 사람들은 그들이 처한 사회적 분위기에 가장 적합한 방식으로 행동한다. 자기 감시가 낮은 사람들은 스스로에게 보다 진솔하여 모든 상황에서 유사한 방식으로 행동한다.

자기 감시가 높은 사람은 직업현장에서 경쟁력을 가진다. 3,000명 이상이 포함된 136개의 연구를 메타분석한 결과 자기 감시가 높은 사람은 낮은 사람에 비해 승진이 빠르고 높은 수행평가를 받는 경향이 있었다(Day, Schleicher, Unckless, & Hiller, 2002). 유사하게 자기 감시가 높은 사람은 면접에서 높은 평가와 고용제안을 받는 경향이 있다고 할 수 있다.

비구조적 면접

기업사회에서 사용되는 세 가지 종류의 면접으로는 비구조적 면접, 구조적 면접, 상황 면접이 있다.

비구조적 면접 면접의 형식과 질문이 면접관에 따라 결정되는 면접.

비구조적 면접(unstructured interview)에는 면접 진행계획이 없다. 이러한 면접은 간혹 일반적인 대화와 다를 바가 없이 보인다. 면접의 형식과 질문은 면접관에게 달려 있다. 그러므로 동일한 지원자에 대해서도 면접을 진행하는 면접관에 따라 상이한 인상을 받게 될 수 있다.

따라서 비구조적 면접의 기본적인 단점은 지원자 평가에 있어 일관성이 없다는 것이다. 면접관들은 지원자의 배경, 경험, 태도에 대해 서로 다른 측면에 관심을 가지게 될 수 있다. 면접관의 결정은 지원자의 객관적인 자질보다는 면접관의 편견을 보여 주는 것일 수 있다.

1929년에 이러한 주제에 대해 발표된 연구에서, 12명의 면접관에게 57명의 지원자가 판매직에 얼마나 적합한지를 각각 평가하도록 했다(Hollingworth, 1929). 면접관들은 판매 관리자 경험이 있었으며 지원자에 대한 많은 인터뷰 경험이 있었음에도 불구하고, 이들의 평가는 매우 다양하게 나타났다. 한 명의 지원자에 대해 면접관들이 내린 판단결과를 그림 3-1에 제시하였다. 이 사람에 대한 평가는 낮게는 1점에서 높게는 55점에 이르는 범위에 걸쳐 있었다. 이런 식의 평가정보는 지원자의 적합성에 대한 확실한 정보를 주지 못하기 때문에 고용을 결정해야 하는 관리자에게 아무런 도움이 되지 않는다.

일관성 혹은 신뢰성의 결여와 더불어 비구조적 면접은 예측타당도도 낮다. 이러한 사실은 산업심리학 분야의 창시자로 1장에서 언급한 Walter Dill Scott에 의해 수십 년 전에 밝혀진 것이다. Scott의 결론은 수많은 실증연구들에 의해 지지되어 왔다.

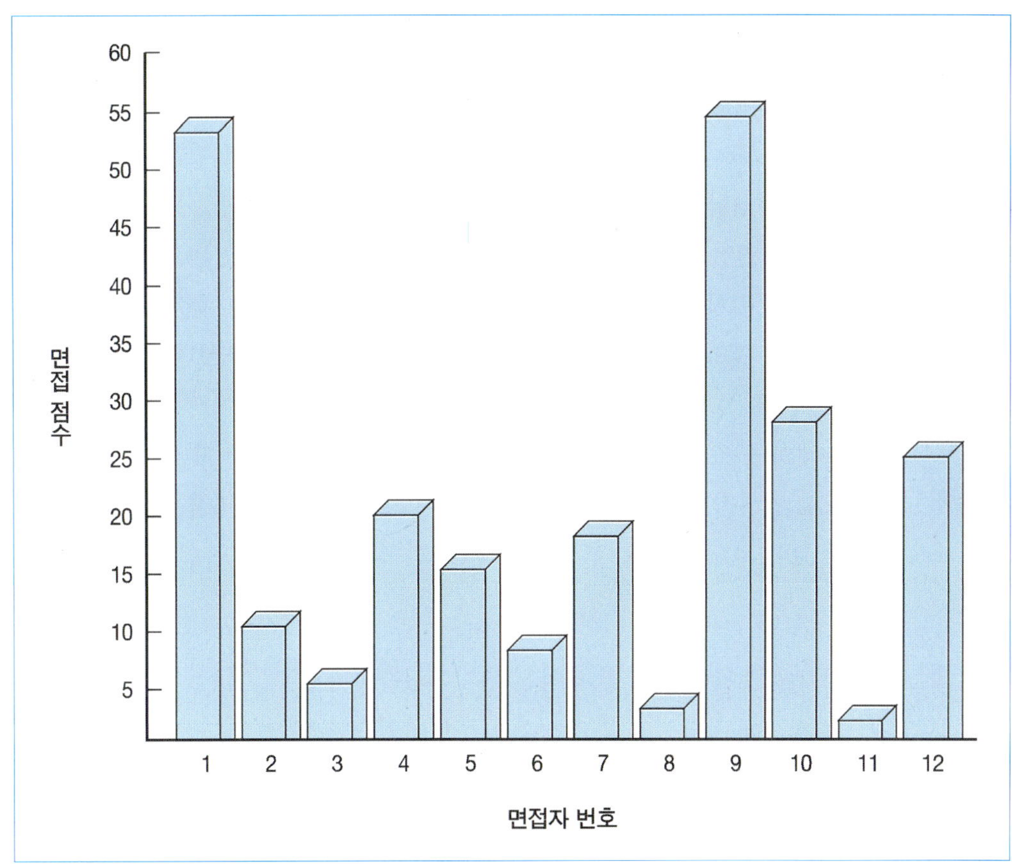

그림 3-1. 한 명의 지원자에 대한 12명의 면접자의 평가 결과에 대한 고전연구 결과

효과적인 질문의 종류와 질문 방법에 대해 훈련하는 면접관 훈련은 비구조적 면접의 유용성을 향상시킬 수 있다. 훈련된 면접관은 훈련되지 않은 면접관에 비해 직무와 관련 없는 주제로 대화가 빗나가는 경향이 적었다. 또한, 훈련된 면접관은 지원자로부터 보다 유용한 관련정보 즉, 이들의 고용결정에 이용될 수 있는 정보를 잘 도출해낸다.

낮은 신뢰도와 타당도의 한계가 밝혀졌음에도 불구하고, 비구조적 면접은 여전히 조직에서 매우 빈번히 사용되고 있다.

구조적 면접

구조적 면접 특정 직무에 지원한 모든 지원자들에게 질문할 질문목록들이 사전에 결정된 면접.

구조적 면접(structured interview)은 사전에 준비된 질문목록으로 모든 지원자에게 질문을 한다. 따라서 면접과정이 표준화되어 지원자의 평가에 미치는 면접관 편향의 영향이 적다.

구조적 면접을 수행하는 동안, 면접관은 질문이 들어 있는 유인물에 따라 질문하며, 지원자들의 반응은 모두 동일한 양식에 기록된다. 면접 동안 면접관은 지원자가 말하는 것을 기초로 지원서의 세부사항에 대해 보다 상세히 알 수 있게 된다.

아래의 구조적 면접 질문들은 회사가 관리직을 선발할 때 대학 졸업자를 대상으로 전형적으로 사용하는 질문들이다. 질문들이 직업경험을 다루고 있는 것으로 보아, 이들은 졸업 후 적어도 한 개의 직장을 가졌던 졸업생들을 원하고 있다.

1. 대학을 졸업한 후에 첫 직장은 무엇이었습니까?
2. 그 직장에서 당신의 주요 성과는 무엇이었습니까?
3. 당신이 잘하지 못하는 것은 무엇이며, 앞으로 훈련과 개발을 해야 할 부분은 무엇입니까?
4. 그 직장에서 당신 자신에 대해 무엇을 알게 되었습니까?
5. 그 직장의 당신이 발견한 가장 도전적인 부분은 어떤 것이었습니까?
6. 지금으로부터 5년 후에 어떤 종류의 일을 하고 싶습니까?

모든 지원자들이 같은 순서로 질문을 받기 때문에 비구조적 면접과 같이 무작위 질문과정에서 지원자들을 비교하기 위한 보다 신뢰로운 정보를 얻을 수 있다.

구조적 면접은 비구조적 면접에 비해 상당히 향상된 것이며 높은 예측 타당성을 가지고 있다. 연구들은 구조적 면접이 인지능력검사만큼이나 직무성공의 타당한 예측요인임을 보여 주었다. 구조적 면접은 신뢰성 또한 높다. 적절하게만 사용된다면 구조적 면접은 고용결정을 훨씬 쉽게 하도록 해 줄 수 있다.

하지만 구조적 면접의 우수성이 증명되었음에도 불구하고, 미국의 인적자원 관리자를 대상으로 진행된 초기의 연구와 네덜란드 회사의 인적자원 관리자 79명을 대상으로 한 연구 결과는 모두 직업현장에서 구조적 면접이 좀처럼 사용되지 않고 있음을 보여 주고 있다. 구조적 면접은 그것을 개발하는 데 지나치게 많은 비용과 시간이 소모된다고 생각되고 있으며, 면접관의 자율성과 독립성을 침해하여 면접관들로서는 미리 준비된 대본에만 따르는 것에 불만을 가지고 있는 것으로 보인다(Van der Zee, Bakker, & Bakker, 2002). 구조적 면접도 그 효과가 잘 입증되었지만 현장에서 널리 쓰이지 않는 기법이다. 이는 1장에서 논의했던, 산업 및 조직심리학자들이 연구 결과를 기업인들에게 알리지 못한 또 하나의 사례이다.

상황 면접

상황 면접(situational interview)은 개별 직무의 필요에 따라 개발된다. 면접질문들도 일반적인 직업경험이나 개인적인 성격, 능력에 대해 묻기보다는 그 직무를 성공적으로 수행하는 데 필요한 구체적인 행동에 대한 질문으로 이루어져 있다. 이러한 행동들은 중대사건기법(critical incident technique)으로 수행한 직무분석으로 결정된다.

상황 면접 개인적 성격 또는 직무 경험보다는 성공적인 직무 수행에 필요한 행동에 초점을 둔 면접.

상황 면접을 개발하는 첫 번째 단계는 직무에서 성공적인 종업원을 그렇지 않은 종업원을 구별해 주는 중대사건의 목록을 만드는 것이다. 이러한 사건들(incidents)은 대개 그 직무에 대해 상당한 지식을 가지고 있는 관리자(supervisor)에 의해 확인된다. 관리자는 사건들에 점수를 부여하여 평가기준을 결정하는데, 성공적인 종업원이 보여 주는 행동에는 5점을, 보통 종업원이 보여 주는 행동에는 3점을, 열등한 종업원이 보여 주는 행동에는 1점을 부여한다. 이 사건들이 질문의 형태로 재구성되어 상황 면접에서 질문으로 쓰이므로, 이 질문들은 지원자들이 직무에서 취하게 될 행동들과 직접적으로 관련된 것들이다. 또한 수량적인 판단기준은 면접이 객관적으로 채점될 수 있게 해 준다.

상황 면접은 한 번 만들어지고 나면 실시하거나 해석하기가 용이하다. 면접관의 질문들이 직무 활동과 직접적이고 명확하게 관련되어 있기 때문에 질문에 정확하고 완전하게 답변하도록 지원자의 동기를 향상시킨다.

상황 면접은 숙련직(skilled)이나 반숙련직(semiskilled) 공장 종업원, 판매직, 일선(first-line) 관리직을 선발하는 데 가장 자주 이용된다. 상황 면접의 결과는 직무수행과 정적으로 관련되어 있으며 몇몇 측면에서는 구조적 면접보다 더 타당하다.

상위 리더(higher-level leadership) 직위에 대해서는, 행동진술 면접(behavior description interview)이 상황 면접보다 더 유용하다고 밝혀졌다. 이 방법에서, 지원자들은 그들의 지난 직무 경험에서 있었던 실제 사건들과 관련된 질문을 받는데 이 사건들은 그들이 지원하려고 하는 직무와 관련되어 있을 것으로 생각되는 사건들이다. 59명의 해군장교 지원자와 93명의 관리직 지원자를 대상으로 한 연구는 행동진술이 상황 면접보다 미래의 성공을 잘 예측해 준다는 점을 보여 주었다(Huffcutt, Weekley, Wiesner, Degroot, & Jones, 2001).

온라인 면접

온라인 면접(online interviews)은 컴퓨터를 이용하는 면접이다. 지원자는 정해진 순서대로 다지선다형 질문들에 답하게 된다. 동일한 직무에 지원한 모든 지원자들은 동일한 순서로 제시되는 동일한 질문들을 받게 된다. 전통적인 면대면 면접상황에서는 개인적인 문제에 대해 묻기를 주저했지만, 온라인 면접에서는 가능한 경우 민감한 주제에 대한 질문도 포함된다. 조사에 따르면 대부분의 지원자들이 이러한 선발방식을 편하게 생각하고 있으며 정직하게 응답을 하려 한다고 보고하고 있다.

앞에서 살펴본 바와 같이, 이제 온라인 선발방식은 Target, Macy's Home Depot 및 다른 대형 소매체인에서 일상적으로 사용되고 있다. Home Depot의 매장 내 컴퓨터 단말기의 지원서는 선택된 지원자들이 1시간 이내에 면접을 마칠 수 있게 해 주었다. 이 회사는 온라인 면접을 실시한 후 첫 한 해 동안 이직(turnover)이 11%이상 감소했다고 보고했다. 또한 관리자들은 더 이상 지원자들을 면접과 검사채점에 시간을 빼앗기지 않는다. 개인면접은 온라인 선발을 통과한 지원자들에게만 시행된다(Richtel, 2000).

면접관의 결정에 미치는 영향요인

지원자에 대한 면접관의 판단을 왜곡시킬 수 있는 몇 가지 요인에 대해 살펴보겠다: (1) 지원자의 특성, (2) 사전 정보, (3) 대조효과, (4) 면접관의 편견 (5) 지원자 교육의 효과. 이러한 영향들은 면접관 훈련으로 그러한 효과를 알려 줌으로써 감소시키거나 최소화할 수 있다.

지원자의 특성. 외향적이고, 매우 성실하고, 성취욕구가 높은 것처럼 보이는 지원자들이 그렇지 않은 사람들보다 더 잘 고용된다. 더욱이 대학생들을 대상으로 한 실험연구의 결과 매력적인 지원자가 비매력적인 지원자보다 면접관으로부터 더 높은 점수를 받는 경향이 있었다(Posthuma, Morgeson, & Campion, 2002).

사전 정보. 면접관들은 대개 지원자에 대해 모집자의 평가, 지원서, 온라인 선발결과, 심리검사 결과와 같은 약간의 사전 정보를 가지고 있다. 그러한 사전 정보들로 인해 면접관은 면접이 치러지기 전에도 지원자에 대해 호의적이거나 비호의적인 태도를 가지게 될 수 있다. 예를 들어 이전 모집과정에서 우수한 수행을 보인 지원자는 일반적으로 면접관으로부터 높은 평가 점수를 받는다.

대조효과. 면접관들은 많은 지원자들을 연이어 접하며, 면접자의 비교기준에 의존하여 지원자를 평가하는데, 여기서 비교기준이란 면접자가 앞에서 면접한 지원자의 특성을 말한다. 예를 들어 바람직하지 않은 지원자 3명을 면접하고 난 면접관은 다음 지원자를 그가 지닌 자질보다 더 후하게 평가할 수 있다. 같은 논리로 보통수준의 지원자가 매우 우수한 지원자 다음에 면접을 받으면 상대적으로 덜 호의적인 평가를 받게 된다.

이러한 대조효과는 면접순서의 중요성을 말해 줄 뿐 아니라, 적합한 종업원들로 여겨지는 종업원의 특성이 어떤 것인지를 면접자가 모르고 있다는 것을 말해 준다. 지원자들은 완전한 자료에 의해 평가받거나 그들의 자질로만 평가받는 것이 아니라, 같은 기간에 면접받은 다른 지원자들과도 비교된다. 따라서 종업원의 고용기준이 빈번히 바뀔 수 있다.

면접관의 편견. 면접관이 개인적으로 좋아하거나 싫어하는 것들이 그들의 판단에 영향을 미칠 수 있다. 예를 들어 남자들은 간혹 특정 직무에 있어서 여자 종업원들이 수행할 수 없을 것이라고 생각한다. 남녀 면접관 모두 학교 선생님이나 간호사와 같이 전통적인 여성 업에는 여성을 고용하는 경향이 있으며 반면, 일부 여성면접관들은 가르치거나 상담하는 일에는 남성이 어울리지 않는다고 생각하고 있다.

이전 세대에 비해 확실히 줄기는 했지만, 인종과 민족적 편견은 지원자에 대한 면접관의 평가를 왜곡시킬 수 있다. 12,203명의 지원자를 면접한 708명의 모집자를 대상으로 한 대규모 연구에서 면접관과 지원자 간 인종이나 성별에서의 차이 혹은 유사성이 평가 점수에 영향을 미친다는 증거는 없었다(Sacco, Scheu, Ryan, & Schmitt, 2003).

편견이 예전처럼 강력한 영향요인으로 작용하지 않을 수 있지만, 면접관이 지원자가 보이는 어떤 자질이나 특성을 속단하고 그들의 다른 능력이나 특성들을 받아들이지 않을 수 있다는 데는 의심의 여지가 없다. 또한 면접관들은 지원자들이 자신들과 같은 취미를 가졌다는 등의 직무수행과 전혀 관련 없는 단순한 사실에 근거하여 특정 지원자를 고용하도록 추천하기도 한다.

사람의 한 가지 특성을 근거로 긍정적 혹은 부정적인 방향으로 그 사람의 전체적인 특성으로 일반화하는 현상을 **후광효과**(halo effect)라 부른다. 이 효과는 사람들이 다른 사람에 대해 개인적인 평가를 하는 모든 순간에 의사결정에 영향을 미친다.

후광효과 사람의 한 가지 특성을 근거로 긍정적 혹은 부정적 방향으로 그 사람의 전체적인 특성으로 일반화하는 경향.

지원자 훈련. 훈련이나 교육은 지원자들이 면접을 잘 수행하도록 도와줄 수 있다. 한 연구에서 경찰관과 소방관 승진 후보자 213명은 승진면접이 어떻게 진행되는 방법에 대해 2시간 동안 훈련을 받았다. 또한 그들에게는 전형적인 질문사항들에 대해 묻고 답하는 역할 연기(role-playing)에 참여하거나 관찰할 수 있는 기회가 있었다. 훈련을 받은 지원자들은 훈련받지 않은 지원자들보다 실제 직무면접을 잘 수행해냈다(Maurer, Solamon, Andrews, & Troxtel, 2001).

이렇게 어렵고 잘못 진행되기도 쉬운 면접은 사실상 산업, 교육, 정부기관의 모든 선발 프로그램의 일부로 남아 있다. 면접의 결과에 지나치게 무게를 두는 것은 위험하다. 하지만 다른 타당한 선발 측정치들과 함께 선명하게 사용된다면 면접은 조직과 지원자 모두에게 도움을 줄 수 있다. 면접의 예측 정확성은 훈련된 면접관들이 구조적 면접과 상황 면접 기법을 사용할 때 크게 향상될 수 있다.

참조인과 추천서

한때, 선발 프로그램에는 지원자의 배경, 기술, 경력 등에 대해 알고 있는 지원자의 과거 교사, 동료, 친구들로부터 정보를 수집하는 관례가 포함되어 있었다. 그 목적은 지원자에 대한 다른 사람들의 인상을 확인하고 지원자가 보고한 사항들을 확인하는 것이었다.

이러한 참조인의 가장 큰 문제점은 이들이 종종 지원자에 대해 거짓진술을 한다는 것이었다. 이들은 몇 가지 이유에서 고의로 허위정보를 주었다. 예전 고용주는 이전의 종업원들에 대해 좋은 사람으로 남길 바라며 좋았던 것만 이야기하려고 했다. 부적합한 종업원을 없애고 싶은 현재의 고용주는 추천서를 요청했고, 교수들은 자신이 대학취업센터에 보낸 편지를 학생이 볼 수도 있다는 것을 알기 때문에 긍정적인 추천서를 썼다.

참조의 용도에서 보다 심각한 문제점은 많은 회사들이 소송의 두려움으로 인해 이전 종업원에 대한 어떠한 종류의 평가적 정보도 제공하지 않으려 한다는 것이다. 예를 들어 회사가 이전 종업원이 왜 해고되었는지에 대해 잘못된 진술을 하면, 종업원은 그 회사를 명예훼손으로 고소할 수 있다. 미국 회사들에 대해 수천 건의 그러한 소송이 제기되어 왔다. 법률행위의 위협은 많은 회사들이 가장 기초적인 참조사항들에 대한 검토에 있어서도 협력하지 못하도록 만들었다.

회사들은 이제 이전 종업원들에 대해 고용기간, 직업병, 최종 임금 이외의 어떠한 정보도 밝히지 말 것을 충고 받고 있다. 만일 회사가 해고된 종업원의 직무수행에 대해 거론하려면, 회사는 자체 방어를 위해 그 종업원의 수행에 대해 날짜, 시간, 장소와 같은 구체적인 사실들이 포함된 객관적인 평가기록들을

<여기서 잠깐>

죽음을 부른 추천서

플로리다의 템파에 있는 알스테이트 보험회사에서 일하고 있는 폴 칼더는 이상한 행동을 자주 하곤 했다. 그는 사람들에게 자신이 외계인이라고 말했다. 그는 '피(blood)'라는 글씨와 다른 이상한 글씨들을 자신의 컴퓨터 스크린에 써 놓았으며 상사가 그것들을 보지 못하게 했다. 그는 환불을 거부하는 안마사를 죽이겠다고 협박했다. 게다가 그는 직장에 총을 가져왔다.

그의 상사는 "확실히 미치광이야."라고 말했다.

상사는 칼더를 해고하는 것을 두려워했다. 왜냐하면 그가 자신과 사무실의 다른 사람들을 죽일 수도 있다고 생각했기 때문이다. 하지만 그는 어떻게든 칼더를 해고해야 했다. 그래서 그는 회사 구조조정으로 칼더의 직무가 없어졌으며 그가 퇴직한다면 퇴직금을 주겠다는 이야기를 만들어내었다. 칼더가 퇴직을 선택하자 상사는 그에게 부드럽고 악의 없는 추천서를 써 주었다. 그 추천서에는 폴 칼더에게 문제가 있다고 적혀 있지는 않았다.

추천서에는 칼더가 회사의 구조조정으로 퇴직했으며 그의 퇴직은 폴의 직무수행과는 무관한 것이라고 쓰여 있었다.

그렇게 하지 않고 직원의 잘못과 실수를 추천서에 적으면 여러분과 여러분 조직은 중상모략으로 소송에 걸릴 수 있다. 오늘날에는 직업명, 근무일 등과 같은 사실을 제외하고는 이전 직원에 대해 어떠한 말도 하지 않는 것이 신중한 것으로 여겨지고 있다.

폴 칼더는 다른 템파 보험회사에 취직했으나 그의 기괴한 행동으로 인해 번번이 해고당했다. 몇 달 후, 그는 자신을 해고한 사람을 만나기 위해 사무실로 찾아갔다. 그는 9밀리 권총을 지니고 있었다. 그는 3명의 남자를 살해하고 2명의 여자를 다치게 했으며, 인근 강가로 가서 자살했다.

살해된 직원들의 가족은 알스테이트 보험의 원래 상사에게 칼더의 문제 행동을 숨긴 죄를 물어 수백만 달러의 소송을 제기했다. 알스테이트는 아이러니하게도 소송을 피하려고 썼던 추천서로 인해 소송을 당했다.

찰스 컬린이라는 44세의 남자 간호사는 11년 동안 9개의 병원에서 일하면서 40명을 살해했다. 그가 3차례나 자살을 시도하고 정신병원에 4차례 입원하고 고령 환자 4명을 죽인 혐의를 받고 있다는 사실을 알았다면 어떠한 병원도 그를 고용하지 않았을 것이다. 또한 그는 밤에 이웃집 주변을 달리며 고양이를 내쫓는 것이 목격되어 왔었다.

하지만 그가 일한 어떠한 병원에서도 그를 해고했던 병원에서조차 컬린의 기록에 대해 부정적인 견해로 보고한 곳은 없었다. 병원들이 제공하려 한 유일한 정보는 직무명과 근무 일수였다. 사람들은 결과적으로 이렇게 말할 수 있다. "그가 살인을 하고도 처벌을 면한 것이다."

출처: L. Dougherty. Shooting victims' families can sue Allstate. *St. Petersburg (FL) Times*, August 8, 1995; Perez-Pena, Kocieniewski, & George, 2004.

확보해야만 한다. 더불어, 관리자와 감독관은 그들이 추천서에 포함시킨 내용들이 심사위원에 의해 세밀하게 조사될 수 있음을 예상해야 한다.

참조인으로부터 얻는 정보의 종류와 양이 매우 적음에도 불구하고, 많은 고용주들은 여전히 최소한의 참조사항이라도 확인해 보려고 시도한다. 하지만, 이 방법은 법적분규 때문에 오늘날에는 과거보다 자주 쓰이지는 않는다.

평가센터

평가센터(assessment centers)는 폭넓게 사용되는 선발방법으로써, 고용이나 승진 후보자들에게 모의상황을 부여하여 그들의 행동을 관찰하고 평가하는 선발방법이다. 초기에 이 방법은 **상황검사**(situational testing)라고 불렸는데, 1920년대에 독일군이 우수한 장교후보자들을 선발하기 위해 개발한 방법이었다. 미국에서는 제2차 세계대전 중에 심리학자들에 의해 오늘날 중앙정보국(CIA, Central Intelligence Agency)의 전신인 전략정보국(OSS, Office of Strategic Services)의 선발기법으로 처음 사용되었다.

평가센터 지원자들이 실제 직무상의 문제를 해결하는 것을 묘사한 직무 상황을 포함하는 하나의 선발 및 훈련방법.

상황검사 종업원 선발 및 수행평가를 위한 평가센터의 초기 이름이다. 종업원들은 묘사된 직무 상황에 배치되고, 스트레스 상황하에서 이들의 행동은 관찰되고 평가받는다.

평가센터는 일반적으로 한 번에 6~12명의 참가자들을 대상으로 진행되며, 며칠 동안 실시되는 일련의 활동들을 통해 평가받는다. 참가자들은 광범위한 면접을 받고, 지능검사와 성격검사를 받을 수도 있지만, 대부분의 시간은 직무상에서 발생할 수 있는 문제들로 구성된 모의상황을 실습하게 된다. 이러한 작업표본들로 주로 사용되는 기법은 서류함 기법(in-basket)과 리더 없는 그룹토의(leaderless group discussion)이다.

서류함 기법

서류함 기법(in-basket technique)은 실제로 관리자의 책상에서 볼 수 있는 일종의 서류함을 모든 참가자에게 준다. 그 서류함은 실제 상자일 수도 있고 컴퓨터상의 파일일 수도 있다. 평가센터에서 사용되는 서류함에는 관리자들이 휴가를 마치고 사무실로 돌아왔을 때 보았으면 하는 문제들과 지시사항들이 들어있다. 참가자들은 이러한 직무상의 문제들을 어떻게 다룰 것인지 상세히 기술

서류함 기법 평가센터에서 사용하는 기법으로, 지원자들은 전형적인 관리자의 서류함에서 볼 수 있는 메모, 편지, 지시사항에 대해 처리해야 한다.

하면서 제한된 시간 내에 문제를 처리해야 한다. 참가자들이 문제해결을 실습한 후 평가자들은 참가자들과 면접을 통해 그들이 내린 결정에 대한 정당성을 입증하도록 요구할 수 있다.

AT&T의 프로그램은 서류함 기법을 비중 있게 사용하고 있다. 관리자 역할을 맡은 모든 참가자들은 25개의 자료들(이메일, 상부의 지시, 서신)을 3시간 내에 처리해야 한다. 훈련된 평가자들은 참가자들을 관찰하면서 이들이 체계적인지, 우선순위를 고려하는지, 부하들에게 자율성을 부여하는지, 혹은 사소한 문제에 집착하게 되는지 등을 살핀다.

리더 없는 그룹토의

리더 없는 그룹토의 평가센터에서 사용하는 기법으로, 지원자들은 시간 압박하에서 실제 비즈니스 문제를 토론한다. 일반적으로 집단에서 출현한 리더가 토론의 방향을 제시한다.

리더 없는 그룹토의(leaderless group discussions)에서, 참가자들은 실제 사업상의 문제에 대해 토론하기 위해 집단을 이루어 만난다. 예를 들어 참가자들은 여러 명의 부하들에 대한 정보를 받게 되는데, 이 부하들 중에서 한 명을 승진시켜야 한다. 토의가 진행되는 동안 평가자들은 참가자들이 상호작용하는 방식과 이들이 보여 주는 리더십 기술 및 의사소통 기술을 관찰한다.

AT&T는 리더 없는 그룹토의를 진행하면서, 6명의 참가자들에게 그들이 회사의 관리자이며 일정 기간 내에 수익을 증가시키라는 지시를 받았다고 말해 준다. 참가자들에게는 회사와 시장에 대한 정보를 주지만, 어느 누구를 리더로 지정하거나 목표를 이루는 데 대한 규칙을 세워주지는 않는다. 대개 어떤 한 명의 참가자가 리더의 역할을 하게 되는데, 그러면 그 사람의 능력을 평가받을 수 있다. 다른 구성원들은 리더가 그들에게 할당한 과제를 수행하는데 협력하는 점에 대해 평가받는다.

참가자들이 압력을 더 느끼게 하기 위해, 이들이 모든 문제를 해결해낸 직후에 비용이나 시장상황이 변화했다고 알려 주기도 한다. 참가자들은 새로운 정보를 반드시 계획에 통합시켜야 한다. 시간이 흐르는 동안 내내 평가자가 보고 있으며 참가자들의 스트레스는 높아진다. 어떤 참가자들은 화를 내며 집단의 결집력을 분열시킨다. 그 결과 스트레스 하에서도 일을 잘 수행해낼 수 있는 사람과 그렇지 못한 사람의 대조가 명확해진다.

평가센터에서는 구두발표(oral presentation)와 역할 연기(role playing)도 사용한다. 구두발표에서, 참가자들은 회사운영에 대한 한 묶음의 정보를 받는데, 이 정보들은 새로운 상품 개발이나 새로운 판매활동(sale campaign)에 대한 내용들이다. 그들은 이 자료들을 조직화하여 하나로 묶어 실행 가능한 과제(task)로 만들어내야 한다. 역할 연기에서 참가자들은 직원 면접을 수행하거나, 무능한 직원을 해고하거나, 화가 난 상사를 대하는 등의 모의상황 속에서 관리자의 역할을 수행하게 된다.

평가센터에서는 비용절약 방법의 일환으로 컴퓨터와 비디오카메라를 사용할 수 있다. 컴퓨터를 통해 참가자들에게 정보를 제공하거나, 후보자의 행동을 녹화하여 평가자들이 나중에 보다 광범위한 평가를 할 수 있다.

평가센터의 예측타당도

연구자들은 행동의 어떤 차원이나 속성들이 평가센터 상황에서 평가되는지 확신하지는 못하지만, 평가센터가 관리자급뿐만 아니라 신입 직업들의 성공적인 직무수행을 예측하는 데 유용하다는 것을 발견해 왔다. 예를 들어 이스라엘에서는 585명의 경찰관이 이틀 동안 평가센터에 참가했었다. 2~4년 후에 실시된 실무평가에서 이들의 평가센터 결과와 훈련수행 및 직무수행 사이에 높은 상관관계가 있는 것으로 나타났다. 평가센터에서 참가자가 보여 준 수행수준은 이후 직무에서의 성공의 타당한 예측 요인이었다(Dayan, Kasten, & Fox, 2002).

네덜란드에서 679명의 대학 졸업생을 대상으로 한 연구에서도, 이들의 평가센터 점수와 7년 후 관리자로서의 직무수행은 봉급 인상을 고려했을 때 높은 정적 상관관계를 보여 주었다(Jansen & Stoop, 2001). 미국에서 66명의 경영학부생을 대상으로 한 연구에서도 비슷한 결과가 나타났다. 2~4년에 걸친 추후조사 결과 그들이 대학시절 평가센터에서 보여 준 수행과 나중의 직무만족, 승진 및 임금수준이 유의하게 정적인 상관관계를 보여 주었다(Waldman & Lorbar, 2004).

다른 연구들은 평가센터의 평가항목이나 평가차원들에 초점을 맞추고 있다. 79명의 집행관을 대상으로 한 연구 결과는 평가자체가 참가자의 성격 특성에 대한 추론을 유도하며, 참가자 성격에 대한 이러한 판단은 이후 다양한 차원에서 참가자에 대한 평가에 영향을 미친다고 결론 내렸다(Haaland & Christiansen, 2002).

평가센터 결과에 대한 메타연구는 평가센터 기법 중 가장 높은 예측타당성을 지니는 네 가지 평가차원을 밝혀주었다. 그러한 차원들로는 참가자의 문제해결 능력, 타인에 대한 영향, 조직화와 계획, 효과적인 의사소통이 있었다(Arthur, Day, McNelly, & Edens, 2003).

또한, 연구들은 평가센터에서의 과제수행에서는 인지능력검사에서보다 흑인참가자와 백인참가자의 차이가 더 작게 나타났음을 보여 주었다(Goldstein, Yusko, & Nicolopoulos, 2001). 산업 및 조직심리학자들은 다양한 인종이나 민족적 배경을 지닌 후보자의 관리기술을 평가하는 데는 평가센터기법이 보다 적합할 수 있다는 결론을 내렸는데, 그 이유는 평가센터가 직접적으로 직무관련 과제를 수행하는 개인의 능력에 초점을 맞추고 있기 때문이다.

평가센터에 대한 종업원의 태도

수행이 좋지 않은 후보자의 경우 평가센터에 불만을 토로한다. 많은 사람들은 자신들이 수년간 회사에서 보여 준 우수한 기록들과 상관없이, 결국 평가센터의 부실한 평가가 자신들의 최종 경력을 결정하게 된다고 생각하고 있다. 어떤 후보자들은 평가센터에서의 성공이 후보자가 실제 관리업무에서 역량을 얼마나 지녔는가보다는, 얼마나 조리 있어 보이고, 얼마나 괜찮아 보이는가에 의해 결정된다고 믿고 있다. 이러한 비난에는 어느 정도 일리가 있다. 대인관계 기술은 평가센터에서 비중 있게 평가되며 활동적이고 적극적인 참여에 보상이 주어진다. 하지만, 평가센터에서는 동기적인 측면뿐만 아니라 조직적인 기술과 의사결정 기술에 기초하여 평가가 이루어진다.

평가센터에 참여함으로써 참가자들은 자신의 대인관계 기술이나 관리기술에 대한 생각을 바꾸게 될 수도 있다. 우수한 수행을 보인 참가자들은, 자신이 스스로의 기술을 발전시키고 연마할 수 있는 능력을 지녔다고 믿는 경향이 있다. 수행이 저조한 사람들은 승진에 대한 기대가 낮아지는 경향이 있다. 이러한 의미에서, 평가센터는 참가자들에게 관리자나 경영자의 삶이 어떠한지를 보여 주는 직무에 대한 실제적인 사전경험의 역할을 한다고 할 수 있다.

또한 평가센터 경험은 훈련의 효과도 지닌다. 후보자들은 평가자들로부터 받은 피드백을 이용해 그들의 관리적 및 대인관계적 기술을 개발하고 연마할 수 있다.

요 약

적합한 직무에 적합한 사람을 연결시키는 선발과정은 복잡한 과정이다. 고용인이 처음 조직에 들어가는 데에는 회사의 모집노력뿐만 아니라 지원자의 선호와 기대가 한몫을 한다. 최초 직장경험이 앞으로의 직업생활에 영향을 미치기 때문에, 직업에 대한 기대를 실제 직업현실에 맞게 가지는 것은 매우 중요하다. 이는 **현실적인 직무 소개**(realistic job preview)를 통해 가능하다.

종업원 선발 프로그램을 위해서는 직무와 직업분석(job and work analysis), 자격요건 및 컷오프 점수 결정, 모집활동, 선발도구 활용, 선발점수와 이후 직무수행의 관련성 검토를 통한 선발도구의 타당성 검증이 필요하다.

고용평등법은 공평한 고용을 요구하고 있다. 선발기법들은 직무와 관련이 있어야 하며 소수집단에 대한 **불리효과**(adverse impact)를 최소화해야 한다. 모집활동은 또한 다수집단의 자격 있는 사람들에 대한 **역차별**(reverse discrimination)을 방지하도록 노력해야 한다. 공평한 고용활동은 조직의 효과성에 매우 작은 영향만을 미치는 것으로 보인다. 차별의 대상에는 소수집단, 나이 많은 종업원, 여성, 장애인, 동성연애자, 비매력적인 사람들이 포함될 수 있다. 작업현장에서의 민족적인 다양성이 클수록 회사의 주가와 투자대비수익에 높으며, 회사는 소수집단의 종업원들을 고용하기 쉬워진다.

직무분석(job analysis)은 직무에서 수행되는 과업요소들을 상세히 기술하는 것이다. 직무분석가는 직업정보망(O*NET)에 만들어져 있는 직무분석을 이용하거나, 그 직무에 관련된 사람들을 직접 만나 면담(interview)하거나, 직무를 수행하는 종업원을 관찰(observe)하거나, 작업자에게 작업일지(systematic activity log)를 쓰게 하거나, 성공적인 직무수행과 관련된 중대사건(critical incident)을 기록할 수 있다. 수집된 자료에 기초하여, 직무지원자에게 요구되는 특성들을 보여 주는 직무명세서(job specification)가 작성될 수 있다.

서면이나 온라인으로 이루어지는 지원서(application blank)는 직무에서의 성공 가능성과 직접적으로 관련될 수 있는 지원자에 대한 정보를 제공해 준다. 지원서를 좀더 엄격하게 만든 **전기검사**(biographical inventories)는 직무성공을 예측하는 데 유용하며, 타당성과 질문의 형태가 심리검사와 유사하다. 많은 기업들은 소송의 위협 때문에 과거 종업원에 대한 정보를 공개하지 않고 있기 때문에, 지원자가 제공한 정보의 정확성을 확신하기는 어려울 수도 있다.

면대면(face to face) 또는 온라인 면접이 종업원 선발에 좋지 않은 도구라는 지속적인 연구 결과에도 불구하고, 대부분의 기업들은 면접을 계속해서 사용하고 있다. 면접 중에서 가장 취약한 면접형태는 **비구조적 면접**(unstructured interview)이다; **구조적 면접**(structured interview)이 보다 더 타당한 방법이지만, 비용과 시간을 많이 소모할 것처럼 보이는 관계로 그다지 사용되지 않고 있다. 면접이 지닌 문제점은 직무 지원자의 자질에 대해 면접관들이 서로 다른 평가를 한다는 점, 직무 성공을 예측하지 못한다는 점, 면접관의 비교기준이 주관적이라는 점, 그리고 면접관의 개인적 편견이 존재한다는 점을 들 수 있다. **상황 면접**(situational interview)에서는 중대사건 직무분석을 통해 실제적인 직무활동들과 관련된 질문들이 개발된다; 이 면접법은 지원자의 직무성공을 예측하는 가장 타당한 면접방식이라고 할 수 있다. 면접관의 판단은 지원자의 특성, 사전정보, **후광효과**(halo effects), 개인적 편견, 그리고 지원자의 연습에 의해 왜곡될 수 있다.

추천서는 지원자를 과도하게 좋게 표현하고 있으며, 이전 고용주들도 소송의 위험을 피하기 위해 기본적인 사항 이외에는 알려 주지 않으려 한다는 것을 알고 있음에도 불구하고 대부분의 종업원 선발 프로그램에서 사용되고 있다.

평가센터(assessment center)에서는 주로 관리직과 경영직 후보자들이 직무상에서 나타나는 문제들로 만들어진 모의상황을 수행한다. 후보자들은 **서류함 기법**(in-basket technique), **리더 없는 그룹토의**(leaderless group discussion), 구두발표(oral presentations), 역할 연기 등을 통해 훈련된 평가자들로부터 대인관계 기술, 리더십, 의사결정 능력 등을 평가받는다. 평가센터는 훈련 프로그램과 직무수행에서의 성공을 잘 예측해 준다.

주요 용어

구조적 면접
불리효과
리더 없는 그룹토의
상황 면접

서류함 기법
역차별
전기검사
직무분석
평가센터
후광효과
선발률
인상관리
중대사건기법
직업분석
현실적인 직무 소개

복습 문제

1. 대부분의 대학 졸업생들이 그들의 첫 직장에서 오랫동안 근무하지 않는 이유가 무엇이라고 생각하는가? 그러한 불만족에 대해 기업의 모집자들이 취할 수 있는 역할은 무엇인가?
2. 졸업하는 학생들의 직업목표와 선호가 이들의 새로운 직장에서의 만족과 몰입수준에 어떻게 영향을 미치는가?
3. 온라인 모집, 지원서, 검사, 면접이 직업 탐색행동에 미친 영향은 무엇인가? 당신은 온라인 지원과 면접을 선호하는가 아니면 전통적인 방법들을 선호하는가? 또 그 이유는 무엇인가?
4. 현실적인 직무 소개(realistic job previews)란 무엇인가? 이것이 지원자와 회사 양자에 어떻게 도움이 될 수 있는가?
5. 선발률이 모집과 고용결정에 어떤 영향을 미치는가?
6. 불리효과의 개념이 소수집단 지원자의 고용에 어떻게 영향을 미칠 수 있는지를 설명하라. 역차별은 다수집단 지원자의 고용에 어떻게 영향을 미칠 수 있는가?
7. 직업현장에서 민족구성의 다양성이 소수집단의 모집과 회사의 재정상태에 대해 가지는 효과는 무엇인가?
8. 인종 차별 외에 직업현장에서 여전히 발생되는 차별에는 무엇이 있는가? 이러한 효과를 감소시킬 수 있는 방법은 무엇인가?
9. 직무분석의 기본적인 방법들을 설명하라.
10. 직무분석(job analysis)과 직업분석(work analysis)을 구별하라. 그러한 분석에서 직업정보망(O*NET)의 역할은 무엇인가?
11. 전기검사(biographical inventories)의 장단점은 무엇인가? 이 도구는 왜 거의 쓰이지 않는가?

12. 비구조적(unstructured), 구조적(structured), 상황(situational) 면접(interview)을 구별하시오. 어떤 방법이 직무성공을 예측하는 데 있어 가장 타당하지 않은가? 어떤 방법이 가장 빈번히 사용되는가?
13. 인상관리(impression management)의 두 가지 유형은 무엇인가? 그것들은 '자기-감시(self-monitoring)'와 무엇이 다른가?
14. 상황 면접에 사용되는 질문들은 어떻게 개발되는가? 상황 면접이 행동진술 면접과 다른 점은 무엇인가?
15. 지원자에 대한 면접관의 판단에 영향을 미칠 수 있는 요인은 무엇인가? 대조효과(contrast effect)를 설명하시오. 후광효과(halo effect)를 설명하시오.
16. 참조인이나 추천서로부터 지원자에 대한 정보를 얻는 것의 가장 큰 문제점은 무엇인가? 당신이 고용주라면 이러한 문제점들을 어떻게 처리할 것인가?
17. 미국에서 평가센터가 처음으로 사용된 것은 언제인가? 무슨 목적으로 만들어졌는가?
18. 평가센터에서 사용되는 대표적인 두 가지 기법을 설명하시오.
19. 평가센터는 모든 수준의 직무수행을 예측하는 데 유용하게 사용되는가? 왜 어떤 후보자들은 평가센터의 평가에 불만을 가지고 있는가?

더 읽을거리

Berry, L. M. (2003). *Employee selection.* Belmont, CA: Thomson/Wadsworth. A 종업원 선발, 수행평가 및 검사보안, 인터넷, 세계화, 국제적 팀워크, 감원과 같은 최근의 문제점을 다루고 있다.

Brannick, M. T., & Levine, E. (2002). *Job analysis: Methods, research, and applications for human resource management in the new millennium.* Thousand Oaks, CA: Sage. 직무분석에 관한 실용적이고, 쉽게 읽을 수 있는 지침을 준다. 새로운 기술 발전, 직무 재설계, 조직변화의 문제를 포함한다.

Camp, R., Vielhaber, M. E., & Simonetti, J. L. (2001). *Strategic interviewing: How to hire good people.* San Francisco: Jossey-Bass. 인터뷰가 실시하기 쉽고, 지원자의 직무수행 능력을 평가하는 신뢰로운 방법이라는 생각을 재고하게 만들어준다. 효과적인 인터뷰는 현실적인 목표, 수행기대에 대한 설정, 직무수행과 관련된 문항, 충분한 상호작용, 예상되는 바람직한 응답에 대한 인식 등이 필요함을 지적한다.

Hough, L. M., & Oswald, F. L. (2000). Personnel selection. *Annual Review of Psychology, 51*, 631-664. 직무분석, 인터뷰, 평가센터, 타당도 일반화, 불리효과, 성격검사를 포함하는 인사선발에 관련된 문제를 개괄하고 있다.

Kravitz, D. A., & Klineberg, S. L. (2000). Reactions to two versions of affirmative action among Whites, Blacks, and Hispanics. *Journal of Applied Psychology, 85*, 597-611. 텍사스주 휴스턴의 백인, 흑인, 히스패닉 지원자들의 여러 유형의 차별철폐조처에 대한 반응을 개괄하고 있다.

Peterson, N. G., Mumford, M. D., Borman, W. C., Jeanneret, P. R., & Fleishman, E. A. (Eds.) (1999). *An occupational information system for the 21st century: The development of O*NET.* Washington, D.C: American Psychological Association. 직업사전의 후속판인 O*NET의 개발과 타당화를 기술하고 있다.

Thomas, J. C., & Hersen, M. (Eds.) (2003). *Comprehensive handbook of psychological assessment, Vol. 4: Industrial and organizational assessment.* New York: Wiley. 검사 신뢰도 및 타당도, 문화 간 문제점, 역효과, 장애 종업원 및 검사 실행 및 점수화에 있어 기술의 효과를 다루고 있다. 또한 기본 기술, 인지적 능력, 성격, 정직성 및 흥미와 같은 다양한 유형의 검사를 다루고 있다.

제4장

심리검사

이 장의 개요

대학을 졸업하면 시험(test)을 더 이상 보지 않아도 될 것이라고 생각했다면, 그것은 오산이다. 여러분은 앞으로 더 오랫동안 시험을 치르게 될 것이다. 시험을 얼마나 잘 치르느냐에 따라 여러분의 진로와 인생이 결정될 수도 있다. 심리학이나 법학 혹은 경영학 석사학위를 위해 대학원에 진학할 계획을 세우고 있는가? 대학원이나 전문과정에서도 모두 입학시험이나 자격시험을 갖추고 있다.

대학 졸업 후 곧장 전일제 직업(full-time job)을 찾을 것으로 기대하고 있는가? 지원자들에게 입사시험을 치르기 이전에 고용을 하는 회사는 많지 않다. 회사에 들어간 후에도, 여러분은 훈련 프로그램의 시험이나 승진시험을 치러야 할 것이다. 미국 축구팀에서도 유망한 선수를 선발하기 위해 심리검사를 실시한다. 성격검사는 어떤 선수가 과도하게 공격적인 성향을 지녔는지, 혹은 경기장 안팎에서 문제를 일으킬 것 같은지를 알아보기 위해 사용된다.

심리검사는 오늘날 직업현장에서 매우 큰 영향력을 지니고 있다. 산업 및 조직심리학자들은 여러분의 미래에 중요한 역할을 담당할 심리검사들을 만들고, 표준화하고, 채점하는 역할을 담당하고 있다. 여러분은 심리검사를 피해갈 수는 없을 것이다. 따라서 심리검사가 어떤 것인가에 대해 알고 있는 편이 좋을 것이다.

심리검사의 원리

신중한 개발과정과 연구를 거친 심리검사는 잡지나 신문에 등장하는 "나는 좋은 배우자일까?" 혹은 "여러분의 성지수(sex quotient)는 얼마입니까?"와 같은 심리테스트나 인터넷에서 흔히 볼 수 있는 자가진단(self-help)검사들이 가지지 못한 몇 가지 특성들을 지니고 있다. 좋은 검사는 측정하려는 변인(variable)을 여러 개의 관련문항들로 측정한다. 좋은 심리검사란 표준화되고, 객관적이며, 좋은 규준이 있고, 타당한 검사이다.

표준화

표준화(standardization)란 심리검사를 수행하는 조건과 과정이 일관성을 지녀야 한다는 것이다. 만일, 동일한 검사에 대한 여러 지원자들의 수행결과를 비교하려 한다면, 이들 모두는 동일한 환경 하에서 검사를 받아야 한다. 즉, 모든 학생이나 지원자에게 동일한 검사 지시문을 읽거나 듣게 하고, 응답시간을 동일하게 부여하며, 물리적 환경도 비슷하게 만들어 준다.

표준화 심리검사 실시에 관한 조건과 과정의 일관성.

검사과정에서의 차이가 개인의 검사수행에서의 차이를 유발할 수 있다. 예를 들어 한 여름에 에어컨이 고장난 곳에서 검사를 치르는 사람들은 보다 쾌적한 환경에서 검사를 치르는 사람보다 수행을 잘 할 수가 없다. 검사수행자가 경험이 부족하거나 부주의하여 지원자들에게 지시문을 완벽하게 읽어주지 못했다면, 그 지원자들은 다른 지원자들과 동일한 조건에서 검사를 치르는 것이라고 할 수 없다.

적절한 검사과정은 검사개발자에 의해 설계되지만, 그러한 표준화된 조건을 유지하는 것은 검사를 운영하는 사람들의 책임이다. 따라서 검사 운영자 교육은 적절한 검사과정을 위해 필수적인 것이다. 훌륭한 검사가 미숙하거나 부주의한 검사 운영자로 인해 무용지물이 될 수도 있다.

컴퓨터기술은 표준화된 검사 운영 상황을 유지하는 데 도움을 준다. 검사를 수행하는 사람들에게 동일한 검사양식과 지시문을 주기 위해 컴퓨터를 이용한 검사(Computer-assisted test)를 사용하는 기업이 점차 늘고 있다.

객관성

객관성(objectivity)은 주로 검사 결과의 채점과 관련되어 있다. 검사를 객관적으로 채점하기 위해서는 모든 채점자가 동일하게 검사 결과를 채점해야 한다. 채점과정은 주관적 판단이나 채점자의 편향에 영향을 받지 않아야 한다.

대학에 다니는 동안 여러분은 객관식 검사와 주관식 검사를 모두 경험해 보았을 것이다. **객관식 검사**(objective tests)는 다중선택지(multiple-choice)나 진위형(true-false)의 문제로서, 채점을 위해 특별한 훈련이나 지식을 필요로 하지 않으며 기계적으로 채점된다. 객관식 검사는 채점기준이 제공되기만 하면 인적자원 부서의 직원, 심리학과 재학생들, 혹은 컴퓨터 채점 프로그램으로 정확히 채점할 수 있다.

객관식 검사 채점과정이 개인의 판단 또는 편향에 영향받지 않는 검사.

주관식 검사 서술식 질문 같은 문항들이 포함된 검사. 채점과정이 개인의 특성과 채점자의 속성에 의해 영향받을 수 있다.

주관식 검사(subjective tests)는 서술식 질문으로서, 더 어려우며 수검자에 대한 선호도와 같은 채점자의 개인특성에 영향받을 수 있다. 그러므로 공정한 평가를 위해서는 객관식 검사가 보다 바람직하다.

검사 규준

심리검사 결과를 해석하기 위해서는 참조점수(reference) 내지는 비교점수(point of comparison)가 마련되어 있어야 한 사람의 수행을 다른 사람의 수행과 비교할 수 있게 된다. **검사 규준**(test norm)이란 검사를 수행하는 직무지원자들의 특성과 유사한 많은 사람들이 보여 준 검사점수들의 분포이다. 이 사람들을 **표준화 표본**(standardization sample)이라고 부르는데, 이 사람들의 점수는 수검자의 능력 정도를 상대적으로 가늠하는 비교점수로 쓰인다. 고등학교 졸업생이 기계기술이 필요한 직업에 지원하여, 82점의 기계능력 점수를 받았다고 가정해 보자. 이 점수만으로 이 지원자의 기술 수준을 알 수는 없다. 하지만, 많은 수의 고등학교 졸업자들로부터 얻은 점수의 분포 즉, 검사 규준과 82점을 비교하면, 우리는 개인 점수가 가진 의미를 알 수 있게 된다.

검사 규준 검사를 수행하는 직무 지원자들의 특성과 유사한 많은 사람들이 보여 준 검사점수들의 분포.

표준화 표본 검사 규준을 설정하기 위해 사용된 사람들의 집단. 표준화 표본들의 점수들은 수검자들의 상대적 위치를 결정하기 위한 비교점으로서의 기능을 한다.

규준의 평균이 80점이고 표준편차가 10이라면, 우리는 82점을 받은 지원자의 기계능력이 평균 혹은 보통 수준임을 바로 알 수 있다. 우리는 이러한 비교정보를 통해 지원자가 다른 지원자에 비해 직무와 관련하여 성공할 가능성을 보다 객관적으로 평가할 수 있게 된다.

가장 널리 사용되는 심리검사들 대부분은 남자와 여자, 상이한 연령대, 다

<여기서 잠깐>

이 일을 하기에 너무 똑똑하다?

밥 조던은 그가 살고 있는 뉴런던 코네티컷의 한 마을에서 경찰이 되길 원했다. 그는 경찰직에 지원하여 원더릭(wonderlic) 선발검사를 수행했고, 인터뷰 연락이 오기를 기다렸으나 아무런 연락도 오지 않았다. 그는 검사문항이 쉬워보였기 때문에 자신이 검사를 통과했다고 확신하고 있었다. 그는 자신과 같은 시기에 지원한 다른 사람이 채용되었다는 소식을 듣고는 자신의 지원서에 무슨 일이 생긴 것인지를 알아보기 위해 경찰서를 방문했다. 그가 들은 이야기는 그가 성공적인 경찰들과 비슷하지 않다는 것이었다. 그는 검사를 엉망으로 수행했을까? 그의 점수가 너무 낮아 훈련에 부적합하다고 생각되었을까? 너무 멍청해서 직무수행을 위한 방법들을 배울 수 없다고 생각되었을까? 그렇지 않다. 밥의 문제는 그의 점수가 너무 높았기 때문이었다.

점수가 너무 높다? 지나치게 똑똑하다? 그렇다. 원더릭 선발검사의 규준은 다양한 직업들에 대해 최적의 점수범위를 제공해 주고 있다. 검사점수가 너무 낮을 경우에 규준은 그 사람이 직무를 성공적으로 수행하기에 능력이 부족하다고 판단한다. 검사점수가 너무 높을 경우에 대해서 검사 개발자는, 이들은 너무 명석해서 이 일을 지루해 할 것이며 아마도 곧 그만두게 될 것이라고 말한다. 검사 매뉴얼에 따르면, "검사점수가 최상인 지원자를 무작정 고용하는 것은 자멸적인 결정일 수 있다." 밥 조던은 직무에 적합한 지원자로 여겨지기에 너무 높은 점수를 받았다.

경찰서장 대리인과의 인터뷰에서 보다 많은 정보를 얻었다.

"밥 조던은 확실히 우리가 걸러내고자 했단 유형의 남자입니다. 경찰 직무는 현실적인 직무입니다. 우리가 매일 밤 총격전을 하는 것은 아닙니다."

조던은 화가 나서 그가 부당한 대우를 받았다고 주장하며, 지적 수준으로 인한 차별을 받았다는 소송을 제기했다. 그러나 경찰부서가 지능이 높은 모든 지원자들을 동일하게 대우했으며 그에게만 차별적으로 대한 것이 아니라고 판결이 내려졌다. 법원은 조던을 탈락시킨 것이 현명하지 못한 것일 수 있으나, 그의 평등권을 침해한 것은 아니라고 판시했다. 조던은 현재 간수로 일하고 있다.

출처: M. Allen, Help wanted: The not-too-high-Q standard, *New York Times*, September 9, 1999.

양한 인종과 민족, 다양한 교육 수준에 따른 규준을 가지고 있다. 검사 규준의 적절성이 직원 선발 프로그램에서 그 검사의 사용성을 결정한다.

신뢰도

신뢰도 검사에 대한 반응의 일관성 혹은 안정성을 말한다.

신뢰도(reliability)는 검사에 대한 반응의 일관성 혹은 안정성을 말한다. 한 집단이 인지능력검사에서 평균 100점을 받은 후, 1주일 뒤에 다시 한 번 치러진 검사에서 평균 72점을 받았다면, 이것은 무언가 잘못되었다는 결론을 내릴 수밖에 없다. 우리는 이러한 검사는 신뢰롭지 못하다고 설명하는데 그 이유는 이 검사가 일관적이지 않은 측정치를 보여 주기 때문이었다. 검사가 얼마 후에 다시 치러졌을 때 검사점수에서 약간의 차이를 보이는 것은 일반적인 현상이다. 하지만, 그러한 변동이 매우 크다면 검사나 채점 방법에서 문제가 있는 것이다.

검사-재검사법 동일한 집단의 사람들에게 검사를 두 번 실시하여 두 검사점수의 상관관계를 보는 것.

신뢰도를 결정하는 세 가지 방법으로는 검사-재검사법(test-retest), 동형검사법(equivalent-form), 반분법(split-halves)이 있다. **검사-재검사법**(test-retest method)은 동일한 집단의 사람들에게 검사를 두 번 실시하여 두 검사점수의 상관관계를 보는 것이다. 상관관계 계수(이 경우, 신뢰도 계수)가 +1.0에 가까울수록, 검사의 신뢰도가 높다고 판단한다. 실제 연구에서는 신뢰도 계수가 +.70 정도이면 수용 가능한 수준으로 생각하지만, 인사 선발을 위한 검사의 신뢰도 계수는 +.80을 넘어야 한다. 하지만 이 방법에는 몇 가지 제한점이 있다. 종업원들이 작업시간을 내어 검사를 두 차례나 실시해야 하는 것은 경제적이지 못하다. 또한 학습효과(검사문항의 기억)와 두 차례의 검사 수행 사이의 다른 경험들이 두 번째 검사점수를 높일 수도 있다.

동형검사법 동일한 집단의 사람들에게 검사를 두 번 실시하여 두 검사점수의 상관관계를 보는 방식으로 신뢰도를 결정하는 방식.

반분법 동일한 집단의 사람들에게 하나의 검사를 실시하여 전체를 반으로 나누어 이들 간의 상관관계를 보는 방식으로 신뢰도를 결정하는 방식.

동형검사법(equivalent-forms method)도 검사의 신뢰도를 검증하기 위해 검사-재검사 방법을 사용하지만, 두 번째 검사에서 첫 번째 검사와 동일한 검사를 사용하는 대신에 유사한 형태의 검사를 사용한다. 동형검사법의 단점은 두 개의 검사를 동등하게 개발하기가 힘들며 비용도 많이 든다는 것이다.

반분법(split-halves method)에서는 검사를 한 번만 수행하며, 문항들을 반으로 나누어 이들 사이의 상관관계를 확인한다. 이 방법은 검사를 한 번만 수행하기 때문에 다른 방법들보다 시간이 적게 소모된다. 또한 학습이나 회상이 두 번째 검사점수에 영향을 미칠 걱정이 없다.

타당도

타당도(validity)는 심리검사나 다른 선발도구들이 갖춰야 하는 가장 중요한 요건이다; 즉, 검사나 선발도구는 그것이 측정하려고 하는 것을 제대로 측정하고 있는 것으로 보여야 한다. 산업 및 조직심리학자들은 몇 가지 타당도를 고려하고 있다.

타당도 심리검사 또는 다른 선발도구가 측정하려고 하는 것을 측정하고 있는지를 결정하는 것.

준거관련 타당도. 미공군에서 복무하는 산업 및 조직심리학자가 레이더 조작의 숙련도를 측정하는 검사를 개발했다고 가정해 보라. 그 검사가 직무수행에 필요한 기술을 측정하고 있다면, 그 검사는 타당한 검사라고 여겨질 것이다. 준거관련 타당도를 확인하는 한 가지 방법은 검사점수와 직무수행에 대한 측정치나 준거(criterion) 사이의 상관관계를 알아보는 것이다. 만일 레이더 조작 숙련도 검사에서 높은 점수를 받은 사람이 직무에서 좋은 수행을 보이고, 검사점수가 낮은 사람들의 수행이 저조하다면, 검사점수와 직무수행의 타당도 계수가 높을 것이다. 그러면 우리는 그 검사가 레이더 조작에 필요한 기술을 제대로 측정하고 있으며, 직무 성공을 예측하는 타당한 예언요인이라는 것을 알게 되는 것이다. 직원 선발 검사에서의 타당도 계수는 +.30에서 +.40 수준이 타당한 것으로 인정되고 있다.

이러한 방식으로 입증된 타당성을 **준거관련 타당도**(criterion-related validity)라고 부른다. 이것은 검사 자체의 특성에 대한 것이 아니라, 검사점수와 이후의 직무수행 사이의 관계에 대한 것이다.

준거관련 타당도를 확인하는 두 가지 방법으로는 예측타당도(predictive validity)와 동시타당도(concurrent validity)가 있다. **예측타당도**를 알아보기 위해서는 새로운 검사를 일정 기간의 모든 지원자에게 실시하고, 그들의 검사점수와 관계없이 모두 고용한다. 얼마의 기간이 경과한 후, 각 종업원들에 대한 생산량, 상사평정과 같은 직무수행 측정치가 확보되면, 검사점수와 직무수행 준거의 상관관계를 통해 검사가 직무성공을 얼마나 잘 예측하는지를 확인한다. 하지만 대부분의 기업에서 최고경영층은 이 방법을 사용하지 않으려 한다. 그 이유는 분명히 고용된 사람들 중 일부는 수행이 저조한 사람으로 밝혀질 것이기 때문이다.

준거관련 타당도 검사점수와 후속적인 직무수행 간의 관계를 확인하는 것과 관련된 타당도의 한 유형.

예측타당도 새로운 검사가 모든 직무 지원자들에게 실시되고, 검사점수와 상관없이 모두 채용이 되는 방식으로 준거관련 타당도를 입증하는 하나의 방법. 후속적으로 직무수행 점수를 확보하여 검사점수와 직무수행 점수의 상관관계를 통해 검사가 직무성공을 얼마나 잘 예측해 주는지를 검토한다.

동시타당도 현직자의 검사점수와 직무수행 점수 간의 상관관계에 대한 검토를 통해 준거관련 타당도를 입증하는 하나의 방법.

동시타당도는 예측타당도보다 인기 있는 방법이다. 동시타당도를 알아보기 위해서는 이미 직무에 종사하고 있는 종업원에게 검사를 치르게 한 후, 그 검사점수와 그들의 직무수행 자료의 상관관계를 확인한다. 이 방법의 단점은 현직 종업원만을 대상으로 함으로써, 타당화 표본(validation sample)이 대부분 우수한 종업원으로 이루어진다는 점이다. 열등한 종업원은 아마도 이미 그만두었거나, 해고되었거나, 강등되었거나, 이직했을 것이다. 따라서 검사가 우수한 종업원과 열등한 종업원을 정말로 잘 구분해내는지를 동시타당도를 통해 확인하는 것은 어려운 일이다.

동시타당도의 또 다른 문제점은 직무에 지원하는 사람과 이미 그 직무를 수행하고 있는 사람의 동기가 다르기 때문에 심리검사를 다르게 수행할 수 있다는 것이다. 고용이 보장되어 있는 현직자에 비해 지원자들은 고용검사를 잘 수행하려는 동기가 더 높을 수 있다.

준거관련 타당도를 확인하는데 종종 사용되는 수행준거(performance criterion)로는 상사가 평정한 종업원의 현재 직무수행수준이 이용된다. 그러한 평가는 모든 유형의 직무에서 종업원 수행평가과정의 일환으로 흔히 이루어진다(5장 수행평가에서 논의됨).

이론적 타당도 검사의 속성과 내용에 관련된 타당도를 나타내는 것으로 직무수행 측정치와의 관련성과는 무관하다.

이론적 타당도. 산업 및 조직심리학자들은 **이론적 타당도**(rational validity)에도 관심을 가지고 있는데, 이는 검사의 속성과 내용에 관련된 타당도를 말하는 것이며, 직무수행 측정치와는 관계가 없다. 어떤 고용상황에서는 즉, 회사가 너무 작아서 비용과 시간이 소모되는 타당화 과정을 지원할 수 없거나 이전에 없었던 직무의 경우에는 준거관련 타당도를 확인하기 어렵다. 예를 들어 우주비행이 실행되기 전에 미국에서 최초 우주인을 선발할 때에는 검사점수와 상관관계를 볼 수 있는 어떠한 직무수행 측정치도 없었다.

내용타당도 검사문항들이 검사가 측정하려고 하는 기술들을 정확이 반영하고 있는지를 평가하는 타당도의 한 유형.

이론적 타당도를 확인하는 두 가지 방법으로는 내용타당도(content validity)와 구성타당도(construct validity)가 있다. **내용타당도**를 알아보기 위해서는, 검사문항이 그 검사가 측정하려고 한 지식이나 기술들로 적절히 구성되어 있는가를 평가한다. 이 평가는 직무수행을 통하거나, 모든 문항들이 직무를 수행하는 데 필요한 능력들과 관련된 것인지를 판단함으로써 진행된다. 예를 들어 워드프로세서 직무에서 워드프로세서 소프트웨어에 대한 질문은 직무와 관련이 있지만, 음악능력에 대한 질문은 관련이 없다. 교수가 교과서의 1장에서 3장까지 시험을 보겠다고 말했다면, 그 밖의 장에서 출제한 문제는 내용타당도가 결여된 것이다.

구성타당도는 검사로 측정한 심리적 특성들을 확인하려는 것이다. 지능이나 동기 혹은 정서적 안정성을 측정하기 위해 새로 개발된 검사가 정말로 그것들을 측정하는지 어떻게 알 수 있는가? 구성타당도를 통계적으로 측정하는 한 가지 방법은 새로 개발된 검사로 측정한 점수와 그 검사와 같은 변인을 측정한다고 알려진 기존 검사로 측정한 점수의 상관관계를 보는 것이다. 만약 상관관계가 높다면, 우리는 그 새로운 검사가 측정하려고 했던 특성들을 정말로 측정하고 있다고 어느 정도 믿을 수 있게 되는 것이다.

구성타당도 검사로 측정한 심리적 특성들을 확인하기 위한 타당도의 한 유형.

안면타당도. **안면타당도**(face validity)는 통계적 측정치가 아니라 그 검사문항이 해당 직무와 얼마나 관련되어 있는지에 대한 주관적인 인상(subjective impression)을 말한다. 비행기 조종사들은 기계장치나 항법에 대한 검사를 이상하게 생각하지 않는데, 그 이유는 그러한 주제들이 그들의 직무와 직접적인 관련성을 가지기 때문이다. 하지만, 비행기 조종사에게 동료들을 사랑하는지 묻는다면 그것은 심하게 잘못된 질문으로 생각할 것이다. 그러한 질문들은 정서적 안정성과 관련된 것일 수 있지만, 비행기 조종과는 관련이 없어 보인다. 검사의 안면타당도가 결여되어 있다면, 지원자는 검사를 진지하게 수행하지 않을 것이며, 그로 인해 그들의 검사 수행이 낮아질 수 있다.

안면타당도 검사문항들이 해당 직무와 얼마나 관련되어 보이는지에 대한 주관적인 인상.

우수한 심리검사들의 검사매뉴얼에는 타당화 연구 결과가 포함되어 있다. 그러한 정보가 없으면, 인적자원부서나 인사부서 관리자들의 입장에서는 선발 프로그램에 사용된 그 검사가 신규 고용인에게 요구되는 자질과 능력을 실제로 측정해 준다는 것을 믿을 수 없는 것이다. 검사 타당화는 비용이 들긴 하지만, 적합한 타당화 과정은 비용 이상의 가치를 지닌다.

타당도 일반화

산업 및 조직심리학자들은 상황적 특수성(situational specificity)의 원칙을 따르는데, 이 원칙은 어떤 검사라도 그 검사를 선발도구로 사용하는 모든 직업과 조직에서 타당성이 확보되어야 한다는 것이다. 각각의 검사들은 자신만의 차별적인 타당성을 지니는 것으로 생각된다. 즉, 한 회사에서 연구 기술자를 선발하는 데 적합한 검사가 그대로 다른 회사의 기술자를 선발하는 데 적합하게 생각되지는 않는다. 따라서 어떤 검사가 다른 유사한 직무에서 타당성을 보여 주었다 하더라도, 해당 직무에 대해 타당성이 확인되지 않고서는 직원 선발에 믿고 사용할 수 없는 것이다.

타당도 일반화 한 상황에서 타당한 검사가 다른 상황에서도 타당할 것이라는 개념.

상황적 특수성 혹은 변별타당도(differential validity)의 개념은 **타당도 일반화**(validity generalization)로 대체되어 왔다. 앞서 이루어진 타당화 연구들에 대한 메타분석에 따르면, 산업 및 조직심리학자들은 한 상황에서의 타당한 검사는 다른 상황에서도 타당할 수 있다고 결론을 내렸다. 다시 말해, 일단 검사의 타당성이 확보되면, 그 검사의 타당성이 일반화 될 수 있는 것이다.

미국 산업 및 조직심리학회(Society for Industrial and Organizational Psychology, SIOP)는 타당도 일반화를 지지하고 있다. 이와 같은 내용은 미국 국립과학원(National Academy of Sciences, NAS)에 의해 뒷받침되어 왔으며, 미국심리협회(American Psychological Association, APA)의 교육 및 심리검사 기준에도 포함되어 있다. 타당도 일반화의 개념은 검사뿐 아니라, 전기자료(biographical data), 평가센터(assessment centers), 면접(interviews), 성실성 검사(integrity tests) 및 다른 선발 도구들에서도 수용되었다. 많은 대기업들과 정부기관들은 그들의 선발 프로그램에 타당도 일반화의 개념을 적용하고 있다.

타당도 일반화는 심리검사가 현장에서 직원 선발기법으로 사용되는 데 있어 중요한 시사점을 가지고 있다. 심리검사가 더 이상 모든 수준의 모든 직무에 대해 값비싼 타당화 과정을 거치지 않아도 된다면, 기업들은 선발 프로그램에 심리검사를 포함시킴으로써 시간과 돈을 절약하면서 그들의 선발 프로그램을 개선할 수 있다는 것을 인식하게 되었다.

공평 고용

공평 고용법(fair employment legislation)으로 인해, 검사가 차별적인지 아닌지를 증명하는 타당도 연구가 증가해 왔다. 연구를 통해 인종에 상관없이 검사에서 낮은 점수를 받은 지원자들이 직무에서 저조한 수행을 보이는 것이 밝혀진다면, 그 검사는 인종 차별적인 검사가 아니다. 산업 및 조직심리학 연구들은 높은 타당도 계수를 지닌 검사들이 상대적으로 불리효과(adverse impact)가 적게 나타난다는 것을 확인해 주고 있다. 평등고용기회위원회(EEOC)의 지침은 검사들의 준거관련 타당도(검사점수와 직무수행의 관련성 확인)를 요구하고 있으며, 이론적 타당도 또한 평등고용기회위원회의 요구를 만족시키기 위해 이용될 수 있다.

한 집단에 대해서 타당하다는 것이 밝혀진 검사는 다른 집단에게도 타당하다고 생각된다. 검사점수들에서 나타나는 인종 차이가 검사의 편파성 때문이 아니라 교육적, 사회적, 문화적 차이에 따른 것임이 연구를 통해 증명되어 왔다. 국제적으로 잘 알려진 한 과학자 단체는 1994년에 출간된 「월스트리트 저널」을 통해 다음과 같이 말했다.

> 지능검사는 미국에서 흑인이나 영어를 사용하는 다른 미국태생의 사람들에 대해 문화적으로 편향되지 않은 검사이다. 지능점수는 오히려 인종과 사회적 계급에 상관없이 모든 미국인들에 대해 공평하고 정확하게 예측해 준다.

1996년 미국심리학회(APA)의 과학위원회(Scientific Affair Board)의 보고서는 인지능력검사가 아프리카계 미국인에게 편파적이지 않다고 결론 내렸다. 다시 말해, 그 검사가 소수집단에게 편파적이지 않다는 것이다. 차라리 인지능력검사들은 양적인 면에서 오랜 시간에 걸쳐 사회에서 만들어진 차별을 반영하는 것이다. 그러므로 흑인들이 백인에 비해 인지능력 점수에서 평균적으로 약 15점 혹은 1표준편차 낮은 점수를 받는 것은 사회적 차별을 반영하는 것이지 검사 자체에 편파나 차별이 들어 있는 것은 아니다(Roth, Bevier, Bobko, Swizer, & Tyler, 2001 참고).

그러나 경험적으로 타당성이 입증되었다 하더라도, 그 검사들이 전혀 차별적이지 않을 것임을 장담할 수는 없다. 이러한 현상이 미국 고용국(U.S. employment service)에서 이용되고 있는 일반적성검사(General Aptitude Test Battery, GATB)에서 발생했다. GATB는 인지적 기능을 측정하는 검사인데, 손과 손가락 민첩성(manual and finger dexterity)도 함께 평가한다. 750개 이상의 타당도 연구들이 GATB가 고용장면에서 사용되는 타당성 높은 선발도구임을 확인해 주었다. 소수집단의 지원자들이 낮은 평균점수를 받고 그로 인해 고용되는 수가 적었음에도 불구하고, 검사의 타당성에서는 백인과 소수집단이 거의 비슷하게 나타났다.

인종규준 소수집단 지원자들의 점수를 상향 조정하여 선발률을 같게 만드는 현재는 불법인 논란이 있는 조치.

밴딩 소수집단 직무 지원자의 검사점수를 묶어서 선발률을 같게 만들려는 논란이 있는 조치.

GATB의 계속된 사용으로 인해 발생할 수 있는 불리효과를 막기 위해, 미국 고용국은 논쟁의 여지가 있는 **인종규준**(race norming)을 채택했다. 소수집단 지원자들의 점수를 상향조정하여 선발률을 같게 만드는 것이다. 따라서 과학적 원칙보다 정치적, 사회적, 법적 요청이 우선시 되었다. 1991년 시민권법은 인종규준의 사용을 금지했는데, 특히 인종, 피부색, 종교, 성별, 출신지역에 따른 점수의 조정을 금지했다.

인종규준이 금지됨에 따라, **밴딩**(banding) 기법이 제안되었다. 이 기법은 인지능력검사에서 항상 낮은 점수를 받는 소수집단의 점수를 보정하여 인종 간의 선발률을 평준화하려는 또 다른 시도이다. 간단한 예를 살펴보자. 기업의 인적자원 관리자는 지원자의 검사점수를 구간으로 나누어 100점에서 91점은 밴드 1, 90점에서 81점은 밴드 2, 80점에서 71점은 밴드 3과 같은 식으로 나눌 수 있다. 물론 구간의 범위는 유동적으로 선택 가능하다. 즉, 100점에서 81점 사이의 모든 점수를 밴드 1로 정할 수 있다.

인종에 따른 고용률을 평준화하기 위해 밴드1에 속한 모든 지원자의 능력을 같은 수준으로 고려할 것이다. 91점을 받은 지원자와 100점을 받은 지원자가 같은 밴드에 속해 있다면, 두 지원자 사이에는 아무런 차이도 두지 않을 것이다. 더욱이 같은 밴드 내에서의 선발 우선순위도 검사점수에 의해 결정되는 것은 아니며, 오히려 인종에 의해 결정될 수 있다. 따라서 100점을 받은 사람이 91점을 받은 사람보다 항상 우선적으로 선택되지 않는다; 같은 밴드 내에서의 고용결정이라도 인종적 혹은 민족적 배경에 의해 결정될 수 있다.

당연한 결과이지만 연구들에 따르면 밴딩으로 이익을 보게 되는 지원자들이 그것을 공평한 방법이라고 생각하는 것으로 나타났다. 오늘날 많은 조직이 밴딩을 이용하고 있지만, 이는 많은 논쟁거리를 남겼으며, 선발을 위해 심리검사를 개발하고 사용하는 사람들 사이에서는 매우 감정적인 문제로 남아 있다 (Campion, Outtz, Zedeck, Schmidt, Kehoe, Murphy, & Guion, 2001).

최근에는 평등고용기회위원회(EEOC)의 규제와 1990년의 미국장애인보호법(Americans with Disabilities Act, ADA)으로 인해 장애를 지닌 지원자나 종업원에 대한 차별이 상당히 감소했다. 많은 심리검사들이 장애인에게 적합하도록 수정되었으며, 경험적 타당성 연구를 통해 지지되어 왔다.

시각장애인을 위한 검사문항은 소리나 큰 글씨 혹은 점자로 제시될 수 있으며 검사 수행시간을 더 제공해 줄 수 있다. 색, 모양, 재질과 관련된 문항들은 태어나면서부터 시력을 가지지 못해 한 번도 대상이나 색깔을 보지 못한 사람들에게는 사용될 수 없다. 청각장애를 가진 지원자들에게는 지시문을 구두로 읽어주는 대신 인쇄물로 제시해 줄 수 있다.

검사 프로그램의 개관

검사 프로그램을 개발하는 기본적인 단계들은 직원 선발 프로그램을 개발하는데 있어서도 필수적인 단계들이다. 가장 먼저 해야 할 일은 검사가 사용될 직무의 성질에 대해 조사하는 것이다. 직무 및 작업자 분석이 수행되고 나면, 성공적인 직무수행과 관련된 행동과 능력을 측정해 줄 적절한 검사가 선택되거나 개발된다.

산업 및 조직심리학자들은 어떻게 적합한 검사들을 찾아내는가? 이들은 이미 만들어진 검사를 사용하거나 해당 직무나 회사만을 위해 새로운 검사를 개발한다. 좋은 검사는 신뢰도, 타당도 및 검사 규준에 대한 정보를 가지고 있다. 검사의 우수성을 평가하는 추가적인 정보들은 주기적으로 개정되는 『Mental Measurements Yearbook』에서 제공해 주고 있는데, 온라인 사이트인 www.unl.edu/buros/에서도 볼 수 있다. 1938년부터 시작된 이 값진 자료는 현재 상업적으로 이용되는 약 4,000개 가량의 검사에 대한 정보를 싣고 있다.

<여기서 잠깐>

상식 시험

만약 당신이 미국에서 경영학 석사학위를 취득하기 위하여 대학원에 진학하려고 한다면, 1954년 이래로 경영대에서 표준검사로 사용하고 있는 GMAT(Graduate Management Admissions Test) 점수를 필요로 한다. 4시간 동안 실시되는 이 시험은 언어, 수학, 분석적인 구문기술을 평가한다. 언어는 41문항, 수학은 37문항, 2개의 에세이가 그 내용이다.

이 검사는 신뢰롭고 타당하다. 즉 MBA 프로그램의 성공여부를 예측해 줄 수 있다. 그러나 이 검사가 수많은 MBA 학생들이 졸업 후 성공여부를 예측해 주는 데는 별로 효과적이지 못하다. 이 검사는 게으르지만 27살에 신설회사의 최고경영자가 될 수 있는 학생을 구분해 내지는 못한다. 또한 전 과목에서 모두 A학점을 받았지만 중간 관리자 이상으로 승진할 수 없는 학생들을 구분해 주지는 못한다.

미시간 대학의 경영대학은 새로운 선발검사를 도입하여 이러한 문제를 바꾸려는 노력을 진행 중이다. 새로운 선발검사는 상식이라고 알려진 '실용지능'이다. 이 검사는 예일대의 심리학자인 로버트 스턴버그에 의해 개발된 것으로, 스턴버그는 전통적인 입학사정에서 사용하고 있는 검사는 실용적인 사고와 회사에서 성공하는 것과 관련된 분석적이고 창의적인 능력을 발달시키는 능력을 식별해 내기 어렵다고 주장한다.

경영대학 입학에 사용되는 실용 지능검사는 일련의 자금 명세서, 뉴스기사 및 다른 시장 정보와 같은 현실적인 경영 시나리오형 질문을 제시하는 것이다. 지원자들은 이러한 질문에 대해서 해결책을 제시하는 것이다. 이 검사의 목적은 관리자들이 직무를 수행하면서 현장에서 경험할 수 있는 지원자의 변화하는 환경에 대한 관리, 잘못된 판단에 대한 식별, 부정확한 정보에 대한 대처 능력 등을 평가하는 것이다.

현재까지 이 검사는 경영대학에서 학점을 예측하는 데 상당히 효과적이다. 즉 검사의 점수가 높을수록 학점이 높다는 것이다. 또한 이 검사는 GMAT와 비교해서 성별 및 인종에 대해서 차별이 없다는 것이다. 여성이 실용지능 검사에서 남성보다 통계적으로 높은 점수를 기록하고 있으며, 흑인의 점수가 백인보다 약간 낮았다. 표준적인 입학 검사에서는 흑인 학생의 점수가 백인 학생보다 상당히 낮은 점수를 보였다.

연구자는 검사 타당도를 결정하기 위해서 검사점수와 직무 평가 점수 간의 상관을 밝히려는 연구를 계획 중이다.

출처: D. Leonhardt. On testing for common sense. *New York Times*, May 24, 2000; 또한 www.umich.edu/~newsinfo/releases/2001/nov도 참조하라.

기존의 검사를 사용할 것인가 아니면 새로운 검사를 개발할 것인가를 결정하는 데에는 몇 가지 고려사항이 있다. 비용은 언제나 중요한 문제이다. 검사를 만드는 것보다 구입해서 사용하는 것이 비용부담이 적으며, 특히 소수의 직원만을 채용하려 할 때는 더욱 그렇다. 시간 또한 중요한 문제이다. 자격 있는 종업원이 가능한 한 빨리 충원되어야 한다면, 관리자는 새로운 검사가 개발될 때까지 기다릴 수 없을 것이다. 이러한 상황은 우리가 1장에서 논의했었던, 산업 및 조직심리학에서의 연구와 적용 사이의 갈등을 보여 주는 것이라 할 수 있다. 연구자이자 실무자(practitioner)인 한 산업 및 조직심리학자는 이렇게 말했다. "조직에서는 신뢰도와 타당도보다 시간과 돈이 일반적으로 의사결정 상황에서 중요한 준거가 된다. 실무자는 계속되는 타협의 예술 즉, 그들이 지켜야 하는 것을 싣고 조직이 허용하는 바다를 가로질러 항해를 하는 것 같다"(Muchinsky, 2004, p. 176).

만약 조직이 특정 직무를 위해 새로운 검사를 개발하기로 결정한다면, 그 프로젝트를 맡은 산업 및 조직심리학자들은 적합한 검사문항들을 만들 것이다. 그런 다음에는 그 검사가 측정하려고 한 것을 제대로 측정했는지를 알아보는 타당도 검증 과정을 거쳐야 한다. 문항 분석은 각 검사문항이 검사 총점이 높은 사람과 낮은 사람을 얼마나 효과적으로 구분해내는지를 보여 줄 것이다. 이 평가에는 각 문항에 대한 개인의 반응과 전체 검사에 대한 반응의 상관관계 분석이 포함되어 있다. 완벽하게 타당한 검사문항은 전체 검사점수가 높은 모든 사람들이 맞추고, 검사점수가 낮은 모든 사람들은 틀린 문항이다. 상관계수가 높은 문항만이 최종 검사문항에 남게 될 것이다.

각 문항의 난이도 수준도 확인해야 한다. 검사문항의 대부분이 쉽다면, 대부분의 사람들이 높은 점수를 얻을 것이다. 그러면 점수의 폭이 너무 좁아져 특성이나 기술이 매우 우수한 사람과 다소 우수한 사람의 차이를 구별해낼 수 없게 될 것이다. 한편, 대부분의 문항이 어려우면 반대의 문제가 발생하여 능력이 매우 떨어지는 사람과 능력이 다소 떨어지는 사람의 차이를 구분하기 어려워질 것이다.

많은 경우 이러한 타당도 연구를 위해서는 직무수행의 수준을 측정할 준거가 결정되어야 하며, 이 준거와 검사점수 사이의 상관관계를 분석한다. 가장 이상적인 방법으로는 대규모 지원자에게 검사를 실시한 후, 검사점수와 상관없이 이들 모두를 채용할 것이다. 채용기준으로 검사점수를 이용하지 않았기 때문에 이때까지는 검사의 가치에 대해서 알 수 없을 것이다. 종업원을 그 직무에 충분히 오래 근무한 이후에 종업원의 직무수행이 측정될 것이며, 그들의 직무수행 측정치와 검사점수가 비교될 것이다. 예측타당도를 확보하려는 이러한 접근방법은 경제적으로나 시간적으로 대개 불가능한 경우가 많다. 보다 일반적인 방법은 이미 재직 중인 현직자에게 검사를 실시하는 것이다.

새로운 검사의 타당도와 신뢰도가 만족할 만한 수준으로 확인되고 나면, 컷오프(cut off) 점수가 정해져야 한다. 이 점수보다 낮은 점수를 받은 사람들은 고용되지 않을 것이다. 컷오프 점수가 높을수록 더 우수한 지원자가 고용된다. 하지만 지원자들의 선택의 폭이 넓어짐에 따라, 조직은 컷오프 점수를 충족시킬 지원자들을 충분히 확보하기 위해 모집과 평가에 보다 많은 비용을 들여야 하는데, 모집 및 선발에 드는 비용의 증가에 비해 새로운 고용인들의 자질 향상이 크지 않은 지점이 수익체감(diminishing returns)의 지점이다.

컷오프 점수를 설정하는 과정에는 대부분 직무분석 및 만족스러운 최소 수행수준을 결정해 주는 준거관련 타당도 연구가 포함되어 있다. 한 가지 자주 사용되는 방법은 종업원과 관리자들에게, 만일 최소한 유능한 사람이라면 각 검사문항에서 얼마나 정답을 맞힐 것 같은지를 평가하게 하는 것이다.

심리검사의 실시

심리검사는 두 가지 기준에 따라 분류할 수 있다: (1) 검사가 구성되고 실시되는 방식, (2) 검사가 측정하는 기술과 능력.

개인검사와 집단검사

집단검사 한 시점에서 다수의 사람에게 실시되도록 설계된 심리검사.

어떤 검사들은 많은 수의 사람들에게 동시에 검사를 실시하도록 만들어졌다. 이러한 **집단검사**(group tests)는 20명이나 200명 혹은 2000명의 지원자들에게 동시에 검사를 실시한다. 검사인원은 오직 검사장소의 크기에 제약을 받을 뿐이며, 컴퓨터로 실시하는 검사인 경우에 컴퓨터 수에 따라 제한받을 뿐이다.

개인검사(individual tests)는 한 번에 한 명에게 실시한다. 이 검사는 집단 검사에 비해 비용이 많이 들기 때문에, 고용기관에서는 자주 사용하지 않는 편이며, 대개 고위 관리직을 선발할 때 이용된다. 개인검사는 직업지도 및 직업상담 그리고 환자들을 진단하는 작업에서 보다 많이 쓰이고 있다.

개인검사 한 시점에서 한 사람에게 실시되도록 설계된 심리검사.

컴퓨터 활용 검사

컴퓨터 활용 검사 특정 문항에 대한 지원자의 반응에 따라 후속문항의 난이도가 결정되는 방식으로 진행되는 심리검사를 실시하는 한 가지 방법.

컴퓨터 활용 검사(computerized adaptive tests, CAT)는 광범위한 집단을 검사하기 위해 고안되었지만, 지원자가 컴퓨터에서 혼자 검사를 수행함으로써 개인검사 상황을 제공해 준다. 이러한 방식은 간혹 맞춤식 검사(tailored test)라고 부르기도 하는데 그 이유는 검사를 수행하는 사람에게 맞추어 적절히 조정하기 때문이다.

만일 여러분이 표준 인지능력검사를 지필 형태(paper-and-pencil format)로 수행한다면, 여러분은 지능의 전체 범위를 측정하는 문제들에 답해야 할 것이다. 여러분의 지능 수준보다 낮은 지능을 대상으로 만들어진 문제들은 여러분에게 매우 쉬울 것이며, 반면 여러분보다 높은 지능을 대상으로 만들어진 문제들은 보다 어려울 것이다.

개인 검사들이 시간과 비용 측면에서 실시하는 데 어려움이 있기 때문에, 이들의 대부분은 직업 상담 및 관리자 선발에 사용된다.

컴퓨터 활용 검사를 이용하면, 여러분의 능력보다 낮은 수준의 문제에 답을 하느라 시간을 낭비할 필요가 없다. 컴퓨터는 평균적인 난이도 수준의 문제로부터 시작하여, 여러분이 정답을 맞히면 좀더 어려운 문제를 제시하고, 여러분이 틀린 답을 하면 좀더 쉬운 문제를 제시한다.

컴퓨터 활용 검사의 또 다른 장점은 선발 과정에서 언제라도 검사를 수행할 수 있다는 것이다. 이 검사는 자격 있는 검사 진행자를 찾거나 검사 스케줄을 필요로 하지 않는다. 능력들 각각은 상대적으로 짧은 시간에 측정할 수 있기 때문에, 지원자들의 흥미와 동기가 사라질 염려가 적다. 또한 인적자원부서에서 즉각적으로 검사 결과를 활용할 수 있다.

그밖에도 컴퓨터는 다양한 유형의 검사문항을 사용할 수 있게 해 준다. 예를 들어 공간능력을 측정하는 컴퓨터 활용 검사에서는 공간상에서 이동하는 3차원적 물체를 보여 줄 수 있다. 문제들이 동영상이나 소리로 제시될 수도 있다. 수검자들은 표준 키보드로 반응하거나, 조이스틱(joystick), 마우스, 트랙볼(trackball) 등을 이용해 문제에 반응한다. 검사를 세계적으로 이용할 수 있다는 점, 재인쇄할 필요 없이 쉽게 문항을 교정할 수 있다는 점, 즉각적인 채점으로 지원자의 적합성을 신속히 결정할 수 있다는 점도 컴퓨터 활용 검사의 또 다른 장점들이다(Kersting, 2004; Naglieri, et al., 2004).

컴퓨터 활용 검사는 지필검사에 비해 초기 투자비용이 많이 들지만, 장기적으로 보면 지필검사보다 경제적이다. 컨설턴트들은 미국의 국방부가 지원자들에게 기본적인 입대 검사를 컴퓨터를 이용해 실시함으로써 매년 500만 달러를 절약할 수 있었다고 평가하고 있다.

컴퓨터 활용 검사와 지필검사를 비교했을 때, 결과점수에서 거의 차이가 없는 것으로 나타난다. 대규모로 수행된 비교에서, 425명의 콜센터 종업원들은 성격과 판단력을 측정하는 지필검사를 수행했다. 2,544명의 지원자들도 그 검사를 수행했으며, 또 다른 2,356명의 지원자들 역시 동일한 검사를 인터넷용(web-based version)으로 수행했다. 그 결과 지필검사와 컴퓨터 활용 검사의 평균 점수 사이에서 특별한 차이가 발견되지 않았다(Ployhart, Weekley, Holtz, & Kemp, 2003).

컴퓨터를 이용한 검사에서 제기되고 있는 한 가지 문제는 많은 검사들이 인터넷 사이트에서 이용 가능해지면서 어떤 컴퓨터에서도 검사를 수행할 수 있게 되었다는 점이다. 회사의 인적자원부서나 검사실처럼 통제된 환경에서 검사가 수행되지 않기 때문에, 부정행위(cheating)가 일어날 가능성이 있다. 예를 들어 지능검사를 수행하는 지원자는 자료집을 보고 풀거나 다른 사람의 도움을 받아 답할 수도 있다.

또 다른 문제점은 민족별로 컴퓨터 사용 가능성이나 사용능력에서 차이가 있기 때문에 인터넷용 검사가 불리효과(adverse impact)를 유발할 수도 있다는 점이다. 컴퓨터를 가지고 있고 사용할 수 있는 사람들이 그렇지 못한 사람들에 대해 혜택을 가지는 이러한 현상은 몇몇 학자들에 의해 '정보격차(digital divide)'라고 불리게 되었다(Harris, 2003).

속도검사와 능력검사

속도검사와 능력검사의 차이점은 검사를 수행하는 데 걸리는 시간의 제한여부이다. **속도검사**(speed tests)는 정해진 시간제한이 있어서, 그 이후에는 모든 수검자들이 검사수행을 중지해야 한다. **능력검사**(power tests)는 시간제한이 없다. 지원자들은 문제 풀이에 필요한 시간을 얼마든지 가질 수 있다. 대개 능력검사에는 속도검사보다 어려운 문제들이 포함되어 있다. 대규모 검사 프로그램에는 속도검사들이 포함되어 있는데, 그 이유는 모든 검사지들이 동시에 수집될 수 있기 때문이다.

속도검사 정해진 시간제한이 있어서, 제한 시간 동안 문제를 풀어야 하는 검사.

능력검사 정해진 시간제한 없이 지원자들은 문제풀이에 필요한 충분한 시간을 가질 수 있는 검사.

어떤 직무에서는 작업속도가 성공적인 직무수행에 중요한 역할을 한다. 컴퓨터 자판입력(keyboarding) 직무를 위한 검사는 상대적으로 쉬운 문제들로 이루어져 있다. 충분한 시간이 주어진다면, 대부분의 사람들이 올바른 반응을 할 수 있다. 자판입력(keyboarding)이나 문서작성(word processing)에서 중요한 예언 요인은 주어진 시간 내에 수행될 수 있는 작업의 질(자료입력의 정확성과 속도)이다. 능력검사로는 이러한 기술을 적절히 평가할 수 없다.

심리검사의 유형

종업원 선발에 쓰이는 심리검사들을 그것이 측정하는 특성이나 행동으로 구분할 때 더 쉽게 구별할 수 있다. 기본적인 종류로는 인지능력(cognitive abilities), 흥미(interests), 적성(aptitudes), 운동기능(motor skills), 성격(personality)이 있다.

인지능력

인지능력검사(지능검사)는 작업현장에서의 성공을 매우 효과적으로 예측해 주기 때문에 직원 선발에 널리 사용되고 있다. 군인 및 다양한 직업에 종사하는 일반인 수천 명을 대상으로 한 연구에서 인지능력검사는 직업훈련 프로그램은 물론 실제 직무수행의 성공을 예측하는 데 있어 높은 타당도를 보여 주었다 (Hough & Oswald, 2000; Schmidt & Hunter, 2004).

85년에 걸쳐 이루어진 수천 건의 연구들을 메타분석한 연구에서 열아홉 가지 선발 기법의 예측타당도를 비교했다. 그 결과 인지능력은 직업훈련과 직무수행에서 가장 높은 예측타당도를 지닌 것으로 나타났다(Schmidt & Hunter, 1998). 4만 명 이상의 자료에 대해 이루어진 또 다른 메타분석 연구에서도 인지능력검사가 직무수행을 예측해 주고 있음이 지지되었다(Bobko, Roth, & Potosky, 1999).

벨기에, 프랑스, 독일, 아일랜드, 네덜란드, 포르투갈, 스페인, 영국, 스칸디나비아 반도국들에 있는 12개 직업에 대해 진행된 메타연구에서도 인지능력검사는 나라와 직업에 관계없이 훈련 프로그램과 직무수행의 성공을 위한 매우 타당한 예측요인이었다(Salgado, Anderson, Moscoso, Bertua, & Fruyt, 2003; Salgado, Anderson, Moscoso, Bertua, Fruyt, & Rolland, 2003).

직장에서 성공하기 위해 필요한 인지능력이 혹시 대학에서 성공하기 위해 필요했던 인지능력과 다른 종류의 것은 아닐까하고 궁금해 한 적이 있는가? 그렇다면 산업 및 조직심리학자들이 그 답을 가지고 있다. Miller Analogies 인지능력검사를 수행한 163개의 표본(20,352명)을 대상으로 메타분석한 연구에서, 이 검사는 대학원생 선발에도 사용되었고 보통 이상으로 복잡한 직무의 종업원을 선발하는 데도 사용되었다. 연구 결과는 학문적 성공과 교실 밖 세계에서의 성공에 필요한 능력이 서로 유의하게 다르지 않다는 것을 보여 주었다(Kuncel, Hezlett, & Ones, 2004).

지금부터 오늘날 작업현장에서 사용되고 있는 주요 검사들을 살펴보겠다.

오티스 자가-수행 정신능력검사(Otis Self-Administering Tests of Mental Ability)는 사무직, 조립라인 종업원, 일선 감독자와 같은 직무의 지원자를 심사하는 데 유용하다고 알려져 있다. 이 검사는 집단검사이며 검사시간이 길지 않다. 이 검사는 고차원적인 지능에서는 변별력이 떨어지기 때문에 전문직이나 고위 관리직에는 적합하지 않다.

원더릭 선발검사(Wonderlic Personnel Test)는 50문항으로 이루어진 일반 정신능력검사로서, 선발, 배치, 승진, 배치전환에 사용되는 가장 인기 있는 검사이다. 이 검사는 비행기 승무원, 은행원, 매장 관리자, 산업 엔지니어 등 비즈니스와 산업영역에 속한 140개 이상의 직업에 이용 가능하다. 이 검사는 12분의 시간제한이 있기 때문에 경제적인 심사도구라 할 수 있다. 검사문항들은 지시문을 이해하는 능력, 직업관련 문제를 해결하는 능력, 새로운 작업 상황에 활용할 수 있는 아이디어를 제안하는 능력들을 측정한다. 이 검사의 규준(norms)은 450,000명 이상의 성인 작업자 자료를 근거로 작성되었다. 채점방식은 컴퓨터 채점방식과 수작업 채점방식이 모두 가능하다.

원더릭 검사점수는 보다 길고 복잡한 개인검사인 웩슬러 성인지능검사(Wechsler Adult Intelligence Scale)의 점수와 높은 정적 상관관계를 보여 준다. 이 검사는 1990년에 제정된 미국 장애법에 따라 장애를 지닌 지원자의 편의를 위해 큰 글씨 버전, 점자 버전, 오디오 버전을 제공하고 있다. 원더릭 검사는 1937년에 처음 소개된 이래로 전 세계에서 1억 3천만 명 이상의 직업지원자들이 이용해 왔다. 컴퓨터 적용 훈련센터에 있는 대학생 나이의 지원자들을 대상으로 연구를 수행한 결과 컴퓨터용 검사점수와 지필용 검사점수 사이에서 유의한 차이가 나타나지 않았다(Dembowski & Callans, 2000).

비언어적 인지능력검사로는 베타(Beta) 검사를 개정한 베타-III(Beta-III)이 있는데, 이는 글을 잘 못 읽거나 전혀 읽지 못하는 사람들을 위해 만들어진 검사로, 검사시간은 30분이 소요된다. 검사지시문은 영어와 스페인어로 제시된다. 교정기관의 직업 복귀 프로그램과 다양한 생산직 훈련 프로그램에서 비숙련직 종업원을 대상으로 널리 이용되고 있다. 이 검사는 시간제한이 있는 6개의 하위검사 즉, 미로 찾기(maze), 기호 입력(coding), 종이 맞추기(paper form board), 그림 완성(picture completion), 틀린 글씨 찾기(clerical checking), 틀린 그림 찾기(picture absurdities)(그림 4-1 참조) 검사가 들어 있다. 베타-III 점수는 전문직(professional), 관리직(managerial), 기술직(technical), 사무직(clerical), 판매직(slaes), 기능직(crafts), 서비스직(service)에 적합한 정도를 알려 줄 수 있다.

웩슬러 성인지능검사 개정판(WAIS-R)은 검사시간이 긴(약 75분) 개인검

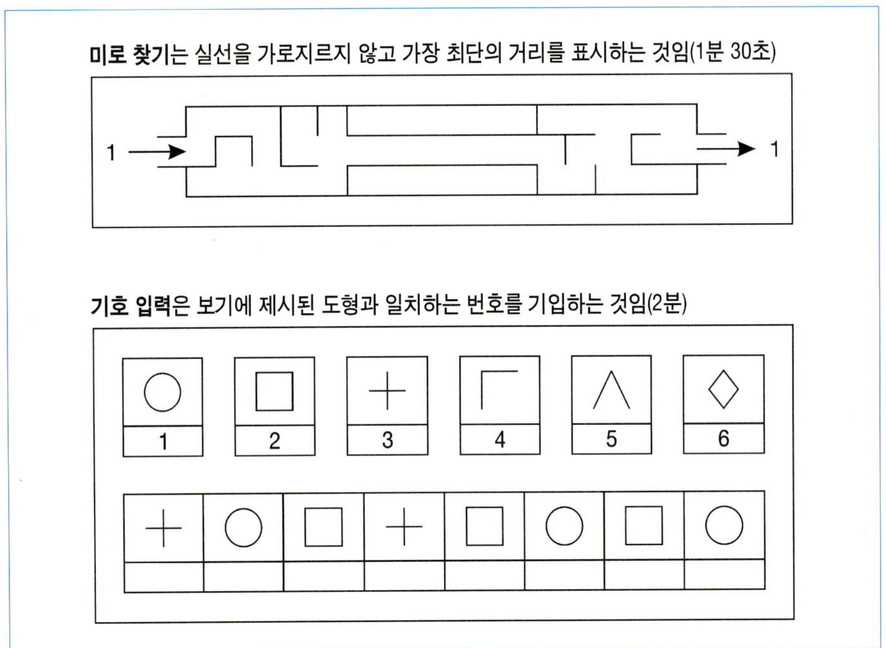

그림 4-1. 개정된 베타검사 2판의 표본 문항들(허락하에 재구성함)

사로 주로 종합적인 심리평가가 요구되는 고위관리자와 같은 직무를 대상으로 실시된다. 이 검사의 실시, 채점, 해석을 위해서는 잘 훈련되고 경험 많은 임상가가 필요하다. WAIS-R은 다음과 같은 11개의 하위검사로 이루어져 있다: 언어성 검사(verbal subtests)로는 기본 지식, 숫자 외우기, 어휘, 이해, 공통성이 있다; 동작성 검사(performance subtests)로는 빠진 곳 찾기, 차례 맞추기, 토막 짜기, 모양 맞추기, 바꿔 쓰기가 있다. 인지능력의 언어성 점수와 동작성 점수 각각을 합해서 전체 IQ 점수를 구할 수 있다. 이 검사는 컴퓨터 채점과 해석이 가능하다.

흥미 검사 개인의 흥미와 선호를 평가하기 위한 심리검사. 이러한 검사들은 경력 상담시 주로 사용된다.

흥 미

흥미 검사(interests tests)의 문항들은 일상의 활동들로 이루어져 있으며, 지원자들은 그 활동 중에서 자신이 선호하는 활동을 선택한다. 이 검사를 사용하는 논리적 근거는, 특정 직업에서 성공적인 종업원과 동일한 유형의 흥미 및 선호패

<여기서 잠깐>

시험에 통과할 수 있겠습니까?

원더릭 선발검사(Wonderlic Personnel Test)는 전 세계 1억 3,000만 명 이상의 지원자들을 평가하는 데 사용되어 왔다. 이 검사에는 50문제가 들어 있다(50점 만점). 하지만 모든 문항을 정확하게 맞히는 사람들은 많지 않다. 미국에서의 평균점수는 21.6점이다. 많은 직업들에 대한 최소 점수들이 만들어져 왔다. 예를 들어 회사 경영자나 판매 관리자에 적합하다고 생각되는 최소 점수는 28점이며; 간호사 직무는 26점; 은행출납원은 23점; 회계원은 20점; 공장 종업원은 17점이다. 문제를 이해하는 유일한 방법은 실제 문제를 풀어보는 것이다. 하지만 그림 4-2의 12개 문항은 같은 유형의 예시문항들이다. 여러분의 점수를 점검할 수 있도록 정답을 제시했다.

턴을 가진 사람은 그 직업에서 만족할 가능성이 높을 것이라는 것이다.

하지만 명심해야 할 점은 어떤 사람이 특정 직업에 높은 관심을 가지고 있다고 해서, 그가 그 직업을 성공적으로 수행할 능력을 가졌다고 확신할 수는 없다는 점이다. 홍미 검사점수는 그 사람의 홍미가 그 직업에서 성공적인 사람의 홍미와 유사하다는 것을 보여 준다. 만일 어떤 영역에 아무런 홍미가 없는 것으로 나타났다면, 그 영역에서 성공할 가능성이 적은 것이다.

자주 사용되는 두 가지 검사는 스트롱 홍미 검사(Strong Interest Inventory)와 쿠더 직업홍미 검사(Kuder Occupational Interest Survey)이다. 스트롱 검사는 317문항이며, 컴퓨터로 채점하는 집단검사이며, 선호하는 직업, 전공, 여가활동, 인간형, 작업에 대해 물으며, 문항에 대한 응답은 '좋아함' '싫어함' '관심 없음'으로 한다. 직업에 대한 홍미는 여섯 가지 유형으로 분류되어 각각의 홍미 유형에 대해 수검자의 홍미수준을 평가한다. 이 홍미 유형에는 예술형(artistic), 사무형(conventional), 사회형(social), 현실형(realistic), 탐구형(investigative), 진취형(enterprising)이 있다. 검사에는 100개 이상의 직업들이 여섯 가지 홍미 유형으로 구분되어 있는데, 이 직업들에 대한 선호는 성차를 보여 주기 때문에 남성과 여성에 대한 규준이 별도로 마련되어 있다. 스트롱 검사에 대한 연구들은 사람들의 홍미가 시간이 경과해도 안정적인 경향이 있음을 보여 준다.

1. 첫 두 문장이 사실이라면, 마지막 한 문장은 사실일까? 거짓일까? 알 수 없을까?
   그 소년이 야구를 하고 있다.
   모든 야구 선수들은 모자를 쓰고 있다.
   그 소년이 모자를 쓰고 있다.
2. 한 장에 21센트짜리 종이를 팔고 있다. 4장에는 얼마일까?
3. 아래 5쌍의 이름 중 완전히 같은 것은 어느 것인가?
   a. Nieman, KM.
      Neiman, K. M.
   b. Thomas, G K.
      Thomas,C. K.
   c. Hoff, J. P.
      Hoff, J. P.
   d. Pino, L. R.
      Pina, L. R.
   e. Warner, T. S.
      Wanner, T. S.
4. 'Resent'와 'reserve' 이 단어들은
   a. 유사한 뜻을 가졌다.
   b. 반대 뜻을 가졌다.
   c. 같은 뜻도 반대 뜻도 아니다.
5. 시내 전철은 5분의 1초에 20피트를 간다. 이 속도로 3초간 간다면 얼마나 멀리 갈까?
6. 1피트에 10달러에 파는 로프가 있을 때, 60센트로 얼마나 긴 로프를 살 수 있겠는가?
7. 한 해의 아홉 번째 달은?
   a. October
   b. January
   c. June
   d. September
   e. May
8. 다음 중 가장 작은 수는
   a. 7 b. 8 c. 31 d. 33 e. 2
9. 48,000단어로 쓰인 기사를 인쇄하는데, 큰 글씨로 하면 1장에 1,800단어를 인쇄할 수 있고, 작은 글씨로 하면 1장에 2,400단어를 인쇄할 수 있다. 작은 글씨로 할 경우 몇 페이지를 차지해야 하는가?
10. 세 사람이 동업하여 수익을 똑같이 나누기로 했다. X는 9,000달러를, Y는 7,000달러를, Z는 4,000달러를 투자했다. 만일 수익이 4,800달러라면, X가 받는 수익은 투자비율로 수익을 나눌 때에 비해 얼마나 적게 받게 되는가?
11. 다음 문장들 중에서 앞의 두 문장이 사실일 때, 마지막 하나는 사실인가? 거짓인가? 알 수 없는가?
   · 톰은 베쓰를 환영했다.
   · 베쓰는 다운을 환영했다.
   · 톰은 다운을 환영하지 않았다.
12. 17세의 한 소년과 나이가 두 배인 누이가 있다. 소년이 23세가 되었을 때 누이의 나이는?

그림 4-2. 원더릭 선발 검사문항과 유사한 문제 및 해답(「*New York Times*」, November 30, 2003)

쿠더 검사에는 3개씩 대안행동들을 묶어놓은 100개의 묶음이 나열되어 있다. 지원자들은 3개의 대안행동들 중에서 자신이 가장 선호하는 행동과 가장 선호하지 않는 행동을 하나씩 선택한다. 이 검사는 100개 이상의 직업에 대한 흥미 점수를 보여 줄 수 있다. 대표적인 문항의 예는 다음과 같다.

미술관에 가기	싸인 수집하기
도서관에서 책 읽기	동전 수집하기
박물관에 가기	나비 수집하기

이 두 검사 모두 주로 진로상담에 이용되는데, 각 개인이 자신에게 가장 적합한 직업을 선택하도록 하는 데 초점을 맞추고 있다. 이 검사들을 인사 선발에 이용하는 데 있어 한 가지 문제점은 지원자들이 해당 직업에 보다 적합해 보이기 위해 허위진술을 할 수 있다는 점이다. 사람들은 진로상담을 목적으로 흥미검사를 사용할 때는 보다 정직하게 응답을 할 것인데 그 이유는 검사의 결과로 특정 직업을 선택하는 것이 아니라 훈련분야나 직업분야와 같이 보다 폭넓은 부분을 결정하기 때문이다.

적 성

많은 직무들에서 지원자의 특정 기술을 측정하기 위해 **적성검사**(aptitudes tests)를 실시하고 있다. 적성검사는 간혹 특정 직무만을 위해 특별히 제작되기도 하지만, 일반적인 사무적성과 기계적성을 측정하는 적성검사도 있다.

적성검사 기계적 특성 또는 사무적성과 같은 특정 능력을 측정하기 위한 심리검사.

미네소타 사무 적성검사(Minnesota Clerical Test)는 개인검사와 집단검사 모두 가능한 15분짜리 검사로 두 부분으로 구성되어 있다: 숫자 비교(200쌍의 숫자)와 명칭 비교(그림 4-3). 지원자들은 실수 없이 가능한 빨리 검사를 수행해야 한다. 이 검사는 다양한 사무업무를 수행하는 데 필요한 지각속도와 지각의 정확성을 측정한다. 이 검사는 소프트웨어 개발업체, 금융회사, 제조업과 같

다음 짝지어진 두 수나 이름이 완전히 같을 경우, 두 글자 사이에 표시하시오.

66273894 ____________________ 66273984
527384578 ____________________ 527384578
New York World __________ New York World
Cargill Grain Co. __________ Cargil Grain Co.

그림 4-3. 미네소타 사무검사 예시문항(허락하에 재구성함)

두 부분의 도형이 왼쪽 위에 제시되어 있습니다. A, B, C, D, E 중에서 두 도형이 맞추어져 나타날 수 있는 형태는 어떤 것입니까?

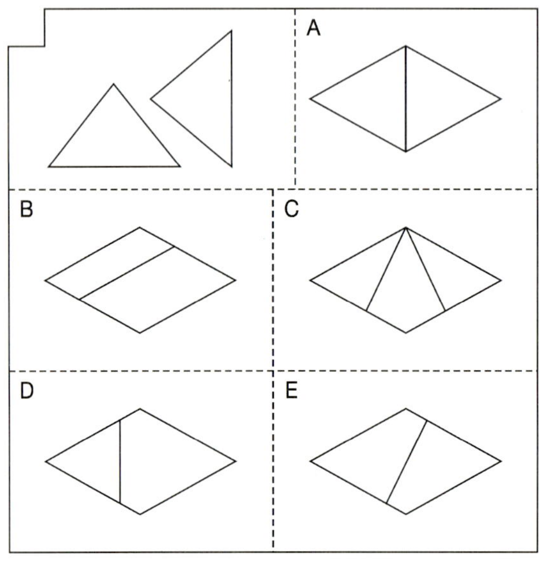

그림 4-4. 개정된 미네소타 종이 맞추기 검사의 표본문항(허락하에 재구성함)

이 세부적인 주의를 요하는 직무에 유용하다.

개정판 미네소타 종이 맞추기 검사(Revised Minnesota Paper Form Board Test)는 기계적성을 측정하는데, 이것은 공간상에서 물체를 상상하거나 조작하는 역량을 필요로 하는 적성으로 산업 디자이너나 전기기사와 같이 기계를 다루거나 예술적인 작업을 하는 직업에 필요한 기술이다. 지원자들은 2개 이상의 조각으로 잘라진 이차원 기하학 모형이 합쳐지면 어떤 모형이 될지를 찾는 64개의 문항을 20분 이내에 풀어야 한다(그림 4-4). 연구에 따르면 이 검사는 생산, 전기 유지보수, 기계 조작, 전기 재봉기계 조작 및 다양한 산업 과업들의 수행을 성공적으로 예측해 주는 것으로 나타났다.

베넷 기계이해 검사(Bennett Mechanical Comprehension Test)는 68개의 그림과 함께 물리법칙의 적용이나 기계조작의 원리에 대한 질문을 한다(그림 4-5). 읽기 능력이 떨어지는 지원자에게는 녹음된 지시문이 제공된다. 이 검사

제시된 알파벳 중 어느 좌석에 앉은 승객이 가장 좋은 승차감을 느낄 수 있겠는가?

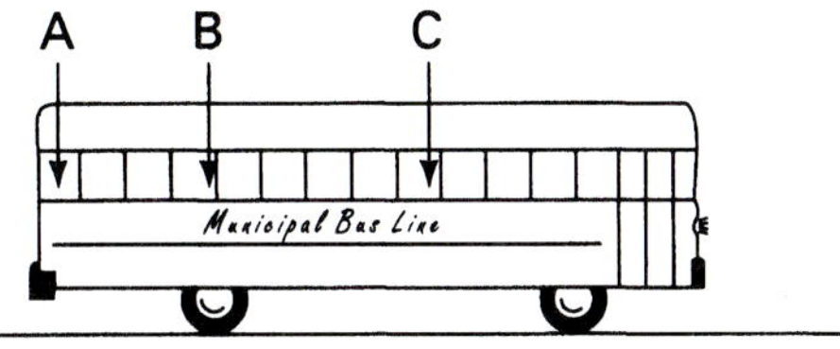

금속을 자르는 데 어떤 가위가 더 좋겠는가?

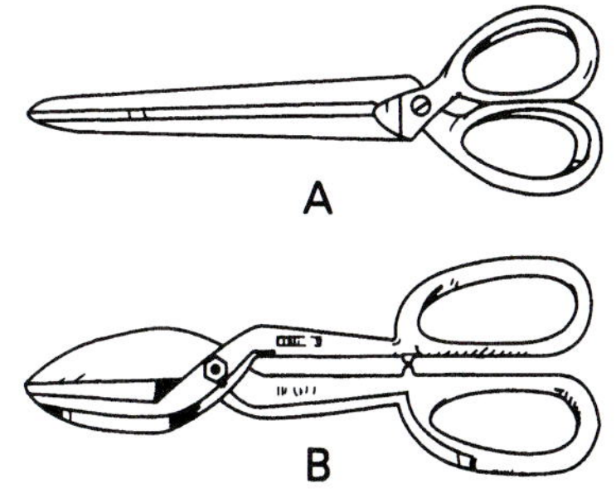

그림 4-5. 베넷 기계 이해 검사의 표본 문항들(허락하에 재구성함)

는 항공, 건설, 화학공장, 정유, 유리제조, 철강, 종이 및 합판 제조, 광산 등의 직무에서 사용되고 있다.

운동기능

산업체와 군대의 많은 직무들은 근육협응, 손가락 민첩성, 눈과 손의 협응과 같은 능력을 필요로 한다.

손가락 민첩성 검사인 Purdue Pegboard는 조립라인의 상황을 모방한 검사로 10분 동안 실시하는데 조립 작업, 일반 공장 작업, 직업 복귀에 요구되는 손가락의 민첩성과 눈-손의 협응을 측정한다. 이 검사의 과제는 판에 뚫린 구멍에 50개의 나무못을 가능한 신속하게 꼽는 것으로, 처음에는 한쪽 손으로 사용하고, 다음에는 다른 손으로 사용하며, 또 그 다음에는 양손으로 사용한다.

각 과제는 30초의 시간제한이 있다. 또한 이 검사에는 두 손을 동시에 사용하여 고리를 핀에 꼽는 1분짜리 과제도 들어 있다. 이 검사는 비언어적 검사이기 때문에 지원자의 언어능력과 관계없이 사용할 수 있다.

오코너 손가락 민첩성 검사(O'Connor Finger Dexterity Test)와 오코너 핀셋 민첩성 검사(O'Connor Tweezer Dexterity Test)는 지원자가 손과 핀셋을 이용해 핀을 작은 구멍에 얼마나 빨리 꼽을 수 있는지를 측정한다. 이 검사들은 손가락 민첩성을 측정해 주는 표준적인 검사이며 정교한 조작 기술이 요구되는 직업에서의 성공적 직무수행을 예측하는 데 유용하다는 것이 입증되었다.

성 격

어떤 성격 특성들은 직무만족과 직무수행에 기여할 수 있다. 예를 들어 공감(empathy)과 배려(nurturance)는 상담가들이 가져야 할 중요한 특성이며, 자율성과 끈기는 취재기자에게 필수적인 특성이고, 정돈(orderliness)과 정확성(precision)은 회계 사무원에게 필요한 특성이다. **성격검사**(personality tests) 점수는 사실상 모든 직업에서의 직무성공과 상관관계가 있음이 발견되어 왔다. 성격검사점수는 평가센터(assessment centers)와 전기자료 검사(biodata questionnaires)만큼이나 높은 예측타당도를 지닐 수 있다.

성격검사 개인의 특성과 감정을 평가하기 위한 심리검사.

자기보고식 성격검사 특정한 상태, 증상, 느낌에 관한 문항을 포함하는 성격평가검사로 수검자들은 각 문항들이 자신을 얼마나 잘 설명하고 있는지 혹은 각 문항에 대해 얼마나 동의하는지를 답하게 된다.

투사기법 수검자들이 잉크반점과 같은 모호한 자극에 대해 자신의 느낌을 제시하는 방식으로 구성된 성격평가검사.

성격을 측정하는 두 가지 방법으로는 자기보고식 검사(self-report test)와 투사기법(projective techniques)이 있다. **자기보고식 성격검사**에는 특정한 상태, 증상, 느낌에 관한 문항들이 포함되어 있다. 지원자들은 각 문항들이 자신을 얼마나 잘 설명하고 있는지 혹은 각 문항에 얼마나 동의하는지를 답하게 된다. 자기보고식 성격검사의 가장 큰 문제점은 응답의 정직성이다. 검사문항의 내용을 파악하는 것이 어렵지 않기 때문에, 사람들은 어떻게 해야 조직이 바라는 성격 특성을 자신이 가지고 있는 것처럼 반응할 수 있는지 알아낼 수 있다.

성격검사에서 **투사기법**은 지원자에게 잉크반점과 같은 모호한 자극을 제시하고 그 모양이나 그림이 무엇처럼 보이는지를 말하게 한다. 이러한 검사의 논리적 근거는 사람들이 자극이나 그림에 의미를 부여하려고 노력하는 가운데 자신의 생각, 바람, 느낌을 자극에 투사할 것이라는 것이다. 이러한 검사에는 옳고 그른 답이 없기 때문에 거짓 진술을 할 수 없다.

투사기법으로 가장 잘 알려진 검사는 로샤 잉크반점 검사(Rorschach Inkblot Test)인데, 수검자들에게 10개의 표준화된 잉크반점을 보여 주고, 그 모양에서 무엇이 보이는지 설명하도록 한다. 주제통각검사(Thematic Apperception Test, TAT)에서는 수검자들에게 30개의 애매모호한 상황과 사람의 그림을 보여 주고 설명하도록 한다.

투사검사는 시간이 많이 소모되는 검사이며 개인적으로 실시되어야 한다. 검사를 감독하는 사람도 철저히 훈련된 경험이 풍부한 사람이어야 한다. 객관적인 채점체계를 가진 투사검사는 거의 없기 때문에, 검사점수의 채점과 결과 해석에 주관적인 편향이 영향을 미칠 가능성이 충분히 있다. 투사검사가 경영진급의 선발장면에서 간혹 사용되긴 하지만, 연구에 따르면 투사검사의 타당성은 낮은 편이다.

자기보고식 검사. 길포드-짐머맨 기질검사(Guilford-Zimmerman Temperament Survey)는 널리 이용되는 지필용 성격검사이다. 문항은 질문이라기보다는 진술문 형식으로 되어 있으며, 지원자는 '예' '?' '아니오' 중 하나를 선택한다. 예시문항은 아래와 같다.

> 나는 새로운 프로젝트를 시작할 때 큰 열정을 가지고 시작한다.
> 나는 자주 의욕상실에 빠진다.
> 대부분의 사람들은 실제는 치열한 경쟁을 하면서도 겉으로 예의바른 척한다.

이 검사는 열 가지 성격 특성에 대한 점수를 제공해 준다. 검사에는 부주의한 응답이나 거짓 응답을 찾아내기 위한 3개의 허구성 척도가 들어 있다.

1943년에 처음 출판되어 1994년에 개정된 미네소타 다면적 인성검사(MMPI-2, Minnesota Multiphasic Personality Inventory)는 직원 선발과 임상진단 작업에 가장 많이 사용된 성격검사이다. 이 검사는 경찰, 소방관, 교통 관제사, 비행기 승무원과 같이 고도의 심리적 적응을 요하는 직업의 선발장면에 폭넓게 이용되고 있다.

MMPI-2는 총 567문항으로 '참(true)' '거짓(false)' '모르겠음(can not an-

표 4-1

미네소타 다면적 인성검사 (MMPI) 유사 문항

'예' 혹은 '아니오'로 답하시오.

나는 간혹 강한 위경련을 느낀다.
나는 종종 일하면서 매우 긴장이 된다.
가끔 머리를 짓누르는 것 같은 느낌이 든다.
나는 내가 해낸 일들 이상의 것을 할 수 있기를 바란다.
나는 간혹 체육시간에 춤을 추고 싶어진다.
사람들이 나에 대해서 잘못된 생각을 가지고 있어서 스트레스를 받는다.
간혹 머릿속에 떠오르는 생각들이 무섭다.
간혹 나는 내가 주체할 수 없을 정도로 생각이 빨라진다.
나는 다른 사람과의 논쟁에서 너무 쉽게 포기해버린다.

swer)'으로 답하도록 되어 있다. 문항들은 신체적 및 심리적 건강; 정치적 및 사회적 태도; 교육, 직업, 가족, 결혼생활; 신경증 및 정신병적 행동경향을 묻는 내용으로 이루어져 있다. 수검자가 허위 혹은 부주의한 진술을 했거나, 지시문을 잘못 이해했는지를 알아보는 문항들이 많이 포함되어 있다. 이 검사의 예시 문항을 표 4-1에 제시하였다.

MMPI-2처럼 유명한 검사가 가진 한 가지 문제점은 몇몇 사람들의 경우 그 검사를 사용하고 있는 여러 회사들에 지원하면서 그 검사를 한 번 이상 실시해 볼 것이라는 점이다. 한 조사에서 핵발전소에 근무하는 약 2,000명 중에서 200명 이상이 MMPI의 567문항 전체를 네 차례 실험한 경험이 있었고, 다섯 차례 경험한 사람은 102명, 여섯 차례 경험한 사람은 26명, 일곱 차례 경험한 사람도 3명이 있었다. 이러한 수검자의 점수를 보면 반복된 검사 경험으로 인해 극단적인 점수가 나타나지 않고 있다. 그 이유는 직업 지원자들이 검사에 반복적으로 노출되면서 검사-요령(test-wise)이 생겼기 때문이다. 이러한 문제는 유독 MMPI 만의 문제는 아니다; 많은 종업원들이 사용하는 심리검사라면 이러한 문제에서 자유롭지 못하다.

1957년에 개발되어 1987년에 개정된 캘리포니아 심리검사(California

Psychological Inventory)는 '참(true)' 혹은 '거짓(false)'으로 답하는 434문항으로 구성되어 있다. 이 검사는 스무 가지 성격차원에 대한 점수를 제공해 주는데, 교육과 건강관리 직업(의사, 치과의사, 간호사)에서의 성공을 예측하는 데 유용한 것으로 알려져 있다. 이 검사는 리더십과 관리능력, 창의력, 사회적 성숙도를 측정하는 하위검사들을 포함하고 있다.

성격 5요인. 자기-보고식 성격검사의 예측타당도는 대개 중간 이하로 낮은 편이다. 그러나 소위 성격 5요인(Big Five Personality Factor)으로 불리는 자기-보고식 검사를 사용한 연구들은 높은 타당도를 보여 주고 있다. 이 기본적인 성격요인들을 설명과 함께 표 4-2에 제시하였다.

이 성격요인들 중 2개의 요인 즉, 성실성(conscientiousness)과 외향성(extraversion)은 직무수행을 예측하는 데 특히 효과적인 것으로 밝혀졌다. 성실성은 책임감 있고(responsible), 신뢰롭고(dependable), 계획적이고(able to plan), 조직적이고(organized), 성취 지향적(achievement-oriented)인 특성을 포함하고 있는 성격요인이다. 성실성은 관리직, 판매직, 전문 법 집행관, 기술직 및 준기술직을 포함한 많은 직업에 대해 타당한 예언요인임이 발견되었다.

외향성은 사교적이고(sociability), 이야기하기를 좋아하고(talkativeness), 의욕적이고(ambition), 자기주장이 강하고(assertiveness), 활동적인(high activity level) 성격으로 판매원(saleperson)과 지배인(manager)의 성공적 직무수행과 깊게 관련되어 있다. 또한 외향성은 구직 성공과도 높은 정적 상관관계

표 4-2

성격 5요인

요인	설명
신경증	걱정하는, 불안정한, 불안한, 몹시 긴장된
외향성	사교적인, 수다스러운, 재미를 추구하는, 다정한
개방성	독창적인, 독립적인, 창의적인, 대담한
친밀성	착한, 유순한, 신뢰할 만한, 예의 바른
성실성	주의 깊은, 책임감 있는, 근면한, 조직적인

를 보여 주었다. 외향성과 성실성에서 점수가 높은 대학 4학년생들은 그렇지 않은 학생들보다 졸업 후 직업을 더 잘 찾는 경향이 있다. 더욱이 고급관리자 1,886명을 대상으로 한 조사에서 친밀성(agreeableness), 경험에 대한 개방성(openness to experience), 신경증(neuroticism) 점수가 높은 사람들이 직업을 바꾸려 한다는 것이 나타났다(Boudreau, Boswell, Judge, & Kretz, 2001).

외향적인 사람은 판매직을 매우 잘 수행한다. 164명의 전화판매원을 대상으로 한 연구는 외향성 점수가 높은 사람들이 판매점수가 높다는 것을 보여 주었다. 또한 외향적인 사람들은 지위(status)에 대한 열망 즉, 동료의 수행보다 더 높은 수준의 수행을 보여 주려는 열망도 높다(Barrick, Stewart, & Piotrowski, 2002).

리더십과의 상관관계를 포함하고 있는 222개의 연구를 메타분석한 연구 결과, 외향성이 리더십 기술과 가장 일관적인 상관관계를 보여 주고 있었으며, 그 다음은 성실성과 경험에 대한 개방성이었다. 친밀성은 성공적 리더십을 예측하는 데 있어 성격 5요인 중 가장 낮은 관련성을 보여 주었다(Judge, Bono, Ilies, & Gerhardt, 2002).

친밀성과 성실성은 작업 팀의 일원으로 수행하는 직무에서의 성공을 타당하게 예측해 주는 것으로 나타났다. 4명으로 이루어진 79개의 인적자원 작업팀을 대상으로 한 연구는 높은 친밀성 및 성실성이 과제 성취, 다른 구성원과의 좋은 관계, 효과적인 갈등관리와 밀접히 관련되어 있음을 보여 주었다.

이 밖에도 매우 많은 연구들이 직업 활동과 관련한 성실성의 역할을 밝히기 위해 수행되어 왔다. 예를 들어 연구들은 성실성이 직무수행의 안정적인 예측요인임을 보여 주었다. 성실성이 높은 종업원들은 '계획적이고, 꼼꼼하고, 신뢰롭고, 규칙적이고, 목적적인' 경향이 있다. 따라서 성실성이 높은 종업원은 낮은 종업원보다 작업을 완전하고 정확하게 수행하고, 문제해결을 위해 노력하며, 작업 수행에 몰입하고, 정책을 준수하고, 작업에 집중하는 편이다(Witt, Burke, Barrick, & Mount, 2002, p. 164).

1,673명의 사무원, 판매원, 생산직, 트럭 운전사를 대상으로 한 연구에서 성실성과 친밀성이 모두 높은 사람들은 성실성은 높지만 친밀성이 낮은 사람들보다 상사로부터 높은 수행평가를 받는 것으로 나타났다(Witt, Bruke, Barrick,

& Mount, 2002). 이와 관련한 연구로 다양한 직업 즉, 판매, 기술지원, 소프트웨어 엔지니어에 종사하는 491명을 대상으로 한 연구에서는 성실성이 직무수행과 높은 정적 상관관계를 가지지만, 그러한 관계는 사회적 기술이 우수한 종업원들에게서만 나타난다는 것을 발견했다. 성실성이 우수하지만 사회적 기술이 낮은 사람들은 상사로부터 낮은 평가를 받았다(Witt & Ferris, 2003). 하지만, 역시 성실성이 핵심요인인 것은 분명하며 사회적 기술이 성실성을 돕고 있기는 하지만 사회적 기술만으로 성실성의 빈자리를 채울 수는 없다.

세계 여러 나라에 분포한 미국의 다국적 기업에 근무하고 있는 미국인 종업원들을 대상으로 실시한 여러 연구들을 통해 성실성이 성공적인 직무수행의 매우 타당한 예언요인임이 밝혀져 왔으며, 이러한 현상은 종업원의 재직기간에 상관없이 나타났다(Caligiuri, 2000; Stewart, 1999). 부정적인 상관을 보여 주는 연구로는 낮은 성실성 점수는 역기능적인 행동들 즉, 알코올중독, 약물남용, 부주의한 운전 등의 타당한 예언요인으로 나타났다. 성실성 점수가 높은 사람들은 낮은 사람들보다 이러한 행동요인이 낮게 나타난다(Scrchione, Cuttler, Muchinsky, & Nelson-Gray, 1998). 이러한 연구 및 다른 많은 유사한 연구들을 통해 보았을 때, 성실성이 재직자나 구직자들이 보여 주는 바람직한 특성인 것은 분명하다.

경험에 대한 개방성 또한 몇몇 직업에서는 예언효과를 보여 줄 수 있다. 유럽 회사의 관리자 중 일본에서 문화 훈련 프로그램에 참여하고 있는 166명의 관리자를 대상으로 한 연구에서, 경험에 대한 개방성이 높은 사람들은 낮은 사람들보다 강사로부터 의미 있게 높은 평가를 받았다(Lievens, Harris, Van Keer, & Bisqueret, 2003). 개방성은 또한 직무에서의 창의성과 관련되어 있다. 사무직 종업원 149명의 상사에게 이들의 창의성(예를 들어 수행을 개선하기 위한 새로운 아이디어를 제안)을 평가하게 했을 때, 창의성이 높게 평가된 종업원들은 낮게 평가된 종업원에 비해 경험에 대한 개방성 점수가 유의하게 높았다(George & Zhou, 2001).

경험에 대한 개방성과 정서적 안정성은 비행기 조정법을 학습하는 데 있어서는 필수적인 요인임이 밝혀졌다. 91명의 일반 비행 학생들을 대상으로 한 연구에서, 경험에 대한 개방성과 정서적 안정성이 높은 학생들은 그렇지 않은 학생들보다 비행기술을 배우는 훈련시간이 유의하게 짧았다(Herold, Davis, Fedor, & Parsons, 2002).

특정 성격 특질을 측정하기 위해 개발되었던 검사로는 내향성(introversion), 자존감(self-esteem), 사회성(sociability), 정서적 성숙성(emotional maturity), 주도성(proactivity) 등이 있다. **주도성**은 자신의 환경에 영향을 미치거나 변화시키려고 시도하는 경향성을 말한다. 주도성 검사는 17문항으로 구성되어 있는데, 각 문항에 동의함 혹은 동의하지 않음으로 응답하게 된다. 예시문항은 아래와 같다(Seibert, Kraimer, & Crant, 2001, p. 874):

주도성 자신의 환경에 영향을 미치거나 변화시키려고 시도하는 경향성.

가능성에 상관없이, 나는 내가 확신하는 것을 실천에 옮긴다.
내가 꿈꾸는 것을 현실로 옮기는 것보다 흥미진진한 것은 없다.
나는 언제나 보다 나은 방법으로 일하는 방법을 찾는다.

이러한 문항에 많이 동의하는 사람들은 판매직과 같은 직업에서 우수한 수행이 기대된다. 다양한 직무에 종사하는 약 500명의 종업원을 대상으로 한 연구에서 주도성은 임금, 승진, 및 직무만족과 정적인 상관관계를 보여 주었다(Seibert, Crant, & Kraimer, 1999). 180명의 종업원들을 대상으로 2년간 진행된 연구에서 연구가 시작되는 시점에 주도성 검사점수가 높았던 종업원들은 2년 후에 상사들로부터 혁신(innovation), 경력주도성(career initiative), 작업장에 대한 정치적 조망(political landscape) 학습과 같은 요인에 대해 높게 평가받고 있었다. 연구 과정에 걸쳐 이러한 특성들은 경력발달 및 경력만족과 높은 관련성을 보여 주었다(Seibert, Kramer, & Crant, 2001).

작업현장에서 성격의 역할에 대해 마지막으로 살펴볼 부분은 시간의 흐름에 따른 성격의 예언적 가치에 관한 것이다. 예를 들어 여러분은 자신의 18세 때의 성격이 이후 나이가 훨씬 많아졌을 때의 상황에 영향을 미쳤다고 생각하는가? 뉴질랜드의 연구자들은 18세의 사람들 910명의 긍정 정서성(positive emotionality)과 부정 정서성(negative emotionality)을 측정했다; 부정 정서성은 공격성(aggression), 소외감(alienation), 높은 스트레스 반응으로 설명되었다. 8년 후에 동일한 연구 참여자들이 설문에 참여했다. 18세 때 부정 정서성이 높았던 사람들은 일반적으로 자신의 직업에서 성공하지 못했다. 이들은 낮은 평판의 직업들에 근무하고 있었으며 직업에 불만족하고 있었고, 각종 청구서를 지불하는 등의 재정적인 부분에서 어려움이 있었다. 연구자들은 "소외되고 공격적인 청소년들의 반응은 그들을 더욱 소외되게 하고 그로 인해 또 다시 공격적이 되는 자성예언(self-fulfilling)과 악순환(vicious cycle)이 반복된다. 이러한 성격기질로 인해 이 청소년들이 가지게 된 직업들은 이들의 직업적 성공 가능성과 성인세계로의 성공적인 전환을 훼손시키게 된다."고 말했다(Roberts, Caspi, & Moffitt, 2003, p. 12).

18세 때 긍정 정서성이 높았던 사람들은 26세가 되었을 때 자신의 직업에 대해 성공, 행복, 재정적 여유를 보고했다. 또한 이들은 보다 활력적인 일을 하고 있었는데, 이는 이들이 보여 주는 직무만족을 부분적으로 설명해 주는 것이다.

정직성 검사

미국의 기업들은 절도, 횡령 및 종업원들의 부정직성으로 인해 매년 수십 억 달러의 손실을 입고 있다. 종업원의 절도를 탐지하는 효과적인 수단으로 거짓말 탐지기도 그 동안 신뢰받지 못했다. 종업원의 부정직성을 예언하고 찾아내는 보다 타당한 방법은 정직성 검사를 사용하는 것이다. 정직성 검사는 거짓말 탐지기를 대신하여 개발된 지필검사이다. 산업 및 조직심리학자들은 매년 천오백만 명 이상의 종업원 및 지원자들을 대상으로 정직성 검사를 실시한다. 현재는 약 50개 정도의 검사들이 사용되고 있다.

정직성 검사에는 두 가지 유형이 있다: (1) 직접적 정직성 검사, 이 검사는 절도나 다른 부정직한 행동에 대한 태도를 직접적으로 측정한다. (2) 성격적 정직성 검사, 이 검사는 일반적인 직무태만, 충동조절, 성실성 등을 측정한다. 두 유형 모두 결근, 약물남용, 꾀병, 폭력적 행동 등과 같은 비생산적 행동들을 타당하게 예언해 주는 것으로 나타났다. 이 두 검사는 상사가 평가한 종업원의 일반 직무수행 수준도 예측해 주는 것으로 나타났다(Rynes, Brown, & Colbert, 2002).

연구들에 따르면, 대부분의 정직성 검사는 성격 5요인의 성실성 차원을 측정하고 있는데, 이는 정직성 검사가 어떻게 직무수행을 그처럼 타당하게 예측해 주는가를 설명해 주는 것이다.

상황 판단 검사

상황 판단 검사가 점차 인기를 얻어가고 있다. 이 검사는 직무현장에서의 판단력을 테스트하기 위해 고안된 일련의 직무관련 상황들로 이루어져 있다. 지원자들은 몇 가지 선택지 중에서 문제에 대한 가장 좋은 대처와 가장 나쁜 대처를 선택한다. 또 다른 방식은 문제 상황에 대한 가능한 대처들을 제시하고 지원자가 각각에 대해 그것이 얼마나 효과적인지를 평가하게 한다.

현재 사용되고 있는 상황 판단 검사 중 관리직 수행 검사(supervisory practices test)는 관리직 승진 후보자가 타인에 대한 의사결정을 해야 하는 상황에서 얼마나 잘 대처하는가를 평가한다. Test 905는 미국 인사관리국에서 연방 시민 서비스에 근무하는 일선관리직들의 인간관계 기술과 승진 가능성을 평가하기 위해 사용하고 있는 상황 판단 검사이다.

전체적으로 10,000명 이상의 자료를 이용한 메타분석에 따르면 상황 판단 검사는 다양한 직무에서 높은 예측타당도를 보여 주었다. 상황 판단 검사는 평가센터, 구조화된 면접, 전기자료 검사와 비슷한 수준의 타당도를 지니고 있으며, 또한 인지능력검사와도 높은 상관관계를 보여 준다(McDaniel, Morgeson, Finnegan, Campion, & Braverman, 2001). 정부기관, 무역회사, 제조회사에 근무하는 823명을 대상으로 한 연구에서 상황 판단 검사는 세 기관 모두에서 직무수행을 타당하게 예측해 주고 있었다(Clevenger, Pereira, Wiechmann, Schmitt, & Harvey, 2001).

심리검사의 한계

무비판적 사용. 심리검사와 관련된 빈번한 위험은 검사를 무비판적으로 사용하거나 잘 꾸며진 설명책자에 의해 종업원 선발 문제와 평등고용 문제를 즉각적으로 해결할 수 있다고 믿게 된 인적자원 관리자에 의해 검사가 부적절하게 사용되는 점이다. 검사가 새로 개발된 것일 경우에는 관리자는 검사의 규준이나 신뢰도 및 타당도 자료 없이도 그 검사를 채택하게 될 수 있다. 고용 부서에서는 그러한 연구를 모르고 있기 때문에 그 검사는 신뢰성에 대한 부정적인 정보

없이 지속적으로 사용될 수 있다. 그 검사에 대해 어떠한 연구도 진행된 적이 없기 때문에, 검사를 지지하는 어떠한 자료도 없는 경우가 종종 있다. 부적절한 검사 프로그램의 폐해는 조직뿐만 아니라 비효과적인 검사로 인해 자질을 공정하게 평가받지 못한 지원자에게도 영향을 미칠 수 있다.

적격자의 탈락. 가장 우수한 심리검사조차도 완벽하게 타당한 것은 아니다. 어떠한 검사의 타당도 계수도 완벽하게 +1.00인 것은 없다. 직무 성공을 예측하는 데는 항상 어느 정도의 오류가 존재한다. 어떤 경우는 부적격자가 고용될 것이며, 어떤 경우에는 적격자가 직무수행에 부적격한 것으로 잘못 판단될 수도 있다(이러한 오류는 다른 선발 방법들에도 존재한다). 이러한 긍정오류(false-positive)는 선발 프로그램에 고도의 예측타당도를 가진 검사를 사용함으로써 감소될 수 있다.

이러한 오류를 최소화하기 위해 종업원 선발 프로그램은 한 가지 선발기법에만 의존해서는 안 된다. 여러 기법들을 사용함으로써 지원자에 대한 보다 많은 정보를 수집하고 평가할 수 있게 된다.

허위진술. 조직이 직원 선발을 위해 사용하는 심리검사는 허위진술에 민감해야 한다는 점을 앞에서 언급한 바 있다. 하지만, 검사를 수행할 때 허위진술이 존재하는지를 알아본 연구들의 결과는 일관적이지 않다. 한 연구에서는 상담관련 연구에 지원하여 성격검사를 수행한 1,023명의 검사자료와 직업에 지원하는 1,135명의 자료를 비교하였다. 전자의 경우는 허위진술로 인상을 형성한다고 해서 얻는 것이 전혀 없었지만, 후자의 경우는 좋은 인상을 형성하기 위해 허위진술을 할 이유가 있었다. 두 집단의 검사자료는 서로 유의하게 차이를 보였는데, 연구자들은 이를 허위진술이 존재하는 것을 보여 주는 것이라고 말했다(Stark, Chernyshenko, Chan, Lee, & Drasgow, 2001). 다른 대규모 연구에서도 직장 지원자의 성격검사 자료를 자신의 검사점수를 허위로 진술할 이유가 전혀 없는 사람들의 검사자료와 비교했다. 이 경우에는 두 집단 사이에서 유의한 차이가 발견되지 않았다(Smith & Ellingson, 2002; Smith, Hanges, & Dickson, 2001 참고).

따라서 선발검사에서 허위진술의 문제는 아직 완결되지 않은 문제인 것이다. 하지만, 여러분이 만일 직업을 구하기 위해 판매직에 지원하게 된다면 검사에 포함된 다음과 같은 질문들을 받게 될 것이다.

나는 새로운 사람을 만나는 것이 즐겁다.	예 _____	아니오 _____
나는 거의 모든 사람들과 잘 지낸다.	예 _____	아니오 _____
나는 사람들과 이야기하는 것이 어렵지 않다.	예 _____	아니오 _____

여러분은 판매원을 구하고 있는 회사가 지원자에게서 어떤 답을 기대하는지 어렵지 않게 추측할 수 있을 것이다. 만일 이러한 특성들이 여러분과 맞지 않는 것이라면 당신의 답변은 회사에 나쁜 인상을 주게 될 것이다. 혹시 여러분이 고용되더라도 회사에서는 여러분이 지니지 못한 능력을 요구하기 때문에, 아마도 직무에서 성공하지 못하거나 만족하지 못할 것이다. 장기적으로 볼 때, 검사에 허위로 진술하는 것은 여러분에게 불이익을 가져다줄 것이다. 그러나 앞으로도 허위진술하는 구직자를 가려내는 것은 매우 어려운 일이다.

선발시험 반복수행. 몇몇 지원자들 특히 정부기관에 지원하는 사람들은 채용점수가 되기 충분한 점수가 나올 때까지 채용시험을 반복적으로 보게 된다. 예상하는 바와 같이 인지능력검사와 같은 선발검사를 계속해서 수행하면 점수가 올라가게 된다. 이는 지원자의 머리가 좋아져서가 아니라 지원자가 그러한 종류의 검사문항에 더 익숙해졌기 때문이다. 또한 검사문항에 반복적으로 노출됨으로써 지원자들은 시험불안이 줄어들게 된다. 검사의 반복수행 효과를 알아보기 위해 법 집행관직에 지원한 1,515명의 검사자료를 분석했다. 검사는 인지능력과 의사소통 기술에 대한 검사였다. 고용된 사람들의 40% 이상이 그 검사를 한 번 이상 실시했었다. 두 검사점수 모두 첫 번째 수행과 두 번째 수행 그리고 두 번째 수행과 세 번째 수행 사이에서 유의한 점수 증가를 보여 주었다. 또한, 시험을 한 번 이상 실시한 사람들은 시험을 한 번만 수행한 사람들보다 훈련 프로그램에서 수행이 우수했으며 프로그램을 중도에 그만두는 경향이 적었다. 연구자들은 이러한 발견을 '끈기(persistence)' 효과로 설명하면서 시험을 여러 차례 실시하고 나서야 훈련에 참여한 사람들은 시험을 한 번만 실시하고 참여한 사람들보다 평균적으로 수행동기가 높다고 제안했다(Hausknecht,

Trevor, & Farr, 2002, p. 251).

윤리적 문제. 미국심리학회(APA)는 임상 현장, 학문적 연구와 교육 현장, 혹은 직원 선발 현장 등에서 활동하고 있는 모든 심리학자들의 윤리실천에 대해 많은 관심을 가지고 있다. 원칙에 따르면 심리학자는 자신이 대하고 있는 사람의 존엄성, 가치, 안녕감을 지켜 주어야 한다. 불행히도 심리검사를 직원 선발에 적용하면서 그러한 이상은 간혹 위배되기도 한다. APA 윤리규정은 심리검사를 배포하고 사용하는 데 대한 안전규정을 두고 있다.

1. 검사 사용자. 심리검사를 운영하고 해석하는 사람들은 심리측정과 타당화의 원칙과 검사 해석의 한계를 인식하고 있어야 한다. 이들은 검사 결과에 대해 편향적 시각을 버려야 하며, 해석에 있어서 한 가지로만 해석하지 말고 그 이상의 의미를 고려해야 한다. 이들은 표준화된 검사 운영과정을 지켜야 하며 검사 결과를 정확하게 기록하고 채점하는 데 최선을 다해야 한다.
2. 검사 보안. 실제 검사문항들은 신문이나 잡지와 같은 공공매체에 인쇄되어서는 안 된다. 실제 문항과 유사한 예시문항이 공개되는 것은 허용되지만, 실제 검사 채점에 사용되는 문항은 허용되지 않는다. [본 장에 제시된 문항들은 예시문항들이다.] 검사는 사용상 보안을 유지할 수 있는 전문가에게만 판매되어야 한다.
3. 검사 해석. 검사점수는 그것을 해석할 수 있는 사람에게만 제시되어야 한다. 검사점수가 HR 부서 이외의 사람 예를 들어 그 지원자의 상사가 될지도 모르는 사람이 검사를 해석하는 훈련을 받지 않은 상태에서 검사점수를 봐서는 안 된다. 검사를 수행한 사람은 검사점수와 그것이 의미하는 바를 알 권리가 있다.
4. 검사 공개. 검사는 그 검사 개발자의 주장을 지지해 주는 충분한 연구가 이루어지지 않은 채 널리 이용되어서는 안 된다. 검사의 신뢰도, 타당도 및 규준자료를 포함하고 있는 최신의 검사 매뉴얼이 제작되어야 한다. 검사에 대한 광고는 정서적 혹은 설득적인 내용이 아니라 정확한 검사 설명으로 이루어져야 한다.

<여기서 잠깐>

성격검사로 고소당한 상점

캘리포니아에 있는 Target Store에서 경비원으로 지원했을 때, Sibi Soroka는 자신의 종교적 신념이나 성생활에 대해 질문받을 것이라는 점을 모르고 있었다. 또한 그가 질문을 받았을 때 기분이 좋지 않았다. 지원자를 걸러내는 과정의 일환으로 그는 Psychscreen 검사를 수행해야 했는데, 이것은 Target이 사용하는 성격검사로 미네소타 다면적 인성검사(MMPI)와 캘리포니아 성격검사(CPI)처럼 잘 알려진 검사에 들어 있는 문항들을 담고 있었다.

Soroka는 사후에 저승사자나 지옥이 있다고 생각하는지를 묻는 질문을 받았을 때 뭔가 프라이버시를 침해받는 느낌을 받았다. 그는 동료에게 성적매력을 강하게 느끼는지, 야한 꿈을 자주 꾸는지에 대해서도 질문을 받았다. 이러한 질문들은 극히 개인적인 것이며, 종교적 신념이나 성생활이 경비원과 무슨 관련이 있는지 물었다. Soroka는 자신의 사생활이 침해 받았다는 이유로 소송을 제기했다.

처음에 재판정은 Target Store가 실시하는 성격검사를 앞으로는 사용하지 못하도록 명령 내려줄 것과 Psychscreen 검사가 직업 지원자를 걸러내는 도구로 적합하지 않다는 판결을 내려달라는 Soroka의 요구를 거부했다. Soroka는 이 건을 캘리포니아 법원에 항소했다. 판결문에는 종교와 성생활에 대한 Psychscreen의 문항들이 직무수행과 직접적으로 관련이 있다는 것을 회사가 입증할 수 없을 경우, 개인의 사생활을 침해하는 것으로 본다고 적혀 있었다.

항소법원의 이러한 판결은 상점의 경비원을 선발하는 데 심리검사를 사용하는 것은 잘못되었다고 한 것이 아니다; Target Store가 정서적으로 안정된 지원자를 고용하려는 합법적이고 정당한 목적을 가졌다는 것을 인정했다. 또한 경비원을 선발하는 데 심리검사를 사용하는 것의 문제점도 지적하지 않았다. Target Store가 비난 받았던 점은 회사가 지원자의 종교나 성생활에 대한 정보가 중요하다는 실제적인 증거를 제시할 수 없으면서도 그러한 질문을 했다는 점이었다.

Target Store는 이 건을 캘리포니아 고등법원에 항소했지만, 판결이 내려지기 전에 법정 밖에서 Soroka와 합의를 했다. 법정 비용과 합의금뿐만 아니라 악평들로 인해 Psychscreen 검사는 이 회사에게 값비싼 대가를 안겨 주었다.

출처: D. C. Brown (1993). Target Stroes settle out of court in *Soroka v, Dayton Hudson*. *The Industrial-Organizational Psychologist*, *31*(2), 88–89. Also D. N. Jackson & J. D. Kovacheff (1993). Personality questionnaires in selection: Privacy issues in the Soroka case. *The Industrial-Organizational Psychologist*, *30*(4), 45–50.

프라이버시 문제. 심리검사가 공격받고 있는 다른 한 측면은 문항이 사적인 질문이거나 민감한 질문일 수 있다는 점이다. 비평가들은 그러한 개인적인 조사가 불필요한 프라이버시의 침해라고 주장한다. 지원자의 개인적인 자유는 조직이 그들에게 직무와 무관해 보이는 정보를 요구하면서 침해받는다. 기업이 지원자의 배경, 훈련, 능력, 성격 등을 조사할 권리를 가졌는가에 대해 의심을 품는 사람은 거의 없다. 그러나 성, 종교, 정치적 신념, 건강에 대한 개인적인 질문들은 법정에서 부당한 프라이버시의 침해로 규정되어 왔다. 비록 그러한 질문들이 직무수행과 관련되어 있다 하더라도, 거기에는 우리가 잠정적인 고용주에게 우리 자신을 얼마나 많이 공개해야 하는가에 대한 문제가 남아 있다.

요 약

심리검사는 다음의 기준을 갖추고 있어야 한다: 표준화, 객관성, 규준, 신뢰도, 타당도. **표준화**(standardization)란 사람들이 검사를 수행하는 절차와 조건이 일정해야 함을 말한다. **객관성**(objectivity)은 채점자의 개인적 특성과 신념에 의해 검사점수가 편향되지 않으며, 정확하고 일정해야 함을 말한다. **검사 규준**(test norms)은 검사를 수행하는 사람과 유사한 사람들 집단의 검사점수들이다; 규준은 개인검사점수를 비교하는 기준으로 사용한다. **신뢰도**(reliability)는 반응의 일관성을 말한다; 신뢰성은 검사-재검사법, 동형검사법, 반분법으로 확인할 수 있다. **타당도**(validity)는 검사가 측정하려고 한 것을 얼마나 잘 측정했는가를 말한다. 준거관련 타당도는 예측타당도 또는 동시타당도로 결정된다. 이론적 타당도(rational validity)는 내용타당도나 구성타당도로 확인한다. **안면타당도**(facial validity) 개념은 검사가 그것을 수행하는 사람들에게 얼마나 적절하게 보이는가를 말한다. **타당도 일반화**(validity generalization)란 한 직무에 타당한 검사가 다른 직무에도 타당하거나 어떤 인종에게 타당한 검사가 다른 인종에게도 적합한 경우를 말한다.

공평 고용법은 심리검사가 지원자의 인종, 피부색, 종교, 성별, 출신국의 차이에 따라 차별적이지 않도록 막고 있다. 소수집단에 대해 불리효과가 나타난다면, 그 검사는 차별적인 검사인 것이다. **밴딩**(banding)은 인지능력검사에서 소수민족의 지원자가 받은 낮은 점수를 보정하여 인종에 따른 고용률을 동일하게 만들기 위해 검사점수를 그룹화하는 것이다.

검사 프로그램을 만들기 위해, 산업 및 조직심리학자들은 직무분석 및 작업자분석을 수행하고, 적절한 검사를 개발하고, 각 검사질문의 문항분석을 수행하며, 각 문항의 난이도 수준을 결정하고, 검사의 신뢰도와 타당도를 확보하며 컷오프 점수를 결정한다.

심리검사는 그것이 만들어진 방법과 실시되는 방법에 따라 몇 가지 범주로 나눌 수 있다. 그 범주에는 **개인검사**와 **집단검사**, **속도검사**와 **능력검사**가 포함된다. 대규모 집단에 맞도록 고안된 **컴퓨터 활용 검사**는 각 개인이 컴퓨터를 통해 검사를 수행한다. 심리검사는 인지능력, 흥미, 적성, 운동기술, 성격을 측정할 수 있다. 성격 특성은 자기-보고식 검사나 투사기법을 통해 평가된다. 인지능력검사는 실제 직무수행만큼이나 직업 훈련 프로그램에서의 수행과 높은 상관을 보여 준다. 성격 5요인, 특히 외향성, 성실성, 친밀성, 경험에 대한 개방성은 직무에서의 성공에 대한 타당한 예측요인들이다. 정직성 검사는 직원의 부정직성을 예언하고 찾아내기 위해 만들어진 검사이다. 두 가지 유형의 정직성 검사가 있는데 하나는 직접적 정직성 검사이고 다른 하나는 성격적 정직성 검사이다. 상황판단 검사는 다양한 직무에 대한 높은 예측타당도를 지니고 있다.

심리검사는 객관성과 타당성을 지니고 있기 때문에 직원 선발에서 매우 가치 있게 사용될 수 있다. 검사의 제한점으로는 검사의 무비판적 사용, 지원자의 부당한 탈락, 허위진술이 있다. 윤리적인 문제에는 수검자의 프라이버시 침해 및 비밀유지가 포함되어 있다.

주요 용어

적성검사
밴딩
컴퓨터 활용 검사
동시 타당도
구성타당도
내용타당도
준거관련 타당도
동형검사법
안면타당도
집단검사
개인검사
속도검사
흥미 검사
객관식 검사
성격검사
능력검사
예측타당도
주도성
투사기법
인종규준
이론적 타당도
신뢰도
자기보고식 성격검사
검사 규준

반분법
표준화
표준화 표본
주관식 검사
검사-재검사법
타당도
타당도 일반화

복습 문제

1. 심리검사에서 표준화와 객관성이 중요한 이유는 무엇인가?
2. 심리검사의 신뢰도를 확보하는 세 가지 방법을 구별하시오.
3. 준거관련 타당도, 이론적 타당도, 안면타당도를 정의하시오.
4. 판매직 지원자를 평가하기 위해 새로 만들어진 심리검사의 준거관련 타당도를 확보하는 방법은?
5. 밴딩 기법을 설명하시오. 무엇을 위해 사용하는 방법인가?
6. 검사 프로그램을 개발하는 단계를 기술하시오.
7. 컴퓨터 활용 검사 프로그램이 지필검사 프로그램보다 나은 점은 무엇인가? 컴퓨터 활용 검사의 제한점은 무엇인가?
8. 흥미 검사는 적성검사와 어떻게 다른가? 각 유형의 예를 들어 보시오.
9. 인지능력검사는 훈련 프로그램과 직무수행에서의 성공을 예측하는 데 얼마나 우수한가? 이러한 검사가 부적합하거나 소용이 없는 직무 유형은 무엇인지 예를 들어 보라.
10. 투사기법의 예를 들어 보시오. 자기-보고식 성격검사의 예를 들어 보시오. 인사 선발에는 어떤 검사가 더 유용하며, 그 이유는 무엇인가?
11. 소위 성격 5요인이라 하는 것은 무엇인가? 그 중 어느 요인이 직무수행을 예측하는 데 가장 유용하다고 생각하는가?
12. 외향성 점수가 높은 사람을 고용하기에 좋은 직무는 무엇인가? 성실성 점수가 높은 사람을 고용하기에 좋은 직무는 무엇인가?
13. 주도성이란 무엇인가? 주도성은 직무수행과 어떠한 관련이 있는가?
14. 작업현장에서의 행동을 예측하는 데 정직성 검사와 상황 판단 검사가 지니는 가치는?
15. 심리검사를 선발 목적으로 사용하는 데 있어 발생하는 제한점과 문제점에 대해 논하라.
16. 지원자가 동일한 선발 검사를 여러 번 수행했을 때 나타날 수 있는 현상은? 일반적으로 이러한 검사를 재수행한 후에 고용된 사람들은 훈련 프로그램에서의 수행이 어떠한가?

더 읽을거리

Barrick, M. R., & Ryan, A. M. (Eds.) (2003). *Personality and work: Reconsidering the role of personality in organizations.* San Francisco: Jossey-Bass. 직무수행, 직무만족, 동기, 반사회적 행동과 성격과의 관계와 같은 성격이 조직에 미치는 영향에 대한 이론과 모델에 대해서 개괄하고 있다.

Hornaday, J. A., & Gibson, L. A. (1998). *The Kuder book of people who like their work.* Atlanta: Motivation Research Corp. 직무에 만족하고 있는 약 1500명의 직무 기술서를 바탕으로 직무성공에 필수적인 요소를 기술하고 있다.

Kaplan, R. M., & Saccuzzo, D. P (2000). *Psychological testing: Principles, applications, and issues*, 5th ed. Belmont, CA: Wadsworth. 거의 모든 유형의 심리검사를 개괄하고 있는 유명한 교과서이다.

McCrae, R. R., & Allik, J. (Eds.) (2002). *The five-factor model of personality across cultures.* New York: Kluwer. 36개국에 걸친 성격 5요인 모델에 관한 연구를 개괄하고, 이 모델의 적합성에 대해서 검토하였다.

Roberts, B. W., & Hogan, R. (Eds.) (2001). *Personality psychology in the workplace.* Washington, D.C: American Psychological Association. 성격 심리학자들과 산업 및 조직심리학자들 간의 정보 교환을 위한 컨퍼런스의 결과물이다. 이 책에서 포함하는 내용은 성격차와 직무수행, 조직시민행동, 협동과 같은 다른 측면의 조직 행동에서의 차이이다.

Thomas, J. C., & Hersen, M. (Eds.) (2003). *Comprehensive handbook of psychological assessment, Vol. 4: Industrial and organizational assessment.* New York: Wiley. 검사 신뢰도 및 타당도, 문화 간 문제점, 역효과, 장애 종업원 및 검사 실행 및 점수화에 있어 기술의 효과를 다루고 있다. 또한 기본 기술, 인지적 능력, 성격, 정직성 및 흥미와 같은 다양한 유형의 검사를 다루고 있다.

Wainer, H. (2000). *Computerized adaptive testing: A primer*, 2nd ed. Hillsdale, NJ: Erlbaum. 컴퓨터 기술, 검사 개발, 통계, 검사 이론을 포함하는 컴퓨터 조력 검사의 구성요소에 대한 지침을 제공한다.

제5장

수행평가

이 장의 개요

누군가 어디서든 당신의 수행을 감시하거나 평가하고 있을 것이다. 이것으로부터 그 누구도 벗어날 수 없다. 아마도 그는 당신의 룸메이트, 팀동료, 친구, 연인, 배우자 또는 상사일 수 있다. 누군가 공식적으로든 비공식적으로든 당신의 행동과 능력에 대해서 평가하고 있을 것이다.

당신이 직업을 가지고 있는 동안, 당신의 수행은 감시되고 평가될 것이고 당신의 봉급 수준, 지위, 책임은 이미 설정된 직무평가 준거를 얼마나 잘 충족시켰느냐에 달려 있다. 물론, 당신의 일에 대한 **수행평가**는 전혀 새로운 것이 아니다. 이는 당신이 학교에 들어가면서부터 시작된 것이다. 당신의 수행은 학교에서 보는 시험, 보고서, 구두발표 등(이 모든 기법들은 당신이 하고 있는 일의 질을 평가하기 위해 설계되었다)을 통해 지속적으로 평가되어 왔다. 기본적으로 이것들은 직무상에서 사용하는 기법들과 유사하며, 분명히 이러한 평가의 결과는 당신의 미래와 밀접한 관련이 있다.

수행평가 경력에 관한 의사결정을 목적으로 종업원의 수행에 대한 주기적이고 공식적인 평가.

비록 당신은 조직 생활을 하는 동안에 공식적인 시험을 보지는 않지만 직무상에서의 수행평가는 학창시절만큼 중요하다. 당신의 봉급 인상, 승진, 책임이 당신의 소득과 생활수준뿐만 아니라 자존심, 정서적 안녕감, 인생에 대한 만족에도 영향을 미친다. 또한 수행평가는 당신이 계속 직업을 가질 수 있는지에도 영향을 준다. 그러므로 시험은 끝이 없는 것이며 일단 회사가 당신을 평가하고 고용하였다면, 당신의 수행은 계속해서 평가될 것이다.

수행평가는 회사에 도움이 되는 만큼 당신에게도 도움이 될 것이라는 점을 명심하라. 교실에서의 평가가 당신이 몇 등이고 부족한 점이 무엇인지를 알려주는 것과 같이 효과적인 수행평가 프로그램은 직무상에서 당신의 역량과 개인적 발전을 평가하는 데 도움을 준다. 수행평가는 당신의 강점과 약점을 알려 줄 것이며, 어떤 분야에서 당신의 자신감을 증가시킬 것이며, 당신의 수행을 개선시키려는 동기를 부여할 것이다.

공정한 고용에 관한 법률들

동등고용기회위원회(EEOC) 지침은 선발뿐 아니라 승진, 강등, 전출, 해고, 면직, 조기퇴직과 같은 고용 의사결정이 필요한 모든 선발 절차에 적용된다. 따라서 수행평가 절차는 검사나 다른 선발 도구들과 마찬가지로 타당화되어야 한다. 공식적인 평가 인터뷰와 같이 잘 설계된 평가 검토 프로그램의 결과를 바탕으로 인사결정을 하는 고용주는 차별에 대한 고소로부터 자신을 방어하는 데 훨씬 더 효과적일 것이다.

인종 편견. 대부분의 수행평가 프로그램은 상사평가에 의존한다. 상사평가는 주관적인 인간의 판단으로 개인적 이유나 편견에 의해 영향 받을 수 있다. 인종차별은 고과, 임금, 승진, 또는 다른 인사결정에 영향을 준다고 알려져 왔다. 그러나 23,316명의 백인과 흑인의 상사평정 연구 결과는 흑인 종업원에 대한 차별이 없었음을 말해 준다(Rotundo & Sackett, 1999).

연령 편견. 연령 편견과 관련된 증거는 나이가 많은 종업원이 자기개발, 대인관계 기술, 전체적인 직무수행에 대해서 젊은 종업원에 비해 상당히 낮은 평정을 받는 경향이 있다는 것이다. 다국적 대기업의 185명의 관리자와 290명의 종업원을 대상으로 한 조사에서 젊은 관리자를 상사로 두고 있는 나이가 많은 종업원은 가장 낮은 직무수행평가를 받는다는 사실이 밝혀졌다(Shore, Cleveland, & Goldberg, 2003). 이 책의 3장에서 직무 숙달은 연령이 증가함에 따라 반드시 감소하는 것이 아님을 제시하였다. 어떤 경우에서는 평가자들이 나이든 종업원들을 평가할 때, 이들이 수행하는 실제 직무 성과보다는 기술에 대한 기대에 기초해 평가를 하는 것일 수도 있다.

동의에 대한 준거. 어떤 사람이 다른 사람을 평가하는 것에 기초한 수행평가 시스템들은 봉급, 승진, 다른 직무 결과에 대해서 불공정한 처우를 일으킬 가능성이 있다. 조직이 종업원 대우의 공정한 준수를 보장하기 위해서 수행평가는 성공적인 직무수행과 관련 있는 구체적인 중요한 사건들과 행동들을 문서화 할 수 있는 직무분석에 기반해야 한다. 평가자들은 종업원들의 성격 특성보다는 실제적인 직무 행동에 초점을 두어야 할 것이다. 평가자들은 평가되는 대상들에 대한 평정결과를 검토해야 하며, 평가 점수가 좋지 않은 대상들에 대해 훈련과 상담의 기회를 주어야 한다.

또한 평가자들은 자신의 책무에 대해서 훈련받아야 하며, 평가를 어떻게 수행할 것인지, 직무를 수행하는 종업원들을 어떻게 관찰할 것인지에 대한 상세히 문서화된 지침을 받아야 한다. 모든 관련된 정보, 기록, 잘 정리된 관련 자료를 가지고 있는 것이 중요한데 이는 평가의 정확성과 객관성을 보증할 수 있고, 불공정하게 처우되었다고 주장하는 종업원이 제기하는 법률적인 소송에 대해 회사의 입장을 지지해 줄 수 있다.

수행평가: 왜 이것을 행하는가?

수행평가의 전체적인 목적은 어떤 종업원이 자신의 맡은 직무를 얼마나 잘 수행하는지에 대한 정확하고 객관적인 측정치를 주기 위함이다. 이 정보에 기초하여, 조직에서 종업원의 장래에 대한 결정이 이루어진다. 게다가 종종 수행평가는 특정 선발 기법들에 대한 타당화를 하는 데 이용된다. 따라서 수행평가를 하는 것은 크게 두 가지 목적이 있다고 할 수 있다. 첫째, 행정적인 목적으로 봉급 인상이나 승진과 같은 인사결정을 하는 데 사용하는 것이다. 둘째, 연구목적으로 선발도구에 대한 타당화를 하는 데 사용하는 것이다. 수행평가의 목적을 더 자세히 살펴보기로 하자.

선발 기법에 대한 타당화. 종업원 선발을 다루고 있는 3장, 4장에서 선발도구들이 타당도가 있다고 말하기 위해서는 이들이 직무수행의 측정치들과 상관이 있어야 한다고 하였다. 심리검사, 면접, 지원서 또는 다른 기법들에 있어서 이러한 기법들을 사용해서 선발한 사람들의 실제 직무수행을 알기 전까지는 이들기법들의 유용성에 대해 말할 수 없다. 따라서 수행평가의 가장 중요한 목적은 종업원 선발 기법들에 대한 타당성에 대한 정보를 주는 것이다.

훈련 필수요건들. 종업원 수행에 대한 면밀한 평가는 지식, 기술, 능력에 대한 결핍을 밝힐 수 있다. 일단 이러한 것들이 밝혀지면, 추가적인 훈련을 통해서 교정할 수 있다. 때때로 한 부서 전체가 일상적으로 작업을 하는 데 필요한 요소가 부족하다는 판단도 할 수 있다. 이러한 정보는 신참자들에 대한 훈련 프로그램을 새롭게 설계하게 할 수 있고, 현직자들에게는 부족한 점을 재교육시키도록 할 수 있다. 또한 수행평가는 훈련을 받은 후에 직무수행이 향상되었는지를 결정하는 훈련 프로그램의 평가에도 사용될 수 있다.

종업원 개선. 수행평가 프로그램들은 종업원들에게 직무역량과 조직 내에서의 발전 정도에 대한 피드백을 주어야 한다. 산업 및 조직심리학자들은 이러한 유형의 정보들이 종업원의 사기를 유지하는 데 중요하다는 것을 밝혔다. 또한 평가는 어떻게 종업원들이 작업 효율성 개선을 위해 특정 행동이나 속성을 변화시켜야 하는지에 대한 제안을 할 수 있다. 수행평가의 목적은 훈련 개선의 목적과 유사하다. 그렇지만 수행평가 경우에 종업원의 단점은 공식적인 재교육을 통해서보다는 자기 개선 과정을 통해서 변화시킬 수 있다. 종업원들은 자신들에게 기대되는 것(현재 수준이 어느 정도 되고 어떻게 개선이 될지)이 무엇인지를 알 권리가 있다.

봉급, 승진, 그리고 다른 인사결정. 대부분의 사람들은 평균 이상 또는 훌륭한 성과에 대해서 보상받아야 한다고 믿는다. 예를 들어 대학생활 동안 당신의 학업성적 또는 보고서가 같은 과목을 수강하는 다른 학생들에 비해 뛰어나다면 좋은 학점을 받아야 함을 알고 있다. 만약 모두가 학업 수행과 관계없이 같은 학점을 받는다면 계속 열심히 공부한 것에 대한 보상은 없는 것이다.

회사에서 보상은 봉급 인상, 보너스, 승진, 전도유망한 자리로의 이동 등의 형태로 주어진다. 종업원의 주도성과 사기를 유지하기 위해 이러한 신분상의 변화는 상사 개인의 선호보다는 체계적인 평가에 기초해 이루어져야 한다. 수행평가는 이러한 경력결정에 대한 기초가 될 뿐만 아니라 조직의 성장에 기여하기 위한 잠재력 있는 종업원을 식별해낼 수 있게 한다.

수행평가에 대한 저항

모든 종업원들이 공식적인 수행평가 체계를 선호하는 것은 아니다. 많은 종업원들, 특히 평가에 의해 직접적으로 영향을 받는 종업원들은 공식적 수행평가에 대해서 별로 긍정적이지 않다. 노동조합과 관리자들도 역시 수행평가에 대해서 반감을 가지고 있다.

노동조합. 미국 산업의 약 11%를 대표하는 노동조합은 승진에 대한 기준으로 종업원 평가보다는 연공서열을 요구한다. 그렇지만 단순히 근속기간만으로는 상위 직무를 수행하는 데 필요한 능력을 가졌다고 볼 수 없다. 예를 들어 자동차 차체를 만드는 공장에서 10년 경력을 가진 종업원은 조립라인에 대한 것은 거의 알고 있을 것이다. 그러나 회사가 대인관계 능력이나 관리자로서 보고서 작성능력과 같은 다른 부분의 역량에 대해서 공식적이고 객관적인 평가를 하지 않는다면 그 종업원이 좋은 감독자라고 결론 내리기는 어렵다.

나이 많은 종업원은 승진에 대해서 우선시되어야 하지만 연공서열이 그 이유는 아니고 능력면에서 승진할 자격이 갖추어져야 한다. 수행평가는 이러한 결정을 하는 데 신뢰로운 기반을 제공한다.

종업원. 우리 대부분은 시험을 보고 평가받는 것을 좋아하지 않는다. 특히 우리가 긍정적인 평가를 받을 수 없을 경우는 더욱 그러할 것이다. 자신이 가지고 있는 기술에 대해서 상사로부터 계속해서 칭찬을 받을 수 있다고 기대하는 사람도 많지 않을 것이다. 그리고 비판이 아무리 객관적이고, 기분 나쁘지 않게 포장되어 있어도 즐기는 사람은 없을 것이다. 왜냐하면 우리 대부분은 평가를 받지 않으려 하고, 약점에 대해서 지적당하지 않으려고 하기 때문에 수행평가에 대해서 의심스러워하고 적대적으로 반응하는 것이다.

관리자. 부적합하고 부실하게 설계된 평가 체계에 대해 불만족스러운 경험을 가진 관리자들은 평가체계에 대해서 회의적일 것이다. 어떤 관리자들은 평가자 역할을 하는 것을 싫어할 것이고, 부하의 미래에 영향을 줄 수 있는 의사결

<여기서 잠깐> **학점이 짠 교수는 수행평가에서 낮은 점수를 받는다.**

Paul Trout는 수행평가로 인해서 기분이 좋지 않다. 그는 몬태나 주립대학 교수인데, 학생들의 강의평가 때문이다. 매학기 마지막에 학생들은 교수가 얼마나 자신의 직무를 잘 수행했는지를 평가한다.

교수가 학생들에게 관심을 가졌는가? 얼마나 강의내용에 대해서 잘 알고 있는가? 열정을 가지고 강의내용을 잘 전달하였는가? 숙제의 양은 적당하였으며, 학점은 공정하게 매겨졌는가? 학생들이 문제가 있을 때 이야기할 수 있었는가? 이러한 것들은 학생들이 교수를 평가할 때 사용하는 문항들의 일부이다. 이 평가 결과는 학교가 교수와 재계약, 승진, 봉급 인상, 정년 보장을 할 때 고려하는 의사결정을 하는 한 가지 요인이다.

몬태나 주립대학에서 교수들은 봉급 인상시 기준요건으로 4점 척도에서 평균 3.6점 이상을 유지해야 하는 기준이 있다. Trout 교수는 "이 정도 점수를 유지하기 위해서는 많은 학생들을 만족시켜야 합니다."라고 말했다. 학생들을 만족시키기 위해서는 너무 많은 것을 요구해서는 안 된다. 그는 자신에게 요구된 일의 양과 학생들의 수행에 대한 자신의 기대, 학점에 대한 자신의 기준에 관해서 주의를 기울여야 한다. 학점을 잘 주지 않는다고 알려지는 것은 자신에게 상당한 손해를 가져올 수 있다.

강의평가에 관한 연구에 따르면 학생들은 높은 기준과 수업에 요구하는 사항이 많은 교수에 대해 낮은 평가를 한다고 알려져 있다. 반대의 경우에는 높은 평가를 받는다. 이러한 강의평가가 단순히 인기도 평가라는 것인가?

Trout 교수에 따르면 "높은 강의평가를 받기 위해서, 교수들은 학생들을 화나게 하면 안 된다. 심지어 많은 학업요구사항 또는 낮은 평점을 받은 학생들은 강의평가에 대해서 0점을 줌으로써 교수의 강의평가 점수에 치명적인 영향을 미칠 수 있다."

이것이 당신이 원하는 수행평가인가? 학생들은 자신의 교수에 대해서 학기말에 몇 점을 줄 것인가?

출처: P. Trout. Student give top teachers low marks. *St. Petersburg (FL) times*, March 24, 2000.

정을 하는 책임을 받아들이려 하지 않을 것이다. 이러한 경향은 종업원들의 직무수행에 대한 평가를 실제 받아야 하는 점수보다 많이 주어서 과장되도록 만든다. 또한 관리자들은 종업원들에게 부정적인 피드백을 주는 것에 대해 불편하게 생각하고, 피드백을 준 후에 면담을 하는 기술도 부족하다.

수행평가에 대한 이러한 저항의 원인에도 불구하고 수행평가는 여전히 조직에서 활용되고 있다. 수행평가에 대한 여러 비판들은 어떤 형태의 평가가 반드시 필요하다는 점을 간과하고 있다. 인사 선발이나 훈련 그리고 다른 인사 결정을 하는 경우, 피평가자에 대한 개인적인 호감이나 비호감에 의한 평가는 안 된다. 직무 역량은 가능한 한 객관적인 형태로 직무를 수행하는 데 필요한 자질 및 능력이 측정되어야 한다.

수행평가의 기법들

산업 및 조직심리학자들은 직무수행을 평가하기 위한 여러 가지 기법들을 개발해 왔다. 사용되는 구체적인 기법은 평가되는 일의 유형에 의해 결정된다. 조립라인에서 직무수행을 성공적으로 하기 위해 필요한 능력은 영업이나 고위 경영직에서 요구하는 것과는 다르다. 선택된 수행측정치는 직무의 본질과 복잡성을 반영해야 한다. 예를 들어 반복적인 조립라인 일은 은행 임원이 하루에 하는 일보다 더 객관적으로 평가될 수 있을 것이다.

수행 측정치는 객관적이거나 판단 가능하게 기술되어야 할 것이다. 생산직에서의 숙련도는 객관적인 수행과 결과 측정치에 의해서 쉽게 평가될 수 있다. 그렇지만 비생산직, 전문직, 관리직에서의 역량을 평가하는 것은 판단 및 질적인 측정치를 필요로 한다.

객관적인 수행평가 방법들

생산직에서의 수행평가는 원리면에서 상대적으로 용이하다. 이는 전형적으로 단위 시간 내에 생산된 결과물을 기록하는 것이다. 생산량에 대한 이러한 측정치는 공장에서 널리 사용되는 것인데 그 이유는 생산기록은 쉽게 얻을 수 있는 정보이기 때문이다. 그러나 현실적으로 생산직에서의 수행평가는 특히 반복적이지 않은 일을 하는 직무에서는 그렇게 간단한 일은 아니다. 결과물에 대한 질적인 측면이 또한 평가되어야 하기 때문이다.

결과 측정치

워드프로세서를 사용하는 종업원 두 명의 수행을 생각해 보자. 한 명은 1분에 70단어를 타이핑하고 다른 한 명은 55단어를 타이핑한다. 만약 우리가 직무수행의 측정치로 타이핑한 양만을 고려한다면 첫 번째 종업원이 더 높은 점수를 받을 것이다. 그러나 만약 수행한 일의 질적인 측면을 고려한다면 첫 번째 종업원은 1분에 평균 20번 에러를 범했고 두 번째 종업원은 실수를 한 번도 하지 않았다는 것을 알 수 있다. 이 경우에는 결과물의 질에 초점을 두어 직무수행평가를 조정해야 하며 두 번째 종업원이 더 높은 점수를 받아야 할 것이다.

수행의 질에 대한 보정을 하여 결과에 대한 수정을 했지만 수행 측정치에 영향을 주거나 왜곡시킬 수 있는 다른 요인들도 고려해야 한다. 아마도 많은 실수를 범한 종업원이 넓고 탁 트인 공간에서 많은 다른 동료들에게 둘러싸여, 시끄러운 환경에서 작업했을 수 있다. 또 다른 종업원은 개인사무실에서 조용한 환경에서 작업했을 수 있다. 또는 한 사람은 짧고, 일상적인 문서를 작성한 반면, 다른 사람은 연구부서의 기술 보고서를 작성하는 것일 수도 있다. 따라서

몇몇 일상적인 생산직무는 일정시간 동안의 생산 개수로 평가될 수 있다.

사무실 환경과 주어진 직무의 난이도 수준에서의 차이를 고려하지 않은 수행평가는 불공정하다.

또 다른 오염변수는 직무수행의 기간이다. 일반적으로 직무수행기간이 길수록 생산성 수준이 높다. 만약 직무수행 면에서 한 사람은 2년인 반면 다른 사람은 20년이라면 다른 조건이 동일하다고 하더라고 수행평가에서 차이가 있을 수밖에 없다.

따라서 많은 요인들은 생산직에서의 수행평가를 하는 경우에 인식되어져야 한다. 이러한 영향을 미치는 요인들이 많아질수록 최종평가의 객관성은 떨어지게 된다. 이러한 외적인 요인들의 영향은 평정자들이 개인적인 판단을 하게 한다. 따라서 가시적인 결과물을 셀 수 있게 보여 주는 생산직에서조차도 수행평가는 반드시 완벽한 객관성을 줄 수 없는 것이다. 조립라인과 같은 반복적인 직무에서 주관적인 판단은 최종평가에 많은 영향을 주지 않는다. 이러한 경우에는 결과물에 대한 양과 질에 대한 분명한 기록이 직무수행을 측정하는 데 충족 가능할 것이다.

컴퓨터화된 수행 감시

화면으로 볼 수 있는 상태에서 수행하는 작업이 시각적 조립라인의 한 종류이다. 컴퓨터는 문서작업, 자료입력, 보험, 고객 서비스 직무에 종사하는 많은 사람들에게 일상적인 작업환경의 한 부분이다. 많은 조직들은 종업원의 직무활동을 감시하기 위해 컴퓨터를 프로그램화한다. 종업원이 컴퓨터 자판을 두드리는 것과 같은 한 단위의 일을 할 때마다 이는 자동적으로 계산되고 컴퓨터에 저장되며, 이러한 정보는 객관적인 직무수행 측정치로 활용된다. 컴퓨터는 단위시간당 자판을 두드린 횟수, 에러율, 작업속도, 휴식시간의 빈도 및 기간을 기록할 수 있다. 컴퓨터 터미널을 사용하는 많은 종업원들은 계속적인 감시를 받으며, 전자감독자(electronic supervisor)라고 불리는 기계에 의해 직무수행을 평가받는다.

컴퓨터는 또한 항공사와 호텔 예약, 전화교환수와 같은 원거리 통신 직무에 종사하는 종업원을 평가하는 데 사용된다. 캘리포니아의 샌디에이고에 본부를 둔 한 항공사는 예약부서에 근무하는 종업원을 평가하는 데 각 고객당 응대시간 및 휴식시간에 기준을 설정하고 기준치보다 많은 시간을 소비하는 종업원에게 인사고과에 불이익을 준다.

컴퓨터화된 수행 감시에 대한 태도. 잠깐 생각해 보자. 근무시간 동안 당신의 모든 행동이 감시되고 기록된다면 당신의 기분은 어떻겠는가? 당신을 불편하게 만드는가? 놀랍게도 많은 종업원들이 전자적 수행 감시에 대해서 불편함을 느끼지 않는다. 오히려 일부는 이를 좋아하며, 다른 유형의 수행평가보다 선호한다. 심리학자들은 전자적 감시에 대한 종업원의 반응이 직무수행에 대한 정보가 궁극적으로 어떻게 활용되는지에 의해 결정됨을 밝혔다. 정보가 종업원의 개발 및 직무에 요구되는 기술을 발전시키는 데 이용된다면, 대부분의 종업원들은 컴퓨터화된 감시에 긍정적인 태도를 갖는다는 것이다.

많은 종업원들이 하이테크 수행평가 기법을 선호하는데 그 이유는 자신들의 직무수행이 상사가 자신을 얼마나 좋아하는지와 상관없이 객관적으로 평가받기 때문이다. 또한 종업원들은 이러한 객관적인 측정치들이 봉급 인상 또는 승진에 대한 요구를 할 경우에도 도움이 될 것으로 믿는다.

스트레스와 컴퓨터화된 수행 감시. 앞에서 다수의 종업원들이 컴퓨터화된 수행 감시를 선호한다고 해 놓고, 종업원들이 이를 통해 스트레스를 받는다고 한다면 납득하기 어려울 것이다. 연구 결과들에 따르면 실제로 이는 납득하기 어려운 것이 아니다. 많은 종업원들이 컴퓨터화된 수행 감시를 다른 주관적인 형태의 수행평가보다 선호하기는 하지만, 역시 평가라는 것은 스트레스를 유발한다는 것이다. 사실상 모든 형태의 수행평가가 종업원들의 스트레스를 어느 정도 유발하지 않는다고 한다면 이것이 더 놀라운 것이다.

개인의 직무수행에 대한 감시는 팀 또는 부서의 수행이 전체로 감시되는 것보다 훨씬 더 스트레스를 유발한다. 팀 또는 부서의 수행평가 경우에는 각 개인의 수행이 집단의 수행에 합쳐져서 나타난다.

또한 현장 및 실험실 연구 결과는 혼자 일하는 사람이 개별적으로 평가되기는 하지만 집단 응집력이 높은 팀 또는 부서의 일원으로 일하는 경우보다 컴퓨터화된 수행 감시에서 더 스트레스를 경험한다고 말한다. 다른 팀원 또는 부

판단적 수행평가 방법들

종업원들의 성과를 점수화하기 어려운 직무는 평가하기 더 어렵다. 소방관의 직무수행을 어떻게 평가하겠는가? 하루에 불을 끈 횟수로 평가해야 하는가? 회사 임원들에 대해서는 한 달 동안의 의사결정을 한 횟수를 세어야 하는가?

각각의 경우에 있어서, 산업 및 조직심리학자들은 개인의 직무에 대해 단순히 세거나 기록하는 방법이 아닌 장기간 관찰하여 업무의 질을 평가하는 방법을 찾아야 한다. 종업원이 얼마나 효과적인지를 결정하기 위해서 해당 직무 및 종업원에 대해 잘 아는 사람들에게 물어보아야 한다. 대부분 이러한 사람들은 해당 직무수행자의 상사이지만 종종 동료, 부하, 또는 직무를 수행하는 종업원 자신일 경우도 있다.

Written Narratives

비록 몇몇 조직에서는 종업원의 수행을 평가하기 위해 간단히 기술한 written narratives를 이용하기도 하지만, 대부분은 수치화된 평정절차를 함께 사용한다. 비록 이야기식 및 평정 접근법이 모두 주관적이기는 하지만 이야기식 방식이 더 개인적 편견이 작용하기 쉽다. 상사가 쓴 에세이는 종업원의 직무수행을 기술하는 데 있어서 모호하거나 잘못 기술될 수 있다. 다음은 「Harvard Business Review」에 실린 글에 쓰인 수행평가에서 나타나는 몇 가지 일반적인 표현에서 평가자가 의미하는 바를 나타낸 것이다.

- 뛰어나게 자격을 갖춘(현재까지 커다란 실수를 한 적이 없다)
- 상사를 다루는 기술이 좋은(언제 입을 다물어야 할지 안다)
- 임기응변이 좋은(저지른 잘못에 대해서 즉각적으로 그럴듯한 변명을 한다)
- 세부사항에 꼼꼼한(사소한 것을 잘 들추는)
- 평균보다 약간 못한(바보)
- 비정상적으로 회사에 충성심이 강한(아무도 이 사람을 원하지 않는다)

모호성과 개인적 편견을 줄이기 위해 다양한 성과평정 기법들이 수행평가에서 객관성을 높이기 위해 개발되어 왔다.

성과평정 기법

대부분 일상적인 상황에서 우리는 만나는 사람들에 대해서 판단을 한다. 판단하는 내용은 외모, 지적 능력, 성격, 유머 감각, 육체적 능력 등이다. 이러한 비공식적인 판단에 기초해서 평가 대상자에 대해 좋음·싫음, 고용 여부, 친교를 맺을지 또는 결혼 여부를 결정할 것이다. 우리의 판단은 때때로 잘못된 것일 수 있다. 예를 들어 친구가 적이 되기도 하고 배우자와 이혼법정에 서기도 한다. 판단에서 오류의 원인은 판단과정 자체가 주관적이고 표준화되지 않았기 때문일 것이다. 우리가 언제나 사람들을 판단할 때 의미 있고 관련된 기준을 근거로 판단할 수 있는 것은 아니다.

성과평정에서의 판단과정은 더 공식적이고 구체적인데 그 이유는 직무관련 준거가 비교를 위한 기준으로 사용되기 때문이다. 여전히 평가자들이 개인적 편견에 노출될 수 있지만 이는 방법상의 잘못은 아니다. 성과평정은 기존에 설정된 기준에 비추어 직무수행에 대한 객관적인 평가를 할 수 있게 설계되었다.

성과평정 직무수행에 대한 객관적인 평가를 하기 위해 설계된 객관적인 평정방법들.

평정법. 수행 **평정척도**들은 가장 빈번하게 사용되는 성과평정 기법이다. 상사가 해야 할 일은 관련된 직무특성에 대해 부하가 얼마나 어떻게 잘 하고 있는지를 명세화하는 것이다. 부하의 수행에 대한 관찰을 통해 작업의 질을 평정하기 위해 상사는 그림 5-1에 제시된 것과 같은 하나의 평정척도상에 자신의 판단을 나타내는 것이다. 이 예에서 부하는 과제 숙련도 수준에 대해서 중간보다 약간 낫다고 평가되었다.

평정척도 상사가 각각의 직무 관련 특성에 대해 부하가 얼마나 어떻게 잘 하고 있는지를 나타내는 하나의 수행 평정기법.

몇몇 회사들은 구체적인 책무에 대해서 평가하거나 협동심, 관리기술, 시

1	2	3	4	5
열등		평균		우수

그림 5-1. 평정척도

성명 ______ 직위 ______ 재직기간 ______ 날짜 ______

부서 ______ 지역 ______ 평가자(성명/직급) ______

평가 유형: 초기 6개월 □ 매 년 □ 그 외 ______ 평가 기간 ______

지시사항: 적절한 수행 레벨과 일치하는 빈칸에 (✔)해 주시기 바랍니다. 평가에 가능한 요인들이 제시되어 있습니다.

수행평가 레벨

우수함(Commendable, C) 대부분의 영역에서 해당 직급 이상의 수행을 보여주며 수행의 결과도 매우 뛰어남. 할당된 업무도 언제나 해당 직급의 수행기준을 넘어섬.

양호(Good, G) 대부분의 수행이 해당직급에서의 기대에 적합함. 전체적으로 만족스러운 수준임. 할당된 업무와 주된 임무를 최소한의 감독과 지시만으로 성취함.

개선 필요(Need Improvement, NI) 수행이 기대 이하임. 업무에서 끈기가 부족하고 빈번하고 면밀한 감독이 필요함. 태도나 출근율이 수행에 영향을 미칠 것임.

불만족(Unsatisfactory, U) 수행이 최소한의 기대에도 못 미침. 기준 이하의 수행과 능력부족, 응용력부족, 작업현장에서의 혼란 등의 사항에 해당됨. 마지막 경고 이후 수행이 나아지지 않을 경우, 해당 직원은 해고될 것임.

수행평가 요인(필요하면 추가로 시트를 더 사용해도 무관함.)

상세 의무와 책임	(C)	(G)	(NI)	(U)
1.				
2.				
3.				

수행평가 요인(계속): 적절하지 않음(NA), 만족(S), 개선 필요(NI), 불만족(U)

일반적 책임과 요구사항	(NA)	(S)	(NI)	(U)
1. 협동. 상사나 동료와 일을 할 때 의욕과 흥미를 증명하는 능력				
2. 감독. 부하를 통제하고 훈련시키고 지휘하는 능력. 또한 업무목표를 위해 어시스턴트가 지원하는 정도도 포함됨.				
3. 시간관리. 시간을 효율적으로 관리하는 능력. 또한 문제의 우선순위를 결정하거나 요구사항에 따라 데드라인에 업무를 맞추는 능력도 포함됨.				
4. 의사소통. 설명하거나 확신시키고 모든 직급의 직원들과 구두나 서면을 통해 이해시킬 수 있는 능력. 또한 의사소통능력에 대한 타인의 시각이나 타인들에게 미치는 영향도 포함됨.				
5. 판단과 독창성. 문제를 규명하고 적절히 해결하는 능력. 자신의 책임범위를 확장시키려는 의지.				
6. 출근. 기준에 맞는 출근율과 스케줄 결근: ______ 지각: ______				

그림 5-2. 수행평가 양식

아래 사항에 대해 기입하시오.

주요 강점 ____________________

개발 영역 ____________________

세부 평가

전체 수행평가: ☐ 우수함 ☐ 양호 ☐ 개선 필요 ☐ 불만족

최종 수행검토: ☐ 특별 ☐ 우수함 ☐ 양호 ☐ 개선 필요 ☐ 불만족

날짜 ____________

평가자(성명/직급): ____________ 성명 ____________ 서명 ____________ 날짜

검토자 서명: ____________ ____________ 날짜

종업원 서명: ____________ ____________ 날짜

주의: 종업원에 대한 어떤 평이라도 기입해야만 합니다.

그림 5-2. 수행평가 양식 (계속)

간관리, 의사소통 기술, 판단, 주도성과 같은 포괄적인 요인에 대해서 평가한다. 또한 많은 조직들은 현재 종업원의 수행을 상사에게 평가대상자가 과거에 비해서 향상됐는지, 퇴보했는지, 변화가 없는지와 같이 과거의 수행평가 결과와 비교한다.

회사는 상사들에게 어떤 특정한 강점과 업무성과를 달성하지 못한 종업원들에 대한 이유를 보고하도록 요구한다. 어떤 회사들은 평가지에 피평정자 자신의 의견을 기입하도록 허용한다. 하나의 전형적인 수행평가 양식의 일부가 그림 5-2에 제시되었다. 평정은 쉽게 만들 수 있고 개인적 편견을 줄이려고 한다는 두 가지 점에서 수행을 평가하는 데 자주 사용된다.

순위법 상사가 부하들의 능력 및 직무 숙련도에 대해 최고에서 최저까지 순서를 매기는 하나의 수행 평정기법.

순위법. **순위법**은 상사가 부하들의 구체적인 특성, 능력 및 전반적 직무 숙련도에 대해서 가장 잘하는 사람에서 못하는 사람으로 순서를 매기는 방법이다. 여기서 우리는 평정과 순위간의 중요한 개념적인 차이를 알 수 있을 것이다. 순위는 각각의 종업원이 각 팀 또는 부서의 모든 다른 동료들과 비교된다는 것이다. 평정에서는 각 종업원은 자신의 과거수행 또는 회사의 기준과 비교되는 것이다. 따라서 순위는 직무수행에 대한 직접적인 측정치는 아니다.

순위법의 장점은 단순성이다. 어떤 복잡한 지시사항도 필요하지 않다. 이는 신속하게 수행될 수 있으며 상사에게 하나의 일상적인 작업으로 받아들여질 수 있다. 순위법은 상사들에게 주도성, 협동성, 수행의 질 등 자신이 판단하기 힘든 부분에 대해서 평가하도록 요구하지 않는다.

그렇지만 순위법은 평가해야 할 대상이 많은 경우 사용하는데 한계가 있다. 상사들은 종업원들을 비교해서 판단을 해야 하기에 모두를 잘 알고 있어야 한다. 부서에 50명 또는 100명의 부하를 관리하는 경우에 능력에 따라서 순위를 매기는 것은 어렵다.

또 다른 한계점은 단순성에서 비롯된다. 왜냐하면 순위는 평정법보다 정보가 적기 때문이다. 종업원의 강점과 약점이 순위에 의해서 쉽게 결정될 수 없으며 종업원에게 직무수행을 하는 데 얼마나 잘 하고 있는지 어떻게 개선을 해야 하는지에 대한 피드백을 주기 어렵다.

수행평가에서 순위법은 종업원들 간의 유사성을 반영하기 어렵다. 예를 들어 10명의 종업원에 대한 순위를 매긴다고 하자. 상사는 이들 중 3명은 거의 똑같이 잘하고 있고 2명은 비슷하게 못한다고 믿고 있다. 순위법에서는 이를 반영할 수 있는 방법이 없는데도 최고에서 최하위까지 순위를 매겨야 한다. 따라서 1등을 받아야 할 3명 중 오직 1명만이 1등을 받을 수밖에 없다.

이러한 한계점들은 순위법을 부실한 수행평가 측정치로 여겨지게 한다. 이러한 이유로 순위법은 평가되어야 할 종업원의 수가 적거나 상대적인 순위 외에는 별관심이 없는 경우에 적용된다.

짝진 비교기법 종업원 각자의 수행을 한 부서의 다른 모든 종업원 수행과 비교하는 하나의 수행 평정기법.

짝진 비교기법. **짝진 비교기법**은 평가되는 각 종업원이 한 부서의 다른 모든 종업원들과 비교된다. 이는 종업원을 순위 매긴다는 점에서 순위법과 유사하지만, 비교과정이 더 체계적이고 통제가 가능하다. 비교는 한 시점에 두 명에 대해서만 한다.

만약 세부특성이 평가되는 경우에 각 문항에 대해서 평가가 반복된다. 모든 가능한 비교가 끝난 후에 하나의 객관적인 순위부여 결과를 얻는다. 만약 한 명의 평가자가 이 방법을 사용해서 6명의 부하들을 평가한다면 15번의 비교를 해야 한다. 다음의 공식이 이를 나타낸다(N은 피평가자들의 수를 나타낸다).

$$\frac{N(N-1)}{2}$$

순위법보다 짝진 비교기법이 갖는 장점은 판단과정이 단순하다는 것이다. 평가자는 한 시점에 오직 하나의 비교쌍만을 생각하면 된다. 다른 장점은 동일한 능력을 가진 사람에게 동일한 점수를 부여할 수 있다는 것이다.

단점은 많은 수의 종업원들을 평정하는 경우에 수많은 비교를 해야 한다는 것이다. 60명의 부하를 거느린 관리자는 1770번의 비교를 해야 한다. 만약 수행평가시 평가 항목이 다섯 가지라면 1770에 5를 곱한 만큼의 비교를 해야 한다. 이 기법을 사용하려면 평가해야 하는 부하의 수가 적거나 전반적 직무 효과성에 대한 순위를 매기는 경우에 한해서이다.

강제배분기법. **강제배분기법**은 집단의 크기가 다소 큰 경우에 유용하다. 상사는 사전에 정해진 분포에 맞추어 부하들을 평정한다. 표준적인 분포는 다음과 같다.

강제배분기법 상사가 사전에 정해진 분포에 맞추어 부하들을 평가하는 수행 평정기법.

뛰어난:	10%
평균 이상:	20%
평균:	40%
평균 이하:	20%
열등한:	10%

만약 학교에서 성적을 주는데 이러한 분포를 사용하고 있다면, 여러분은 이미 이 기법에 친숙할 것이다. 시험점수에 관계없이 수강생의 10%만이 A학점을 받고, 20%는 B를 받는 것과 같이 이미 정해진 정규분포의 범주에 학점을 배분하는 경우이다.

강제배분기법의 단점은 특정 작업집단의 분포가 이미 정해진 분포와 일치하지 않는다는 것이다. 어떤 집단의 모든 종업원들은 평균 이상이거나 뛰어날 수 있기에 모두 좋은 평가를 받아야 한다. 하지만 강제배분기법은 단지 30%만이 평균 이상을 받을 수 있게 설계되었다.

강제선택기법. 성과평정 기법들이 가지는 한 가지 문제점은 평가자가 부하를 평가할 때, 좋게 평가하는지 나쁘게 평가하는지 안다는 것이다. 이는 부하에 대한 개인적인 선호 혹은 적대감 등이 평가에 영향을 미칠 수 있음을 말해 준다. **강제선택기법**은 수행평가시 이러한 영향의 효과를 막기 위해 고안되었다.

강제선택기법 상사가 제시된 선택 기술문에서 평가대상인 부하를 가장 대표하는 진술문과 대표하지 못하는 진술문을 선택하도록 하는 하나의 수행 평정기법.

강제선택기법에서 평가자들은 제시된 선택 진술문에서 피평정자를 가장 대표하는 것과 가장 대표하지 못하는 것을 선택하도록 한다. 각 범주에 속한 진술문들은 긍정성 및 부정성의 측면에서 동일하게 기술되었다. 예를 들어 평가자가 아래에 제시된 각 쌍의 진술문에서 피평정자를 가장 잘 나타내는 진술문을 선택하는 경우이다.

믿을 만하다
유순하다

주의깊다
부지런하다

마찬가지로 다음은 피평가자를 가장 잘 나타내지 못하는 진술문을 선택하는 경우이다.

거만하다
일을 잘 하는 것에 대해 관심이 없다

비협조적이다
일을 하는 데 불평이 많다

이러한 쌍의 진술문에 대해서 평가할 때, 평가자들은 주어진 진술문들이 바람직한 특성인지 바람직하지 않은 특성인지 구분해내기 어렵다. 따라서 평가자들은 의도적으로 호의적이거나 비호의적인 평가를 하기 어렵게 된다.

산업 및 조직심리학자들이 강제선택 평정척도를 개발할 때, 각 문항과 직무성공 측정치의 상관을 살펴보았다. 비록 각 쌍의 진술문들이 호의적·비호의적 측면에서 동일하기는 하지만, 더 효율적이고, 덜 효율적인 종업원들을 구분해낼 수 있다.

비록 강제선택기법이 개인적 오류와 의도적인 왜곡을 방지하는 데 효과적이기는 하지만, 여러 가지 문제점이 있어서 흔히 사용되지는 않는다. 각 문항에 대한 예측타당도의 결정을 위해 많은 연구들이 요구된다. 따라서 이 기법은 다른 성과평정 기법들에 비해 비용이 많이 소요된다. 지시문을 이해하기 힘들고, 다수의 쌍에서 선택을 하는 작업은 매우 지루한 작업이다.

행동기준 평정척도(BARS). **행동기준 평정척도**는 의사소통 기술, 협동심, 상식과 같은 일반적인 태도가 아니라 직무의 성공과 실패에 중요한 특정 직무 행동을 통해 직무수행을 평가하기 위해 고안되었다. 행동 준거를 개발하기 위한 일상적인 방법은 직무분석의 기법으로 3장에서 논의된 중대사건기법을 통해서이다.

행동기준 평정척도 상사가 중대한 부하 행동에 대해서 평정하도록 하는 하나의 수행 평정기법.

상사는 부하의 수행을 관찰하는 직무와 효과적인 직무수행에 필요한 행동이 무엇인지를 알고 있다. 일련의 중대사건 행동들이 설정되고, 이들 중 일부는 높은 성과와 관련되고, 다른 일부는 낮은 성과와 관련된다. 실제적 직무 행동에 기반한 이러한 행동들은 종업원의 효과성을 평가하는 데 기준으로 사용된다.

BARS에 포함된 문항들은 종업원들이 이러한 행동을 보이고 있는지 또는 어느 정도로 만족스럽게 보이는지 표시해서 객관적으로 점수화할 수 있게 된다. 그림 5-3은 슈퍼맨과 원더우먼에 대한 BARS를 나타낸 것이다.

BARS 접근법의 성공여부는 상사의 직무상에서 성공 및 실패에 중요한 행동을 알아챌 수 있는 관찰기술에 의해 결정된다. 만약 중대사건목록이 불충분하다면, 이러한 행동에 기초한 어떤 수행평가도 좋은 결과를 이끌기 어렵다. BARS 기법을 응용한 예는 행동 기대척도(BES)라는 것인데 여기에는 기대들이 목록화되어 있다. 수행평가에서 BARS와 BES 접근법이 갖는 장점은 이들이 연방 공정고용 지침과 부합한다는 것이다. 종업원들이 평가되는 준거가 직무와 관련된 것인데, 그 이유는 준거가 실제 직무 행동에서 수집된 것이기 때문이다.

수행영역	수행 정도				
	직무요구를 훨씬 넘어섬	직무요구 이상의 수행	직무요구에 적합한 수행	개선이 필요	최소 요구사항에도 맞지 않음.
업무의 질	한 번의 도약으로 높은 건물을 넘음	도움닫기해서 높은 빌딩을 뛰어 넘음	괴롭히면 집은 도약함	자주 빌딩에 발이 걸린다	빌딩에 부딪혀 쓰러진다
신속성	총알보다 빠름	총알만큼 빠름	느린 총알이라면 믿겠어요?	자주 오발된다.	총을 잡으면 자신이 다친다
독창성	기관차보다 강함	코끼리만큼 강함	황소만큼 강함	황소 같은 소리를 낸다	황소 같은 냄새를 풍긴다
적응성	기적을 행함	강력한 수영선수	물을 밟고 서있음	냉수탱크에 자주 들름	긴급할 때만 물을 건넌다
의사소통능력	신과 이야기함	천사와 이야기함	자신과 이야기함	자신과 논쟁함	이러한 모든 논쟁을 잃음

그림 5-3. BARS의 예

행동관찰 척도 상사가 중대한 부하의 행동의 빈도에 대해서 평정하도록 하는 하나의 수행 평정기법.

행동관찰 척도(BOS). 수행평가에 대한 **행동관찰 척도** 접근법에서 역시 종업원들은 중대사건에 의해서 평가된다. 이런 관점에서 BOS는 BARS와 유사하다. 그렇지만 BOS를 사용하는 평가자들은 특정 기간 동안 부하들이 얼마나 자주 중대사건에서 기술된 행동들을 보이는지를 평가한다. 평가는 5점 척도에 표시한다. 평가는 각 종업원별로 각 중대사건에 대한 개별점수를 합산하여 총점이 계산된다.

평정척도에 대한 행동사건들은 상사 또는 주제 관련 전문가의 자문을 받아 BARS와 같은 방식으로 개발된다. 유사하게 BOS 기법들은 균등 고용기회 지침에 부합하는데 그 이유는 사용된 문항들이 직무수행을 성공적으로 하기 위해 필요한 실제 행동과 관련되기 때문이다.

BARS와 BOS 기법을 비교한 산업 및 조직심리학 연구는 어떤 기법이 더 나은지에 대해 연구 결과마다 차이가 있어서 판단은 유보적이다.

목표에 의한 관리 일정 기간 동안 달성해야 하는 목표에 대하여 종업원과 관리자 간의 상호 합의를 포함하는 하나의 수행 평정기법.

목표에 의한 관리(MBO)

목표에 의한 관리는 일정 기간 동안 달성해야 하는 목표에 대하여 종업원과 관리자 간의 상호간의 동의를 포함한다. 성과평정에서 중요하게 여기는 능력 또는 특성, BARS와 BOS에서의 직무 행동 대신에 목표에 의한 관리는 어떻게 종업원이 특정 목표를 달성하였는가와 같은 결과에 초점을 둔다. 중점을 두는 것은 상사가 종업원들을 어떻게 생각하는가가 아니라 종업원들이 무엇을 하는가이다. 게다가 목표에 의한 관리는 자신에 대한 평가를 능동적으로 하게 한다. 종업원들은 단순히 타인에 의해 평가받는 것은 아니다.

목표에 의한 관리는 목표설정과 수행검토라는 두 단계를 거친다. 목표설정 단계에서 종업원들은 다음 수행평가 전까지 달성해야 할 목표를 설정하고 목표를 달성하기 위한 과정을 논의하기 위해 개별적으로 상사를 만난다. 목표는 현실적이고, 구체적이고, 가능하면 객관적이어야 한다. 예를 들어 판매원이 더 많은 제품을 팔겠다고 하는 것은 충분하지 못한 것이다. 정확한 개수와 매출량이 목표로서 설정되어야 한다.

목표에 의한 관리 프로그램에서 종업원들은 평가 때마다 더 높은 목표를 설정해야 하는 압력과 개선의 증거를 보여야 한다. 상사는 작년 목표치를 그대로 설정하는 것을 받아들이지 않는다. 따라서 목표는 점점 비현실적으로 변한다. 또한 목표에 의한 관리는 성과를 양적으로 나타낼 수 없는 직무에서는 유용성이 떨어진다.

목표에 의한 관리법은 공정한 고용 지침에 부합하며, 종업원의 동기와 생산성을 증가시키는 데 효과적임이 증명되어 왔다.

MBO 프로그램에서 관리자와 부하는 함께 목표설정을 하고, 일정 기간 후에 설정된 목표가 달성되었는지에 대해서 검토한다.

관리자에 대한 수행평가

관리자에 대한 수행평가는 다른 종업원에 대한 평가에서 직면하지 못했던 문제를 일으킨다. 성과평정 기법들은 하급 및 중간 관리자를 평가하는 데 사용되지만, 추가적인 방법들이 요구된다. 역설적으로 고위 임원들은 거의 평가되지 않는다. 회사가 위기 상황에 직면하지 않는 한, 고위 임원들은 자신들의 직무수행의 질에 대해서 평가를 받지 않는다. 사실상 실수를 저지른 고위 임원들은 거액의 퇴직금까지 받고 조직을 떠난다. 고위 임원들에 대한 인터뷰에서 업적에 대한 평가가 체계적이거나 도움이 되지 않음을 보여 준다.

평가 기법들

평가센터. 3장의 종업원 선발 기법에서 논의된 평가센터는 수행평가에서 자주 사용되는 방법이다. 관리자들은 경영게임, 집단 문제해결, 리더 없는 그룹토의, 인바스켓 검사와 인터뷰와 같은 직무상황과 유사한 과제에 참여한다. 평가센터가 실제 직무 행동을 평가하는 것이 아니라 직무상황에서 겪게 될 수 있는 여러 가지 행위에 대한 것들에 대한 평가임을 기억하라. 평가센터는 직무수행평가 상황에서 높은 타당도를 가지고 있는 것처럼 보인다.

상사평가. 관리자의 수행평가시 가장 흔히 사용하는 기법은 상사평가이다. 표준화된 평정지는 거의 사용되지 않는다. 전형적으로 평정자는 평가 대상자의 직무수행에 대해서 기술한 간단한 보고서를 쓴다. 직속 상사의 평가는 때때로 고위 임원의 판단에 의해서 보완되기도 한다.

동료평가 같은 직위에 있는 관리자 또는 임원들이 서로의 능력과 직무 행동에 관해 평가하는 하나의 수행 평정기법.

동료평가. **동료평가**는 1940년대에 개발되었다. 이는 같은 직급에 있는 관리자나 임원이 서로 동료들의 일반적인 직무수행 능력들과 특성에 대해서 평가하는 것이다. 비록 동료평가가 상사평가보다 좋은 결과를 나타내지만, 연구 결과는 동료평가 점수와 승진 간에 정적인 상관을 보고하고 있다. 그렇지만 동료평가는 상사평가보다 낮은 평정자 간 신뢰도를 나타낸다(Viswevaran, Schmidt, & Ones, 2003).

관리자들 사이에 동료평가에 대한 태도는 대체로 긍정적이다. 그렇지만 관리자들은 평정결과가 승진시에 사용되는 것보다는 개인의 직무 기술을 개선하는 데 목적이 있을 경우에 훨씬 더 긍정적임을 보였다.

자기평가. 관리자의 수행평가에 대한 또 다른 접근법은 자신의 능력과 직무수행에 대해 스스로 평가하도록 하는 것이다. 이는 이 장의 앞에서 논의한 목표에 의한 관리법과 유사하다. 관리자들과 이들의 상사들이 수행에 대한 목표에 합의를 하는데, 이 경우 목표는 매우 구체적인 생산목표가 아니라 부족하다고 생각하는 개인적 역량과 같은 것이다. 일정 시간이 지난 후, 관리자는 상사와 다시 만나서 진척사항에 대해서 다시 논의하는 것이다.

자기평가는 상사평가보다 높은 결과를 보이는 관대성 경향을 보인다. 또한 자기평가는 대인간 기술에 더 초점을 둔 반면, 상사평가는 주도성 및 특정 직무 기술에 더 초점을 둔다. 관대성은 만약 평가자가 자기평가의 결과가 객관적인 준거에 비추어 판단될 것이라고 알려 주는 경우 줄어들게 될 것이다.

자기평가 관리자들이 자신의 능력과 직무수행에 대해 평가하는 하나의 수행 평정기법.

대형 금융사에서 일하는 1,888명의 관리자를 대상으로 1년간 자기평가와 부하평가를 두 번 실시하는 연구가 수행되었다. 자기평가의 결과가 부하평가보다 상당히 높은 관리자들은 1년 동안 직무수행이 개선됨을 보였다. 반면 자기평가의 결과가 부하평가보다 상당히 낮은 관리자들은 직무수행이 악화됨을 보였다. 이러한 결과는 자기평가가 자신의 직무수행에 대해서 과대평가하는 사람들에 대해서 동기부여 효과를 나타낸 것으로 보인다(Johnson & Ferstl, 1999).

주 법무국에 근무하는 110명의 관리자를 대상으로 한 다른 연구에서 관리자들은 적어도 다른 두 명의 부하들에 의해 리더십 능력을 평가받았다. 평가 결과에 대해서 피드백을 받은 관리자들은 자기평가를 낮게 했다. 반면 피드백을 받지 않은 관리자들은 자기평가 점수에서 변화가 없었다. 연구자들은 부하로부터 피드백이 관리자 자신의 리더십 능력에 대한 관점에 영향을 주었다고 결론지었다(Atwater, Waldman, Atwater, & Cartier, 2000).

부하평가. 관리자의 수행평가에 대한 또 다른 접근법은 부하평가이다. 이 기법은 때로는 상향피드백이라고 불리며 학생들이 강의평가를 하는 것과 유사하다.

상향피드백은 리더십 능력을 개발하고 개선하는 데 효과적이다. 한 글로벌기업에서 1,500명의 종업원이 238명의 관리자에 대해 6개월 간격을 두고 2회 평가를 하였으며, 행동관찰 척도를 사용하였다. 1차 평가에서 최고 점수를 받은 관리자들은 2차 평가에서 점수의 향상이 없었다. 이들은 이미 일을 잘하고 있는 것처럼 보였다. 1차 평가에서 중간 및 낮은 평정을 받은 관리자들은 2

<여기서 잠깐> **당신의 상사를 평가할 때는 제발 익명으로...**

매 6개월마다, 상사는 당신이 직무에서 어떻게 하고 있는지에 대해 말하기 위해 당신을 부른다. 이를 수행평가라고 말한다. 상사는 당신이 어떤 점을 잘못했고 어떻게 개선해야 할지를 말한다.

최근에는 어떤 부하들은 상사에 대해서 똑같은 일을 할 수 있다. 점점 많은 회사들이 종업원들이 상사를 평가하는 데 참여하기를 요구한다. 즉, 자신의 상사 또는 관리자들을 평가하라는 것이다. 이 결과는 상사의 승진과 봉급 인상에 영향을 준다. 얼마나 좋은 소식인가? 상사에게 보복할 수 있는 기회 아닌가? 재수 없는 상사를 해고할 수 있지도 않을까? 그러나 평가 결과에 당신이 사인을 한다고 생각해보자. 당신에게는 불이익이 없겠는가?

이러한 가설을 검증하기 위해 위스콘신 대학의 경영학과 교수는 183명의 보험회사 직원을 대상으로 38명의 상사를 평가하게 했다. 참가한 종업원들은 자발적으로 참여하였으며, 이들은 자신이 한 평가에 따라 상사에게 보복을 당하지 않는다고 알고 있었다. 이들을 안심시키기 위해 만약 어떤 보복이라도 당하게 되면 연락할 인적자원 관리부서의 전화번호를 알려주었다.

참가한 종업원의 절반은 무기명으로 자신의 상사를 평가하였다. 다른 절반은 평가양식에 자신의 이름을 남기게 했다. 이러한 차이가 평가에서의 차이를 나타내는가? 물론 그렇다. 자신의 이름을 남긴 종업원들은 무기명으로 평가한 종업원에 비해 상사를 평가할 때 높은 점수를 주었다. 모든 종업원들이 무기명으로 평가한다면 더 편안하게 평가할 것이라고 답했다.

상사를 평가하는 것은 관리자 효과성을 개선하는 데 효과적인 도구일 것이다. 단지 평가양식에 자신의 이름을 기입하지 않는다는 전제하에서 말이다.

출처: D. Antonioni (1994). The effect of feedback accountability on upward appraisal ratings. *Personnel Psychology*, *47*, 349-356.

차 평가에서 리더십 효과성 점수가 향상되는 것으로 나타났다. 따라서 관리자들은 부하들로부터의 상향피드백의 영향으로 이러한 개선을 가져왔다고 할 수 있다(Reilly, Smither, & Vasilopoulos, 1996).

252명의 은행 관리자를 대상으로 한 다른 연구에서 부하평가는 직무수행을 향상시킴이 밝혀졌다. 5년간에 걸친 종단연구에서 심리학자들은 1년차에 부하들로부터 나쁘거나 중간 정도의 평가를 받은 관리자들이 좋은 평가를 받은 관리자들보다 수행향상이 높게 나타났다. 자신의 평가 점수에 대해서 부하들과 만나서 이야기한 경험이 있는 관리자들은 부하들을 만나지 않은 관리자들보다 더 좋은 수행을 보였다(Walker & Smither, 1999).

전화회사에 근무하는 454명의 관리자를 대상으로 한 연구에서 부하평가는 평가 결과가 승진 등과 같은 정책적인 목적에 사용되는 경우보다 훈련 및 개발을 목적으로 사용하는 경우에 더 신뢰로운 결과를 보였다(Greguras, Robie, Scheicher, & Goff, 2003).

360도 피드백

수행평가에 대한 다른 접근법은 전체 평가에 다양한 평가원으로 부터의 평가 결과를 종합하는 것이다. 평가원의 개수는 정해진 것이 아니며, 궁극적으로 다양한 평가원을 포함한다는 점에서 360도 피드백이라고 불린다. 이는 상사, 부하, 동료, 자기 자신 심지어는 고객과 같은 모든 가능한 평가원으로부터의 평정을 모두 포함하는 것이다.

중다 영향원 피드백은 다양한 정보원들로부터의 다양한 관점에서 바라본 평가받는 대상에 대한 정보를 제공할 수 있다. 예를 들어 동료들은 관리자의 상사와는 다른 관리자와의 경험과 관계를 가지고 있다. 중다 영향원 피드백은 또한 여러 유형의 오류를 줄일 수 있을 것이다. 만약 모든 평가원들이 그들의 평정치가 다른 평가원들과 비교될 것이라는 것을 안다면, 평정시 더 객관성을 유지하려고 노력할 것이다. 종합된 평정치가 일관성이 있는 경우에 관리자의 미래에 대한 결정은 좀더 자신감을 가지고 이루어질 수 있을 것이다. 또한 만약 평정이 높은 수준의 일치성을 보인다면, 부정적인 평정을 받은 관리자는 이 결과를 납득할 가능성이 커진다. 왜냐하면 이 결과가 단순히 직속상관만의 것이 아니기 때문이다. 그렇지만 평정이 불일치할 경우, 관리자들은 평정결과를 납득할 수 없을 것이다.

호주에서 수행된 한 연구에서, 평가센터 과제에 참가한 63명의 관리자들이 참가하였고, 이들의 수행은 상사, 동료, 부하에 의해서 평가되었다. 또한 관리자 각각은 자신의 수행을 평가하였다. 자기평가는 평가센터 수행과 부적으로 관련되었다. 다시 말해서, 평가센터 과제들을 잘 마쳤다고 자기보고한 관리자들은 실제적으로는 좋은 수행을 보이지 못했다고 나타났다. 동료평가 역시 마찬가지 결과를 보였다. 단지 상사평가 결과만이 평가센터 결과와 높은 정적인 상관관계를 보였다. 이 예에서, 자기평가, 동료평가, 부하평가는 수행을 정확히 반영하지 못하는 것으로 나타났다(Atkins & Wood, 2002).

유사한 결과가 미국의 대형 장비회사에 근무하는 1,883명의 관리자를 대상으로 한 연구에서도 나타났다. 관리자들은 자기보고뿐 아니라 2,773명의 부하, 12,779명의 동료, 3,049명의 상사에 의해 평가되었다. 결과는 다양한 평정자들 간에 일치성이 없었다는 것이다. 자기평가는 가장 변별력이 없었으며, 다른 평정원들과 상관이 없었다(Facteau & Craig, 2001).

360도 피드백의 사용은 평가원을 하나로 한 경우보다 비용이 많이 들지만, 이 접근법은 점점 많이 사용되는 추세이다. 조사 결과 포춘지의 500대 기업 거의 모두가 이미 이 방법을 사용한다고 답했다. 이러한 유명세에도 불구하고, 이 방법의 효과성에 관한 논문들은 많지 않다. 비록 관리자와 종업원 모두가 이 방법을 선호한다고 하지만 더 많은 연구가 이루어져야 하는 실정이다.

수행평가에서의 오류

사용된 기법의 정교함과는 관계없이 수행평가는 여전히 한 사람이 다른 사람을 판단하고 평가하는 것이다. 이는 인간의 오류와 편견이 판단에 영향을 미칠 수밖에 없음을 말해 준다. 수행평가를 왜곡시킬 수 있는 오류의 일반적인 원천은 후광효과, 일관성 또는 체계적인 오류, 최신 수행 오류, 부정확한 정보 오류, 평균평정 또는 관대성 오류, 평가자의 인지적 과정, 평가자의 성격과 역할갈등이다.

후광효과

후광효과 하나의 속성에 기초하여 개인의 모든 행동 및 특성에 대한 평가를 하는 방법.

후광효과는 하나의 속성을 바탕으로 개인의 모든 행동 및 특성에 대한 평가를 하는 경향을 말한다. 예를 들어 만약 어떤 사람이 신체적으로 매력적이라면 우리는 그 사람에 대해서 사교적이고, 다른 사람들과 잘 어울릴 것으로 생각하는 것과 같이 하나의 특성을 성격 특성과 다른 능력들에 일반화하는 것이다. 성과

평정척도에서 부하에게 한 속성에 대해 높은 점수를 준 상사는 다른 속성에 대해서도 높은 점수를 주는 경향이 있다. 이러한 왜곡은 특히 하나 또는 두 가지 속성에 대해서 높은 점수를 주었고, 다른 속성들은 관찰이 어렵고, 명확하게 정의하기 어려운 경우에 발생할 가능성이 커진다.

후광효과를 통제하기 위한 한 가지 방법은 한 사람을 평가하는데 두 명 이상의 평가자를 사용하는 것으로, 이는 평가자들이 늘어남으로 해서 한 사람이 갖는 개인적 오류가 상쇄될 것이라는 가정이다. 다른 한 가지 방법은 평가자가 한 번에 한 사람의 모든 속성을 평가하지 않고, 평가해야 하는 모든 대상자들을 한 시점에 한 가지 속성에 대해서 평정하는 방법이다. 평가자들이 한 가지 속성에 대해서 평가를 할 경우, 한 속성에서의 점수가 다른 속성에 대한 평가시 영향을 미칠 확률은 줄어든다.

산업 및 조직심리학자들은 후광효과는 우리가 생각했던 것만큼 심각하지는 않을 것이라고 주장한다. 후광효과는 전반적인 평정의 질을 떨어뜨리는 것 같지는 않다. 어떤 경우는 드러나지 않으며, 많은 경우에는 실제 존재하지 않을 수도 있다. 물론 어떤 사람들은 모든 속성에 대해서 뛰어난 경우도 있다. 이러한 경우에 한 가지 속성을 다른 속성에 일반화하는 것은 오류가 아니라 실제로 그런 것이다.

오류의 다른 원천들

일관성 또는 체계적 오류. **일관성 오류**는 평가자가 사용하는 기준 또는 준거에 근본적인 차이가 있어서 발생하는 오류를 말한다. 어떤 평가자 또는 상사는 부하들에게 다른 사람들보다 더 많은 것을 기대한다. 유사하게 대학에서 어떤 교수들은 쉽게 학점을 주는 사람이라고 알려져 있으며, 학생들에게 많은 것을 기대하지도 요구하지도 않는다. 일관성 오류는 A라는 상사가 부여한 1등급과 B라는 상사가 부여한 1등급과는 같지 않다는 것이다.

일관성 오류 평가자가 사용하는 기준의 차이에 의해 발생하는 수행평가에서의 오류.

일관성 오류는 평가자가 정상분포에 따라 평정치를 분포시키는 방법으로 교정될 수 있다. 그렇지만 앞에서 살펴본 강제배분기법에서도 알 수 있듯이 어떤 부하들은 왜곡된 평가를 받을 것이다.

최신 수행 오류. 일반적으로 수행평가는 6개월 또는 1년 주기로 실시된다. 실제 평가는 마지막 평가가 실시된 후부터 평가시점까지의 수행에 대한 평가를 해야 함에도 불구하고 부하의 가장 최근의 행동에 기초하여 평가되는 경향이 있다. 이는 가장 최근에 발생한 사건을 가장 정확하게 기억하는 인간의 기억으로 보면 당연하기는 하지만, 가장 최근에 한 행동은 비전형적이거나 외적인 요인에 의해 왜곡될 수 있다.

예를 들어 어떤 사람이 질병이나 가정생활의 문제로 평가 몇 주 전에 직무수행을 잘못했다면, 이는 종업원이 이전에 수행했던 직무수행을 덮어버리게 된다. 반면에, 만약 어떤 사람이 평가시기가 다가왔음을 알았다면, 그 종업원은 더 열심히 효율적으로 일할 것이다. 앞의 두 가지 경우에서 수행은 어떤 종업원의 전반적인 직무 행동은 아니며, 결과적으로 실제보다 높거나, 낮은 평가가 발생할 수 있다.

최신 수행 오류 평가자가 가장 최근의 행동에 기초하여 평가하는 수행평가에서의 오류.

최신 수행 오류를 줄이기 위한 한 가지 방법은 수행평가를 더 빈번하게 실시하는 것이다. 평가시점간의 기간을 줄임으로 해서 평가자 또는 상사는 부하의 일상적인 수행을 기록할 수 있다. 또한 평가자들에게 이러한 오류의 존재를 알려 주는 것도 최신 수행 오류를 줄이는 데 효과적일 수 있다.

불충분한 정보 오류. 상사는 부하들을 잘 알거나 모르는가에 관계없이 주어진 평정척도에 공정하고 정확하게 평가해야 한다. 만약 상사가 평정해야 할 부하에 대한 정확한 정보가 많지 않다면 문제가 있는 것이다. 이러한 평가 결과는 조직 및 종업원에게도 전혀 도움이 되지 않는데 그 이유는 평가가 종업원 행동에 대한 전반적인 지식에서 나온 것이 아니기 때문이다.

불충분한 정보 오류 평가자가 부하에 대한 부정확하고 불충분한 정보 때문에 발생하는 수행평가에서의 오류.

불충분한 정보 오류를 다루기 위한 한 가지 방법은 수행평가의 가치와 불충분한 정보가 주는 부정적인 영향에 대해 평가자를 교육하는 것이다. 상사는 자신이 평가하기에 정보가 부족하다고 생각되는 부하들의 평가에 대한 거부권을 갖고 이를 행사했을 경우 처벌받지 않아야 한다.

평균평정 또는 관대성 오류. 어떤 평가자들은 부적이든 정적이든 극단적인 점수를 주지 않으려 한다. 이러한 경향은 모든 종업원에 대하여 관대하고, 평균에 가깝다고 평가하게 한다. 특히 적은 수의 종업원들을 다루는 경우, 이러한 현상은 더 일반적으로 나타난다. 따라서 능력에 대한 범위는 제한적이며, 평가는 너무 비슷해서 잘한 종업원과 못한 종업원을 구분하는 것이 힘들어진다. 이러한 **평균평정 오류**는 종업원들 사이에 존재하는 차이를 반영하지 못하며, 평정치는 회사 및 종업원 개인에게 유용한 정보를 주지 못한다. 회사로서는 이러한 경향을 보이는 평정자를 알아내고, 부하들에 대한 평가시 어떤 상사로부터 고과를 받았는지를 고려하는 것이다.

평균평정 오류 평정자가 부적이든 정적이든 극단적인 점수를 부여하지 않으려는 수행평가에서의 오류로, 결과적으로 대부분의 평정은 평균에 위치하게 된다.

인지적 과정. 평정자의 인지과정 또는 사고과정은 종업원의 효과성에 대한 판단시 근거가 된다. 여기서 수행평가에 영향을 미칠 수 있는 네 가지 인지적인 변수(범주 구조, 신념, 대인 감정, 귀인)를 다루고자 한다.

1. 범주 구조. 평가상황에서 관리자가 사용하는 범주 구조는 평가에 영향을 미칠 수 있다. 평가자가 피평정자를 어떤 특정한 범주에 소속된 것으로 생각하는 경우, 피평정자에 관한 정보는 특정 범주에 맞게 편향되는 경향이 있다. 예를 들어 만약 어떤 종업원을 팀 중심적이라고 알고 있는 경우, 이는 평가자의 머릿속에 하나의 범주로 형성된다. 피평정자의 직무수행은 실제로 어떻게 행동을 했는가보다는 팀 중심적인 사람이 어떤 식으로 행동을 하는가에 기초해서 관찰되고, 해석되고, 기억될 수 있다.
2. 신념. 수행평가에 영향을 미칠 수 있는 또 다른 인지적 과정은 인간의 본성에 대한 신념이다. 이러한 생각은 평정시에 피평정자에 대해 특성이나 행동에 중점을 두기보다는 전체적인 인간으로서 평가를 하게 한다. 예를 들어 사람들은 기본적으로 선량하고, 믿을 만하다고 믿는 평가자는 사람들

을 악하고, 편협하다고 믿는 평가자보다 관대한 평가를 할 것이다. 개인차가 있다고 믿는 관리자는 사람들은 모두 같다고 믿는 관리자들과는 다른 평정을 할 것이다.

대인 감정 타인에 대한 개인적 느낌 또는 정서. 수행평가에서 상사와 부하 간의 정서적 관계는 부정적, 긍정적인 것에 상관없이 평가에 영향을 미칠 수 있다.

귀인 평가자가 부하의 행동에 대해 정적 또는 부적 설명에 원인을 돌리는 수행평가에서의 오류.

3. 대인 감정. **대인 감정**은 타인에 대한 개인적인 느낌 또는 정서를 말한다. 상식적으로 평가는 평정자와 피평정자 간의 개인적인 관계에 의해 영향을 받을 것이다. 일반적으로 피평정자에게 좋은 감정을 가지고 있는 경우, 그렇지 않은 경우보다 더 높은 평가를 할 것이다. 간단히 말해서 우리가 좋아하는 사람들에 대해서는 관대한 평가를 하는 경향이 있다.
4. 귀인. **귀인**은 타인에 대한 인상형성을 하는 경우에 발생한다는 사회심리학 연구에서 창안된 개념이다. 수행평가 상황에서 평정자는 피평정자의 능력과 특성에 대해 인상을 형성한다. 평정자는 피평정자의 행동에 대해 원인을 찾는다. 피평정자가 특정 행동을 한 이유에 대해 평정자가 가지고 있는 신념은 수행평가에 영향을 준다. 예를 들어 한 상사 아래 두 명의 부하가 모두 피곤해 보인다고 하자. 상사는 늦은 밤까지 술을 마시는 부하보다는 돌을 갓 지난 아이를 가진 부하에 대해서는 관대할 것이다.

   또한 귀인은 대인 감정에 의해서도 영향을 받을 수 있다. 관리자는 자신이 싫어하는 부하가 낮은 직무수행을 보이는 경우, 이를 동기 부족, 기술 부족과 같은 내적인 원인을 탓할 것이다. 다시 말해서, 자신이 좋아하지 않는 부하의 낮은 수행은 부하 자신의 잘못이라고 믿는다. 반면에, 자신이 좋아하는 부하의 낮은 직무수행은 나쁜 운, 높은 직무량, 또는 장비의 부실과 같은 외적인 요인으로 귀인한다.

귀인 오류는 평정자가 피평정자의 일을 실제로 해 보는 경우에 감소될 수 있다. 이러한 경험은 직무수행에 영향을 미칠 수 있는 외적 요인에 자신을 노출시켜 보는 것이다. 또한 상사는 자신이 부하들의 직무상 행동에 대해서 알고 있는 것과 부하들의 관점에 차이가 있다는 것을 알고 있어야 한다.

성격. 일터에서뿐만 아니라 일상생활에서도 개인의 성격이 다른 사람을 평가하는데 영향을 준다는 것은 분명한 사실이다. 예를 들어 타인에 대해서 공격적인 성향을 가지고 있는 사람은 따뜻한 마음을 가지고 있는 사람과는 다르게 타인을 바라볼 것이다. 자기 감시라는 성격 특성에 대해서 생각해 보자. 3장에서 자기 감시는 사람이 공적인 자신의 이미지를 통제하기 위해 사용하는 방식이라고 언급하였다. 자기 감시가 높은 사람들은 자신을 둘러싸고 있는 상황에 맞게 자신을 나타낼 것이다. 반면 자기 감시가 낮은 사람들은 상황과 관계없이 자신의 본성에 따라 행동할 것이다.

정부, 제조업, 또는 서비스업에서 일하는 타인을 평가해 본 경험이 있는 210명을 대상으로 한 연구에서 자기 감시가 높은 사람은 낮은 사람보다 더 관대하고 부정확한 평가를 함이 밝혀졌다. 따라서 연구자들은 자기 감시가 높은 사람들은 타인과의 갈등을 피하는 경향이 있다고 보고한다. 그럼에도 불구하고, 한 가지 성격 측면이 수행평가과정에 영향을 미칠 수 있다는 예를 보여 준다(Jawahar, 2001).

또 다른 연구에서 한 보험회사의 직원들 500쌍에 대해 동료평가를 하게 했다. 결과에서 성실성 측면이 둘 다 높은 이들은 둘 다 성실성 측면이 낮은 이들에 비해 서로 간의 평가가 유의하게 높았다. 그러므로 평가자와 피평가자 간의 성격의 유사 정도는 평가에 영향을 미치는 것이다(Antonioni & Park, 2001).

역할갈등. 수행평가 과정에서 마지막 오류의 원인은 상사가 경험하게 되는 역할갈등의 양이다. **역할갈등**은 직무상의 요구와 옳고 그름에 대해 상사가 가지고 있는 기준 간의 불일치를 말한다. 종종 직무의 본질은 이러한 기준들에 대해서 상사가 타협하기를 요구한다. 높은 역할갈등을 경험하는 상사는 작업 상황을 통제하기 위해, 낮은 평정을 받은 부하들과 대립을 피하기 위해, 부하들의 만족

역할갈등 직무요구와 종업원의 개인적 기준 간의 차이가 있을 때 일어나는 상황.

을 위해서와 같은 여러 가지 이유로 수행평가 상황에서 부하들에게 표준 이상의 높은 점수를 부여한다.

이유가 무엇이든지 간에 역할갈등은 스트레스와 관련이 되어 있으며, 이는 상사가 부하의 수행평가를 할 때 받아야 할 점수보다 높은 점수를 준다는 것이다. 관리자들은 개인적 욕구충족과 조직에서의 압력을 효과적으로 다루기 위해 수행평가를 호의적으로 하는 것 같다.

어떻게 수행평가를 개선할 것인가

수행평가가 쉽게 편향된다고 해서 더 객관적인 평가를 하려는 희망을 버릴 필요는 없다. 우리는 지금까지 오류의 원인을 줄이기 위해 수행된 여러 단계들에 알고 있다. 평가자에게 훈련과 피드백을 제공하고, 부하들을 평가과정에 참여시키는 것은 오류를 줄이고, 정확성을 증가시키며, 평가과정에 대한 만족을 증진시킬 수 있다.

훈련. 수행평가를 하는 사람의 훈련내용은 다음과 같은 내용을 포함한다. 첫째, 능력과 동기는 일반적으로 정규분포와 유사하게 분포되어 있기 때문에 한 집단 내의 개인차를 받아들여야 한다는 점을 인식시켜야 한다. 둘째, 종업원 행동에 대한 객관적인 준거를 정의할 수 있는 능력을 개발해야 한다. 객관적인 준거는 종업원 비교시 기준 또는 평균수준으로 설정된다. 산업 및 조직심리학 연구는 평가자 훈련이 수행평가에서 오류를 감소시킬 수 있음을 보여 준다. 특히 관대성 오류와 후광효과 감소 측면에서 효과가 있다. 게다가 평가자가 훈련과정에 더 관여할수록, 긍정적인 효과는 더 커진다. 평가자가 부하들에게 피드백을 주기 위해 그룹토의 및 실제 훈련에 참가하는 것은 평정과정에 대한 강의를 듣는 것보다 더 효과적이다.

평가자에게 피드백을 제공하는 것. 평가자에게 피드백을 제공하는 것은 또한 수행평가를 개선시킬 수 있다. 고전적인 한 연구에서, 대형 전자회사의 마케팅 관리자들은 훈련된 평가자들로부터 자신들이 한 부하들에 대한 평가에 대한 피드백을 받았다. 피드백의 내용은 자신이 한 평가와 다른 관리자들이 한 평가와 얼마나 차이가 있는가를 보여 주는 것이었다. 이들 관리자들이 1년 후 부하들을 평가했을 때, 피드백을 받지 않았던 통제집단들에 비해서 부하들에 대해서 낮은 점수를 주었다. 실험집단의 90% 이상이 1년 전에 받았던 피드백이 현재의 평가에 영향을 주었다고 답했다. 연구자들은 피드백이 관대성 오류를 감소시켰다고 결론지었다(Davis & Mount, 1984).

부하참여. 부하 자신들에 대한 직무수행평가에 부하들의 참여를 허용하는 것은 평가과정 개선에 도움이 된다. 529명의 생산직 종업원과 그들의 상사들을 대상으로 한 연구에서 종업원들은 자기평가 설문지를 완성하고, 자기평가와 상사평가 간의 차이를 조정하도록 요청받았다. 연구자들은 종업원 참여가 관리자에 대한 신뢰향상 및 수행평가 시스템의 정확성에 대한 지각이 향상되었음을 발견하였다(Mayer & Davis, 1999).

또 다른 연구에서도 위의 연구를 지지하는 결과가 발견되었는데, 수행평가 과정에 참여한 종업원들은 수행평가 시스템에 대한 만족도 및 수용성이 개선되었다. 또한 종업원 참여는 수행평가 과정의 공정성과 유용성에 대한 믿음을 갖게 되었으며, 동기유발을 일으켜 직무수행의 향상을 가져왔다.

수행평가 후 인터뷰

우리는 수행평가 프로그램의 두 가지 목적은 관리층에 인사결정에 대한 정보를 제공하고 종업원의 강점과 약점을 진단하고, 종업원들에게 자기 발전의 수단을 알려 주기 위함이다. 두 번째 목적을 달성하기 위해 직무수행 평정치와 고과자의 의견이 종업원들과 공유되어야 한다.

피드백 제공. 종업원들에게 피드백을 제공하는 것은 부하와 상사 간에 수행평가 후 인터뷰과정에서 일어난다. 이러한 상황은 적대적인 경우가 많은데, 특히 수행평가 결과가 비난을 포함하고 있을 때이다. 수행평가 후 인터뷰 기간 동안 부정적인 피드백은 종업원들을 분노하게 만들고 어떠한 비난이나 제안을 받아들일 수 없게 만든다. 종업원들은 부정적인 평가의 원인을 평가의 유용성 및 직무의 중요성을 비하하거나 상사를 비난하는 등과 같은 수행평가 자체에 문제로 돌린다.

131개 연구에 대한 메타분석에서 상사와의 인터뷰 대신에 컴퓨터로 제공되는 평가 후 정보가 더 바람직하고 직무수행 증진에 더 효과적인 것으로 나타났다. 확실히 면대면 인터뷰를 하지 않는 것이 직원과 상사 간의 개인적 대립을 감소시켰다(DeNisi & Kluger, 2000).

피드백이 제공된다고 하더라도 모든 종업원들이 이익을 보는 것은 아니다. 이러한 결과는 홍콩에 있는 대형 국제은행에 근무하는 329명의 창구직원을 대상으로 한 연구에서 밝혀졌다. 수행평가 결과에 대해서 이들이 보이는 반응에서의 차이는 부적 정서성 수준에 의해 결정되었다. 높은 부적 정서성을 가진 창구직원들은 정적인 직무 경험 대신에 냉소적, 불신감을 보이며, 부정적인 직무 경험을 보고했다. 또한 높은 고과를 받은 은행 창구직원 중에서 낮은 부적 정서성을 보인 직원들만이 직무만족과 조직몰입의 증가를 보였다. 높은 고과에 대한 피드백은 높은 부적 정서성을 보인 직원들에 대해서는 유사한 결과가 나타나지 않았다(Lam, Yik, & Schaubroeck, 2002).

176명의 관리자를 대상으로 한 연구에서 부하들로부터 호의적인 상향피드백을 받은 관리자들은 부정적인 상향피드백을 받은 사람들보다 직무수행의 증

수행평가 후 인터뷰 기간 동안 긍정적인 피드백은 직무수행의 개선을 가져올 수 있다.

가를 보였다. 부하들로부터 부정적인 평가를 받은 관리자들은 직무수행에서 감소를 보였다(Smither & Walker, 2004).

비난에 대한 반응. 평가 후 인터뷰의 주요 목적은 종업원들이 자신의 직무수행을 개선하기 위해 동기부여시키는 데 있다. 이러한 기대는 단지 희망일 뿐일 수 있다. 어떤 종업원들은 비난받았을 경우, 회사에 더 늦게 온다든지, 직무를 게을리 한다든지 하는 비난받았던 행동을 더 하는 경우가 있다. 만약 종업원들이 잘못을 지적당하는 경우 개선을 하지 않고 오히려 같은 실수를 반복하는 경향이 있다. 이러한 경우 비난은 직무동기와 직무수행을 떨어뜨리는 결과를 가져온다.

6개월 또는 1년에 한 번 있는 짧은 평가 후 인터뷰가 종업원을 변화시킬 것이라는 기대는 비현실적일수도 있다. 게다가 상사가 종업원들이 불만족하는 이유를 밝혀내고 개선 프로그램을 줄 수 있다고 믿는 것도 어리석은 일이다.

만약 종업원 수행에 대한 피드백이 평가기간 외에 더 빈번하게 제시된다면, 종업원들의 직무상 행동을 변화시키려는 동기를 증가시켜 개선할 수 있을 것이다.

평가 후 인터뷰 개선. 평가 후 인터뷰가 가지는 한계점과 문제점에도 불구하고, 이는 원래 목적을 충족시킬 수 있도록 구조화 될 수 있다. 산업 및 조직심리학 연구는 성공적인 평가 후 인터뷰와 관련이 되는 여러 요인들을 제시한다. 다음은 그 요인들이다.

1. 종업원들이 수행평가 과정에 능동적으로 참여하는 것이 허용되어야 한다.
2. 평가 후 인터뷰를 하는 사람은 긍정적이고, 건설적이며, 지지적인 태도를 가져야 한다.
3. 평가 후 인터뷰를 하는 사람은 종업원의 개인적 특성보다는 직무상의 구체적인 문제점에 초점을 두어야 한다.
4. 부하와 상사는 다음 평가전까지 목표를 설정하는 데 있어서 합의된 구체적인 목표를 설정해야 한다.
5. 종업원은 자유롭게 평가 결과에 대해서 질문과 재평가를 요구할 수 있어야 한다.

6. 봉급과 지위 변화를 논의할 경우, 이는 수행평가 준거와 직접적으로 관련되어야 한다.

수행평가: 나쁜 평가?

수행평가는 현대 조직에서 행해지는 활동 중 가장 인기 없는 것 중에 하나일 것이다. 수행평가에 대한 일반적인 태도는 "이런, 또 고과철이 왔군. 우리는 이것을 해야 하는데 무엇 때문에 하는 것이지?"와 같은 것이다. 인력관리부서 관리자를 대상으로 한 설문에서 90%가 자신이 일하고 있는 조직의 수행평가 시스템에 대해서 불만족을 나타냈다. 어떤 점을 변화시켜야 하는가의 질문에 대해서 많은 사람들이 시스템 자체를 완전히 없애야 한다고 답한다. 몇몇 임원들은 수행평가에 대한 이러한 높은 수준의 불만을 말하면서, 수행평가라는 용어 대신에 수행관리라는 용어를 사용해야 한다고 주장한다(Toegel & Conger, 2003).

왜 수행평가 프로그램이 그렇게 나쁜 평가를 받아야 하는가? 이미 평가에 개입할 수 있는 개인적 편파와 다른 오류들에 대해서 논의하였다. 다음은 추가적인 몇 가지 이유들이다.

관리자들로부터 나쁜 평가. 평정 또는 관찰 및 평가를 해야 하는 사람이 있다고 하자. 비록 부하나 동료에 의한 수행평가의 이점을 지지하는 연구들이 있지만 대부분의 수행평정은 관리자 또는 상사에 의해 이루어진다. 수행평가는 관리자들이 직무상에서 의무적으로 해야 하는 일 이외에 추가적인 노력과 시간 투입을 필요로 한다. 관리자들은 평가기준을 설정하고 부하들이 기준에 부합했는지에 대한 충분한 정보를 얻기 위해 부하들을 관찰하는 데 많은 시간을 소비한다. 또한 관리자들은 평정지에 평가 결과를 기입하는 서류작업 및 평정자 훈련에 참가하는 등 추가적인 시간을 투입한다.

실제로 몇몇 관리자들은 평가 프로그램에 대해서 저항하며, 단지 그들의 상사가 압력을 가할 때만 평정결과를 기입한다. 따라서 평가는 때때로 포괄적이거나 체계적이지 않고 시간에 쫓긴 결과를 나타낸다. 많은 관리자들은 부하들에 대해서 판단하고, 이들의 승진에 영향을 미치는 데 대한 책임을 지는 것을 싫어한다. 따라서 관리자들은 부하들에 대해서 낮은 점수를 주는 것을 주저한다.

또한 관리자들은 피드백을 주는 것에 대해 의도적으로 시간을 끈다. 특히 피드백이 부정적일 경우 더욱 그렇다. 또는 관리자들은 평가 결과를 부풀리거나 부정적인 정보의 영향을 배제한다. 실제 직무수행보다 높은 평가를 하면 관리자들은 나쁜 평가를 했을 때 접하게 되는 부정적인 영향으로부터 벗어날 수 있다.

종업원으로부터 나쁜 평가. 비록 수행평가가 직무수행을 평가하는 데 필요하다고 인식하지만 종업원들은 수행평가를 싫어한다. 종업원들은 수행평가의 결과가 자신의 경력에 미치는 영향에 대해서 걱정한다. 또한 종업원들은 관리자들이 수행평가를 직무역량과 관련이 없는 자신과 관리자들의 성격상의 차이를 반영하지 않을까하는 걱정을 한다. 종업원들은 종종 수행평가의 준거들에 대해서 충분한 정보를 가지고 있지 않다. 또한 종업원들은 자신과는 상관이 없는 조직 내의 문제 또는 직무의 구조로 인해서 낮은 평가를 받는 경우가 있다. 이러한 것들은 종업원이 통제할 수 없는 것이다. 현재 조직에서 시행되고 있는 수행평가는 전반적으로 불만족스럽다. 이는 수행평가와 결과지향형 직무수행 준거(예: 판매량)간의 상관이 상대적으로 낮은 이유에 대한 설명이 된다. 그렇지만 종업원 능력에 대한 평가는 필수적이다. 이는 종업원 수행평가 시스템을 사용할 것인지에 대한 문제가 아니라 어떤 것이 가장 효과적인 접근일지에 관한 것이다. 이러한 문제는 아직 해결되지 않고 있다.

요 약

수행평가 프로그램은 선발준거를 타당화하고, 훈련 프로그램의 성공과 필요성을 결정하고, 종업원 행동을 개선하고, 승진과 봉급 인상을 결정하고, 승진 잠재력이 있는 종업원을 식별하는 데 사용된다. EEOC 지침에 부합하기 위해, 수행평가는 직무분석에 기초해야 하며, 개인적 특성보다는 직무 행동에 초점을 두어야 하며, 평가받는 사람들이 알 수 있어야 한다. 노동조합은 수행평가에 반대하는데 그 이유는 이들이 인사결정의 기본을 연공서열이라고 생각하기 때문이다. 종업원들도 수행평가를 싫어하는데 그 이유는 사람들은 평가받거나 비난받는 것을 좋아하지 않기 때문이다. 관리자들 역시 수행평가에 부정적인데 그 이유는 수행평가가 부하들의 경력에 영향을 미치기 때문이다.

수행평가는 객관적 또는 판단적일 수 있다. 객관적인 측정치는 결과에 대한 양 또는 질, 컴퓨터화된 평가, 사고, 봉급, 승진, 결근에 관한 자료들이 여기에 포함된다. 판단적인 방법은 상사가 하는 부하들의 직무수행 능력에 대한 평정을 포함한다. **평정**, **순위법**, **짝진 비교기법**, **강제배분기법** 및 **강제선택기법**과 같은 성과평정 기법들에 의한 평가는 한 개인이 다른 사람의 능력 또는 특성을 평가하는 것이다. 성과평정에 대한 BARS와 BOS 접근법은 직무에서 성공과 실패에 중요한 특정 행동에 대한 평가를 하는 것이다. BARS와 BOS는 EEOC 지침에 부합하며, 평정오류를 줄일 수 있다. **목표에 의한 관리**는 특정 목표의 설정과 달성에 대한 상사와 부하 간의 상호동의를 포함한다.

관리자 수행에 대한 평가는 평가센터 또는 상사, 동료, 부하, **자기 자신에 대한 평가**를 통해서 이루어진다. 특히 전반적인 평정에서 모든 평가원을 통합한 360도 피드백이 가장 자주 사용된다.

평정 오류의 원인은 **후광효과**, **최신 수행 오류**, **불충분한 정보 오류**, **평균평정 오류**, 평가자의 인지적 과정, 평가자의 성격 및 **역할갈등** 등이 포함된다. 수행평가를 개선하는 세 가지 방법은 평가자 훈련, 평가자에게 피드백 제시, 평정과정에 부하의 참여 등이다.

수행평가 결과는 부하들과 의사소통되어야 하는데, 이를 통해 부하들은 자신의 강점과 약점에 대해서 알 수 있어야 한다. 피드백은 특히 부정적인 평가가 포함된 경우 기술적으로 전달되어야 하는데 그 이유는 종업원이 직무수행에 소극적이게 되어 수행이 낮아질 우려가 있기 때문이다. 피드백은 비공식적이어야 하고, 정기적이어야 하며, 특정 목표에 초점을 맞추어야 하며, 종업원의 참여가 이루어져야 한다.

주요 용어

가장 최신 수행 오류	강제배분기법
강제선택기법	고정 (체계적) 편향
귀인	대인 감정
동료평가	목표에 의한 관리(MBO)
불충분한 정보 오류	수행평가
순위법	역할갈등
자기평가	짝진 비교기법

평균평정(관대성) 오류
행동기준 평정척도
성과평정
행동관찰 척도
후광효과

복습 문제

1. EEOC 지침이 수행평가 프로그램에 적용되는 이유는 무엇인가?
2. 수행평가에서 인종과 연령에 대한 편견에서 산업 및 조직심리학자가 배운 점은 무엇인가?
3. 수행평가의 목적에 대해서 논하시오. 즉, 이러한 프로그램이 사용되는 이유는 무엇인가?
4. 종업원과 관리자 모두 수행평가 프로그램에 대해 부정적인 이유는 무엇인가?
5. 생산직에 대한 수행평가시, 종업원 생산량 이외에 어떤 요인이 고려되어야 하며, 그 이유는?
6. 컴퓨터화된 수행 감시의 장점과 단점은 무엇인가? 만약 현재 당신이 하고 있는 일이 이러한 방식으로 된다면 기분이 어떻겠는가?
7. 만약 당신이 23명의 부하들을 주기적으로 평가해야 한다면 어떤 merit 평가기법을 사용하는 것을 가장 선호하고 가장 선호하지 않겠는가?
8. 순위법, 짝진 비교기법, 강제선택기법의 장점과 단점에 대해서 기술하시오.
9. 당신의 부하를 평가하기 위해서 어떻게 행동기준 평정척도를 설계하겠는가?
10. 행동기준 평정척도와 행동관찰 척도의 차이점은 무엇인가? 이들 중 어떤 것이 더 정확한 정보를 제공하는가?
11. MBO가 수행평가 상황에서 작동하는 원리는 무엇인가? 이것이 종업원의 동기와 직무수행을 증가시키거나 감소시킬 수도 있는가?
12. 만약 당신이 관리자라면 당신의 직무수행에 대해서 상사, 동료, 부하, 본인 스스로 평가하기를 원하는가? 왜 그렇게 생각하는가?
13. 수행평가에서 부하평가의 장점과 단점은 무엇인가?
14. 360도 피드백에 관한 연구 결과에 대해서 논하시오.
15. 후광효과란 무엇인가? 수행평가에서 이것이 어떻게 일어나는가?
16. 수행평가에서 다음에 제시된 평가오류에 대해서 기술하시오. 고정편향, 가장 최신 수행 오류, 관대성 오류, 역할갈등

17. 평정자의 인지과정과 성격이 평가에 미치는 과정은 무엇인가?
18. 수행평가와 평가 후 인터뷰가 개선될 수 있는 방법은 무엇인가?
19. 당신이 생각하기에 수행평가 과정에서 어떤 변화가 종업원과 관리자가 수행평가에 관해서 수용적으로 만들 수 있겠는가?

더 읽을거리

Arvey, R. D., & Murphy, K. R. (1998). Performance evaluation in work settings. *Annual Review of Psychology, 49*, 141-168. 수행평가에 대한 평정기법, 오류의 원천, 평정자 훈련에 관한 최근 연구들을 개관하고 있다.

Ghorpade, J. (2000). Managing five paradoxes of 360-degree feedback. *Academy of Management Executive, 14*(1), 140-150. 포춘 500대 기업에서 많이 사용하고 있는 360도 피드백 수행평가의 프라이버시, 타당도, 효과성과 관련된 문제들에 대해서 논하고 있다. 같은 문제를 다루고 있는 책은 A. S. DeNisi and A. N. Kluger, "Feedback effectiveness: Can 360-degree appraisals be improved?"이며 관심 있는 독자는 참고하길 바란다.

Grote, D. (2002). *The performance appraisal question and answer book: A survival guide for managers*. New York: AMACOM. 계획, 목표설정, 실행, 평가, 검토, 피드백을 포함하는 수행평가 측면을 다루고 있다. 또한 적합한 수행평가 유형의 개발도 다루고 있다.

London, M. (2003). *Job feedback: Giving, seeking, and using feedback for performance improvement* (2nd ed.). Mahwah, NJ: Erlbaum. 종업원 동기부여 면에서 피드백의 장점, 긍정 및 부정 피드백 간의 차이, 자기 평가의 정확성, 피드백에 대한 인지적 과정 등에 초점을 두고 있다.

Walker, A. G., & Smither, J. W. (1999). A five-year study of upward feedback. *Personnel Psychology, 52*, 393-423. 부하로부터 피드백을 포함하는 수행평가 프로그램의 관리자 수행의 개선에 미치는 영향을 다루고 있다.

제6장

훈련과 개발

이 장의 개요

조직 훈련 프로그램의 범위
- 〈여기서 잠깐〉 사용법을 읽지 못하는 종업원들

조직 훈련 프로그램의 목표

조직 훈련 프로그램 담당 두기

훈련 전 환경
- 종업원들의 훈련 전 속성

사람들은 어떻게 배울까: 심리학적 요소들

훈련 방법
- 현장 훈련
- 실습장 훈련
- 도제교육
- 컴퓨터 보조 교수법
- 넷 기반 훈련
- 행동 수정
- 〈여기서 잠깐〉 하늘에서 하는 공부
- 직무 순환
- 사례연구
- 비즈니스 게임
- 서류함 훈련
- 역할 연기
- 행동적 모델링

조직 훈련 프로그램의 범위

Hamburger University에는 미식축구팀이 없지만, 30명의 교수들이 소속된 13만 평방 피트의 최신식의 훈련 시설을 갖추고 있다. 일리노이 주, 시카고 외곽의 오크브룩(Oak Brook)에 위치해 있는 Hamburger University는 McDonald 사에 의해 약 40년 전에 설립되었다. 그 후, 여러 회사 레스토랑들의 65,000명 이상의 매니저들이 이 학교를 졸업하였다. 또한 Hamburger University는 전세계에 걸쳐 이곳의 교육과정에 참석하는 모든 종업원들과 프랜차이즈 담당자를 위한 훈련을 제공한다. 또한 수업들은 20개 이상의 언어로 온라인상에서 제공된다. McDonald's사는 영국, 일본, 독일, 호주와 같은 국가들에 10개의 훈련센터를 갖고 있다. 비용이 비싸지만, 경영진은 회사가 제공하는 훈련이 조직의 성공을 위한 주요 원인들 중 하나라고 믿는다(Margulies, 2004).

훈련은 하나의 큰 사업이다. "나는 돈을 보면 교육과 훈련에 씁니다. 나는 우리가 화학사업이나 대학을 잘 운영하고 있는지 궁금합니다."라고 화학회사 경영관리자가 말했다. 고등학교 중퇴부터 대학 졸업까지, 그리고 장기 실직자부터 고위 관리 경영자까지, 오늘날 수백만 명의 사람들이 그들의 직장에서 몇 가지 형식의 조직 훈련에 참석하고 있다. 고용주들은 공식 훈련 프로그램들을 위해 매년 55조 달러를, 180조 달러는 비공식적인 현장교육(on-the-job instruction)을 위해 지출한다.

훈련은 보통 특정한 직무 기술에 대한 지식을 제공하기 전에, 수학적 기술과 기본적인 읽고 쓰는 능력을 가르치는 기초 단계부터 시작한다. Motorola사는 셀룰러 기술을 위한 설비로 바꿈으로써 글로벌 경쟁 속으로 뛰어들었을 때, 전 종업원의 60%가 영어를 이해하고 읽고 간단한 산수 계산을 하는 것에 어려움을 겪고 있다는 사실을 알았다. 이 기술들에 대한 보충훈련 없이, 종업원들은 그들의 새로운 직무를 수행하기 위한 가르침을 받을 수 없었다. Polaroid사는 1,000명의 종업원들의 수학과 기초언어 교육을 위해 70만 달러를 투자했다. Domino's Pizza사는 종업원들이 피자 빵 반죽 조리법을 따라할 수 있게 하기 위하여 읽기와 수학을 가르친다.

숙련된 하이테크 직무들을 위한 훈련은 산업, 정부, 군대에서 먼저 행해진다. 항공우주산업, 전기통신, 웹을 기초한 산업들은 재 프로그램 가능한 로봇들, 다기능의 기계장치, 컴퓨터 보조 설계, 그리고 제조장비에 많이 의존한다. 이 회사들은 이 정교한 장비를 유지하고 작동하고 설계하기 위해 훈련받은 전 종업원을 필요로 한다.

우리가 1장에서 보았듯이, 오늘날 일의 특성은 바뀌고 있다. 우리는 더 이상 하나의 직무를 배우고 퇴직할 때까지 그것을 유지하는 것에 그쳐서는 안 된다. 우리가 지속적으로 향상되어야 하는 여러 기술들을 숙달할 동안, 우리는 전 생애 하나의 직업만 선택하는 것이 아니라 여러 개의 직업들에 대해 생각하는 것을 배워야만 한다. 우리의 직업들은 평생교육을 필요로 하고, 이것은 훈련이 이전 세대보다 오늘날 더욱 필수적인 것이 되어가고 있다는 것을 의미한다.

훈련 프로그램의 표본. 높은 수준의 조직 훈련 프로그램의 고전적인 예를 살펴보자. Western Electric Company는 엔지니어링과 제조업 지식을 제공하기 위해 회사 부설대학인 'Corporate Education Center'를 설립하였다. 이 시설은 최신식 장비를 갖추고 있었고, 기숙사를 완전히 갖춘 190에이커(acre) 캠퍼스에 300개 이상의 교육과정을 제공했다.

최근에 고용된 기술자들은 6주 과정 오리엔테이션 프로그램들에 참여했는데, 이것은 고용된 지 첫 여섯 달 동안, 그리고 다음 여섯 달 동안 두 차례 이루어졌다. 기술자들은 그들의 전문 분야에서 다양한 수업과정 중 선택할 수 있었고, 수업들은 그들이 최신의 정보를 얻을 수 있도록 설계되었다. 상사들은 그들의 기술적 지식과 경영적 기술들을 향상시키기 위해 과정들을 선택할 수 있었다. 이 센터는 계획과 부서간의 관계부터 도시정책(urban affairs)과 산업-조직(I-O)심리학까지 포함하는 과정들과 함께, 승진 가능성을 가진 사람들을 위해 여러 수준의 경영 훈련을 제공했다.

이 야심적인 도전은 미국의 비즈니스에서는 이례적인 것이 아니다. 훈련센터들은 IBM, Xerox, General Electric, Avis Rent A Car와 같은 조직들에 의해 설립되고 있다. 그러므로 비록 여러분의 직장 첫달 동안 교실로 다시 돌아가고 싶어하더라도 그다지 놀랄 일이 아니다.

신체장애가 있는 종업원들을 위한 훈련. 많은 조직들은 신체장애가 있는 종업원들을 위해 특수 훈련을 제공한다. 시각장애, 청각장애, 지체이상 또는 학습장애, 정신지체를 갖고 있는 McDonald's사의 9,000명 이상의 종업원이 패스트푸드 레스토랑의 다양한 직무들을 위해 훈련을 받아오고 있다. 편견을 없애고 모

신참자들은 회사의 정책과 목표에 관하여 학습하기 위해 교실에서 수업한다.

<여기서 잠깐>

사용법을 읽지 못하는 종업원들

Cindy Marano가 점심식사를 하러 사무실에서 나갈 때 그녀는 안경을 두고 나갔으나 그 사실을 전혀 모르고 있었다. Washington D.C.에서 직무 훈련 프로그램을 관리하는 Marano는 샌드위치 가게 벽에 붙어 있는 메뉴판을 안경 없이는 읽을 수 없었다. 그녀는 계산대에 있는 중년의 여성에게 메뉴를 읽어달라고 요청했다. 처음에 그 여성은 못들은 체했다. 그리고 나서 Marano가 마지막으로 다른 여종업원에게 메뉴를 읽어달라고 요청하기 전까지 그녀는 당황했고 버릇없게 굴었다. "갑자기, 뭔가가 내 머릿속을 스쳐지나 갔어요."라고 Marano가 말했다. 그 여성은 읽을 수가 없었던 것이었다. 그리고 Marano는 그 여종업원이 그랬던 것처럼 직무 훈련 프로그램을 담당하는 그녀의 직장에서도 읽고 쓰는 데 문제를 갖고 있는 4,000만 명의 미국인들이 직장에서 그들의 장애를 숨길 수 있다는 것을 깨달았다.

Marano는 또한 한 해 생산력 손실로 인한 225억 달러가 미국 경제에 손실을 입히고 있는 상황에서 문맹의 종업원이 얼마나 비경제적인지를 깨달았다. 이러한 비용에 대해 크게 깨달은 사람이 콜로라도의 Coors Brewing Company의 CEO인 Peter Coors이다. 그는 미국 산업의 위기가 문맹의 종업원에 있다고 보고, 읽는 법을 종업원들에게 가르치기 위해 산업 기초 훈련 프로그램들을 만들고 공동인식을 촉진시키도록 하였다.

오늘날 증가하고 있는 하이테크 직무들을 보면, 여러분이 읽을 수 없을 때 할 수 있는 체하는 것이 점차 힘들어지고 있다. Coors는 회사가 컴퓨터화된 목록 통제 시스템을 만들었을 때 그 사실을 알아차렸다. 그 새로운 시스템은 포크레프트 기사들이 컴퓨터에 있는 정보들을 작동시키도록 요구했고, 그것은 곧 그들 대다수가 그 일을 할 수 없다는 것이 명백히 드러났다. 왜 그런 것일까? 그것은 그들이 컴퓨터 키보드에 있는 문자들을 인식할 수 없었거나 목록화된 문항들에 있는 상품 코드를 읽을 수 없었기 때문이었다.

로우테크 회사들일지라도 문맹에 의해 금전적 손실을 본다. The Outback Steakhouse 체인은 그곳 요리사 일부가 웨이터의 주문을 읽을 수 없어서 덜 비싼 스테이크 대신에 더 비싼 스테이크를 준비하는 실수를 범하고 있다는 사실을 알았다. Outback은 영어가 새로운 언어였던 종업원들조차도 손실이 큰 실수를 범하지 않고 그들의 일을 할 수 있게 하기 위해서 모든 종업원들에게 약자로 리스트를 작성하는 것을 가르치기 위해 훈련 프로그램을 시작했다. 다른 레스토랑과 패스트푸드 체인점들은 컴퓨터 스크린의 단어들 대신 기호들을 사용한다.

모든 기업은 그들의 모든 종업원들이 읽을 수 있던 없던 간에 더욱더 효율적으로 움직이길 원할 것이다. 그것은 종업원들에게도 역시 더 나은 것일 것이다. 워싱턴에 사는 34살 고등학교 중퇴자 Sharon Thomas는 그녀가 글 읽는 법을 배우고 보수가 좋은 직업에 고용될 때까지 15년 동안 행복했다. 그녀는 말했다. "나는 극복하기에 많은 장애물들이 있었어요. 하지만 내가 종업원이 되었을 때, 나는 너무 행복했어요. 나는 나 자신에 대해 만족스러워요."

든 종업원들이 신체장애에 대한 문제들을 알아채기 위한 시도 속에서, 훈련은 오로지 신체장애가 있는 종업원들을 위해서뿐만 아니라, 그들과 함께 일하고자 하는 다른 종업원들을 위해 제공된다. 10년이 넘게, 'McJobs' 프로그램에서 훈련받기 시작한 신체장애가 있는 사람들의 90% 이상이 그것을 습득했고, 그들은 직무를 수행하기에 충분한 지식과 기술을 갖춘 종업원이 되었다. 이 회사는 장애를 가진 종업원들이 자신의 능력을 충분히 발휘하지 못하고 있으며, 일을 할 능력이 되든 아니든 간에 그들이 일을 하도록 훈련을 시키기로 하였다.

훈련과 공정한 고용관행들. 조직 훈련 프로그램들이 소수 종업원들에게는 역효과를 낳을지도 모른다. 왜냐하면 훈련 프로그램에서의 수행은 종종 승진, 전근, 혹은 해고와 같은 경력결정(career decisions)들에 기초하여 이루어지기 때문이다. 인사결정에 의한 어떤 방식도 소수인종이거나, 여성 혹은 나이가 많거나, 또는 신체장애가 있는 종업원들을 차별대우할 가능성이 있다. 그러므로 훈련 프로그램들은 동등한 고용기회를 주어야 하며, 그것들의 결과가 경력결정에 적용되기 전에 직무수행과 명백히 관련이 있어야만 한다.

조직 훈련 프로그램의 목표

공식 훈련 프로그램을 만드는 첫 번째 단계는 목적들에 대해 명확하게 체계화하는 것이다. 이러한 목적들은 종업원들이 직무에서 수행해야 하는 구체적 행동적 준거들, 행동들 또는 방법들에 따라 시작되어야 하며, 그들은 직무 능력을 최대한 발휘하여 그것들을 수행해야 한다. 만약 조직이 그 프로그램이 무엇을 성취해야 하는지 알지 못한다면, 훈련 프로그램이 무엇을 포함해야 하는지 결정하는 것은 불가능하다. 다시 말해서, 지식, 기술, 능력은 직무를 성공적으로 수행하는 것을 배우기 위해 중요한 것들이다.

요구분석 훈련 프로그램을 설계하기 전에 공공과 개인의 목표들에 대한 분석을 하는 것.

요구분석. 훈련 프로그램의 목표들은 조직과 종업원들의 요구를 알아내야 한다. **요구분석**은 조직과 개인의 목표들을 결정하는 것과, 어떻게 하면 훈련 프로그램이 목표들을 성취하는 데 도울 수 있는지 이끌어 주어야 한다. 그러한 분석들은 특정 직무 구성요소들을 결정하는 데 사용되며 기술들은 그것들을 수행하는 데에 필요하다.

요구분석 관리의 중요성이 받아들여짐에도 불구하고, 대부분의 회사들은 그것을 하지 않는다. 그 이유는 아마도 그 절차가 시간과 비용이 많이 소요되기 때문일 것이다. 397개의 훈련 프로그램 연구들에 대한 메타분석에서 기업의 단지 6%만이 훈련 프로그램을 계획하기 이전에 요구분석을 하는 것으로 밝혀졌다(Arthur, Bennett, Edens, & Bell, 2003).

물론 훈련 프로그램이 명백히 요구되는 상황들이 있다. 예를 들어 많은 직무들을 사라지게 하는 즉, 제조과정을 자동화하는 회사는 다른 일을 위해 종업원들을 재훈련시킬지도 모른다. 새로운 직무들이 생겨나는 빠른 확장은 그 직위들을 맡을 직원들을 훈련시키기 위한 프로그램을 필요케 한다. 높은 사고율은 추가적인 안전한 훈련을 필요로 한다. 불만족한 고객들로부터의 잦은 불평들은 종업원이 대인관계기술을 배우도록 한다. 그러나 훈련이 요구되는 분명한 지적 없을 때는, 주기적으로 어떤 특면이 부가적인 훈련으로부터 이익을 낼 수 있을지 결정하고 그 방법들을 분석하는 것은 경영진의 책임이다.

조직분석. 일반적인 조직분석은 광범위한 훈련 요구들을 제안할 수 있고, 이를 바탕으로 종업원들이나 작업집단의 특별한 요구들로 전환시킬 수 있다. 그 다음 단계는 업무분석(task analysis)인데, 이를 통해 임무들에 필요한 지식, 기술, 능력들과 직무에서 수행하는 업무들을 확인한다. 개인분석(person analysis)은 종업원들의 재훈련의 필요성과 어떤 유형의 훈련이 필요한지를 결정하는 것을 담당한다. 이러한 평가들은 직무분석 방법들, 중요한 사건들, 수행평가 방식과 자기평가에 의해 이뤄질 수 있다.

직무분석(job analysis)은 훈련 필요성과 목적을 결정하기 위해 가장 흔하게 사용되는 기법이다. 이것은 직무를 성공적으로 수행하는 데 요구되는 특성들의 구체적인 목록과 작업순서를 산출한다. 직무분석을 통해, 회사는 어떻게 새로운 훈련과정들이 직무수행을 높일 수 있는지를 알 수 있다.

특정한 바람직하거나 바람직하지 않은 직무 행동에 초점을 맞춘 중대사건 기법(critical-incidents technique)은 어떻게 종업원들이 일과 중에 발생하는 중대한 사건들에 대처하는가에 대한 정보를 제공한다. 예를 들어 생산라인 종업원들은 고장난 기계를 어떻게 다룰까? 상사는 부하들 간의 논쟁을 어떻게 조정할까? 경영자들은 성희롱 고발을 어떻게 처리할까? 중대한 사건들의 분석은 부가적인 훈련이나 교육이 요구되는 분야들에 있는 훈련 지도자에게 경계를 취하게 할 수 있다.

수행평가는 훈련의 필요성(training needs) 정보에 대한 확실한 출처이다. 종업원의 결점을 기록하고 특정한 결함들을 고치도록 재훈련할 것을 조언할 수 있다. 자기평가(self-assessment)는 직무를 잘 수행하는 사람이, 훈련이 도움이 되는 직무나 분야에서 그것을 하는 데 필요한 기술들에 대한 정보의 좋은 출처라고 가정한다.

조직 훈련 프로그램 담당 두기

강사 또는 교수의 자질은 학생인 여러분의 수행에 엄청나게 큰 영향을 미칠 수 있다. 일부 교수들은 인생에 대한 주제를 다루거나 열심히 과제물을 발표하고 정리하고, 학급 구성원들 간에 서로 관심을 불러일으킬 수 있다. 그러나 같은 자료로 가르치더라도 다른 교수들은 그 학급을 지겹고 지치고 실패하게 만들 수 있다. 어떤 수준에서 무엇을 가르치든 간에 가장 중요한 요소는 교과에 대한 전문지식이나 역량이 아닌 것 같다. 비록 역량이 필수적이더라도 지도자는 또한 가르치는 능력과 분명하고 설득력 있는 태도를 갖고 지식을 전달해 주어야 한다.

동일한 원칙은 조직 훈련을 해야 한다는 것이다. 대부분 직무에서 다양한 경험을 한 사람들이 기업의 훈련을 지휘하지만, 그들의 기술을 다른 사람들에게 효과적으로 전달하는 능력은 없다. 그 해결책은 전문적 지도자나 직무 기술과 방법을 가르치는 법을 교육받은 사람들을 활용하는 것이다. 거대한 조직들은 많은 내용과 직무 기술을 알려 줄 풀타임 훈련 담당팀을 두고 있다.

훈련 전 환경

조직은 상사나 동료들이 간접적 혹은 직접적으로 종업원들에게 전달하는 훈련 프로그램의 가치 경영을 보여 주는 단서들과 결정들을 포함함으로써 훈련 전 환경을 만든다. 이러한 요소들은 조직의 정책, 훈련에 대한 상사의 태도, 훈련이 유용한 자원들, 그리고 요구분석 시 종업원의 참여를 포함한다. 이 단서들은 종업원들이 훈련에 노력을 기울여서 얼마나 회사를 지지하는지를 보여 주기 때문에 훈련 프로그램의 효과성에 영향을 준다.

회사가 보다 많은 훈련 기회를 제공할수록, 종업원들은 더욱더 그들의 경력을 위한 적절하고 중요한 활동이라고 믿을 것이다. 피훈련자들은 또한 상사들이 훈련을 지지하고 훈련 후 기술이 평가된다는 것을 알 때, 훈련을 더욱 가치 있는 것으로 생각하고 훈련 프로그램에서 성취하려는 동기는 더욱 높아질 것이며, 훈련이 포함하는 것들에 대한 현실적 그림을 제시할 것이다. 이러한 조건들이 부합하지 않을 때 즉, 조직의 훈련 전 태도 또는 분위기가 지지하지 않는다는 것을 알았을 때, 훈련 프로그램은 시작되기도 전에 비효과적인 것이 될 것이다.

종업원들의 훈련 전 속성

많은 심리학적 특성들은 우리가 배울 수 있는 소재의 분량과 종류는 물론, 훈련 프로그램으로부터 배우려는 우리의 열망에 영향을 줄 수 있다. 이러한 속성에는 능력의 개인차, 훈련 전 기대, 동기, 직무관여, 통제소재, 그리고 자기 효능감이 있다.

능력의 개인차. 훈련 능력에서의 개인차는 인지능력시험, 개인생활사 정보, 작업표본과 같은 초기 훈련 경험에서의 수행을 통해 예측될 수 있다. 또한 작업표본 또는 단기과정과 같은 훈련 가능성 검사들은 훈련의 전체과정에서의 수행에 대한 타당한 예측변인이다. 작업표본이 훈련 가능성의 측정으로 사용될 때, 훈련기관에서 실시하는 직무수행검사에 따라 작업표본들은 단기간의 정규 직무 기술지식을 제공한다.

훈련 전 기대. 훈련의 결과에 대한 종업원들의 기대는 프로그램의 효과성에 영향을 줄 수 있다. 훈련 프로그램이 피훈련자들의 기대에 미치지 못하면, 그들은 그 프로그램을 덜 완수할지도 모른다. 기대에는 못 미치지만 그 프로그램을 완수하는 피훈련자들은 직무에 대해 불만을 갖고 조직몰입이 낮아지거나 이직률이 높아질지도 모른다. 피훈련자들의 훈련 전 기대는, 훈련 프로그램이 강한 조직몰입, 높은 자존감, 그리고 성공에 대한 동기를 높여줌으로써 충족된다.

동기. 배움에 대한 동기나 열정은 훈련 프로그램에서 종업원들의 성공에 대단히 중요한 것이다. 피훈련자들의 능력과는 상관없이, 학습은 그들이 진정으로 배우기를 원하지 않으면 이뤄지기 힘든 것이다. 모든 경우에서, 우리는 성공에 대한 커다란 동기나 추진력을 가지고 있지만 적정 수준의 능력을 갖고 있는 사람들보다 동기나 추진력은 덜 갖고 성공하려는 사람들의 예를 볼 수 있다.

한 연구는 훈련 프로그램에서 낮은 동기를 갖고 배우는 피훈련자들보다 높은 동기를 갖고 배우는 피훈련자들이 더 많이 배운다는 사실을 보여 주었다. 높게 동기화된 피훈련자들은 더욱더 프로그램을 잘 완수하고 실제로 배운 것들을 직무에 적용한다(Salas & Cannon-Bowers, 2001).

관리자는 피훈련자들을 훈련 프로그램에 대한 결정사항들에 개입하게 하고, 요구분석 절차에 참여시키고, 훈련과정들을 선택할 수 있게 함으로써 그들의 동기를 증가시킬 수 있다. 한 연구는 이전의 부정적인 사건들이나 경험들이 학습에 대한 동기를 증가시킬 수 있다는 것을 보여 주었다. 예를 들어 적극성 훈련과정에서 바람직하지 않은 사건들을 경험했던 피훈련자들은 훈련 자료들을 학습하는데 더욱 동기화되었다(Smith-Jentsch, Jentsch, Payne, & Salas, 1996).

직무관여. 높은 직무관여(일과 밀접하게 연결된 자기동일성)를 보이는 피훈련자들은 덜 몰입하는 피훈련자들보다 학습에 대한 높은 동기를 나타낸다. 장기적인 경력 계획도 한 요소이다. 훈련 기회는 낮은 직무관여와 경력 흥미의 부족을 나타내는 종업원들에게는 학습에 대한 동기도 낮을 것이므로 시간낭비가 될지도 모른다. 더욱이 낮은 직무관여를 하는 종업원들은 훈련의 결과, 직무수행에서 향상에 대한 낮은 잠재력을 갖고 있다. 그러므로 직무와 경력몰입을 증가시키기 위한 훈련 전 프로그램은 일부 종업원들에 적절한 것인지도 모른다.

통제소재. 피훈련자 동기에 영향을 또는 또 다른 변인이 통제소재이다. 내적 통제소재를 가지고 있는 사람들은 임금과 승진과 같은 일 관련 보상과 직무수행이 그들 자신의 행동, 태도, 노력에 의존하는 개인적 통제 하에 있다고 믿는다. 외적 통제소재를 갖고 있는 사람들은 작업장 안팎에서의 삶의 사건들이 그들의 통제 밖에 있다고 믿는다. 그들은 운, 기회 또는 그들의 상사가 자신들을 좋아할지 여부와 같이 그러한 외부적 힘에 의존한다.

내적 통제소재를 갖는 종업원들은 훈련 프로그램에서 성공하고자 하는 동기가 높다. 왜냐하면 그들은 직무기술들을 습득하는 것이 그들의 능력 내에, 통제 하에 있다고 믿기 때문이다. 그들은 훈련받는 동안 피드백을 더 잘 수용하고 결함들을 고치려고 노력할 것이다. 또한 그들은 외적 통제소재를 가진 종업원들보다 더 높은 직무와 경력몰입의 수준을 나타낸다.

자기 효능감. 훈련 프로그램에서 성공에 대한 종업원의 동기에 영향을 주는 또 다른 요인이 자기 효능감이다. 이것은 자신의 과업 수행 능력에 대한 믿음이다. 또한 우리의 적합성(adequacy), 효능감, 그리고 삶의 요구들에 대처하는 역량이라고 할 수 있다. 25개 국가에서 120명을 대상으로 한 19개의 연구에서, 자기 효능감이 여러 문화에 걸쳐 유사하게 나타나고 있다는 것을 보여 주었다(Scholz, Dona, Sud, & Schwarzer, 2002).

자기 효능감과 학습에 대한 동기간의 관계와, 자기 효능감과 훈련 프로그램에서의 실제 성공간의 관계가 충분히 설명되어 있다. 자기 효능감의 믿음에 대한 연구들의 여러 메타분석에서 효능감에 대한 믿음이 작업장과 학급에서의 수행과 동기의 개인적 수준에 유의미하게 영향을 준다고 나타났다(Bandura & Locke, 2003).

21,000명 이상의 종업원들을 대상으로 한 114개의 연구들의 메타분석에서 학습 효능감(새로운 기술을 습득하는 그들의 능력에 대한 믿음)을 더 높게 지각한 사람들이 낮게 지각한 사람들보다 더 쉽게 복잡한 기술들을 습득할 수 있다는 것을 발견했다. 또한 이 분석은 자기 효능감과 직무수행 간의 높은 정적 상관관계를 나타냈다(Stajkovic & Luthans, 1998). 결국 자기 효능감은 훈련 프

로그램과 실제 직무에서의 수행에 영향을 주었다.

자기 효능감은 훈련에 의해 영향을 받을 수 있다. 행동 모델링과 같은 훈련의 어떤 유형들은 자기 효능감을 증가시키곤 한다. 간단히 말해서, 피훈련자들이 배우려고 하는 기술은 자기 효능감을 증가시키는 연습을 통해 습득할 수 있다.

사람들은 어떻게 배울까: 심리학적 요소들

심리학자들은 학습에 관한 연구들에 상당한 노력을 기울이고 있다. 그 분야에서 발표된 문헌들은 다양한 조건에서의 사람과 동물의 학습에 관한 수천의 연구 기록들을 포함한다. 이 부분에서 우리는 학습방법과 학습자료들의 특성과 관련된 여러 가지 요소들을 다룰 것이다.

적극적 연습. 우리가 흔히 말하는 것처럼, 연습이 항상 무언가를 완벽하게 해주는 것은 아니지만 도와는 준다. 가장 효과적으로 배우기 위해서, 피훈련자들은 적극적으로 학습과정에 개입해야지, 단지 정보의 수동적인 수취인이 되어서는 안 된다. 예를 들어 건설 크레인의 작동법을 읽거나 그것을 누군가가 작동하는 비디오를 보는 것은 충분하지 않다. 훈련 프로그램은 피훈련자에게 운전석에 앉아서 직무에서 수행해야 할 기술들을 직접 학습할 기회를 제공해야만 한다.

강의를 듣거나 교통법을 기억하는 것만으로 운전하는 법을 배운다고 상상해 보라. 이것은 여러분을 더 나은 운전자로 만들어 줄 수도 있지만, 여러분이 운전석에 앉아서 연습을 시작할 때까지는 사실상 운전하는 법을 배우는 것은 아니다. 같은 원리가 강의실에도 적용된다. 강의를 진행하는 동안 열심히 필기를 하고, 교재에 줄을 긋고, 반 친구들과 토의를 하는 것은 수동적으로 강의실에 앉아 있는 것보다 훨씬 더 학습을 촉진시킨다.

집중학습과 분산학습. 어떤 과업들은 훈련 프로그램이 하나 또는 작은 수의 비교적 긴 부분으로 구성되었을 때 상대적으로 더욱 쉽게 학습된다(집중학습).

반면, 다른 과제들은 비교적 많은 수의 단기학습 세션들을 필요로 한다(분산). 일반적으로, 분산학습이 더 나은 학습, 특히 운동기술에 대한 학습에서 더 나은 결과를 보인다.

63개 연구들에 대한 메타분석에서 분산학습조건에서 훈련을 받은 참가자들이 집중학습조건에서 훈련을 받은 참가자들보다 유의미하게 더 나은 수행을 보인 것으로 나타났다. 상대적으로 간단한 업무가 요구되는 직무에서는 짧은 휴식시간이 주어지는 분산학습이 더 유용한 것으로 나타났다. 더 복잡한 업무에 대해서는, 분산학습 세션들 사이의 긴 휴식시간이 더욱더 효과적인 학습의 결과를 보였다(Donovan & Radosevich, 1999).

연구 결과는 언어적 기술의 학습에 대해 덜 명확하다. 집중학습은 더 유용하지만 훨씬 더 학습자료의 유형과 완수할 임무의 복잡성에 의존한다. 요약하면, 간단한 자료는 집중학습에 의해 잘 학습될 수 있다. 왜냐하면 그 세션들은 피훈련자들이 훈련내용을 이해하는 데 오랜 시간이 걸리지 않기 때문이다. 더 어려운 자료들은 짧은 단위로 나눠져야 하며 분산학습에 의해 학습되어야 한다.

전체학습과 부분학습. 전체 혹은 부분학습이란 개념은 학습자료들의 단위의 상대적 크기를 말한다. 훈련과정 내용은 개별적으로 각각의 작은 부분으로 나눠지거나 그 학습자료가 전체의 내용을 담고 있을 수도 있다. 어느 것을 선택할 것인가는 훈련자료의 특성이나 복잡성, 피훈련자들의 능력에 따라 달라진다. 보다 지능이 높은 피훈련자들은 지능이 낮은 피훈련자들보다 더 학습자료의 큰 단위를 빠르게 학습할 수 있다. 그러나 학습속도가 느린 사람들에게는 자료 전체를 억지로 이해시킬 때보다 작은 단위로 그 자료를 가르칠 때 그것을 더 잘 습득할 수 있을 것이다.

일부 기술들은 전체 학습방법이 훨씬 더 적합하다. 예를 들면, 운전하는 법을 배울 때 운전하는 행동들을 구성요소 기술들로 나누는 것은 아무 쓸모없다. 여러분은 안전벨트 하는 법, 시동을 거는 법, 비상 브레이크를 잡는 법, 앞쪽 옆의 거울을 조정하는 법, 주차시 기어를 움직이는 법 등을 따로따로 반복적으로 그 작동법을 배우지 않는다. 운전은 전체적으로 배우는 것이 더욱 효과적일 수 있는 작동법과 행동의 상호의존적인 흐름이다.

업무가 여러 가지 하위기술들에 대한 초기학습을 필요로 할 때는 부분학습이 더욱 효과적이다. 예를 들면, 새로운 피아노곡을 배우는 학생들은 처음에는 오른손 연습과 왼손 연습을 따로 할 것이다. 전체 행동이나 작동법에 하위기술들을 통합하기 전에, 실력의 개개의 수준이 성취될 때까지 피훈련자들은 이러한 다양한 하위기술들을 연습할 것이다.

학습전이. 조직 훈련은 종종 실제 직무환경과는 여러 방식으로 다른 인위적 환경, 훈련 시설에서 이뤄진다. 이러한 훈련과 직무상황 간의 불일치는 연결되어야 한다. 훈련 프로그램은 직무 자체를 위해 훈련전이를 책임져야 한다.

이 문제는 당면 문제와의 관련성 중 하나이다: 훈련 프로그램 동안 실제 직무수행과 관련 있고 의미 있는 정보가 제공되는가? 직무를 성공적으로 수행하는 데 필요한 태도와 행동과, 훈련 기간에 가르치는 태도와 행동이 일치하는가? 생산시설이나 사무실에 적용되는 훈련 시설에서 모든 정보를 숙달할 수 있는가? 많은 예에서, 이 질문들에 대한 답은 '아니오'이다.

만약 훈련요구들과 직무요구들이 밀접하게 일치한다면, 정적 전이가 높아질 것이다. 훈련하는 동안 습득하는 자료들은 직무수행을 돕거나 향상시킬 것이다. 훈련과 작업 상황이 더욱더 유사할수록, 전이는 더욱더 잘 일어날 것이다. 이 유사성에 대한 질문은 프로그램 목적에 맞는 실제 작업환경의 사용이 증가하는 관점에서 점점 더 중요해진다.

만약 훈련 상황과 작업 상황 간의 유사성이 적으면, 부적전이가 일어날 것이다. 이런 경우, 훈련 프로그램에서 배우는 기술들은 직무수행에 방해가 될 것이다. 부적전이 상황에서는, 이러한 기술들과 행동들이 학습되지 않아야 하며 종업원들이 직무를 수행하기 전에 수정되어야 한다.

훈련 후 환경에서의 몇몇 조건들은 정적 전이를 촉진시킨다. 훈련 프로그램에서 가르치는 행동들과 기술들에 대한 강화와 상사의 지지가 가장 중요하다. 이런 점을 보여 준 한 연구에서, 팀으로 활동하고 있는 80명의 학생조종사들이 적극성 훈련을 받았고, 그 후 그들의 적극성 수준을 검사하기 위해 설계된 컴퓨터 기반 비행 시뮬레이터를 통해 비행상황을 경험시켰다. 훈련의 정적전이는 그 팀 리더들이 공식적으로 적극적인 행동을 강화하였을 때 발생했으며, 결국 훈련 프로그램에서 가르친 기술들이나 사용법, 이동법에 대한 리더의 지지의 중요성이 설명되었다(Smith-Jentsch, Salas, & Brannick, 2001).

또한 큰 영향력을 가지고 있는 사람(influential)은 훈련 프로그램과 훈련 프로그램이 끝난 뒤에 간단하게 사후 토론이나 평가에서 학습한 기술들을 직무에 적용할 기회가 있다. 다른 중요한 요소는 전반적인 조직 풍토이다. 훈련을 더욱 지지하는 분위기일수록, 훈련 경험들이 실제 작업현장에 전이될 가능성이 더 많다.

훈련과 조직개발에 대한 150명을 대상으로 한 조사는 현장 훈련 프로그램(on-the-job training programs)의 효과에 대한 전문가들의 판단들을 다루었다. 그 결과, 훈련 프로그램에서 배우는 것을 직접적으로 자신들의 직무에 적용하는 종업원들이 60% 이상인 것으로 나타났다. 그러나 훈련이 끝난 1년 뒤, 34%로 떨어졌다. 결국, 전이의 효과는 시간이 지날수록 감소한다는 것을 나타낸다(Saks, 2002).

피드백. 사람들은 자신들이 일을 얼마나 잘 하고 있는지에 대해 명백하게 인지할 때 더 쉽게 배운다. 피드백(때때로 '결과에 대한 인식'이라고도 한다)은 피훈련자들의 진척 수준을 말해 준다. 피드백은 또한 동기를 유지시키는 데 있어서 중요하다. 만약 피훈련자들이 훈련 프로그램 동안 피드백을 받지 못한다면, 그들은 직무수행의 잘못된 기술과 부적절한 행동들을 배우고 연습하는 것을 지속할 것이다.

최대한으로 효과적이기 위해, 피드백은 부적절한 행동이 발생한 후 가능

한 한 빨리 제시되어야 한다. 만약 피훈련자들이 훈련받은 대로 작업하지 않는다면, 피훈련자들에게 즉시 이야기해 주는 것이 바람직한 변화를 일으키기 쉬울 것이다. 전반적 훈련 진행은 그 훈련이 잦은 피드백을 줄 때 더욱더 커진다. 더 자세하고 구체적인 수정일수록 유용성은 더욱 높아진다.

강화. 행동에 따른 보상이 클수록, 더욱더 쉽고 빠르게 행동이 학습될 것이다. 보상, 또는 강화는, 시험에서의 좋은 성적, 상사로부터의 칭찬이나 훈련 프로그램의 성공적인 수료에 대한 승진 등의 많은 형태를 갖출 수 있다. 강화 프로그램을 실시함으로써 경영진은 종업원의 동기를 유지시키고, 피훈련자들이 배우고 나타내야 하는 행동에 대해 보상을 함으로써 효과적인 행동의 형태를 갖출 수 있다.

회사와 산업에서 가장 흔하게 사용되는 강화물은 금전적 보상(봉급 인상이나 보너스 지급)과 사회적 인정(칭찬이나 인정해 주기), 그리고 직무수행에 대한 긍정적 피드백이다. 직무상황에서 실시한 72개 연구들의 메타분석에서 금전적 보상이 수행을 증가시킨 경우가 23%, 사회적 인정 17%, 그리고 피드백이 10%인 것으로 나타났다(Stajkovic & Luthans, 2003). 이 세 가지 강화물 유형은 종업원들이 보다 생산적이 되기 위해 현장 행동(on-the-job behavior)을 변화시키는 강력한 도구이다.

강화는 바람직한 행동이 발생된 이후에 즉시 제시되어야 한다. 행동과 강화 간의 오랜 지연은, 피훈련자는 그러한 방법으로 계속 행동해 옴에 따라 보상과 행동 간의 연결고리를 지각하는 것을 실패하기 때문에 강화의 효과가 보다 낮아질 것이다.

훈련의 초기 단계에서, 강화는 바람직한 행동을 할 때마다 주어져야 한다. 일부 학습이 실시되었을 때, 지속적인 강화는 더 이상 필요하지 않다. 예를 들어 피훈련자들이 적절한 행동의 수행을 했을 때 매 세 번째, 매 열 번째에 보상을 주는 부분적 강화로도 충분할 것이다.

훈련 방법

지금까지 우리는 학습에 영향을 주는 심리학적 요소들과 피훈련자들의 훈련 전 특성들을 살펴보았다. 지금부터는 상세한 조직 훈련 기법들을 살펴보자. 각 기법(technique)은 훈련 프로그램의 목표, 종업원들의 능력, 그리고 학습된 정보의 특성들에 따라 장단점이 있다.

현장 훈련

가장 오래되고 가장 넓게 쓰이는 훈련 방법 중 하나는 직원들의 훈련이 직장에서 직접적으로 이뤄진다. 전문가, 상사, 또는 훈련된 강사의 지도하에 피훈련자들은 일하는 동안 배운다. 그들은 생산 현장에서 장비를 작동하고 영업장 밖에서 고객을 돕고, 일하는 동안 능력을 발전시키는 기회를 갖는다.

현장 훈련(on-the-job training)의 주된 이점은 경제성이다. 조직은 분리된 훈련 시설을 설립하고 설비하고 유지할 필요가 없다. 만약 현 직원들과 상사들

현장 훈련 직무에서 직접적으로 이뤄지는 훈련.

현장 훈련에서는 신참자들이 경험 많은 선임자의 지도하에 직무 기술을 연습한다.

이 훈련자 역할을 한다면 전문가에 대한 비용조차도 절약될 것이다.

더 확실한 이점은 훈련의 정적 전이 이다. 훈련과 직무상황이 같기 때문에 훈련 상황에서의 직무수행이 실제 상황에까지 미칠지 아닐지에 대해 걱정할 필요가 없다. 다른 심리학적 요소들을 보면, 적극적 실천은 시작부터 제공된다. 학습에 대한 동기는 훈련 상황이 명백히 직무상황과 관련되어 있기 때문에 높아야만 한다. 피드백은 즉각적이고 가시적이다. 좋은 수행은 칭찬을 이끌 것이며, 나쁜 수행은 불만족한 고객이나 실패한 생산품을 만들어낼 것이다.

그러나 현장 훈련은 오랫동안 지속하면 비용이 부담될 수 있다. 근무자들과 상사들은 새로운 종업원들을 훈련시키기 위해 그들의 정규 직무들로부터 시간을 할애해야 한다. 이는 결국 생산성의 전반적인 강도를 이끌 수 있다. 피훈련자들의 느린 일의 속도와 그들의 경험 부족으로 인해 장비나 생산품에 손상을 입히는 것들에 따라 추가적 비용이 발생한다. 어떤 직무든 간에, 기계작동법을 훈련받지 않은 종업원을 수용하는 것은 피훈련자들에게뿐만 아니라 다른 종업원들에게까지도 위험하다. 직무에서 피훈련자의 사고발생률은 숙련된 종업원들보다 높다.

현 종업원들이나 상사들을 훈련자로 하는 것이 새로운 종업원들을 위한 적절한 훈련 방법이라고 확신할 수 없다. 단순히 어떤 사람이 직무를 유능하게 수행하거나 오랜 시간 동안 일을 해 왔다는 사실이 다른 사람에게 직무를 가르치는 능력이 있다는 것을 의미하진 않는다. 현장 훈련은, 상사가 훈련자들에게 단지 "어서 시작해. 만약에 질문 있으면 날 찾아와."라고 말하는 것밖에 되지 않는 무계획적이고 부적당한 것이다.

또한 현장 훈련은 관리자 수준에서 이뤄지곤 한다. 많은 경영자, 관리자 훈련과 개발은 비공식적이고 비구조화된 현장 경험들에 의해 생겨난다. 사실, 현장 경험들은 어떤 정식 학급교육보다 경영자 능력의 개발에 더욱더 유의미하게 기여할 수 있다.

실습장 훈련 가상 작업공간에서 하는 훈련.

실습장 훈련

현장 훈련은 생산 과정을 중단시킬 가능성이 있기 때문에, 많은 회사들은 **실습**

장 훈련(vestibule training)을 선호한다. 그들은 분리된 훈련 시설에 가상의 작업공간을 만든다. 〔*Vestibule*(현관)은 main room과 건물의 바깥쪽 문간의 현관 입구 또는 복도를 뜻한다. 미국 산업 초기에, 실습학교들은 신참 종업원들에게 직무를 가르치기 위해 몇 주 간 특수화된 훈련을 오로지 산업공장의 문 안쪽에서 실시하였다. *Vestibule*(현관)이라는 말은, 직무 자체에 도달하기 전에 종업원들이 반드시 거쳐야 할 입구 통로와 같은 훈련 프로그램을 상징하는 상황에서 쓰인다.〕

실제 작업 상황에서도 같은 종류의 장비와 운영 절차를 사용한다면, 실습장 훈련 프로그램은 새 종업원들에게 그들의 직무를 어떻게 수행할지 가르치기 위해 숙련된 종업원이나 상사보다는 오히려 숙련된 지도자에 의존하는 것이 더 낫다.

실습장 훈련의 가장 큰 단점은 비용문제이다. 조직은 시설을 갖추고 직원교육을 지속해야 한다. 새 종업원들이 훈련 시설을 온종일 사용하는 것만으로는 충분하지 않을 때 그 비용은 부분적으로 부담이 된다. 게다가 만약 훈련 상황이 작업 상황과 밀접하게 상응하지 않으면 훈련의 부적전이가 발생할 것이며, 피훈련자들은 일을 시작하자마자 비공식적인 현장지도를 요구할지도 모른다. 이 문제는 훈련 시설에 있는 오래된 장비의 사용 등의 일상적인 경영 업무에 의해 악화될 수 있다. 그러나 만약 실습장 훈련 프로그램이 적절히 설계되고, 직원을 두고, 시설물을 갖춘다면, 효과적인 훈련 기법이 될 수 있다.

도제교육

도제교육(apprenticeship)은 오늘날까지 사용되는 최초의 훈련 방법이다. 이는 건축업과 제조업 같은 민간부문 산업에서 숙련된 장인을 양성하기 위한 훈련 프로그램이다. 도제교육은 흔히 배관공, 목공, 전기기술공, 도장공, 자동차 수리공의 교육에 사용된다. 학급과 직무에 적용할 때, 도제교육은 상당 시간의 준비기간 및 전문가의 지도하에서의 실제 현장 경험을 요구한다.

도제교육 현장 경험과 학급지도를 수반하는 숙련된 장인을 양성하기 위한 훈련 프로그램.

도제제도는 평균 4년에서 6년이다. 표준 절차는 피훈련자들이 일정 기간 동안 일반 숙련된 공인기술자들이 받는 봉급의 절반을 받고 특수 훈련 프로그램을 받으면서 회사에서 일할 것을 동의하는 것이다. 피훈련자들이 조합에 가입하기 위해서는 이 과정을 통과해야 한다. 노동조합에 가입하는 것은 직업안정성에 필수적인 요소이다. 따라서 도제제도는 숙련된 종업원에 대한 충분한 공급을 지속적으로 하기 위해 산업 및 노동조합 간의 공동의 노력에 의해 형성되는 것이다.

최근 몇 년간, 공공부문에서의 도제제도는 점차 대중화되고 있다. 많은 연방, 주, 지방 정부기관은 고속도로 정비사, 교도관, 소방관, 건물관리자와 같은 일반 시민과 군대 프로그램들 안의 숙달된 육체노동직에 도제제도를 적용하고 있다. Washington D.C.에 있는 The Smithsonian Institution은 박물관을 짓기 위해 고용한 목공, 전기기술자, 석공의 교육을 위해 도제제도를 운영한다.

컴퓨터 보조 교수법

컴퓨터 보조 교수법 피훈련자들이 자신의 학습 속도에 맞게 훈련자료를 학습하고 향상 속도에 대한 즉각적인 피드백을 받는 컴퓨터 기반 훈련 방법.

컴퓨터 보조 교수법(Computer-Assisted Instruction, CAI), 때로는 컴퓨터 기반 훈련법이라고도 하는 이 교수법은 민간부문 기업과 공공부문 기업 모두에서 넓게 사용된다. CAI 교수 프로그램은 대체로 CD-ROM으로 가르친다. 피훈련자들은 컴퓨터 단말기들과 상호작용한다. 피훈련자들의 반응은 자동적으로 기록되고 분석되며, 각 문항의 난이도는 이전 문항의 정답 여부에 따라 결정된다.

컴퓨터 기반 훈련 중에 가장 넓게 사용되고 있는 것 중 하나는 컴퓨터 사용 능력을 가르치는 것이다. 무수히 많은 종업원들은 현재 직무에서 매일 컴퓨터를 사용하고 있으므로 컴퓨터 작동 기술들을 개발하는 것이 중요하다. 항공 승무원들을 훈련시키는 데에도 많이 사용된다.

항공사에서 사용하는 소프트웨어는 조종실에 있는 버튼, 스위치, 다이얼, 시그널 라이트의 모의실험을 하기 위한 터치스크린과 장치들을 포함한다. 이런 유형의 교육은 조종사와 부조종사가 더 값비싼 비행 시뮬레이터를 사용해야 하는 많은 시간을 줄여준다.

컴퓨터 기반 훈련에서, 피훈련자들은 자신들의 수준에 맞게 교육자료들을 통해서 적극적으로 훈련과정과 일에 몰두한다. 즉, 피훈련자는 얼마나 오랫동안 얼마나 자주 연습을 할지 결정한다. 이러한 선택의 자유는 일에 충분히 동기화되지 않은 피훈련자들에게는 부분적으로 불리할 수 있다. 온라인 문제해결 과정에 지원한 78명의 기술 종업원들에 대한 연구에서, 그들 일부가 연습 과정을 건너뛰거나 수업자료를 이해하기 위해 작업과정으로 너무 빨리 들어갔다는 것을 보여 주었다. 그 과정 이후에, 낮은 시험 점수를 받은 피훈련자들은 연습 과정의 70% 이하를 완수했고, 14시간 과정으로 계획되어 있던 것을 6시간 이하만 이수했다. 또한 훈련에서 최소한의 시간을 쓴 사람들은 낮은 학습 자기 효능감(learning self-efficacy)의 수준을 나타냈다. 즉, 학습자료를 배우는 자신들의 능력에 대한 충분한 자신감이 없는 것으로 나타났다(Brown, 2001).

그럼에도 불구하고, 컴퓨터 기반 훈련은 성공에 대한 동기나 능력을 가지고 있는 사람들을 위한 많은 이점들을 갖고 있다. 피훈련자들은 기술 숙달로 인한 보상과 성장에 관한 즉각적인 피드백을 받는다. 이 기법은 전통적인 강의식 기반 훈련과정을 하는 것보다 더 많은 개인적인 지식을 제공한다. 이것이 편견이나 오류를 갖고 있지 않고, 절대로 학생에 대해 참을성이 없거나 화를 내지 않고, 교과에 관한 포괄적인 지식을 갖고 있는 뛰어난 선생의 개인적인 지도와 다른 것은 아니다. CAI는 정확한 기록을 유지하고 각 피훈련자들에 대한 현 수행분석을 지속하기 때문에, 훈련 직원들은 어떤 이례적인 교육 문제들의 발생 시에 무료로 헌신한다.

컴퓨터 기반 훈련은 회사가 강의실을 다 채우고 어떤 과정을 계획할 만큼 피훈련자들이 충분해질 때까지 기다리지 않도록 적은 수의 피훈련자만으로도 사용될 수 있다. 또한 다른 장소에 있는 많은 피훈련자들에게 일제히 제공될 수 있다. 학생들은 이 기법이 훈련 시간을 유의하게 감소시키고 훈련의 정적 전이를 제공한다는 것을 보여 주었다.

넷 기반 훈련

넷 기반 훈련(net-based training)은 현재 Xerox, Texaco, Unisys, Create and Barrel과 같은 회사에서 사용되고 있다. 인터넷과 인트라넷(회사 내 사이트)이 이에 포함된다. 이 기법은 일종의 통신 교육으로써, 최신 프로그램의 개발 요구로 인해 전통적인 훈련 프로그램들이 바뀌고 있다.

넷 기반 훈련을 통해, 직원들은 여행 중에는 휴대용 컴퓨터로, 집이나 회사의 컴퓨터로 인원수에 제한 없이 회사로부터 훈련과정들을 제공받을 수 있다. MBA학위를 위한 정보 기법 인증부터 교과학습이나 상급 회계 연습까지, 거의 모든 유형의 교육이 준비되고 있다.

넷 기반 훈련은 컴퓨터 기반 훈련과 같은 이점을 갖고 있다. 피훈련자의 적극적인 개입, 그들 자신의 페이스에 맞춘 성장의 기회, 즉각적인 피드백과 강화, 게다가 훈련 장소와 시간이 유동적인 것까지 유사하다.

넷 기반 훈련의 비용은 전통적인 강의실 교수법의 비용보다 20~35% 정도 낮다. 훈련자들과 피훈련자들은 규정된 계획시간에 만나야 한다. 종업원들의 범위가 더욱 커지면서 이 기법은 더 싸고, 더 좋고, 더 빠른 방법으로 되어가고 있다.

행동 수정

행동을 바꾸기 위한 정적 강화의 사용은 조직 훈련에 많이 적용된다. 더욱더 효과적인 직무수행을 위해서 수정될 수 있는 행동들이나 문제들을 결정하기 위해, 수행평가가 우선 실행된다. 그리고서 정적 강화 프로그램은 오류나 단위 별 생산시간을 줄이는 것과 같이 바람직한 행동을 하게끔 종업원들에게 보상을 준다. 처벌 또는 질책은 하지 않는다. 비록 그들이 일시적으로 바람직하지 않은 행동을 제거했다 하더라도, 그 행동은 걱정되고 두렵고 화나는 상황에서 나타날 지도 모른다. 정적 강화를 제공하는 것이 종업원의 생산력과 행동을 향상시키는데 훨씬 더 효과적이다.

행동 수정 바람직한 직무 행동에 대해 종업원들에게 보상으로써 정적 강화를 주는 훈련 프로그램.

행동 수정(behavior modification)의 고전적 프로그램은 공군에서 개발되었다. 유도된 행동 변화들은 직무수행과 직접적으로 연결되어 있다. 직무 감시는 두 문제점을 갖고 있다. 첫째, 종업원들이 고객 전화 문의들의 90%를 90분 내에 응답할 수 있다는 그들의 신념에도 불구하고, 그들은 사실상 그 시간 내에 문의들의 단 30%만 응답하고 있었다. 둘째, 종업원들은 주어진 시간 동안 소포들의 단 45%만 컨테이너 안에 넣었지만, 경영진은 컨테이너의 90%가 채워질 것이라고 기대했다. 행동 수정 훈련 프로그램의 목표는 종업원들이 고객의 문

<여기서 잠깐>

하늘에서 하는 공부

Morgan Hezlep가 석사 학사 학위를 끝마치기 위해 대학으로 다시 돌아가기로 결정한 것은 그녀 나이 29살, 건강관리 소프트웨어 프로그램을 개발하는 San Diego 회사에서 일할 때였다. 그녀는 돈이 필요했기 때문에 학교로 돌아가기 위해서 직장을 그만둘 수가 없었다. 게다가 그녀는 그녀의 일을 좋아했다. 불행하게도, 그녀의 회사는 그녀가 새로운 프로그램을 개발하는 고객과 함께 일하기 위해 장기적인 임무를 가지고 Boston으로 가기를 희망했다.

그리고 나서 일은 더 복잡해졌다. 그녀는 Boston으로 가고 싶지 않았고, 회사는 그녀가 매주 그곳을 왔다갔다 하는 것에 동의했다. 직무문제는 자리를 잡았지만, 그녀는 그녀의 학위를 끝마치기 위해 충분히 수업을 들을 수 있었을까? Boston에서 그녀는 하루 종일 일을 했고, San Diego에서는 학교에 갈 수 없었다. 그녀는 오직 주말 수업에만 참석할 수 있었다.

그러자 그녀는 Florida의 Tampa 근처에 위치해 있는 Saint Leo University에서 제공하는 컴퓨터 과학 온라인 학위 프로그램을 수강했다. Morgan은 공항에서 시간을 보낼 때나 비행기로 도시들을 이동하는 시간 동안에 온라인으로 그녀의 수업을 들었다. 이 시스템은 CD-ROM으로 제공되는 강좌들을 공부하고 페이퍼를 쓰도록 주당 16시간을 주었다. 그녀는 "나는 매주 일요일에 San Diego를 떠났어요. 나는 월요일부터 목요일까지 일을 했고, 금요일 아침에 San Diego로 돌아왔죠. 나는 공항에 자리를 잡고, 헤드폰을 끼고 CD로 수업을 듣습니다."라고 말했다.

이 프로그램을 이수하기까지는 2년이 걸렸다. CD-ROM과 함께, 매주 가상의 강의실에서 다른 학생들과 교수와 온라인상에서 토론과 세미나를 했다. 무료 전화와 팩스, 또는 이메일을 통해 언제든 조언자들과의 연결이 가능했다. 수업교재는 매 과정이 시작되기 전에 메일로 도착했다.

그녀의 학위와 함께, Morgan은 30만 마일 이상 비행기 마일리지를 쌓았고, 그것의 일부는 그녀의 졸업을 위해 Tampa로 가는 비행기에 썼다. 그 때가 캠퍼스를 본 유일한 시간이었다.

그녀의 새로운 자격증들은 그녀가 새로운 분야에 들어가는 데 도움을 주었다. 그녀는 법학대학을 등록하고 매일 진짜 빌딩에서 실제 수업을 듣고 있다. 그녀의 온라인 교육 경험으로 인해 그녀의 교육 흥미도 매우 높아졌다. 그녀는 "온라인 수업을 통해 나는 좋은 공부 습관과 시간 관리기술을 갖게 되었어요. 나는 이 경험이 나를 더욱 잘 훈련받은 학생으로 만들었다고 생각합니다."라고 말했다.

출처: Computer school. *St. Petersburg (FL) Times*, July 20, 2003.

의에 보다 빠르게 응답하고, 가능할 때면 언제나 화물 컨테이너를 사용하는 것이었다.

관리자들은 종업원들에게 미소와 끄덕임, 일을 잘 한 것에 대한 상세한 칭찬과 같은 강화물들을 주기 위한 여러 가지 인정과 보상이 있다는 것을 알았다. 수행 향상을 위한 재정적 인센티브들은 사용되지 않았다. 칭찬과 인정은 직무 수행을 향상시키고 행동의 정적 변화를 가져오는 충분한 강화물인 것으로 밝혀졌다. 관리자들은 바람직한 행동이 발생하자마자 강화해야 한다는 것과 그것은 지속적인 강화물로부터 때때로 주어지는 강화물로 점차적으로 옮겨가야 한다는 것을 알았다.

종업원들은 회사의 기준과 그들의 수행을 비교할 수 있도록 그들의 성취에 대한 상세한 기록을 지속하도록 요구받았다. 이 지속적인 기록은 그들의 성장에 대한 피드백을 매일 제공했다.

회사는 향상된 생산력과 응답시간으로 3년 동안 300만 달러를 절약했다. 이는 초기에 행동 수정 프로그램을 만드는 비용보다도 더 적은 것이었다.

직무 순환

직무 순환 몇 년에 걸쳐 다양한 직무와 부서에 피훈련자들을 배치시키는 경영 훈련 기법.

직무 순환(job rotation)은 일반적으로 많이 쓰이는 경영 훈련 기법이다. 조직의 모든 일면을 피훈련자들에게 알려 주기 위해 다른 직무와 부서에 그들을 노출시킨다. 이것은 일을 시작한 지 얼마 안 되는 대학 졸업생들에게 자주 사용된다. 직무 순환을 통해서, 피훈련자들은 조직 생활의 다양한 양상들에 대한 시각을 갖는다. 그들은 자신들의 지식, 능력, 관심을 가장 잘 적용할 수 있는 직접적인 경험을 배울 기회와, 다른 부서의 고위 관리자들을 대면할 기회를 갖게 된다.

회사에 근무하는 동안 관리직의 보직 순환은 반복될 것이다. 한 부서에서 다른 부서로, 또는 미국의 한 건물이나 사무실에서 다른 나라로 이동할 수 있다. 이러한 변화들은 종업원들이 새로운 도전을 성공적으로 이루는 법을 배우면서 관리 피훈련자들의 유동성, 적응력, 자기 효능감의 개발을 증진시킬 수 있다. 직무 순환 프로그램은 또한 숙련되고 반숙련된 직무들을 위해 사용된다.

이는 종업원들이 다양한 직업에서 그들의 기술 수준을 높이도록 하고, 수년 동안 같은 과업을 수행함으로써 생기는 지루함을 덜게 할 수 있다.

잦은 이동을 포함하는 직무 순환 기법의 단점은 가족생활이 분열되고 배우자의 직업에 방해될 수 있다는 것이다. 만약 순환기간이 너무 짧다면, 개별적인 직무에 대해 충분히 알기에는 충분치 않은 시간이 될 것이다. 만약 회사의 최고경영층이 직무 순환 훈련에 참여한 관리자들을 멘토를 필요로 하는 차기 회사를 이끌어갈 관리자 집단으로 보지 않고 단순히 잠시 파견된 직원으로 생각한다면, 피훈련자들은 상위 관리 계층에 필요한 지식, 기술, 능력을 배울 수 없게 될 것이다. 이는 결국 프로그램의 목적에 맞지 않는 것이 된다.

사례연구

사례연구 피훈련자들이 경영 문제를 분석하고 해결책을 제공하는 경영진 훈련의 방법.

하버드 경영대학에서 개발된 **사례연구**(case studies) 방법은 행정 훈련 프로그램으로 많이 사용되고 있다. 경영자나 행정관들에 의해 매일같이 직면하게 되는 복잡한 문제나 사례는 총회 전에 피훈련자들에게 나타난다. 피훈련자들은 중요한 추가자료를 발견하고 자신들이 정보에 정통하게 되는 것을 기대한다. 그들이 하나의 그룹으로 미팅에 참여했을 때, 각 구성원은 문제를 해명하고 해결책을 제공할 준비가 되어 있어야 한다. 다양한 관점들에 대한 발표를 통해, 피훈련자들은 문제에 대한 다른 시각들과 그것을 해결하기 위한 다른 접근들을 이해한다. 대체로 사례들은 한 가지 옳은 해결책만 갖고 있는 것은 아니다. 그룹 리더는 답을 제시하지 않는다. 모든 그룹은 그 문제를 해결하고 합의점에 도달해야 한다.

사례연구 방법의 제한점은 그 해결책이 직무의 요구와 연관성이 없을 수 있다는 것이다. 사례 문제에 대한 이론적 해결책과 조직에 대한 실질적인 해결책 간의 불일치가 존재할지도 모른다. 그러므로 훈련 프로그램에서 제안하는 사례연구 해결책의 기초에 기반한 행동들은 직무에 맞는 행동들로 바뀌지 않을 것이다.

비즈니스 게임

비즈니스 게임 의사결정기술과 문제해결의 개발을 촉진시키는 복잡한 조직 상황을 모사하는 훈련 방법.

비즈니스 게임(business games)은 복잡한 조직 상황을 모사(simulate)해 보는 것이다. 비즈니스 게임은 문제해결과 의사결정기술을 향상시키고 경영 피훈련자의 실수가 조직을 당황케 하거나 비용적인 문제를 갖지 않는 상황에서 이러한 기술들을 사용하는 연습을 시키려고 의도한다.

피훈련자들은 가상의 경영 조직에서 나눠져 있는 각 팀들과 경쟁을 한다. 그 팀 회사들은 재정, 판매, 광고, 생산, 전 직원, 그리고 재고품에 대한 데이터를 포함하는 그들 조직의 경영에 대해서 구체적인 정보를 받는다. 각 그룹은 스스로 조직화해야 하며, 각 구성원에게 다양한 과업들과 책임감을 할당해야 한다. 팀들이 공동의 문제들을 다룰 때, 지도자는 그들의 추론과정(reasoning processes)과 결정을 평가한다. 팀들은 그들의 초기 결정의 성과에 기초하여 추가적인 문제들에 대해 생각해 보아야 할 것이다.

비즈니스 문제들은 피훈련자들이 매우 현실적인 것으로 나타나기 때문에, 많은 피훈련자들은 그들의 가상의 회사에 감정 몰입을 하는 것으로 형성된다. 그들은 시간의 압력 하에 진정한 삶의 문제들에 대해 결정을 내리는 것과 경쟁 조직들에 대해 어떤 행동을 취할지에 대한 경험을 얻는다. 신참 종업원들을 위해, 비즈니스 게임은 그들의 실제 직무 과업들에 대한 첫 노출(exposure)과 경영자와 직면하는 스트레스 상황을 제시한다. 이런 현실적 직무 소개는 피훈련자들이 다른 작업선에서 더욱더 행복해질 것이라고 설득한다.

서류함 훈련

서류함 기법 평가센터에서 사용하는 기법으로 지원자들을 전향적인 관리자의 서류함에서 볼 수 있는 메모, 편지, 지시 사항에 대해 처리하게 한다.

서류함 기법(in-basket technique)은 종업원 선발 방법으로써 3장에서 논의되었다. 이 기법은 유망한 경영자들을 훈련시키는 데 사용되곤 한다. 편지 꾸러미, 메모, 고객의 불평, 종업원의 요구, 직무에서 경영자들에 의해 다뤄지는 전형적인 다양한 문제들이 각 피훈련자들에게 주어진다. 피훈련자들은 특정 기간 내에 각 종목에 행동을 취해야 한다. 그 업무들이 끝난 후에, 피훈련자들은 그들의 결정에 대해 토론을 하고 결과에 대한 피드백을 받기 위해 훈련자를 만난다.

역할 연기

역할 연기 피훈련자들이 부하들이 겪는 상황들에서 다양한 행동을 연기해 보고, 상사의 역할을 연기해 보는 경영 훈련 기법.

역할 연기(role playing)에서는 경영 피훈련자들(management trainees)이 특정 역할을 맡아서 주어진 상황에 적절하다고 생각하는 행동들을 연기해 보는 것이다. 예를 들면, 그들은 부하의 낮은 수행평가를 상사와 논의하는 자신들을 상상해 볼 수 있다. 그들은 자신들의 수행에 조언을 해 주는 지도자들과 피훈련자들 그룹 앞에서 이 상황들을 연기한다. 피훈련자는 먼저 상사의 역할을 연기해 보고, 다음으로 반대의 상황을 경험하고 같은 피훈련자는 종업원 역할을 한다. 부문들은 나중의 분석을 위해 비디오테이프로 녹화될 수 있다. 많은 사람들은 그룹 앞에서 연기를 하면서 바보 같거나 서투른 느낌을 받는다. 그러나 그들이 다시 그것을 했을 때, 대부분의 사람들은 그들의 감정들을 역할 연기에 이입시키고 그 부분에 대한 민감성이 높아진다.

역할 연기는 가치 있는 학습방법이 될 수 있다. 이것은 피훈련자들이 부하들의 시각을 이해할 수 있게 하고, 그들에게 그들이 관리자로서 연기해야 하는 역할들에 대해 알려 준다. 또한 다른 피훈련자들과 지도자들로부터의 피드백과 같은 실질적인 경험을 제공한다. 피훈련자들은 실수나 부적절한 행동들이

역할 연기는 피훈련자들에게 다양한 감독행동을 연습할 기회를 주고 다른 동료 피훈련자들과 훈련자로부터 피드백을 받을 기회를 부여한다.

직무에서의 대인관계들을 위태롭게 하지 않을 어떤 상황에서 직무 관련 행동들을 연습할 기회를 갖는다.

행동적 모델링

행동적 모델링 피훈련자들이 성공적인 상사들의 직무 행동을 따라 하려는 경영 훈련 기법.

경영 훈련에 가까운 **행동적 모델링**(behavior modeling)은, 피훈련자들이 자신들의 행동을 예외적인 직무수행의 예들을 모델로 삼거나 따라 하는 것들을 포함한다. 이것은 대인관계 기술과 리더십 기술들을 가르치기 위한 일반화된 기법이다. 대체로 6명에서 12명의 상사나 관리자의 그룹들이 행동적 모델링을 진행한다. 부문들은 4주 동안 매주 2시간에서 4시간으로 진행된다. 훈련 부문들 간의 시간적 간격 동안, 피훈련자들은 새로 배운 것을 적용하면서 직무에서 일을 하고, 부하들로부터 피드백을 받는다.

일반적인 절차는 훈련자에게 준비된 대본을 가지고 전반적인 소개를 하는 것이다. 그리고 나서 피훈련자들은 직무수행, 초과 결근, 낮은 사기에 관한 토론과 같은, 부하와 함께 직무상황을 다루기 위한 적합한 절차와 행동을 하는 관리자의 비디오테이프를 본다.

다음으로, 피훈련자들은 그들이 본 모델의 수행했던 행동들을 연습하기 위해 행동적 예행연습에 참여한다. 피훈련자들은 연기해야 하는 역할에 대해 질문받지 않는다. 대신에, 그들은 직무에서 사용할 실질적 행동들을 모방함으로써 행동적 모델을 나타낸다. 훈련자와 다른 피훈련자들은 그 또는 그녀가 모델의 행동을 얼마나 가깝게 따라하는지, 어디에서 그들의 행동이 달라지는지를 각 피훈련자에게 말해 줌으로써 피드백을 준다. 이 사회적 강화물은 피훈련자들이 적절한 행동을 나타내는 그들의 능력에 대한 자신감을 얻도록 도와준다.

관리자와 부하들 간의 모델이 된 상황이 실제 직무상황이기 때문에, 행동적 모델링이 직접적으로 직무로 이동을 할 때 대인관계 행동과 리더십 행동들을 배운다. 그러므로 직무요구와 훈련 기법으로서의 행동적 모델링 간에 높은 연관성이 있으며, 그것은 훈련을 받아들이고 적용하기 위해 피훈련자들의 동기를 증진시키는 조건이다.

행동적 모델링을 사용하는 조직들의 기록을 살펴보면, 이 기법은 종업원

<여기서 잠깐>

가상훈련(virtual training)

여러분은 가상훈련을 영화에서 보았을 것이다. 제트 전투기는 위쪽, 아래쪽, 옆쪽의 거대한 비행 탱커에 연료를 채우는 방향으로 조심해서 움직인다. 깔때기가 붙어 있는 길고 얇은 튜브는 비행기 탱커의 옆쪽으로부터 뻗어 있다. 전투기 조종사는 시간당 500마일 이상을 운행하는 동안 필요한 연료를 넣기 위해, 연료 탱크 문을 작은 깔때기에 연결하기 위해서 제트기를 조종한다. 이것을 기내 연료보급이라고 하는데, 모든 제트기 조종사들이 이 까다롭고 민감하고 위험한 작동법을 배워야 한다.

최근에 대학을 졸업한 26세의 조종사 Lt. Charlie Howard는 처음으로 그 조종법을 수행하는 중이다. 그는 강의를 듣고, 작동법 매뉴얼을 읽고, 조종사의 연결 시야에 관한 비디오에 집중해서 보고 있다. 하지만 지금 그는 머리 위에 괴물 비행기가 있는 것 같은 커다란 두려움에 쌓여 있다.

그는 절대로 그 깔때기에 눈을 떼지 않는다. 오직 20 피트 거리에 떨어져 있다. 그는 더 가까이 잡아당긴다. 갑자기, 강풍이 불면서 그의 비행기를 강타하고 조종사는 상승기류로 인해 몸이 튀어 오르면서 의자에 세게 부딪힌다. Charlie는 컨트롤 스틱을 앞쪽으로 힘껏 잡아당기지만 너무 늦었다. 바람은 그의 반응보다 더 빠르게 몰아친다. 그의 작은 비행기는 탱커 쪽으로 부서진다.

'쾅' 하는 소리가 들린다. "Charlie. 당신은 사망했습니다. 모든 사람들이 탱커 안에 있습니다. 다시 시도하세요."

Charlie Howard는 조종 시뮬레이터, 실제 그대로의 컴퓨터 가공 이미지를 제공하는 머리에 부착하는 가상 현실 기계장치를 쓰고 가상의 비행기를 날고 있다. 충돌로 인해 그가 받은 유일한 상처는 그의 자아이며, 그는 그것이 완벽해질 때까지 계속해서 다시 조종 연습을 할 수 있다. 그리고 나서 그는 진짜 비행기를 조종할 수 있는 허가를 받을 것이다.

미국 군대는 조종사와 항공 교통 관제관, 탱크 지휘자를 위한 가상훈련에 수백만 달러를 투자해 오고 있다. 그래서 그들은 비싼 장비에 손상을 입히거나 자신들과 다른 사람들에게 해를 입히지 않고 그들의 직무를 배울 수 있다.

가상 현실은 군대의 여러 부대의 상세한 요구를 위해 연구원들에게 훈련을 만드는 것을 허락한다. 미국 공군 심리학자인 Wesley Regian은 "사람들은 더 복잡한 과업의 일부분을 연습할 수 있다. 아니면 연료 보급 시뮬레이션에서 바람을 제거하는 것처럼 쉬운 것으로부터 시작하여 학생들이 기초를 잡아감에 따라 난이도를 증가시킬 수가 있다."라고 말했다.

언젠가는 중위 Howard가 실제 바람이 부는 상황하에 실제 비행기에 연료를 공급하는 상황이 오겠지만, 그는 가상현실 모의상황 장치에 있는 산업조직 심리연구소에 감사해하며 그는 교육을 잘 받을 것이다. 그는 이미 여러 번 조종하는 것을 수행했으며 결국 성공했다.

의 사기를 증진시키고 고객들과의 의사소통능력을 향상시키며, 판매를 증가시키고 결근을 줄이는 데 효과적인 것으로 나타났다. 또한 감독기술을 높이고 생산품의 질과 양을 향상시키고 종업원의 변화에 대한 저항을 줄이는 데 효과적이다.

경영진 코칭

관리 훈련에 대한 새로운 접근법은 관리자의 직무수행의 특정 부분을 향상시키기 위해 코치가 관리자와 1:1 훈련을 하는 것이다. 관리자가 연설을 잘 할 수 있는가? 경영진은 인터넷을 사용할 수 있는가? 수행평가에 동료들과 부하들이 자신의 대표가 기술면에서 서투른 사람이라고 생각하는 것으로 나타났는가? 코치가 필요하다!

경영진 코칭 직무수행의 특정 부분을 향상시키기 위해 지도를 하는 개인적인 부문들.

경영진 코칭(executive coaching)은 개인적인 문제들이 커질 때 그것을 해결하기 위해 설계되었다. 경영진 코칭은 360도 피드백 평가에서 낮은 점수를 받은 경우에 가장 많이 쓰인다. 피드백만으로는 관리자들의 행동을 고치기에 그들의 동기가 충분하지 않다는 것을 깨닫는다면, 코치는 피드백을 해석하는 것을 도와줄 것이며 바람직한 행동적 변화들을 이끌어내는 반대의 전략들을 관리자들과 함께 해 본다. 코칭의 여러 부문들은 지각된 결함들을 다루는 것이 요구될 것이다.

경영진 코칭을 받은 1년 후에 1,202명의 상급 관리들은 360도 수행평가를 받았다. 코칭을 받은 사람들은 그들의 부하들에 대한 일반적인 목표보다 더욱 더 구체적으로 목표를 세우는 것으로 판단되었다. 그리고 코칭을 받지 않은 사람들보다 향상에 대한 생각이 간절한 것으로 나타났다. 또한 코칭을 받는 사람들의 전반적인 수행 비율은 코칭받지 않은 통제집단보다 높은 것으로 나타났다 (Smither, London, Flautt, Vargas, & Kucine, 2003).

코칭을 받은 대부분의 경영진들은 그들의 코치들의 조언에 동의하고, 그들의 경력개발에 유익한 과정이라고 생각한다.

다양성 훈련

우리는 1장에서 여성과 소수인종 종업원들을 포함하여 전 종업원들의 특성이 어떻게 변하고 있는지 살펴보았다. 점점 더 다양한 종업원들에 대처하면서 그들의 종업원들을 돕기 위해, 많은 조직은 차별적인 행동을 이끌 수 있는 개인적 편견에 맞서기 위해 사람들을 가르치기 위한 **다양성 훈련**(diversity training) 프로그램을 실시해 오고 있다. 강의, 비디오, 역할 연기, 대립 훈련들을 통해, 종업원들은 여성 종업원들이 남자 상사에 의해 성적으로 괴롭힘을 받거나, 스페인계 종업원이 흑인 상사로부터 만족스럽지 않은 수행평가를 받는 느낌이 어떤지 알게 된다. 피훈련자들은 자신들의 성적 차별주의적이고 인종 차별주의적인 태도를 다루는 방법을 배우고, 다른 사람들의 시각과 관심에 대해 더욱더 민감해지는 것을 배운다.

다양성 훈련 종업원들로 하여금 자신의 편견을 인식하게 하고, 타인의 관점 및 관심에 민감하게 만들기 위한 훈련 프로그램.

미국 회사들은 매년 다양성 훈련을 위해 100억 달러 이상을 쓴다. 다양성 훈련의 성공은 여러 가지 요소들 즉, 경영진으로부터의 지지, 의무적인 참여, 조직의 크기에 달려 있다. 최고경영진과 다양한 전문가 직원으로부터의 강력한 지지를 받고 모든 종업원들의 참여를 요구하는 커다란 조직들은 가장 성공적인 다양성 훈련 프로그램을 가질 수 있을 것이다. 그러나 참가자들의 훈련 후 인터뷰에서, 이것은 오로지 정책적으로 옳은 것을 하는 것만 나타내므로, 이 프로그램들이 제공받는 것들만큼 이 프로그램들이 부정적인 반응들을 낳을 수 있다는 것을 제안했다.

경력개발과 계획

우리는 종업원의 지식, 직무 기술, 대인관계를 증진시키기 위해 설계된 구체적인 훈련 방법들을 논의해 왔다. 대부분의 훈련 프로그램들은 의무적이고, 초기 종업원, 재교육이 필요한 종업원이나 중기경력 관리자와 같은 특정 경력 단계 또는 특정 직무 지향적이다. 또한 일부 조직들은 모든 종업원의 경력에 개인 개발 기회를 제공한다. 엄격하게 자율적인 이러한 경력개발과 계획 노력들은 평생학습을 필요로 한다.

General Electric, AT&T, Merrill Lynch, TRW, XEROX와 같이 다양한 조직들이 경력개발센터를 운영한다. 그들은 회사의 경력 진로에 대한 정보와 기회를 제공하며, 종업원들이 어떻게 그들의 개인적인 목표가 조직의 목표에 부합할지 결정할 수 있게 하기 위해 상담과 개인 분석 프로그램을 제공한다. 많은 기업들은 종업원들의 대인관계 기술의 개발과 경력 계획을 돕기 위해 워크숍을 후원한다. 종업원들이 5년 동안 기업의 승진 체계 안에 속하는 것과 같은 경력 목표들을 세우고, 주기적으로 이런 목표들을 재검토하도록 장려한다. 일부 회사들은 종업원들이 대학이나 대학원에 다시 돌아가서 직무 기술을 향상시키거나 새로운 기술을 배울 수 있도록 수업료 환불 제도를 제공한다. 또한 종업원들은 출장 훈련과정에 참여하도록 장려받는다.

우리는 오늘날 작업장에서의 강력한 변화 중 하나가 한 고용주와 함께 평생을 일하겠다는 생각이 줄어들고 있다는 것에 주목해 오고 있다. 점차적으로, 우리는 우리의 개인적 기술을 계속적으로 향상시키고 증진시키기 위해 직무과정 동안 여러 번 직업을 바꾸려고 강압을 받거나 선택할 것이다. 평생교육의 필요성은 경력개발과 계획 노력의 중요성을 증가시킨다.

경력개발과 교육활동들을 하고 있는 여러 다른 기업들의 800명의 종업원들을 대상으로 13개월 동안 진행된 연구에서, 연구자들은 다음과 같은 결론을 도출하였다(Maurer, Weiss, & Barbeite, 2003).

- 경력개발 활동의 사전 참여는, 교육활동들을 더욱더 책임지기 위한 현재와 미래계획들의 좋은 예측변인이었다.
- 높은 자기 효능감은 경력개발기회에 대해 더욱더 우호적인 태도를 취하게 하고, 참가의 더 높은 수준을 이끈다.
- 경력개발 활동들에 대한 조직들의 더 많은 지지는, 종업원들의 참여가 긍정적인 개인적 신념을 이끌 것이므로 그들의 믿음을 더 크게 한다.
- 오래된 종업원은 경력개발 활동들에 대한 조직의 지원과 촉진을 덜 받으며, 그런 활동들에 대해 책임감을 덜 느낀다.

또한 연구자들은 새로운 직장을 찾는 것 대신, 회사에 남고자 하는 주된 이유가 현 고용주가 제공하는 경력 성장, 개발, 그리고 학습의 기회 때문이라고 보고했다.

경력개발과 인생단계

심리학자들은 다른 나이와 인생의 단계에서 사람들의 가치, 목표, 요구가 개별적으로 다르다고 오랫동안 생각해 왔다. 20대에 어울렸던 직무나 삶의 유형이 30대나 50대에는 어울리지 않을지도 모른다. 한 고전적 연구는 세 가지 차별적인 경력개발 단계를 제시했다(Hall, 1986).

1. 초기(establishment). 이 단계 동안, 대체로 20세에서 40세까지, 사람들은 그들의 경력을 확립하고 일상의 일에 적응한다. 이 기간의 중반쯤에, 그들은 승진과 개인의 만족감을 통해, 또는 원하지 않은 이직이나 해고를 통해 그들이 성공적으로 하고 있는지 아닌지를 알게 된다. 만약 그들이 성공적으로 하고 있다면, 그들은 조직몰입과 자기 효능감이 높아진다. 만약 성공적이지 않다면, 그들은 자기분석, 상담, 그들의 경력 계획의 수정이 필요할 것이다.
2. 유지(maintenance). 이 단계는 대체로 40세에서 55세까지 지속된다. 이른바 중년의 위기의 시간이다. 사람들은 그들이 늙어가고 있다는 것을 알게 된다. 그들은 그들의 목표에 도달하거나 성취하거나, 혹은 그들은 절대로 그 목표들에 도달할 수 없을 거라고 생각한다. 이것은 흥미, 가치, 삶의 유형에 변화를 주는 자기분석의 시간이다. 일부 사람들은 새로운 직무와 취미, 관계에서 만족감과 도전을 추구한다. 일부 조직들은 이 시기를 대처하는 것을 돕기 위해 그들의 관리 직원들에게 상담을 제공한다.
3. 최종단계(decline). 50세부터 퇴직에 이르는 55세까지, 종업원들은 그들의 성인기에 헌신했던 직업의 끝을 맞이한다. 그들은 작아지는 신체적 능력과 줄어드는 수입으로 살아가는 것에 대해 생각해야 한다. 은퇴는 일과 정체감의 상실뿐만 아니라 사회적으로 만들어 주었던 동료들을 잃게 한다. 추가적인 상담은 종업원들의 은퇴에 대한 계획을 도와줄 것이다.

직장생활(working life)의 각 단계에서 경력개발과 계획노력은 고용주들과 종업원들에 의해 나눠지는 책임감을 포함한다. 조직은 개인 성장과 개발의 기회를 제공해야 한다. 종업원들은 이 프로그램을 효율적으로 사용해야 한다. 그들은 기꺼이 그들의 기술과 직무수행을 재분석하고 현실 경력개발 계획을 공식화해야 할 것이다.

경력 자기관리

합병, 재구조화, 축소, 외부위탁(outsourcing)에 대한 수년간의 결과, 오늘날 많은 회사들이 종업원들의 성장과 경력개발을 위한 기회를 제공하려는 의지와 능력을 별로 보이지 않는다. 그들은 종업원들이 적극적으로 그들의 경력을 개발하고 계획하기 위해 그들 자신이 더욱더 책임감을 갖도록 부추긴다. **경력 자기관리**(career self-management)라는 용어는, 사람이 일상적이고 규칙적으로 정보를 모으고, 문제를 해결하고 결정을 내리기 위해 자신의 경력에 대한 계획을 수정하거나 발전시키는 정도를 말한다. 그러나 경력 자기개발 훈련의 효과적이 적다는 연구 결과도 있다.

경력 자기관리 조직에 의한 것보다 오히려 종업원들에 의해 주도되는 기술 향상과 교육에 대한 생애적 접근법.

일부 조직들은 종업원들이 자신들의 기술을 향상시키고 새로운 것들을 배우는 데에 책임감을 갖는 것을 돕는 훈련을 제공한다. 한 평가에서, 100명 이상의 종업원이 일하는 모든 미국 주식회사의 절반 정도가 경력 자기개발 훈련을 제공하는 것으로 나타났다. 전형적인 프로그램은 세 가지 단계나 매일 계속하는 프로그램들로 구성된다.

1. 경력 태도, 가치, 계획, 목표를 평가하기.
2. 어떻게 이 목표들이 현 직무에 의해서 달성될 것인지 혹은 안 될 것인지 분석하기.
3. 직무 내부 혹은 외부에서 자신의 계획들과 목표들을 성취하기 위해 기회들을 만들기 위한 경력 전략들을 논의하기. (이 단계는 기술을 향상시키고, 동료들과 상사들로부터의 피드백을 부탁하고, 개인적 정보망을 형성하고, 새로운 직무 기회를 찾기 위해 유동적으로 되는 것을 포함한다.)

<여기서 잠깐> 그것이 당신의 직업이다. 그것을 최고로 만들어라

Gary Herman는 Florida Tampa에 있는 GTE의 데이터 서비스 부서의 55세 시스템 분석사이다. 그는 너무 빠르고 쉽게 변화하는 기술 분야에서 일을 하고 있어서 자신의 미래에 대해 걱정한다. 개인의 기술은 1~2년 안에 시대에 뒤떨어지게 된다. 그는 시장에서 살아남기 위해 자신을 재교육하는 데 많은 시간을 투자하고 있다.

"사람들은 재정비될 필요가 있어요."라고 Harris의 상사인 James Harris가 말했다. "만약 그들이 그렇게 하지 않으면, 그들은 자신들의 직업을 잃을 수도 있어요. 재훈련받거나 당신의 자리를 떠나지 마세요. 간단합니다."

인터넷 기반 기술의 진보는 Gary Herman 같은 사람들을 위해 계속적인 도전을 제기한다. 그의 고용주가 최고 기술 수준의 개발들에 대한 두 달 과정을 제공했을 때, 그는 풀타임 작업 스케줄에 매일 8시간씩 공부하는 시간을 추가했다. 그의 상사는 그에게 그 과정을 이수하라고 말하지 않았다. Herman은 그의 기술을 향상시키는 기회를 얻는 것은 그 자신에게 달렸다는 것을 알고 있었다. 그러나 그는 또한 만약 그의 주요 기술의 재평가를 포함하는 다음 수행평가가 그의 경력의 방향을 관리하는 노력을 기울이고 있는 것을 보여 주지 못한다면, 그는 그가 선택한 GTE의 직업에 남아 있지 못할 것이며 더 이상 어디서도 자신을 받아주지 않을 것을 알고 있었다.

"당신은 이 분야에서 평생교육의 유형을 적용해야 합니다."라고 보스턴 대학의 공공교육센터의 행정대표인 John Ponanno가 말했다. "당신이 오늘날 배우는 많은 것들은 2, 3년 후에 못 쓰게 될 것입니다."

그러나 모든 사람이 재훈련을 받을 능력이 있는 것은 아니다. STE의 훈련가인 Rene Lutthams는 그런 훈련에 참여한 종업원들의 25%가 새로운 기술을 이수할 수 없다는 사실을 알았다. "회사는 그런 사람들을 위한 공간을 마련하려고 노력하지만, 프로젝트가 단계적으로 끝나가면서 고용을 보장할 수 없습니다."

만약 여러분이 유지할 수 없다면, 당신은 해고될 것이다. 만약 여러분이 자신의 직업을 관리하지 못한다면, 아무도 너를 받아주지 않을 것이다.

조직 훈련 프로그램 평가

어떻게 인상적이고 세련된 훈련 프로그램이나 시설이 생겨나고, 또는 얼마나 많은 종업원들이 그것을 좋아하는지에 상관없이, 그것은 체계적이고 양적인 용어로 평가된 성과나 결과물을 필요로 한다. 훈련 프로그램의 가치를 평가하는 한 가지 방법은 다음의 결과들을 평가해 보는 것이다. (1) 학습된 정보량 같은 인지적인 결과의 변화, (2) 생산물의 양적이고 질적인 향상 같은 기술기반의 변화, 그리고 (3) 긍정적인 태도와 더 높은 동기 같은 정서적 결과의 변화가 그것이다. 만약 그러한 평가 연구가 행해지지 않으면, 조직은 그것의 시간과 자본 투자가 얼마나 효과가 있는지 알지 못할 것이다.

종업원들은 그들의 직업을 위해 필요한 기술을 익히고 있는가? 생산성, 안전성, 효율성은 증가하고 있는가? 의사소통과 리더십 기술은 향상되었는가? 소수집단 종업원을 향한 다수집단 종업원의 태도가 변화하였는가? 이 질문들에 대답하기 위해서는 훈련받은 종업원과 훈련받지 않은 종업원이 같은 직무를 수행하는 비교가 이루어져야 한다. 또는 같은 종업원들의 훈련 전후를 훈련을 받지 않은 통제집단과 비교할 수 있다. 오직 그런 연구를 통해서만 조직은 그 훈련 프로그램을 수정, 확장, 또는 제거할지를 결정할 수 있다.

훈련에 관한 397개 연구의 메타분석은 연구자들이 조직 훈련의 매우 긍정적인 효과를 미치는 매개물이라는 것을 발견했다(Arthur, Bennett, Edens, Bell, 2003). 훈련과 조직 발전에 대한 150명을 대상으로 한 조사에서, 훈련 전문가들은 모든 훈련 노력의 거의 절반가량이 종업원과 조직의 수행에 향상을 가져온다고 믿는다는 것을 보여 주었다(Kats, 2002).

그러한 상당한 투자에도 불구하고, 대부분의 조직들은 그들의 훈련 프로그램을 평가하기 위해 체계적인 노력을 하지는 않는다. 또한 그들은 피훈련자가 무언가를 실제로 배우고 있다는 주관적 또는 직관적인 증거를 받아들일지도 모른다. 결과적으로, 많은 조직들은 훈련에 수백만 달러를 소비하는 것을 보람있는 일이라고 여기는 명확한 생각을 갖고 있지 않다. 한 심리학자는 조직들의 이러한 태도를 이렇게 요약했다: "회사 훈련 프로그램에서 '돈을 쓰자, 그리고 최선을 바라자'라는 생각은 빈번하다."(Ellin, 2000). 훈련 프로그램의 효율성을 시험하는 데 대한 이런 실패는 더욱더 훈련이 컴퓨터기술에 의존하는 것 때문에 점점 더 비용이 많이 든다.

비용에 더해서, 다른 요인들도 훈련 프로그램의 효율성 평가 부족을 설명하는 데 도움이 된다. 많은 훈련 지도자들은 그런 연구를 수행하기 위한 기술을 가지고 있지 못하다. 또한 그들이 주도하고 설계한 프로그램의 유용성을 과대평가 할지도 모른다. 몇몇 회사들은 경영자들이 그 훈련 프로그램을 믿어서라거나 그것이 세부적인 조직 목표를 충족시킬 수 있을 것이라 기대해서가 아니라 그들의 경쟁자고 그것들을 제공하기 때문에 훈련 프로그램을 제공한다.

일부 훈련 프로그램은 어떤 새로운 기술이나 경영 스타일이 그것의 가치를 증명하는 유명 매체에서 일화적인 보고서들을 대량으로 생산해냈기 때문에 만들어졌다. 그 한 예로, '시간 관리'는 아마도 학습을 위해 누군가의 시간을 사용하는 가장 효율적인 방법일 것이다. 후원자들은 시간 관리가 종업원의 생산성과 만족감을 증대시키고, 스트레스를 감소시키길 요구한다. 시간관리의 성공에 관한 잡지 기사와 텔레비전 보도가 점점 증가하면서, 작업장의 병폐를 치유하기 위한 최신의 환상적인 치료법으로 피고용자들을 훈련시키기 위해 회사들은 시간관리 컨설턴트를 고용했다. 얼마나 많은 회사들이 그 비싼 시간관리 훈련 프로그램을 시작할지, 그리고 그것들의 효용성을 지지해 줄 자료가 결손된 채 그것들을 유지할지 아무도 모른다.

훈련 프로그램에 따라 발생할 행동적 변화를 평가하는 것은 어려울 수 있다. 만약 종업원이 단순한 기계를 작동시키거나 일부분을 조립한다면 훈련 프로그램의 목적과 결과의 측정은 상대적으로 수월하다. 훈련되거나 훈련되지 않은, 또는 다른 기술에 의해 훈련된 종업원에 의해 단위 시간당 생산된 재화의 수는 객관적으로 결정되고 비교될 수 있다. 인간관계, 문제해결, 또는 다른 경영행위를 다룰 때 훈련의 유용성을 평가하는 것이 훨씬 어렵다.

그러나 지지하는 자료의 부족에도 불구하고 경영 훈련의 안면 타당도는 여전히 높게 유지되고 있다. 그 프로그램은 유명하고, 많은 사람들에게 필요하다고 말해지며, 경영은 그것들을 증명하는 데 좋은 것으로 보인다. 그러나 문제는 남아 있다: 그것들이 정말로 의미가 있는가?

훈련 책임자들은 경영 피훈련자들이 훈련에 참가한 후 더 높은 수준으로 책임감을 보인다고 하면서 훈련 프로그램의 효과가 있다고 한다. 이는 훈련 프로그램의 성과를 측정하는 타당하거나 충분한 측정이 아닌데, 왜냐하면 경영 훈련에 참가한 피훈련자들은 훈련 참가 전에 이미 능력 있고, 전도유망해서 당초 경영 훈련에 참석하도록 선택된 후보이기 때문이다. 이런 피훈련자들은 심지어 그 훈련 프로그램이 없이도 어쨌든 가장 승진하기에 좋은 사람들이다. 또한 훈련 책임자들은 피훈련자들이 그 프로그램을 선호한다고 자랑스럽게 말한다. 멋있게 보인다. 하지만 느낌과 다른 주관적인 반응들보다는 훈련 결과 더 나은 직무수행이 일어나는지를 밝히는 연구들이 필요하다. 조직은 공들여 만든 훈련과 프로그램의 발전을 평가하기 위해 필요한 자원을 사용하길 희망한다. 특정 훈련 프로그램이 조직으로부터 계속적인 지원을 받기 위해서는 그 프로그램의 가치에 대한 경험적인 증거가 필요하기 때문이다.

따라서 우리는 조직 훈련에서의 다음의 문제점들이 산업 및 조직심리학자들에게 많은 도전을 제공한다는 것을 알 수 있다.

- 추가적으로 복잡한 직무수행을 위해 요구되는 능력들을 알아내는 것
- 비숙련 종업원들을 위해 직무 기회를 제공하는 것
- 민족적으로 다양한 노동력 관리에서 관리자를 돕는 것
- 변화하는 경제적, 기술적 그리고 정치적 환경에 의해 대체된 종업원을 재훈련시키는 것
- 전 세계적인 시장에서 조직이 경쟁력을 유지하도록 돕는 것
- 훈련 프로그램의 효율성을 결정하는 데 필요한 연구를 수행하는 것

요 약

수학과 언어 기술에서 보충수업이 필요한 숙련되지 않은 10대부터 숙련된 회사 부사장까지, 그리고 직무 첫날부터 한 사람의 경력에 걸쳐서, 훈련과 개발은 고용의 모든 수준에서 이루어진다. 배치, 승진, 유지, 그리고 이직에 대한 결정은 종종 훈련 동안의 수행에 기초하기 때문에 정당한 고용 규칙의 제정은 훈련 프로그램에 영향을 미친다. 따라서 훈련은 차별화되는 것이 가능하다.

훈련 프로그램을 만드는 첫 번째 단계는 훈련 목적을 명확하게 하는 것이다. 조직, 직무, 그리고 종업원 분석에 기초한 요구분석은 직무분석, 주요 사건들, 수행평가, 그리고 개인사정 기술들을 사용하여 수행된다. 훈련 직원은 주제에 관해 알아야 하고, 효과적으로 의사소통 할 수 있어야 하며, 필요한 대인 기술을 갖추고 있어야 한다.

피훈련자의 훈련 전 특성들은 그들이 얼마나 많이 훈련 프로그램으로부터 이익을 얻을 수 있는지에 영향을 미칠 수 있다. 이러한 속성들은 능력, 훈련 전 기대들, 동기, 직무관여, 통제소재, 그리고 자기 효능감에서의 개인차를 포함한다. 학습에서의 심리적 요인들은 적극적인 연습, 집중 또는 분산학습, 전체 또는 부분학습, 훈련의 전이, 피드백, 그리고 강화를 포함한다.

현장 훈련에서, 피훈련자들은 직무에서 실제로 일하는 동안에 배운다. **실습장 훈련**은 모의 작업공간에서 수행된다. **도제교육**에서 피훈련자는 숙련된 장인의 지도하에 직무 경험과 강의실 교육을 받는다. **컴퓨터 보조 교수법**에서는 피훈련자들은 배워야 할 것들을 보여 주는 컴퓨터 프로그램과 함께 상호작용한다. **넷 기반 훈련**은 인터넷상에서나 회사의 사내 인트라넷 네트워크에서 교육을 제공한다. 이것은 피고용자들이 로그온하기만 하면 언제 어디서나 훈련이 가능하도록 만들어 준다. **행동 수정**에서 피훈련자들은 요구되는 행동들을 나타내도록 강화나 보상을 받는다.

직무 순환은 피훈련자들에게 그들의 일자리에서 다양한 직무들을 노출시켜 준다. **사례연구**에서 경영 피훈련자들은 복잡한 비즈니스 문제를 분석하고, 해석하며, 논의한다. **비즈니스 게임**은 모의된 사업 상황에서 상호작용하는 피훈련자들 그룹을 필요로 한다. **서류함 기법** 역시 모의된 상황에서 개인적으로 편지, 메모, 그리고 다른 사무기구를 통해 응답하도록 요청한다. **역할 연기**에서 피훈련자들은 종업원과 관리자의 문제들을 연기한다. **행동적 모델링**은 피훈련자들이 성공적인 관리자의 행동을 모방한다. **경영진 코칭**은 관리자의 직무수행의 특정 부분을 향상시키기 위해 일대일 훈련을 제공한다. 그것은 빈번히 360도 수행평가의 나쁜 결과에 뒤따른다. **다양성 훈련**에서 종업원들은 인종 차별주의적이고 성적 차별주의적인 태도들에 직면하고 그것을 다루는 것을 배운다.

경력개발은 직무 기술과 능력 향상, 그리고 개인적 발달 육성에 접근하는 평생교육이다. 자기분석과 회사 상담, 그리고 훈련 프로그램들을 통해 종업원들은 다양한 경력단계에서 도움을 받는다. **경력 자기관리**는 회사보다 오히려 종업원들에 의해 시작된 평생교육과 기술 향상이다.

조직들은 드물게 그들의 훈련 프로그램의 체계적이거나 양적인 평가의 책임을 떠맡는다. 많은 훈련 프로그램들은 훈련으로부터 야기된 실제 행동 변화의 경험적 증거보다는 그들의 효율성에 관한 주관적인 믿음 때문에 계속된다.

주요 용어

경력 자기관리	경영진 코칭
다양성 훈련	도제교육
비즈니스 게임	사례연구
서류함 기법	실습장 훈련
역할 연기	요구분석
직무 순환	컴퓨터 보조 교수법
행동적 모델링	행동 수정
현장 훈련	

복습 문제

1. Hamburger University는 무엇인가? 그것이 작업장에서의 훈련 범위와 특성들에 대해 우리에게 말하는 것은 무엇인가?
2. 요구분석의 목적이 무엇이며 어떻게 그것을 실행하는가?
3. 훈련의 목적들과 요구사항들을 결정하는 데 가장 많이 쓰이는 기법은 무엇인가? 훈련 프로그램을 만들기 전에 얼마나 자주 훈련 요구사항들이 결정되어야 하는가?
4. 훈련 전 환경에서 어떤 요인들이 훈련 프로그램의 가치에 대한 종업원의 믿음에 영향을 주는가?
5. 종업원들의 훈련 전 기대와 동기에 대한 훈련의 영향에 대해 논의하라. 어떤 방법으로 회사가 피훈련자의 동기를 증가시킬 수 있을까?
6. 통제소재와 자기 효능감의 요인들에 의해 영향을 받는 훈련 프로그램에서 어떻게 피훈련자의 동기가 수행을 잘 하게 하는가?
7. 적극적인 연습, 집중 혹은 분산학습, 전체 혹은 부분학습 훈련의 효과를 나열하시오.
8. 불도저(bulldozers)나 컴퓨터를 사용하여 사람들을 가르치는 훈련 프로그램을 당신은 어떻게 만들 것인가?
9. 어떤 요인들이 훈련 프로그램으로부터 현장 수행까지의 정적 전이를 방해하는가?
10. 어떤 강화물들이 작업장에서 사용되는가? 직무수행을 향상시키는 데 그것들의 상대적인 중요성은 무엇인가?

11. 실습장 훈련과 현장 훈련의 상대적으로 뛰어난 점을 설명하라.
12. 전통적인 교수 지도 훈련과 비교하여 컴퓨터 보조 교수법의 장점과 단점은 무엇인가?
13. 행동 수정과 행동적 모델링의 차이를 설명하라.
14. 어떻게 사례연구, 비즈니스 게임, 역할 연기가 경영 훈련으로 사용되는가?
15. 경영진 코칭이 다른 경영 훈련 기법들과 어떻게 다른가? 경영진 코칭을 받는 상급 관리자들에 대한 연구에서, 그들의 행동은 1년 후 어떻게 바뀌었는가?
16. 어떤 요인들이 경력개발과 계획 행동들에서의 참여와 종업원의 태도에 영향을 주는가?
17. 노동 인생(working life)의 경력 단계들과 경력 자기관리 행동들을 추구하는 이유를 설명하시오.
18. 종업원 훈련 프로그램의 필연성, 범위, 중요성, 그리고 그 가치에 대해 여러분은 어떠한 결론을 내릴 수 있는가?

더 읽을거리

Feldman, D. C. (2002). *Work careers: A developmental perspective*. San Francisco: Jossey-Bass. 기본적인 경력개발 (성격, 직업적 흥미, 기술, 능력)에 대해서 기술하고 있으며, 일생주기에서의 경력개발과 관련된 문제들과 아웃소싱, 감원 및 새로운 기술의 영향에 대해서 다루고 있다.

Goldstein, I. L., & Ford, J. K. (2002). *Training in organizations: Needs assessment, development and evaluation* (4th ed.). Belmont, CA: Wadsworth. 요구분석, 학습환경, 변화하는 작업환경, 훈련자 및 피훈련자 특성, 훈련의 전이, 바람직한 결과 및 훈련 방법과 같은 문제들에 대한 체계적인 접근법을 제시하고 있다. 이를 통해 훈련자, 리더, 팀, 조직에의 시사점을 제공한다.

Kilburg, R. R. (2000). *Executive coaching: Developing managerial wisdom in a world of chaos*. Washington, D.C: American Psychological Association. 임원 코칭과 직무수행에 관한 연구, 이론, 사례연구에 관한 개관을 하고 있다.

Kruse, K., & Keil, J. (2000). *Technology-based training: The art and science of design, development and delivery*. San Francisco: Jossey-Bass/Pfeiffer. 시디롬과 인

터넷 기반 훈련 프로그램에 대한 실용적인 지침을 제공한다. 포함되는 내용은 기본적인 문제들, 성인학습 원리, 인터페이스 설계, 프로젝트 관리, 컴퓨터 조력학습, 사례연구 등이다.

Robinson, P. & Schiff, N. (2001). *If I don't do it now: Career makeovers for the working woman*. New York: Pocket Books. 새로운 경력을 원하는 여성에 대한 재교육에 대한 실용적 지침을 제공한다.

Rosinski, P. (2003). *Coaching across cultures: New tools for leveraging national, corporate, and professional differences*. London: Nicholas Brealey. 의사소통과 같은 효과적인 리더십 행동의 증진을 목표로 하는 관리자와 임원, 다국적 기업 종업원들에게 중요한 문화 간 이해 훈련과 임원 코칭을 강조하고 있다.

Salas, E., & Cannon-Bowers, J. A. (2001). The science of training: A decade of progress. *Annual Review of Psychology, 52*, 471-499. 훈련이론, 요구분석, 훈련 및 훈련 후 환경 및 피훈련자 동기부여 전략을 개관하고 있다. 훈련 방법과 교수 전략부분은 원격학습, 시뮬레이션, 게임, 팀 훈련을 포함하고 있다.

제3부

조직심리학

조직심리학은 직장에서 사회적 및 심리적 분위기에 관한 것이다. 혼자 일을 하는 사람은 거의 없다. 대부분은 조립라인 또는 사무실에서 집단의 일원으로 일을 한다. 우리는 비공식적인 집단을 만들고 조직에서 규정된 것과 다른 자체적인 보상기준, 가치, 태도를 형성한다. 또한 우리는 조직의 공식적인 구조에 의해서 영향을 받는다. 비공식적 집단과 마찬가지로 이러한 공식적인 집단들은 심리적인 분위기 또는 문화를 형성하는데, 이는 우리가 직무에 대해 느끼는 감정에 영향을 준다. 따라서 작업장에서 우리의 태도와 행동은 조직의 사회적 분위기와 구성원들의 심리적인 특성에 의해서 영향을 받는다. 조직심리학자들은 이러한 두 가지 요소들 간의 관계에 관해서 연구한다.

7장의 리더십은 직장에서의 태도와 행동에 중요한 영향을 준다. 조직심리학자들은 다양한 리더십과 리더의 특성 및 책임의 영향에 대해서 연구한다.

8장의 동기, 직무만족, 직무관여는 종업원의 욕구와 조직이 이를 만족시키는 방식에 관한 것이다. 이 장에서 직무와 조직 목표에 대한 종업원의 동일시와 이러한 동일시가 직무수행과 만족에 영향을 미치는 과정에 대해서 살펴볼 것이다.

9장의 조직 개발에서는 공식적 및 비공식적 집단과 이들의 심리적 분위기를 다룬다. 이 장에서 참여적 민주주의, 사회적 기술적 변화에 대한 적응, 신참자의 사회화, 직장에서의 삶의 질을 증가시키기 위한 노력에 관해서 살펴볼 것이다.

조직심리학은 당신의 직장에서의 경력에 직접적인 영향을 준다. 이는 당신의 동기, 최상의 실적을 낼 수 있는 상사의 리더십 스타일, 당신이 보여 주는 리더십의 질, 당신이 일하는 조직의 조직 구조에 영향을 준다. 이러한 요소들은 당신의 직장생활의 질을 결정할 것이며, 결과적으로 인생에 대한 만족을 결정하는 데 중요한 영향을 미칠 것이다.

제7장

리더십

이 장의 개요

〈여기서 잠깐〉 악질 상사는 당신의 하루를 망칠 수 있다.

리더십에 대한 접근법

과학적 관리법

인간관계적 접근

X 이론과 Y 이론

리더십 이론들

상황 이론

경로-목표 이론

상사-부하 교환 이론

〈여기서 잠깐〉 보험 설계사에서 라이프플래너로...

암묵적 리더십 이론

리더십 유형

권위주의적인 리더와 민주적인 리더

거래적인 리더와 변혁적인 리더

리더십에 있어서의 권력의 역할

권력의 유형들

권력의 효율성과 사용

기대의 역할: 피그말리온 효과

리더십의 기능

배려적 리더십 차원

〈여기서 잠깐〉 언제나 옳은 경영진: 카누 경기

여러분은 창업한 회사의 절반이 사업을 시작한 지 2년 내에 퇴출되고, 5년 동안 3분의 1만이 살아남는다는 사실을 알고 있습니까? 대부분의 경우 이러한 값비싼 실패는 하나의 원인으로 돌려지는데 이는 부실한 리더십이다.

설문조사 및 연구 결과들은 오늘날 직장에서 리더십에 대한 인상이 대체적으로 긍정적이지 않음을 보여 주고 있다. 관리자 및 중역들의 반 이상이 때때로 부적격한 리더십 수준을 보여 주고 있는 것으로 드러났다. 따라서 많은 종업원들이 그러한 부적합한 상사 아래서 일하고 있는 것이다. 그러한 상사들과 같이 일을 한다는 것은 직무를 수행하고, 관계를 형성하는 데 있어 부정적인 영향을 준다. 또한, 형편없는 리더십은 작업속도를 늦추고, 질이 낮은 고객 서비스, 엉성한 근무 습관 그리고 높은 결근율과 이직률을 유발하여 기업에 피해를 준다. 악질 상사의 부하들은 조직에 대한 낮은 몰입, 일과 삶에 대한 낮은 만족, 그리고 높은 수준의 스트레스를 경험하는 것으로 알려져 있다.

수백 명의 종업원을 대상으로 한 여론조사에서 직속상사의 직무수행 능력이 '훌륭하다'고 평가한 사람들의 11%만이, 이듬해에 새로운 직장을 찾아볼 예정이라고 답한 데 반해, 직속상사의 능력이 '형편없다'고 평가한 사람들의 40% 가량이 다른 직장을 구하겠다고 답했다(Zipkin, 2000).

무능력 이외에도, 어떤 리더들은 입이 거친 것이 특징이다. 그들은 부하들

<여기서 잠깐>

악질 상사는 당신의 하루를 망칠 수 있다.

우리는 Ellen Brower 같은 사람 밑에서 근무한 적이 있거나 혹은 실제로 그런 사람들을 알고 있다. 그녀는 건방지고, 신경질적이며 입이 거칠다. 그녀는 조금의 돌발행동에도 화를 내고 그녀의 직원을 동료들 바로 앞에서 야단을 치며 그들을 무능하고 멍청하다며 몰아세운다—그보다 더한 행동도 일삼는다. 당신이 얼마나 일을 열심히 하는지, 얼마나 잘하는지는 상관없이, 그녀는 결코 만족을 못한다.

당신은 사무실에 가까워질수록 일하러 가는 것이 두렵고 어쩌면 두통이 생기거나 복통을 호소할 수도 있을 것이다. 그녀 덕분에 직장에서의 스트레스로 간밤에 잠을 이루지 못했다. 가능한 빨리 회사를 때려치울 생각을 하고 있지만, 그때까지는 월급 빼고는 얻을 것이 없는 그 직장에 불행한 직원으로 남아 있어야 한다. 그리고 '돈이 없어'라고 매일같이 말하는 당신은 그녀 같은 상사를 참아내는 게 나을 것이다.

Ellen Brower와 같은 상사 밑에서 근무를 하고 있는 것은 당신만이 아니다. Tilsa 대학교의 심리학자 Robert Hogan은 관리자 10명 중 7명 정도가 무능력하고 착취적이며, 지배적이고, 짜증스럽고, 신용하지 못할 만한 사람이라고 말한다. 그들은 책임을 회피하고 결단력이 부족하다. 다시 말해, 그들은 엉터리 상사인 것이다.

심장마비로 인해 늙은 직원이 책상에 쓰러져 앰뷸런스를 불러야 하는 응급상황에서 전화기 사용을 못하게 하는 리더처럼 '나쁜 리더(bad boss)'들의 사례는 수도 없이 많다. 리더는 근무에 방해되지 않도록 그들이 퇴근시간까지 기다리기를 원한다. 심지어 "그는 어쨌든 죽었잖아."라고 말하기도 한다. 혹은 유산의 고통으로 인해 결근을 했다는 한 여직원의 말을 믿지 않는 일부 몰상식한 부서장도 있다. 그는 그녀에게 의사로부터 진단서를 받아오도록 강요했다. 나중에 그녀가 아이의 유해를 보내기 위해 조문용 조퇴를 요청할 때, 그는 사망증명서를 가져오도록 했다.

75%의 미국 종업원들은 그들의 직업에서 가장 최악이고 스트레스를 유발하는 주범이 '상사'라고 생각한다. 종업원들의 가장 공통적인 불만사항은 감독자가 책임을 지려하지 않고 부하들에게 폭군처럼 군다는 것, 그리고 직원들을 마치 바보처럼 대한다는 것이다.

어떻게 이런 몰상식한 사람들이 책임자가 될 수 있었을까? Hogan은 그 이유를 많은 기업들이 일을 잘 하는 직원들을 선발하고 그들을 관리직급으로 승진시키기 때문이라고 한다. 문제는 일을 잘 하는 데에는 좋은 리더십에 필요한 기술과 능력이 필요가 없다는 것이다. Hogan은 "이처럼 나쁜 사람들이 잘하는 것은 그들의 상사에게 아첨하는 것이다. 이러한 사람들은 훌륭한 사회적 기술을 가지고 있다. 그것이 그들이 직장을 얻을 수 있었던 비결이다."라고 주장한다. 의심할 여지없이 좋은 상사가 되는 것보다 훨씬 더 많은 사회적 기술이 필요한 것이다.

출처: A real piece of work: "Worst boss" contests lets employees vent. Washington Post, October 16, 1997; R. Hogan, G. J. Curphy, & J. Hogan (1994). What we know about leadership. *American Psychologist*, *49*, 493–504.

을 그들의 동료 앞에서 비웃거나 야단을 치기도 하며 실제 하지 않았던 일들에 대하여 비난을 하기도 한다. 또한 해고나 강등 등으로 위협을 한다. 일반기업이나 군대에서 입이 거친 상사들을 대상으로 실시한 연구 결과는 직장에서 언어폭력을 겪은 종업원들이 그들의 상사에 대해 분노와 심한 혐오감 등을 겪었음을 보여 주었다. 그들은 상사의 요청 및 요구를 거부하거나, 낮은 직무만족 및 삶의 만족 수준을 나타내며, 조직 내에서 비생산적 행동을 하게 된다(예: Fitness, 2000; Lewis, 2000; Tepper, Duffy & Shaw, 2001; Zellaes, Tapper, & Duffy, 2002).

언어폭력을 당하는 종업원들도 불행하지만, 그들의 조직도 생산성과 효과성 측면에서 제 기능을 발휘하지 못하게 된다. 이에 대해, 27,000명 이상의 종업원이 포함된 106개의 연구 결과들을 메타분석한 결과 조직의 리더십에 대한 신뢰 수준이 높은 종업원들은 직무만족, 직무수행, 조직몰입 수준이 더 높았다 (Dirks & Ferrin, 2002).

분명히, 리더십의 질은 직장은 물론 자신의 직장경력에 있어서 중요한 요소이다. 조직이 관리자들과 중역들을 선발하고 개발 및 지원하며, 그들이 직무를 수행하는 데 있어 자신의 리더십 능력을 최고로 활용할 수 있도록 하는데 매우 신경 쓰고 있다는 것은 그리 놀라운 일이 아니다.

선발과 훈련에 대한 노력뿐 아니라, 산업 및 조직심리학자들은 리더십 기술에 대한 상당한 연구를 수행해 왔다. 그들은 성공적인 상사들과 성공하지 못하는 상사들의 특성 및 행동 양식, 다양한 리더십 스타일의 효과, 리더십 능력을 강화시키는 방법 등을 연구해 왔다.

리더십에 대한 접근법

리더의 역할을 수행하기 위해 사용하는 리더의 행동 방식은 인간의 본성에 대한 견해에 따라 달라진다. 의식적으로든 무의식적으로든, 리더는 인간의 행동에 대한 나름대로의 견해를 가지고 있으며, 이 견해에 따라 부하들을 관리한다. 예를 들어 부하들이 지시한 대로 일을 잘 하고 있는지 직무를 가까이서 감독하는 관리자는 부하들이 최적이라고 생각하는 방식으로 독립적이고 자유롭게 일을 할 수 있도록 하는 관리자와 인간의 본성에 대해서 다른 관점을 가지고 있다.

과학적 관리법

20세기 초기 현장주임(생산직의 최초 관리직)은 노동자 중에서 승진되었으며 리더십 역할에 대한 공식적인 훈련을 거의 받지 않았다. 이들은 부하들의 직장 생활에 대한 완전한 통제권을 지녔다. 이들은 고용과 해고, 생산량 및 봉급 수준의 결정에 관여했다. 이들은 무소불위의 권한을 행사하였다. 노동조합은 물론, 노사관계 부서, 인사관리자들도 없었기 때문에 불평할 수 있는 노동자는 없었다. 이들은 보통 그들의 친척이나 친구들에게 고용 우선권을 주었으며 생산 목표를 달성하기 위해 부하들을 독재적이고 공격적으로 대했으며 물리적인 위협도 동원했다.

이 시기에 사용된 관리 철학은 엔지니어였던 Frederick W. Taylor가 발전시킨 **과학적 관리법**이다. Taylor가 관심을 가졌던 것은 노동자들로 하여금 기계들을 더 빨리 조작하여 효과적인 운용을 함으로써 생산성을 향상시키는 방법을 찾아내는 것이었다.

과학적 관리법 종업원들을 기계와 같이 생각해서 생산성 증가에 초점을 둔 관리 철학.

과학적 관리법은 노동자들을 단순히 공장에서 작동하는 기계의 일환으로 보았다. 노동자들의 개별적인 욕구와 능력, 흥미를 고려한 인간적인 배려는 없었다. 관리자들은 노동자를 게으르고 정직하지 못하고 지적인 수준이 낮다고 간주했다. 심리학자들이 진행했던 미국 인구의 일반적인 지적 수준 연구도 이러한 시각을 뒷받침을 해 주었다. 심리학자 H. H. Goddard는 지적 수준이 낮은 사람들은 그보다 더 높은 지적 수준을 가진 사람들에 의해 관리를 받아야 한다고 주장했다. Goddard는 “노동자들은 어린이와 다를 바 없는 수준으로 무엇을 해야 하고 어떻게 해야 하는지 보여 주어야 한다.”고 했다. 그러므로 조직 내에서 생산성과 효율성을 극대화하는 유일한 방법은 그들의 감독자가 종업원들에게 지시하거나 생산의 절차에 따른 요구사항에 복종하도록 밀어붙이는 것이었다.

인간관계적 접근

'과학적 관리법' 하에서 사람들이 일한다는 것은 오늘날에는 거의 불가능한 이야기이다. 현대의 대부분의 조직은 종업원의 요구를 만족시키는 것을 기업의 당연한 책임으로서 받아들이고 있다. '인간관계적 접근'이라 불리는 이러한 변화된 시각은 1920~1930년경 Hawthorne 연구(11장 참조)에서 시작되었는데, 이러한 시각은 생산설비 대신에 종업원에게 초점을 맞추고 있었다.

Hawthorne 연구에서 작업장에 도입한 한 가지 변화는 리더십 스타일이었다. 이전에 Hawthorne 공장에서, 종업원들은 부품을 떨어뜨리거나 작업 도중 이야기를 나누거나 휴식을 취하고 있으면 감독자들에게 호되게 야단맞고, 매일같이 가혹하게 대우받았다. 앞에서 살펴본 대로, 종업원들은 감시되어야 하고 꾸짖고 벌을 줘야 하는 어린이들과 같이 여겨졌다. Hawthorn의 실험에서, 감독자들은 종업원들에게 생산속도를 조절할 수 있게 하며, 사회집단을 구성할 수 있게 훈련받았다. 새로운 감독자는 종업원들을 거대한 생산설비의 부품으로 보지 않고 인간적으로 대우하였다.

X 이론/Y 이론 X 이론은 사람들이 게으르고 일을 싫어하기 때문에 반드시 이끌어 주고 가르쳐야 한다는 가정을 기본으로 한 경영의 접근 방식이다. Y 이론은 사람들은 일에서 만족을 추구하며, 개인 및 조직의 목표를 향해 (의사)결정과 직무에 참여하도록 하는 상사 밑에서 일할 때 종업원들은 높은 직무만족과 최상의 수행을 보인다는 것이다.

관료주의 기업을 경영에 공식적·지시적·이성적으로 접근하는 방식.

X 이론과 Y 이론

리더십 행동으로서의 과학적인 관리법과 인간관계적 접근 방식은 Douglas McGregor에 의해 공식적으로 X 이론과 Y 이론(McGregor, 1960; 또한 Bessis & Stephens, 2000도 참조하라)이라는 이름으로 정리되었다. **X 이론**은 대부분의 사람들이 천성적으로 게으르고 일을 싫어한다는 가정하에, 이를 막기 위한 경영의 접근 방식이다. 조직의 목표를 달성하기 위해 종업원들은 강요 및 감시를 당하며 야단맞는다. X 이론은 대부분의 사람들이 야망이 없고 책임을 지기 싫어하며 이끌어 주기를 바란다고 가정한다. X 이론은 과학적인 관리법과 고전적인 조직화 방식으로 알려진 **관료주의**와 일맥상통한다.

Y 이론은 대부분의 사람들을 일을 통하여 내적 만족과 충만감을 추구한다고 가정한다. 통제와 처벌은 좋은 직무수행을 가져오는데 불필요한 것들이다. Y 이론에 따르면, 사람들은 근무 중에 근면하고 창의적이며 도전적인 것을 찾고 책임감이 강하다고 한다. 개인 및 조직의 목표를 향해 의사결정과 직무에 참

여하도록 하는 상사와 함께 일하는 종업원들은 최상의 성과를 낼 수 있다.

Y 이론의 관점은 경영에 있어서 인간관계 지향적 움직임 및 참여적이고 민주적인 조직 형태와 맥락을 같이 할 수 있다. Y 이론을 응용한 사례로 수행평가를 위한 목표관리(MBO)를 들 수 있다. 우리는 MBO에 종업원이 직무수행과 개인적 성장을 위한 목표를 설정하는 높은 수준의 참여가 포함되어 있다는 것을 언급했었다.

McGregor의 이론적인 분류는 오랫동안 유용하게 사용되어 왔다. 현장에는 얼마나 잘 적용되어 왔을까? 한 학자는 X 이론적 관점이 아직도 지속되고 있다고 적고 있다. 즉, "종업원들은 본래 수동적이고 합법적인 경영 기대에 저항적이다."라는 것이다. 그러나 그는 "오늘날 McGregor의 휴머니즘적 조직관(Y 이론 개념)이 그 어느 때보다도 현실화되고 있다."라고 덧붙였다(Jacobs, 2004, pp. 293, 295).

리더십 이론들

산업 및 조직심리학자들은 효율적인 리더십이 다음 세 가지 요인의 상호작용에 의해 결정된다고 주장한다.

1. 리더의 특성과 행동
2. 부하들의 특성
3. 리더십이 발생하는 상황의 특징

다음은 리더십에 관한 여러 이론들이다: 상황 이론, 경로-목표 이론, 리더-부하 교환 이론(LMX), 암묵적 리더십.

상황 이론

상황 이론 리더십 이론의 하나로 리더의 영향력은 리더의 개인적인 특성과 리더십 상황에서의 특성과의 상호작용에 의해 이루어진다.

Fred Fiedler가 발전시킨 **상황 이론**(contingency theory)(Fiedler, 1978)은, 리더십의 효과성이 리더의 개인적인 특성과 상황의 상호작용에 의해 결정된다고 보고 있다. 리더는 크게 인간 지향적인 리더와 과업 지향형인 리더로 구분된다.

효과적인 리더의 유형은 상황에 대한 리더의 통제 정도에 따라 달라진다.

통제는 리더와 부하 간의 관계, 과업의 구조화 정도, 리더의 권한 또는 지위 세력의 세 가지 요인에 의해 결정된다. 만약 리더가 평판이 좋다면, 리더는 매우 구조화된 일상 업무를 지시하고, 조직의 기강을 잡을 수 있는 권한을 가질 것이며, 따라서 상황에 대한 높은 수준의 통제를 하고 있는 것이다. 이러한 상황적 조건을 호의적이라고 한다. 예를 들어 분대 내에서 사병들과 관계가 좋은 하사관은 고도의 통제력을 갖춘 영향력 있는 리더이다. 반면에, 뚜렷한 목표가 없는 사교클럽의 평판이 나쁜 운영자는 참석이나 기부금을 요구할 권한이 없는 통제력이 낮은 리더이며, 비호의적인 상황에 처해 있는 것이다. 상황 이론에 따르면 과업 지향형 리더들이 극단적으로 호의적이거나 비호의적인 상황에서 더 효과적일 것이며, 상황이 중간 정도의 수준에서는 인간 지향적인 리더들이 더 효과적일 것이다.

상황 이론은 광범위한 연구들을 통해 활발히 진행되어 왔고 그 중 몇몇의 연구는 지지적이고 고무적이다. 그러나 대부분의 연구가 실제 직무 장면이 아닌 실험 장면에서 이루어진 연구이다. 상황 이론의 타당성은 의문의 여지가 있으며, 실험에서 나타난 결과가 실제 작업현장에도 일반화될 수 있을지에 대해서는 연구가 더 필요한 실정이다.

경로-목표 이론

경로-목표 이론 리더가 부하들의 개인적·조직적 목표를 달성하기 위해 도움을 주는 행동에 초점을 맞춘 리더십 이론.

경로-목표 이론(path-goal theory)은 부하들이 그들의 목표를 달성하도록 도와주는 리더의 행동에 초점을 맞춘 리더십 이론이다. 이 이론에 따르면 리더는 부하가 특정 목표를 성취함에 따라 보상을 해 줌으로써 부하들의 동기, 만족 및 직무수행을 증가시킬 수 있다. 다시 말해서 효과적인 리더는 부하가 따라야 할 경로와 수단을 제시해 줌으로써 종업원들이 개인 및 조직의 목표를 성취하게끔 도와주는 것이다.

종업원들의 목표를 달성하기 위해 리더가 도움을 줄 수 있는 네 가지 방법은 다음과 같다.

- 지도적인 리더십: 리더는 부하들에게 무엇을 해야 하고 어떻게 해야 하는

지 알려 준다.

- 지지적인 리더십: 리더는 부하들에게 염려와 성원을 보여 준다.
- 참여적인 리더십: 리더는 부하들에게 일에 영향을 미칠 수 있는 결정에 참여하도록 한다.
- 성취지향적 리더십: 리더는 도전적인 목표를 부하들에게 제공하고 높은 수준의 직무수행을 강화시킨다.

가장 영향력 있는 리더십 스타일은 상황의 특수성과 부하들의 특성에 따라 달라진다. 리더는 반드시 융통성이 있어야 하고 어떤 것이든 선택해야 한다. 예를 들어 직무수행에 필요한 낮은 수준의 기술을 가진 종업원들은 지도적인 리더십이 효과적이다. 지도가 필요 없는 높은 수준의 기술을 가진 종업원들은 지지적인 리더십이 더 나은 기능을 발휘한다. 리더들은 상황의 본질에 대한 파악을 정확히 하고 그들 부하들의 능력과 가장 적절한 결과를 도출할 수 있어야 한다.

경로-목표 이론의 연구 결과들은 이론을 지지하기도 하고 그렇지 않기도 하지만, 일반적으로 약한 지지를 받고 있다. 이 이론은 근본적으로 '경로'와 '목표'라는 것을 조작적으로 정의하기 어렵기 때문에 실험적으로 검증하기 어려운 이론이다.

상사-부하 교환 이론

상사-부하 교환(leader-member exchange, LMX) 모델은 리더-부하 관계가 리더십 과정에 영향을 미치는 과정을 다루는 모델이다(Graen & Schliemann, 1978). 이 모델의 제안자들은 부하들의 개인적 차이를 무시한 채 평균적 리더십 스타일과 행동에 초점을 맞춘 다른 리더십 이론들을 비판하였다. 리더와 부하들 간의 양방의 관계는 개별적으로 고려되어야 하는데 그 이유는 리더가 부하들 개개인에게 다르게 행동하기 때문이다.

상사-부하 교환 리더-부하 관계가 리더십 과정에 영향을 미치는 과정에 초점을 둔 리더십 이론.

부하들은 두 유형으로 분류된다: 상사들의 관점에서 유능하고 신뢰할 만하며 높은 수준으로 동기부여되었다고 보는 '내집단'과, 무능하고 믿을 수 없고 동기부여되지 않은 것으로 보는 '외집단'이다.

LMX 모델은 또한 리더십 스타일을 두 가지로 구분한다: 감독(Supervision), 이 리더십은 공식적인 권한에 근거를 두고 있다. 리더십(Leadership), 이것은 설득을 통해 영향력을 행사하는 것이다. 외집단의 부하들과의 관계에서, 리더들은 감독(supervision)을 이용하되 낮은 수준의 능력과 책임감을 요구하는 직무를 배정한다. 리더와 외집단 구성원들 간에는 개인적인 관계가 거의 없다.

내집단 부하들과의 관계에서, 리더들은 감독(supervision)보다는 리더십(leadership)을 활용하고 높은 수준의 능력이 요구되는 중요하고 책임감이 필요한 직무를 배정한다. 리더는 내집단 부하들에게 지지와 이해를 제공하면서 리더와 부하들 간에 개인적인 관계를 맺는다.

현장 연구에서 일반적으로 LMX 모델은 경영의 다양한 수준에서 지지되고 있으며, 리더-부하 간 관계의 질이 리더십(Leadership) 훈련을 통해 개선될 수 있음을 보여 주었는데, 훈련의 결과로 상사는 감독보다는 리더십을 더 많이 활용한다는 것이다. 부하들의 LMX 질의 향상을 위한 훈련의 결과에서도 직무만족과 생산성, 불량의 감소에 있어서 의미 있는 개선이 있었다.

의학센터와 유통업체의 종업원-감독자 쌍에 대한 연구에서, 감독자에 대하여 높은 LMX를 가지고 있는 종업원들은 낮은 LMX를 가지고 있는 종업원들보다 더 자주 감독자와 대화를 한다고 보고하고 있다. 게다가 관리자와 자주 대화를 하는 높은 LMX 관계를 가진 종업원들은 낮은 수준의 LMX 관계를 가진 종업원보다 더 높은 수행평가를 받았다(Kacmar, Witt, Ziunuska, & Gully, 2003; Yrle, Hartman, & Galle, 2002).

대형 소매업종에서 일하는 125명의 영업사원을 대상으로 한 연구에서 감독자와 강한 유대감을 가진 종업원들(높은 LMX)은 LMX가 낮은 종업원보다 할당된 목표를 달성하는 데 열의를 보였다(Klein & Kim, 1998). 수입업체에 근무하는 106명의 종업원과 감독자를 대상으로 한 연구에서는, 종업원과 감독자 간에 높은 LMX와 권한위임의 관계가 유의미하게 나타났다. 다시 말하자면, 부하들과 높은 LMX 관계에 있는 감독자는 부하들에게 권한을 위임하는 경향이 훨씬 두드러졌다. 그 결과, 종업원들은 직무수행과 직무만족의 향상을 가져왔다(Schriesheim, Neider, & Scandura, 1998). 13개 기업의 128명의 관리자-종업원의 쌍 연구에서는 높은 LMX 관계에 있는 종업원일수록 상사로부터 권한위임을 높게 경험하였다. 이러한 권한위임에 대한 경험은 낮은 LMX 관계에 있는 종업원들에서는 나타나지 않았다(Gomez & Rosen, 2001).

317명의 은행원들의 수행분석에 따르면 종업원-감독자 간의 높은 LMX와 높은 직무수행 사이에 긍정적인 관계가 있었다. 또한 이 연구는 종업원과 감독자가 지리적으로 멀리 떨어져 있는 경우, 즉 종업원이 직속 상사로부터 떨어진 다른 사무실 혹은 다른 도시에서 일할 경우에도 그 관계가 유지된다고 보고했다. 연구자들은 높은 LMX 관계에서의 상호간 신뢰와 존경이 물리적인 거리를 극복하여 종업원과 감독자가 조직의 목표를 달성할 수 있도록 협력하여 일할 수 있게 해 준다는 결론을 내렸다(Howell & hall-merenda, 1999).

상사와 부하 간의 높은 LMX 관계의 특성은 양방향적이다. 232쌍의 대기업(Maylyn & Uhl-Bein, 2001) 연구에서 상사와 부하가 관계발전을 위해 노력할 경우에만 높은 LMX가 나타났다. 낮은 LMX의 경우에는 상사-부하 관계 중 한 측(주로 상사)이 다른 측보다 관계를 설정하고 유지하는 데 더 많은 노력을 하고 있다고 믿고 있었다. 결과적으로, 관리자들은 낮은 LMX 관계가 다른 측 구성원의 잘못으로 믿는 경향이 있었다.

높거나 낮은 LMX 관계는 또한 동료교환(co-worker exchanges, CWX)과도 관련이 있다고 한다. 기술업체와 헬스서비스시설에 근무하는 67명의 종업원들의 연구에서는 두 명의 동료가 감독자와 높은 LMX 관계를 가지거나, 혹은 낮은 LMX 관계를 갖더라도, 동료들 자신은 서로 간에 높은 CWX 관계를 가지는 것을 밝혔다(Sherony & Green, 2002).

마지막으로 화학회사의 연구 및 개발부서에서 근무하고 있는 191명의 종업원들을 조사한 결과 LMX는 창의성과 관련이 있음을 보여 주었다. 연구자들은 심리검사와 상사의 평가를 바탕으로 종업원들을 인지적 혁신자(innovator: 고정관념을 벗어난 아이디어를 생각해 낼 수 있는 능력) 혹은 인지적 수용자(adapter: 관습적으로 용인된 것에 부합하는 아이디어를 생각해 내는 능력)로 분류했다. 혁신자들은 감독자와의 관계에 상관없이 실제 조직 장면에서 높은 창의성을 보였다. 수용자들은 감독자와 낮은 LMX 관계에 있을 때보다 높은 LMX 관계를 가졌을 때 더욱 창의적이었다(Tierney, Farmer, & Gren, 1999).

실제 조직 장면에서의 연구 결과는 LMX 모델이 대부분의 다른 리더십 이론들

<여기서 잠깐>

보험 설계사에서 라이프플래너로...

여러분이 다음과 같은 선택을 제안받았다고 생각해 보자: 2,000달러의 급료 인상 혹은 '부장(manager)'이라는 새로운 직함(타이틀)—새로운 직장이 아니라 새로운 직함을 말하는 것이다. 당신은 어떤 것을 선택하겠는가? On-line System의 회장은 그의 판매부서에 2,000달러 혹은 '세일즈맨' 대신에 '영업부장' 중 하나를 선택하기를 제안했다. 대부분의 직원들은 새로운 직함을 선택했다.

"사람들을 머무르게 하는 것은 단지 돈 때문만은 아니다. 왜 그들은 매일매일 회사로 돌아오는가? 그 이유는 그들이 행복하기 때문이다. 화려한 타이틀은 그들을 가치 있게 느끼게 해 준다."라고 그는 말한다.

종업원들은 '부장(manager)' '이사(director)' 등과 같이 특히 자기를 높일 수 있는(ego-boosting) 타이틀을 좋아한다. 관리자들은 자신에게 걸려온 전화만 전해 받으며, 직원들은 더 낮은 하위직급에 있는 누군가로부터의 이메일이나 팩스보다 부장으로부터의 이메일이나 팩스에 좀더 빠르게 응답한다. 관리자가 된다는 것은 절대 전화를 들고 기다리는 것이 아니란 뜻이다. 그러한 모든 이점들이 그들을 좀더 생산적으로 만들 것이다.

대학 캠퍼스에서 리쿠르트를 하는 기업은 이러한 현상을 잘 인식하고 그들의 첫입사시에의 업그레이드 된 직함을 주도록 한다. '영업사원'을 구하는 대신에 그들은 '경영 리더십 개발 프로그램'의 지원자를 원한다. 같은 일이지만, 수준이 다르다. 결과는? 더 많은 지원자들이 몰렸다.

정부기관만큼 직함의 인플레이션이 심한 곳도 없다. Washington, D.C.의 미국 연방정부 서열의 맨 마지막 순위는 다음과 같다.

484명의 차관보(deputy assistant secretaries)
148 associate assistant secretaries
220 assistant assistant secretaries
82명의 차관보(deputy assistant assistant secretaries)

Brooking Institution의 선임 연구원인 Paul Light는 자신이 가진 직업에 대해 농담을 했었다. "나는 보좌관이 필요한데. 하지만, 내가 부보좌관을 얻을 때까지 아무도 보좌관을 안 할 걸."

출처: Please hold for the Deputy Deputy. *New York times*, March 14, 1999; Title search: What's in a name? *St. Petersburg (FL) times*, July 26, 1998.

보다 실무적인 이점이 있음을 보여 주고 있다.

암묵적 리더십 이론

암묵적 리더십 이론은 부하들의 관점에서의 리더십으로 정의된다. 이 관점에 따르면, 서로 다른 유형의 리더들과의 과거 경험을 통하여 우리들 자신만의 암묵적인 혹은 이상적인 리더에 대한 이미지가 형성된다고 본다. 새로 부임한 상사가 이상적인 관점 혹은 인식과 일치한다면 우리는 그 상사를 좋은 리더라고 생각하게 될 것이다. 그렇지 않을 경우, 우리는 새로운 상사가 능력 없는 리더라고 생각하게 될 것이다(Lord, Brown, & Freiburg, 1999; Lord & Maher, 1993).

암묵적 리더십 이론
과거 서로 다른 유형의 리더에 대한 경험을 바탕으로 좋은 리더를 기술하는 리더십 이론.

이것은 부하들의 마음속에 형상화된 좋은 리더의 특성에 부합한 사람이라면 누구나 좋은 리더로 분류될 수 있다는 것을 말해 준다. 따라서 리더십이 상당히 주관적이 될 수 있다. 여기에는 좋거나 혹은 나쁜 리더들을 정의할 만한 객관적인 준거나 특성이 없다. 다만, 그들의 행동이 우리의 기대수준과 일치하게 되면 그 사람은 좋은 리더가 되는 것이다.

예를 들어 직장 내에서의 당신의 경험을 바탕으로, 이상적인 관리자란 친절하고 사려 깊으며, 직무환경에 영향을 미칠만한 의사결정을 하기에 앞서 당신의 의견을 묻는 사람이어야 한다는 가정을 갖게 되었다고 하자. 이러한 유형의 리더는 당신에게 부하보다는 파트너에 가까운 느낌을 갖도록 할 수 있다. 당신의 새로운 상사가 독재적인 권위주의자라면, 당신은 그들을 좋은 리더라고 생각하지 않을 것이다. 그러나 동료는 다른 종류의 리더 밑에서 호감을 느낄지도 모른다. 아마도 이런 종업원들은 무엇을 해야할지 지시를 받는 것을 선호하고, 자신이 의사결정에 참가해야 하는 것을 싫어할 것이다. 이 동료는 새로운 상사가 좋은 리더라는 관점을 가지게 될 것이다. 그러므로 암묵적인 리더십 이론에 따르면, 위대한 리더는 부하들의 관점에 의해서 결정되는 것이다.

그렇지만 관리자가 보여 주는 모든 행동들이 부하에게 좋은 리더들이 보이는 행동으로 인식되는 것은 아니다. 실제로, 합법적인 리더십 행동은 조직 내에서 수용할 만한 것으로 간주된 제한적인 속성을 가진다는 것이다. 영국 내 다양한 산업에 근무하는 93명의 종업원들을 대상으로 한 연구에서, 암묵적인 리더십을 측정하기 위한 지필검사가 개발되었다. 결과는 네 가지 좋은 리더십 특성과 두 가지 좋지 않은 리더십 특성을 보여 주었다. 긍정적인 특성은 감수성, 지성, 헌신 그리고 역동성 등이었다. 부정적인 특성에는 독선적, 남성다움으로 나타났다. 이러한 긍정적 및 부정적 속성들은 종업원의 근속기간, 경력 단계, 직급 수준에 관계없이 나타났다(Epitropaki & Martin, 2004).

암묵적 성격 이론은 리더십에 대한 특이한 접근이다. 조직 장면에서 이 이론의 타당성은 아직 결정되지 않았다.

리더십 유형

권위주의적인 리더십 리더가 모든 의사결정과 부하들에게 해야 할 일을 지시하는 리더십 유형.

민주적인 리더십 리더가 부하와 함께 문제를 검토하고 일에 관한 의사결정을 내리는 리더십 유형.

많은 산업 및 조직심리학자들의 연구는 직장에서 드러나는 리더십 유형과 행동에 초점을 맞추어 왔다. 우리는 권위주의적인 리더와 민주적인 리더 간의 차이점, 그리고 거래적인 리더와 변혁적인 리더의 차이점에 대해 알아볼 것이다.

권위주의적인 리더와 민주적인 리더

직장에서의 리더십은 하나의 연속선상에서 다양한 유형으로 나타난다. 연속선상의 양극단은 리더가 모든 결정을 하고 부하들에게 무엇을 해야할지 지시하는 높은 **권위주의적인 리더십** 유형부터, 리더와 부하가 함께 문제를 검토하고 일에 관련된 모든 결정을 같이 내리는 **민주적인 리더십** 유형이다. 가장 효과적인 스타일은 리더를 둘러싼 상황과 부하들의 요구와 특성에 의해 결정된다.

신속한 의사결정 기술과 효과적인 직무수행을 요구하는 스트레스가 높은 경찰관 직무에서는 권위적인 리더십이 바람직하다. 법을 집행하는 상황은 민주적인 접근을 허용할 시간적 여유가 주어지지 않는다.

신속하고, 효율적인 직무수행이 요구되는 스트레스가 많은 직무상황에서는 대개 권위적인 리더십 아래에서 생산성과 만족이 더욱더 유지되기가 쉽다. 이러한 종업원들은 자신이 하고 있는 일 자체가 의사결정에 참여할 시간이 없다는 점을 인식하고 있다. 예를 들어 소방관들은 화재경보에 즉각적으로 대처해야 하며 그들의 수장의 지시에 따라야 한다. 불을 끄는 데 최선의 방법을 결정할 회의를 열 시간이 없는 것이다.

거래적인 리더와 변혁적인 리더

거래적인 리더(transactional leader)는 부하의 요구를 파악함으로써, 특정 수준의 수행과 교환을 하여 그러한 요구를 만족시키면 보상을 주어 사업을 운영한다. 경로-목표 이론에서 볼 때, 거래적인 리더는 다음의 과제를 완수해야 한다: "목표를 설정하는 것은, 조직 내 구성원들로부터 리더가 기대하는 것과 그들의 노력과 헌신에 대한 보상이 어떻게 이루어지는지, 그리고 일하는 모두에게 건설적인 피드백을 제공하는 것에 관한 합의를 명료하게 표현하는 것이다."(Vera & Crossan, 2004, p. 224).

거래적인 리더 리더와 부하 간의 특정 수준의 요구와 수행의 상호작용에 초점을 둔 리더십 유형.

거래적인 리더는 효율적인 틀과 절차의 정립을 확대시키는 것에 초점을 맞추고, 조직의 체계를 변화시키는 것보다 현행의 원칙에 따르는 데 더 관심을 갖는다. 거래적인 리더십은 조직의 성숙, 목표설정의 강화, 효율적인 운영 그리고 생산력의 증대에 도움을 줄 만한 훈련을 세우고 표준화한다.

변혁적인 리더(transformational leader)는 자신의 행동에 좀더 넓은 재량권을 갖는다. 이들은 부하들의 인식에 구애받지 않는다. 즉 변혁적인 리더는 부하들이 기대하는 것에 따라 행동을 하기보다는 부하들의 욕구와 사고를 변화시키기 위해 노력한다.

변혁적인 리더 부하의 관점에 제약받지 않고 부하의 관점을 변화시키는 리더십 유형.

변혁적인 리더는 성취할 수 있는 것에 대해 명확한 목표의식과 열정을 가지고 부하들을 독려하며 영감을 준다. 이러한 리더들은 기업 문화가 어떠해야 하는지에 대한 비전을 창출하여 이를 부하들과 의사소통하며, 피드백과 제안을 수용하는 동안에도 부하들 자신의 능력을 개발할 수 있도록 격려를 한다. 다양한 산업 분야의 약 200명의 관리자들(감독자부터 CEO까지)을 대상으로 한 연구에서 변혁적인 리더는 그렇지 않은 리더보다 외향성과 개방성의 성격요인에서 높은 점수를 받았다(Judge & Bono, 2000). 45개의 리더십 연구를 메타분석한 연구에서, 여성이 남성보다 변혁적 리더가 되기 쉬운 것으로 나타났다(Eagly, Johannesen Schmidt, & Van Engan, 2003).

변혁적인 리더십에는 세 가지 구성요소가 있다(Bycio, Hackett, & Allen, 1995).

1. 카리스마적 리더십–리더에 의해 부여되는 자신감과 영감 수준
2. 개별적인 관심–관심의 양과 리더가 부하들에게 주는 지지
3. 지적 자극–일을 어떻게 수행하는지 다른 방식으로 생각할 수 있도록 리더가 부하들을 설득하는 정도

기업 임원들, 고위 장교 및 고위 공무원과 대학생을 조사한 연구에서 부하들로부터 변혁적인 리더로 인식되는 리더들이 직무를 수행하는 데 더 효율적임이 밝혀졌다. 변혁적 리더들은 또한 관리자와 좋은 관계를 가지고 있으며 거래적인 리더로 평가되는 사람들보다 조직의 목표에 더 많은 헌신을 했다. 종업원들은 거래적인 리더보다 변혁적인 리더를 위해 더 열심히 일을 한다고 밝혔다.

다른 연구에서는 변혁적 리더는 부하들에게 권한을 위임받았다는 감정, 리더 및 부서와의 동일시를 이끌어냄을 밝혔다. 또한 변혁적 리더는 부하들이 평소에 가능하다고 생각했던 것을 넘어 생각하고 행동하도록 동기부여시켜 최상의 결과를 이끌어낼 수 있게 한다. 마지막으로 변혁적 리더는 부하들의 창의성 고양 및 직무에 대한 중요성을 높이는 데 중요한 역할을 한다(Bass, Avolio, Jung, & Berson, 2003; Bono & Judge, 2003; Karj, Shamir, & Chen, 2003; Shin & Zhou, 2003).

카리스마적 리더십 자기 발전적 성격, 높은 수준의 에너지, 위험 감수 경향으로 특징지어지는 리더십 유형. 카리스마적 리더는 부하들을 독립적으로 사고할 수 있게 자극한다.

종종 변혁적 리더는 위에서 설명한 변혁적 리더십의 세 가지 요소 중 하나인 **카리스마적 리더십**을 보여 준다. 카리스마적 리더는 박학다식하며 자기 발전적인 성격, 높은 에너지 수준을 가지며 위험을 감수하고자 하고 관습에 얽매이지 않은 전략을 사용한다. 이들은 다른 사람에게 봉사를 하고 그들의 믿음을 고취하는 데에도 효과적으로 권한을 사용한다. 카리스마적 리더는 자신의 부하들이 독립적으로 생각하고 질문하도록 자극한다. 부하들과의 열린 의사소통을 유지해 나가며 자유롭게 의견을 나누며 공감한다. 카리스마적 리더는 부하들의 높은 직무수행과 긍정적인 직무 태도를 가지게 하는 것으로 보인다.

카리스마적 리더는 또한 부하들과 비전을 소통한다. 이들은 비전을 수립하고, 마음을 사로잡는 목소리와 생생한 얼굴표정, 활기찬 상호작용과 같은 강력한 의사소통방식을 통해 비전을 표현한다. 독일의 휴대폰업체에 근무하는 25명의 중간 관리자들을 대상으로 한 조사에 의하면 관리자들은 훈련을 통하여 영감을 주는 리더로 변화될 수 있었다. 하루 반나절 동안 진행된 훈련 프로그램의 내용은 카리스마 리더십 행동 교육과 영감을 주는 연설의 준비와 연설을 하는 방법이었는데, 관리자들은 연설내용과 전달에 대한 긍정적 및 부정적 피드백을 모두 받았다(Frese, Beimel, & Schoenborn, 2003).

카리스마적 리더는 창업을 하고, 조직변화를 주도하며, 종업원의 생산성에 획기적인 변화를 일으킬 수 있는 사람 중의 하나이다. 하지만 카리스마적 리더는 다른 이들에게 자신의 권한을 잘못 사용하기도 하며, 권력을 잘못 사용하기도 한다. 이들은 부하들의 요구에 무감각할 수 있으며 개인적인 이득을 위해서만 행동을 할 수도 있다.

리더십에 있어서의 권력의 역할

리더십 행동에 있어서 권력과 관련된 이슈들 사이에는 (1) 부하들을 지휘하는 권력, (2) 권력으로 인해 리더가 동기부여되는 방식이 있다. 리더는 상황과 부하들의 성향 및 그들의 개인적 특성에 따라 다른 종류의 권력을 행사할 수 있다.

권력의 유형들

심리학자들은 다섯 가지 타입의 리더십 권력을 제안하고 있다(Yukl & Taber, 1983). 그 중 세 가지는 아래와 같다.

1. 보상 권력: 조직적인 리더들은 임금을 올려주거나 승진 등으로 부하들에게 상을 수여할 수 있다. 이러한 권력은 리더에게 부하들을 통솔하고 제어할 수 있는 능력을 주고 종업원들의 행동에 영향을 미칠 수 있다.
2. 강제적 권력: 조직의 리더는 부하들을 해고하거나, 승진을 누락시키거나 임

금을 동결하고, 원하지 않는 직무를 맡게 하는 등으로 처벌할 수 있는 능력을 가진다.

3. **합법적 권력**: 합법적인 권력은 조직의 공식적인 권력 체계로부터 나온다. 위계적 통제는 리더에게 부하들의 행동을 지시하고 감독하고, 그러한 감독을 부하들이 의무로서 수용하도록 해 주는 합법적 권한을 준다.

이러한 세 가지 권력들은 리더와 부하들이 속한 공식적인 조직으로부터 발생이 되고 정의된다. 이들은 조직이 결정한 권력 타입이거나 혹은 미리 규정된 것이다. 다음의 두 가지 유형의 권력은 부하들이 지각한 것과 같이, 리더 자신이 정한 리더의 개인적인 특성에 의해 얻어지거나 혹은 가치가 매겨진 것이다. 이러한 속성들을 '존경' 혹은 권력이라고 부른다.

4. **참조 권력**: 참조 권력이란 종업원이 리더와 리더의 목표 정도를 인지하고 그러한 목표들을 자기의 것처럼 수용하며 그 목표에 도달하기 위해 리더와 같이 일을 하는 정도를 말한다.
5. **전문 권력**: 전문 권력은 리더들이 조직의 목표를 달성할 만한 기술을 가졌다고 믿는 정도를 말한다. 만약 종업원이 리더의 숙련도를 알게 되면 기꺼이 적극적이고 지지적인 부하가 된다.

권력의 효율성과 사용

여러분의 경험에서 알 수 있듯이, 강제적인 권력은 비생산적이다. 강제적인 권력에 의존하는 리더들은 다른 유형의 권력을 행하는 리더보다 부하들을 다루는 데 있어서 효과가 낮다. 강제적인 권력을 가진 리더의 지휘하에서 일하는 사람들은 낮은 직무만족, 낮은 생산성, 그리고 낮은 몰입도를 보이는 경향이 있다. 순서적으로 볼 때, 리더십 권력 스타일에 대한 연구에서 가장 효율적인 것이 전문 권력, 합법적인 권력 그리고 참조 권력 순으로 나타났다.

권력은 어떻게 조직의 리더로 하여금 동기를 가지게 하는가? 고위급 및 중간 관리자급 관리자들은 종종 권력에 대한 엄청난 개인적 욕구를 보인다. 효율적인 관리자는 비효율적인 관리자보다 권력에 대한 높은 욕구를 가진 것으로 나타났다. 그러나 대부분의 효율적인 관리자는 개인적인 이득을 위해 권력을 추구하지 않는다. 이들의 권력에 대한 욕구는 조직을 위한 것이며 조직의 목표 달성을 위해 사용된다. 그 결과 비교적 좋은 작업환경, 높은 수준의 사기 진작, 부하들 간 높은 팀워크를 성공적으로 형성하고 유지한다.

개인적 권력에 대한 욕구에 의해 동기부여된 관리자들은 조직을 위해서보다는 자신을 위해서 사용하는 경우가 있다. 이들은 부하들로부터 충성심을 일으킬 수 있으나, 이 충성심은 조직에 대한 충성심이 아니라 리더 개인에 대한 충성심이다. 이러한 관리자들은 권력에 대한 욕구가 없는 관리자들보다 더 효과적이지만, 그 권력에 대한 욕구가 조직지향적인 욕구를 가진 리더만큼 효과적이지는 않다.

기대의 역할: 피그말리온 효과

리더가 종업원들의 직무수행에 대해 가지는 기대는 수행에 영향을 줄 수 있다. 예를 들어 높은 수행을 기대하는 관리자들은 높은 수행을 이뤄내는 경향이 있으며 수행에 대한 기대가 낮은 관리자는 낮은 수행을 나타내는 경향이 있다.

이러한 자기 충족적 예언은 강의실에서 처음 연구되었다. 실험에 참가한 교사들에게 몇 명의 학생들은 높은 수준의 잠재력을 가지고 있고, 다른 학생들은 낮은 수준의 잠재력을 가지고 있다고 알려 주었다. 사실, 두 집단의 학생들은 잠재력 면에서 차이가 없었다. 학생들은 동등한 능력을 가지고 있었다. 차이점은 교사들이 학생들에게 갖는 기대수준이었다. 그럼에도 불구하고, 높은 잠재력을 가졌다고 하는 학생 집단은 다른 집단보다 IQ 검사점수가 유의미하게 높아졌다. 교사는 학생들에게 미묘한 기대를 가지고 의사소통을 함으로써 학생들의 학습수행에 영향을 미쳤다(Rosenthal & Jacobson, 1968).

이러한 기대효과는, Galatea라는 아름다운 여자 상아조각상과 사랑에 빠진 사이프러스의 왕인 피그말리온의 이름을 따 **피그말리온 효과**(Pygmalion effect)라고 부른다. 피그말리온의 기도에 대한 회답으로, 그 조각상은 생기를 띠고 그의 환상이 현실로 변했다.

피그말리온 효과 부하의 직무수행 수준에 대한 상사의 기대가 실제 직무수행에 영향을 미친다는 자기 충족적 예언.

자기 충족적 예언은 조직 장면에서 광범위하게 증명되고 있다. 여러 직종에 있는 약 3,000명의 종업원을 대상으로 한 17개 연구를 메타분석한 연구에 따르면 군대에서 이러한 현상이 강하게 나타난다고 한다. 이 현상은 여성보다 남성들 사이에서 좀더 일반적이며, 불리한 조건에 놓인 종업원–경영진과 그들 자신이 낮은 기대수준을 가진–들로부터 잘 나타난다(McNatt, 2000). 직무수행은 보통 그들의 기대수준과 일치한다. 이스라엘 군대의 30명의 부대원들을 대상으로 한 다른 연구에서도 이 같은 결과를 증명하고 있다. 여성 상급 관리자가 여성 신입에 대해 낮은 존중심을 가질 경우, 그 여성 사원은 낮은 업무 수행을 보였다(Davidson & Eden, 2000).

동료의 기대감 역시 종업원들에게 영향을 미칠 수 있다. 대만의 소프트웨어 개발 전문가, 과학자, 의사들로 구성된 166명의 전문가 그룹을 대상으로 한 연구에서는 동료들이 자신을 창의적일 것이라고 기대한다고 믿을 경우, 그러한 기대를 동료로부터 받지 않을 때보다 실제 자신에 대한 자기-보고에서 자신을 더 창의적인 사람이라고 믿는 경향이 컸다(Farmer, Tierney, & Kung-Mctintyre, 2003).

584명의 육체노동자들과 158명의 사무직 종업원들을 대상으로 한 연구에서는 감독자가 종업원들의 자신감과 기대를 높여 주는 모델이 되어 주고 지지해 줄 때, 종업원들은 자신의 창의적 능력을 높게 지각하게 된다는 것을 발견했다. 다시 말해서, 감독자는 종업원들에게 더 창의적이 될 수 있다는 자기 충족적 예언을 만들어낼 수 있으며, 실제로 직무수행시에 창의성을 증가시키는 효과를 가져올 수 있다(Tierney & Farmer, 2002).

배려적 리더십 기능 부하의 감정에 대한 지각과 감수성을 포함하는 리더십 행동.

구조 주도적 리더십 기능 부하의 작업 행동을 조직화, 정의, 지시하는 것에 관심을 둔 리더십 행동.

리더십의 기능

조직에서 리더의 리더십 기능을 알아내는 중요한 연구들이 오하이오 주립대학에서 1940년 말경에 시작되었다. 다양한 리더십 과제와 행동들은 **배려적 리더십 기능**(consideration leadership functions)과 **구조 주도적 리더십 기능**(initiating structure leadership functions) 두 카테고리로 구분되었다(Fleishman & Harris, 1962).

배려적 리더십 차원

배려 차원에서의 기능은 부하들의 감정에 대한 지각과 감수성을 포함한다. 이러한 기능은 관리에서 인간관계적 접근과 일맥상통한다. 배려가 높은 리더들은 부하들을 저마다 특별한 동기와 욕구를 가지는 개개인으로 이해하고 수용한다. 성공적인 리더는 부하들 개개인의 감정을 배려하면서 관계를 가져야 한다. 이는 분명 관리자에게 또 하나의 부담이다. 생산 수준과 조직의 목표를 유지하는 동안 부하들에게는 동정심을 가지고 온화하고 이해심 있는 관리자가 되어야 한다.

부하들에 대한 이러한 행동의 효과는 리더와 조직에게 상당한 혜택을 가져다준다. 신용조합에서 일하는 115명의 종업원들을 대상으로 한 연구에서는 관리자와 종업원들 간에 의견불화가 있었을 경우, 부하들과 열린 대화를 하고 신경을 써주는 관리자들은 부하들로부터 신뢰할 수 있는 상사라고 여겨졌고,

효과적인 관리자는 고려 행동 (부하들의 욕구에 대한 민감성)과 구조 주도적 행동 (회사의 목표를 달성하기 위한 틀을 짜는 것) 간의 균형을 맞춘다.

<여기서 잠깐> 언제나 옳은 경영진: 카누 경기

일본 기업과 미국 기업이 Missouri 강에서 카누 시합을 하기로 했다. 두 팀 모두 최고의 성과를 내기 위해 오랜 시간 동안 열심히 연습을 해 왔다. 다음날 일본팀이 (미국팀을) 1마일 차로 이겼다.

미국팀은 무너졌다. 그들은 의욕을 상실하고 정신적으로 피폐해졌다. 조직은 '기업사명문'을 준비하고 패배에 대한 이유를 밝히는 것을 목표로 삼았다. 고급관리평가팀(measurement Team of senior management personnel)이 조직되었다. 그들은 조사와 적절한 조치를 자문했다.

그들이 발견한 것은, 미국팀은 한 사람이 노를 젓고 8명의 사람들이 키를 잡은 대신, 일본팀에서는 8명의 사람들이 노를 젓고 1명이 키를 잡았다는 점이었다. 그래서 미국 조직은 조언을 얻기 위해 막대한 자금을 투자하여 컨설팅회사를 고용했다. 컨설팅회사는 보트에서 너무 많은 사람들이 키를 잡고(방향을 잡는) 있었고 노를 저을 사람은 충분하지 않았다고 결론지었다.

다음해에 있을 경기에서 일본 기업으로부터 또 한 번 굴욕을 당하지 않기 위해 미국의 노 젓는 팀이 재조직되었다. 새로운 조직의 구조는 4명의 키잡이 감독자들과, 3명의 키잡이 지도감독자들 그리고 보조로 1명의 키잡이 연락 담당자로 구성했다. 그리고 더 열심히 일할 수 있도록 열심히 노를 젓는 한 사람에게 더 많은 성과급을 지급하는 '수행 시스템'을 시행하였다. 그 시스템은 '훌륭한 노 젓기(The Rowing Team Quality)—첫 번째 프로그램'이라는 이름으로 노를 젓는 사람들에게 힘을 주고 직무의 전문성을 위해 고안되었다. 노 젓는 사람들을 위해 미팅과 저녁만찬을 없애고 펜과 티셔츠가 무료로 지급되었다.

이듬해, 일본팀은 보트경기에서 2마일 차로 이겼다. 미국의 조직은 노를 잘못 젓는 사람을 해고했고 새로운 카누(경기)를 위한 투자를 중단하고 배들을 팔고 새로운 설비에 대한 자본투자를 취소했다. 그들은 높은 수행을 보여 준 키잡이들에게는 상을 수여하고 고위 임원들에게 보너스를 나눠주었다.

출처: An Internet story of unknown source, provided by Marty Salo.

부하들은 의견불화 책임을 관리자의 탓으로 돌리지 않았다. 부하들은 상사를 신뢰할 수 있다고 여기는 경우에 그렇지 않은 경우보다 조직의 직무에 요구에 대해 더 많은 기여를 하는 경향이 있었다(Korsgaard, Brodt, & Whitener, 2002).

배려적 리더십 기능과 앞서 다루었던 몇몇 리더십 이론 사이에서 유사점을 발견할 수 있을 것이다. 높은 배려는 상황 이론에서의 종업원 지향 리더와, 경로-목표 이론에서의 참여적 리더십, 그리고 LMX 모델에서의 리더십 조건과 관련이 있다.

구조 주도적 리더십 차원

구조 주도적 차원의 기능은 전통적인 리더십의 역할—부하들의 직무 활동을 조직하고 규정하고 지시하는 것—과 관련되어 있다. 가끔 이러한 관리자들의 일(job)에 대한 관점은 배려적 차원에서의 요구와 갈등을 일으킨다. 일을 수행하기 위해서 구조 주도적 관리자들은 종업원들에게 특정의 직무를 할당하고 어떻게 그 직무를 수행해야 하는지 지시를 하고 가르쳐 준 대로 제대로 하고 있는지 감시한다.

이러한 직무활동은 권위적인 행동과 의사결정을 필요로 해서 부하들의 욕구나 감정을 파악하기 위한 리더들의 시간과 기회를 뺏을 수 있다. 주어진 시간 내에 일정한 양의 성과가 특정한 수준의 품질을 유지하는 상태에서 달성되어야 한다. 조직의 성공과 관리자의 직무는 이러한 기준을 일관적으로 충족시키느냐에 의해 결정된다. 그러므로 관리자가 항상 배려적인 행동과 구조 주도적 행동의 균형을 맞추는 것은 언제나 쉬운 일만은 아니다.

구조 주도적 차원에서의 리더십 기능은 상황 이론에서의 과제 지향형 리더, 경로-목표 이론에서의 지시적인 리더십, 그리고 LMX 모델에서의 감독과 비슷하다.

배려적 차원과 구조 주도적 차원들이 적어도 50년 전부터 발전되어 왔지만 최근 들어 이들이 근거 있는 리더십 행동들이라는 연구 결과가 드러나고 있다. 322개의 연구에 대한 메타분석 연구에서 '배려'는 리더의 수행에 대한 질과 집단 및 조직 수행에 대한 질에 긍정적인 상관관계가 있었다. '구조 주도적'은 리더의 만족과 집단 수행과 관련이 있었다. 종합하면, 두 차원 모두 리더 효과성 및 부하들의 동기수준과 관련이 있었다(Judge, Piccolo, & Ilies, 2004).

성공적인 리더의 특성

성공적인 리더의 특성은 조직 내의 위계에서 관리자의 직급별에 따라 매우 다양하다. 자동차회사의 최고경영자는 자동차 도색 조립라인에 근무하는 감독자와는 다른 능력을 필요로 하므로 차별적인 직무를 수행한다. 일반적으로, 조직의 위계 구조에서는, 높은 위치에 있을수록 배려적인 행동은 덜 하게 되고 구조 주도적인 행동을 더 하게 된다. 고위 임원들에게는 인간관계 기술이 감독자들보다 덜 요구되는데 그 이유는 임원들이 직접적으로 통제하고 상호작용하는 부하들의 수가 매우 적기 때문이다. 기업의 부사장은 대여섯 명의 부서장들을 관리하지만 일선 감독자는 100명이 넘는 종업원들을 관리할 것이다. 따라서 다른 수준에 있는 리더들은 차별적인 임무와 특성들, 직무에서의 문제점을 가지고 있다.

자동차 공장에서 일선 관리자는 문제점과 부하들의 불평을 듣기 위해 회의를 한다.

일선 감독자들

일선 감독자들에 대한 산업 및 조직심리학 연구에서 가장 생산성이 높은 작업 집단의 감독자는 다음과 같은 특성을 가지고 있음이 밝혀졌다.

1. 효율적 감독들은 인간 중심적이다. 그들은 성공적이지 않은 감독자보다 배려적 기능에서 높은 인사평가를 받는다.
2. 효율적인 감독자들은 지지적이다. 그들은 종업원들을 잘 도와주고 상급 관리자로부터의 비난을 막아주려고 한다.
3. 효율적인 감독자들은 민주적이다. 그들은 종업원들의 생각을 물어보기 위해 종종 회의를 개최하며 참여를 적극적으로 유도한다. 감독자가 독재적일수록 덜 효율적이다.
4. 효율적인 감독자들은 융통성이 있다. 그들은 종업원들이 그들만의 목표를 그들만의 방식으로 언제든지 달성할 수 있도록 해 준다. 덜 효율적인 감독자들은 일을 어떻게 수행해야 하는지 명령하며 실수를 허용하지 않는다.
5. 효율적인 감독자들은 지시하는 사람보다는 지도하는 사람이라고 생각한다. 그들은 일의 품질을 강조하며, 명료한 방법과 시기적절한 피드백을 제공한다.

관리자와 임원들

조직의 상위 직급의 관리자와 임원은 배려적 행동보다 구조 주도적 행동을 한다. 다시 말해서, 이들은 인간 중심적이기보다는 좀더 과업 지향적인 사람들이다. 성공적인 임원은 몇 가지 특성에서의 공통점이 있다. 우리는 여기서 대학 출석과 성격, 권력의 역할 그리고 멘토링의 중요점에 대하여 알아본다. 또한 성공적이지 못한 임원의 특성을 알아본다.

대학생활 경험과 지능. 대학 출석률은 임원의 직무수행과 정적으로 관련이 있다. 대학 출신의 종업원들은 그렇지 못한 사람들에 비하여, 승진도 빠르고 높은 지위까지 오른다. 대학 학점은 경영 잠재성을 평가하는 평가센터 점수와 정적인 상관이 있었다. 대학 학점이 높은 사람들은 그렇지 않은 사람들에 비해 승진에서 높은 잠재력을 가지고 있으며, 승진시기도 빠르며, 높은 지위까지 승진하는 경향이 있었다. 출신대학의 수준은 비록 평가센터 점수와 정적인 관련성은 있었지만, 직무수행에 대한 유용한 예측요인이 아니다.

잠재적이고 실제적인 승진을 예측하는 데 더 타당한 예측요인은 대학전공이다. 전공이 인문 및 사회과학인 사람은 평가센터와 직무수행에서 가장 높은 점수를 받았고 빠르게 조직의 상위직급으로의 승진했다. 경영학을 전공한 사람이 두 번째로 높은 점수를 받았다. 수학, 과학, 공학을 전공한 사람들이 세 번째였다. 인문 및 사회과학 전공은 의사결정, 경영문제에 있어서의 창의성, 지적 능력, 글을 통한 의사소통 기술, 발전에 대한 동기가 뛰어났다. 경영을 전공한 사람들은 높은 대인관계 기술, 리더십 능력, 언어적 의사소통 기술, 융통성이 수학이나 과학, 공학을 전공했던 사람들보다 더 나았다.

수십 년 동안, 지능은 리더십과 관련이 있으며, 리더는 부하들보다 높은 지능을 가졌다고 가정되어 왔다. 최근 연구에서는 이러한 가정이 지지되지 않고 있다. 지능과 리더십 사이에는 낮은 상관관계를 보여 주고 있다. 다시 말하자면, 지적 능력은 리더십 지위에서 수행을 예측하는 유의한 결과를 보여 주지 못했다(Fiedler, 2002; Judge, Colbert, & Ilies, 2004).

성격. 4장에서 보았듯이, 성격 5요인과 같이 성격의 다양한 측면이 직무수행과 높은 관련성을 가지고 있다.

유명 기업의 최고경영자 17명을 대상으로 한 연구에서도 성격이 직무수행에 중요한 예측요인임이 밝혀졌다. 성실성 요인은 최고경영진의 경영 팀에 대한 통제감과 관련이 있었다. 정서적 안정성 요인은 팀 응집성과 지적인 유연성에 영향을 주었다. 호감성 요인은 최고경영진의 팀의 응집성에 영향을 주었다. 외향성 요인은 리더 지배성에 영향을 주었다. 개방성 요인은 팀의 위험감수와 관련이 있었다(Peterson, Smith, Martorana, & Owens, 2003).

홍콩과 미국에 지점을 둔 은행에 근무하는 571명의 은행원을 대상으로 한 연구에서 부하들의 성격이 상사와 비슷할 경우 신뢰감과 몰입이 높게 나타남을 발견하였다. 따라서 성격의 유사성은 높은 상사-부하 교환 관계를 형성하는 것으로 생각된다(Schaubroeck & Lam, 2002).

권력의 역할. 우리는 권력이 성공적인 임원이 되기 위해서 부하들의 동기부여에 있어서 중요한 힘이 된다고 언급했다. 수십 년 전, 심리학자인 David McClelland는 리더십 동기 패턴(LMP)을 제안하고 이는 '엠파이어 빌딩'과 같다고 말한 바 있다. 높은 리더십 동기 패턴을 가진 임원은 효과적인 관리자라고 여겨진다. 그들은 권력에 대한 높은 욕구와 타인과의 낮은 유친욕구, 상당한 자기 통제감을 가진다. 그들은 사람들이 자기를 좋아하길 바라는 것보다 영향력을 발휘하는 것을 좋아한다(McClelland, 1975).

이러한 성격 유형의 연구에서 성격 유형은 특정한 기술이 요구되지 않는 비전문적인 직무에 종사하는 관리자의 성공을 잘 예측하는 것으로 나타났다. 관리자들의 성취욕구도 비전문적인 직무에 종사하는 관리자의 성공을 예측하였다. 또한 높은 리더십 동기 패턴을 가진 관리자들은 높은 명성과 지위를 가진 직무를 선호하는 것으로 나타났다.

멘토링. 기업 내에서는 조력 혹은 후원을 받은 사람들은 조직의 위계에서 대개 승진을 하는 경우가 많다. 멘토(mentor)는 어린 부하(protégé)들에게 지지와 충고를 제공해 주는 지도자(coach) 혹은 상담자(counselor)이다. 운이 좋게도 좋은 멘토를 만날 수 있었던 관리자들은 멘토를 갖지 못했던 사람들과 비교했을 때, 봉급 인상과 승진을 하는 경향이 훨씬 더 크게 나타났다. 43개 연구를 포함하는 메타분석은 직무 측면을 초점으로 하는 경력 멘토링과 역할 모델링, 상담, 인간관계에 초점을 두는 심리 사회적 멘토링이 경력개발에 가치가 있음을 지지해 주었다. 멘토링을 받은 종업원들은 자신의 직무와 조직에 대해서 긍정적인 태도를 가졌으며, 봉급 인상과 승진에서도 효과가 있었다(Allen, Eby, Poteet, Lents, & Lima, 2004).

성공하지 못한 임원. 무엇이 다른 사람들을 성공하게 만드는가를 이해하는 것 못지않게 조직에 있어서 어떠한 특성이 관리자들을 실패로 이끄는지 아는 것 또한 중요하다. 이러한 실패는 보통 기차가 예상치 못하게 트랙을 벗어나는 것에 비유하여 '탈선'이라고 불린다.

한 때 경영 잠재력을 보여 주었지만 후에 해고되거나 물러난 임원들은 직무수행보다는 성격적인 요인이 문제인 경우가 있다. 탈선한 임원들은 자신의 상급자로부터 배려하는 행동이 결여되어 있다고 평가받는다. 이들이 보이는 메마른 감정, 거만함, 무관심한 독재적인 리더십 스타일은 조직의 목표보다는 개인적 목적 달성에 야심이 있다고 보인다.

산업 및 조직학자들은 성공적이지 못한 임원들의 사고에서 나타나는 단점과 오류들을 아래와 같이 지적했다(Sternberg, 2003, pp. 395-396).

1. 비현실적인 낙관주의의 오류—그들이 원하는 것은 무엇이든지 할 수 있을 만큼 자신이 머리가 좋다고 믿는 것
2. 자기중심적인 생각의 오류—그들을 위해 일하는 사람을 생각하지 않고 자기 자신만이 가장 중요하다고 믿는 것
3. 전지의 오류—그들은 모든 것을 알고 여기에는 한계가 없다고 믿는 것
4. 전능의 오류—그들은 매우 강력하여 그들이 원하는 것은 뭐든지 할 수 있다고 믿는 것
5. 불사신 오류—자신이 머리가 너무 좋아서 저지른 잘못을 타인이 밝혀낼 수 없으며, 설사 밝혀진다고 하더라고 자신의 중요성 때문에 처벌하지 못할 것이라 믿는 것

리더십의 문제점

일선 감독자들

리더 특성이 조직 내에서 관리자가 차지한 지위에 따라 다양한 것과 마찬가지로 이들이 받는 압력과 문제점도 다양하다. 어떤 점에서는, 일선 감독자들이 임원들보다 더 힘든 상황을 경험하게 되는데, 그 이유는 다른 사람들을 어떻게 다루어야 하는지에 대한 공식적인 훈련을 받지 않기 때문이다. 사실상, 일선 감독자들은 훈련을 전혀 받지 않았거나, 고위 직급의 사람들을 선발한 경우처럼 주의 깊게 선발되지 않았을 수 있다. 때때로, 리더십 잠재력에 대한 어떠한 평가도 없이, 가장 유능한 사원들을 감독자로 선택한다.

감독자라는 자리는 종업원들의 요구와 회사에 대한 충성이 상충되는 자리

이다. 승진이 되기 전, 감독자들은 종업원들에 의해 동료라고 생각되었고 그들과 태도와 가치를 공유하던 사람들이다. 이들은 일과가 끝난 후 동료들과 어울려 지냈을 것이다. 그들이 속한 팀은 그들에게 정체성과 소속감을 심어 주었으며 이는 정서적 안정감을 주었을 것이다.

그들이 감독자가 된 후에는 더 이상 동료들이나 친구들과 예전의 관계를 유지할 수 없다. 감독자들이 예전의 집단에 남아 있으려고 해도, 변화된 관계 때문에 이전 동료들은 예전같이 대하지 않는다. 이는 새롭게 승진한 감독자가 치러야 할 대가이다.

감독자들은 경영진과 종업원들이 만나는 중간지점으로, 양측의 요구가 상충되는 것을 조정해야 한다. 만약 감독자들이 종업원의 충성과 협동을 확립하고 유지하기를 바란다면, 종업원들의 요구를 경영진에게 알리고 완충장치를 제공하고, 대화의 장을 열어야 한다. 실제로, 감독자들이 자신의 지위를 계속 유지하고자 한다면 종업원들의 요구에 빠른 대응을 보이는 것이 필요하다.

종업원들의 참여가 점차 증가하는 추세에 있어서, 일선 감독자들이 해야 할 일은 복잡하게 되었다. 자율성은 줄어들고 리더십과 의사결정 권한을 부하들과 나누어야 하는 상황이다. **자기관리 작업집단**은 감독자의 권한과 자율성에 또 다른 위협요소가 된다. 이 프로그램에서, 감독자들은 권력을 분담하는 대신에 전통적인 역할을 버리고 리더로서가 아닌 지원자로서의 역할을 해야 한다. 만약 작업집단이 기대한 것보다 효과적이지 못한 경우, 감독자는 책임을 져야 한다. 반면에 작업집단이 효과적인 경우 최고경영진은 그 결과를 감독자가 아닌 종업원이 잘 했기 때문이라고 해석한다.

자기관리 작업집단 작업집단의 구성원들이 모집, 선발, 훈련에서 휴식을 가지는 시간까지 작업의 모든 측면을 관리, 감독, 통제하는 종업원 집단.

직장 내에서 컴퓨터기술 또한 감독자의 업무를 어렵게 만든다. 일선 감독자들은 종종 훈련도 받지 않은 알 수 없는 하드웨어에 책임을 져야 한다. 컴퓨터는 생산의 질과 양을 제어 및 감시할 수 있다. 그리고 종업원들의 수행 자료, 결과, 그리고 사무실 혹은 제조과정의 다른 양상 등에 관한 정보를 최고경영진들에게 제공할 수 있다. 따라서 일선 감독자들의 공헌은 알 수 없게 된다.

관리자와 경영진

부서장이나 과장들은 최고경영자와 다른 스트레스에 직면한다. 중간 관리자들은 임금과 복리후생이 안정적임에도 불구하고, 전형적으로 상당한 불만을 표시한다. 빈번하게 제기되는 불만은 회사정책 과정에 참여하지 못하는 것이다. 또한 중간 관리자들은 기업방침을 수행하는 데 필요한 권한과 자원이 불충분하다고 불평한다. 이들은 상사에게 인정받기 위해 노력해야 하고 상사의 아이디어와 프로젝트에 대한 지원을 해야 한다. 결과적으로 중간 관리자들은 종종 조직의 위계상 경영진으로 승진할 자리가 많지 않기 때문에 좌절을 겪는다.

불만족의 다른 이유는 30대 후반에서 40대 초반 정도에 겪는 쓸모없다고 느껴지는 감정이다. 이러한 감정을 느끼는 사람의 대부분은 경력정체를 경험하고 승진할 가능성이 거의 없는 사람들이다. 이러한 깨달음은 일반적인 중년의 위기의 한 부분으로 다가오며, 젊은 부하들과, 변화된 문화의 가치 그리고 조직의 목표의 재정립 등의 위협을 느끼는 중간 관리자들에게는 자기 성찰의 시기이다. 이들의 생산성, 창의성과 동기는 감소할 것이며, 퇴사를 신청할 것이며, 조직을 위한 헌신을 거의 하지 않을 것이다.

의사결정 과정에 대한 종업원의 참여는 중간 관리자들이 겪는 또 다른 스트레스의 원인이다. 자신의 직무에 영향을 미칠 수 있는 의사결정에 중간 관리자들은 참여하지 못하는 데 반해, 조립 및 생산라인에서 일하는 종업원들은 의사결정 및 직무설계에 참여하여 자신들의 권리를 보호하는 것을 알고 있다. 참여적 민주주의는 관리자들이 종업원들을 통제하는 데 사용하는 방식에 상당한 변화를 가져왔다. 종업원들과의 리더십의 공유는 관리자에게는 권한, 지위, 권력의 상실을 가져왔다. 민주화는 전통적으로 관리자의 특권이라고 여겨지던 개인 주차공간, 회사 식당, 개인 사무실과 같은 것들을 사라지게 할 것이다.

중간 관리자보다 임원들에게 공통적으로 나타나는 스트레스의 원인은 조직을 위해 시간과 에너지를 집중해야 하는 것이다. 임원들은 주당 60~80 시간 이상을 일하며 퇴근 후나 주말에 집에 일을 가져오는 것은 보기 드문 일이 아니다. 휴대폰, 노트북 컴퓨터, 팩스 등을 사용하여, 집에서나 여행 중에도 사무를 벗어나지 못한다. 이는 사적인 생활의 불균형을 초래할 수 있으며 가족을 위해 사용할 수 있는 시간을 거의 없게 만든다.

임원들이 받는 권력, 금전, 지위, 도전 및 성취감 등의 잠재적인 포상은 매우 크다. 그렇기 때문에 이들이 겪는 부담도 대단하다. 여전히 조직의 최고지위에서 누리는 긍정적인 측면이 많다. 중간 관리자들은 특별히 행복해 하지 않지만, 최고경영진들은 높은 수준의 직무만족도를 보고한다. 설문조사들에서도 대부분의 상위직급의 임원진들은 그들이 경제적으로 독립을 했다 할지라도 일을 계속 할 것이라고 응답하였다. 그들에게 있어서 일은 경제적인 만족보다 더 많은 것을 제공한다.

여성 관리자

과거 수십 년 동안 여성 관리자들이 조직의 상위직급에 많지 않았지만, 최근 많은 변화를 보이고 있다. 1995년에는 포춘지에서 선정한 500대 기업의 임원 중 단지 8%만이 여성이었지만, 2000년에는 12.5%로 증가하였으며, 2002년에는 거의 16%에 달했다. 석유, 석탄, 중장비 그리고 엔지니어링과 같은 전통적으로 남성 중심적 산업에서는 여성이 여전히 제대로 대접받지 못하고 있다. 대부분의 많은 여성 관리자들은 의류 및 소매 기업에서 일하는 것으로 보고된다(Walsh, 2002).

미국 여성 종업원들의 46%가 중하위급 관리직에서 일하고 있다. 이는 다른 선진국보다 높은 수치이다: 스웨덴과 영국은 30%, 독일은 27%, 일본은 9% 가량의 여성이 관리직급에서 근무하고 있다(data from French, 2003).

모든 직급의 여성 종업원들은 똑 같은 혹은 비슷한 일을 하면서도 남성보다 적은 임금을 받는다. 그 증거로써, 모든 연령층 및 근로계층의 여성 종업원은 임금협상이나 월급인상 요청하기를 꺼려하며, 월급이 얼마든 간에 조직에서 제시하는 대로 받아들이려는 경향이 크다는 것을 볼 수 있다.

37개의 최근 석사논문에서 57%의 남성들이 관리직에 대한 임금협상을 하는 반면 단지 7% 여성들만이 임금협상을 하는 것으로 나타났다. 임금협상을 한 사람들의 연봉은 하지 않은 사람들에 비해서 초봉이 평균 4,500달러 높았다.

38명의 경영대학원생들을 대상으로 한 연구에서, 입사지원을 했던 학생들은 남성과 여성 지원자 간에 여러 차이점들을 보였다. 자신이 더 높은 임금을 받을 만한 자격이 있는지 혹은 같은 직무상에 있는 다른 지원자들과 동등한 임금을 받아야 하는지 물었을 때, 70%의 남성들이 높은 임금에 대한 자격이 있다고 대답한다. 반면 여성의 경우에는 70%가 다른 지원자들과 동등한 임금을 받을 자격이 있다고 대답했다. 후속 인터뷰 결과에 따르면, 85%의 남성들은 자신들이 그만한 가치가 있기 때문에 조직이 응당의 보수를 주는 것은 조직의 당연한 의무라고 대답했다. 하지만 여성은 17%만이 이러한 사실에 동의했다. 대부분의 여성들은 조직이 결정한 임금에 따라 자신들의 가치가 매겨진다고 믿었다 (Ellen, 2004).

조직에 일단 고용이 되면, 여성들은 직무상에서 다른 문제들을 직면하게 된다. 69명의 중간 및 상급 여성 관리자들과 같은 직급에 있는 남성 관리자들과 비교 할 경우 여성들은 남성들보다 승진시에 많은 장벽이 있음을 보고했다. 여성은 기업 문화와의 불일치를 경험하며, 공적인 네트워크에서 의도적으로 배제되는 것 같은 느낌을 받는다. 그들은 좋은 임무를 할당받지 못하고 도시나 국가를 이동해서 근무해야 하는 경우에는 거의 고려의 대상에서 제외된다는 것을 알게 된다. 이러한 여성 관리자들은 남성 관리자들보다 훨씬 열심히, 기준 이상으로 일해야 한다고 생각하고 있었다. 게다가, 이 여성들은 남성들보다 상위직급의 경영진들과 멘토링 관계를 형성하거나, 자신의 업적이 조직의 최고 의사결정자들에게 알려지기 힘들다고 알고 있었다(Lyness &Thompson, 2000).

일반적인 성에 대한 편견이 여기에 적용된다: 여성 관리자들에 대한 차별은 이들이 공감과 감수성과 같은 소위 여성적인 특성을 요구하는 직업에서 일하게 한다. 공격성, 야망, 자신감과 같은 남성적 속성이라고 여겨지는 특성은 제조업과 영업과 같은 직무에 적합한 것으로 여겨진다. 이러한 직무는 최고경영자가 되기 위한 일선 부서들이다. 여성이 이러한 직무에서 성공하면 주로 남성들인 상사들은 여성들의 성공을 운이나 혹은 외적 조건으로 돌리지 개인적인 능력이라고 생각하지 않는 경향이 있다. 반면 남성들이 성공하는 경우에는 보통 개인적인 능력이라고 생각한다.

리더십 행동에 관하여 여성 관리자들은 남성들과 다르게 평가받는다. 남성과 여성 관리자들이 자기주장을 할 경우에, 여성들은 전형적으로 너무 강하다고 평가받는다. 이러한 평가는 남녀 모두에게 나타난다. 한 여성 변호사가 쓴 글이다:

> 남성들은 남자 같은 여성을 매우 싫어한다. 이는 매우 부정적이다. 기업에서 입사하기 위해 면접한 훌륭한 자질을 가진 여성이 있었다. 그녀는 우리가 고용하고자 했던 바로 그 직무에서 수년간의 실무경력을 가졌다. 그러나 그녀가 나타났을 때 사람들은 그녀를 싫어했다. 남성, 여성 모두 "그녀는 너무 남자 같아."라고 했다. 그녀는 입사하지 못했다(Ely, 1995, p. 617).

남성 관리자들은 여성 관리자가 자기주장이 강하게 하길 바라지만 그러한 자기주장은 수용 가능할 수준이어야 한다. 그들은 여성 관리자가 위험을 감수하기를 바라지만 언제나 우수해야 하며, 도전적이고 야망이 있어야 한다고 기대하지만 남성적이어서는 안 되고, 책임감을 가져야 하지만 다른 사람들의 충고를 따라야 한다고 기대한다. 즉, 여성 관리자들이 남성 관리자들보다 잘해야 한다고 기대하지만 동등하거나 더 나은 처우를 기대해서는 안 된다고 생각한다. 조직 위계상에 높은 위치에 있을수록 더욱더 전통적인 남성적 특성을 보여주기를 기대한다.

직장 내에서의 성고정관념의 조사에서, 95명의 남성과 56명의 여성 관리자들에게 남성과 여성 관리자 비율을 측정하기 위해 누가 더 특정한 리더 행동을 보일 수 있을지에 대하여 설문조사를 실시하였다. 결과는 남성과 여성 모두에서 위임, 격려, 부하들의 지적 욕구의 자극, 문제의 해결 측면에서 남성 관리자들이 높은 점수를 받았다. 여성 관리자들은 멘토링, 보상, 부하의 지지 측면에서 남성 관리자들보다 높은 점수를 받았다(Martell & Desmet, 2001).

남성과 여성 부하들은 남성과 여성 관리자들을 동등하게 효과적인 리더로 평가하는 경향이 있다. 남성 및 여성 관리자들에 대한 부하들의 평가는 과업지향적, 종업원 지향적 행동, 배려적 차원 혹은 구조 주도적 행동에서 성별의 차이가 없었다. 또한 조사 결과 여성 관리자들이 종종 남성 관리자들보다 더 성공에 대한 욕구를 보인다고 하였다.

몇몇 연구들에서 여성 관리자들은 자신의 부하들의 규율을 바로잡는 측면

<여기서 잠깐>

여성을 고용하는 비법: 1943 Version

제2차 세계대전 중(1941~1945), 미국 내에 많은 조직들이 생겨나 처음으로 '남성들의 일'에 많은 여성들을 고용하게 되었다. 왜냐하면 많은 남성들이 참전을 했기 때문이다. 다음에 나오는 조언은 그 시대에는 진지하게 받아들여졌었다. 그것은 '소녀들(the girls: 그 후 불려진)'을 고용하는 데 매우 도움이 되는 것으로 여겨졌다. 말할 것도 없이 상사들은 모두 남자였다.

- 일반적으로 'husky(통통한)' 소녀들은 그들의 마른 자매들보다 좀더 침착하고 효율적이다.
- 여성 노동자들에게는 하루 종일 일할 수 있는 분량의 일을 배정하여 매번 경영진들이 지시를 해야 하는 번거로움을 없애도록 한다. 여성들은 그들이 일할 것이 따로 주어지면 훌륭한 종업원(worker)이 되지만, 그들 스스로가 일을 찾아야 할 때 주도력이 결여되어 있다.
- 하루 동안 적절한 횟수의 쉬는 시간을 모든 소녀들에게 제공하라. 당신은 여성적인심리를 고려해 주어야 한다. 소녀들은 하루에 머리를 정돈하고 립스틱을 새로 바르고 손을 여러 번 씻을 수 있을 때, 좀더 자신감을 가지게 되고 더욱더 효율적이 된다.
- 지시사항에 문제가 생기거나 비난을 당할 때 재치 있게 행동하라. 여성들은 예민하다. 그들은 남자들처럼 거친 말투를 대수롭게 여기지 않는다. 절대로 소녀들을 비웃지 말라. 그것은 소녀들의 영혼에 상처를 주고 그녀의 효능감을 상실케 한다.
- 소녀들 각자가 사이즈에 맞는 옷을 고를 수 있도록 종업원들의 유니폼을 다양한 사이즈별로 구비해 놓아라. 이 점은 여성들을 행복하게 해 주는데 그리 큰 스트레스가 되지는 않을 것이다.

Fortunately, we've come a long way since these tips were published.

에 있어서 낮은 효율성을 보인다고 제시하고 있다. 상사로부터 징계를 경험한 적이 있는 68명의 여성 및 95명의 남성과 인터뷰를 한 결과, 단지 40%만이 여성 상사가 징계절차를 적절하고 효율적으로 사용했다고 답했으며, 반면에 57% 정도는 남성 상사들이 그러했다고 보고했다(Meece, 2000).

직무만족은 중-하위 직급의 관리직에 있는 여성들보다 고위 여성 경영진들에게서 높게 나타났다. 전체적으로, 관리직에 있는 여성들이 그렇지 않은 여성들보다 더 높은 직무만족을 보고하고 있다. 여성 관리자에 있어서 자신들이 차별받아 왔고, 같은 직급에 있는 남성들보다 성공을 위해 더 열심히 일해야 한다는 사실이 직무만족을 감소시키지 않았다.

예상과는 달리, 여성 관리자들에 대한 연구는 상위 직급의 상사로부터 멘토링에 있어서 남성 매니저들과 같은 횟수를 경험했다는 결과가 보고되었다. 이러한 멘토에 대한 동일한 접근성은 조직 내에서 상위직급으로 승진하는 데 필수적이다. 여성 관리자들의 멘토가 남성 또는 여성인지에 따라 차이가 있는가? 그렇다. 엔지니어링, 사회복지, 저널리즘의 직업을 가진 350명의 여성과 250명의 남성의 연구에 따르면, 남성 멘토를 가진 여성의 경우 여성 멘토를 가진 여성보다 훨씬 높은 임금을 받았다. 여성 멘토를 가진 남성의 경우 남성 멘토를 가진 남성의 경우보다 낮은 만족도를 나타냈다(Ragins & Cotton, 1999). 이러한 결과에 대한 설명을 생각해 보는 것은 흥미로울 것이다.

자기개발 훈련들은 종종 여성 관리자에게 그리 많이 개방되어 있지 않다. 남성과 여성 관리자를 비교해 보았을 때 공식적인 훈련 프로그램과 직무상에서 성장 경험 모두에서 여성 관리자에게 기회가 더 적었다. 또한, 여성 관리자들은 같은 직급에 있는 남성 관리자들보다 상급자로부터 상당히 낮은 지지를 받는 것으로 나타났다.

어떤 여성들은 남성 관리자들에 비해 자기개발과 기회의 결핍으로 인해 낙담하게 되어 조직을 떠나기로 결심하고 창업을 한다. 남성과 여성 관리자들이 조직을 떠나는 이유를 비교한 결과, 여성들은 경력 기대가 맞지 않아서 그만두는 경우가 남성들보다 더 많았다. 그러나 창업을 한다고 할지라도, 여성은 차별과 직면하게 된다. 여성이 경영하는 기업의 경우는 소매업, 교육, 개인 서비스와 같은 특정 업종에 한정되어 있다. 그럼에도 불구하고, 남성 기업가들만큼이나 여성 기업가들도 성공적이다.

모든 직급에 있는 여성 종업원들의 문제와 개발에 대한 더 많은 정보는 미 연방 여성 노동부 웹사이트를 방문하길 바란다: www.dol.gov/wb/. 이 사이트에서는 출판물, 통계자료, 정부지원, 비전형적인 직업에 관한 정보를 제공하며, 온라인 뉴스레터도 보낸다. 다른 유용한 사이트는 국제여성경영자협회(National Association for Female Executives) www.nafe.com이다.

요 약

신생기업 중 절반이 부실한 리더십 때문에 2년 내에 쓰러지고 만다. 이는 또한 모든 기업의 의사결정의 절반이 잘못된 것이라는 점을 말해 준다. 부실한 리더십은 종업원들의 직무수행, 직무만족, 직무관여 및 스트레스에 부정적인 영향을 준다.

오직 생산성에 초점을 둔 **과학적 관리** 철학은 1920년대~1930년대에 종업원들의 개인적인 성장욕구에 대한 만족과 생산의 유지를 고려한 인간관계 접근방식으로 대체되었다. McGregor의 **X 이론**은 사람들이 일을 싫어하고 욕구가 강하며, 따라서 지시적이고, 처벌적인 리더십이 필요하다는 것이다. **Y 이론**은 사람들이 창의적이고 부지런하며, 책임감 있고 부하들은 그들의 일에 영향을 미치는 의사결정에 참여하게 하는 리더아래서 일할 때 최고의 기능을 발휘한다는 것을 의미한다.

상황 이론은 리더의 효과성은 리더의 개인적인 특성과 상황의 특성간의 상호작용에 의해 결정된다는 것을 말해 준다. **경로-목표 이론**(path-goal)은 리더십 행동이 부하들이 그들의 목표를 달성할 수 있도록 해 주는 리더십 행동을 강조한다. **LMX 이론**은 리더가 부하들에게 하는 행동에 관한 것이다. **암묵적 리더십 이론**은 과거에 경험한 다양한 리더들로부터 형성된 부하들이 인지하고 있는 리더십이라고 정의된다.

권위주의적인 리더와 **민주적인 리더**는 부하들에게 참여를 허용하는 정도에 따라 다르다. **거래적인 리더**는 조직운영의 효율성을 증가시키기 위해 일상과 절차 그리고 현행의 규칙들을 세우는 데 초점을 둔다. **변혁적인 리더**는 부하들에게 영감을 주고 개인적인 **카리스마**를 통해 부하들의 행동을 수정하고, 지적인 자극과 배려를 제공한다. 다섯 가지 타입의 리더십 권력은 보상 권력, 강제적 권력, 합법적 권력, 참조 권력, 전문 권력이 있다.

피그말리온 효과를 통해, 리더의 기대는 자기 충족적 예언을 통하여 부하들의 행동에 영향을 미칠 수 있다. 리더십 기능은 두 가지 범주로 나눌 수 있다: **배려**와 **구조 주도적**.

배려적인 행동은 부하들의 감정을 고려한 것이다. 구조 주도적 행동은 조직의 생산목표를 달성하기 위해 고안된 것이다.

리더십 특성은 리더십의 수준에 따라 다양하다. 직급이 높을수록 배려적 기능이 낮아지고 구조 주도적 기능이 더 많이 요구된다. 성공적인 일선 감독자들은 사람 중심적이고, 지지적이고 조직과 부하들에게 신임을 받는다. 그들은 민주적으로 관리하는 스타일을 준수한다. 효과적인 임원은 인간관계적 기술보다는 의사결정과 전문적인 기술을 필요로 한다. 조직 내에서 멘토를 가진 사람은 봉급 인상, 승진, 직업에 대해 긍정적인 태도를 가지는 경향이 많다. **성격 5요인**(Big 5)과 같은 개인적인 요인은 성공적인 관리와 높은 상관을 가진다. 임원의 실패는 직무수행보다 성격요인과 더 관련이 있다. 성공하지 못한 임원들은 비현실적인 낙관적 사고, 자기중심적 사고, 전지 및 전능적 사고, 불사신 사고의 오류를 가지고 있을 가능성이 크다.

리더십문제는 조직적 수준에서 다양하다. 일선 감독자들은 감독하는 기술에 대한 훈련이 결핍되어 조직의 요구와 부하들의 요구 사이에서의 갈등에 직면할 수 있다. 참여적 관리, **자기관리 작업집단**과 컴퓨터기술은 감독자들에게 스트레스가 될 수 있다. 중간 관리자들은 참여적 경영으로 인해 권위를 잃었으며 쓸모없게 되어버린 자신의 중년의 위기를 발견하기도 한다. 임원들은 업무시간이 길지만 높은 직무만족을 보인다.

여성 관리자들은 여전히 남성 매니저들보다 낮은 임금을 받으며 연봉협상하기를 꺼려한다. 여성 관리자들은 아직도 성 고정관념에 따른 성차별을 겪지만 그들은 남성 관리자들과 차이가 없이 효과적이라고 부하들은 평가하고 있다.

주요 용어

거래적인 리더	경로-목표 이론
과학적 관리법	관료주의
구조 주도적 리더십 기능	권위주의적인 리더십
민주적인 리더십	배려적 리더십 기능
변혁적인 리더	상사-부하 교환
상황 이론	암묵적 리더십 이론
자기관리 작업집단	카리스마적 리더십
피그말리온 효과	X 이론과 Y 이론

복습 문제

1. 무능한 리더와 입버릇이 사나운 리더는 조직과 그들의 종업원들에게 어떠한 영향을 미치는가?
2. 과학적인 경영과 인간관계적 리더십을 설명하라.
3. 일반적으로 X 이론과 Y 이론은 사람들에 대한 어떠한 전제로 제안되는가?
4. 상황 이론에서, 리더는 상황에 대한 제어를 위해 무엇에 의존하는가?

5. 경로-목표 이론에서, 어떠한 4개의 리더십 스타일이 종업원들이 목표에 도달하도록 촉진시킬 수 있는가?
6. LMX 이론에서 논의한 종업원들의 두 타입과 두 개의 리더십 스타일을 설명하라.
7. 리더십의 암묵적인 성격 이론은 다른 리더십 이론과 어떻게 다른가?
8. 권위주의적인 리더와 민주적인 리더간의 차이, 거래적인 리더와 변혁적인 리더의 차이를 설명하라.
9. '최첨단 기업'이라고 불리는 기업의 초기 몇 년 동안의 운영에서 어떠한 리더십이 가장 효과적일까?
10. 변혁적인 리더십의 구성요소는 무엇이 있는가? 부하들에게(employee) 있어서 변혁적인 리더십은 어떠한 영향을 미치는가?
11. 보상의 권력(power), 강압적 권력, 합법적 권력을 정의하라. 강제적 권력(referent power)과 전문 권력(expert power)은 어떻게 다른가?
12. 어떠한 리더십 스타일이 가장 효과적인가? 왜 그것이 가장 효과적이라고 생각하는가?
13. 피그말리온 효과 실험을 테스트하기 위해서 당신은 연구를 어떻게 설계하겠는가?
14. 배려적 차원이 높은 리더의 행동은 구조 주도적 차원이 높은 리더의 행동과 어떻게 다른가?
15. 좋은 일선 감독자는 어떠한 (질적) 특성을 가지고 있는가?
16. 직무상 일선 감독자들은 높은 직급의 매니저들이 직면하지 못한 어떤 문제를 안고 있는가?
17. 대학 출석과 성격요인은 매니저와 경영진의 성공에 있어서 어떠한 영향을 미치는가?
18. 성공적이지 못한 경영진들의 사고방식의 오류를 설명하라.
19. 직무상에서 남성 매니저들이 직면하지 않지만, 여성 매니저들이 겪는 문제에는 어떠한 것들이 있는가?
20. 동등한 근로 기회 규정은 소수(minority)의 종업원들에게 어떠한 이득을 주는가? 그러한 규정들 역시 소수의 종업원들에게 어떠한 어려움을 제공하는가?

더 읽을거리

Avolio, B. J. (1999). *Full leadership development: Building the vita/forces in organizations*. Thousand Oaks, CA: Sage Publications. 변혁적 리더십의 장점에 대해서 기술하고 있다.

Book, E. W. (2000). *Why the best man for the job is a woman*. New York: Harper Business. 포춘지의 500대 기업의 여성 최고경영자에 대해서 논의한다. 이들이 어떻게 최고의 지위에 오르게 되었으며, 일과 가정을 어떻게 조화시켰는지에 대해서 기술한다.

Cleveland, J. N., Stockdale, M., & Murphy, K. R. (2000). *Women and men in organizations: Sex and gender issues at work*. Mahwah, NJ: Erlbaum. 조직에서의 성차와 관련된 사회 심리학적 연구들에 대한 통합적인 개관을 제시한다. 포함된 주제는 문화적 고정관념, 신체적 매력, 의사소통, 차별, 성폭력, 권력, 경력관리, 스트레스 및 건강이다.

Conger, J. A., & Benjamin, B. (1999). *Building leaders: How successful companies develop the next generation*. San Francisco: Jossey-Bass. 조직의 특정한 요구에 맞게 설계된 훈련 프로그램의 효과성에 대해서 기술하고 있다.

Heil, G., Bennis, W., & Stephens, D. C. (2000). *Douglas McGregor, Revisited: Managing the human side of the enterprise*. New York: Wiley. 맥그리거의 X/Y 이론을 개관하고 조직 관련 문제에 대한 관련성을 제시한다.

Kanigel, R. (1997). *The one best way: Frederick Winslow Taylor and the enigma of efficiency*. New York: Viking. 과학적 관리 철학의 창시자인 Taylor(1856~1915)에 대한 전기이다.

London, M. (2002). *Leadership development: Paths to self-insight and professional growth*. Mahwah, NJ: Frlbaum. 효과적인 리더는 자신의 강점과 약점, 조직 맥락, 종업원의 욕구를 파악하는 사람이라고 제시하고 있다.

O'Neill, M. B. (2000). *Executive coaching with backbone and heart: A systems approach to engaging leaders with their challenges*. San Francisco: Jossey-Bass. 효과적인 임원 코칭에 대한 찬성과 반대에 대한 실용적이고 읽기 쉬운 지침을 제공한다.

Powell, G. N. (Ed.) (1999). *Handbook of gender and work*. Thousand Oaks, CA: Sage Publications. 조직의 남성화, 봉급 형평성, 직업에서의 성차별, 수행평가에서의 성차영향, 리더십에 대한 장벽, 일-가정 갈등과 같은 변화하는 21세기 작업환경에서의 문제를 포괄하고 있다.

Zaccaro, S. J., & Klimoski, R. J. (Eds.) (2001). *The nature of organizational leadership*. San Francisco: Jossey-Bass/Wiley. 효과적인 리더십 속성 및 고위 경영진에서의 수행에 대한 문제를 논의하고 있다.

제8장

동기, 직무만족 그리고 직무관여

이 장의 개요

사람들에게 "왜 일을 하느냐"고 묻는다면 그들은 당신을 이상하게 쳐다볼 것이다. 우리들 대부분에게는 대안이 없다. 우리는 생존하기 위해 일을 해야만 한다. 1장에서 언급하였듯이 대부분의 사람들에게 일(work)이란 것은 단지 4음절의 단어가 아니며 임금만이 아닌 더 많은 것을 얻을 수 있는 것이 일이다. 그러나 이것이 이 장에서 기술하고자 하는 것은 아니다. 우리는 사람들이 왜 일을 하는지 묻고자 하는 것이 아니라 일을 잘 하게 하고 일에 최선을 다하게 하는 동기가 무엇인지 알아내려고 하는 것이다. 여기서 우리는 더 능률적으로 일을 할 수 있고 만족 및 관여(involvement)에 대한 감정을 강화시켜 조직에 대한 몰입(commitment)을 증가시키는 방안을 알아보고자 한다. 이것이 오늘날 기업들이 처한 주요 사안 중 하나이다.

고용주들은 종업원들의 고용, 선발 그리고 훈련과 효율적인 리더십에 산업 및 조직심리학의 연구 결과를 적용함으로써 큰 발전을 이루어 왔다. 그러나 종업원들이 업무를 최대한으로 수행할 수 있게 하는 동기가 부여되지 않는다면, 이러한 기능들 중 그 어떤 것도 업무의 질을 향상시킬 수는 없다.

동기에 대한 연구가 중요한 이유는 두 가지가 있다. 첫 번째로, 소비자의 관점에서 당신은 종종 결함이 있는 제품을 생산하거나, 혹은 당신의 요구를 부적절하게 처리한 불만족스러운 종업원의 희생양이 된다. 두 번째로, 당신은 깨어 있는 시간의 3분의 1이나 2분의 1인 40~45년 동안 일을 하며 보내게 될 것이기 때문이다. 이는 좌절과, 불만족, 불행을 느끼기에는 아주 긴 시간이며, 특히 이러한 당신의 감정들이 가족과 사회생활에 옮겨갈 것이고, 신체적·정서적 건강에 영향을 미치게 된다.

심리학자들은 동기, 직무만족, 직무관여 그리고 조직몰입에 대하여 연구해 왔다. 그들은 종업원들의 동기—왜 사람들은 직장에서 그렇게 행동하는가—를 설명하기 위하여 다양한 이론을 제시해 왔다. 이러한 이론 중 일부는 작업환경과 관련된 요인의 영향을 강조하기도 하며 다른 이론들은 개인의 특성에 초점을 두기도 한다. 이론들은 광범위한 연구를 발전시켰으며 상당수 업무행동을 수정할 수 있는 기술을 양산했다. 그러므로 이는 당신의 직업에 있어서의 삶을 좀더 만족스럽고 풍족하게 만들어 줄 수 있는 가능성을 제공해 줄 것이다.

여기서 우리가 논의하는 것은 내용 이론과 과정 이론이라는 두 가지 유형의 이론이다. 내용 이론은 업무자체와 도전과제, 성장기회 및 종업원에게 주어진 책임의 중요성에 초점을 둔다. 이 이론은 동기의 내용을 다루는데 이는 동기를 부여하는 특정한 욕구와 직접적인 인간의 행동이다. 과정 이론은 업무에 초점을 두지는 않고 업무에 대한 의사결정과 선택에서 사용하는 인지적인 과정을 다룬다.

동기의 내용 이론

우리는 여기서 성취동기 이론, 욕구위계 이론, 위생동기 이론(2요인 이론), 직무특성 이론의 4개 내용모델에 대하여 설명할 것이다.

성취동기 이론

앞서 우리는 성취에 대한 욕구, 혹은 **성취동기**를 성공적인 임원들의 특성으로 언급했다. 무엇을 이루고자 하거나, 일을 잘 하고자 하는 욕구는 단지 비즈니스 리더(business leader)뿐만 아니라 많은 이들에게 본보기가 된다. 높은 수준의 성취욕구를 가진 사람들은 일을 하면서 어떤 목표를 달성함으로써 상당한 만족감을 얻으며 그들이 맡은 어떠한 직무라도 탁월하게 해낼 수 있도록 동기화되

성취동기 무엇인가를 이루고, 수행을 잘하고, 최고가 되려는 동기에 초점을 둔 동기 이론.

성취동기가 높은 사람들은 타인보다 뛰어나 보이려고 노력한다. 이들은 자신의 목표를 달성하기 위해 열심히 일하는 것으로부터 만족을 느낀다.

어 있다.

1950년대 초부터 성취동기 연구는 David McClelland와 그의 동료들에 의해 중점적으로 이루어졌다(Atkinson & Feather, 1966; McClelland, Atkinson, Clark, & Lowell, 1953). 여러 나라에서 실시된 그들의 연구에서 성공적인 비즈니스 관리자는 문화에 상관없이 일관적으로 높은 수준의 성취욕구를 보인다는 사실을 보여 주었다. 예를 들어 당시에 공산국가였던 폴란드에서 성취에 대한 수준은 거의 미국만큼이나 높았다. McClelland는 조직과 사회의 경제적인 성장은 종업원들과 시민들의 성취욕구의 수준과 관련이 있다고 결론을 냈다(McClelland, 1961).

McClelland의 연구는 높은 성취욕구를 가진 사람들의 세 가지 주요 특성을 밝혔다.

1. 그들은 문제해결에 대한 책임감을 당연시하는 근무환경에 대해 호의를 가진다.
2. 예상되는 위험을 감수하고 달성하기에 적당한 목표를 세우고자 한다.
3. 그들은 자신이 얼마나 잘하고 있는지 알 수 있도록 자신의 성과에 대한 지속적인 인정과 피드백을 필요로 한다.

연구에서 임원진들의 성취동기 점수와 기업의 재정적인 성공 사이에 높은 정적 상관을 보여 주었다. 또한 성취에 대한 욕구가 높은 관리자들은 부하들을 더욱 존중하는 것으로 나타났다. 이 관리자들은 욕구가 낮은 관리자들보다 새로운 아이디어를 더 잘 수용하며 경영 프로그램(management program)의 참여에 더 수용적이었다. 중상위급 관리자들의 성취욕구는 장래 승진과 정적 상관을 보인다. 또한, 남성 및 여성 기업가들은 기업가가 아닌 남성과 여성 종업원보다 성취욕구가 상당히 높았다.

이 연구는 성취에 대한 욕구를 만족시킬 수 있는 두 가지 유형의 목표인 숙달과 수행을 제시했다(Barron & Harackiewicz, 2001). 숙달목표는 지식과 기술을 통해 역량 및 자기만족을 충족시키는 것을 의미하며 수행목표는 동료와 같이 동일한 상황하에 있는 타인보다 더 나은 수행을 함으로써 역량을 개발하는 것을 말한다. 두 유형의 목표는 모두 각자의 능력에 대해 최선을 다하여 일을 함으로써 만족될 수 있다.

그러나 네덜란드의 에너지회사에 종사하는 170명의 종업원들에 대한 연구에서 숙달지향성이 강한 종업원들은 수행지향성이 강한 종업원들보다 더 효율적인 직무수행을 보였다. 또한, 숙달지향성이 높은 종업원들은 그들의 상사와 높은 수준의 리더-부하 간 교환관계(LMX)를 형성하였으며 이는 높은 수준의 직무만족과 내적 동기로 이어졌다. 반대로, 수행지향성이 높은 종업원들은 낮은 수준의 리더-부하 관계를 형성하여 직무만족과 내적 동기가 낮았다(Jassen & Van Yperen, 2004).

일반적으로 성취동기 이론은 어떤 종업원들에게는 동기에 대한 타당한 설명을 제공하여 조직에서 널리 적용되는 것으로 보인다.

욕구위계 이론

Abraham Maslow는 인간의 욕구란 중요도에 따라 위계적으로 결정된다는 동기의 **욕구위계 이론**을 발전시켰다(Maslow, 1970). Maslow에 따르면, 우리는 항상 아직 가지고 있지 않는 것을 원한다고 한다. 결과적으로, 우리가 이미 만족하고 있는 욕구는 우리들의 행동에 대한 더 이상의 동기를 가져오지 않고 새로운 욕구가 두드러지게 나타나게 되는 것이다. 낮은 수준의 욕구에서 일단 만족을 경험하면, 우리는 더 높은 수준의 욕구에 관심을 가질 수 있다. 가장 낮은 욕구에서부터 가장 높은 욕구는 다음과 같다.

욕구위계 이론 생리적, 안전, 소속감, 존중 및 자기실현 욕구를 포함하는 동기 이론.

- 생리적 욕구: 음식, 공기, 물 그리고 수면을 포함한 기본적인 인간의 욕구,

그리고 성적욕구 및 행위에 대한 욕구

- 안전욕구: 물리적인 안식처와 심리적인 안전 및 안정에 대한 욕구
- 소속감과 애정욕구: 타인들과의 상호작용, 수용과 관련된 사랑과 애정, 우정 그리고 친밀함에 대한 사회적 욕구
- 존경욕구: 자기존중 및 존중, 찬양 그리고 타인들로부터의 존경에 대한 욕구
- 자기실현욕구: 자기충족, 모든 잠재력의 달성, 능력에 대한 깨달음의 욕구

위 욕구들은 순차적으로 만족되어야 한다. 배가 고픈 사람들이나 혹은 그들의 신체적 안전에 대해 두려움을 느끼는 사람들은 자기존중이나 자기실현과 같은 욕구들을 만족시키기에는 너무 바쁘다. 일거리가 부족하여 경제적으로 궁핍할 때 대부분의 사람들은 너무 생존에 몰두하기 때문에 자기실현과 같이 높은 차원의 욕구는 달성할 수가 없다. 그러나 우리가 신체적으로든 경제적으로든 안정적으로 만족할 만한 수준에 도달하게 되면, 우리는 계속 앞으로 나아갈 수 있다. 즉, 우리가 다음 수준의 욕구를 이루고자 동기화되는 것이다.

소속감 욕구는 직장에서 동기의 중요한 원동력이 될 수 있다. 종업원들은 동료들과의 상호작용을 통해 사회적 지지 네트워크와 소속감을 형성할 수 있다. 존경욕구는 자신이 성공한 것처럼 느낄 수 있는 더 넓은 집이나 차를 사는 것과 상사로부터 칭찬, 승진, 창이 딸린 사무실 또는 주차공간의 확보와 같은 직무상에서의 보상을 통해 충족된다. 자기실현욕구를 충족시키기 위해서는 종업원들은 성장과 책임에 대한 기회를 얻음으로써 그들이 최대한의 능력을 발휘할 수 있도록 해야 한다. 일상적이고 지루한 업무는 임금이 아무리 높아도 자기실현욕구를 충족시키지 못하는 것이다.

Maslow의 이론은 지지하는 연구 결과가 거의 없고 과학적 타당성과 적용 가능성이 낮다고 알려져 있다. 그 이유는 이론의 복잡성이 경험적 연구를 어렵게 하기 때문이다. 그러나 강력한 동기적 요인으로서 높은 수준의 욕구인 자기실현이라는 개념을 받아들인 관리자와 임원들 사이에서는 인기가 있다.

위생동기(2요인) 이론

위생동기(2요인) 이론은 동기와 직무만족 두 가지 모두를 다룬 것으로 Frederick Herzberg에 의해 제안되었다. 이 이론은 연구들의 결과가 일관적이지 않음에도 불구하고 많은 연구들에 영향을 끼쳤다. 이론의 과학적인 타당도는 낮았지만 많은 조직에서 종업원의 동기를 증가시키기 위해 수행되는 많은 업무를 재정의하도록 만들었다(Herzberg, 1966, 1974).

위생동기(2요인) 이론 직무 과업과 작업환경 특성 측면에서 작업 동기와 직무만족을 설명하는 동기 이론.

Herzberg는 직무만족을 일으키는 동기욕구와 직무불만족을 일으키는 위생욕구의 두 가지 욕구를 가정하였다. **동기욕구**(더 높은 수준의 욕구)는 종업원이 높은 직무수행을 할 수 있도록 동기를 부여한다. 동기욕구는 일 자체에 내재되어 있다. 이는 개인의 직무과업의 특성, 종업원의 책임감수준, 성취감, 인정, 승진 및 경력개발과 성장 등으로 볼 수 있다. 동기욕구들은 Maslow의 자기실현욕구와 유사하다. 동기욕구는 활동적이고, 도전적이며 몰입할 수 있는 업무에 의해 만족될 수 있기 때문이다. 이러한 조건이 충족되면 결과적으로 직무만족이 발생한다. 그러나 이러한 조건들이 충족되지 않는다고 해서, 즉 일이 도전적이지 않다고 하더라도 그 결과가 반드시 직무불만족을 일으키지는 않는다.

직무불만족은 **위생욕구**(낮은 수준의 욕구)에 의해 나타난다. 위생(hygiene)이라는 단어는 승진과 건강유지와 관련된다. 위생욕구는 특정 직무의 외적인 측면으로 기업정책, 감독, 상호관계, 근무조건, 연봉, 수당과 같은 업무환경을 말한다. 위생욕구가 충족되지 못했을 때 직무불만족이 발생한다. 그러나 위생욕구가 충족되었을 때는 당연히 직무만족이 발생하는 것이 아니라 직무불만족이 없다는 것이다. 위생동기는 Maslow의 생리적, 안정 및 소속감욕구와 유사하다. Maslow와 Herzberg는 이러한 낮은 수준의 욕구는 더 높은 수준의 욕구에 의해 동기를 부여받기 전에 만족된다는 것을 주장하고 있다.

Herzberg의 이론은 종업원들의 동기요인인 내적 직무요인의 중요성에 초점을 두고 있다. 동기요인이 종업원들에게 수행에 최선을 다할 수 있도록 격려를 하고 업무에 대한 긍정적인 태도를 발전시킨다면, 이는 동기욕구를 만족시킬 수 있는 기회의 극대화를 직무 재설계를 하는 근거가 될 것이다. **직무 확충**(job enrichment)이라 불리는 이러한 노력은 종업원들에게 계획, 수행 및 업무

직무 확충 특정 직무 영역을 확장시키는 노력을 통해 종업원들이 계획, 수행, 평가에 있어서 더 큰 역할을 하게 하는 것.

평가에 있어서 더 큰 역할을 할 수 있도록 직무를 확장함으로써 그들의 동기욕구를 충족시킬 수 있는 기회를 제공한다. Herzberg는 직무를 확충하는 방법을 다음과 같이 제시했다.

1. 종업원들 전체를 통제하는 경영방식을 없애고 그들의 업무에 대한 의무와 책임을 증가시켜 종업원들의 자율성과 권한, 자유를 확대시킨다.
2. 완전한 혹은 본질적인 작업단위를 가능한 장소에 만든다. 예컨대, 종업원들이 그 단위에 있어서 한 가지 구성요소보다는 전체 단위를 생산하도록 허용하는 것이다. 이러한 정책은 종업원들로 하여금 전체 조직 프로세스 안에서 자신들의 업무를 중요하다고 느끼게끔 해 준다.
3. 생산과 직무수행에 대한 정기적이고 지속적인 피드백을 감독자를 통해서가 아니라 종업원들에게 직접적으로 제공한다.
4. 종업원들에게 새롭고 도전적인 과제를 하도록 북돋아주고 특정 직무, 혹은 작업에 있어서 전문가가 되도록 격려한다.

이러한 모든 제안들은 개인의 성장, 자기실현, 성취에 대한 욕구 및 책임감 및 인정을 증가시키고자 하는 동일한 목표를 지니고 있다. 그러므로 적절한 직무 확충은 단순히 종업원들에게 추가적인 과업을 수행하도록 하는 것 그 이상이다. 이는 직무를 수행하는 데 필요한 지식과 기술의 수준을 확장하는 것과 같다.

이는 1,039명의 유리제조공장에서 근무하는 종업원들을 대상으로 한 연구에서 입증이 되었다. 연구 결과 직무 확충 프로그램은 자기 효능감(자신의 일을 할 수 있다고 믿는 것)을 현저하게 증가시켰다(Parker, 1998). 더 높은 책임감, 자율성에 대한 기회를 제공한 이 프로그램은 종업원들의 효율성 및 자신의 업무를 성공적으로 수행하고 있다는 자신감을 강화시켰다.

직무특성 이론

직무 확충에 대한 움직임은 두 명의 심리학자들에게 어떤 특정 직무특성이 확충될 수 있는지 의문을 제기하게 했다. J. Richard Hackman과 G. R. Oldham

은 종업원의 만족, 출근율에 상관이 있는 직무 요인들에 대한 객관적인 측정을 한 연구를 바탕으로 동기의 **직무특성 이론**을 발전시켰다(Hackman & Oldham, 1976, 1980). 연구 결과, 어떤 특성들은 직장에서의 행동과 태도에 관련이 있지만, 이러한 특성들은 모든 종업원들에게 같은 방식으로 영향을 미치지는 않았다. 예컨대, 연구에서는 성장을 위한 욕구의 개인차가 발견되었다. 높은 성장욕구를 가진 사람들은 낮은 성장욕구를 가진 사람들보다 직무특성의 변화에 더 영향을 받는 것으로 나타났다. 또한 직무특성의 변화는 종업원의 태도나 행동에 직접적으로 영향을 미치지 않고 종업원들의 인지과정(즉, 변화에 대한 지각)의 변화를 통해 간접적으로 영향을 미쳤다.

직무특성 이론 특정한 직무특성이 심리적 상태를 유발하고 결과적으로 높은 성장욕구를 가진 종업원들에게 동기, 수행, 만족에서 이점을 준다는 동기 이론.

어떤 직무특성들은 종업원들이 직무수행을 잘 했을 때 긍정적인 정서 상태를 경험할 수 있도록 해 준다. 이러한 조건은 종업원들에게 성공적인 수행은 좋은 감정을 유발한다는 기대를 가지고 직무수행을 지속적으로 잘 할 수 있도록 동기를 부여해 준다. 직무수행을 성공적으로 하게 하는 종업원들의 동기의 강도는 성장욕구와 발전욕구의 강도에 달려 있다. 욕구가 강할수록 성공적인 직무수행을 이끌어내는 긍정적 정서에 더 가치를 둔다. 그러므로 직무특성 이론은 종업원이 처음부터 높은 성장욕구를 가진다면 특정한 직무특성이 심리적인 상태를 유발하게 하며, 결과적으로 높은 동기, 수행, 만족을 유발하는 것이다.

핵심적인 직무특성들은 Hackman과 Oldham에 의해 다음과 같이 정의되었다:

1. 기술 다양성: 종업원들이 직무상 다양하게 기술과 능력을 사용하는 정도. 도전적인 과제가 많은 직무일수록 더욱더 가치 있는 것이 된다.
2. 과업 정체성: 직무의 일체성, 즉 조립라인에서 제품의 한 부분만을 만드는 것 대신에 업무의 전체적인 단위 혹은 제품의 완성을 하는지의 여부
3. 과업 중요성: 동료 혹은 고객들의 삶과 복지에 있어서 직무의 중요성. 예를 들어 항공기 기술직은 우체국 직원이 하는 일보다 더 사람들의 생명에 중대한 영향을 미친다.
4. 자율성: 종업원들이 자신의 일에 대한 일정을 계획하는 독립성의 정도

5. 피드백: 종업원들이 자신의 직무수행에 대한 효율성과 질에 대해 얻는 정보의 양

직무는 Herzberg가 제안한 것과 비슷한 방식으로 이러한 특성들을 극대화시키기 위해 재설계할 수 있다.

- 작고 특화된 직무를 결합하여 보다 큰 업무 단위를 만든다. 이는 기술 다양성과 과업 정체성을 향상시킨다.
- 종업원들이 책임감을 가질 수 있도록 과업을 자연스럽고 의미 있는 단위로 조정한다. 이는 과업 정체성과 과업 중요성을 향상시킨다.
- 종업원들에게 직접적으로 고객 혹은 최종 소비자와 접촉할 수 있도록 책임을 부여한다. 이는 기술 다양성과 자율성, 피드백을 향상시킨다.
- 종업원들에게 과업에 대한 권한, 책임, 통제권을 부여한다. 이는 기술 다양성, 과업 정체성, 과업 중요성, 자율성을 증가시킨다.
- 종업원들에게 직무를 잘 수행하는 방법을 정기적으로 교육한다. 이는 피드백을 증가시킨다.

Hackman과 Oldham은 직무진단설문(Job Diagnostic Survey; JDS)을 이용하여 이론의 세 가지 관점을 측정하였다. (1) 직무특성에 대한 종업원의 지각, (2) 종업원의 성장욕구 수준 그리고 (3) 종업원의 직무만족. JDS는 다양한 직무특성에 대한 짧은 설명구문으로 구성된 자기보고식 설문이다. 설문지에서 응답자들은 그들의 직무에 대하여 상세히 적은 각각의 진술문이 얼마나 정확한지를 평가하며, 긍정문으로 기술된 설문의 수정본이 원본보다 더 타당함이 발견되었다.

직무특성 이론은 많은 후속연구를 촉발시켰다. 이 이론에 기초한 직무 확충 프로그램에 관한 연구들은 많은 지지를 받고 있으며, 도전감, 복잡성, 책임감의 세 요인이 추가되면 종업원의 만족, 자기 효능감 및 동기가 높아짐이 밝혀졌다(Campion & Berger, 1990).

앞에서 살펴본 바와 같이, 동기의 내용 이론들은 공통적으로 핵심적이고 중심적인 개념을 포함한다. 이 이론들은 종업원들에게 높은 책임감을 제공하

기 위해 직무의 확대 및 확충, 혹은 재정의에 초점을 둔다. 이는 수행하는 데 있어서 의무감, 도전성, 통제권 및 자율성의 증가를 통하여 성장의 기회, 자기실현, 개인적 성취 및 동기의 중요성을 강조하고 있다. 직무의 범위를 확장하는 것은 개인의 만족감과 수행을 증가시키는 동기를 제공한다. 지루하고 단조로운 직무는 만족과 동기를 감소시키거나 무의미하게 한다. 당신이 다른 직장을 구할 때 이러한 것들을 유념해야 할 것이다.

동기의 과정 이론

우리는 유인가-도구성-기대(VIE) 이론, 형평 이론, 그리고 목표-설정 이론의 세 가지 과정 이론을 기술하겠다.

유인가-도구성-기대(VIE) 이론

유인가-도구성-기대(VIE) 이론은 Victor Vroom에 의해 제안되었는데, 이는 사람들이 어떤 방식으로 행동할 때, 특정 보상이 수반될 것이라는 기대를 바탕으로 선택을 한다는 것이다(Vroom, 1964). 작업장에서 종업원들은 최고의 임금 혹은 이득을 가져올 수 있는 수준의 수행을 선택할 것이다. 종업원들의 노력이 승진이나 임금 인상과 같은 긍정적인 결과를 이끌어낼 수 있고 그러한 결과들이 다른 간절히 원하는 결과물의 수단이 된다면, 열심히 일하도록 동기화 될 것이다.

유인가-도구성-기대(VIE) 이론 사람들이 어떤 방식으로 행동할 때 특정 보상이 수반될 것이라는 기대를 바탕으로 선택을 한다는 동기 이론.

심리적인 가치 혹은 유인가의 보상은 개인에 따라 다르다. 즉, 결과의 중요성에 대한 개인의 지각이 동기를 유발하는 요소로서의 강도를 결정한다. 높은 임금과 책임감의 증가는 대부분의 사람들에게 긍정적인 유인가가 된다. 반면 위험한 작업 조건은 부정적인 유인가가 된다. 결과물이란 우리가 기대한 만큼 만족하는 것이 아니라 그 결과물을 얻기 위해 열심히 일할지의 여부를 결정하는 기대의 수준인 것이다.

VIE 이론의 세 가지 요인은 다음과 같다.

<여기서 잠깐>

직업윤리의 원동력

1995년 9월 8일, 야구선수 한 명이 역사를 만들었다. 그는 경기출장 수로 기록을 세웠다. 메이저리그 야구팀에서 활약했던 Cal Ripken, Jr.는 그의 팀인 Baltimore Orioles에서 2,131 경기에 출전하였다.

Camden Yard 구장에 있는 Oriole공원에서 최장기록을 가진 Lou Gehrig의 연속 게임 출장 기록을 Ripken이 갱신하던 날 저녁 42,000명의 팬이 열광했다. 미국의 대통령이 이 역사적인 순간을 지켜보았으며 Ripken의 역경과 결단력, 그리고 일관성을 칭송했다. TV 리포터가 Ripken을 '직업윤리의 전형'이라는 설명으로 그 흥분을 전했을 때 전국 각지의 시선을 끌었다.

직업윤리는 우리가 많이 듣는 용어이며 미국인 근로 세대에게 삶의 지침과 방식을 제공해왔다. 그것은 Cal Ripken과 같이 그들이 할 수 있는 한 최선을 다하게 하고 시간을 엄수하며 매일매일 직장에 출근하여 열심히 일하도록 사람들을 이끌고 밀어주고 자극을 주며 동기를 준다. 당신이 만약 19세기와 20세기의 상상도 못할 만한 산업, 농업, 그리고 상업적인 생산성과 경제적인 성공의 고도를 움직였던 원동력이 궁금하다면, 직업윤리를 먼저 알아야 한다. 대부분의 급진적인 경제에서 일이란 단순한 단어가 아니다.

항상 그런 것만은 아닌 것이, 사람들이 직무를 잘 수행하거나 혹은 결국 다 해낼 수 있는 동기가 없었던 시절도 있었다. 고대 그리스와 로마 시대에는, 일에 대한 그 어떤 숭고함이 없었다. 그것은 마음을 잔인하게 만들고 그렇지 않으면 좋은 날을 망치는 신의 저주였다. 초기 히브리에서도 같은 생각을 가지고 있었다. 일은 악마에게는 없어서는 안 되는 신으로부터의 벌이었고, 사회를 개선시키고 속죄하도록 하는 수단이었다.

초기 기독교인들은, 불행한 이들과 함께 일을 분업하면서 신을 섬기는 관점으로 일에 대한 긍정적인 해석을 부여했다. 부유함은 자선을 위한 수단이었다. 일은 신성시되었고 게으름은 죄악시되었다.

그러나 궁극적인 직업윤리를 제시했던 이는 16세기 프랑스 프로테스탄트의 교주인 John Calvin이었다. 그가 주장하길, 일은 신을 기쁘게 하지만 목적달성을 위한 일은 규율이 있고 훈련되어야 한다고 했으며 "여가와 즐거움이 아닌 오직 능동적 행위만이 신의 은혜를 고조시킨다."라고 하였다.

Calvin과 프로테스탄트(신교도) 직업윤리를 재정의한 그 외 사람들은 일이 신념의 표상이라고 했다. 그리고 그것은 부의 상징이었다. 일을 즐기지 않고 많은 돈을 버는 것은 문제가 안 되었으며 그것에 대해 죄책감을 느끼지 않았다. 자신을 위해 금욕적으로 뼈빠지게 일하는 사상이 많은 사람들로 하여금 그들의 생계를 위하여 열심히 일하도록 만들었고 그렇게 하는 것이 고결한 행위라고 느끼게 되었다. 그리고 이것은 아직도 우리들 각자에게 매일매일 우리들의 일에 최선을 다하게끔 하는 원동력이 된다. 그리고 모든 경기에 출전하게 만든다.

출처: R. Todd. All work, no ethic. *Worth Magazine*, January 1996, pp. 78–84; J. Bair & S. J. Sherer. What happened to the work ethic? *College Park Magazine*, Fall 1995, pp. 18–22.

1. 종업원들은 특정 결과(기대)를 이끌어낼 만한 높은 가능성을 예상할 수 있는 특정 직무 행동(정규시간 출근, 안전절차 엄수 혹은 생산성 향상 등) 여부를 결정한다.
2. 종업원들은 어떤 결과물이 다른 결과물을 유도하는지 여부를 결정한다. 예를 들어 성실한 출근율은 보너스(도구성)를 유도하는지 여부이다.
3. 종업원들은 이러한 결과물이 특정 방식(유인가)으로 행동하도록 그들에게 동기를 부여해 주는 충분한 가치를 지녔는지 여부를 결정한다.

학교생활 속에서의 당신의 경험을 생각해 보라. 당신이 택한 전공 중에서 당신이 택한 수업에서 높은 점수를 얻는 것이 중요하다고 결정했다면, 그 결과물은 당신에게 높은 유인가가 될 것이다. 만약 당신이 다른 수업에서 점수를 별로 중요치 않게 생각한다면, 그 수업에서 높은 점수를 얻는 것은 당신에겐 낮은 유인가가 되는 것이다. 당신이 전공에서 높은 점수를 원한다면, 아마도 수업에 출석하고 공부를 열심히 하며 최소 요구 수준보다 더 많이 해내는 등의 기대를 목표달성의 도구가 되도록 발전시켜야 할 것이다. 이러한 순환을 만드는 것은 모두에게 그리 어렵지는 않다. 실제로, 우리는 알아차리지도 못하고 있지만, 그것들은 우리에게 동기를 부여하고 우리 행동의 지침이 되기도 한다.

VIE 이론은 많은 연구들로부터 지지를 받고 있다. 이는 개인적인 경험이나 상식과 일치한다. 어떤 보상이 충분한 가치가 있다는 가정하에, 보상에 대한 기대가 높아질수록 우리는 더욱더 열심히 일하게 된다.

형평 이론

J. Stacy Adams는 동기가 직장에서 얼마나 공정하게, 혹은 공평하게 처우를 받는지에 대한 사람들의 지각(인지)에 영향을 받는다는 **형평 이론**을 제안하였다. 그는 어떠한 조직 환경(사무실, 가게, 공장 혹은 교실)에서도 사람들이 투입과 산출에 대한 얼마나 많은 보상을 받게 되는지를 평가한다고 주장했다. 사람들은 무의식적으로 자신들이 투입한 것에 대한 산출비율과 동료들의 비율을 비교하여 계산한다. 다른 사람들보다 자신이 낮게 평가받았다고 생각되면, 공정한 상태가 될 수 있도록 그 어떤 행위나 조치를 하게끔 동기를 주는 긴장감, 혹은

형평 이론 직무에 대한 동기는 우리가 얼마나 공정하게 대접받는지에 대한 지각에 의해서 영향받는다는 동기 이론.

불형평성을 느끼게 된다. 다른 사람들이 받는 것만큼 노력에 따른 보상이 동등한 비율로 주어진다고 지각을 하게 되면 형평성은 남아 있게 된다.

다른 심리학자들은 지각된 형평성 혹은 불형평성 상황에서의 세 가지 행동 반응 유형을 제시하여 형평 이론을 발전시켰다(Huseman, Harfield, & Miles, 1987; O'Neil, & Mone, 1998). 이 세 가지 유형은 호의성(benevolent), 형평성에 대한 민감성(Equity sensitive) 및 자격(entitled)이다. 각각의 타입에 따른 보상의 수준은 동기와 직무만족, 직무수행에 영향을 받는다.

이타적인 사람으로 설명되는 호의적인 사람은 그들이 동료들과 비교해서 적은 보상을 받았을 때 만족을 하며 동등하거나, 보다 높은 보상을 받았을 때는 죄책감을 느낀다. 형평성에 대해 민감한 이들은 모두가 공평하게 보상받아야 한다고 생각한다. 그들은 낮게 보상을 받으면 정신적 고통을 느끼고 보다 많은 보상을 받으면 죄책감을 느낀다. 자격을 지닌 사람은 그들이 받는 모든 보상은 자신이 그럴 만하기 때문이라고 믿는다. 그들은 보다 많은 보상을 받을 때만 만족하며 적게 보상받거나 혹은 공평하게 보상받으면 정신적 고통을 느낀다.

우리가 타인과 비교했을 때 기대와 일치하게 공정한 대우를 받는다고 느끼게 되면 직무수행의 수준을 유지해 나갈 수 있는 동기부여가 될 것이라는 것은 직관적으로 틀림없는 사실이다. 반대로, 우리가 불공정한 대우를 받는다고 생각되면 수행의 수준을 낮춤으로써 불형평성을 줄이려고 노력을 할 것이다. 메이저리그 야구선수(외야수, 내야수)의 예를 들어 생각해 보자. 그들이 자유계약 선수로서 첫해 동안의 연봉이 협상시에 삭감된다면, 그 해 시즌 동안 그들의 수행은 낮은 수준을 보이게 될 것이다. 그들의 결과물(연봉)이 터무니없이 적다고 생각되면, 아마도 그들은 투입(타율과 타점수)을 줄일 것이다.

형평 이론은 모든 연구에서 지지하는 것은 아니지만, 어떤 연구에서는 종업원들의 불형평성에 대한 지각이 분노, 결석, 이직, 직무탈진의 수준을 증가시키는 데 관련이 있음을 밝혔다(예: Cropanzano, & Greenberg, 1997; Van Dierendonck, Schaufeli, & Buunk, 2001).

목표-설정 이론

목표-설정 이론 직무상에서 주요 동기는 특정 목표를 달성하고자 하는 욕구로 정의된다는 동기 이론.

Edwin Locke에 의해 만들어진 **목표-설정 이론**은 상식적으로 일리 있고 직무현장과 상당한 관련이 있다. Locke는 직무상에서 주요 동기는 특정 목표를 달성하고자 하는 욕구로 정의된다고 주장했다(Locke, 1968; Locke & Latham, 1990). 목표는 미래에 주어진 시간 내에 무엇을 하려고 하는지를 나타낸다. 예를 들어 우수한 성적으로 대학을 졸업하고자 한다든지, 회사에서 최고의 영업실적을 달성하고자 하는 것, 혹은 새로운 집을 살 수 있도록 1년 내 임금 인상을 목표로 설정할 수 있다.

상세하고 도전적인 수행목표를 설정하는 것은 인간의 행동에 동기부여와 지침을 제공하여 좀더 효과적인 방법으로 박차를 가할 수 있다. 목표를 갖는다는 것은 목표가 없는 것보다 더 나은 수행을 보인다는 연구가 있다. 명확한 목표는 일반적인 목표보다 좀더 강력한 동기의 원동력이 될 수 있다. 달성하기 어려운 목표는 달성하기 쉬운 동기보다 훨씬 큰 동기유발요인이다. 그러나 어려운 목표는 그 목표를 달성하고자 하는 보다 강력한 동기를 촉진시킬 수 있지만, 동료를 도와주는 것과 같은 다른 행동을 할 수 없게 한다. 이러한 행동 유형은 전반적으로 조직의 효과성을 감소시킬 수 있다. 게다가, 능력 이상의 너무 어려운 목표는 동기와 직무수행에 대한 효과적인 측면에서 목표가 없는 것보다 더 나쁜 결과를 일으킨다.

목표-설정 이론의 중요한 관점은 목표에 이르도록 하는 결정의 강도로 규정한 개별적인 목표 몰입이다. 83개의 조사연구에 대한 메타분석에서는 목표 몰입은 과업수행의 수준에 상당히 긍정적인 영향을 주는 것으로 나타났다(Klein, Wesson, Hollenback, & Alge, 1999). 목표 몰입은 외적 요인, 상호작용적 요인, 내적 요인의 세 가지 유형의 요인들에 영향을 받는다. 목표 몰입에 영향을 주는 외적 요인은 권한, 동료의 영향, 외적 보상이다. 상사와 같은 권위적 인물의 명령에 따르는 것은 높은 목표 몰입을 일으킨다. 권위적 인물이 실제로 존재하고 지지적이며 신뢰로운 경우, 목표 몰입은 증가하게 된다. 동료집단의 압력과 임금 인상과 같은 외적 보상 역시 목표 몰입을 강화시킨다.

목표를 달성하고자 하는 사람들의 목표 몰입에 영향을 주는 상호작용적 요인들은 목표의 설정에 참여하고자 하는 경쟁과 기회이다. 이 요인들은 높은 목표설정과 이 목표를 달성하기 위한 노력을 이끌어낸다고 알려져 있다. 높은 목표 몰입을 촉진하는 내적인 인지적 요인들은 자기 스스로에 대한 보상과 성공에 대한 기대이다. 목표에 대한 수행은 성취를 하고자 하는 기대감이 하락될 때 감소한다.

다른 개인적 및 상황적 요인들도 높은 목표수행과 관련이 있다. 이것은 성취감, 인내력, 공격성, 경쟁심(A 유형 행동), 어려운 목표의 달성, 높은 자존감 및 내적 통제소재에 대한 욕구를 포함한다. 또한 65개의 조사연구에 대한 메타분석에서는 목표-설정 이론에서 설명했듯이 성격 5요인(Big Five) 중 두 가지 성격요인이 수행동기와 관련이 있음이 밝혀졌다. 높은 수준의 성실성과 낮은 수준의 신경증을 보인 사람들은 높은 목표설정 동기를 보였다(Judge & Ilies, 2002).

목표-설정 이론은 많은 연구에 의해 지지되었다. 목표설정은 종업원의 생산성을 상당히 증가시킴을 보여 주었다. 일반적으로, 목표설정의 동기유발효과는 쉬운 과업에 가장 강하고 더 복잡한 과업에는 가장 약하게 나타났다. 이러한 효과는 여러 조직, 직업, 과업에 걸쳐 일반화되었다. 35년간의 연구들을 검토한 산업 및 조직심리학자들은 '목표-설정 이론은 조직심리학에서 가장 타당하고 실제적인 이론'이라는 결론을 내렸다(Locke & Latham, 2002, p.714).

과정 이론(process theory)은 종업원들의 내적 요인과 과정에 관한 것이다. 내용 이론(content theory)이 직무 자체의 특성에 초점을 맞추는 대신, 직무에 대한 우리의 사고와 개념, 노력의 대가로 무엇을 얻게 되는지에 대한 계산 및 이러한 계산을 근거로 내린 결정을 다루는 것이 과정 이론이다. 우리는 최대의 이익을 얻을 수 있으리라는 기대가치(VIE)이론과 동료와 비교했을 때 보상이 공정하게 지각된 정도(형평 이론), 혹은 추구하는 도전적인 목표설정(목표-설정 이론)으로 인해 높은 수준에서의 수행동기를 부여받을 수 있다. 또는 다른 시간이나 상황에서 이러한 이론들 중 어떤 형태의 조합을 통해 동기부여될 수 있다. 과정 이론은 직무상황을 우리가 어떻게 지각하는지에 따라 그 상황에서 높은 수준의 수행을 위해 어떻게 동기부여되는지를 결정한다는 공통적인 주제를 포함하고 있다.

직무동기 이론에 대한 관심은 1990년대부터 새로운 이론 개발보다는 실증적 검증과 현장에의 적용에 관심을 두게 되었다. 수많은 실증적인 연구가 증가한 반면, 주요 행동과학저널에 발표되는 순수이론 연구들은 상당히 감소하였다(Steers, Mowday, & Shapiro, 2004). 직무동기 이론이 더 이상 산업 및 조직심리학의 주목을 받지 못하는 것일까? 아니다. 비록 제시된 이론들이 다소의 제한점을 가지고 있지만, 종업원들의 동기에 대한 관점을 설명하는 데는 대부분 유용하다. 현재 조직 내에서 검증되고 적용하고 있는 다양한 동기 이론들에 근거한 아이디어들은 종업원 동기의 다양한 측면을 이해하는 데 있어서 발전을 보여 주고 있다(Locke & Latham, 2004 참조).

직무만족: 직장에서의 삶의 질

직무만족은 직무에 대하여 우리가 느끼는 긍정적, 부정적인 감정과 태도를 말하며, 이것은 산업 및 조직심리학에서 가장 빈번하게 연구되고 있는 독립변수(예측)이다(Kinicki, McKee-Ryan, Schriesheim, & Carson, 2002). 이는 할당된 주차공간에서부터 일상적 과업의 성취감에 이르기까지 수많은 직무관련 요인들에 의해 결정된다. 또한 나이, 건강, 재직기간, 감정적 안정성, 사회적 위치, 레저활동, 가족 및 사회적 관계와 같은 요인들을 포함한다. 사람들의 동기와 포부, 일을 통한 이들의 만족 여부 또한 개인의 일에 대한 태도에 영향을 미친다.

직무만족 우리가 직무에 대해 느끼는 긍정적·부정적 감정과 태도.

어떤 종업원들에게는 직무만족은 안정적이고 지속적인 특성이며 직무의 특성과는 무관한 것이다. 직급, 임금, 작업 조건, 목표를 바꾸는 것은 이들의 직무만족에 거의 영향을 주지 않는다. 그들의 행복(만족) 혹은 불행(불만족)에 대한 개인적 경향성은 시간과 상황에 따라 거의 변함이 없다.

산업 및 조직심리학자들은 쌍둥이를 대상으로 진행한 연구를 바탕으로 일과 만족에 대한 태도가 유전적인 요인을 가질 수 있음을 주장했다. 즉, 이러한 감정들은 작업환경의 특징보다 유전학적 기질에 더 영향을 받을 수 있다는 것이다. 그럼에도 불구하고, 어떤 사람들은 일반적으로 삶에 더욱 만족을 하기도 하고 마찬가지로 그들의 일에도 만족한다. 일에 대해 긍정적인 태도를 가진 사

조립라인 종업원들은 직무만족이 낮아지는 경향이 있다. 일상적이고, 반복되는 작업은 개인적 성장과 발전의 기회를 주지 못한다.

람들은 그들 개인 및 가족에 대한 삶에 대해서도 긍정적인 감정을 가지게 되는 것이다.

일반적으로 직무만족과 삶에 대한 만족은 정적으로 상관이 있다고 여겨지지만, 이들 간의 인과관계는 어떻게 성립하는 것인가? 아니면 이들 모두 다른 제3의 변수의 영향을 받는 것인가? 이러한 물음에 대한 해결책을 찾기 위해, 미국 종업원 중 선택된 804명의 종업원들에게 직무 및 삶에 대한 만족 평가를 위한 면접과 설문을 실시했다. 결과는 단기적으로 직무만족, 삶에 대한 만족 사이에 정적인 상관을 보여 주었다. 이는 각자가 서로에게 영향을 미친다는 것이다. 그렇지만 시간이 지남에 따라, 삶에 대한 만족이 직무만족에 미치는 영향이 상당히 증가하였는데, 이는 두 요인 중에서 삶에 대한 만족이 더 영향이 큼을 말해 준다. 이러한 결과는 479명의 경찰관을 대상으로 한 연구에서도 지지되었다. 삶에 대한 만족은 직무만족보다는 직무 외적인 요인에 의해 영향을 받았다 (Hart, 1999). 그러나 이는 직무만족을 개선시키려는 노력이 무의미하다는 것을 말하는 것이 아니다. 두 가지가 상호 밀접한 관계가 있음을 기억해야 한다.

직무만족은 여전히 삶에 대한 만족에 영향을 미치고 있다.

직무만족의 측정

종업원 태도를 측정하기 위해 거의 대부분 사용하는 것은 전형적으로 기업 이메일 네트워크를 통한 익명 설문이다. 왜냐하면, 참여는 자발적이기 때문에 모든 종업원들이 설문지에 응답을 하는 것인 아니기 때문이다. 누가 응답을 했는지 안 했는지 또는, 응답을 한 사람과 하지 않은 사람을 구별할 방법은 없다. 그러므로 더 유능한 종업원이 그렇지 않은 종업원보다 설문에 더 응답을 많이 했다면 차이가 생길 수도 있는 것이다.

가장 잘 알려진 두 가지 태도설문조사는 직무기술지표(Job Descriptive Index, JDI)와 미네소타 만족도 설문(Minnesota Satisfaction Questionnaire, MSQ)이다. JDI는 임금, 승진, 감독, 업무의 특성, 동료의 특성인 다섯 가지 직무 요인을 측정하는 척도를 포함하고 있다. 이는 15분 내에 설문을 끝낼 수 있으며 여러 언어로 출판되었다. MSQ는 만족과 불만족의 여러 가지 수준의 평가척도로서 '매우 불만족'으로부터 '매우 만족'까지의 범위가 있다. 이는 향상(advancement), 독립성(independence), 인정(recognition), 사회적 지위, 작업환경 등을 포함한 20가지 직무 측면들을 포함하고 있다. MSQ는 설문을 마치는데 30분이 소요되며 10분짜리도 있다. 이 설문은 높은 타당도를 지닌다.

개인면접은 때때로 설문과 함께 사용되기도 한다. 면접에서, 종업원들이 자신들의 직무에 대한 견해를 관리자, 혹은 해당 조직의 인사부에서 파견된 면접관과 논의를 한다. 직무 태도를 측정하는 또 다른 방법은 문장완성검사이다. 종업원들은 제시된 문장을 완성시킨다. 예를 들어 "나의 직무는 ________" 혹은 "나의 직무는 반드시 ________이다." 등이다. 직무만족을 평가하기 위한 중요사건기법에서는, 종업원들에게 자신의 직무를 수행하는 과정에서 경험하는 아주 기분을 좋게 하거나 혹은 나쁘게 만드는 직무 사건에 대해 기술하도록 요구한다.

직무 측면 만족

많은 산업 및 조직심리학자들은 전반적인 직무만족 자료가 작업환경에 대한 모든 관점이 다양한 범주에 속하는 종업원들의 긍정적 및 부정적인 태도를 측정하는데 적합한 것은 아니라고 주장한다. 종업원들은 특정한 조건에 만족을 하고 다른 것들에는 불만족한다. 예컨대, 아마도 당신은 사무실 안에서 당신의 일을 좋아하고 편안함을 느끼겠지만 당신의 상사는 마음에 들지 않을 수도 있다. 다양한 직업의 모든 직급을 포함한 종업원들 5,000명을 대상으로 한 국가조사에서 특정 직무 측면에 대한 만족도는 22~58%까지 다양하게 나타났다(표 8-1 참조).

전반적 직무만족에 대한 단일문항 측정은 이러한 요인들을 구별해낼 수가 없다. 그러므로 심리학자들이 좀더 상세한 측면이나 직무만족 측면들에 대한 측정에 초점을 둔 것이다. 어떤 측면들은 모든 유형의 직무와 조직에서 적용할 수 있는 반면, 다른 것들은 단지 직무 범주에 적용될 수 있는 것이다.

표 8-1

직무 측면에 대한 개인의 만족 수준

직무 측면	만족도를 느끼는 종업원의 비율
직무에 대한 흥미	58
상사의 질	55
교통	55
휴가 정책	51
직무 안정성	50
병가	47
건강 제도	40
봉금	37
유연 근무	37
승진 정책	22

출처: Survey reported in *St. Petersburg (FL) times*, August 22, 2002.

직무만족 자료

매년마다 갤럽 리서치 기관에서는 다음과 같은 질문을 미국의 종업원 대표집단에게 제시한다: 당신이 하고 있는 일에 대체로 만족하십니까? 혹은 만족하지 않으십니까?

결과는 일관적으로 단지 10∼13%의 종업원들만이 해마다 그 질문에 대해 그들의 직업에 불만족한다고 응답했다. 그렇다면, 대부분의 사람들은 그들의 직업에 만족한다는 가정을 하게 된다. 그러나 직무만족에 대해 좀더 상세한 질문을 하게 되면, 그 결과는 달라진다. 예컨대, 공장 종업원들은 만약 직업을 바꾸고 싶은지에 대해 질문을 했을 때, 현재 직업에 만족한다고 주장했었다고 할지라도, 많은 사람들이 '그렇다'고 응답을 했다. 사람들이 만족한다고 할 때, 그 의미는 때때로 불만족한다는 뜻이 되기도 한다. 그러므로 우리가 직무만족에 대한 자료를 접할 때, 어떤 형태의 질문에 응답을 했는지 반드시 살펴보아야 한다.

어떤 직무만족 연구에서는 국가별 종업원 표본을 대상으로 한다. 다른 연구들은 특정 산업에 종사하는 인구를 대상으로 하거나, 혹은 직무만족의 상세 측면을 다루기도 한다. 직무만족은 직무 유형에 따라 다양하다. 예컨대, 조립라인에 종사하는 종업원들은 사무직 종업원들보다 낮은 직무만족 수준을 보인다. 정부기관의 관리자들은 일반 기업에 근무하는 관리자들보다 낮은 만족도를 보인다.

포춘(Fortune)지는 미국 내 100대 우수기업의 종업원들은 높은 수준의 직무만족을 보이며, 이는 시간이 지나도 안정되게 유지된다고 보고하고 있다. 또한 이러한 종업원들의 조직에 대한 긍정적인 태도는 조직의 재정적인 이익과도 높은 상관을 보인다는 연구가 있다. 종업원의 만족도가 높을수록 조직의 재정 상태는 더 좋다는 것이다(Fuhmer, Gerhart, & Scott, 2003). 우수 100대 기업에 관하여 알고 싶다거나 어떻게 선정되는지 알고 싶다면 http://www.greatplacetowork.com을 방문해 보도록 하자.

개인적 특성의 영향

수많은 직무특성과 조직 환경이 직무만족에 영향을 준다. 직무와 업무환경을 재설계함으로써 직무만족과 생산성을 증가시킬 수 있는 관리가 가능하게 된다. 직무는 성취욕구와 자기실현 및 개인적 성장을 만족시킬 수 있는 기회를 최대화하도록 재설계 될 수 있다. 직무는 동기욕구와 핵심적인 직무특성 및 더 높은 수준의 책임감을 강화시킴으로써 확충될 수 있다.

개인적 특성은 연령, 성별, 인종, 인지적 능력, 직무 경험, 기술의 사용, 직무일치성, 조직 공정성, 성격, 직무 통제 및 직업 수준 등이 포함되는데 이러한 특성들이 직무만족과 관련된다.

연령. 통상적으로 직무만족은 연령과 정적인 상관을 보이는데, 가장 젊은 종업원들이 가장 낮은 직무만족 수준을 보인다. 이러한 관계는 육체노동자 및 사무직 노동자, 남성 및 여성 모두에서 동일한 결과를 보인다. 낮은 연령의 사람들은 첫 직장에서 적절한 도전과 책임감을 찾는데 실패하여 실망을 하게 되는 것이다. 첫 직장이 종종 실망스럽다는 전형적인 반응이라면, 직무만족은 왜 연령이 높아짐에 따라 증가되는 경향을 보이는 것일까? 세 가지 가능한 설명이 다음에 제시되어 있다.

1. 가장 불만족하고 있는 젊은 종업원들은 직장에 없거나, 혹은 만족스러운 직장을 찾기 위해 빈번히 옮겨다니기 때문에 조사에 포함되지 않는 것이다. 이는 연령이 높은 종업원들을 위한 조사가 되어버린다는 의미이다.
2. 종업원들은 연령이 높아짐에 따라 체념을 하게 된다. 업무에서 성취감과 도전감을 찾기를 포기하고 다른 곳에서 이를 추구하는 것이다. 그러므로 직무에 불만족스럽다고 응답하는 경향이 덜하게 된다.
3. 연령이 높은 종업원들은 직무상에서 성취와 자기실현의 기회가 더 많다. 연령과 경험은 일반적으로 자신감, 역량, 존중과 책임감을 증가시킨다. 그리고 이러한 감정들은 더 높은 성취감을 이끌어낸다. 다시 말하자면, 연령이 높은 종업원들은 젊은 종업원들보다 더 나은 직장을 가질 확률이 높다.

성별. 여성과 남성 종업원들 간의 직무만족의 차이점에 대한 연구 증거는 일관적이지 않고 모순된다. 심리학자들은 직무만족 간의 차이점에 뚜렷한 유형이 없다는 것을 밝혔다. 성별에 따라 달라지는 집단 관련 요인들의 직무만족과의 관련성이 성별 자체보다 크다는 것이다. 예컨대, 전형적으로 여자들은 같은 일을 하는 남성들보다 적은 임금을 받고 승진에 대한 기회가 적다. 대부분의 여성 종업원들은 남성들에 필적할 만한 보상을 받기 위해 더욱더 열심히 일해야 하고 남성 종업원들보다 더 띄어야 한다고 믿는다. 분명 이러한 요인들은 개인의 만족에 영향을 준다.

인종. 일반적으로, 많은 백인들이 백인이 아닌 종업원들보다 높은 직무만족을 보인다. 그러나 직무만족을 고려하기 이전에 그들은 직장을 가지고 있어야 한다. 비록 중산층의 흑인과 소수민족 종업원들이 증가하고는 있지만, 많은 수가 일자리가 없거나 비정규직에서 일하고 있다. 낮은 수준의 직업에서 일하는 정규직 종업원들은 최소 급여를 받으며 발전이나 성취의 기회를 거의 갖지 못한다. 그러므로 많은 종업원들에게 있어서 가장 중요한 관심사는 만족이 아닌 충분한 급여를 구하는 것이다.

인지적 능력. 인지적 능력은 직무만족에 중요한 영향을 미치지는 않지만, 선택한 직무 유형과 관련될 때 중요할 수 있다. 수많은 직업에는 높은 수행 및 만족과 관련된 지능의 범위가 존재한다. 지능이 높은 사람들은 직무가 충분한 도전감을 주지 못해 지루함과 불만족을 경험할 수 있다. 미국 내 흑인 혹은 히스패닉계 종업원 12,686명을 대상으로 한 연구에서, 지능이 높은 사람일수록 더욱 흥미롭고 도전적인 직무에서 일하고 있음이 밝혀졌다. 지능에 비해 낮은 수준의 도전적 직무에서 일하고 있는 사람들은 높은 불만족을 보인다고 보고하였다 (Ganzach, 1998).

지능과 관련된 요인은 교육 수준이다. 몇몇 연구에서 교육 수준은 크지는 않지만, 직무만족과 부적 관계를 가지고 있다고 밝혔다. 높은 수준의 정규 교육을 받은 종업원들은 높은 직무불만족을 보이는 경향이 있다. 이에 대한 하나의 설명은 교육 수준이 높은 사람들은 자신이 하는 직무가 높은 책임감과 만족감을 제공해야만 한다는 기대와 믿음을 가지고 있다는 것이다. 그러나 사실 많은 직무들이 이러한 기대를 만족시키지는 못한다. 대학을 졸업한 종업원들은 대학 중퇴자들보다 다소 높은 직무만족을 보였다. 이러한 연구 결과는 높은 직위는 대학 졸업자들에게만 열려 있다는 사실을 설명해 줄 수도 있을 것이다.

직무 경험. 고용의 초기 단계에 있는 신참 종업원들은 자신의 직무에 만족하는 경향이 있다. 이 기간에는 기술과 능력을 개발하고자 하는 자극과 도전이 있기 때문과, 단지 직무가 새로운 것이기에 매력적으로 보이기 때문이다. 이러한 초기의 만족은 종업원이 자신의 발전과 성취에 대한 실질적 증거에 대한 피드백이 없는 한 감소하게 된다. 몇 년 후 직장에서 대다수가 실망하게 되고 승진이 늦다는 느낌도 가지게 된다.

직무만족은 수년간의 경험이 쌓이고 지속적으로 향상이 된 후에 증가하게 된다. 직무만족과 직무 경험의 기간의 관계는 연령과 같은 유형을 보인다.

기술의 사용. 특히 대학을 졸업한 엔지니어링 혹은 과학 분야에 있는 종업원들이 갖는 공통적인 불만은 대학교육 기간 동안 요구되던 기술이나, 지식을 직무에 활용하는 것이 허용되지 않는다는 것이다. 엔지니어들을 대상으로 한 연구에서 임금, 근무조건, 감독자, 승진 기회와 같은 직무 측면에서 높은 불만족이 나타났다. 다른 연구에서, 사람들이 능력을 사용할 수 있는 기회를 가질 때 이들은 직장에서 좀더 행복한 것으로 나타났다. 스웨덴의 자동차 조립라인에서 근무하는 종업원들을 면접한 결과 직무만족의 요인은 직장에서 질적으로 높은 수준의 수행을 할 수 있는 기회를 제공하는가의 여부에 의해서 결정된다는 것이 밝혀졌다(Eklund, 1995). 동료의 근무조건 혹은 활동이 작업의 질에 방해를 줄 경우, 직무만족은 낮아졌다.

직무일치성 개인의 능력과 직무요구 간의 일치.

직무일치성. **직무일치성**은 직무상의 요구와 종업원들의 능력 간의 일치를 말한다. 한 사람의 능력 및 특성과 직무요구 간의 거리가 가까울수록 직무만족은 더 높다. 반대로, 직무요구와 한 사람의 기술간 적합도의 부족은 직무만족을 떨어뜨릴 가능성이 커진다.

조직 공정성. 조직 공정성은 조직 내에서 종업원들이 스스로 얼마나 공평하게 대우를 받는지 지각하는 것을 말한다. 종업원들 자신이 불공평하게 대우받는다고 느끼게 되면(조직 공정성 지각의 결여), 직무수행, 직무만족, 조직몰입 등이 감소한다. 이러한 상황에서, 종업원들은 높은 수준의 스트레스를 경험하게 되고, 불평을 하며, 이직의도를 가지게 된다. 대기업 혹은 권위적인 조직에서 일하는 종업원들은 조직 내에서 조직 공정성 수준에 대하여 낮은 평가를 하는 경향이 있다. 의사결정에의 참여는 조직 공정성을 증가시키는 데 기여한다(Schminke, Ambrose, & Cropanzano, 2000).

성격. 자신들의 일에 대하여 만족도가 높은 종업원들일수록 적응을 더 잘하며 정서적으로 안정적이라는 연구 결과가 밝혀졌다. 이러한 관계가 명백해 보일지 모르나 인과관계는 그렇지 않다. 정서적 안정성과 직무만족 중 무엇이 먼저일까? 정서적 불안정성으로 인해 모든 삶의 영역에서 불만을 초래할 수 있고, 직무불만족의 연장으로 낮은 정서적 적응을 초래할 수 있는 것이다.

직무만족과 관련된 두 가지 성격요인은 소외감과 통제소재(locus of control)이다. 낮은 소외감과 내적 통제소재를 가진 종업원들은 높은 직무만족, 직무관여 및 조직몰입을 하는 경향이 있다. 135개의 직무만족 연구에 대한 메타분석에서 내적 통제소재와 직무만족 간에 정적 관계가 있음이 밝혀졌다. 또한 이 연구에서는 높은 자존감과 자기 효능감 및 낮은 신경성이 높은 직무만족과 상당히 유의미하게 관련이 있음을 밝혔다(Judge & Bono, 2001).

A 유형 성격의 두 가지 차원 또한 직무만족과 관련된다. 성취지향(achievement striving: 사람들이 열심히 일을 하고 일을 진지하게 받아들이는 정도)은 직무만족과 직무수행에 정적 관계가 있다. 조바심/성급함(Impatience/irritability)(편협함, 분노, 적개심 및 조급함)은 직무만족과 부적 관계가 있다. 조바심이 높을수록, 직무만족은 낮았다.

직무만족은 사회적, 제도적 신뢰의 수준이 높은 종업원들, 즉 사람과 조직은 근본적으로 공정하고 유익하며 신뢰할 수 있다고 믿는 종업원들에게 높게 나타난다.

또한 직무만족은 성실성과 정적 정서성(Big 5 성격요인 모델 중 외향성에 해당)이 높고 부적 정서성(Big 5 모델에서 신경성)이 낮은 종업원들에게 높게 나타났다(Brief & Weiss, 2002; Ilies & Judge, 2003; Judge, Heller, & Mount, 2002).

384명의 성인 종업원들을 대상으로 자존감, 자기 효능감, 통제소재 및 신경증을 자기보고 형식으로 측정한 종단연구는 직무만족 예측시 성격의 안정성을 지지해 준다. 이 연구는 종단연구이며 위에서 제시한 성격 특성을 아동기와 성인기의 각기 다른 시점에서 측정하였다. 연구 결과, 존중감과 효능감 점수가 높고 낮은 신경증, 내적 통제소재를 보인 사람들은 그렇지 않은 사람들보다 중년기에서 상당히 높은 직무만족을 보였다. 이와 같이 아동기에 측정된 성격요인들은 30년 후 측정된 직무만족에 직접적인 관계가 있었다(Judge, Bono, & Locke, 2000).

직무 통제. 동기 이론의 설명에서 언급한 것을 토대로, 모든 직무를 잘 통제할 수 있는 사람들이 수행을 더 잘할 수 있도록 동기화되고 더 큰 만족을 경험할 것이라고 예상할 수 있을 것이다. 이러한 예상은 영국의 412명의 고객서비스센터 직원을 대상으로 한 연구에서도 지지되고 있다. 직무 통제 척도 설문지에서 높은 점수를 보인 사람들은, 낮은 수준의 직무 통제 수준을 보고한 종업원들보다 1년 후에 높은 정신적 건강, 높은 수준의 직무수행, 직무만족을 보고했다(Bond & Bounce, 2003).

직업 수준. 직업 수준이나 직위가 높을수록 직무만족이 높아진다. 경영진들은 부하들보다 더 높은 긍정적인 직무 태도와 감정을 보였다. 직업 수준이 높아질수록 동기욕구를 만족시킬 수 있는 기회가 더욱 커진다. 또한 높은 수준의 직업은 자율성, 도전적 과제 및 책임감을 제공한다. Maslow의 존중감과 자기실현 욕구의 만족 또한 직업 수준이 높아질수록 증가시킨다.

직무만족은 직업 범주에서 다양하게 나타난다. 높은 수준의 직무만족은 기술자, 전문가 및 관리직 등에서 많이 보고되고 있다. 최소한의 만족을 보이는 종업원들은 제조 및 서비스 산업, 도매 및 소매업에 종사하는 사람들이다.

실직, 해고

직업이 없이는 직무만족도 있을 수가 없다. 산업 및 조직심리학연구에서도 이를 명백히 확인할 수 있다. 실직을 하는 것, 혹은 해고를 당하는 것은 종업원들과 그들의 가족들에게 스트레스가 된다. 일본에서 해고는 정신적으로 쇼크를 주어 '목을 자르다'란 의미의 '쿠비키리(kubikiri)'라고도 한다. 해고는 죄책감, 분노, 우울, 미래에 대한 불안과 신체적 질병, 알코올남용, 약물남용, 이혼, 배우자 및 자녀 학대 그리고 자살 충동 등의 결과를 야기한다.

높은 수준의 직업을 가진 종업원들일수록 해고에 대한 고통에 더욱 시달린다. 낮은 수준의 직업을 가진 종업원들은 좀더 융통성이 있다. 임원진, 관리자 및 전문가들은 방어적이거나 자기비판적이 되곤 한다. 실직은 대체로 삶의 방식, 기대, 목표, 가치에 중요한 변화를 가져온다. 실직당한 종업원들은 심리적 계약을 고용주가 위반했다고 생각한다. 문서상으로 쓰여지지 않은 계약인 심리적 계약은 종업원들이 회사를 위해 열심히 일하고, 충성도를 보이면 회사는 직업 안정성, 임금 인상 및 승진으로 보답할 것이라는 계약을 말하는데, 종업원들은 이를 더 이상 믿지 못하게 되는 것이다. 많은 사람들이 실직을 하게 되면 배신감을 느낀다. 2년 동안 진행된 756명의 실직한 종업원들을 대상으로 한 연구에서, 개인적 통제의 상실감이 특히 심각한 것으로 밝혀졌다. 수많은 사례에서 개인적 통제의 상실감은 고질적인 건강문제를 야기하고 정서적인 기능을 손상시키는 원인임이 밝혀졌다(Price, Choi, & Vinokur, 2002).

실업은 실업자들에게 불안을 유발하는데 이는 재취업을 한 후에도 지속되는 것 같다.

조직이 종업원들에게 해고사유를 밝히면 해고에 대한 부정적인 반응을 줄일 수 있다. 정보 전달이 잘 된 종업원들은 해고를 정당한 시각에서 바라보고 회사에 대하여 긍정적인 언급을 지속하며 부당한 해고에 대하여 고소를 하려는 의도를 보이지 않는다. 새로운 직장을 구하는 것이 실직의 부정적인 영향을 막을 수 있다. 그러나 과거의 직장과 현재 직장의 비교가 차이를 일으킬 수 있다. 100명의 실직한 경험이 있는 종업원들을 대상으로 한 연구에서, 새로운 직장에 대해서 불만족한 사람들은 이전 직장에서 해고된 경험과 관련된 대부분의 부정적인 영향을 계속해서 경험하고 있는 것으로 나타났다(Kinicki, Prussia, & McKee-Ryan, 2000).

실직 직후 구직활동을 시작한 202명의 성인을 대상으로 한 연구에서 실직 직후의 실업자들은 새로운 직장을 구할 수 있는 기회를 갖지 못했다. 우울, 낮은 자존감과 같은 부정적인 정서를 해결하면서 구직을 기다렸던 실업자들이 이후의 면접에서 좀더 안정적이고 자신감 있고, 덜 긴장하는 것으로 평가되었다. 실직 후 회복기간을 가진 사람들은 바로 구직활동을 했던 사람들보다 새로운 직장에 대해 높은 직무만족을 보였다(Gowan, Riordan, & Gatewood, 1999).

조직에서 대량해고가 있을 때는 조직에 남아 있는 종업원들 또한 영향을 받는다. 그들은 다음 해고대상자에 포함될 수도 있다는 걱정을 한다. 미국 노동부는 해고당하지 않은 사람들의 절반이 직무 스트레스의 증가, 사기 저하, 직무 열의 감소를 보고했다. 또한, 남아 있는 종업원들이 생산목표를 달성해야 하므로 업무과부하가 60%로 크게 증가했음을 보고했다. 그리고 해고에서 살아남은 종업원들은 그들의 동료가 해고된 후, 조직에 대한 몰입이 저하되었다(Shah, 2000).

조직 개편을 단행하고 있는 기업의 283명 종업원을 대상으로 한 연구에서 해고될지도 모른다는 불안감은 조직몰입을 감소시켰고 스트레스 수준을 증가시키고 건강문제를 야기했다. 높은 수준의 직무관여를 보고한 종업원이 그렇지 않은 종업원보다 더 높은 스트레스와 건강악화를 경험했다(Probst, 2000). 핀란드의 1,297명의 종업원에 대한 연구에서 조직 감축을 경험한 종업원들은 직무동기와 복지 수준이 높은 스트레스를 보고하고 있다. 단순히 감원이 있을 것이라는 소문에도 스트레스는 증가하였다(Kalimo, Taris, & Schaufeli, 2003).

<여기서 잠깐>

승진에서 낙오되었습니까? 당신의 잘못이 아닐지도 모릅니다.

당신은 부모의 눈치를 얼마나 잘 살피나요? 그들이 가령, 직장해고와 같이 무엇인가에 대해 상심해 있거나 화나 있을 때, 눈치를 챌 수 있습니까?

심리학자들은 10살부터 17살까지의 어린이들이 부모의 직장에 대한 불안한 감정을 날카롭게 의식한다는 것을 알게 되었다. 예컨대, 아이들이 그들의 아버지가 직장의 상황에 관해 불안해할 때, 자녀들의 학교생활에 대한 태도가 바뀌게 되고 그들의 성적이 내려가기 쉽다. 어머니가 직장 불안을 겪고 있을 때, 아이들은 영향을 받지 않는 것으로 나타났다.

캐나다의 Queen's University에서, 심리학자들은 부모와 함께 거주하지 않는 대학생들에 대해서도 이러한 상황에 대해 조사를 했다. 대학생들은 그들 부모와 매일 보지 않고 이야기를 하지 않을지라도, 부모들의 직장에 대한 근심과 불안감에 주목을 할까? 그리고 만약 그렇다면, 그들의 본업인 학업적 수행이 바뀌게 될까?

이 연구는 21살 이하의 학부 재학생을 대상으로 실시하였으며 그들 부모의 직업 안정성에 대한 개념을 설문지로 조사했다. 견본 질문은 다음과 같다. "나의 어머니/아버지는 그녀/그의 현재 직업에 대해 자신이 좋아하는 일을 하고 있는지 확신을 가질 것이다." 다른 두 질문도 시행되었다. 하나는 인지 기능, 다른 하나는 학생의 부모에 대한 동일시수준을 측정하는 것이다.

부모들에게도 그들이 지각하고 있는 직업안정성의 수준에 대해 답안을 작성하도록 했다. 이는 다음과 같은 문항이 포함되었다: 나는 내 현재의 직업이 영원할 것이라고 생각하지 않는다.

결과는 대학생들이 더 이상 일상적으로 부모와 만나지 않더라도, 그들의 부모가 가진 직장에 대한 감정에 민감한 것으로 나타났다. 아동에 대한 연구 결과와 같이, 부모들의 직업 안정도와 함께 대학생의 성적도 저하되었다. 그리고 아버지가 어머니보다 더 강한 영향을 주었다. 그러나 그들의 어머니에 대한 동일시수준이 높은 학생들은, 아버지에게 정체성이 더 밀접한 학생들보다 성적이 나빠지기가 쉬웠다.

그러므로 당신이 부모라면, 해고가 된다는 것은, 혹은 해고에 대하여 두려워하는 것조차도 아이들에게 영향을 미친다는 것을 기억하라. 그리고 당신이 대학교 학생이라면, 집에 전화를 걸어 엄마와 아빠가 일을 잘하고 있는지 물어보기 전에 한 번 더 생각해야 할 것이다.

출처: J. Barling, A. Zacharatos, & C. G. Hepburn (1999). Parents' job insecurity affects children's academic performance through cognitive difficulties. *Journal of Applied Psychology*, *84*, 437–444.

50개 표본의 28,000명 이상의 종업원을 대상으로 한 메타분석에서 직무 불안정성은 건강문제, 고용주에 대한 부정적 태도, 이직의도 등과 높은 상관을 보였다(Sverke, Hellgren, & Naswall).

직무만족과 직무상의 행동

지금까지 직무만족에 영향을 미치는 여러 요인들에 대해 살펴보았다. 지금부터 만족의 수준에 영향을 미칠 수 있는 직장 내에서의 행동들에 대해 생각해 보고자 한다.

생산성. 상당히 많은 연구에서 직무만족과 직무수행 간의 강력하고 유의미한 관계를 보여 주고 있다. 높은 만족을 보일수록, 수행의 수준이 높아졌다(예: Judge, Thoresen, Bono, & Patton, 2001). 체인 음식점의 4,467명의 종업원과 144명의 관리자 및 9,903명의 고객들을 대상으로 한 연구에서, 종업원들의 만족은 고객 만족뿐만 아니라 체인음식점의 수익률에서도 영향을 미쳤다. 종업원들이 높은 직무만족을 보일 때, 고객들도 마찬가지로 더 많은 지출을 하는 경향이 있었다(Koys, 2001).

대부분의 직무만족 연구는 종업원 개인에게 초점을 둔 것이다. 최근 연구에서, 산업 및 조직심리학자들은 작업집단과 부서와 같은 집단 직무만족 연구의 관심을 확장시키고 있다. 36개 기업 내 7,939개의 사업단위를 대상으로 한 메타분석에서는 집단 수준에서 종업원 만족은 고객 만족과 충성도에 정적 관계를 보였다. 높은 집단 직무만족 또한 이직률을 감소시키는 것과 관련이 있었다(Harter, Schmidt, & Hayes, 2002).

친사회적 행동 조직에 도움이 되는 상사, 동료 및 고객에 대한 행동.

친사회적 및 반생산적 행동. 높은 직무만족을 가지는 것은 **친사회적 행동**과 관련이 있고, 이는 조직에 도움이 되는 상사, 동료 및 고객에 대한 행동이다. 그렇다면 낮은 직무만족은 조직의 목표를 방해하는 반사회적인 행동과 관련이 있거나 혹은 비생산적인(counterproductive) 행동을 야기하는 것일까? 부정적인 종업원의 행동은 생산성을 방해하고, 불량품, 낮은 서비스, 악성 소문, 절도, 태업 등을 야기한다. 종업원들은 실제 또는 상상 속의 불만 때문에, 이러한 행동들을 통해 조직에 대항하기 위한 수단으로 생각하는 것일 수도 있다.

연구에서는 30세 이상의 종업원들의 반사회적 행동과 직무불만족 간에 정적 관계가 있다는 것이 밝혀졌다. 이는 고령 종업원들이 젊은 종업원들보다 부정적인 행동을 더 많이 보인다는 의미는 아니며, 부정적인 행동의 빈도는 오히려 30세 이하의 종업원에게 높게 나타났다. 이 연구에서 주시한 것은 단지 고령 종업원들의 반사회적 행동이 직무불만족과 관련이 있다는 점을 밝힌 것일 뿐이다.

결근. 결근은 조직에 광범위하게 퍼져 있고 그 손실이 크다. 미국 내에서 어떤 정해진 근무일에 20%의 종업원들이 결근을 하였다. 결근은 한해 300억 원이 넘는 손실을 가져온다.

결근은 기계가 발명된 이래 산업을 끊임없는 괴롭혀왔다. 1840년대경 Wales의 섬유공장에서, 결근율은 대략 20% 정도였다. 월급 지급일 이후 2주 동안, 결근은 35%에 달했다. 19세기 영국 전역에서는 종업원들은 대체적으로 월요일에—'성 월요일(Saint Monday)'이라고 부르는—주말 동안의 숙취를 해소하기 위해 회사를 나가지 않았다. 공장 소유자들은 엄격한 벌금을 물게 하고 많은 종업원들을 해고했지만 출근율에는 아무런 영향을 주지 못했다.

산업 분야의 많은 결근 자료는 자기보고식이었다. 당신이 직무수행에 관한 설문지를 작성한다고 가정해 보자. 질문 중 하나가 지난해에 당신이 출근하지 못한 날이 얼마나 되는가였다. 당신은 정확하게 답변을 하겠는가? 그렇지 않으면 당신이 결석한 날의 수를 적게 보고하겠는가? 실제 수치상으로 10일에 가까운 결근 일수를 2일이라고 대답하고 싶지는 않겠는가? 다양한 종업원 집단에 대한 연구에서 1년 중에 4일 정도를 결근한다고 적게 보고한 결과가 일관적으로 나타난다. 관리자들 역시 그들의 작업장에서 결근의 정도에 대하여 적게 보고하고 있는 것으로 나타났다. 90% 가량의 종업원들은 평균 이상의 출근율을 주장하고 있다. 분명히 대부분의 사람들은 결근한 사실을 인정하는 것에 대해 솔직하지 못하다는 것이다.

결근에 관한 자기보고 자료가 정확하지 않다면, 결근에 대한 실제 측정치를 얻기 위해 기업의 인사 자료를 왜 이용하지 않는 것인가? 이것은 이론상으로는 아주 좋은 생각이지만, 실제 장면에서는 효과를 그리 발휘하지 못한다. 많은 기업들이 체계적인 방법으로 출근 자료를 수집하고 있지 않다. 관리자들과 엔지니어 혹은 과학자와 같은 전문적인 종업원들에 대해서도 그러한 자료를 거의 수집하지 않는다. 따라서 결근에 대한 조사연구를 읽을 때에는, 그 자료들이 자기보고식에 의한 것이고, 결근의 실제 결근수치는 더 높다는 것을 인식하여야 한다.

놀랄 것도 없이, 조직의 병가 정책이 좀더 자유로울수록, 결근율은 더 높아진다. 또한 결근은 진단서와 같이 질병에 대한 증거자료를 요구하지 않는 조직에서 더 높다. 고액연봉을 받는 제조업에서는 저임금 산업보다 높은 결근율을 보인다. 종업원들이 돈을 많이 벌수록, 그들은 더욱 많이 쉬고 싶어한다. 틀에 박힌 일을 하는 종업원들은 좀더 흥미롭고 도전적인 직업을 가진 종업원들보다 종종 높은 결근율을 보인다.

사회적 가치는 국가들 간에 결근율에 차이를 보이는 것으로 볼 때 결근에 영향을 미친다. 일본과 스위스에서 출근은 하나의 의무로 간주되고 있고 결근율은 낮다. 이탈리아에서는 일에 대한 사회적인 태도가 좀더 관대해서, 기업들은 충분한 사람들이 그날의 작업운용을 유지해나갈 수 있도록 통상적으로 15% 이상의 종업원들을 필요 이상으로 고용한다.

어떤 경우에는 관리(management)가 결근을 용인하는 것처럼 보이는 조직 분위기 형성에 영향을 미치기도 한다. 만약 결근에 대하여 관대하고 문제 삼지 않는 관리를 한다면, 어떤 종업원들은 이를 교묘히 잘 이용하려 들 것이다. 경제적인 조건은 결근율에 영향을 미칠 수 있다. 일반적으로, 종업원들을 정리해고하는 과정에서 결근율은 낮아진다. 전반적인 고용률이 높고, 종업원들이 자신의 직업에 대하여 안정감을 느낄 때 결근이 증가한다. 또한 젊은 종업원들은 고령의 종업원들보다 직장에서 허가받지 않고 개인적인 시간을 더 많이 갖는다.

개인적 요인 또한 결근에 영향을 줄 수 있다. 예컨대, 호주의 자동차 제조회사에 근무하는 362명의 육체노동자를 대상으로 한 연구에서 긍정 정서성(높은 활동 수준, 열정, 사회성, 외향성과 같은 특성 포함)이 높은 사람들은 낮은 긍정 정서성을 보이는 사람들보다 낮은 결근율을 보였다(Iverson & Deery, 2001). 영국의 건강 서비스직에 종사하는 323명의 종업원을 대상으로 한 연구에서 직무 관련 심리적 스트레스와 우울이 결근율과 유의미한 상관을 보였다. 스트레스가 높다고 보고한 종업원들은 직무 관련 스트레스가 낮은 종업원들에 비해 더 높은 결근율을 보였다(Hardy, Woods, & Wall, 2003).

또한 한 연구에서 조직이 주관하는 높은 출근율에 대해 보상과 인정을 제공하는 프로그램은 결근을 줄일 수 있다고 제안한다. 한 의류제조사에서 월별, 분기별, 매해 낮은 결근율에 대한 보상 프로그램을 만들었다. 예컨대, 한 달 동안 결근을 하지 않은 종업원들에게 '골드스타'라는 호칭을 부여했다. 오랜 기간 동안 높은 출근율을 보인 모범적인 종업원들에게 금목걸이나 펜 나이프와 같은 좀더 비싼 선물을 보상으로 수여하였다. 이러한 프로그램의 도입으로 결근은 그 이전의 수준보다 더 낮아지고, 종업원들은 보상체계에 대해 높은 수준의 만족을 보고하였다(Markham, Scott, & McKee, 2002).

이직. 이직 또한 조직에 막대한 손실을 준다. 누군가 일을 그만두게 되면, 충원을 위해 모집, 선발, 훈련 및 직무에 대한 적응기간이 요구된다. 높은 이직이 높은 직무불만족과 관련이 있다는 증거는 강력하다. 연구에서는 의도된 실제 이직은 낮은 임금과 형편없는 리더십과 같은 다양한 측면의 불만족이 그 원인이라고 주장한다.

조직몰입은 이직과 상당히 관련된다. 조직과 회사에 대해 헌신도가 높은 사람은 직장을 그만둘 가능성이 낮다. 그러나 연령이 이직에 영향을 주는 요인은 아닌 것으로 보인다. 실업률이 높고 기회가 제한되어 있을 때보다 실업률이 낮고 직무 기회가 늘어날 때에 이직률이 높아진다. 사람들이 경제적인 상황이 좋고 경제적으로 성장한다고 지각할 때, 그들은 직무만족을 증가시키고 싶어 이직을 고려하기 쉽다.

높은 수준의 창의성을 요구하는 직업은 높은 도전성, 복잡성 및 자율성, 낮은 조직의 통제와 감독을 보인다. 2,200명의 종업원을 대상으로 한 연구에서 창의력과 도전성이 높은 사람들은 이러한 특성을 제공하지 않은 직업의 종업원들보다 높은 직무만족, 낮은 이직의도를 보였다(Shalley, Gilson, & Blum,

2000).

결근과 이직 간에는 중요한 차이점이 있다. 결근이 일반적으로 늘 조직에 부정적인 영향을 미치지만 이직은 다르다. 때때로 비효율적인 종업원들이 직장을 떠나기도 하기 때문이다. 산업 및 조직심리학자들은 이직을 낮은 수행을 보이는 사람들이 직장을 그만두는 기능적인 이직과 높은 수행을 보이는 종업원들이 직장을 그만두는 비기능적인 이직으로 분류한다.

그렇다면 감축이나 감원과 같은 비자발적 이직의 경우는, 많은 종업원들이 비용절감의 차원에서 해고되는 것인가? 위에서 보았듯이 그러한 정리해고가 직장을 잃은 종업원들뿐만이 아니라 직장에 남아 있는 종업원들에게도 부정적인 영향을 준다는 것을 알고 있다. 국가 경제 서비스 기업의 31개 작업 단위를 대상으로 한 연구에서 비자발적인 이직 사건은 남아 있는 종업원들의 직무수행과 생산성에 부적 관계를 보였다. 그러므로 감축은 조직의 생산성 수준과 관련이 있다고 할 수 있다(McElroy, Morrow, & Rude, 2001).

동기, 직무만족 그리고 임금

많은 연구에서 임금과 직무만족 간에 정적인 관계를 보여 주고 있다. 임금 역시 직무와 조직의 수행과 관련이 있다. 예컨대, 캘리포니아 주 병원의 의사 및 의사가 아닌 종업원들을 포함한 333명의 병원 근무자에 대한 연구에서 높은 임금은 긍정적인 환자의 치료 결과와 병원의 재정적인 성과에 관련이 있었다(Brown, Storman, & Simmering, 2003).

지각된 급여 형평성

누군가의 임금에 대해 지각된 형평성, 혹은 공정성은 실제적인 액수보다 더욱 중요할 수 있다. 자신과 비슷한 능력을 가진 사람들이 자신보다 더 많은 임금을 받는다고 믿고 있는 사람들은 임금에 불만족을 나타냈다. 그들은 마땅히 지급되어야 할 만큼의 임금보다 더 적게 받는다고 생각한다. 자신의 임금이 동료보다 높다고 생각하는 사람들은 그들의 임금에 더 만족을 한다는 것은 당연한 것이다. 아마도 당신은 실제 조직 장면에 앞서 이 장에서 언급한 형평 이론에 대한 예시들을 보았을 것이다.

우리들 대부분은 받아들일 수 있는지, 직무에 합당한 임금인지, 동료들과 비슷한 정도인지를 근거로 개인적인 비교기준을 만든다. 그러므로 임금에 대한 만족은 우리의 기준과 실제 임금 간의 차이에 의해 결정된다.

물론, 우리가 보았듯이 미국 사회의 어떤 집단에 대해서는 임금 형평성이 거의 없는 경우도 있다. 일반적으로, 여자들은 같거나 비슷한 일을 하는 남자들보다 낮은 임금을 받으며, 많은 소수인종 집단의 종업원들은 백인들보다 임금이 낮다. 또한, 가족이 경영하는 기업에서 가족 구성원인 CEO가 가족 구성원이 아닌 CEO보다 높은 연봉을 받을 것이라고 생각할 것이다. 그러나 창업한 지 4년 이상 된 가족경영 기업의 253명을 대상으로 한 연구에서 가족의 구성원인 CEO가 가족과 관련이 없는 CEO보다 실질적으로 낮은 임금과 보너스를 받고 있음이 밝혀졌다(Gomez-Mejua, Larraza-Kintana, & Makri, 2003).

성과급

성과급은 조직 내에서 더 나은 성과를 보인 종업원들에게 생산성이 낮은 종업원들보다 더 많은 임금을 지급한다는 것이다. 이러한 임금체계는 이론상으로는 그럴 듯해 보이지만 작업현장의 현실에는 잘 맞지 않는다. 산업 및 조직심리학자들은 성과급계획에 주어진 임금 인상 규모에 영향을 미치는 여러 가지 연구를 하였다. 연구 결과, 종업원들의 임금 인상에 중요한 의사결정을 하는 관리자들 사이에 불일치가 있다는 것을 밝혔다. 한 부서의 종업원들의 임금 인상은 다른 부서에서는 납득하기 어렵다. 높은 임금 인상을 받은 감독자들은 낮은 임금 인상이 된 감독자들에 비해 그들의 부하직원이 더 높은 임금 인상을 받을 수 있도록 추천을 하는 경향이 있었다.

성과급 직무수행의 수준에 기초해서 지급되는 봉급 체계.

임금 인상은 또한, 관리자가 부하들의 전문적 지식의 지원에 의존하는 정도와 관리자가 그러한 의존을 위협으로 여기는지의 여부와 관련이 있다. 예컨대, 낮은 자존감을 가진 관리자는 부하직원이 칭찬, 혹은 긍정적인 피드백을 제공해 주기를 원하기 때문에 부하들에게 낮은 임금 인상을 주려고 하지 않는다.

<여기서 잠깐> 불공평한 임금은 여성도 모자라 남성까지...

Patti Landers는 그녀의 고향인 워싱턴의 시애틀에 있는 보잉사(Boeing Company)의 엔지니어로 취직이 되었을 때 행복했다. 그녀의 아버지와 오빠 그리고 남편 모두 비행기 제조와 관련된 직업을 지녔다. 몇 년 전, 그녀의 할아버지 역시 그곳에서 일했었다. 이것은 대단한 기회로 보였고 실제로 그랬다. Patti가 그녀의 월급과 그녀의 가족 중 남자가 벌어들인 월급과 비교하고 나서 그녀는 아주 큰 차이를 발견했다. 그녀는 사기를 당한 것 같아서 37명의 다른 여성들과 회사를 상대로 성차별 소송을 제기했다.

보잉사는 같은 일을 하는 여성에게 낮은 임금을 지불한다는 혐의를 부인하였다. 그러나 「Business Week」는 남자들이 같은 일을 하는 여성들보다 더 많은 임금을 받는다는 사실을 밝힌 보잉사의 여러 내부적인 연구에서 12,000쪽이 넘는 기업문서를 얻게 되었다. 그들이 만든 전자암호 잠금장치가 된 보호구역에까지 숨겨놓은 문서에서 그들은 임금의 불형평성에 대하여 10년 동안 알고 있었다는 것이 판명되었음에도 불구하고 아직도 보잉사는 소송 중이다.

보잉사의 28,000명의 여성을 대신한 종업원 민간집단 소송으로 불거진 이 소송에서 기업이 만약 지게 된다면, 기업은 남성보다 여성에게 적은 임금을 지불하여 돈을 절약한 것보다 더 많은 1,000만 달러가 넘는 비용을 지불해야 할 것이다. 그러나 기업대변인은 '동등한 권리'를 실시했다고 주장했다.

이와 같은 기업정책은 새로울 것이 없다. 대기업들은 전형적으로 같거나 혹은 비슷한 업무를 수행하는 남성보다 여성에게 낮은 임금을 지불한다. 새로운 것은 대부분 여성으로 구성된 작업집단을 관리하는 여성과 남성(관리자) 모두 대부분 남성으로 구성된 작업그룹의 관리자보다 낮은 임금을 받는다는 연구이다.

512개 기업에 근무하는 2,178명의 관리자 대상 연구에서 40%~50%가 여성들로 구성된 작업집단의 관리자들이 대체적으로 남성들로 구성된 작업집단일 때보다 낮은 임금을 받는다는 것이 밝혀졌다. 여성 종업원들의 비율이 작업집단 안에서 증가할수록, 그들의 관리자들의 임금이 낮아졌다. 연구자들은 관리자들이 대부분 여성들로 구성된 그룹을 관리하게 된다면, 임금이 남성들에게도 불공평하게 나타난다는 결론을 내렸다.

출처: S. Holmes (April 26, 2004). A new black eye for Boeing: Internal documents suggest years of serious compensation gaps for women. *Business Week*, pp. 92-92; C. Ostroff & L. Atwater (2003). Does Whom you work with matter? Effects on referent group gender and age composition on managers' compensation. *Journal of Applied Psychology*, *88*, 725-740.

이러한 관리자는 만약 부하들이 적절한 임금을 못 받게 되면, 그들이 지원을 보류하거나 혹은 관리자들에게 손해가 가도록 그들의 생산성을 낮추는 것을 두려워할 것이다.

성과급을 받는 사람들이 모두가 긍정적으로 반응하지 않는다는 또 다른 증거가 있다. 청소부부터 의사에 이르기까지 1,700명이 넘는 모든 병원 근무자들을 대상으로 성과급 인상에 대한 효과를 8개월 동안 연구하였다. 종업원들에게 있어서 동기와 직무수행에 미치는 성과급 인상의 효과는 긍정적인 정서성이 낮은 종업원들에게 더 크게 나타났다. 다시 말하자면, 더 나은 수행을 위한 더 많은 임금 지급은 더욱 내성적이고 부정적이며 덜 외향적인 종업원들에게 더 좋은 가치로 간주되었다. 아마도 긍정 정서성이 낮은 종업원들은 성과급 인상을 인정과 평가의 수단으로 생각하는 것 같다(Shaw, Duffy, Mitra, Lockhart, & Bowler, 2003).

상여금 제도

생산직 종업원들의 주요 임금체계인 **상여금 제도**에도 또한 문제가 있다. 생산직의 시간동작(time and motion) 분석 연구를 통해, 주어진 시간 내에 정기적이고 평균 혹은 기준이 되는 생산단위가 결정된다. 상여금 제도는 이러한 평가에 근거를 둔 것이다. 이론상으로 높은 직무수행에는 상여금을 지급한다. 즉, 더 많은 단위가 생산될수록 임금은 더욱 높아지는 것이다. 그러나 실제는 다르다. 많은 작업집단들이 생산량에 대한 그들만의 기준을 설정한다. 상여금과는 무관하게 종업원들은 더 많은 생산을 하는 대신에 편안하게 일하려고 한다. 연구결과, 거의 모든 종업원들이 고정 시급제를 선호하는 것으로 나타났다.

상여금 제도 생산량이 많을수록 더 많은 봉급을 지급하는 주로 생산직 종업원에 대한 임금 체계.

직무관여와 조직몰입

동기와 직무만족에 관련이 있는 것은 직무관여(job involvement)이다. 이는 한 사람의 직무에 있어서 심리적 정체성의 강도를 말한다. 일반적으로 직무에 대하여 정체성이나 몰입이 높은 사람은 직무만족이 높다. 직무관여는 여러 개인적, 조직적 변수들과 관련이 있다.

개인적 요인

직무관여에서 중요한 개인적인 특성들은 전통적인 직업 윤리상에서의 나이, 성장욕구 및 신뢰이다. 고령의 종업원들은 그들의 성장욕구를 만족시킬만한 더욱 많은 책임감과 도전, 기회를 가지기 때문에 통상적으로 그들의 직무에 좀더 몰입한다. 전형적인 견습 단계에 있는 젊은 종업원들의 직무는 덜 도전적이다.

성장욕구가 직무관여에 중요하기 때문에, 직무관여와 관련이 깊은 직무특성들은 자극, 자율성, 다양성, 과업 정체성, 피드백, 참여이며 이 특성은 성장욕구를 만족시킨다.

직무에 대한 사회적 요인 또한 직무관여에 관련이 있다. 집단 또는 팀에서 일하는 종업원들은 혼자 일하는 종업원들보다 강한 직무관여를 가지는 것으로 밝혀졌다. 의사결정에 참여하는 것은 종업원들이 조직의 목표를 지원하는 정도에 따라 직무관여에 미치는 영향이 달라진다. 직무상 성공과 성취에 대한 감정은 직무관여의 수준을 강화시킨다.

직무관여와 직무수행 간의 관계는 확실하지 않다. 높은 직무관여를 보이는 종업원들은 그들의 직무에 관해 좀더 만족하고 성공적이다. 또한 이직률과 결근율은 낮은 직무관여를 보이는 종업원들보다 낮다. 그러나 높은 직무관여는 높은 수행과 상관관계가 있다고 할 수는 없다.

동기와 직무만족과 유사한 다른 변수는 조직몰입(즉, 일하고 있는 조직에 대한 심리적 정체감 혹은 애착 정도)이다. 조직몰입은 다음과 같은 요소를 가진다.

- 조직의 가치와 목표의 수용
- 조직을 위해 최대의 노력을 기울이고자 하는 의지
- 조직에 귀속되고자 하는 강한 열망

조직몰입은 개인적 및 조직적 요인 모두와 관련된다. 2년 이상 근무하고 높은 성취욕구를 가진 나이 든 종업원들은 조직몰입에 높은 평가를 받기 쉽다.

27개의 개별 연구에서 3,630명의 종업원을 대상으로 한 메타분석에서 조직에 오랫동안 근무한 사람일수록, 조직몰입과 직무수행 간 더욱 강한 관련이 있었다. 연구자들은 신입직원들의 조직몰입 증가를 위한 조치를 취하는 것은 더 나은 직무수행을 유도할 수 있다고 제안했다(Wright & Bonett, 2002). 과학자들과 기술자들은 다른 직업에 속한 종업원들보다 조직몰입이 낮았다. 게다가 공무원들은 개인사업장에서 일하는 종업원들보다 조직몰입이 낮았다. 공무원들은 직무만족이 낮게 나타나는 경향이 있다.

조직적 요인

조직적인 요인은 직무 확충, 자율성, 기술을 사용할 수 있는 기회, 작업집단에 대한 긍정적인 태도를 포함한 높은 조직몰입과 관련이 있다. 조직몰입은 조직이 그들에게 어떻게 몰입하는지에 대한 종업원들의 지각에 영향을 받는다. 종업원들이 지각한 조직몰입이 높을수록, 그들이 만약 조직의 목표를 달성하기 위해 일을 하고 공정한 보상을 받을 것이라는 종업원들의 기대도 높아진다.

대학교에서 근무하는 746명의 교직원을 대상으로 한 연구에서, 높은 조직몰입을 가진 사람들이 그렇지 않은 사람들에 비해 업무의 질을 향상시키기 위한 목적으로 한 대학 주관 프로그램에 대한 참여도가 높았다(Neubert & Gady, 2001). 또한 지각된 조직의 지지와 조직몰입, 근면성, 창의적 관리, 직무수행, 출석간에 정적 관계가 있었다. 조직몰입은 감독자와 동료들로부터 받은 지지의 정도와 감독자의 만족 수준과 정적인 관계가 있었다(Bishop & Scott, 2000; Liden, Wayne, & Sparrowe, 2000).

조직 공정성과 조직몰입 간 정적 관련성이 있음이 밝혀졌다. 고용주가 자신을 공정하게 대한다고 믿는 사람들은 불공평하게 대한다고 믿는 사람들보다 조직몰입의 수준이 높았다(Simons & Roberson, 2003).

성별은 조직몰입과 관련이 있는 것으로 보인다. 조직 내 여성 종업원들이 많을수록, 남성들의 몰입은 낮아졌다. 그러나 여성의 반응은 정반대로 나타났다. 즉, 작업집단에 남성들이 많을수록 여성들의 조직몰입 수준이 높아졌다.

직무만족은 작업환경과 관련이 있다. 어떤 종업원들에게는 회사에서 제공하는 체육시설이 직무에 대한 정적인 태도를 형성하게 한다.

몰입의 종류

산업 조직심리학자들은 세 가지 종류의 조직몰입을 밝혔다. 이는 정서적 또는 태도적 몰입, 행동적 또는 지속적 몰입, 그리고 규범적 몰입이다(Esnape & Redman, 2003; Meyer & Allen, 1991). 정서적 몰입은 우리가 논의해 왔던 유형으로, 종업원들이 조직과 함께 일체감을 느끼고, 조직의 가치와 태도를 내면화시키고, 조직의 요구에 따르는 것이다. 정서적 몰입은 2년간 지속된 소매업 종사자 333명을 대상으로 한 연구와 3년 동안 지속된 226명의 종업원을 대상으로 한 연구에서 밝혀진 바와 같이 지각된 조직의 지지와 높은 상관을 가진다(Rhoades, Eisenberger, & Armeli, 2001). 연구 결과 지각된 조직의 지지는 정서적 몰입을 예측하는 주요 요인으로 밝혀졌다.

70여 개의 개관연구 및 메타분석에서도 지각된 조직의 지지와 정서적 몰입 간에 강한 정적 관계가 있다는 것이 밝혀졌다(Rhoades & Eisenberger, 2002). 211명의 상사-부하 쌍 연구에서 상사의 지지와 인정은 지각된 조직적 지지와 관련이 있었으며 조직몰입에도 관련이 있었다(Wayne, Shore, Bommer, & Tetrick, 2002). 지각된 조직의 지지를 증가시키는 상사 지지의 중요성은 493명의 소매영업 종사자들을 대상으로 한 연구에서도 지지되었다. 또한 이 연구는 높은 조직에 대한 지지가 이직을 줄이는 데 상당한 관련이 있음을 보여 준다(Eisenberger, Stingchamber, Vandenberghe, Socharski, & Rhoades, 2002).

413명의 우체국 직원들을 대상으로 한 또 다른 연구에서는 지각된 조직의 지지와 정서적 몰입이 서로를 강화시켜 준다는 상호(호혜적)관계가 있다는 것이 밝혀졌다. 조직이 종업원들을 잘 보살피고 욕구를 지지해 준다는 믿음이 강할수록, 조직과 일체감을 느끼고 조직의 가치와 태도를 내면화시키며, 또한 반대의 방향도 동일한 결과를 보였다(Eisenberger, Armeli, Rexwinklel, Lynch, & Rhoades, 2001).

행동적인 몰입에서 종업원들은 직장을 그만두면 지속될 수 없는 연금계획이나 근속연수와 같은 주변 요인을 이유로 조직에 남아 있는 것이다. 조직의 목표와 가치에 대한 개인적 일체감은 없는 것이다. 연구에 따르면, 정서적 몰입은 직무수행에 정적인 관계가 있지만 행동적 몰입은 직무수행에 부적 관계가 있다고 밝혀졌다.

규범적 몰입은 종업원들이 학비 보상금, 또는 특정 기술훈련과 같은 조직으로부터의 수혜를 받을 때 조직에 남으려는 의무감을 말한다.

조직시민행동

조직시민행동은 직무에 대한 최소한의 요구보다 조직을 위해 부가적인 노력을 기울이는 것이다. 이것은 '추가적인 업무할당량을 지니고, 직장에서 자발적으로 타인들을 돕는 것, 그 분야 혹은 전문성을 지속적으로 개발하는 것, 기업의 방침을 준수하는 것, 조직을 발전시키고 방어해 주는 것, 직무상 긍정적인 태도를 보이고 불편함을 감수하는 것' 등이다(Bolino & Turnely, 2003, p. 60).

훌륭한 조직시민은 조직의 성공을 도모하기 위한 종업원들의 모델이다. 보험사, 제지공장, 패스트푸드 체인 등을 포함한 기업의 다양한 연구에서 높은 조직시민행동을 보이는 종업원들은 보다 나은 생산성과 높은 고객 만족과 기업 이익과 관련이 있는 서비스를 제공함을 보여 주었다(예: Bolino & Turnley, 2003; Koys, 2001; Walz & Niehoff, 2000).

한 연구에서 조직시민행동을 보이는 사람들은 책임감, 외향성, 긍정 정서성 및 이타주의 요인들에 높은 점수를 받는 것으로 나타났다. 그들은 또한 팀 지향적인 사람들이다. 캐나다의 149명의 간호사를 대상으로 한 이 연구에서, 조직시민행동에 관한 강한 인지적 요소를 발견했다. 훌륭한 조직 시민은 직무상에서 그들의 행동들을 보여 줌으로써 어떤 이익이 돌아오리라는 의도된 합리적 계산에 기반을 둔다는 것이다(Lee & Allen, 2002). 본질적으로, 그들은 이렇게 말할 것이다. "직장에서 이렇게 행동하면 나에게 무엇을 가져다줄 것인가?" 그러나 이것을 생각해 보자. 우리들의 동기, 직무만족, 그리고 직무관여가 얼마나 실용적인(어떤 면에서 보자면, 이기주의적인) 계산에 의해 영향을 받았는가?

요 약

동기의 내용 이론은 행동에 영향을 주는 내적인 욕구와 관련이 있다. 인지적인 과정을 초점으로 한 과정 이론은 의사결정과 관련이 있다. **성취동기 이론**은 어떤 것을 성취하고 맡은 일이 무엇이든지 간에 최선을 다하는 것이라고 단정한다. **욕구위계 이론**은 다섯 가지 욕구(생리, 안전, 소속감, 존중, 그리고 자기실현)를 제안하며, 각각은 다음단계를 위해 반드시 만족되어야 비로소 안정된다. **위생동기 이론**은 동기욕구(일의 본질과 성취와 책임의 수준)와 위생욕구(임금이나 감독과 같은 직무환경에 대한 관점)를 제안한다. 위생동기 이론의 부수적인 결과로서의 **직무 확충**은 동기요인들을 극대화할 수 있도록 일을 재정의하는 것이다.

직무특성 이론은 성장욕구의 개별적인 특성을 제안하고, 종업원들의 직무특성에 대한 지각은 동기에 영향을 준다고 제안했다.

VIE 이론은 사람들의 보상에 대한 지각된 기대가 특정 행동을 유발시킨다고 설명하였다. **형평 이론**은 투입에 따른 산출비율과 동료들과 비교했을 때 얼마나 공정했는지의 여부를 다룬다. **목표-설정 이론**에서는 동기가 특정 목표를 달성하고자 하는 의도에 의해 정의된다는 것을 제안했다.

직무만족은 설문지와 면접을 통해 측정이 가능하다. 이것은 전반적인 삶 만족에 있어서 부분적으로 유전적인 특성과 상호 관련이 있다. 직무 측면 만족은 종업원의 태도에 영향을 줄 수 있는 개별적인 직무에 대한 관점을 말한다. 연령, 직무 경험의 기간, 직업적 수준에 따라 직무만족이 증가한다. 직무만족에 있어 보고된 성별의 차이 일관적이지 않다. 직무만족은 일이 충분히 도전적인지 여부를 결정하는 인지적인 능력에 영향을 받지 않는다. 직무만족에 영향을 주는 다른 요인으로 **직무일치성**, 조직의 정의, 기술의 사용, 성격 그리고 통제가 있다. 실직은 자존감과 건강에 해를 끼칠 수 있다. 대규모의 해고 또한 직장에 남은 직원들에게 영향을 미칠 수 있다.

연구에서 직무만족과 직무수행 간의 유의미한 관계를 보여 주었다. 개별적 그리고 업무팀과 같은 사업 단위를 유지하는 관계에서 직무만족이 높을수록 수행이 높았다. 직무만족은 **친사회적인 행동**을 유발한다. 직무불만족은 조직의 목표에 방해가 되는 반생산적인 행동을 야기한다. 결근은 젊은 종업원들 간에, 그리고 병가에 대한 관대한 방침을 가진 기업에서 더 높게 나타난다. 결근은 낮은 직위의 직무와 높은 임금을 받는 직업에서 높게 나타나고 낮은 긍정 정서성과 높은 수준의 스트레스와 우울을 야기할 수 있다. 이직은 낮은 직무관여와 낮은 조직몰입, 낮은 승진 기회, 그리고 임금과 감독에 대한 불만족 관련이 있다. 기능적인 이직은 낮은 수행을 보이는 종업원이 직무를 그만두는 것이고, 비기능적인 이직은 높은 수행을 보이는 종업원이 직무를 그만두는 것이다.

임금과 직무만족 간에 정적 관계가 있음이 밝혀졌다. 임금 만족에 있어서 중요요인은 지각된 형평성과 직무수행과의 관계이다. **상여금 제도**에 대한 육체노동들과 **성과급 제도**에 대한 관리자들의 연구에서 임금 불만족이 보고되었다. 성과급 제도는 그 사람의 실제적인 능력이 충분하게 보상되지 않으면 지각된 불형평성으로 인해 작업 동기를 낮출 수 있다.

직무관여(직무에 대한 심리적 정체성의 강도)는 직무만족과 관련이 있다. 직무관여는 연령, 성장욕구, 직업윤리에 대한 신념과 같은 개인적 특성에 영향을 받으며 도전성 수준, 종업원의 참여 기회와 같은 직무특성에도 영향을 받는다.

조직몰입은 동기와 만족 간에 관련이 있고 나이가 든 종업원들에게 더욱 강하게 나타나며 성취동기 수준이 높다. 또한 조직몰입에 기여를 하는 것은 직무 확충, 자율성, 지각된 조직의 지지, 조직 공정성 및 작업집단에 대한 긍정적인 태도이다. 세 가지 유형의 몰입은 정서적 몰입, 행동적 몰입, 그리고 규범적 몰입이 있다.

조직시민행동은 조직을 위해 직무가 요구하는 것보다 더 많은 것을 하는 것이다. 이것은 높은 직무수행을 유발할 수 있으며 개인적 및 이기주의적 결정에 영향을 줄 수 있다.

주요 용어

목표-설정 이론
성과급
욕구위계 이론
유인가-도구성-기대(VIE) 이론
직무만족
직무특성 이론
형평 이론
상여금 제도
성취동기
위생동기(2요인) 이론
직무 확충
직무일관성
친사회적 행동

복습 문제

1. 동기의 내용 이론과 과정 이론의 차이점에 대하여 설명하라. 각각의 예시를 나타내라. 이러한 타입의 이론은 어떤 공통점을 가지는가?
2. 성취욕구를 만족시키기 위한 두 가지 유형의 목표는 무엇인가?
3. 성취욕구가 높은 사람의 성격을 설명하라
4. Maslow의 욕구위계 이론에서의 욕구는 무엇인가? 어떤 욕구가 직장에서 적절한가?
5. 동기욕구와 위생욕구의 차이를 구별하라. 직무만족에 각각은 어떤 영향을 주는지 설명하라?
6. 자동차 조립라인의 종업원들의 업무를 어떻게 하면 가치를 높일 수 있을까?
7. 동기-위생욕구 이론은 직무특성 이론과 어떻게 다른가? 어떤 면에서 비슷한가?
8. VIE 이론을 학생으로서의 당신의 직무(job)에 어떻게 적용할 수 있을지 예를 들어 보라.
9. 형평 이론에 따르면, 지각된 공정 혹은 불공정함에 대응하는 세 가지 방식은 무엇인가? 당신은 무엇과 들어맞는가?
10. 목표설정 이론은 작업장에 적용할 수 있는가? 그렇다면 어떻게 운용할 수 있는지 예를 들어라
11. 조직심리학자들은 직무만족을 어떻게 측정했는가? 어떤 개인적인 특성이 직무만족의 수준에 영향을 미칠 수 있는가?
12. 실직에 대한 영향을 설명하라. 정리 해고되지 않은 종업원들에게 실직은 어떠한 영

향을 주는가?

13. 친사회적 행동이란 무엇인가? 직무만족과 어떤 관련이 있는가?
14. 개별적인 종업원들과 작업집단에 있어서 직무만족과 직무수행 간의 관계에 대하여 논의하라.
15. 결근에 대한 연구 진행이 어려운 이유는 무엇인가? 높은 결근율의 원인이 되는 기업 정책은 무엇인가?
16. 기능적인 이직과 비기능적인 이직에 대하여 구별하라.
17. 상여금 제도는 장려금 제도와 어떻게 다른가? 이러한 접근은 각각 어떤 문제점을 가지는가?
18. 직무관여와 조직몰입의 차이점은 무엇인가?
19. 조직몰입에 영향을 줄 수 있는 개인적 및 조직적인 요인에 대하여 설명하라
20. 조직몰입의 세 가지 유형을 설명하라.
21. 조직시민행동이란 무엇인가? 두 가지 조직시민행동에 대한 예를 들고 동기요인이 무엇인지 말하라.

더 읽을거리

Brown, M., & Heywood, J. S. (Eds.) (2003). *Paying for performance: An international comparison.* Armonk, NY: M. F. Sharpe. 8개의 서구 국가에서의 성과 보상 시스템이 종업원 생산성에 미치는 영향에 대해서 기술하고 있다. 성과 보상 시스템의 도입에서 문화적 차이와 잠재적인 부정적 결과에 주목하길 바란다.

Dessler, G. (1999). How to earn your employees' commitment. *Academy of Management Executive, 13*(2), 58-67. 현대조직이 어떻게 조직의 미션과 분명하게 의사소통하고, 조직 형평성을 보장하고, 종업원 개발을 보장하는지를 기술하고 있다.

Ellingson, J. E., Gruys, M. L., & Sackett, P. R. (1998). Factors related to the satisfaction and performance of temporary employees. *Journal of Applied Psychology, 83,* 913-921. 임시직 종업원들의 직무만족에 대해서 논의하고 있다.

Fraser, J. A. (2001). *White collar sweatshop: The deterioration of work and its rewards in corporate America.* New York: W. W. Norton. 모든 주요 산업에서의 말단에서 고위 경영진에 이르는 종업원에 대한 인터뷰에 기초하여 미국 작업장의 추세에

대해서 평가하고 있다. 이러한 자료에 기초해서 미국 직장인들은 과도하게 일하고 있으며, 제대로 대접받지 못하며, 일-가정 갈등을 경험하며, 직업 안정성에 위협을 받고 있으며, 승진에 대한 기회가 적다고 제안하고 있다.

Ganzach, Y. (1998). Intelligence and job satisfaction. *Academy of Management Journal*, *41*(5), 526-539. 인지적 변수, 교육 수준과 직무만족간의 관계가 직무의 복잡성에 의해 영향을 받는다는 연구를 제시하고 있다.

Greenberg, J., & Cropanzano, R. (Eds.) (2001). *Advances in organizational justice.* Stanford, CA: Stanford University Press. 종업원들이 자신이 속한 조직에 대한 형평성에 대한 지각으로 정의되는 조직 형평성의 연구, 이론, 실용적 시사점을 제시하고 있다. 또한 다양한 인종 및 관리직급에서의 차이에 대해서 논하고 있다.

Hart, P. M. (1999). Predicting employee life satisfaction. *Journal of Applied Psychology*, *84*, 564-584. 경찰 직무에서의 성격요인들이 전반적 인생만족과의 관련성에 대해서 논하고 있다.

Lawler, E. E., III. (2000). *Rewarding excellence: Pay strategies for the new economy.* San Francisco: Jossey-Bass. 국제적 경쟁, 변화하는 기술, 종업원 기술 및 지식, 조직 구조, 경영전략, 개인과 집단 수행에 대한 보상을 포함하는 하나의 보상 모델을 제시한다. 고성과자에게 매력적으로 보이고, 발전가능하게 느껴 이들을 보유할 수 있는 적합한 보상 시스템의 중요성에 주목하라.

Wright, T. A., & Cropanzano, R. (2000). Psychological well-being and job satisfaction as predictors of job performance. *Journal of Occupational Health Psychology*, *5*(1), 84-94. 행복한 종업원은 생산적인 종업원이다. 행복과 만족이 직무성과에 미치는 영향에 대해서 기술하고 있다.

제9장

조직의 재구조화

이 장의 개요

고전적 조직유형: 관료제

현대의 참여적 조직유형

〈여기서 잠깐〉 직장인의 권한이 확대되고 있다!

전사적 품질관리

프로그램들이 실패하는 이유

자기관리 작업집단들

가상의 자기관리 작업집단들

〈여기서 잠깐〉 모두가 집에 일찍 가기를 원한다.

조직변화

조직개발(OD)

신입직원들의 사회화

재사회화

조직문화

〈여기서 잠깐〉 고객님, 제게 주문해 주세요!

개인-조직 적합성

노 조

노사분규

비공식적 집단: 조직 안의 조직

호손 연구

사회적 태만

집단 응집력

우리들은 모두 조직이라는 맥락 안에서 살아가고 일을 하며, 조직은 구성원들이 어떻게 행동해야 되는지에 대하여 문서화된, 문서화되지 않은 또는 공식적, 비공식적 규칙을 제공한다. 당신은 가족이라는 조직 안에서 자랐다. 당신의 부모들은 가족이 어떻게 기능하는지에 대한 지침(수용적인 태도들, 가치들, 다른 가족이나 당신 친구나 지인들의 가족과는 구별되는 고유의 행동들 등)을 정의해 주는 하나의 문화를 만들었다.

아마도 길 건너에 있는 집은 보수적인 종교적 믿음을 기반으로 한 문화를 가질 수도 있는 반면, 옆집은 더 관대한 믿음을 지녀서 아이들을 좀더 관용적으로 키울지도 모른다. 이렇듯 가족들은 각기 다른 조직유형으로 운영된다. 그들은 가족구성원들이 지니기를 바라는 일련의 상세한 기대들, 욕구들, 가치들을 기반으로 이러한 구조체계를 만들었다.

또한 다양한 조직유형은 대학수업에서 나타나기도 한다. 어떤 교수는 엄격하거나 심지어 독재적이어서 학생들에게 토론을 허용하지 않는다. 또 어떤 교수는 민주적 분위기를 받아들여 수업의 내용이나 필수요건에 대한 결정에 참여하도록 허용하기도 한다.

작업현장에서 조직유형의 차이는 군대나 행정업무같이 엄격하고 위계적인 방법부터 종업원 몰입을 증진시키는 개방적이고 참여적 방법에 이른다. 관료제도는 직원이 무엇을 하고 어떻게 해야 하는지 규정하고 있으며 한 치의 오차도 용납하지 않는다.

현대의 조직유형은 작업현장을 더 인간답게 하여 수많은 전통적 관료제를 수정하기 위해 시행되었다. 조직들이 종업원을 회사에 없어서는 안 될 구성원으로서 대우하고 그들의 장기적 계획과 의사결정에서의 참여를 요구하는 추세이다. 이러한 조직유형의 변화는 업무의 구성이나 수행에 있어서 근본적인 변화를 가져왔고 많은 종업원들에게 직장생활 질의 개선을 가져다주었다.

조직심리학자들은 이러한 조직 생활에서의 변화가 종업원들의 만족이나 행동에 미치는 영향을 알아보기 위해 연구를 수행하였다. 우리는 이미 리더십의 특징과 종업원들의 동기가 직무만족, 직무수행, 조직효율성에 어떻게 영향을 미치는지 살펴보았다. 이 장에서 조직요소들의 영향을 기술할 것이다.

고전적 조직유형: 관료제

관료적 접근법과 참여적 접근법은 조직유형의 양극단으로 볼 수 있다. 우리는 **관료제**를 독재적이고 비효율적 구조이며 상부의 비중이 너무 크고 창조성을 거부하는 부정적인 유형으로 간주하는 경향이 있다.

관료제 기업을 경영에 공식적·지시적·이성적으로 접근하는 방식.

관료제적 조직에 대한 일상경험들에서 알 수 있듯이, 이러한 시각의 많은 부분이 사실이다. 그러나 관료제적 조직유형은 지금의 참여적 조직유형과 같이 한때는 혁명적인 방식이었으며 그 시행 의도는 인간적이라고까지 평가된 적이 있다. 관료제는 직장생활의 질을 개선하기 위해 고안되었고 한동안은 실제로 그러하였다.

사회적 저항운동으로서 관료제는 불평등과 차별 및 산업혁명기의 조직 특성으로 여겨지는 무자비함을 바로잡기 위해 고안되었다. 그 시기의 회사들은 설립자의 소유로 경영되고 있었으며, 이들은 종업원의 고용과 작업 조건에 절대적인 통제권을 지니고 있었다. 종업원들의 운명이 고용주의 변덕이나 편견, 명령 등에 의해 결정되는 것이었다.

이러한 직권남용을 바로잡기 위해 독일의 사회학자 Max Weber는 사회적, 개인적 부조리를 제거하기 위한 새로운 조직유형을 제안하였다(Weber, 1947). 관료제는 인간의 영향을 받지 않고 객관적인 방식에 따라 조직된 합리적이고 공식적인 구조이다. 따라서 기업주의 편견에 영향을 받지 않고 효율적으로 작동하는 기계처럼 질서 있고 예측 가능한 제도이다. 노동자들은 자신의 사회적

조직도에서 가장 높은 자리에 위치한 소수의 임원들은 하위 종업원들을 접촉할 기회는 거의 없으며, 이들의 작업환경이나 개인적인 고민을 인식하지 못한다.

계층이나 상사의 호감도 여부가 아닌 능력을 기반으로 출세할 수 있는 기회를 가지게 된다. 관료제는 이전 시스템에 비해 사회적으로 확실히 진보한 것이었으며 작업현장을 인간적으로 만드는 데 기여했다.

관료제적 조직유형의 첫 번째 실무적용은 Weber가 관료제에 관한 아이디어를 발표하기도 전에 이미 미국에서 시행되었다. 관료체제의 가장 대표적 상징인 조직도(organization chart)는 1850년대에 생겼는데, New York & Erie Railroad의 대표인 Daniel McCallum은 회사에 조직도를 만들어 모든 종업원들이 조직도를 준수할 것을 주장했다(Chandler, 1988). 위계적 구조 안에 모든 종업원들의 직급이나 직위를 형식화하는 McCallum의 아이디어는 이내 알려져서 대부분의 미국회사들이 사용하게 되었다. 따라서 Weber가 관료제를 시행해야 한다는 것에 대한 규칙들을 공식적으로 진척시키고 있을 때, 그는 이미 폭넓게 받아들여진 미국의 조직유형을 기술하고 있었던 것이다.

조직도로 묘사되는 관료제에 대한 Weber의 아이디어는 조직을 구성요소의 기능별로 분화하는 것을 포함하고 있다. 각각의 기능들은 고정된 통제 순위에 맞춰 다른 기능들과 연결된다. 과학적 관리기법에서 촉발된 분업의 개념은 직업을 단순화시키고 더 전문화시켰다. 각 기능의 책임과 직권은 위계구조를 통해 하부로 위임되며 동일경로를 통해 의사소통이 상부로 전달되게 되었다. 이러한 배치는 종업원들이 조직의 다른 계층과 부문에 접촉하는 것을 차단시켰다.

비록 조직도가 좋아 보이고 관리자에게 종업원들이 적절한 위치에 있어서 조직이 수월하게 돌아가는 듯한 느낌을 주지만, 이러한 종이 위에 그려진 짜임새와 공간들이 언제나 일상적으로 발생하는 직무상의 기능들을 반영하고 있는 것은 아니다. 앞으로 보게 될 조직안의 조직, 즉 조직도에는 없는 종업원들의 비공식적인 사회집단들의 복합체는 대부분의 독재적인 구조가 지닌 대부분의 엄격한 규율을 방해할 수 있다. 그리고 종종 이러한 비공식적인 집단들과 네트워크를 통해 조직의 업무가 성취되기도 한다.

그러나 관료제에도 문제점은 있다. 관료제적 관리는 인간의 욕구와 가치를 무시하는 경향이 있다. 그들은 종업원을 조직도 안에서 기계로 대체될 수 있는 비인간적인 개체로 취급한다. 관료제는 개인의 성장과 책임, 자기실현, 의사결정에의 참여에 대한 욕구인 동기를 인정하지 않는다.

관료제 안에 있는 종업원은 개인적 자아를 갖지 못하며 직장생활의 질에 영향을 미치는 조직정책이나 업무에 대한 통제권을 지니지 못한다. 관료제에 이상적인 종업원상은 온순하고 수동적이며 의존적이고 순진해야 한다. 종업원들 자신은 의사결정이 불가능하다고 여겨지기 때문에 그들의 이익을 위해 관리자들이 의사결정을 내린다.

직속상관들에게만 연결된 의사소통경로 때문에 종업원들은 강압적 관리와 그들의 직무나 웰빙에 영향을 미치는 회사실무에 대한 제안을 방해받게 된다. 이러한 상황에 놓인 종업원들은 직무만족, 직무수행, 조직몰입 평가에서 낮은 점수를 받는다.

관료제는 종업원을 억압하는 것만이 아닌 조직 자체에 대한 악영향으로도 비판받는다. 종업원들의 개인적 발전을 저해하는 것만으로, 또는 부분적으로는 상부로의 의사소통을 차단하기 때문에 관료제는 조직성장의 기회를 극소화시키게 된다. 관료제는 엄격함과 영속성을 추구하기 때문에 사회상황의 변화나 기술혁신, 오늘날의 작업현장 특성 등에 잘 적응하지 못한다. 질서정연한 관료체제는 현 상태를 유지하기 위해 고안된 체제이기 때문에 새로운 발전은 위협으로 간주된다. 초기의 혁명적 열정과 인간적 의도에도 불구하고, 관료제는 인간의 욕구나 변화의 시기를 충족시키지 못했다.

현대의 참여적 조직유형

앞서 우리는 관료제의 주된 비판점이 직원들을 온순하고 수동적이며, 의존적으로 보는 시각을 지닌 것이라고 했다. 현대의 참여적 조직유형은 인간의 특성을 다른 시각에서 보는데, 이는 7장에서 기술되었던 McGregor의 X 이론/Y 이론 공식의 Y 이론 입장으로 요약될 수 있다.

X 이론은 인간의 특성이 개인의 동기나 성장에 대한 잠재력을 억압하는 관료제 요건에 부합한다고 보고 있다. 노동자는 그들만의 독창성으로는 활동할 수 없기 때문에 엄격한 감독이 필요하다는 것이다. 이러한 전통적이고 낮은 조직몰입을 가져오는 방법에서 노동자는 일을 하고, 중간 관리자는 그들을 통제하며, 오로지 상위관리자만이 전략, 계획 및 장기적 리더십에 관여할 수 있게 되어 있다.

반면에 Y 이론에서는 종업원들이 그들의 업무에 대한 책임감을 추구하고 받아들이려고 동기화되어 있다고 가정한다. 이 관점에서는 사람들은 높은 수준의 창조성, 몰입, 개인적 성장욕구를 가지게 된다. 참여적 방법을 지지하는 Y 이론과 다른 동기적 개념은 종업원들의 잠재성에 더 많이 얻기 위해 그들의 의존정도와 종속정도를 낮추어야 한다고 제안하고 있다. 종업원들이 그들의 과업에 대해 어떻게 최상의 수행을 할지 결정할 수 있도록 직무와 조직은 설계와 구조에 있어서 덜 엄격해져야 한다. 직무는 도전과 책임을 증가시켜 풍성해진다. 리더는 덜 독재적이어야 하고 종업원의 노력에 더 민감해야 한다. 의사결정은 모든 직급에서의 참여가 필요하다. 그리고 조직들은 종업원들의 욕구와 사회적, 기술적, 경제적 상황에 대응하여 변화할 수 있도록 탄력성을 지녀야 한다.

이러한 높은 몰입을 낳는 관리유형은 사람, 참여, 수행에 대한 세 가지 가정을 바탕으로 한다(Lawler, 1986).

1. 인간관계. 사람들은 공정하게 대우받고 존중받아야 한다. 사람들은 참여를 원하고 이를 허가받았을 때, 그들은 변화를 받아들이고 더욱 만족하며 조직에 몰입하게 된다.
2. 인적자원. 사람들은 지식과 아이디어를 지니기 때문에 가치 있는 자원이다. 그들이 의사결정에 참여할 때, 조직문제에 대한 최상의 해결책이 나온다. 조직은 종업원 개인의 발전을 증진시켜야 한다. 왜냐하면 그것이 종업원들을 회사에 더욱 가치 있게 만들기 때문이다.
3. 높은 몰입. 사람들의 지식과 기술은 그들의 업무관리에 대한 중요한 결정을 할 때 발전시킨다. 그러한 결정을 내릴 수 있도록 허가하면 그 결과는 조직수행의 증진을 가져온다.

높은 몰입을 가져오는 관리법에 의한 직무 행동의 종류는 '책임(taking charge)'이라고 명명된다. 여기서 책임은 종업원이 어떻게 그들의 업무가 수행되어야 하는지와 업무를 이행하는 방법을 능동적으로 재구성함으로써 앞서 말한 업무 수행의 결정에 대한 권한을 부여받는 것을 말한다. 이러한 아이디어에 근거한 275명의 사무직 종사자들을 대상으로 한 연구에서 그들은 상위관리직이 그들의 제안에 개방적이라는 것을 알았을 때 더 책임을 보이려는 경향이 있다는 것을 발견하였다. 책임을 많이 보이는 종업원일수록 자기 효능감이 높았으며 변화를 야기한 것에 대한 책임감도 높았다. 이 두 요인 모두 지지적 관리풍토에 의해 증진될 수 있다(Morrison & Phelps, 1999).

영국에서 시행된 수천 명의 종업원들을 대상으로 한 전국적 설문조사연구에서 높은 몰입을 위한 관리법은 높은 임금과 정적 상관이 있는 것이 발견되었다(Forth & Milward, 2004). 215개 작업집단의 2,755명의 종업원으로 구성된 미국의 소매회사에 대한 연구에서 '심리적 주인의식(psychological ownership)'은 자기결정, 참여적 관리나 이에 대한 인식을 강조할수록 증진된다고 보고되었다. 심리적 주인의식은 조직에 대한 종업원의 태도와 조직의 수익성 증진과 정적으로 상관이 있었다(Wagner, Parker, & Chritiansen, 2003).

높은 몰입을 위한 관리법은 능동적인 종업원의 의사결정참여와 모든 직급

<여기서 잠깐>

직장인의 권한이 확대되고 있다!

이 현상은 당신의 시선이 가는 모든 곳에서 발생하고 있다. 종업원들은 상사만이 지니던 의사결정과 책임을 더 많이 맡고 있다. 직무의 영역은 넓어지고 확장되었으며 또한 풍부해졌다. 그리고 종업원들에게는 자율권과 그들의 업무를 그들만의 방식으로 수행할 수 있는 권한이 부여되었다.

백화점의 경우를 보자. 한 점원이 우연히 고객이 친구에게 하는 이야기를 듣는다. 3주전에 산 양복이 지금 세일을 하고 있다는 것이었다. 그 고객은 더 싸게 사기 위해서 3주를 기다려야 했었다며 안타까워했다. 눈치 빠른 점원은 고객에게 이름을 묻고 본래가격과 세일가격의 차액을 구좌로 입금해 주었다. 이 점원은 상사의 OK싸인(심지어 상사한테 말조차 하지 않고) 없이 자신만의 결정으로 행동했다. 그는 이러한 결정을 할 수 있도록 권한을 가진 것이다.

고객과 종업원 모두의 만족을 긍지로 여기는 Nordstrom백화점은 신입사원에게 다음과 같은 규율을 제시한다.

규율 #1: 모든 상황에서 당신의 옳은 판단력을 사용하라.
이외에 다른 규율은 없다.

규율은 당신의 옳은 판단력을 사용하라고 말하고 있다. 모든 결정과 책임은 상사가 아닌 종업원에게 달려 있다는 뜻이다. 이는 우리가 일하는 방식에 있어 혁명이나 다름없다.

위스콘신의 광고인쇄회사는 인쇄기사에게 스스로의 결정을 따르도록 하고 있다. 회사의 대표는 "각각의 변호사들이 파트너이고 각자 자신만의 업무를 하는 것과 같이 각각의 인쇄기사가 자신만의 일을 하는 것입니다. 제가 위에 앉아서 이것이 우리의 일하는 방식이라고 외치느니 차라리 50명의 사람들이 독립적으로 생각하고 있는 편이 낫습니다."라고 설명한다.

Compaq Computer사에서는 3명이 하나의 팀이 되어 새 컴퓨터를 테스트한다. 각각의 직원은 서로 다른 과업과 문제에 대처하는 일이 가능하다. 이전에는 컴퓨터가 각각의 직원들의 작은 반복적 과업에 의한 조립공정에서 만들어졌으나 새로운 시스템에서는 각 직원에게 할당되는 완성부품이 50%로 증가하였다. 수익은 높아졌고 종업원은 그들의 직무에 대해 높은 만족감을 보고하였다. 그들은 자신들의 중요성을 느끼며 실제로 그들은 중요하게 되었다. 직원들의 영역은 넓어지고 있다.

에서의 정책수립을 요구하며 이는 개인적 성장과 충족의 기회를 제공하며 조직의 효율성을 증가시킨다. 이러한 조직유형의 변화는 다양한 업무생활의 질(QWL)에 대한 프로그램에 나와 있다.

전사적 품질관리

전사적 품질관리(Total Quality Management, TQM)는 일반적으로 우리가 여태껏 기술한 참여적 관리 프로그램들을 일컫는다. 이들 프로그램은 종업원의 몰입과 책임감, 확대되고 풍부해진 직무에서의 참여를 증가시킨다. 또한 종업원들의 아이디어나 결정이 조직의 기능에 중요한 역할을 한다는 Y 이론의 접근법을 리더십(7장에서 언급)에 고수한다. TQM의 최종목적은 종업원들의 직장생활 질을 개선함으로써 조직 안에서 수행되는 업무의 질을 증진시키는 것이다. 이러한 이유로 TQM 프로그램은 **업무생활의 질**(Quality-of-work-life, QWL) 프로그램이라고도 불린다. 이들 프로그램은 X 이론에서 Y 이론으로 리더십을 바꾸고 종업원의 동기, 직무만족, 직무관여, 조직몰입 그리고 8장에서 언급된 이슈들을 증진시키는 데 효과가 있었으며 대부분의 실제사례 역시 성공적이었다.

전사적 품질관리 종업원 관여와 책임감의 증가를 특징으로 하는 참여적 관리 프로그램.

업무생활의 질 조직의 의사결정 및 정책수립에 능동적으로 종업원을 참여시키는 조직 프로그램.

QWL 프로그램의 의욕적인 시작은 General Motors사의 상위관리직과 자동차직원노조(United Auto Workers union)의 지지로 착수되었다. 프로그램은 회사와 노조의 임원들이 QWL 프로젝트를 평가하기 위한 위원회를 소집하는데 동의한 후 시작되었고, 모든 프로젝트는 내적인 요인(종업원들의 몰입과 만족)뿐 아니라 외적인 요인(물리적 업무환경)도 고려되었다. 산업 및 조직심리학자들, 관리들, 그리고 종업원들은 직무의 확대, 생산설비의 재설계, 오래된 관료조직구조를 개선할 수 있는 권한 등이 부여되었다.

그들은 조립된 자동차의 형편없는 품질 때문에 폐쇄되었던 프레몬트와 캘리포니아의 GM 조립공장에서 프로그램을 시행하였다. 당시 결근율은 20%나 되었고 업무도중에 술이나 불법약물의 사용이 만연하고 있었으며 회사에 대한 불만이 800건도 넘게 접수된 상태였다. 3년 후에 공장은 참여적 프로그램에 위탁된 GM과 Toyota의 공동기업인 New United Motor Manufacturing, Inc (NUMMI)로서 다시 문을 열었다.

NUMMI의 종업원들은 4~6명으로 팀을 이루어 업무시간 동안 여러 가지 과업을 수행하였다. 자동차는 본래의 조립공정에서 만들어졌으나 종업원들은 그 프로세스 안에서 새로운 기술을 익히며 순환업무를 수행하였다. 그들은 상사에게 지적당하는 일 없이 생산문제에 대해 해결하였고 생산성을 증가시키는

삶의 질 프로그램에서 소수의 인원으로 구성된 팀이 생산성과 종업원 개선에 관한 문제를 토론하기 위해 주기적으로 만난다.

그들만의 방법을 고안하였다.

직원과 관리자들은 같은 식당에서 식사를 하였고 업무시작 전 단체체조를 하여 직원과 관리자 간의 인위적인 장벽을 제거하였다. 오래된 GM공장에서 일하는 종업원의 대다수는 몰입을 높이는 조직유형을 좋아하게 되었고 생산되는 자동차의 품질도 확연히 향상되었다.

NUMMI의 성공에 힘입어 GM사는 스프링힐과 테네시에 있는 Saturn Motors의 공장에도 참여적 접근법을 적용시켰다. 직원들은 12명씩 팀을 이루어 신입직원고용을 포함한 모든 의사결정을 하게 되었다. 주차공간을 마련해 주는 것과 같은 관리직의 특권은 사라졌고 상사들이나 노조대표(Union Shop Steward)의 허가 없이도 모든 직급에서 의사결정이 활발히 이루어지게 되었다. 결근율은 일본의 공장과 비슷한 비율인 1%미만으로 떨어졌고 이 수치는 다른 미국자동차공장의 10분의 1이하였다.

QWL로 설립된 모든 GM공장의 생산율은 눈에 띄게 증가하였다. Ford와 Daimler Chrysler(이하 크라이슬러)도 유사한 프로그램을 시작하였고 생산성이 증가하였다. 마침내 미국 전체 자동차산업이 일본의 자동차메이커를 따라잡기 시작하였다. 1999년에 Taurus 모델을 만든 애틀랜타와 조지아에 있는 포드사의 공장의 생산성은 처음으로 일본소유공장들을 위협하게 되었다.

자동차산업과 다른 경제 분야의 진보에 대한 주된 원인은 종업원의 몰입과 참여에 있었다. 경영진은 종업원들이 임금에만 관심을 가지고 있다고 생각해 왔었다.

프로그램들이 실패하는 이유

성공적인 QWL 프로그램의 사례가 많기는 하지만 이 프로그램이 실패하는 경우도 있다. 수십 년간 팀 작업에 의해 자동차를 생산하는 Volvo사의 예를 보면, 비록 보통의 조립공장보다는 생산성이 낮았지만 참여적인 방법은 품질과 이직률, 결근율의 감소에 실질적인 개선을 가져왔다. Volvo사는 1988년에 스웨덴의 새로운 자동차조립공장에서의 종업원의 참여에 대한 개념을 확장시켰다. 종업원이 각각의 자동차부품을 조립하는 대신 다른 팀으로 이동하여 한 팀이 자동차의 전체를 조립하게 되는 것이다. 그러나 결과는 참담했다. 팀 작업으로 차 한 대를 조립하는 데 보통 37시간이 걸리는데, 새로운 공장에서는 50시간이 걸린 것이다. 벨기에에 있는 Volvo사 공장에서는 전통적인 조립공정법을 사용하여 차 한 대를 조립하는 데 25시간이 걸린다. 스웨덴의 공장에서는 종업원들이 직무의 재설계에 수반되는 요구사항을 이해하지 못하기 때문에 결근율이 높아졌다. 게다가 생산직 직원에게 자동차 전체를 조립하는 기술을 요하는 훈련기간은 이전보다 더 긴 것으로 판명되었다.

다른 QWL 프로그램의 실패원인은 종업원이 의사결정에 참여하거나 직무를 수행하는 데 있어서 최상의 방법을 결정하려는 책임감에 대한 욕구가 없기 때문이었다. 어떤 직원은 직접적인 관리감독을 더 선호하고 필요로 했다. 또 QWL는 관리자들이 종업원들과 권한, 결정권을 공유하지 않고 끊임없이 통제하려 할 때 실패한다. QWL 프로그램에 대한 고위임원들의 강력한 지지와 몰입이 없고 상사나 노조대표가 프로그램을 그들의 권력에 대한 위협으로 간주할 때 실패할 가능성이 매우 높다. 관리자들이나 상사들은 그들이 한때 부하들을 통제하던 권한과 결정권을 어느 정도 포기해야만 한다. 그들은 또한 기꺼이 권한을 공유하는 방법과 코치나 안내자, 스승, 재능이 풍부한 사람으로서의 기능을 하는 법을 배워야 한다.

오늘날 작업현장의 두 가지 특성은 QWL 프로그램의 긍정적 효과를 꺾는 경향이 있다. 이 특성이란 다양성과 임시직의 증가이다. 노동력의 다양성이 증

현대조직은 의사결정에 종업원 참여를 환영한다.

가하는 동안 조직 안에서는 여전히 백인남성이 우세했다. 여성과 소수민족 종업원들은 빈번히 다수의 종업원들만이 공유하는 직무관련 정보와 서로 간의 지지로 인해 비공식적 사회네트워크로부터 배제된다. 그러므로 소수민족 종업원들은 의사결정과 직무를 재구성하고 재설계하는 데 참여할 기회가 훨씬 적다. 게다가 조직의 풀타임 근무자들은 적극적으로 임시직원들(임시직, 계약직, 재택근무직)을 참여적 프로그램으로부터 배제시킨다.

자기관리 작업집단들

자기관리 작업집단들은 작업집단의 구성원들이 신입사원의 선발, 고용, 훈련에서부터 휴가까지 직무의 모든 측면을 관리, 통제, 감독할 수 있도록 되어 있다. 이러한 자율적인 작업집단은 오늘날의 기업과 산업에서 매우 알려져 있다.

자기관리 작업집단 구성원들이 신입사원의 선발, 고용, 훈련에서 휴가까지 직무의 모든 측면을 관리, 통제, 감독하는 작업집단.

자기관리 작업집단들에 대한 초기분석에서 그들은 다음과 같이 주장하였다(Hackman, 1986).

1. 종업원은 업무성과에 대해 개인적인 책임감을 지닌다.
2. 종업원들은 스스로 수행을 감독하고 어떻게 하면 과업을 성취하고 조직목표에 어울릴지 피드백을 추구한다.
3. 종업원들은 그들의 수행을 관리하고 자신들의 수행이나 다른 집단 구성원들의 수행의 개선이 필요하면 사전조치를 취한다.
4. 종업원들은 그들의 직무에 필요할 시, 조직으로부터 지도자, 지지자, 자원을 찾는다.
5. 종업원들은 직무수행의 증진이나 조직전체를 위한 생산성증진을 위해 자신들의 집단이나 다른 집단을 돕는다.

자기관리 작업집단들은 상사에 의해 관리되는 작업집단과는 달리 종업원들의 분별력과 책임감을 요구한다. 또한 자기관리 작업집단은 조직으로부터 생산목표와 전문기술을 제공할 수 있는 적절한 물질적 자원들에 대한 뚜렷한 방향과 기술지원팀을 필요로 한다. 어떤 경우에는 기술자와 사무직원이 자기관리 팀에 합류해서 큰 조직 안에 마치 작은 사업체와 같이 문제점이나 운영에 대한 모든 범위에 대해 다룰 수 있게 된다.

자기관리 작업집단은 또한 권한을 부하들에게 양도하려는 의지를 지녀야 하는 관리자의 분별력과 책임감에 달려 있다. 진정으로 관리자의 지지는 자기관리 작업집단의 효과성에 대한 결정적 가치이다. 또한 관리자의 지지정도에 따라 종업원의 만족을 예측할 수 있다.

자기관리 작업집단이라는 용어는 매우 정확한 용어는 아닌데 그 이유는 유사한 모든 집단이나 팀이 외부에서 매개자, 연락책, 작업집단과 조직을 조절하는 역할을 할 수 있는 팀 리더(작업집단의 외부에 있는 조직의 종업원)를 필요로 하기 때문이다.

포춘지가 선정한 500대 기업의 19명의 외부 팀 리더와 38명의 멤버에 대한 면밀한 중요사건기법 인터뷰에서 밝히길, 성공적인 외부 팀 리더들은 두 가지 행동을 보여 주는데 하나는 조직에 초점을 맞추고 있고 다른 하나는 팀에 맞추고 있다고 한다(Druskat & Wheeler, 2003).

가상의 자기관리 작업집단들

새로운 타입의 자기관리 작업집단은 가상의 팀이다. 구성원들은 지역적으로 분리된 사무실(또는 재택근무)에서 동일한 회사의 다른 부서, 혹은 동일 프로젝트로 연계된 다른 회사의 일을 한다. 그들은 면대면으로 만나는 일은 드물지만 세세한 과업을 수행하기 위해 컴퓨터를 이용해 접촉한다. 그들의 노력은 데스크톱 화상회의 시스템(DVCS)과 같은 정보시스템을 통해 집약된다.

이메일과 다른 전자통신수단 또는 DVCS를 사용하여 면대면 상호작용이나 역동적인 그룹미팅을 재현한다. 컴퓨터에 설치된 카메라는 모든 팀 구성원이 볼 수 있는 표정이나 손동작에 의해 그들의 발언이 보충되고 활기를 띠며 시각적 접촉이 가능해진다. 그러므로 맥락의 중요한 요소가 팀 구성원의 발언이나 의견에 더해지는 것이다.

가상의 작업집단은 생산성, 직무만족, 직무관여, 조직몰입, 팀 몰입 등을 증가시킬 잠재성을 지니고 있다. 집단의 구성원들은 그들의 프로젝트를 관리해야 되고 자신들의 수행을 평가해야 한다. 관리자들은 의사소통의 수단을 마

<여기서 잠깐>

모두가 집에 일찍 가기를 원한다.

당신은 산업 및 조직심리학의 역사에 있어서 가장 유명한 자동차 백미러 공장인 Harman Automotive사에 대해 알고 있는가? 볼리비아, 테네시에 위치한 공장은 최초로 종업원의 권한 부여(직무에 대한 통제권을 부여)에 대한 현장실험을 한 장소이다. 25년 전 이 용감한 모험이 시작되었을 때, 그 결과는 놀랄만한 성공을 거둬서, 3대 자동차회사가 그들을 모델로 자신의 작업현장에 그와 같은 변화가 나타나도록 계획하고 실행했다.

많은 회사의 대표, 재단의 중역, 학자들이 직접 기적을 보기 위해 방문했고 직원들은 금세 질리게 되었다. 그들은 많은 관람행사 때문에 백미러를 만들 시간이 없었다. 그래서 한 주에 한 그룹으로 방문객을 제한하기로 하였다.

그리고 모든 것이 잘못되기 시작하였다. 직원들은 일일할당량을 생산하면 바로 집으로 가고 싶어했다. 관리자들은 이에 동의했다. 그들은 이를 '게을러질 시간을 버는 것'이라고 말했다. 물론 이는 팀으로 일하는 조립공이나 광내는 직원들에게는 업무를 반나절이면 끝낼 수 있어서 좋은 일이었다. 그러나 이로 인해 거대한 주금장치를 다루는 직원들과의 마찰이 생겼다. 그들은 설비를 위해 모든 공정기간을 직무상에 남아 있어야 했기 때문이다.

얼마 지나지 않아서 모두가 하루일과를 줄여주기를 요구하게 되었다. 어떤 관리자는 규율을 어기고 직원을 일찍 퇴근시키기도 했으나 어떤 관리자는 거절했다. 많은 종업원들이 품질에 대해 안이해지기 시작했고 업무를 아침에 마치고 대부분의 일과를 쉬게 되었다. 어떤 직원은 운송용 상자를 개조하여 바닥을 들어 올려서 백미러로 가득 찬 것처럼 보이게 하기도 했다. 무노동임금의 유혹은 매우 컸던 것이다.

한 직원이 말하길 "그 시스템은 우리를 도둑으로 변하게 했다."고 한다. 이 비운의 시스템 디자인에 참여했던 하버드의 어느 교수가 "우리는 너무 이상적이었다."라는 말을 남기기도 했다.

도덕심이 붕괴되면서 상품의 양과 질은 떨어지고, 결근율과 이직률이 치솟았다. 회사에 응시한 지원자들도 이 시스템에 매력을 느꼈으나 모두가 반나절을 일하고 하루 일당을 받을 수 있다는 소리를 들은 터였다. 그래서 신입직원이 처음 묻는 질문은 "언제 퇴근할 수 있습니까?"였다.

그리고 모두가 일찍 퇴근해버린 1996년의 어느 날, Harman Automotive사는 강제 폐쇄되었다.

스터해야 되고 구성원들을 의사결정 과정에 참여시켜야 한다. 참석을 의무화하여 모든 구성원들이 참여할 기회를 가져야만 한다.

조직변화

우리가 보아온 종업원 참여 프로그램들은 조직유형의 근본적인 변화를 요구한다. 그러나 정의에 의하면 관료조직이 이러한 변화를 거스른다. 조직은 구조적 변화가 도입되었을 때, 빈번히 적대행위, 생산저하, 파업, 결근과 이직의 증가에 맞닥뜨리게 된다. 이러한 변화가 새로운 설비, 스케줄, 절차, 사무실 배치 또는 직원 배치 등을 포함하든 안하든 처음에는 저항을 받게 된다.

어떤 조직은 관리자와 종업원의 지지와 협동을 동반하여 변화를 하게 된다. 이는 변화가 제안되고 실행되는 것에 대해 긍정적으로 받아들여지는지 부정적으로 받아들여지는지를 결정짓는 요인이 된다. 만약 이러한 변화가 독재적인 방법으로 종업원들에게 부과되고 어떠한 설명도 없고 참여할 기회도 없다면 그들은 부정적으로 반응할 수 있다. 그러나 관리자들이 다가올 변화의 특성과 시행하는 이유 그리고 직원과 관리자가 이로부터 얻게 될 이익에 대해 설명하기 위해 노력한다면 직원들은 이에 긍정적으로 반응하고 변화를 받아들이려 할 것이다.

130명의 임대주택근무자들을 대상으로 한 연구에서 종업원들의 변화에 대한 개방성은 관리자로부터 얻은 정보나 계획절차에 얼마나 참여하는지의 정도에 따라 긍정적인 영향을 받는 것으로 밝혀졌다. 어쩔 수 없이 변화를 받아들이는 종업원들은 직무만족이 낮았고 퇴사율이 높았으며 그들의 직무에 대한 불평을 더 많이 보였다(Wanberg & Bnas, 2000).

비용감축과 더욱 빠른 고객서비스의 설계로 변화를 도입한 공공설비회사 두 군데에 대한 연구에서도 비슷한 결과가 나왔다. 변화는 많은 직무의 수행방식을 바꾸었다. 종업원들은 관리자와 가까이서 일할 수 있는 운영위원회의 대표를 통해 변화프로세스에 참여했다. 이러한 변화가 공식화되고 도입되기 이전과 그 기간 동안 100명 이상의 직원들을 설문하였다. 가장 분명했던 것은 설문기간이 끝나기까지 증가한 관리자에 대한 종업원들의 신뢰였다. 연구자들은 가장 큰 신뢰는 종업원들에게 주어진 변화의 계획에 참여할 충분한 기회와 그 계획을 충분히 설명하고 정당화시킨 관리자들에 의해 생긴 종업원들의 믿음과 관련되어 있다고 주장했다(Korsgaard, Sapienza, & Schweiger, 2002).

조직변화의 또 다른 예를 보면 회사끼리의 합병상황에서는 해고로 인해 직원들이 일자리를 잃게 되는데 설문지데이터에서 보여 주기를, 동료로부터의 사회적 지지는 해고당하지 않은 종업원들에게는 가장 중요한 대처자원이다. 다른 발견으로는 직원들의 재직에 대한 통제감의 지각이 해고에 대한 소문이 돌고 아직 시작되지는 않은 조직변화 초기에는 가장 낮다. 그러나 일단 해고가 시작되면 종업원들의 통제감 지각은 증가한다(Fugate, Kinicki, & Scheck, 2002).

모든 직원들의 변화에 대한 수용이 관리자의 설명과 같은 외부요인에만 달려 있는 것은 아니다. 변화에 대한 수용력은 또한 성격의 영향을 받는다. 어떤 이들은 다른 이들보다 더 수행의 방법을 새롭게 바꾸는 것이 쉽다. 이는 미국, 유럽, 아시아와 호주의 6개의 회사의 514명의 직원들을 대상으로 시행된 비교문화연구에서 나타나 있다. 연구에서 직원들에게 통제소재(locus of control), 긍정 정서(웰빙, 자신감, 열정 등으로 정의됨), 자존감, 자기 효능감 요인이 포함된 긍정적 자기개념을 측정하였다. 경험에 대한 개방성, 위험에 대한 반감, 모호성에 대한 감수요인이 포함된 위험감수에 대한 측정도 하였다. 긍정적 자기개념과 위험감수에 높은 점수를 얻은 직원들은 낮은 점수를 얻은 이들보다 변화에 대해 더 잘 대처했다. 게다가 이들은 직무만족, 조직몰입, 직무수행에서도 높았다(Judge, Thoreson, Pucik, & Welbourne, 1999).

265명의 간호사들에 대한 연구에서도 변화를 받아들이는 데 있어서 조직몰입의 중요성을 보여 주었다. 이 연구는 정서적 몰입과 규범적 몰입이 조직변화에 대한 종업원의 지지에 있어서 행동적 몰입보다 더 중요함을 보여 주었다(Herscovitch & Mayer, 2002).

변화의 계획과 실행에 있어서 직원들의 참여가 영구적인 긍정적 효과를 낳을까? 아니면 연구자들이 연구를 마치면 사라지는 것일까? 이 질문에 대해 두 명의 산업 및 조직심리학자가 중앙집권적 관료제에서 융통성 있고, 혁신적이고, 참여적인 민주적 조직으로 근본적 변화를 도입한 공장을 4년 동안 방문하였다. 그 변화는 회사대표(심리학자)와 모든 직원들의 참여로 주도되었고 회사의 수익과 생산성, 종업원 만족 측면에서 성공적이었다.

이제는 고전이 되어버린 이 연구에서 컨설팅심리학자가 발견하길 그 이익들은 4년 후의 증거이며 그때 당시의 즉각적인 변화기간보다 그 효과는 더 커져 있었다는 것이다. 직무만족의 증가는 생산량의 유지와 매우 연관성이 있었다(Seashore & Bowers, 1970). 다시 말하자면 업무절차나 조직전체 풍토의 변화는 장기적인 긍정적 효과를 가져다줄 수 있는 것이다.

조직개발(OD)

조직개발 계획된 조직 변화의 연구와 실행.

산업 및 조직심리학자들은 계획된 변화를 가져올 전체 조직의 변화와 시스템체계에 대한 문제에 많은 주의를 기울여 왔다. 이러한 노력을 **조직개발**(organizational development)이라고 하며 감수성훈련, 역할 연기, 집단토의, 직무 확충, 설문을 통한 피드백, 팀빌딩(team building)을 포함한다.

설문조사 피드백 기술에서 종업원들의 느낌과 태도를 평가하기 위해 정기적으로 설문조사를 실시한다. 조사 결과는 조직을 통해 종업원, 관리자, 업무팀에게 알려 준다. 그들의 과업은 상위관리직들에게 설문지를 통한 발견을 설명하는 것과 설문조사를 통해 밝혀진 문제점을 수정하기 위해 권고하는 것이다.

변화 담당자 변화를 시행하고 집단 자신감과 효율성을 발전시키기 위한 조직 변화 촉진자.

팀빌딩 기술은 조직의 많은 과제가 작은 작업집단이나 팀에 의해 수행된다는 사실에 근거한다. 팀의 도덕성과 문제해결 능력을 증진시키기 위해 조직개발 컨설턴트들(change agent: **변화 담당자**라 부름)은 자신감, 집단 응집성, 업무효율성을 발전시키기 위해 작업집단들과 함께 일을 한다.

외부의 컨설턴트들은 보통 조직의 구조, 기능, 문화를 기업 내 관리직들보다 더 객관적으로 보게 된다. 변화 담당자들의 첫 과제는 조직의 문제와 요구사항을 파악하기 위해 설문조사나 인터뷰를 통해 진단을 하는 것이다. 그들은 강점과 약점을 평가하여 문제해결을 위한 전략을 개발하고 앞으로의 변화에 대처한다. 하지만 변화 담당자들은 종업원들에게 변화과정에 참여할 기회를 주지 않은 채 변화를 도입하는 실수를 범하지 않도록 주의를 기울여야 한다.

제안된 전략들의 시행은 개입이라 부르는데, 시작은 고위직부터 한다. 경영진의 지지가 없다면 조직변화의 성공확률은 희박하다. 세부적인 개입기법은 문제의 특성과 조직풍토에 달려 있다. 조직개발 절차는 융통성이 있고 상황의 요구에 따라 변할 수 있다. 일반적으로 어떠한 세부기법을 적용했는가에 관계없이, 조직개발의 절차는 완고하고 형식적·전형적인 관료조직을 더 민감하고 참여적으로 해방시키는 데 도움을 준다.

조직개발기법은 많은 공공조직과 사기업에 적용되어 왔다. 비록 연구 결과들은 제각각이지만 어느 정도 분명한 생산성의 증가가 증명되었다. 직무만족은 조직개발과 부적으로 연관되어 있는 것처럼 보이나 아마 그 이유는 조직개발이 종업원들에 대한 고려보다는 생산성의 증진을 더 강조하기 때문일 것이다.

신입직원들의 사회화

조직들은 각 직급에 새로운 직원을 선발하면서 항상 변화를 겪게 된다. 신입들은 직무를 잘 수행하기 위한 각기 다른 수준의 능력, 동기, 욕구를 가지고 있다. 그들이 지닌 여러 가지 욕구와 가치는 조직에 영향을 미치며 동시에 조직의 문화는 신입직원들에게 영향을 준다. 그들은 필요한 직무기술 외에도 배울 것이 많다. 그들은 위계 안에서 그들의 역할, 조직의 가치, 작업집단에서 받아들일 수 있는 행동에 대해 배워야 한다.

이러한 배움과 적응과정을 **사회화**라 부르며 이는 사회의 구성원들이 새로운 삶의 단계로 넘어가는 의식과는 다른 과정이다. 이러한 과정에 성공적으로 대처한 이들은 일반적으로 행복하고 더욱 생산적인 직원들이다.

사회화 신참자가 조직 내 위계에서의 역할, 조직의 가치, 작업집단에서 받아들일 수 있는 행동을 학습하는 적응과정.

조직에 대한 사회화가 빈약하면(회사의 정책과 실무에 무관심하거나 준비가 없어서) 대부분의 정교한 인사 선발 시스템의 성과도 좋지 않게 된다. 조직은 우수한 인재를 선발하고 고용했으면서도 부적절하게 맞이함으로써 초기에 그들을 잃을 수도 있다. 부적절한 사회화는 신입직원들에게 좌절, 근심, 불만족을 야기하며 이는 낮은 직무관여와 조직몰입을 가져오며 낮은 동기나 생산량뿐만 아니라 해고나 이직으로 이어질 수도 있다.

사회화는 몇 가지 조직적 전략을 포함하고 있다. 이상적으로 회사는 신입직원들에게 성장과 개발, 기술연마, 자신감, 성공적 경험, 상사와의 긍정적 상호작용, 긍정적 피드백, 또한 조직에 대한 높은 수준의 도덕심과 긍정적 태도를 지닌 동료와의 상호작용 등의 기회를 제공할 수 있는 도전적인 직무를 맡겨야 한다.

현직자와 신참자 간의 긍정적인 상호작용은 회사의 사회화 프로그램의 한 부분으로 포함되어야 한다.

154명의 신입회계직원들을 대상으로 한 연구에서 초기의 사회화는 직무와 사회적 역할과 조직몰입을 가르쳐 주는 상사(동일 직급의 동료와의 형식적인 연결이 아닌)와 연결된다고 하였다(Morrison, 2002). 101명의 신입직원들에 대한 한 종단연구에서 대학을 졸업하는 시기와 졸업 후 6개월, 졸업 후 2년에 설문조사를 하였는데 결과는 그들이 경험이 많은 역할모델인 동료들로부터 긍정적인 사회적 지지를 받았을 때 그들의 고용주가 지닌 가치를 내면화하는 경향이 있다고 나왔다(Cable & Parsons, 2001).

비록 제도화된 사회화 전략이 조직에 관해 신입직원들에게 가르치는 데 효과적이긴 하지만, 대부분의 신입직원들이 그러한 학습과정을 수동적으로 따르기만 하는 것은 아니다. 많은 수가 그들의 업무환경에 적응하는 데 필요하다고 생각되는 정보를 찾는 데 열정적이고 높은 수준의 선견지명을 지니고 있다. 118명의 신입직원들의 입사 후 3개월 동안의 연구에서 높은 수준의 외향성과 경험에 대한 개방성을 지닌 이들이 그렇지 않은 이들보다 더 적극적인 사회화 행동을 보여 주었다. 외향적인 종업원들은 관계형성과 동료와 상사로부터의 피드백에 대해 더 애쓰는 경향이 있다(Chen & Klimoski, 2003).

사회화는 신입직원들과 기존 직원들이 더 많이 상호작용할수록 빨리 일어난다. 이러한 상호작용에는 질문, 비공식적 대화, 멘토링이나 수행평가와 같은 공식적 활동뿐만 아니라 커피타임도 포함되어 있다. 그러나 사회화 프로그램들이 신입직원들의 입사로 인해 부서를 떠나게 된 직원들에게 맡겨져서는 안 된다는 연구증거들도 있다. 부서를 떠날 직원들은 그들의 후임들에게 비효율적인 직무수행기술을 가르쳐서 기술쇄신에 역행할 수도 있기 때문이다.

산업 및 조직심리학자들은 사회화와 관련된 두 가지 요인을 밝혀냈다. 하나는 **역할모호성**(종업원들의 직무가 제대로 구조화되지 못하거나 정의되지 않았을 때)이고 다른 하나는 **역할갈등**(직무요구와 종업원 개인의 기준이 불균형을 이룰 때)이다. 높은 수준의 역할모호성과 역할갈등은 낮은 수준의 직무만족, 상사만족, 조기몰입, 그리고 높은 수준의 이직과 연관되어 있다. 역할모호성과 역할갈등을 해결하기 위해서는 많은 신입직원들이 동료나 상사로부터 직무와 조직에 대한 정보를 제공받기 위해 스스로 움직여야 한다.

역할모호성 종업원들의 직무가 제대로 구조화되지 못하거나 정의되지 않은 상황.

역할갈등 직무요구와 종업원 개인의 기준이 불균형을 이루는 상황.

재사회화

지금까지 언급했던 대부분의 연구는 주로 대학을 갓 졸업한 정규직 신입사원들을 다루고 있다. 그러나 근래에는 대부분의 사람들이 직장생활을 하면서 여러 차례 이직을 고려하고 있다. 즉, 모든 경력에 있어서 당신은 다른 조직에 들어갈 때마다 새로운 통과의례, 새로운 사회화(혹은 재사회화)를 경험한다는 것이다. 이전의 하나 혹은 그 이상의 직업에 있어서의 사회화가 다음 직무를 수월하게 한다는 것은 상식이다. 또한 다른 조직에서의 적응경험으로 인해 직무 경험을 지닌 이들은 동료들 사이에서도 수행, 직무만족, 조직몰입이 더 높을 것이다. 그러나 연구는 항상 이러한 입장을 지지하는 것은 아니다. 이는 신중한 산업조직연구의 중요성을 보여 준다. 때로는 우리의 상식에 의한 기대와 직관적인 믿음이 과학적 연구에 의해 뒷받침되지 못하기 때문이다.

무엇이 같은 회사에 있는 종업원을 한 부서에서 다른 부서로 이동하게 만드는가? 그들은 재사회화가 필요한 것일까? 그렇다. 왜냐하면 조직의 각 부서마다 다른 가치, 기대, 수용 가능한 행동을 지니기 때문이다. 비록 부서이동을 위한 형식적인 사회화절차가 항상 존재하는 것은 아니지만 새로운 상황에서 그들의 직무 행동에 대한 적절성에 대해 동료나 상사들에 피드백을 받을 수 있는 비형식적인 절차는 존재한다.

15개의 조직의 69명의 부서 이동자를 대상으로 한 연구에서 피드백 탐색행동을 측정하였다. 그 결과 동료들에 대한 피드백 탐색행동은 새로운 부서에 배치된 후 일 년이 지나면 감소한 반면 상사에 대한 피드백 탐색행동은 그대로였다. 이러한 결과는 상사로부터의 피드백이 재사회화 절차에 더 중요한 것일 수 있음을 보여 준다(Callister, Kramer, & Turban, 1999).

조직문화

조직문화 조직의 모든 구성원의 행동을 안내하는 신념, 기대, 가치의 일반적 유형.

신입직원들이 반드시 사회화되어야 할 조직의 요소는 그들이 속한 집단의 문화이다. 국가가 문화적 특성을 지닌 것과 같이(다른 국가와 구별되는 신념, 관습, 행동) 조직도 문화를 지니고 있다. 의식적이든 무의식적이든 **조직문화**는 조직의 모든 구성원의 행동을 안내하는 신념, 기대, 가치의 일반적인 유형으로 정의된다. 예를 들어 철강제조업체들은 출판사나 보험회사, 병원, 인터넷업체, 또는 영화사와 구별되는 문화적 특성을 공유하고 있는데 그 이유는 시장의 조건, 경쟁적인 환경, 고객의 기대가 다르기 때문이다. 또 이른바 사회가 전력회사와 가구제조업체와는 다른 서비스형태를 기대하기 때문에 후자보다는 전자로부터의 계속적이고 연속적인 서비스의 사회적 요구가 더 크다. 연구, 엔지니어링, 마케팅과 같은 회사 내의 각기 다른 부서들은 보편적인 조직문화와는 다른 하위문화를 발전시킬 수도 있다.

어떤 산업 및 조직심리학자들은 조직문화와 조직풍토를 기본적으로 유사한 개념이라 주장하며 혼용해서 사용한다. 다른 이들은 풍토란 문화의 표면적인 형태라고 언급하기도 한다. 조직풍토는 회사가 운영되는 방식을 관찰하여 알 수 있는 것인 반면, 조직문화는 조직의 운영유형을 결정짓는 보다 심층적인 주제와 연관되어 있다.

우리는 참여적 관리 프로그램들에 대한 기술에서 조직문화가 회사의 유효성에 영향을 미칠 수 있음을 알 수 있었다. 예를 들어 높은 몰입과 높은 참여 문화를 가진 회사들은 종업원들이 참여하지 않고 몰입하지 않는 회사보다 항상 우수한 성과를 보여 준다.

<여기서 잠깐>

고객님, 제게 주문해 주세요!

톰 화이트 씨가 Jack in the Box 패스트푸드 체인점의 모회사인 식품업체에 고용되었을 때, 2개월 간 그의 직급에 맞는 일을 전혀 하지 않았다. 비록 그의 직함은 부사장이었으나 초반에는 낮은 직급의 일부터 시작하여 회사의 문화에 대해 배웠다. 이렇듯 튀김을 만들거나 햄버거를 뒤집는 일(낮은 직급의 일) 그리고 사회화 프로그램을 접하는 것을 'on boarding'이라고 부른다.

게다가 그에게는 업체에게 그의 일하는 방식을 보여 주거나 회사에 적합한지를 확인하기 위해 그의 향상과정을 모니터하는 멘토나 코치가 배정되어 있었다. 대부분의 관리직이 8년 동안 본 것보다 더 많은 회사의 운영을 8주만에 경험하고 마침내 톰은 그의 새로운 직무를 시작할 수 있었다.

그는 "제가 새로운 직급을 맡고 시작부터 저의 임무와 일이 어떻게 돌아가는지 알게 된 것은 저에게는 아마 처음 있는 일일 것입니다. on-boarding 프로그램이 없었더라면 저의 위치를 아는 데 6개월에서 일 년은 걸렸을 것입니다."라고 말했다.

기업컨설턴트들에 따르면, 관리직에게 새로운 직무를 수행하기 전에 조직문화를 알게 할 기회를 주는 회사는 거의 없다고 한다. 그래서 실패확률도 높다. 절반 이상의 새로운 고위직 관리직들이 3년 안에 퇴사하거나 사라진다고 한다.

최근에 이직을 한 46명의 임직원을 대상으로 한 설문조사에서 3분의 1이 새로운 회사에 적응하기 위해 최소한 일 년이 필요하다고 응답하였다. 그들 대부분은 가장 힘든 부분이 조직문화에 적응하는 것이라고 하였다. 어느 인적자원 관리 담당관은 조직문화를 "당신이 직무를 이행하느냐 마느냐를 결정하게 해 주는 체제"라고 기술하였다.

출처: P. Sweeney. Teaching new hires to feel at home, *New York Times*, February 14, 1999.

개인-조직 적합성

개인-조직 적합성(person-organization fit)의 개념은 종업원의 가치와 조직의 가치 사이의 일치 정도로 정의될 수 있다. 이 일치 정도는 모집과 선발, 사회화 과정에 의해 극대화될 수 있다.

개인-조직 적합성 종업원의 가치와 조직의 가치 사이의 일치도.

개인-조직 적합성은 신입사원들의 가치가 상사들의 가치와 일치할 때 증진될 수 있다. 이는 네덜란드에 기반을 둔 68개 유럽기업의 154명의 신입사원과 101명의 상사를 대상으로 한 연구에서 잘 나타나 있다. 높은 일치도는 낮은 이직의도와 상관이 있었으며 동시에 종업원과 상사의 가치 간의 높은 수준의 불일치나 불균형은 종업원들의 낮은 조직몰입과 상관이 있었다(Van Vianen, 2000).

성격변인과도 상관이 있다. 개인-조직 적합성은 유사한 가치뿐 아니라 유사한 성격도 포함한다. 대부분의 조직들은 자신들의 관리자들에 의해 비교적 일관적으로 보이는 조직성격을 갖고 있다. 자기선택 요인이 여기에 포함되어 있는데, 즉 회사의 구조, 임무 또는 그들이 편하다고 느끼는 회사의 태도에 끌린 사람들이 그 조직에 지원하는 경향이 있는 것이다. 캐주얼한 옷을 입고 오랜 시간을 컴퓨터 앞에서 구부리고 있어야 되며 직장으로 개를 데리고 오는 20대의 직원들이 일하는 하이테크 회사를 생각해 보자. 이제는 검은 정장을 입고 리무진에서 내리며 조용한 목소리로 사업을 하는 사람들이 다니는 투자은행기업을 상상해 보자. 성격의 차이는 명백하다!

어떤 조직심리학자들은 회사가 응시자의 지식, 기술, 능력이 특정 직무에 적합한지를 평가하는 것뿐 아니라 응시자의 성격이 조직문화나 성격과 양립 가능한지도 평가해야 한다며 전형적인 종업원 선발방법을 수정하라고 주장한다.

노 조

회사의 문화를 정의하는 데 있어서 도움이 되는 조직 생활의 하나의 단면은 직원들의 이익을 보호하고 증진하기 위해 집단적으로 행동하는 노조의 존재여부이다. 노조원들은 커다란 조직문화 내에서 또 하나의 하위문화를 형성한다. 노조의 소속감은 직무만족과 생산성에 기여하며 직무와 고용주에 대한 태도에도 영향을 미친다.

신입노조원의 사회화는 다른 새로운 조직에 적응하는 것과 과정이 유사하다. 노조는 비공식적인 개인적 사회화뿐 아니라 공식적으로 규정된 사회화도 제공한다. 공식적인 절차는 오리엔테이션과 훈련 프로그램을 포함한다. 비공식적인 절차들은 동료들과 함께 노조대표를 소개받고, 업무문제를 해결해 주는 노조회의에 참석하는 것이다. 싱가포르의 322명의 노조원들을 대상으로 한 연구에서 사회화과정에서 생긴 노조에 대한 충성심이 노조원들로 하여금 노조의 이익이나 다른 노조원의 이익을 증진하는 방향으로 행동하게 만드는 강력한 동기였음이 밝혀졌다(Tan & Aryee, 2002).

미국의 급여체계를 재검토한 결과 노조가 있는 기업의 종업원들은 그렇지 않은 기업의 종업원들보다 급여가 33%나 높은 것으로 나타났다. 높은 임금 외에도 안전한 업무환경, 고용보장, 부가급여가 더 나았다. 즉, Maslow가 일컫던 저차의 욕구가 만족된 것이다. 노조멤버십은 신분, 소속감, 자존감과 같은 고차적 욕구도 만족시키며 노조원들이 파업이라는 중요한 교섭도구를 지니고 있다는 점을 인식하여 권력감을 제공해 주기도 한다. 어떤 노조원들은 회사보다 노조에 더 큰 충성심을 보이기도 한다.

노조들은 초기에는 삶의 질(QWL) 프로그램에 대해 반대했는데 그 이유는 그러한 노력이 노조의 충성심을 손상시킬지도 모른다고 생각했기 때문이다. 이러한 저항은 노조원들의 참석이 점차 많아지고 QWL 프로그램들과 다른 형태의 직원참여 프로그램을 지원하면서 감소되었다.

노조는 현재 노조원 감소의 위기에 직면하고 있다. 제2차 세계대전이 끝난 1945년에 35% 이상의 미국 노동자들이 노조에 가입하였다. 2003년까지 이 수치는 12.9%까지 떨어졌지만 대략 1,580만 명의 노동자가 여전히 가입되어 있기는 하다. 여성보다 남성이 더 노조에 많이 가입하며 흑인이 백인, 아시아인, 히스패닉 노동자들보다 더 많이 가입한다. 10%도 안 되는 사기업직원들이 노조에 가입된 반면 거의 40%에 이르는 공무원들이 노조에 가입되어 있다. 노조들의 견해로부터 나온 현재 작업현장 이슈들의 정보를 찾아보려면 AFL-CIO의 사이트인 www.aflcio. org를 보면 된다.

노사분규

종업원의 태도와 행동에 영향을 미치는 노조활동의 한 가지 측면은 노사분규이다. 노조계약을 상세히 살펴보면 분규절차는 노동자들의 불만사항을 공표하고 해결하는 공식적 과정이다. 노사분규의 수와 초점은 직무불만족의 지표로 볼 수 있으며 작업현장의 문제점을 지적할 수도 있다. 분규절차는 종업원들에게 상부 관리자와의 의사소통 기회이며, 불만사항을 호소하는 공식적인 방법이다. 그렇지 않으면 업무처리속도는 떨어지고 파업이나 파괴행위(sabotage)가 발생할 수 있기 때문에 분규절차는 노동자나 관리자 모두에게 유용할 수 있다.

직무의 특성에 따라 분규의 수도 다양하다. 기술이 필요하지 않은 불편한 조건에서의 단조롭고 반복적인 조립공정 업무에서는 분규발생 수치가 높다. 사회적 요인도 또한 중요하다. 응집력이 높은 작업집단일수록 융합이 안 되는 작업집단보다 더 많이 분규를 일으킨다. 일선의 상사들이 취하는 낮은 배려행동은 더 많은 분규의 타깃이 된다. 일반적으로 직원들에게 우세하게 불만사항이 해결되었을 때 분규시스템이 공정하고 편파적이지 않다는 지각으로 인해 직무만족이 상승한다. 그러나 관리자들에게 유리하게 분규가 해결되었을 때는 노사관계는 악화된다.

비공식적 집단: 조직 안의 조직

모든 조직 내에는 비공식적 집단이 발달한다. 이러한 집단들은 종업원들의 태도, 생산성을 형성하는 데 막강한 영향력을 지니고 있다.

비공식적 집단들은 종업원들이 관리자와 다른 조직문화의 측면을 어떻게 지각하는지를 결정한다. 이 집단들은 회사의 정책과 절차에 협동심을 불러일으키거나 또는 생산성과 조직목표에 훼방을 놓기도 한다.

호손 연구

고전연구인 호손의 실험은 비공식집단에 대한 경험적 증거를 도출하였다. 웨스턴 전기공장의 폰뱅킹배선실(telephone bank wiring room)에 있는 14명의 팀 구성원들을 6개월 동안 관찰한 연구자에 따르면, 그 집단은 그들만의 독자적인 행동과 생산성의 기준을 개발했다. 직원들끼리의 이해관계를 공유하고 거칠지만 친근하며 서로의 직무를 도울 준비가 되어 있었다. 그들은 서로 간의 우정과 수용에 가치를 두고 있었고 가족과 같은 특성들을 많이 보여 주었다. 그들은 집단에서 인정하지 않으면 그 어떤 행동도 하지 않았다.

비공식적 작업집단의 구성원들은 일반적으로 유사한 배경과 흥미를 가지고 있으며 그들 스스로 생산 기준을 결정하는데 이는 경영진에서 설정한 것과는 차이가 있을 수 있다.

생산성의 측면에서, 그 집단은 적정하게 여겨질 수준의 일일생산량을 정해 놓고 있었다. 일일생산량을 채우거나 초과할 경우(더 빨리 일을 하면 종업원들은 더 많은 돈을 벌 수 있었다.) 인센티브를 제공하더라도 그 집단은 회사가 요구하는 수준을 밑도는 자신들의 기준만을 충족시켰다. 이들은 관리자가 요구한 생산량에 맞추거나 이를 초과하면 회사에서 다시 기준을 올리고 일을 많이 할 것을 강요할 것이라 생각하고 있었다. 그러므로 비공식적인 작업집단은 추가임금을 받을 기회를 스스로 버리면서 느긋하고 수월하며 달성 가능한 생산목표를 설정하고 있었던 것이다. 직원들은 더 많이 생산할 수 있다는 것을 인정하였지만 더 많이 생산하면 집단의 규율을 무시하는 것이라고 했다. 그 집단은 집단의 수용이 인센티브보다 더 중요하다는 점을 직장생활에서 중요한 것으로 여기고 있었다.

사회적 태만

비공식적 집단의 또 다른 영향은 **사회적 태만**이라는 현상인데 사람들이 혼자서 일을 할 때보다 집단에 있을 때 열심히 하지 않는다는 뜻이다. 사회적 태만에 대한 하나의 설명은 다수에 묻혀 있을 때 자신의 느린 업무속도가 눈에 안 띈다고 생각하는 것이다. 또한 사람들은 과거의 경험에 근거하여 집단의 다른 구성

사회적 태만 사람들이 혼자서 일을 할 때보다 집단에 있을 때 열심히 안 하는 현상.

원이 게으름을 피우면 자신도 게으름을 피우는 것이 낫다고 생각하는 경향이 있다는 것이다.

상사가 개개인이 얼마나 열심히 업무에 임하는지 알고 있다고 생각할 경우 사회적 태만은 거의 발생하지 않는다. 사회적 태만은 상사가 자신들 개인의 노력을 알지 못한다고 생각할 때 많이 발생한다. 남성은 여성보다 사회적 태만에 더 잘 빠지며 개인주의적 문화의 종업원들이 집단주의적 문화의 종업원들보다 사회적 태만에 잘 빠진다.

종업원들은 다음과 같은 상황에서 사회적 태만에 빠지기 쉽다;

1. 개인적인 결과물이 평가받지 못할 때
2. 과업이 의미가 없거나 개인적으로 몰입할 수 없는 과업일 때
3. 낯선 이들과 함께 일을 할 때
4. 자신의 동료들이 일을 더 잘 할 것이라고 생각될 때
5. 작업집단의 응집력이 약할 때

집단 응집력

집단 응집력 소규모 작업집단의 응집점, 결속력, 공통의 관심사.

비공식적 집단은 모든 형태의 조직에 존재한다. 비공식적 집단의 특징은 오랜 기간에 걸친 개인들 간의 상호작용이라 할 수 있는데, 그 이유는 빈번한 상호작용이 친밀감(**집단 응집력**)과 공통의 관심사를 형성하는 데 필요하기 때문이다. 또한 비공식적 집단들은 동일한 업무공간, 동일한 부서 같은 응집점(focus)이 있어야 한다. 너무 집단이 크다면 개인적인 인식과 직접적 접촉이 사라져버릴 것이다.

우리들 대부분은 애착과 친구를 필요로 하며 이는 비공식적 집단으로 충족될 수 있다. 집단은 또한 업무절차와 적절한 하루 업무량에 관한 정보의 원천으로서 역할도 한다. 그리고 집단 응집력은 조직에 대한 개인의 인식에도 영향을 미친다. 예를 들어 개인적인 관계를 형성한 종업원들은 조직에서 발생한 사건을 동일한 시각으로 해석하려 한다. 반면에 응집력이 약한 비공식 집단의 종업원들은 동일한 사건을 다른 방식으로 해석하기도 한다.

집단의 규율이나 기준은 조직 생활이나 개인생활을 통해 스며드는 것이

다. 집단은 정책적 입장, 인종에 대한 태도, 복장, 심지어는 식습관과 여가에도 영향을 미친다. 왜냐하면 집단멤버십은 집단 구성원들이 받아들인 수많은 바람들로 이루어진 것이기 때문이다. 신입직원이 집단의 방식을 받아들이는데 시간이 걸리는 일을 제외하고는 일탈행동이 발생하는 일은 드물다.

비공식적 집단들은 유사한 성격 특성의 사람들을 끌어들이며, 일정한 감정이나 정서적 분위기를 유지한다. 그 결과 집단 구성원들은 업무에 대해 유사한 감정과 느낌을 지니게 된다. 집단의 감정 상태는 집단의 업무 수행에 영향을 미친다. 부정적 감정 상태는 낮은 수준의 도움 행동, 무례함, 비협조적 행동의 만연과 상관이 있다. 집단 내의 긍정적 감정은 집단이 작고 구성원들이 물리적으로 근접하여 일을 할 때 더 강해지는 경향이 있다. 이 상황에서 개인의 기분 상태는 집단의 통합된 기분상태에 영향을 받는다(Brief & Weiss, 2002의 사례 참고).

우리는 집단 내에서 근접성의 정도를 집단 응집력이라고 하였다. 응집력이 높을수록 구성원에 미치는 집단의 힘이 강해지고 집단에 따라야 하는 압력은 거세진다. 몇 가지 요인이 응집성에 영향을 준다. 집단이 커지고 집단 구성원들끼리 접촉할 기회가 적으면 응집력은 감소한다. 큰 집단은 일반적으로 보다 작은 하위집단이나 경쟁 집단으로 분리된다. 배경, 관심사, 생활방식의 다양성은 집단 응집력을 감소시킨다.

또한 업무조건도 중요하다. 팀에 근거하지 않고 개인에게 보상을 주는 인센티브시스템에서 일하는 직원들은 결과적으로 경쟁을 하게 되고 친밀감이 감소한다. 팀에 근거한 보상은 협동심을 불러일으키고 공통의 목표를 위해 일하기 때문에 집단 응집력을 증진시킨다.

외부의 압력과 위협은 집단 응집력에 영향을 미친다. 평소에는 개인이나 지역 차이에 몰두하던 국민들도 국가가 침략을 받았을 때는 응집하는 것처럼 작업집단도 불공정한 상사나 평판이 좋지 못한 정책에 대해서 응집하여 맞설 것이다. 64개 연구에 대한 메타분석에서 집단 응집력의 세 가지 요인을 밝혀냈는데 대인간 매력, 과업몰입, 집단의 자존심이 그것이다. 이 연구에서 또한 높은 수준의 집단 응집력과 높은 수준의 직무수행 간의 정적상관을 발견하였다(Beal, Cohen, Burke, & McLendon, 2003).

기술적 변화와 조직구조

컴퓨터를 이용한 제조업과 사무설비의 증가로 일상의 업무방식이 변화하였으며 조직의 형식적 비형식적 구조에도 영향을 미쳤다. 컴퓨터기술로 인해 조직의 기본단위를 통합할 필요성이 제기되었으며, 이는 새로운 위계조직의 개발을 요구하는 것이다. 예를 들어 운영이 전산화된 한 공장에서 기술부문이 개편되어 이전에는 전혀 직접적인 접촉이 없었던 마케팅부서에 보고를 하게 된 사례도 있다. 고객의 요구(마케팅)에 맞추어 새로운 상품(기술)을 개발하려면 변화가 필요한 것이다.

컴퓨터기술은 업무절차를 보다 형식화할 것을 요구한다. 컴퓨터파일에 데이터를 넣는 규칙은 간결해야 한다. 그들은 종업원의 자유재량이나 일탈을 용납하지 않는다. 이러한 형식적 절차들은 업무의 구조화나 편성에 있어서의 개성을 발휘할 기회를 감소시킨다. 비록 변화의 방향이 항상 명확하지는 않지만 컴퓨터로 인해 의사결정 권한의 원천에도 변화를 가져왔다. 실무상에서 사무실이나 제조공장의 자동화는 가끔 의사결정의 중앙집권을 가져와서 조직의 소수의 직급에만 고정된다. 다른 경우는 분산되는 경우인데 모니터를 통해 직원들에게 의사결정권한을 분산시킨다. 어떤 직무에서는 컴퓨터운영자가 설비능력에 관해서 상사보다 더 많은 지식을 가질 수도 있다. 이러한 상사로부터 종업원으로의 권력이동은 전통적인 업무관계를 손상시키고 관리자들을 업무에 대한 이해감소로 퇴사하게 만들 수 있다.

또한 컴퓨터는 회사의 정책결정을 위한 회의의 절차를 바꾸고 있다. 테이블에 둘러앉아서 종업원들에게 질문하고 문제에 대해 토론하는 대신에 어떤 조직은 컴퓨터를 이용해 상호작용을 하는 화상회의를 도입하였다. 참여자들은 자신의 아이디어를 실시간으로 또는 익명으로 표현할 수 있고 서로의 업무에 대해 언급할 수 있게 되었다. 호텔, 은행, 플라스틱 제조업체, 항공기 제조업체와 같이 다양한 조직에서부터의 증거들은 화상회의가 더 짧고 스트레스를 적게 받는다는 것을 보여 주었다. 또한 종업원들은 컴퓨터 앞에서는 실제 회의 때만큼 옆길로 새거나 시간낭비를 하지 않기 때문에, 리더들도 회의의 주제를 유지할 수 있게 된다.

이와 같은 유형으로 온라인 브레인스토밍은 일반적으로 12명 정도의 참여자 집단으로 구성되는데, 이들은 가능한 한 많은 아이디어를 제시하고, 타인의 아이디어에 대해 비난하는 것을 피하고, 다른 집단 구성원들에 의해 나온 아이디어를 통합하고 개선하려고 노력하라고 지시를 받게 된다. 그로 인해 면대면 집단 브레인스토밍의 문제점 중 두 가지가 제거될 수 있는데 (1) 한 명 이상의 구성원이 동시에 아이디어를 내는 어쩔 수없는 상황에 해당되는 **생산방해**(production blocking), 그리고 (2) 종업원이 자신의 아이디어가 공표되어 비판받거나 창피를 당하는 것에 대해 두려워하는 **평가우려**(evaluation apprehension)가 그것이다. 온라인 브레인스토밍의 소프트웨어는 종업원으로 하여금 집단 구성원으로서 언제든지 방해받지 않고 자신의 아이디어를 낼 수 있고 또한 익명으로 낼 수 있게 해 준다. 이러한 집단들은 전통적 면대면 집단들보다 더 많은 아이디어를 내며 이 아이디어들은 때로 면대면 집단보다 질적으로 우수한데, 그것은 다른 구성원들의 아이디어를 접했기 때문으로 보인다(Kerr & Tindale, 2004).

컴퓨터는 의사소통과 권력의 기존의 흐름을 방해하여 조직의 비공식적 구조를 변화시킬 수 있다. 예를 들어 회사의 나란히 배열되어 있는 작업공간에서 종업원들은 자유롭고 수월하게 업무에 관련된 일이나 개인적인 일을 대화할 수 있었으나 이러한 직무가 자동화되면 직원들은 칸막이로 분리되어 대화나 사회화를 제한받는다.

개인들 간에 상호작용을 할 기회가 감소하면 집단 응집력도 감소한다. 비록 직원들이 컴퓨터를 이용한 비형식적 의사소통 방법을 찾았지만 이러한 방법은 면대면 접촉에 비해 친밀감과 프라이버시가 부족하다. 이는 또한 단어 자체만큼이나 유용한 억양, 표정, 손짓, 또는 그 밖의 몸짓 형태와 같은 비언어적 신호도 제거해버렸다. 게다가 많은 회사들이 일상적으로 종업원들의 내부 이메일시스템을 이용한 메시지를 감시하고 있으며 이는 집단 응집력을 유지하는 데 필요한 개인적·사회적 상호작용의 증진을 막는 행동이다.

직무상에서의 컴퓨터 사용은 집단 응집력의 손실을 유발하여 직무상에서나 외부에서 종업원이 느끼는 고립감을 증가시킨다. 이웃 사무실로 가거나 개인적으로 동료와 만나 의견을 묻는 대신 당신의 책상을 떠나지 않고 또는 아무

<여기서 잠깐> 당신은 강박적으로 멀티태스킹을 하는 사람입니까?

찰스 렉스 씨는 그가 어디에 있든 무엇을 하고 있든 항상 'on' 상태이다. 44세에 벤처 기업가로서 보스턴에서 로스엔젤리스로 전자기기통신에 대한 학회를 위해 올 때만 해도 그는 정말 멀쩡했었다. 그가 발표에서 들은 것은 참석비가 2,000달러라는 것뿐이었다. 그는 또한 휴대전화(전화, 호출기, 인터넷 기능이 되는)로 이메일을 확인하면서 노트북으로 인터넷 서핑을 하고 있었다. 발표는 계속 되었지만 그는 발표에 집중할 수 있도록 전자기기를 끌 수가 없었다. 만약 기기들을 껐다면 지루함이라는 또 다른 상황에 직면할 위험을 가지고 있었다.

"한 가지에 집중하기가 힘듭니다. 병인 것 같아요."라고 그는 말한다.

그렇다. 이처럼 끊임없는 멀티태스킹(항상 무언가에 연결되거나 묶여 있기 위한 계속적인 'on' 상태의 욕구)에 대해 연구하는 전문가들은 공식용어를 붙였는데 이를 **온라인 강박 장애**(online compulsive disorder, OCD)라고 부른다. 당신은 학급이나 직장에서 OCD에 걸린 이들을 보았을 것이다. 그들은 회의실이나 강의실에 앉아서 누군가와 메시지를 주고받고 있거나 책상에 두 개의 전화기가 놓여 있거나 아이들이 축구하는 것을 보면서 인터넷이 뉴스를 읽을 것이다.

OCD를 연구한 심리학자들이 발견한 결과에 따르면 그러한 사람들은 집중할 수 있는 시간이 짧다고 한다. 장기프로젝트나 과제를 주면 불안해한다고 하며 끊임없이 정보를 수정하는 것에 열중한다. 그리고 음성메일, 이메일, 전화 또는 세 가지를 동시에 하기를 갈망한다. 이것이 과연 한 번에 하나씩 하는 이들보다 더 생산적이라고 할 수 있을까? 미시간대학의 교수인 데이비드 마이어 박사에 의하면 그렇지 않다. 그의 연구는 멀티태스킹을 하는 이들이 동시에 두 가지 이상의 일을 할 때 그의 생산성은 저하된다는 것을 보여 주었다. 그는 사람들이 하나씩 과업을 하는 것보다 동시에 두 가지 일을 번갈아가며 하는 것이 시간이 50% 더 길어진다는 것을 발견하였다. 그렇다고 그런 행동이 OCD에 걸린 사람들이 갈망하는 흥분과 유쾌함을 충족시켜 주지도 않는다. "단지 일시적인 만족입니다."라고 찰스 렉스 씨는 전화상담원에게 말한다. "줄을 서는 것과 같이 기다리는 상황에서 저는 주로 사용합니다. 실시간으로 이메일을 보내는 것은 정말..." 그는 말을 멈추었다. "끊지 말고 잠시만 기다려 주실래요? 전화가 와서요."

출처: M. Richtel. The lure of data. *New York Times*, July 6, 2003.

<여기서 잠깐>

조직의 동료를 주의하라.

요즘은 직장에서 컴퓨터에 접속하게 되면 주의를 기울여야 한다. 당신이 한 말 때문에 해고당할 수도 있기 때문이다. Pillsbury사에서 세일즈매니저로 근무했던 마이클 심스 씨는 직속상관의 상사에 대해 '뒤통수나 치는 나쁜 놈'이라고 직속상관에게 메시지를 보냈다가 해고되었다.

심스 씨는 그의 이메일을 보통의 메일과 같이 사적인 것이라 생각했었다. 그러나 그렇지 않았다. 동료가 이를 인쇄하여 그 '뒤통수치는 놈'에게 보여 준 것이다. 심스 씨는 즉시 해고되었다. 그는 그의 메일은 사적인 것이었다면서 부당해고를 사유로 고소하였으나 판사는 그의 주장을 기각했다.

판사는 그가 어떤 이유로든 심지어 그것이 한 사람을 겨냥한 것일지라도 사적으로 사용한 회사네트워크에 대해 추징금을 부과했다. 회사의 고문변호사는 컴퓨터모니터에 항상 메일이 모니터링되거나 타인이 읽을 수 있다는 경고가 뜬다는 점을 지적하였다.

그러니 당신도 온라인상에서 말을 할 때는 누군가 당신을 감시할 수도 있으니 조심해야 된다. 그리고 사이트에 접속할 때도 조심해야 한다. 그것도 역시 당신을 말썽에 휘말리게 할 수도 있다.

캐나다에 있는 회사의 시스템감시를 맡고 있는 앤드류 퀸 씨는 종업원들이 주고받은 이메일뿐만 아니라 접속한 모든 사이트를 체크한다. "이 사람을 보세요." "그는 이메일로 농담을 보내고 있네요. 이게 퇴근시간까지 그가 한 일의 전부에요!"라고 시찰관에게 말한다. 당신은 그의 생산성에 대해 어떤 말을 할 수 있을 것인가?

버지니아에 있는 뉴욕 타임스 사무실에서는 23명의 직원을 외설적인 메시지를 주고받았다는 이유로 해고하였다. Xerox사는 하루에 8시간 가량 포르노사이트에 접속해 있는 직원 40명을 해고하였다. 이 밖에 다른 직원들도 그들의 시간을 개인적 용무나 주식, 여행계획, 쇼핑, 게임 등을 하면서 잘못 사용하고 있었다. 이른바 사이버슬래킹(cyberslacking)으로 인한 사내 네트워크의 장시간 동안 마비, 수리비로 수천 달러가 드는 사태가 발생한다. 어떤 때는 상황이 매우 나빠서 전화로 업무를 볼 수밖에 없는 경우가 생기기도 한다.

출처: L. Gvernsey. The Web: New ticket to a pink slip. *New York Times*, December 16, 1999; You've got inappropriate mail. *New York Times*, April 5, 2000; J. L. Seglin. You've got mail; You're being watched. *New York Times*, July 18, 1999.

런 개인적인 접촉 없이도 물을 수 있는 것이다. 종업원들은 정수기 주위에서 잡담을 하는 대신 온라인상에서 채팅을 한다.

한때는 간담회에서 아이디어를 공유하거나 자연스레 만나서 아이디어를 도출하고 교환하던 모습은 이제는 찾아볼 수 없고 네트워크나 사회적 지지도 마찬가지가 되었다. 이러한 상황은 재택근무자들에게는 특히 더하다. 많은 재택근무자들이 하루 일과 동안 전자기기를 이용하여 사람들과 접촉한다.

온라인상에서 주로 일을 하는 사람들을 대상으로 한 설문조사의 결과는 사람들이 온라인상에서 만난 이들보다 사람 대 사람으로 만난 이들을 더 신뢰한다는 것을 보여 주었다. 면대면으로 만난 이들은 진부한 화젯거리(가족이나 다른 신변잡기)에 관한 대화를 통해 서로를 알아가는 데 더 많은 시간을 보내면서 신뢰와 우정을 형성할 수 있다. 팩스나 이메일, 화상회의를 통한 관계는 직접 만나는 것과는 다르다. 그러한 관계에는 인격적인 면과 인간적인 면이 부족하다(Olson & Olson, 2003).

전자기기를 통한 비인간화된 의사소통은 사업협상에서도 영향을 미칠 수 있다. 온라인상으로 알게 된 상대방에 대한 불신은 교섭을 방해하거나 불확실하게 만들 수 있다. 국제은행 종사자들을 대상으로 한 설문연구에서 그들은 중요한 교섭이 있을 때는 인간관계나 업무관계를 만드는 데 있어서 전화가 온라인보다는 더 현실적이고 유익한 방법이라고 믿고 있었다(Bargh & McKenna, 2004).

전자상의 의사소통으로 인해 발생한 또 다른 문제점은 온라인상에서 보내는 시간에 있다. 심리학자들은 지나친 인터넷사용은 중독을 일으킨다고 말하고 있다. 인터넷에 대한 연구로 18,000명의 인터넷사용자에게 설문한 결과 거의 6%에 이르는 이들이 중독수준의 도박과 비슷한 특성으로 강박수준의 인터넷을 하는 것으로 나타났다(DeAngelis, 2000). 이들은 특히 채팅방이나 포르노사이트, 인터넷쇼핑, 이메일에 빠져 있었다. 그들 중 3분의 1이 기분전환이나 탈출구와 같은 느낌으로 일상적으로 컴퓨터를 켠다고 대답했다. 더 많은 정보는 인터넷연구센터 www.virtual-addiction.com 또는 온라인중독센터 www.netaddiction.com을 참고하면 된다.

결과적으로 컴퓨터를 통한 종업원 감시는 조직 전체의 상사-부하 관계의 붕괴를 가져왔다. 직원들은 그들의 상사를 항상 자신들의 행동을 염탐하는 감시인으로만 생각하게 되었다. 이렇듯 작업현장에서 온라인을 통한 참견이 만연했음을 검증하기 위해 미국경영자협회(american management association)는 1,000개의 미국 기업을 대상으로 설문조사를 하였다. 그 결과 지난 몇 년 동안 온라인을 통한 종업원 감시가 빠르게 확대되었음을 알 수 있었다. 거의 78%에 달하는 회사가 전화기록, 이메일, 음성메일, 인터넷 접속기록, 컴퓨터 파일 등을 통해 종업원들의 행동을 감시한다고 답했다. 절반 이상의 회사들이 등록되지 않은 전화번호를 막는 소프트웨어를 사용하고 있으며 3분의 1 가량이 부적절하다고 생각되는 웹사이트 접속을 막아놓았다. 약 43%의 회사들은 종업원이 전화를 사용하는 시간을 확인하며 전화번호가 업무와 관련된 것인지 확인한다고 한다.

인터넷연구센터에서 실시한 224개의 중견기업에 대한 설문조사에서 60%의 기업이 인터넷 과다사용으로 종업원들을 징계하였고 30%의 기업은 이와 비슷한 이유로 직원들을 해고하였다. 가장 많이 보고된 항목은 업무시간에 이메일을 보내기 위해 인터넷을 사용하거나 포르노사이트에 접속하는 것이었다(DeAngelis, 2000).

이러한 발견들에도 불구하고 다른 설문조사연구에서는 자신의 컴퓨터가 감시당하는 것을 알고 있는 종업원들이라 할지라도 이를 모르는 이들보다 비업무적 용도의 사용이 줄지 않는다는 것이 밝혀졌다(Everton, Mastrangelo, & Jolton, 2003). 인터넷 중독은 도박중독이나 알코올중독과 마찬가지로 그 결과를 뻔히 알면서도 지속적으로 그 행동을 하는 증상을 보인다. 또한 인터넷 사용이 감시당하는 종업원들은 그렇지 않는 이들보다 높은 수준의 우울, 긴장, 근심 그리고 낮은 수준의 생산성을 보고했다(Rosen, 2000).

특히 외식업이나 의료직에 있는 몇몇 종업원들은 화장실에서조차 프라이버시를 누릴 수 없다. 비누판매기와 수도꼭지의 센서가 종업원이 손을 씻는지 감지하여 기본적인 위생사항을 지키는지 여부를 판단하기 때문이다. 한 종업원에 따르면, "제대로 씻지 않으면 중앙컴퓨터에 있는 종업원의 파일에 벌점이 더해지며, 그 표시로 명찰이 번쩍인답니다." 게다가 35%에 이르는 대기업들이 보안상의 이유로 종업원이나 손님들의 절도를 막기 위해 비디오카메라를 설치하였다.

방학에 아르바이트를 하는 370명의 고등학생과 대학생을 대상으로 한 연구에서 일을 하면서 자신들을 지켜보는 카메라에 대해 어떻게 느꼈는지 응답하도록 하였다. 카메라 앞에서 응답한 이들은 공정하고 자신을 더욱 가치 있게 느끼게 한다고 대답하였으나 카메라 뒤에서는 불공정하고 평가절하된 기분이라고 응답하였다(Hovorka-Mead, Ross, Whipple, & Renchin, 2002).

그 어떤 방식이나 수단이 되었든 감시를 당하는 종업원들은 흔히 그들의 프라이버시와 존엄성이 침해당했다고 불평한다. 그러나 고용주들은 그들의 종업원들이 게으름을 피우는지 확인해야 된다고 주장한다. 당신은 어느 편에 설 것인가?

요 약

조직심리학자들은 조직풍토와 유형 그리고 종업원들에게 영향을 미치는 법을 연구하였다. 고전적인 조직유형은 **관료제**인데 규율의 이행과 권력의 동선이 고정되어 있으며 개인의 사적인 편견이 허용되지 않는 합리적 구조를 유지하려는 의도로 생겼다. 관료제는 인간의 욕구를 무시하며 사회적 변화와 기술변화에 쉽게 적응하지 못했다.

높은 수준의 몰입을 발생시키는 참여적인 현대적 조직유형은 종업원의 지능과 정서, 동기적 특성에 관심을 둔다. 모든 직급에서 직원들은 의사결정에 참여한다. **전사적 품질관리**(total quality management, TQM) 프로그램들은 직원의 참여와 몰입, 책임감을 증진시키기 위해 직무와 관리적 요구사항을 재구성한다. **자기관리 작업집단**에서는 업무 팀이 집단과 조직사이를 조절하는 외부 팀 리더를 통해 직무의 모든 측면을 통제한다. 가상의 자기관리 작업집단은 온라인을 통해 이루어지며 면대면으로 접촉하는 일이 없다.

종업원들과 관리자들은 업무방법, 설비, 정책 등의 변화에 저항한다. 만약 직원들이 변화에 대한 결정사항에 참여할 수 있도록 허락된다면 그들은 그 변화를 더 지지할 수 있을 것이다. **조직개발**(OD)은 스케일이 큰 변화를 도입하기 위한 기술을 포함한다. 그 절차는 문제를 진단하고 적절한 전략을 고안하며 시행하고 개입하는 **변화의 담당자**(컨설턴트)를 통해 실행된다.

신입직원들은 **사회화**라 불리는 적응기간을 겪는다. 사회화 프로그램은 도전적인 직무, 적절한 훈련과 피드백, 사려 깊은 상사, 도덕심과 조직몰입을 지닌 동료 그리고 적합한 오리엔테이션 프로그램으로 구성되어 있다. 재사회화는 종업원이 다른 조직에 배치되면 언제든지 시행된다.

조직문화는 종업원의 성격, 가치와 조직의 문화와 가치 사이의 일치 정도로 볼 수 있는 신념, 가치 그리고 기대의 방식이라고 할 수 있다. **개인-조직 적합성**이란 종업원의 성격과 가치가 조직의 문화와 가치에 부합하는 것을 말한다.

노조의 멤버십은 직무만족과 생산성에 영향을 미칠 수 있고 임금과 고용보장, 부가급여를 통해 저차원의 욕구를 만족시킬 수 있다. 멤버십은 또한 소속감, 자존감, 직위, 권력의 욕구를 만족시킬 수 있다.

종업원의 태도와 행동에 영향을 미치는 비공식적 작업집단은 관리자의 통제영역 밖에 존재한다. 그들은 생산성과 직원-상사관계에 대해 그들만의 기준으로 운영된다. **사회적 태만**은 사람들은 혼자 일할 때보다 집단으로 일할 때 게으름을 피운다는 의미이다. **집단 응집력**은 집단의 친밀성 정도를 말하며 집단 응집력이 높을수록 직무수행이 증가한다.

컴퓨터의 사용은 상사로부터 종업원으로의 권력이동에 의해 조직의 구조를 변화시켰다. 이제 회의는 온라인상에서 이루어지며(화상회의) 이는 집단 응집력을 감소시켰고 사회적 고립을 증가시켰다. 전자기기를 이용한 감시는 종업원의 조직에 대한 신뢰를 떨어뜨릴 수 있다.

주요 용어

- 개인-조직 적합성
- 관료제
- 변화촉진자
- 사회적 태만
- 사회화
- 업무생활의 질(QWL) 프로그램
- 역할갈등
- 역할모호성
- 자기관리 작업집단
- 전사적 품질관리(TQM)
- 조직개발(OD)
- 조직문화
- 집단 응집력

복습 문제

1. 관료적 조직유형은 왜 초기에 작업현장에서의 혁명적이고 인간적인 변화라고 여겨

졌는가?

2. 종업원과 조직의 입장에서 관료제의 문제점과 약점을 기술하시오.
3. McGregor의 Y 이론에 따르면 직원들이란 무엇이며 X 이론의 관점에서 본 직원과는 어떻게 다른가?
4. 산악자전거를 생산하기 위해 당신의 회사에서는 3명의 관리직과 50명의 직원을 선발하였다. 높은 수준의 몰입을 발생시키는 관리시스템을 운영하기 위해 당신은 어떻게 시스템을 변화시킬 것인가?
5. TQM 프로그램의 요구사항과 장점은 무엇인가? 왜 일부는 실패하는가?
6. 만약 자기관리 작업집단들이 자치기능을 고안했다면 왜 외부 팀 리더가 필요할까? 그들이 하는 일은 무엇인가?
7. 자기관리 작업집단은 집단의 구성원들이 같은 시설에서 함께 일하지 않고 다른 장소에서 일을 할 때 어떻게 기능할 수 있는가?
8. 조직변화를 수용하는 종업원들의 방식에 영향을 끼치는 요인들은 무엇이 있는가?
9. OD에 포함된 절차를 기술하시오. 변화촉진자의 역할은 무엇인가?
10. 조직은 어떤 방법을 통해 신입직원들의 사회화를 용이하게 하는가? 미흡한 사회화의 결과는 무엇인가?
11. 역할모호성과 역할갈등을 정의하시오. 두 변인은 사회화와 어떻게 연관되어 있는가?
12. 조직문화란 무엇인가? 조직문화가 직무만족과 수행에 영향을 미치는 사례를 제시하시오.
13. 노사분규 절차는 어떤 방식으로 노동자와 직원들에게 이익을 제공하는가?
14. 조직의 어떤 조건이 사회적 태만을 일으키는가? 사회적 태만은 종업원이 집단 안에 있을 때보다 혼자 있을 때 더 잘 일어나는가?
15. 집단 응집력의 세 가지 요인을 기술하시오. 큰 집단과 작은 집단 중 어느 것이 더 응집력이 강할지 기술하고 설명을 하시오.
16. 컴퓨터기술은 업무 절차와 회의, 브레인스토밍에 어떻게 영향을 미쳤는가?
17. 작업현장에서의 전자기기를 이용한 감시는 얼마나 광범위하게 퍼져 있는가? 이것이 어떻게 시행되고 있는지 사례를 제시하시오.
18. 당신의 상사가 당신의 컴퓨터 사용내역을 감시한다는 것을 안다면 당신은 어떻게 반응할 것인가? 그것이 당신의 행동에 변화를 줄 것인가? 만약 그렇다면 어떻게 변화할 것인가?

더 읽을거리

Ashkanasy, N. M., Wilderom, C. P. M., & Peterson, M. F. (Eds.) (2000). *Handbook of organizational culture and climate*. Thousand Oaks, CA: Sage Publications. 조직문화/풍토 이론의 기본 개념, 측정, 평가, 실제 경영 및 조직 몰입 및 사회화와 같은 인적 자원 문제에 적용을 포함한 연구, 이론, 적용과 관련된 국제적인 연구에 대해서 개관하고 있다.

Bar-Haim, A. (2002). *Participation programs in work organizations*. Westport, CT: Quorum. 미국과 유럽 국가에서의 약 50년간의 종업원 및 팀 참여 프로그램에 대해서 문화적, 역사적, 정치적 차이에 초점을 두어 개관하고 있다.

Boyett, J. H., & Boyett, J. T. (2000). *The Guru guide to entrepreneurship*. New York: Wiley. 마이크로 소프트, 아마존 닷컴, 맥도날드, 월마트의 설립자와 같은 70명의 성공적인 기업가를 소개하고 있다. 정보 및 성과의 공유와 같은 조직 경영 유형과 당신의 사업가로서의 자질을 알아볼 수 있는 검사를 제공한다.

Burke, W. W. (2002). *Organization change: Theory and practice*. Thousand Oaks, CA: Sage. 조직 변화에 대한 역사적 개관 및 현대적 모델들을 제시하고 있다.

Carter, L., Giber, D., & Goldsmith, M. (Eds.) (2001). *Best practices in organizational development and change*. San Francisco: Jossey-Bass/Pfeiffer. 조직 개발이 조직에 대한 것이고 임상 심리학이 개인에 대한 것이라는 사실을 지지하는 사례연구들을 제시한다. 조직 개발은 심리학적 원리를 조직의 성장과 건설적인 변화에 적용하는 것이라고 기술하고 있다.

Cole, R. E., & Scott, W. R. (Eds.) (2000). *The quality movement and organizational theory*. Thousand Oaks, CA: Sage. 1980년대 TQM에 대한 미국 과학재단 워크숍에서 발표논문을 제공한다. 중점적인 내용은 경영진의 품질에 대한 관심과 종업원의 학습 및 의사결정 과정간의 상호작용의 중요성에 관한 것이다.

de Caluwe, L., & Vermaak, H. (2003). *Learning to change: A guide for organization change agents*. Thousand Oaks, CA: Sage. 조직변화, 종업원 저항, 경영진간의 정치적인 이해관계, 변화를 실행하는데 있어 내부리더와 외부 자문의 역할에 관한 문제점들에 대해서 다루고 있다.

Lane, F. S., III. (2003). *The naked employee: How technology is compromising workplace privacy*. New York: AMACOM. 고용진이 종업원 성과를 감시하기 위해서 사용하는 기법들 및 종업원들이 자신의 프라이버시와 권리를 보호하기 위한 방법들에 대해서 다루고 있다.

Pencavel, J. (2001). *Worker participation: Lessons from the worker co-ops of the Pacific Northwest*. New York: Russell Sage. 벌목 산업에서 종업원 주인의식과 경영에 대한 평가를 다루고 있다. 종업원 참여가 안정된 고용, 높은 직무만족, 생산성 및 효율성과 관련되지만 높은 사고율과도 관련됨을 보여준다.

Schein, E. H. (1999). *The corporate culture survival guide*. San Francisco: Jossey Bass. 피할 수 없는 변화에 대한 지침을 제공함으로 해서, 조직문화의 창조 및 진화에 대한 쉽고, 실용적인 지침을 제공한다. 기업의 발달단계에 따른 가치와 공유된 가정에 대한 적합한 리더십에 대한 이해에 초점을 두고 있다.

Schneider, B., & Smith, D. B. (Eds.) (2004). *Personality and organizations*. Mahwah, NJ: Erlbaum. 조직 생활에서 성격의 역할에 대한 종합적인 지침을 제공한다. 집단수행, 의사소통, 조직 문화, 개인-조직 부합도, 조직 행동의 다른 측면에서의 성격이 미치는 효과에 대한 개관을 제공한다.

Turner, M. E. (Ed.) (2001). *Groups at work: Theory and research*. Mahwah, NJ: Erlbaum. 집단 의사결정, 문제해결, 리더십에 대한 권력과 정치의 역할에 관한 사회 및 산업 및 조직 심리학 연구들을 요약하고 있다. 또한 조직 사회화 및 몰입의 과정, 조직 기능과 직무수행간의 관계에 대해서 기술하고 있다.

Wallace, P. (2004). *The Internet in the workplace: How new technology is transforming work*. New York: Cambridge University Press. 인터넷이 많은 종업원들의 조직에서의 생활에 미치는 영향에 대해서 기술하고 있다.

제4부

작업장 특성

앞에서 우리는 작업이 이루어지는 곳의 사회적/심리적 분위기가 갖는 몇 가지 효과를 논의한 바 있다. 조직 구조와 리더십 유형, 그리고 피고용인들의 동기 등은 모두 생산성과 직무만족에 영향을 미친다. 지금부터는 작업장의 물리적 특징, 작업시간, 안전 문제 그리고 신체적·정서적 건강에 대한 고려 등과 같은 작업장에서의 가시적인 측면들을 다루고자 한다.

10장에서는 조명, 소음, 온도, 작업장 색채와 음악 등을 포함하는 물리적 특징들을 다루는 것에서부터 시작하여 근무시간과 작업 스케줄, 그리고 피로, 지루함 및 성희롱과 같은 사회적·심리적 요인들을 논의할 것이다. 사고, 폭력, 알코올중독과 약물남용은 11장에서 다룰 것이다. 심리학자들은 작업장 사고와 폭력의 원인을 밝히고 이들을 방지할 수 있는 방법을 제안해 준다. 알코올이나 불법 약물에 의존하는 것은 개인적 비극일 뿐만 아니라 조직의 관점에서 보면 인사관리에서 중요한 문제이다. 심리학자들은 문제를 안고 있는 근로자들을 위한 지원 프로그램을 설계한다. 12장에서는 작업의 다양한 물리적·심리적 조건 때문에 발생하는 스트레스를 고려한다. 심리학자들은 직무수행 중이나 직무 외에 경험할 수 있는 스트레스를 방지하고 이에 대처하는 방법을 개발하였다.

제10장

작업 조건

이 장의 개요

물리적 작업 조건

작업 장소
〈여기서 잠깐〉 사무실에서 일하는 근로자의 가장 큰 불평거리는?
사무실과 작업장 설계
환경심리학과 개방형 사무실
〈여기서 잠깐〉 당신은 방해받지 않고 제대로 일할 수 있는가?
조 도
소 음
색 채
〈여기서 잠깐〉 색에 따라 달라지는 당신!
음 악
온도와 습도

작업 스케줄

근무시간
영구적 시간제 고용
주 4일 근무제
근무시간 자유선택제
휴 식
교대 근무
〈여기서 잠깐〉 근무 중 잠깐의 잠에 대하여

심리적·사회적 문제들

직무 단순화

물리적 작업 조건

주위를 살펴보자. 지금 당신이 있는 곳은 어디인가? 기숙사, 도서관, 혹은 사무실? 거기에서 당신은 어떻게 느끼는가? 그곳은 안락하고 조용한가 아니면 시끄럽고 산만한가? 또는 밝고 근사한가 아니면 춥고 우중충해 보이는가? 이러한 것들은 우리가 직무를 얼마나 잘 수행할지를 결정하는 작업환경의 몇 가지 물리적 특성들이다. 우리가 하는 일이 공부하는 것이든, 엔진을 수리하는 것이든 혹은 컴퓨터를 파는 것이든 상관없이 우리를 둘러싼 주변 환경은 우리의 기술, 동기 그리고 만족감에 영향을 미친다.

어떤 조직은 직무수행을 극대화하기 위해 최상의 근로자를 모집하여 선발하고, 완벽하게 훈련시키며, 최적의 조직 환경을 제공하고 뛰어난 상사 밑에서 일할 수 있도록 할 수 있겠지만 물리적인 작업 조건이 열악하다면 생산성은 떨어질 수밖에 없다. 적합하지 않은 작업환경은 생산성과 직무만족을 떨어뜨리는 반면 실수와 사고, 결근과 이직을 높인다.

작업장이 좀더 안락하고 작업시간이 좀더 유연하다면 생산성은 대부분 증가한다. 최소한 일시적으로는 그렇다. 그러나 산업 및 조직심리학자들은 수행상의 그러한 변화를 신중하게 해석해야 한다. 정확히 말한다면 무엇이 생산성을 증가시키는 직접적 원인인지 알아야 한다. 난방을 더 쾌적하게 하거나, 조명을 더 밝게 하거나 혹은 방음을 더 좋게 하는 것과 같은 물리적 변화 때문인가? 아니면 그러한 변화를 가져오는 경영층에 대해 근로자들이 긍정적인 태도를 갖는 것과 같은 좀더 미묘한 심리적 요인들 때문인가?

그러한 변화가 결과적으로 회사에 이득이 되었다 하더라도 경영층은 생산성과 직무만족감을 향상시킨 이유를 설명할 수 있어야 한다. 생산성과 직무만족에서의 향상이 근로자가 생각하기에 회사가 자신들을 '기계의 한 부품'처럼 여기지 않고 인간으로 대접해 주었기 때문이라고 가정해 보자. 그렇다면 회사는 물리적 작업장을 변화시키기 위해 많은 비용을 지출하는 대신 생산성과 만족감을 향상시키는 또 다른 방안(예를 들어 경영층과 근로자 간의 유대를 강화시키는 것)이 있는지 찾고자 할 것이다.

많은 산업체에서 사람들은 도저히 참기 어려운 것처럼 보이는 조건에서 최대의 효율성을 보이며 작업하기도 하는 반면, 어떤 회사에서는 장비들이 잘 갖춰져 있고 훌륭하게 꾸며진 환경에서 일하면서도 근로자들의 수행이나 근로의욕이 낮은 경우도 있다. 물리적 작업 조건의 변화가 갖는 효과는 근로자들이 그러한 변화를 어떻게 지각하고 받아들이며, 변화에 어떻게 적응하는지에 따라 영향을 받고 또한 달라지기도 한다. 따라서 작업장의 물리적 특성들은 복잡한 심리적 요인들의 관점에서 고려되어야 한다.

작업 장소

물리적 작업환경은 주차장 크기나 건물의 위치에서부터 작업 지점의 자연광의 양이나 소음의 크기에 이르기까지 많은 요인들을 포함하고 있다. 주차공간이 너무 협소하다거나 주차장에서 빌딩까지 너무 떨어져 있어 근로자들이 짜증스러움을 느낀다면 작업 장소에 도착하여 일을 시작하기도 전에 근로자들은 조직에 부정적인 태도를 갖게 될 수 있다.

대도시의 시내 한복판에 있건, 아니면 외진 교외 지역에 있건 작업 장소가 위치하는 지점은 근로자들의 직무만족에 영향을 미친다. 예를 들어 사무실이 교외지역에 위치한다면 여기서 일하는 근로자들에게는 가게, 식당, 혹은 도시에서 쉽게 찾을 수 있는 다른 편의시설을 이용하기가 더 불편할 것이다. 조사결과들에 따르면, 젊고 독신인 근로자들은 전형적으로 도시에서 거주하거나 일하기를 선호하는 반면, 기혼자들은 조용한 교외지역을 자녀 양육이나 근무 지

<여기서 잠깐> 사무실에서 일하는 근로자의 가장 큰 불평거리는?

사무실에서 근무하는 사람들의 가장 큰 불평거리는 무엇이라고 생각하는가? 무엇이 작업장에서 근로자들을 가장 많이 괴롭힌다고 생각하는가? 한 번 맞혀 보기 바란다. International Management and Facility Association에 따르면 근로자의 가장 큰 불평거리는 실내 온도와 관련이 있다. 즉, 사무실이 너무 춥다는 것이다. 그렇다면 두 번째로 높은 불평거리는 무엇이라고 생각하는가? 그것은 사무실이 너무 덥다는 것이다!

사무실 근로자들의 불평거리 열 가지 중 나머지는 다음과 같다.

- 열악한 화장실 시설
- 회의 공간 부족
- 파일 보관 공간 부족
- 오염된 실내 공기
- 작업공간에서의 사생활 보호 결여
- 부족한 주차장
- 컴퓨터 문제
- 작업장 소음

여러분의 작업공간 혹은 공부 공간에서 이런 것들이 문제가 되는가?

역으로 더 선호한다.

많은 조직체들은 능력 있는 근로자들을 모집하고 채용하기 위해 다양한 시설을 제공한다. 어떤 회사는 휴양지로 회사를 옮겨 회사 안에 사우나, 체육관, 탁아소, 가게, 은행 그리고 병원 등을 갖추기도 하였다. 왜 조직체들은 직무와는 직접 관련 없다고 여겨지는 시설들에 많은 비용을 지출하는 것일까? Florida의 Tampa에 있는 화려한 시설을 갖춘 어느 한 사무실 빌딩에서 일하는 근로자는 "우리는 일하는데 인생을 다 쓰고 있어요, 피트니스 센터나 탁아시설을 이용할 수 있다면 좋은 겁니다. 저에게는 그런 것들이 회사에 충성심을 유발하지요."라고 말하였다. 충성심 높은 근로자는 쉽게 직장을 그만두거나, 이직하거나 혹은 일에 대해 잘 불평하지 않는다.

사무실과 작업장 설계

사무실이나 작업장 안에서도 근로자들이 불만스럽게 생각하거나 불평하는 요소들이 있는데 대표적으로 환기나 난방, 그리고 창문을 열 수 없는 사무실에서의 공기조절 시스템 등을 꼽을 수 있다. 건물에서 볕이 잘 드는 부분에서는 때로 너무 덥게 느껴지는 반면, 그늘진 부분에서는 너무 춥게 느껴질 수 있다. 다른 불평거리들로는 고층 빌딩에서 너무 느린 엘리베이터, 구내식당의 질 낮은 음식, 그리고 불편하고 제대로 유지되지 못하는 화장실 등이 있다.

사무실의 크기나 설계 형태는 근로자들의 만족감이나 생산성과 관련이 있다. 사무실 배치 형태는 정보를 얻거나 교환하는 수단으로 사람들과 자연스럽게 마주치고자 원하는 관리자의 행동에 영향을 줄 것이다. 사무실이 서로 근접해 있을수록 관리자와 근로자들이 근무 중에 만날 수 있는 가능성이 높아질 것이다. 반면 관리자의 사무실을 빌딩의 다른 층에 위치시키는 것과 같은 물리적 분리는 사람들의 접촉량을 감소시킨다.

사무실 빌딩 크기는 작업 관계에 영향을 미친다. 빌딩 크기가 작을수록 근로자들 사이의 관계는 더 가까워지는 경향이 있다. 근로자들 사이의 상호작용이 거의 없는 매우 큰 빌딩에서는 근로자들 사이의 관계가 좀더 공식적이고 비개인화되는 경향이 크다. 실제 직무 과제와는 관계없는 이러한 모든 요인들은 생산효율성을 손상시킬 수 있다. 외진 근무 장소, 열악한 설계, 혹은 불편한 배

개방형 사무실은 사무공간을 바닥에서 천정까지 벽이나 칸막이로 분리하지 않은 것을 말하고, 큐비클(cubicle)이라고도 한다. 이러한 큐비클들은 사람들 사이의 의사소통과 작업흐름을 향상시키기도 하지만, 소음을 유발하고 근무에 집중하지 못하게 할 수도 있다.

치 등은 근무 의욕을 저하시키고 부정적인 태도를 강화한다.

능력이 부족해서가 아니라 작업장까지 접근할 수 없어서 특정한 직무를 수행하지 못하게 되는 장애인 근로자들에게 작업장 설계와 배치는 매우 중요한 측면이다. 가파른 계단, 좁은 복도, 그리고 부족한 화장실 등은 장애인들이 고용되는 것을 어렵게 한다. 1973년에 제정된 장애인 재활법(Rehabilitation Act)과 1990년에 제정된 장애인 고용법(Americans with Disabilities Act)은 건물 안의 장벽을 모두 제거하도록 하고 있다. 사람들이 휠체어를 타고도 건물의 모든 부분들에 접근할 수 있어야 한다. 이 법들을 준수하기 위해서는 자동문, 경사로 혹은 손잡이를 설치해야 하고, 복도나 통로는 더 넓혀야 하며, 전화나 스피커폰은 벽의 낮은 곳에 설치해야 한다. 조사에 따르면 이러한 요구된 변화의 60%는 100달러 미만, 그리고 90%는 1,000달러 미만의 비용이 든다. 많은 장애인들에게는 작업장에서 이러한 물리적 수정이 요구되지 않기도 한다. 40년 넘게 장애인들을 고용한 IBM의 경우 장애인 근로자들에게 기회를 주기 위한 작업장 재설계를 선도하고 있다.

환경심리학과 개방형 사무실

환경심리학 작업장 설계가 사람들의 행동이나 태도에 어떠한 효과를 미치는지 연구하는 학문.

환경심리학(environmental psychology)은 사람과 물리적 환경 사이의 관계를 다루는 학문이다. 환경심리학은 건물 구조와 심리학을 연결지음으로써 자연적 혹은 인공적 환경과 이것이 사람들의 행동에 주는 영향을 다룬다. 예를 들어 사무실 설계와 배치에 관한 연구들은 부서 안에서 혹은 부서 사이의 의사소통, 작업집단 사이의 직무 흐름, 상사와 부하 사이의 관계 그리고 작업집단 응집력 등과 같은 주제를 다룬다.

환경심리학의 대표적인 초기 연구 결과 중 하나는 개방형 사무공간(landscaped office)이다. 개별적이고 분리된 사무실과는 달리 개방형 사무공간은 작업공간을 구분하기 위해 바닥에서 천장까지 벽으로 막지 않고, 넓은 공간을 개방하여 사용한다. 사원에서 임원에 이르기까지 모든 근로자들은 화분이나 파티션 혹은 캐비닛이나 책장과 같은 것들로 분리되는 소규모의 기능적 작업 단위로 일한다. 사진에서도 보이듯이 이것은 일반적으로 큐비클(cubicle)이라

<여기서 잠깐> 당신은 방해받지 않고 제대로 일할 수 있는가?

당신은 남의 방해를 받지 않고 집중해서 일할 수 있는가? 당신이 큐비클 속에서 일한다면 그 대답은 아마도 '아니오'일 것이다. 큐비클 설계자와 관리자들은 큐비클이 낮은 칸막이로 분리되기 때문에 이러한 개방적 사무공간 속에서는 사람들이 자유롭게 자기 생각을 주고받을 수 있다고 주장한다. 그러나 큐비클 속에서 매일 몇 시간을 일하는 근로자들에게 한 번 물어 보라. 근로자들은 자기 주변에서 일어나는 직무와는 관련 없는 활동들과 대화들 때문에 집중해서 일하기 곤란하다고 대답할 것이다. 당신은 당신도 어쩔 수 없이 들어야 하는 다른 근로자의 가정 문제, 건강문제, 경제적 문제, 심지어 어제 그 집 애완용 강아지가 보였던 '예쁜 짓'에 대해서까지 이야기를 들어주려고 하는 사람이 원망스러울 것이다. 어떤 큐비클 근무자들은 집에서 일하는 것이 오히려 더 편한 반면 다른 사람과의 사회적 교류는 사무실은 더 적합하다고 말한다.

New York의 Buffalo에서 경영 컨설턴트로 일하고 있는 Sue Weidermann은 어떤 큰 법률회사의 큐비클 속에서 일하는 근로자들은 소음, 시각적 방해, 그리고 하루 평균 16번 남들과 대화하고 싶어하는 동료들 때문에 일 중간에 방해를 받는다는 것을 발견하였다. 이것들 중 어느 것도 직무와는 관련이 없다. 그러나 직무와 관련되는 방해들은 하루에 평균 5회 발생하였다. Weidermann은 이러한 방해 이후에 다시 근로자들이 일에 몰두하는 데는 평균 2.9분이 요구된다는 것을 관찰하였는데, 이것은 직무수행에 재집중하는 데 매일 한 시간 정도 소비된다는 것을 의미한다.

Kathi Heering은 은행에서 일하였는데 그녀는 큐비클에서의 업무 수행에서 집중하기가 매우 어렵다는 것을 발견하였다. 그녀는 상사에게 칸막이를 좀더 높여 다른 사람들이 자신의 큐비클 안을 넘어보거나 쉽게 말을 걸어오지 못하도록 해 달라고 요구했으나 상사는 이를 거절했다. 상사에 따르면 낮은 칸막이는 의사소통을 원활히 한다는 것이다. 그러나 불행한 점은 그러한 의사소통이 직무와는 관련 없는 것들이라는 점이다. Kathi는 지금 집에서 일하면서 개인적 호사를 누리고 있다. 개인적 호사는 사무실에서는 누리기 힘든 것이다. 집에는 '문'이라고 불리는 매우 좋은 장치가 있다. 그녀 가족 중 누가 혹은 애완용 강아지가 그녀가 일하고 있는 방으로 들어오고자 한다면 그녀는 그저 문만 닫으면 되는 것이다.

출처: Laboring to work at home. *Wall Street Journal*, May 8, 2004.

고 불린다.

개방형 사무공간은 이를 구성하거나 유지하는 데 비용이 많이 들지 않으면서도 사람들 사이의 의사소통과 작업 흐름을 촉진하는 것으로 여겨진다. 또한 이러한 개방성은 집단 응집력과 협동을 향상시키는 대신 피고용인과 경영층 사이의 심리적 장벽을 감소시키는 것으로 보인다. 피고용인들에 대한 연구에 따르면 개방형 사무공간은 장점과 단점을 모두 갖는다. 피고용인들은 개방형 사무공간이 쾌적하고 사회적 교류를 촉진한다고 보고하고 있다. 관리자들은 의사소통에서 향상이 있다고 보고하였다. 개방형 사무공간에 대해 불편한 점은 사생활 보호의 결여, 소음, 그리고 집중하기가 곤란하다는 점 등이다. 개방형 사무공간에서의 개인용 사무공간은 전형적으로 칸막이만으로 분리되기 때문에 개성을 살리고 안락감을 줄 수 있는 사진, 화분, 포스터 혹은 기념품 등과 같은 개인적 물품은 갖추기 곤란하다.

개방형 사무공간이 갖는 이러한 문제들에도 불구하고 많은 조직체들은 개방형 사무공간에 많은 돈을 투자하였고 좀더 사적인 사무실로 이들을 전환하는 데 소요되는 비용 지출은 주저하고 있다. 전산화된 작업환경에 많은 근로자들이 일하는 회사에서 개방형 사무공간은 표준이 되었다.

부동산 가격이 올라감에 따라 조직체들은 더 많은 근로자들을 더 좁은 작업공간에 수용하려 하고 있다. 사무공간과 개인적 작업장의 전형적 크기는 꾸준히 줄어들고 있다. 자주 출장을 가야 하는 피고용인들은 더 이상 자신에게 할당된 영구적 작업공간을 갖지 못하고 그 대신 임시 작업공간에서 근무한다. 예를 들어 고객의 직장에서 대부분의 시간을 보내야 하는 컨설턴트는 자기 회사에 복귀하기 전에 본사에 미리 전화를 걸어 자기가 일할 작업공간을 미리 예약한다. 이것은 호텔 객실을 예약하는 것과 크게 다르지 않기 때문에 이제는 이것이 호텔링(hoteling)이라고 불리게 되었다.

조 도

산업 및 조직심리학자들은 작업장 설계와 관련된 일반적 문제뿐만 아니라 조명, 소음 그리고 온도와 같은 구체적인 환경 요인들에 대해 광범위한 연구를 수행하여 왔다. 작업환경의 이러한 측면들은 Herzberg가 제안한 위생 요인들과 유사하다. 이러한 모든 환경 요인들은 직무만족에 영향을 미친다는 것이 밝혀졌다.

불충분한 조도 밑에서 무엇을 읽거나 정교한 조작을 계속 수행하면 시력에 손상을 줄 수 있다. 연구들에 따르면 부적합한 조도도 스트레스의 원인이다. 눈부심, 희미한 전구 그리고 자연광의 부족 등은 직무수행에 부정적 영향을 미친다.

빛 강도. 빛 강도(intensity) 혹은 밝기 수준은 조도와 관련된 가장 일반적인 요인이다. 빛 강도의 최적 수준은 과제의 본질이나 작업자의 연령에 따라 달라진다. 동일한 과제를 수행한다 하더라도 만족할 만한 수행을 보이기 위해서는 나이 든 작업자들이 젊은 작업자들에 비해 일반적으로 더 밝은 빛을 필요로 한다. 전자제품 조립라인에서의 공정과 같이 작은 부품을 가지고 정교한 작업을 해야 하는 직무의 경우는 병에 액체를 채우는 공정에 비해 더 밝은 빛이 요구된다. 조명 공학자들은 사무실 빌딩을 포함한 다양한 작업 영역에서 갖추어야 하는 최소한의 빛 강도 수준을 제시한 바 있다(표 10-1 참조).

표 10-1

사무실 작업장 조명의 권고 수준

유형	피트촉광*
일반적 사무실과 개인 사무실	56~70
회계, 부기, 제도	120~150
회의실	10~70
복도, 엘리베이터, 에스컬레이터, 계단	16~20
로비, 리셉션장	10~30
침실	24~30

*빛의 1피트 촉광(1피트 떨어진 표준적 촛불의 밝기)은 암실에서 대략 100와트 전구를 머리 위로 10피트 높이에 두었을 때 만들어지는 밝기임.

출처: Commonwealth of Pennsylvania Lighting Recommendations. www.pacode.com/secure/ data/034/capter27/capt27toc.html

배광. 조도의 또 다른 중요한 요인은 작업 영역에서의 배광(빛의 분포, distribution of light)이다. 이상적으로 조명은 시각 영역에 걸쳐 고루 분포되어야 한다. 주변에 비해 작업 영역에 더 밝은 빛을 제공하게 되면 눈의 피로를 유발하는데 그것은 눈이 작동하는 기제 때문이다. 즉, 사람이 밝은 곳을 보다가 어두운 곳을 보게 되면 동공이 확장된다. 그리고 다시 밝은 곳을 응시하면 동공은 수축된다. 동공의 이러한 반응은 눈의 피로를 가져온다. 따라서 당신이 책상에 앉아 있다면 당신이 작업하는 곳에 조명을 집중할 수 있게 해 주는 전기스탠드(desk lamp)를 책상에 두는 것뿐만 아니라 머리 위에서 비추는 조명도 필요한 것이다. 이러한 방식은 방 전체에 조명을 고루 분포시키는 효과를 가져온다. 또한 당신이 TV를 보거나 컴퓨터 스크린을 응시하고 있을 때도 주변에 추가적인 조명을 두는 것이 훨씬 더 눈의 피로를 줄여 줄 수 있다.

작업 영역에 조도를 단일하게 유지할 수 있는 방식 중 하나는 모든 빛이 반사된 다음 눈에 도달하도록 하는 간접 조명을 사용하는 것이다. 즉, 간접 조명에서는 눈에 직접 도달하는 빛은 없는 반면 모든 빛은 다른 곳에 일단 반사된 다음 눈에 도달하게 된다. 반면 천장에 설치한 전구를 통해 발산되는 직접 조명은 특정 지점에 빛을 집중시키거나 모이게 함으로써 주변보다 더 밝은 지점을 만들어 눈부심을 유발한다.

눈부심. 눈부심은 시각 처리의 효율성을 떨어뜨리고 눈의 피로를 유발한다. 눈부심은 눈이 익숙한 것보다 더 밝은 강도로 빛이 제공될 때 나타난다. 눈부심을 유발하는 빛은 광원으로부터 직접 전달되거나 혹은 반사되는 표면으로부터 전달될 수 있다. 눈부심이 있을 경우 20분도 안 되어 정교한 작업 수행에서 에러를 증가시킨다. 당신이 야간에 운전하다가 앞에서 마주 오는 차량이 상향등을 켜고 올 때 경험했던 것처럼 눈부심은 시각 활동을 방해한다. 눈부심은 또한 컴퓨터의 비디오 디스플레이 단말기에서도 발생할 수 있다.

눈부심을 줄이거나 없앨 수 있는 몇 가지 방법이 있다. 너무 강한 광원은 덮개를 씌워 약화시키거나 시각 영역으로부터 다른 곳으로 옮기면 눈부심을 막을 수 있을 것이다. 또한 작업자들에게 차광안경이나 차광용 챙이 있는 모자를 제공해 주거나, 혹은 반사가 너무 잘 되는 표면은 어두운 색으로 칠하거나 매트로 덮으면 반사량을 줄이거나 없앨 수 있을 것이다.

자연광. 자연광(전체 스펙트럼)과 인공조명에 대해 사람들이 경험하는 심리적 차이는 매우 분명하다. 한 연구에 따르면 창문이 없는(따라서 자연광을 받을 수 없는) 사무실에서 근무하는 사람들은 자신들의 작업 영역에서 인공조명이 충분히 제공된다 하더라도 창문이 있는 사무실에서 일하고 싶다는 욕구를 강하게 표현한다고 한다. 대부분의 작업자들은 밖을 볼 수 있기를 바라고, 인공조명에 비해 자연광이 자신들의 눈에 더 좋다고 믿는다. 사람들은 심리적으로 어느 정도의 자연광을 요구하는 것으로 보인다. 몇 개의 유럽 국가에서는 피고용인들이 자신의 작업 장소에서 자연광을 볼 수 있도록 고용주들이 조치해야 한다는 법을 제정한 바 있다.

소 음

소음은 현대 생활에서 가장 흔한 불평거리 중 하나이다. 소음은 짜증감과 불편감을 유발하고, 잠을 방해하며, 청력 손실과 같은 생리적 부작용을 초래한다. 소음은 보일러 제조업체 근로자, 항공기 정비사, 주조공장 근로자, 혹은 방직공장 근로자 등에 대해서는 직업 위험요소로 명시되어 있다. 사업체들은 근로자들의 청력 손상에 의한 산업재해 보상에 직면하고 있으며, 이로 인해 매년 수백만 달러의 돈이 지출되고 있다.

미국의 직업안전 및 위생협회(National Institute for Occupational Safety and Health, NIOSH)는 3,000만 명의 미국인들이 궁극적으로 청력에 손상을 줄 수 있는 수준의 소음에 정기적으로 노출되어 있다고 보고하였다. 또한 NIOSH는 미국 전체 근로자들 중 최소한 20%가 청력에 해를 줄 수 있는 작업환경에서 일한다고 보고하였다. 예를 들어 탄광 근로자들의 90%는 50세 이전에 청력 손실을, 그리고 농부의 75%는 시끄러운 농기구에 지속적으로 노출됨으로써 청력 손상을 경험한다. 미국 청력보호협회(National Hearing Conservation Association)의 회장은 "청력 손실은 작업장에서 가장 흔하게 볼 수 있는 문제"라고 주장하였다(Kluger, 2004, p. 56).

소음을 측정하는 기본 단위는 소리의 주관적 혹은 심리적 강도에 대한 측

몇몇 산업체 공장에서 발생하는 지나친 소음은 청력 손실을 가져올 수 있다.

정치인 데시벨(decibel, db)이다. 데시벨이 0인 것은 청력의 역치이며, 대부분의 우리가 들을 수 있는 가장 희미한 소리이다. 표 10-2는 우리가 흔히 접하는 상황에서 측정되는 데시벨 수준을 보여 주고 있다. 어떤 소리 크기 수준은 청각

표 10-2

우리에게 친숙한 소리의 데시벨 수준

소리 원천	데시벨 수준
숨소리	10
5피트 떨어진 곳에서의 속삭임	20
조용한 사무실	40
3피트 떨어진 곳에서의 대화	70
시내 교통	80
주방 용품	95
평균적 공장	100
전기 제초기	110
아기 울음소리	110
시끄러운 식당	110
공기 해머	120
앰프를 사용하는 록밴드	140
이륙하는 제트기	150

에 위협적이기도 하다. 85db 이상의 소음에 장기간 정기적으로 노출된 작업자는 청력 손실을 경험할 가능성이 높다. 120db 이상의 수준에 노출되면 일시적으로 귀먹음(deafness)을 야기한다. 미국 정부는 산업체 근로자에 대한 최대허용 소음수준(maximum permissible sound level)을 마련하였는데, 90db는 하루 8시간의 작업에, 100db은 2시간의 작업에, 그리고 110db은 30분의 작업에 허용되는 최대 노출 수준이다.

사람이 95db에서 110db 범위의 소리에 노출되면 혈관이 수축하고, 심박률이 변하며, 눈의 동공이 확장된다. 혈관 수축은 소음이 중단된 이후에도 얼마 정도 지속되는데 이 때문에 신체에 혈액 공급이 변하게 된다. 큰 소리에 지속적으로 노출되는 것은 고혈압과 근육 긴장과도 관련된다. 또한 높은 소음 수준은 정서적 안녕감을 해쳐 스트레스를 야기한다. 40명의 여성 사무직 근로자를 대상으로 수행된 한 연구에서는, 전형적인 개방형 사무실에서 3시간 동안 소음에 노출되면 스트레스에 대한 생리적 지표들이 나타난다는 것이 밝혀졌다. 소음은 근로자의 작업 동기도 저하시킨다(Evans & Johnson, 2000). 이스라엘에서 소음 수준의 생리적 효과를 살펴본 한 연구에서는 4년 동안 작업자의 혈압을 지속적으로 측정하여 그 변화 양상을 살펴보았다. 그 결과 좀더 복잡한 직무를 수행하는 근로자는 좀더 단순한 형태의 직무를 수행하는 근로자들에 비해 혈압 증가가 더 크다는 것이 발견되었다(Melamed, Fried, & Froom, 2001).

소음은 의사소통을 방해한다. 사무실의 배경 소음이 낮다면(50~60db), 5피트(약 1.5미터) 이상 떨어진 곳에서 두 사람이 목소리를 높이지 않고도 서로 대화할 수 있다. 그러나 배경 소음이 점점 커짐에 따라 작업자들은 목소리를 더 크게 해서 말하거나, 다른 사람에게 알아들을 수 있도록 하기 위해 자기 자리를 떠나 상대방에 좀더 가까이 가야 한다. 일반적 공장의 데시벨 수준은 작업자나 감독자 모두 고함지르도록 하고 있다. 또한 소음 때문에 중요한 정보가 전달과정에서 상실되기도 한다.

색 채

가정, 사무실 그리고 공장의 색채가 갖는 이점은 과장되어 있는 것 같다. 어떤

<여기서 잠깐>

색에 따라 달라지는 당신!

만일 당신이 집에서 저녁을 먹은 후에 약간 졸리거나 속이 불편하다고 느끼기 시작한다면 그것은 당신이 무엇을 먹고 혹은 마셨는지의 문제가 아닐 수 있다. 그보다는 식사를 한 장소의 색상이 원인일 수 있다고 어느 한 페인트업자가 주장하였다. 이 사람은 「Paint Dealer」라는 잡지에 베이지색 벽은 사람의 소화기관에 가스를 만들고, 소화가 잘 안 되게 하는 효과가 있다는 내용의 글을 기고하였다. 그렇다면 식당의 벽색을 파란색으로 바꾸어야 하는가? 이것도 좋은 생각은 아니다. 실내장식가들은 파란색이 식욕을 저하시킨다고 생각한다. 따라서 파란색으로 칠해진 방에서 식사한다면 당신의 체중은 줄 것이다. 그렇다면 빨간색은? 이것은 좋은 생각이다. 실내장식가들에 따르면 빨간색은 식욕을 돋우고, 심장박동률, 의욕 그리고 몸의 에너지를 증가시킨다고 한다.

색에 따라 당신의 생활이 달라질지에 대해서는 의견이 다양할 뿐만 아니라 서로 다르기도 하다. 다음은 어느 한 페인트 제조업자의 광고에서 따온 내용이다. "파란색이나 초록색 같은 시원한 색들은 당신의 마음과 몸, 그리고 정신을 상쾌하고 부드럽게 해 준다. 기분 전환을 위해 바다나 산으로 사람들이 몰리는 것을 보면 이것은 의심의 여지가 없다. 당신이 평온함을 원하는 장소에는 파란색 계통의 색이 최상이다. 빨간색이나 오렌지색 혹은 노란색과 같은 따듯한 느낌의 색들은 시원한 느낌의 색들이 주지 못하는 에너지와 열정을 전달해 준다. 부엌, 아동용 놀이방, 혹은 운동 공간 등과 같이 활동과 자극이 요구되는 장소라면 이러한 힘이 넘치는 색상을 사용하기 바란다. 그렇게 한다면 당신은 당신의 인생이 그냥 살아가는 것이 아닌 그 이상의 것이라는 것을 발견할 것이다. 당신의 인생은 색과 느낌으로 가득 찬 생생한 경험들로 바뀔 것이다!"

당신은 이 말을 믿는가? 아니면 단지 페인트를 판매할 목적으로 하는 소리라고 생각하는가?

색채는 생산성을 증가시키고, 사고를 줄이며, 근로자의 근로의욕을 고취시킨다고 한다. 그러나 이러한 주장을 뒷받침할 만한 별 다른 실험적 증거가 없을 뿐만 아니라, 특정 색채와 생산성, 피로 혹은 직무만족 사이에 대해 주장된 관계는 타당성을 갖고 있지 않다.

그러나 작업장에서 색채가 할 수 있는 역할도 있다. 그것은 색채가 좀더 기분 좋은 작업환경을 제공해 주고 안전을 구현하는데 도움을 줄 수 있다는 것이다. 색채는 많은 제조공장에서 부호화 표시로 사용된다. 소방장비 보관 장소는 빨간색으로, 위험지역은 노란색으로, 그리고 응급 치료소는 초록색으로 표시된다. 색을 통한 부호화는 이러한 장소들을 빠르게 찾을 수 있도록 해 준다. 색채들은 반사 특성이 서로 다르기 때문에 눈의 피로를 막아준다. 밝은 색의 벽은 어두운 색의 벽에 비해 더 많은 빛을 반사하기 때문에, 색채를 어떻게 사용하느냐에 따라 작업실이나 사무실을 더 어둡게도 혹은 더 밝게도 할 수 있다. 또한 색채에 따라서도 크기가 달리 보인다. 예를 들어 어두운 색으로 칠해진 방은 실제보다 더 작게 보이는 반면, 밝은 색으로 칠해진 벽은 넓고 개방된 느낌을 제공한다.

미 해군의 잠수함에는 24기의 트라이던트 미사일 발사관이 네 개의 갑판 위에 배치되어 있다. 미사일 발사관들은 모두 붉은색 계통으로 칠해져 있는데 잠수함 한쪽 끝의 발사관들은 반대편의 발사관들에 비해 좀더 어두운 색들로 칠해져 입체감을 준다. 이를 통해 비좁은 미사일 배치 장소가 실제보다 더 넓어 보이게 되었다.

실내 장식업자들은 파랑이나 초록은 차가운 색인 반면 빨강이나 오렌지색은 따듯한 색이라고 말한다. 사실, 이러한 색들은 온도에 대한 우리의 지각에 영향을 미치는 것 같다. 예를 들어 한 사무실이 어두운 갈색에서 밝은 푸른색으로 다시 칠해졌는데, 겨울이 오자 이전 해 겨울과 실내 온도가 같았음에도 불구하고 근로자들은 사무실이 춥다고 호소하였다. 그래서 온도를 5°나 높였지만 불평은 계속되었다. 사무실이 다시 좀더 따듯한 색으로 칠해지자 이번에는 너무 덥다고 불평하였다. 실내 온도를 이전보다 5° 정도 낮춘 후에야 불평이 그쳤다.

작업 장소가 우중충하다면 작업 장소의 색을 변화시키는 것은 근로의욕을 향상시킬 수 있다. 어떤 색이든지 새롭게 페인트칠을 하면 작업자들의 기분은 나아진다. 그러나 색채가 근로자들의 행동에 미치는 효과에 대해 확신 있는 결론을 내리는 산업 및 조직심리학자들은 거의 없다.

음 악

일하면서 음악을 사용하는 것은 일 자체만큼 오래되었다. 산업혁명 시기의 시끄러운 곳에서조차 작업자들은 전통적으로 직무수행 중에 노래를 했다. 1800

년대 후반에서 1900년대 초기에 담배제조 산업체와 같은 조용한 작업장에서도 직무수행 중에 노래하는 것이 장려되었다. 어떤 회사에서는 작업자들을 위해 음악가들을 고용하기도 했는데, 1930년대까지 많은 조직체에서 자체 음악 밴드나 합창단을 지원하였다.

음악이 생산성이나 근로의욕에 대해 갖는 효과에 대해서는 많은 주장이 제기되었다. 근로자들이 일하면서 음악을 청취할 경우 더 행복하고 효율적으로 작업할 것으로 가정된다. 음반을 판매하는 회사에 의해 수행된 연구들은 이러한 주장을 지지하지만, 그러한 연구들은 종종 과학적 엄밀함과 통제가 결여되어 있다. 음악과 관련된 초기 연구들은 근로자들이 작업시간 동안 음악 듣는 것을 좋아하고, 음악이 자신들을 좀더 생산적으로 일할 수 있게 한다고 믿는다는 것을 보여 주었다. 그러나 이러한 결과는 어떤 작업을 하는지에 따라 달라질 수 있다. 음악은 매우 단순하고 반복적으로 작업이 수행되는 조립라인 직무들에 대해서는 생산성을 약간 증가시킨다는 것이 밝혀졌다. 작업자들은 이러한 유형의 직무를 단조롭고 완전히 주의를 기울이지 않아도 수행할 수 있는 것으로 생각한다. 따라서 음악은 작업자들이 신경을 쓸 수 있는 무엇인가를 제공해 주고, 작업일이 좀더 빠르고 즐겁게 지나갈 수 있게 해 준다. 어려운 직무인 경우에 대해서는 음악이 생산성을 증가시켜 준다는 증거가 없는데, 그 이유는 작업의 복잡성이 많은 집중을 요구하기 때문이다.

공장, 사무실, 복도, 엘리베이터 그리고 대기실 등에서 흘러나오는 음악의 대부분은 1934년부터 사업을 시작한 Muzak이라는 회사를 통해 공급된다. 이 회사는 수십 개 국에 걸쳐 25만 개가 넘는 회사에서 근무하는 1억 명 정도가 자기 회사의 배경 음악을 듣는다고 추산하고 있다. Muzak의 데이터베이스에는 백만 곡 이상이 저장되어 있고, Gap, Old Navy, 그리고 Harry Winston 같은 회사에 락 음악 같은 주문형 음악 프로그램을 제공하고 있다. 또 다른 음악 공급업체인 PlayNetwork는 Starbucks와 TGI Friday's에서 들을 수 있는 음악을 제공한다. Muzak에서 제공하는 유형의 음악은 사람들의 기분을 북돋움으로써 작업환경을 인간성 넘치게 하는 의도를 갖고 있다. 사업체의 유형이나 근무일에 따라 다른 음악 프로그램이 제공된다. 음악의 템포는 근로자의 기분이나 활력의 변화에 맞추어져서 오전 중반이나 오후 중반에는 좀더 활기찬 음악을 들려준다. 작업장에서 음악을 들려주는 것에 대해 부정적 견해를 갖는 사람들은 음악이 실제로는 효과가 없거나 심지어 소음공해라고 비판한다.

온도와 습도

우리 모두는 온도와 습도가 우리의 작업 의욕이나 작업 효율성, 그리고 신체적인 안녕감에 영향을 미친다는 것을 잘 알고 있다. 어떤 사람들은 추운 날씨에서 더 편안하게 느끼고 활기차게 일하지만 다른 사람들은 더운 날씨를 더 선호한다. 어떤 사람들은 비가 오면 우울해지는 경향이 있는가 하면 다른 사람들은 비가 오는 것조차 알아차리지 못한다. 우리 대부분은 온도와 습도가 잘 제어되는 환경에서 일한다. 그러나 건설이나 조선 등과 같은 산업체에서의 작업자들은 극단의 온도에 노출되는 일이 빈번하다.

이 장의 맨 처음 〈여기서 잠깐〉에서 살펴보았듯이 작업장에 대해 작업자들이 갖는 일차적인 불평은 작업장이 너무 춥다는 것이고, 그 다음은 너무 덥다는 것이다. 만일 근로자들이 자신들의 사무실 온도를 올리거나 내리기 위해 온도조절기를 직접 조정해 보았다면 아마도 그것이 '가짜 온도조절기'라는 것을 발견할 수도 있을 것이다. 실제로 어떤 사무실의 온도조절기는 온도 조절과는 관계없이 단지 통제에 대한 착각을 주기 위해 형식적으로 부착된 것일 수 있다. 근로자들은 온도조절기를 조정함으로써 너무 춥거나 너무 덥지 않게 하기 위해 스스로 어떤 행위를 취했다고 믿을 수 있다. 그리고 실제로는 온도가 변하지 않았음에도 불구하고 때로 그러한 행위 자체가 근로자들을 만족시킬 수 있다. 연구에 따르면 실외에서 혹은 냉난방이 되지 않는 시설(예를 들어 창고나 자동차 정비소 등)에서 일하는 작업자들에게 매우 높은 온도는 정신적 작업에는 특별한 효과가 없는 반면 격렬한 신체적 과제 수행은 저하시킨다. 비록 생산성에는 변동이 없더라도, 힘든 기후 조건에서 근로자들은 동일한 수준의 산출을 유지하기 위해 더 많은 에너지를 소비해야 한다. 대개의 경우, 이러한 근로자들에게는 더 빈번한 휴식이 요구된다. 동기도 한 가지 요인이다. 동기 수준이 높은 작업자는 그렇지 못한 작업자에 비해 극한의 온도에서 생산성을 더 잘 유지할 수 있다.

자동화 사무기기들도 사무실의 온도에 영향을 미친다는 것이 밝혀졌다. 사무실에서 컴퓨터 하나만 사용된다면 실내 온도는 거의 영향을 받지 않겠지만 수십 대의 컴퓨터, 프린터 그리고 팩시밀리가 같은 장소에서 작동되고 있다면 실내 온도와 정전기 수준이 모두 상승한다. 콘택트렌즈를 착용한 근로자들에게 건조한 공기는 안질환을 가져오는 원인이 되기도 한다.

작업 스케줄

전반적 작업환경에서 핵심이 되는 부분은 우리가 얼마나 많은 시간을 직무수행에 소비하는가의 문제이다. 모든 작업 스케줄에 보편적으로 적용되는 기준은 없다. 미국에서 시행되고 있는 주 40시간 근무제가 모든 나라에서 적용되는 것은 아니다. 다른 산업화된 국가들에 비해 미국인들은 더 많은 시간을 직무수행에 소비한다. 미국 근로자들은 일본 근로자들에 비해서는 일 년에 거의 2주 정도, 그리고 노르웨이 근로자들에 비해서는 약 14주 정도 더 오래 일한다. 미국인들은 더 많은 시간을 일하면서도 연차일수(annual vacation days)는 더 적다. Expedia사에서 근무하는 1,000명의 근로자들을 대상으로 실시한 한 조사에서, 전체 응답자 중 12%의 근로자는 연차휴가를 신청할 계획이 없다고 응답하였다. 미국의 근로자들은 평균적으로 1년에 16일의 연차휴가를 신청할 수 있지만 그 중에서 14일만 사용한다. 이에 비해 이탈리아는 42일, 프랑스는 37일, 독일은 35일, 영국은 28일, 그리고 일본은 25일의 연차휴가를 사용할 수 있다.

일반적으로 관리자들은 다른 직급 수준의 근로자들에 비해 더 많은 시간을 일하는 대신 더 많은 연봉을 받는 것 같다. 47명의 관리자들을 대상으로 수행된 한 조사 결과에 따르면 관리자들은 1주일에 평균 56.4시간을 일하는데, 이들 중 28.6%는 1주일에 61시간 이상을 일한다고 한다. 근무시간이 가장 긴 관리자들의 연봉은 평균 204,993달러인데 반해 이들보다 주당 근무시간이 짧은 사람들의 연봉은 평균 162,285달러였다. 근무시간이 긴 사람들은 직무만족과 직무 몰입 수준이 다른 사람들에 비해 더 높다고 보고하였다. 그러나 부정적인 측면도 있는데, 이들은 가족으로부터 소외감을 느끼고 일과 가정 사이의 갈등 수준이 더 높았다(Brett & Stroh, 2003).

미국인들이 더 긴 시간 동안 일하는 것을 계속해 오고 있지만, 이전 세대와는 다른 방식으로 일하고 있다. 모든 근로자들이 같은 시간에 출근해서 같은 시간에 퇴근하는 전통적인 주 5일 40시간 근무제는 교대 근무 스케줄로 대치되었다. 지금부터는 표준적인 주 근무시간, 작업 교대, 영구적인 시간제(part-time) 고용, 주 4일제 근무, 그리고 근무시간 자유선택제(flextime) 등에 대해 논의할 것이다.

근무시간

오래 전에 미국에서 사람들은 주 6일 동안 하루에 10시간 정규적으로 일하였다. 그 후 주 5일 40시간 근무제는 1938년 공정근로기준법(Fair Labor Standards Act)이 통과됨으로써 근로시간의 규준이 되었다. 이로써 미국은 주 5일 40시간 근무제를 채택한 최초의 국가가 되었지만 이 제도가 반드시 가장 효율적인 작업 스케줄인 것은 아니다. 현재 근로자들은 주 5일 40시간 근무를 통상적인 것이라고 받아들이고 있지만, 과거에는 60시간 근무를 통상적인 것이라고 생각했었다.

정상 근무시간(nominal working hours; 즉, 피고용인들이 직무수행에 소비하여야 한다고 여겨지는 정해진 시간)과 실제 근무시간(actual working hours; 즉, 피고용인들이 직무수행에 투여한 실제 시간) 사이에는 차이가 있다. 이 두 가지가 일치하는 일은 거의 없다. 연구들에 따르면 피고용인들이 실제 직무수행에 소비하는 시간은 그 직무에 대해 요구된 시간의 절반 정도라고 한다. 직무수행 이외의 활동으로 손실되는 시간은 휴식을 위해 회사가 정해 놓은 시간도 있지만 대부분은 허락되지 않은 것이고 회사가 통제할 수 있는 것도 아니다. 근로자들이 작업장에 도착한 후 이들이 일을 시작하기 전까지는 꽤 오랜 시간이 요구된다. 이들은 작업장에 도착해서 서류를 뒤적이거나, 연필을 깎거나, 컴퓨터를 통해 뉴스 헤드라인을 읽거나, 혹은 (반드시 필요한지의 여부를 떠나) 기계에 기름칠을 한다. 근무시간 중 근로자들은 동료 근로자를 방문하고, 인터넷 웹을 돌아다니며, 점심시간을 초과하고, 커피 자동판매기 앞에서 오래 머뭇거린다.

정상 근무시간 근로자들이 직무수행에 사용하도록 정해진 시간. 정상 근무시간에 포함된 시간이 실제로는 모두 직무 과제를 수행하는 데 사용되는 것은 아니다.

어떤 직무는 각 근무교대의 시작과 끝에 근로자가 시각 천공기를 이용하여 자신의 근무카드에 시간을 표시하도록 하고 있다.

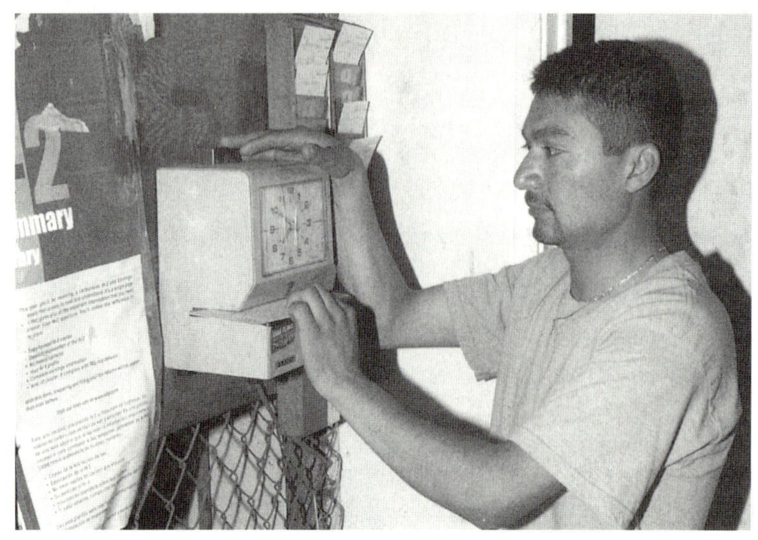

관리자들은 회의시간을 기다리거나 전화 통화를 다 마치기 위해 시간을 소비하며, 이메일로 개인적 메시지를 보내거나 받아보기 위해 시간을 낭비한다.

정상 근무시간과 실제 근무시간 사이의 관계에 대한 흥미 있는 연구 결과가 있다. 정상(규정된) 근무시간이 증가할수록 실제 근무시간은 감소한다는 것이다. 달리 말하면, 일일 근무시간 혹은 주간 근무일이 증가할수록 작업자의 생산성은 감소한다. 이러한 결과는 동기 수준이 높은 작업자에게서도 나타난다. 제2차 세계대전 초기에 영국에서는 애국심이 최고조에 달했었다. 식량과 물자가 위험할 정도의 수준으로 부족했지만 모든 국민들은 생존을 위해 싸웠다. 정부는 군수 공장에서의 작업시간을 주당 56시간에서 69.5시간으로 연장하였다. 처음에는 생산성이 10% 증가하였다. 그러나 곧바로 이전에 비해 오히려 12% 정도 생산성이 더 감소하였다. 정상 근무시간을 연장한 결과 더 높은 결근율과 더 빈번한 사고와 같은 또 다른 문제들이 초래되었다. 주당 근무시간이 69.5시간이었던 경우 실제 근무시간은 51시간에 불과하였다. 반면 주당 근무시간을 56시간으로 단축했을 때의 실제 근무시간은 53시간이었다. 미국 노동성이 수행한 한 연구는 제2차 세계대전 중에 대부분의 회사에서 채택한 주당 7일 근무제에서는 주당 6일 근무제보다 생산성이 더 나아진 것이 없다는 것을 보여 주었다. 7일 중 1일은 허비된 시간이었던 것이다.

정상 근무시간과 실제 근무시간 사이의 관계는 회사가 매우 높은 근무수당을 지급하면서 정상 근로시간 이외에 초과 근무를 요구하는 경우에도 적용된다. 초과되는 근무시간은 대부분 비생산적으로 소비되는데, 그 이유는 사람들이 작업 속도를 늦춤으로써 더 길어진 일일 작업시간에 자신의 작업 속도를 맞추는 경향이 있기 때문이다. 일일 작업시간이 증가함에 따라 생산성이 떨어진다면, 이것을 줄이면 생산성이 증가하게 될까? 어떤 연구들은 그렇게 될 것이라고 한다. 반면 다른 연구들은 정상 근로시간의 단축은 실제 근로시간에는 아무런 영향을 주지 않는다는 것을 보여 주었다. 역사적 관점에서 하나의 사례를 살펴보자. 1930년대 대공황 시기에 어느 제조 공장에서는 주당 전체 정상 근로시간에서 9시간 이상 근로시간을 감축시켰지만 실제 근로시간은 단지 5시간만 감소하였다. 다른 공장에서는 주당 근무시간을 10.5시간 감축시켰음에도 불구하고 시간당 생산성은 21% 증가하였다.

영구적 시간제 고용

시간제(part-time) 혹은 반일제(half-time) 고용은 가장 흔한 대안적 작업 스케줄의 형태이다. 미국 직장의 25% 이상이 시간제 근무를 채택하고 있다. 시간제 근무는 전일제 근무에 비해 더 빠르게 증가하고 있으며, 특히 서비스나 소매업에서 이러한 경향이 뚜렷하다. 시간제 근무제로 전환함으로써 조직은 전일제 직원을 고용하는 데 소요되는 비용(예를 들어 높은 임금과 연금 등)을 줄일 수 있을 뿐만 아니라 작업 스케줄을 편성하는 데도 유연성을 가질 수 있다.

우리는 앞에서 전일제를 채택한다고 해서 근로자들이 하루 종일 일하는 것은 아니라는 것을 살펴본 바 있다. 더구나 조직은 많은 작업, 예를 들어 저술이나 독립적 연구와 같은 일은 시간제 고용을 통해 만족스럽게 수행될 수 있다는 것을 깨달았다. 낮은 수준의 조립라인 혹은 사무 등은 두 사람이 각각 반일제로 교대하며 수행될 수 있을 것이다.

미국 보건복지부(Department of Health and Human Service)에 따르면 시간제 근로자들의 감독자들은 시간제 근무 형태를 매우 강하게 선호한다. 주당 20시간을 근무하는 Massachusetts의 사회복지사들을 대상으로 수행된 연구 결과 이들은 전일제 근무자들에 비해 이직률이 더 낮고 담당 사례건수가 더 많았다. 또한 Wisconsin의 주정부기관 조사는 시간제로 일하는 사회복지사, 변호사 그리고 연구 분석가들의 실제 근로시간이 전일제 근로자들의 실제 근로시간과 거의 같거나 심지어 이를 초과한다는 것을 보여 주었다.

시간제 근무는 가족에 대한 책임에 압박감을 갖고 있는 사람이나 이동성에 문제가 있는 장애인들에게는 매력적인 고용 형태이다. 대부분의 시간제 근로자들은 여성이고, 이들은 전일제 근로자들에 비해 더 낮은 수준의 직무를 수행하는 대신 더 낮은 임금을 받는다. 그러나 시간제로 근무하는 전문가나 관리자들의 수가 증가하고 있는데, 그 이유는 시간제 근무를 하는 것이 다시 학업을 계속하거나 다른 직업을 모색하는 데 유리하기 때문이다.

794명의 식료품 체인점, 200명의 병원 근로자 그리고 243명의 소매업 근로자들을 대상으로 수행된 한 대규모 연구는 시간제 근무를 스스로 선택한 사람들은 자신의 의지와는 달리 시간제 근무로 할당된 사람들에 비해 직무만족 수준이 더 높고, 직무를 더 잘 수행하며, 조직에 더 많이 개입한다는 것을 보여 주었다(Holton, Lee, & Tidd, 2002).

주 4일 근무제

주당 근로시간을 획기적으로 줄일 수 있는 또 다른 방법은 주 4일제를 채택하는 것이다. 주 4일제는 대개 하루 10시간 4일 근무(주당 40시간)나 하루 9시간 4일 근무(임금 삭감이 없이 주당 36시간)이다. 주 4일제 근무제를 추진해 온 노동조합 지도부, 경영 컨설턴트 그리고 많은 회사들은 이 제도에 적극적으로 찬성하고 있다. 전형적으로 주당 근무시간을 줄이고자 하는 생각은 몇 가지 이유로 근로자측보다는 경영층에서 먼저 나왔다. 즉, 주 4일제 근무는 근로자의 생산성과 효율성을 증가시킬 기능성이 높고, 짧아진 주당 근무시간은 근로자를 모집하는 데 일종의 인센티브로 사용될 수 있으며, 대부분의 조직체에서 월요일과 금요일에 가장 높은 결근율을 줄일 수 있을 것이라는 기대 때문이다.

주 4일제 근무에 대한 관리자들과 피고용인들의 평가는 긍정적이었다. 이들은 주 4일제 근무를 통해 직무만족과 생산성이 높아지고, 결근율을 줄이며,

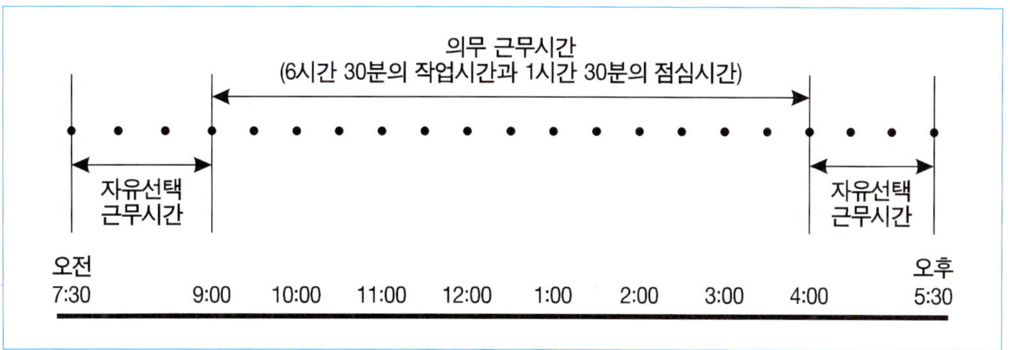

그림 10-1. 전형적인 근무시간 자유선택의 일례

작업 스케줄을 세우기 더 용이하다고 말한다. 전국적으로 실시된 갤럽조사도 주 4일제에 대한 긍정적 생각을 뒷받침하였다. 조사대상 중 남성의 45%는 주 4일제 근무를 선호한다고 응답하였다. 집 밖에서 일하지 않는 여성의 경우는 2명 중 1명의 비율로 이에 반대하는 의견을 제시한 반면, 집 밖에서 일하는 여성은 주 4일제 근무제를 훨씬 더 선호하였다.

근무시간 자유선택제

작업 스케줄에 대한 또 다른 대안은 근로자들이 하루 중 근무를 언제 시작하고 끝낼지 스스로 결정하도록 하는 것이다. 1960년대에 독일의 몇몇 회사들은 출퇴근시간의 교통 혼잡에 대처하기 위해 **근무시간 자유선택제**(flextime)를 실시한 바 있다. 근무시간 자유선택제에서 일일 전체 근무시간은 네 부분으로 나뉘는데, 이 중에서 두 부분은 의무적 근무시간인 반면 다른 두 부분은 근로자들이 선택할 수 있는 시간이다(그림 10-1 참조).

근무시간 자유선택제 일일 전체 작업시간 중에서 의무적으로 수행하여야 하는 핵심적 작업시간의 전후로 일을 시작하거나 마치는 시간을 근로자가 정할 수 있는 유연한 작업시간 시스템.

그림 10-1에서, 근로자들은 오전 7시 30분과 9시 사이에 언제든지 일을 시작하여 오후 4시와 5시 30분 사이에 언제든지 퇴근할 수 있다. 의무적 근무시간은 오전 9시부터 점심시간까지와 점심시간 이후부터 오후 4시까지의 두 부분이다. 따라서 30분의 점심시간을 제외하면 근로자들은 하루에 최소한 6.5시간, 그리고 최대 9.5시간 근무하는 것이다. 얼마나 오래 근로자들이 일할 것인지는 회사 사정에 따라 근로자 개별적으로 달라진다.

근무시간 자유선택제는 몇 가지 이점이 있다. 우선 공장이나 사무실 주변에서 발생하는 출퇴근시간의 교통 혼잡을 줄일 수 있다. 이를 통해 근로자들이 출퇴근시간에 낭비해야 하는 시간과 에너지를 줄일 수 있기 때문에 이들은 좀더 편안하게 근무할 수 있고, 직무에 대한 만족감이 높아지며, 좀더 신속하게 일을 시작할 수 있게 된다. 많은 근로자들이 근무시간 자유선택제로 일하기 위해서는 근무 습관을 약간만 수정하면 된다. 근무시간 자유선택제로 전환하고자 할 경우 출퇴근을 위한 카풀이나 다른 교통수단의 이용 등에서 시간을 맞추기 어렵다는 점, 그리고 가정생활의 리듬이 바뀌어야 한다는 점 등이 문제가 될 수 있고, 실제로 이러한 것들 때문에 근로자들은 전통적인 근무시간 방식을 따르는 경우도 있을 것이다. 그러나 근로자들은 근무시간을 자유롭게 선택하여 근무 시작과 근무 종결 시간을 스스로 정할 수 있다면 이것은 개인적 자유를 향상시킨다고 믿는다. 연구 결과에 따르면 근무시간 자유선택제는 결근율을 감소시키고, 작업자의 생산성을 향상시키며, 자신이 수행하는 직무와 근무시간에 만족감을 높여준다.

근무시간 자유선택제는 연구와 개발, 사무와 자료 입력, 그리고 경제조업(light manufacturing) 및 중제조업(heavy manufacturing)과 관련된 직무의 근로자들에게 가장 적합한 것으로 보인다. 반면, 조립라인이나 교대 근무 작업인 경우에는 작업 팀의 상호의존성 때문에 근무시간 자유선택제를 도입하기 어렵다. 전반적으로, 근무시간 자유선택제는 고용자와 피고용인 모두로부터 좋은 평가를 받는 공정하고, 바람직하며, 비용이 적게 드는 대안적 작업 스케줄의 한 형태라고 할 수 있다.

미국 가족 및 근로 협회(Family and Work Institute)가 수행한 조사들은 근로시간을 우연하게 선택할 수 있는 근로자들은 그렇지 못한 근로자들에 비해 회사를 떠날 가능성이 유의하게 낮은 반면, 생산성은 더 높다는 결과를 일관적으로 보고하고 있다. 또한 근무시간을 유연하게 사용할 수 없는 저임금 근로자들의 72%는 자녀를 돌보아야 하거나 집안에 문제가 있을 때 아파서 결근하겠다고 회사에 전화한다고 한다. 근무시간 자유선택제를 사용했더라면, 개인적 문제 때문에 회사에 아프다고 핑계를 대지 않아도 되었을 것이다.

휴 식

호손(Hawthorne) 연구 이후에 회사의 경영층은 공식적 휴식시간의 중요성을 깨닫게 되었다. 근무 중 휴식이 갖는 이점은 널리 알려졌지만 근로자들에게 휴식할 수 있는 기회를 주는 것에는 또 다른 분명한 이유가 있다. 무엇일까? 그것은 회사에서 휴식을 허락하건 말건 근로자들은 휴식을 취할 것이기 때문이다. 어차피 근무 이외에 사라지는 시간이 있게 마련이라면 회사도 '자비심 있게' 보일 수 있도록 일종의 부가급부로 휴식시간을 허락하는 것이 훨씬 나을 것이다.

휴식시간을 공식적으로 허락하면 (비록 완전히 없어지지는 않더라도) 승인되지 않은 휴식은 감소한다. 휴식시간이 주는 또 다른 이점들에는 생산성과 근로의욕의 상승, 피로와 지루함의 감소 등이 있다. 이것은 정상 근로시간을 줄임으로써 근로 효율성을 증가시키는 또 다른 경우이다.

과도한 신체적 작업을 수행해야 하는 근로자들에게 휴식시간은 반드시 필요한데, 그 이유는 근육을 계속 사용할 경우 근육이 피로해지고 효과적으로 사용하지 못하기 때문이다. 휴식은 손과 손목의 반복적 움직임에 의한 상해의 가능성도 줄여준다. 앉아서 지적인 작업을 수행해야 하는 경우, 휴식은 새로운 자극을 제공해 준다. 휴식을 통해 지루함을 약화시킬 수 있고, 다른 것을 생각하거나 동료들과 사회적 교제를 할 수 있는 기회를 가질 수 있다. 휴식은 경영층에 대해 긍정적인 태도를 갖게 할 수도 있다. 휴식 프로그램이 시행되었을 때,

많은 직무들은 반복적이며 신체적으로 부담이 많이 된다. 이러한 직무를 수행하는 작업자들에게는 무료함과 피로를 경감하기 위해 공식적인 휴식시간이 제공되어야 한다.

근로자들은 이것이 회사가 자신들을 인간적으로 배려하고 있는 것에 대한 표현이라고 믿는 경향이 있다.

자료입력 직무수행자와 컴퓨터 오퍼레이터에 대한 연구에 따르면 직무수행에서 높은 수준의 피로감과 지루함을 보고하는 근로자들은 그렇지 않은 근로자들에 비해 더 길게 휴식을 취한다. 또한 심리학자들은 휴식시간 동안 팔과 어깨를 풀어주는 스트레칭을 한 근로자들은 휴식시간 동안 아무런 신체적 운동을 하지 않은 근로자들에 비해 휴식시간 이후에 더 나은 수행을 보인다는 것을 발견하였다(Jett & George, 2003).

캐나다에서 키보드로 자료를 입력하는 일을 하는 근로자들을 대상으로 수행된 한 연구 결과는 20분마다 규칙적으로 30초씩 짧은 휴식을 취하는 것은, 휴식을 취하고 싶을 때마다 휴식하거나 전혀 휴식을 취하지 않은 것에 비해 등, 어깨 그리고 팔뚝 근육에서 신체적 불편감을 상당히 감소시킨다는 것을 보여주었다. 정기적인 휴식시간이 있을 경우 생산성의 수준은 떨어지지 않는다(McLean, Tingly, Scott, & Rickards, 2001).

작업일 사이에 휴식을 취하는 것도 연구 주제이다. 독일의 147명을 대상으로 한 연구는 전날 충분하게 휴식을 취했다고 생각하는 근로자들은 다음 날 작업에서 더 집중할 수 있다는 것을 보여 주었다. 또한 직무수행 중에 더 많은 스트레스를 경험한 근로자는 그렇지 않은 근로자에 비해 더 많은 휴식일이 요구된다(Sonnentag, 2003).

교대 근무

산업체는 하루 종일 돌아간다. 전자, 천연가스, 운송, 철강, 자동차 조립, 병원, 그리고 통신회사들은 보통 오전 7시에서 오후 3시, 오후 3시에서 밤 11시, 그리고 밤 11시에서 다음날 오전 7시까지 3교대를 실시하고 있다. 어떤 회사들은 근로자들을 일정한 시간에 근무하도록 할당하고 있지만 다른 회사들은 주 단위 혹은 월 단위로 교대 근무제를 실시하고 있다. 야간이나 밤샘 근무를 하는 근로자들은 이에 대한 보상으로 추가적인 임금을 받는 경우가 많다. 사무직 근로자와 생산직 근로자의 25% 정도는 교대 근무를 하고 있다.

<여기서 잠깐>

근무 중 잠깐의 잠에 대하여

근무 중에 졸기만 해도 회사에서 쫓겨나는 시절이 있었다. 하지만 요즘은 직원들에게 근무 중 잠깐 동안 잠을 자도록 권하는 회사들이 많아지고 있다. 심지어 직원들을 위해 수면을 위한 라운지를 마련하고, 졸린다고 생각하는 직원들은 '원기회복을 위한 잠깐의 잠'을 자도록 하고 있다. 이게 도대체 무슨 일인가? 왜 회사들은 직원들에게 근무시간에 잠깐 동안 자고 일어나라고 하는 것일까? 그것은 잠깐의 잠 이후에는 근로자들이 더 맑은 정신으로 그리고 더 효율적으로 일할 수 있기 때문이다.

수면 연구자들에 따르면 밤에 잘 잤더라도 (점심식사량이 많고 적은 것과는 상관없이) 점심식사를 한 이후에는 대부분의 사람들이 졸림을 경험한다고 한다. 조는 작업자들은 효율적이거나 생산적으로 일하지 못하고, 실수를 범하거나 혹은 사고를 야기할 수 있는 가능성이 높다.

더 좋지 않은 것은 우리들 대부분이 야간에 수면을 제대로 취하지 못하고, 이 때문에 다음 날 근무를 상쾌하게 시작하지 못한다는 점이다. National Sleep Foundation의 한 연구에 따르면 미국 근로자들의 64%가 권고 수면량인 하루 밤 8시간을 채우지 못하고, 32%의 사람들은 매일 밤 6시간 이하의 수면을 취한다. 충분히 예상 가능한 일이지만, 이렇게 만연된 수면 부족은 직무수행에 큰 영향을 미친다.

또한 이 연구에서는 조사대상자의 61%가 충분하지 못한 수면 때문에 의사결정 능력에서 손상을 입고, 37%는 최상의 수준으로 직무를 수행하지 못한다고 느끼는 것으로 밝혀졌다. 이에 대한 분명한 대책은 작업 중에 수면을 보충하고, 낮 시간에 원기회복을 위한 잠깐 동안의 낮잠을 취하여 각성과 효율성을 다시 회복하는 것이다.

National Sleep Foundation의 연구는 많은 기업체의 문화를 바꾸고 있다. National Sleep Foundation은 슬로건을 하나 갖고 있다: **열심히 일해라**. 그리고 **낮잠을 자라**! 당신도 오늘 당장 이를 실천해 보는 것은 어떨까?

출처: New respect for the nap, a pause that refreshes. *New York Times*, January 4, 2000: Naps, all in a daywork. *St. Petersberg (FL) Times*, March 25, 1999.

교대 근무가 작업자에게 주는 영향은 무엇인가? 연구들은 낮에 교대하는 근무자에 비해 밤샘 근무로 교대하는 근로자의 생산성이 감소한다는 것을 보여주었다. 이들은 또한 더 많은 에러를 범할 가능성이 높고, 심각한 사고를 야기할 수도 있다. 미국과 러시아에서 발생한 원자력 발전소 사고는 야간 교대 근무시간에 발생하였다. 미국 Pennsylvania의 한 원자력 발전소는 관제실의 야간 근무 교대자가 직무수행 중에 잠에 빠진 것을 발견한 이후 관리 당국에 의해 폐쇄되었다.

영국의 1,867개 석유회사의 교대 근무자들에 대한 연구에서는 이들이 일정한 시간에 근무하는 사람들에 비해 스트레스 수준이 더 높고, 유해하고 위험한 작업환경에 더 많이 노출되며, 직무 통제감이 낮고, 감독자로부터 사회적 지지를 덜 받으며, 작업 중 갈등 수준이 더 높다는 것이 밝혀졌다(Parkes, 2003).

정상적인 수면-각성 순환을 방해하면 생리적·심리적 문제들이 발생한다. 사람들은 24시간을 주기로 일정하게 반복되는 규칙적 신체 리듬을 갖고 있다. 이러한 리듬이 깨지면 신체는 급격한 변화를 경험하고 수면을 취하기가 어려워진다. 수면에 대한 이러한 효과는 야간 근무 교대자의 가장 큰 고충이다. 즉, 이들은 햇빛이나 가정에서 일상적으로 발생하는 일들 때문에 낮에 수면을 제대로 취할 수 없는 것이다. 가족들의 생활이 불편해지고, 언제 쇼핑할 것인지를 계획하는 것과 같은 일상적 활동들이 제약을 받는다. 야간 근무자나 근무시간을 순환해야 하는 근무자들은 위장 장애, 수면장애, 심혈관 문제, 부부생활 문제 그리고 신경과민 문제 등을 주로 보고한다.

고정된 시간에 교대 근무하는 것은 비록 그것이 야간에 이루어지는 것이라 해도 교대 근무시간이 순환하는 경우에 비해 상대적으로 문제들은 더 적다. 특정한 교대 근무시간에 장시간 할당된 근로자들은 새로운 일일 주기 리듬에 적응할 가능성이 높다. 반면 교대시간이 순환되어야 하는 근무자들은 교대 근무시간이 매주 혹은 특정 기간에 걸쳐 변할 때마다 이에 다시 적응해야 하지만, 이전 근무시간과는 다른 새로운 근무시간에 신체가 적응할 수 있는 충분한 시간을 갖지 못한다.

교대 근무와 관련된 문제들을 줄이는 몇 가지 방법들이 있다. 순환적인 교대 근무를 채택해야 하는 경우라면 교대 근무시간이 변하는 간격을 가능한 길게 해야 한다(예를 들어 주 단위보다는 월 단위로). 또 다른 방법은 교대 근무시간 변화 사이의 시간을 더 길게 하는 것이다. 교대 근무시간 사이의 시간이 길수록 근무시간 변화가 갑작스럽게 느껴지는 것을 막아주고, 근로자들은 새로운 교대 근무시간에 일하기 전에 충분히 휴식을 취할 수 있게 한다. 야간 교대 근무는 근로자들에 가장 어려울 뿐만 아니라 생산성도 가장 낮기 때문에 가능하다면 이를 줄이는 것이 바람직할 것이다.

교대 근무의 매우 위험한 형태는 민간 항공기 조종사들의 일정하지 않은 근무시간이다. 이들은 야간 비행과 주간 비행을 일정하지 않은 간격으로 번갈아 수행해야 하기 때문에 수면시간이 불규칙적이고 신체 리듬을 유지하는 데 방해를 받는다. 상당히 긴 시간 동안(예를 들어 10시간에서 24시간 동안 계속해서) 그리고 일정하지 않은 시간에 일해야 하는 민간 항공기와 군용 항공기의 조종사 및 승무원들을 대상으로 한 연구들은 이러한 형태의 근무가 일일 주기 리듬에 심각한 악영향을 줄 수 있음을 확인시켜 주었다. 항공사 직원들은 상당한 수준의 피로와 근무 이후에 수면을 제대로 취하지 못한다는 것 등을 호소하였고, 2시간 넘게 조종실에서 조는 경우도 있다고 보고하였다. 항공기 비행 기록기(흔히 블랙박스라고 한다) 자료는 정상적 조종 수행으로부터의 이탈 정도와 주관적으로 보고한 피로감 사이에 정적인 상관이 있음을 보여 주었다.

NASA 산하 Fatigue Countermeasure Program의 지원을 받아 심리학자들에 의해 수행된 연구는 장시간의 비행 중 작업부하가 높지 않은 시점에서 조종사들이 40분 정도 쉴 수 있게 해 준다면 이들의 각성 수준을 상당히 높일 수 있다는 것을 발견하였다. 연구 기간 동안 항공기 승무원들은 졸지 말아야 했는데 조는 승무원들이 있었고, 특히 이들 중 대부분은 자신들이 졸았다는 것도 잘 인식하지 못하였다.

수면과 각성과 관련된 문제들(비행 시차, 불면증, 교대 근무, 수면에 대한 카페인의 효과 등)에 대해 관심 있는 독자들은 National Sleep Foundation의 웹사이트 www.sleepfoundation.org를 방문해 보기 바란다.

심리적·사회적 문제들

작업환경과 밀접한 관계가 있는 또 다른 요인은 직무의 본질 및 이것이 근로자에게 미치는 영향이다. 당신의 직무는 당신에게 만족감과 성취감을 주는가, 아니면 당신을 피곤하고, 따분하고, 짜증나게 만드는가? 우리는 앞에서 자신이 수행하는 직무의 설계가 동기와 만족감에 영향을 미친다는 것을 살펴본 바 있다. 몇몇 작업-삶의 질 향상 프로그램은 직무 의욕과 동기를 향상시키는 데 성공적이었지만 직무가 너무 단순하게 설계되어 우리의 지적 능력이나 성취욕구, 혹은 관심을 전혀 요구하지 않는 직무들은 오히려 지루함과 피로, 그리고 비효율성을 이끌 수 있다.

직무 단순화

단순화된 작업, 세분화된 작업 혹은 반복적인 작업은 정신적·신체적 건강에 영향을 미친다. 예를 들어 조립라인 작업자들은 덜 반복적인 작업을 수행하는 근로자에 비해 신체적 건강에 대해 더 많이 고충을 호소하고 회사 의료시설을 더 자주 찾는다. 심리학자들에 따르면 동일한 직무라고 해도 엄격하게 정해진 근무시간에 작업하는 근무자들은 좀더 유연하게 근무시간을 선택할 수 있는 근로자들에 비해 더 높은 수준의 불안, 우울 그리고 신경과민 경향을 보인다. 단순화되고 반복적인 작업은 대개 노령층이 흔히 보이는 것과 같은 인지 기능의 저하를 가져올 수 있다. 이러한 작업자들은 정신이 멍해지거나 혼미해지기 쉽다.

직무 단순화 비숙련된 혹은 반숙련된 작업자도 능숙하게 작업할 수 있도록 하기 위해 제조과정을 가장 단순한 형태로 축소하는 것.

직무 단순화(job simplification)의 역사는 20세기 초 대량생산 체계의 출현과 함께 시작되었다. 상대적으로 비싼 자동차와 같은 제품이 소비자의 요구에 충분히 부응하는 품질을 갖추면서 비용을 절감할 수 있는 방식으로 생산되기 위해서는, 제품의 각 부분을 손으로 직접 만드는 것과 같은 전통적 방식의 생산체계는 변화가 불가피했던 것이다. 대량생산 체계에서는 부품이 서로 교환 가능하도록 하기 위해 제품 일관성이나 표준화가 요구되었다. 또한 직무 과제들도 세분화해야 했다. 한 사람이 전체 제품을 만드는 것은 경제적으로 혹은 기술적으로 더 이상 가능하지 않았다. 각각의 작업자들은 완제품의 작은 부분만을 생산하도록 직무 과제들이 엄밀하게 나뉘어졌다. 이러한 변화에 들어 있는 주된 생각은 미숙련 혹은 반숙련의 근로자들이 능숙하게 만들 수 있는 가장 단순한 형태의 요소들로 모든 제조과정을 축소하는 것이었다.

직무 단순화는 생산 단위당 소요되는 비용을 최소화함으로써 산업체와 소비자 모두에게 엄청난 이점을 가져다주었다. 헨리 포드는 자동차 조립생산라인을 구축함으로써 이전에는 자동차를 구매할 수 없었던 사람들도 자동차를 구매할 수 있을 정도의 낮은 가격으로 자동차를 판매할 수 있었다. 다른 소비재의 경우도 마찬가지였다. 여러분이 앉아 있는 공장에서 만들어진 의자는 숙련된 가구 장인이 직접 만든 수제 의자보다는 훨씬 값이 싸다. 이것이 직무 단순화의 또 다른 이점이었다. 즉, 산업체는 수년간의 도제제도를 요구하고, 높은 임금을 바라며, 독립적인 성향이 있는 숙련된 기술자에게 더 이상 기대지 않아도 되었다. 전형적인 조립생산라인들은 기술이 거의 없고 직무를 수행하는 데 신속하게 훈련될 수 있는 작업자들이 담당하였다. 이러한 과정은 작업자들을 더 용이하게 관리할 수 있도록 해 주었다. 근로자들은 특별한 기술이 없었기 때문에 그들이 다른 사람들에 의해 쉽게 대체될 수 있다는 것을 알고 있었다. 작업자들은 자신이 만드는 부품처럼 쉽게 '교체' 가능했던 것이다.

직무 단순화가 미국 경제에 엄청난 영향을 주었다는 것에 대해 부정하는 사람은 하나도 없다. 더 많은 일자리가 창출되었고, 사람들은 많은 소비재를 구입할 수 있는 돈을 갖게 되었다. 사람들이 더 많이 구매할수록 더 많은 공장이 세워졌으며, 이것은 다시 더 많은 직장이 생긴다는 것을 의미했다. 새로운 제품에 대해서는 광고, 판매, 그리고 이러한 제품에 대한 서비스와 같은 추가적인 사업이 요구되었다. 생산방식이 수제(handcrafted) 수준으로 한정되어 이어졌다면 그와 같은 경제적 성장은 불가능한 것이었다.

조립생산라인 작업자들은 이러한 산업 발전과정에서 자신들의 역할에 대한 대가를 치러야 했다. 완제품의 일부에 대해서만 작업하는 이들은 완제품으로부터 자신들이 격리될수록 자신이 수행하는 직무에 대한 의미와 가치를 상실하게 된다. 목재를 가지고 테이블을 만들어내는 목수는 성취에 대한 만족감과 자신의 기술이나 상상력에 대한 자부심을 느낄 수 있을 것이다. 그러나 몇 년 동안 매일같이 자동차에 범퍼 부착용 기계를 조작하는 일만 수행하는 작업자들은 도전감이나 만족감을 거의 느끼지 못한다. 작업자는 기계의 일부가 되어 버튼을 누르거나 레버를 당기고, 잘못된 일은 없는지 그저 살펴보고 있을 뿐이다. 이들에게 작업이 주는 의미는 전혀 없고 빠르게 짜증이나 단조로움을 느낀다. 작업자들은 이내 자기 일에 무관심해지고, 근로의욕이 저하되며, 생산에서의 양과 질은 떨어진다.

직무 단순화는 사무직이나 관리직 근로자들에게도 영향을 미쳤는데, 왜냐하면 컴퓨터가 많은 사무실들을 '전자 조립라인'으로 바꾸었기 때문이다. 사무직의 경우 작업은 점점 더 세분화되고 단순화되었다. 그 결과 사무직 근로자들에 대한 훈련비용이 절감되었을 뿐만 아니라 이로 인해 이들은 더 쉽게 다른 사람들로 대체될 수 있게 되었다.

9장에서 우리는 근로자들에게 더 많은 책임감과 도전심을 제공하기 위해 직무가 어떻게 확충되고 충실화될 수 있는지 살펴보았다. 우리가 논의했던 작업-삶의 질 향상 프로그램들은 직무를 단순화하기보다는 복잡하게 하는 실제 사례들이다. 직무를 확대하는 것은 고용자나 피고용인에게 모두 이득이 된다.

지루함과 단조로움

직무 세분화와 단순화의 결과로 초래되는 피할 수 없는 결과 즉, 지루함과 단조로움은 심리적 작업환경에서는 중요한 요소들이다. 지루함은 반복적이고 재미없는 일을 계속 수행한 결과로 발생하며, 불안정성(restlessness), 불만(discontent) 그리고 흥미나 활력의 쇠퇴 등과 같은 문제들을 야기한다. 그러나 어떤 사람에게 지루한 일은 다른 사람에게는 몹시 흥미를 자아내는 것일 수 있다. 대부분의 사람들은 조립생산라인 작업이 단조로운 것이라고 생각하겠지만 다른 사람들에게는 그렇지 않을 수도 있다. 마찬가지로 도전심을 유발하는 흥미 있는 직무에 종사하는 근로자도 그 직무가 지루하다고 생각할 수도 있다. 이와 관련된 요인은 동기이다. 자료를 입력하는 직무를 수행하면서 에러를 범하지 않으려는 동기를 갖고 있는 작업자는 그렇지 않은 작업자에 비해 그 직무를 훨씬 더 지루하지 않다고 느낄 것이다.

지루함을 경감시키는 확실한 방법은 직무 범위를 확장하여, 그 직무가 좀 더 복합적이고, 흥미를 느낄 수 있으며, 도전심을 이끌어낼 수 있도록 하는 것이다. 경영층에서도 지루함이 경감될 수 있도록 작업 스케줄을 변경하고, 작업장의 물리적·사회적 조건을 개선할 수 있을 것이다. 소음 감소, 조명의 개선, 그리고 일하기 좋은 주변 환경을 만드는 데 주의를 기울인다면 반복적이고 단조로운 작업이 가져오는 부정적 효과를 줄이는 데 도움이 될 수 있다. 또한 작업자가 편하게 느낄 수 있는 비공식적 작업집단을 갖는 것도 도움이 되고, 작업

활동의 변화를 위해 휴식시간을 주는 것도 바람직하다. 휴식시간이나 점심시간 동안 발생하는 활동의 변화가 클수록 작업의 지루함이 주는 부정적 효과를 줄여줄 수 있다.

피 로

심리학자들에 따르면 피로에는 심리적 피로와 생리적 피로의 두 가지 유형이 있다고 한다. 심리적 피로는 지루함과 유사한 것이고, 생리적 피로는 근육의 과도한 사용에 의해 나타난다. 이 두 가지 피로는 모두 열악한 직무수행의 원인이 되고, 에러나 사고, 결근 등과 같은 문제를 야기한다. 장기적이고 과중한 신체작업은 심각한 생리적 변화를 초래한다. 무거운 물체를 들거나 운반하는 직무를 오랫동안 수행하는 작업자들의 수행 수준은 처음 일을 시작했을 때와 비교하여 더 떨어질 뿐만 아니라, 작업자들은 심혈관계나 근육의 피로, 그리고 신체 내 피로물질 축적에 의한 대사 피로 등을 경험한다.

심리적 혹은 주관적 피로는 측정하기 매우 어렵지만 이것이 근로자들에게 주는 영향은 매우 크다. 우리는 누구나 매우 피곤할 때 긴장감, 불안정성 그리고 무력함 등이 느껴진다는 것을 분명히 알고 있을 것이다. 또한 집중하거나 올바르게 생각하고 효과적으로 작업하는 것도 어려울 것이다.

심리적 피로를 경험하는 근로자는 일에 집중하거나, 명료하게 생각하는 것 혹은 효과적으로 작업하는 것에서 어려움을 경험한다.

직무 현장에서 수행된 연구에 따르면 근로자의 생산성은 주관적으로 보고하는 피로의 정도와 밀접한 관계가 있다. 어떤 작업자가 피로 수준이 매우 높다고 보고한다면 이를 통해 이 작업자의 생산성이 곧 떨어질 것이라는 것을 신뢰롭게 예측할 수 있다. 신체적으로 가장 힘든 일을 해야 하는 작업자들은 하루 일을 시작할 때, 점심시간 직전에, 그리고 하루 일을 마감하기 직전에 가장 피곤하다고 보고한다. 따라서 피로감은 일하는 과정에 점차 증가하는 것이 아니라 작업시간에 따라 나타나기도 하고 사라지기도 하는 것이다. 이러한 결과는 신체적 노동 이외의 요인들(예를 들어 동기)이 피로감에 영향을 줄 수 있음을 시사한다. 종종 하루의 작업을 끝내고 퇴근하고자 하는 시점에서는 매우 지치고 피곤하더라도, 집에 도착하면 피로감이 사라지고 어떤 즐거운 활동을 할 것인지 생각하는 경우도 있을 것이다.

네덜란드에서 322명의 대학교 직원 및 555명의 간호사들을 대상으로 수행된 연구는 직무 부담이 증가할수록 직무에 대해 더 많은 통제감을 갖는 것이 피로감을 줄여 준다는 것을 보여 주었다. 그러나 직무 부담 증가에 따라 나타나는 주관적 피로감은 직무만족 수준을 떨어뜨린다(Van Yperen & Hagedoorn, 2003; Van Yperen & Janssen, 2002).

생리적 피로에 관한 연구들은, 작업을 천천히 수행하는 작업자들이 더 많은 육체노동량을 감당할 수 있음을 보여 주었다. 작업 속도가 너무 빠르면 신체 에너지가 너무 빨리 소진되어 작업자는 나머지 작업시간 동안에는 더 느린 속도로 작업할 수밖에 없다. 예를 들면, 장거리 육상 선수들은 달려야 하는 거리에 도달하기도 전에 에너지를 다 써버리지 않도록 자신의 뛰는 속도를 조절할 것이다.

휴식시간은 과중한 육체노동을 하는 작업자들에게는 반드시 필요한 것이고, 작업자가 완전히 피로해지기 이전에 휴식을 취해야 한다. 휴식시간에 경험하는 이전 작업에 의한 피로 정도가 클수록 더 긴 회복 시간이 요구된다. 그리고 직무에 따라서는 휴식시간이 더 빈번하게 요구되기도 한다. 휴식시간은 단지 일을 잠시 쉬는 정도가 아니라 작업자가 휴식시간을 통해 완전하게 회복될 수 있도록 해야 한다. 사무직 근로자에 비해 육체노동자들에게는 쾌적한 카페테리아나 안락한 휴식 공간에서의 휴식이 더 중요하다.

인종 차별

근로자의 생산성, 직무만족 그리고 정서적·신체적 건강에 영향을 미치는 또 다른 사회적·심리적 요인은 직무 현장에서 일어나는 인종, 민족, 성별 그리고 기타 개인적 특성에 따른 차별이다. 차별은 동료들끼리 혹은 상사로부터 발생할 수 있으며, 경우에 따라서는 조직문화의 한 부분이기도 하다.

매우 다양한 배경(예를 들어 국적)의 사람들이 같은 작업장에서 일하는 추세가 증가하고 있다. 이렇게 다양한 민족 혹은 인종의 작업자들이 함께 일하면서 이에 대한 차별도 나타나고 있다. 이러한 차별은 당사자에게는 분명 스트레스의 한 원인이다. 어떤 개인의 인종 혹은 민족적 특성을 비하하고, 작업집단이나 사회적 활동에서 그 사람을 배제할 수 있다.

575명의 남녀 히스패닉 근로자들을 대상으로 수행된 연구는 직무에서 차별이 있음을 명백하게 보여 주었다. 그리고 그러한 차별에는 이들을 배제시키려는 행동보다는 욕이나 비하하는 말, 혹은 자극적인 농담 등이 더 흔했다. 언어적 공격의 대상이 되었던 사람들은 심리적 안녕감 수준이 더 낮다고 보고하였다(Schneider, Hitlan, & Radhakrishman, 2000).

성차별

조직의 모든 수준에서 여성은 직무수행 중에 성적 농담에서부터 해고 위협이나 신체적 공격에 이르기까지 다양한 형태의 괴로움을 당한다. 성희롱과 성차별은 차이가 있다. **성희롱**(sexual harassment)은 원하지 않는 성적 주목이나 위협을 받는 것이다. **성차별**(gender harassment)은 여성에 대해 모욕적, 적대적 그리고 비하하는 태도가 행동으로 나타난 것이다. 따라서 성차별은 성희롱을 반드시 포함하는 것은 아니다. 성차별은 모든 여성에 대해 이루어질 수 있지만 성희롱은 특정한 여성이 표적이 된다.

성희롱과 성차별은 많은 작업장에서 발생하고 있으며, 이 때문에 많은 유명 기업들이 법적 소송의 대상이 되었다. Chevron은 성희롱 문제 때문에 회사를 상대로 고소한 4명의 여성들이 이 고소 이후 더 심하게 차별을 받았다는 이유로 이들에게 220만 달러를 지불해야 했다. Mitsubishi는 일리노이 공장에서 성희롱에 대한 불평을 제대로 처리하지 않았다는 이유로 회사를 고소한 수백명의 여성 직원들에게 3,400만 달러를 지불하였다.

미국 평등고용기회위원회(Equal Employment Opportunity Commission, EEOC)에 접수된 고소 사건들을 살펴보면 몇 개 유형의 회사들은 고소 대상이 될 가능성이 높았는데, 그 이유는 이러한 회사들이 성희롱이나 성차별에 대한 불만 보고들을 무시하였기 때문이다. 성희롱이나 성차별의 고소 대상이 되기 쉬운 회사 유형들에는 가족 소유 사업체, 인적자원 관리를 위한 별도의 부서를 두기에는 너무 영세한 회사, 시골에 위치한 공장, 그리고 건설회사와 같은 이른바 남성-지배적 산업체 등이다. 낮은 수준의 직무에 종사하는 젊은 여성, 독신 혹은 이혼한 여성 그리고 주로 남성 지배적 환경에서 근무하는 여성은 남성-지배적이지 않은 회사에서 근무하는 중년 혹은 노년의 기혼 여성에 비해 더 많은 성희롱이나 성차별의 경험을 호소한다.

성희롱에 대한 응답자들의 답변은 설문조사의 질문을 어떻게 하는지에 따라 달라진다. 55개의 연구들(이 연구들에는 총 86,578명의 응답자들이 포함되었다)에 대한 한 통합분석(meta analysis)을 통해 이 연구들이 성희롱 경험을 측정하는데 두 가지의 상이한 접근 방식을 사용하였음을 발견하였다. 직접 질문 조사(direct query survey)는 응답자에게 어떤 행동이 성희롱인지를 정의하도록 하고 그들에게 무슨 일이 발생했는지 자유롭게 응답하도록 한다. 행동 경험 조사(behavioral experience survey)는 성희롱이라고 연구자들이 정의한 목록을 응답자들에게 제시하고, 응답자들은 자신이 개인적으로 경험한 것을 이들 중에서 선택하도록 한다.

어떤 조사방법을 사용하는지에 따라 성희롱 경험에 대한 응답자들의 보고에는 매우 큰 차이가 나타난다. 직접 질문 조사방법을 사용하여 여성 응답자에게 성희롱 피해 경험을 보고하게 했을 때는 이들 중 약 35%가 성희롱 경험이 있다고 응답한 반면, 행동 경험 조사 방법을 사용한 경우는 전체 응답자의 약 62%가 성희롱 경험이 있다고 응답하였다(Ilies, Hauserman, Schwochau, & Stibal, 2003). 이러한 차이는 조사법을 사용한 연구 결과를 평가하고 적용하기 이전에 조사가 이루어진 방법이나 질문 문항들이 어떻게 표현되었는지를 확인해 보는 것이 중요하다는 것을 보여 주는 또 다른 사례이다.

앞에서 언급한 통합분석에서는 네 가지의 작업환경(교육기관, 일반 사기업체, 정부기관 및 군대)에서의 성희롱 사건들을 비교하였다. 성희롱 경험에 대한 보고 빈도는 두 가지의 조사 방식(즉, 직접 질문 조사나 행동 경험 조사)과는 상관없이 군대 장면에서 가장 높다. 즉, 다른 작업환경에서 근무하는 여성들에 비해 군대 장면에서 근무하는 여성들은 더 많이 성희롱 피해 경험을 보고하였다. 이와는 달리, 교육기관에서의 성희롱 피해 보고는 가장 낮았다.

미국 군대의 모든 군별(military branch)에서 22,372명의 여성들을 대상으로 수행된 한 조사 결과에 따르면 응답자의 4%가 다른 군인들에 의해 실제 강간을 당했거나 강간을 당할 위험에 처했었다고 보고하였다. 계급이 낮아 지위나 권력이 없는 여성들이 그와 같은 사례를 보고하는 비율이 가장 높았다(Harned, Ormerod, Palmieri, Collinsworth, & Reed, 2002).

성희롱 정의에 대한 남녀의 차이를 살펴본 62개의 연구들에 대한 통합분석 결과에 따르면, 여성은 남성에 비해 잠재적 성희롱 행동을 정의하는 범위가 더 넓었다. 예를 들어 성적인 접촉에 대해 여성의 89%는 그것이 성희롱이라고 지각하는 반면, 남성의 59%만이 그것이 성희롱이라고 응답하였다. 남성은 여성에 의해 시작된 성적 접촉이 일종의 '사교적 행위'라고 믿는 반면, 여성은 남성에 의해 시작된 성적 접촉이 상대의 위협에 의해 이루어지는 일종의 성희롱이라고 믿는 경향이 강했다(Rotundo, Nguyen, & Sackett, 2001). 따라서 성희롱이라고 여겨지는 행동에 대해서는 남녀 간에 뚜렷한 차이가 있음을 알 수 있다. 한 가지 더 주목해야 하는 것은 직무수행 과정에서 발생하는 성희롱 사례들이 모두 다 보고되는 것은 아니라는 점이다. 이에 대해서는 나중에 더 논의할 것이다.

뉴질랜드에서 315명의 남성 경찰관과 262명의 여성 경찰관들을 대상으로 수행된 한 연구에서는 성차별이 남성에 비해 여성에게 더 큰 심리적 고민의 원인이라는 것이 밝혀졌다. 이 연구의 연구자들은 경찰과 같이 전통적으로 남성의 직업이라고 여겨지는 직무에 종사하는 여성들에게 성차별은 더 심각한 영향을 줄 수 있다. 왜냐하면 그러한 성차별이 여성들에게는 조직에서 받아들여지고 인정받기 위해서는 남들보다 직무를 더 잘 수행해야 한다고 느끼게 만들기 때문이다. 직무를 더 잘 수행해야 한다는 부담은 심리적 고민으로 연결된다(Parker & Griffin, 2002, p.13).

인종 차별과 마찬가지로 성차별도 심리적 문제들(공포, 우울, 불안 그리고 자존감 상실 등)뿐만 아니라 신체적인 질환들(소화 장애, 두통 그리고 체중 감소 등)도 야기한다. 또한 직무만족이나 생산성에도 부정적인 영향을 미친다.

많은 연구들은 성차별이 직무만족 수준은 낮추는 대신 스트레스 수준은 높인다는 것을 발견하였다. 사무직 근로자를 대상으로 수행된 한 조사에 따르면 여성 응답자의 70%가 직무 중 성차별을 경험했다고 보고했으며, 백인 여성이나 백인이 아닌 여성 모두에게 성차별의 빈도나 그 효과는 차이가 없었다(Munson, Hulin, & Drasgow, 2000).

연구들에 따르면 성희롱 피해자들의 대부분은 보복이 두려워 이것을 보고하지 않는다고 한다(성희롱 피해자들이 그러한 두려움을 느끼는 것은 당연한 것일 수 있다). 미국 군대에서 복무하고 있는 남녀 병사 6,417명을 대상으로 수행된 조사 결과, 상관의 성희롱을 보고한 병사들은 이후 보복 조치에 직면하였고, 이 때문에 더 큰 심리적 스트레스에 시달려야 했으며, 직무만족 수준이 저하되었다. 가해자의 지위가 높을수록 가해자에 대해 조직에서 처벌 조치나 교정 행위를 취하는 정도가 더 낮았다(Bergman, Langhout, Palmieri, Cortina, & Fitzgerald, 2002).

직장 내 성희롱과 성차별 문제에 대해 사람들이 점차 더 많은 관심을 갖게 되었지만, 이 문제들은 작업장에서 여전히 심각한 문제로 남아 있다. 회사들은 이러한 문제들에 대한 법적 소송으로 많은 비용을 지출해야 한다. 상대방의 감정이나 느낌을 좀더 민감하고 제대로 자각할 수 있도록 근로자들을 훈련시키는 프로그램도 한계가 있다. 직무에서의 성희롱이 매우 신속하고 심각한 결과를 초래할 수 있다는 강한 조직문화가 있다면 성희롱의 빈도는 줄여줄 수 있지만 그렇다고 그것을 완전히 없애지는 못한다. 리더십도 중요한 요인이다. 군대에서 복무하는 2,749명의 남녀 병사들을 대상으로 실시한 조사에 따르면, 여성은 자신의 상사들이 성희롱을 근절하기 위해 진정으로 성실한 노력을 하고 있다고 생각한다면 성희롱에 대해 더 관대하다고 생각하는 상사에 비해 성희롱 사실을 더 잘 보고하였다. 또한 상사들이 그러한 문제들에 대해 성실하게 행동한다고 생각하는 여성들은 성희롱 문제를 제기하는 절차에 더 만족해하고 조직에 더 개입하는 경향을 보였다(Offermann & Malamut, 2002).

2,038명의 남녀 대학 근로자들에 대한 조사에서 성희롱을 당한 경험이 있는 근로자들은 그렇지 않은 근로자들에 비해 정신 상담기관을 찾는 빈도가 더 높다는 것이 밝혀졌다. 이러한 결과는 남성과 여성 모두에게 해당된다. 남성은

여성에 비해 직무 중 성희롱을 당한 이후에 이를 달래기 위해 음주를 하는 경향이 더 컸다(Rospenda, 2002).

성희롱에 관한 최근 뉴스나 관련 정보는 National Organization for Women(NOW)의 웹사이트 www.now.org/isuues/harass를 방문해 보기 바란다. 여기에는 직장 내 성희롱에 대처하기 위한 방법뿐만 아니라 최근의 성희롱 사례들이 소개되고 있다. 성희롱에 대한 연방정부 정책과 고용차별에 대한 법적 절차는 www.eeoc. gov/facts/fs-sex.html에서 살펴볼 수 있다.

재택근무: 집에서의 가상 작업장

최근에는 작업시간에서의 유연성이 증가하고 있다는 것을 살펴본 바 있다. 지금은 이와 비슷한 유연성이 작업장 자체에서도 나타나고 있다. 많은 근로자들이 진보된 개인용 컴퓨터, 통신 및 팩스기기 등의 덕택으로 집에서 일할 수 있게 되었다. 재택근무(작업의 탈중심화)의 추세는 미국의 생명보험회사, 자료처리업체, 은행, 항공기나 호텔 예약업체 그리고 통신판매 업체들에 많은 영향을 미쳤다. 미국 Office of Personnel Management는 미국에서는 2,360만 명이 최소한 파트타임으로 재택근무를 하고 있는 것으로 추산하고 있다. 이 중 65%는 40대 초반의 남성들이다. 재택근무는 자녀나 부양가족을 돌보아야 하는 근로자 혹은 장애인들에게는 매력적인 근무 방식이다.

재택근무제를 시행하고 있는 회사들은 생산성의 향상과 사무실 임대비용 절감, 그리고 당연한 것이지만 결근율의 감소와 같은 이점을 얻고 있다. 집에서 근무하는 사람들은 사무실에서 근무하는 사람들에 비해 다른 사람들의 방해를 적게 받기 때문에 좀더 집중하여 일할 수 있을 것이다. 이들은 날씨가 좋지 않거나 몸 상태가 좋지 않을 때도 일할 수 있지만, 사무실에 출근하여 일해야 하는 사람들은 이러한 경우 사무실로 출근하기가 꺼려질 것이다. IBM 회사를 대상으로 수행된 연구에서는 재택근무(가상 사무실 근무) 근로자들과 사무실 근무 근로자들을 비교하였는데, 그 결과 재택근무 근로자들은 사무실 근무 근로자들에 비해 더 생산성이 높다는 것을 발견하였다. 특히, 가상 사무실 여성 근로자들은 가상 사무실 남성 근무자에 비해 생산성이 더 높았지만, 출퇴근시간에 시간을 낭비하지 않아도 된다는 점에 대해서는 이들 모두 만족하였다. 재택근무를 통해 가상 사무실 환경에서 근무하는 사람들은 전통적인 사무실 근무시간과는 별개로 다른 시간에 일할 계획을 수립할 수 있고, 다른 사람의 방해를 덜 받으며, 더 안락한 분위기에서 일할 수 있다고 보고하였다. 스웨덴에서 교육수준이 높은 26명의 남녀 근로자들의 혈압을 비교한 결과, 이들이 집에서 근무할 때에 비해 전통적 사무실에서 근무하는 경우에 혈압 수준이 더 높았다. 이러한 결과는 집에서 근무하는 것이 스트레스를 더 적게 준다는 것을 시사한다 (Lundberg & Lindfors, 2002).

미국 LA시는 2,600명을 대상으로 재택근무제를 시행한 결과, 연간 1,100만 달러의 생산성 향상과 결근율 감소, 근무외 수당 절감 그리고 직무 공간 감소 등과 같은 이점을 얻을 수 있었다고 추정하였다. 또한 재택근무제를 통해 연간 140만 시간의 출퇴근시간을 절약함으로써 차량 배기가스 중 7,500톤 정도의 일산화탄소 배출을 방지할 수 있었다고 추정하였다. 1,005명의 재택근무자들을 대상으로 한 AT&T의 조사에서는 80%의 재택근무자들이 회사 사무실에서 근무하는 경우에 비해 더 생산적이라고 생각하는 것으로 나타났다. 또한 이들 중 61%는 사무실 근무 때와 비교하여 몸이 아픈 빈도가 더 낮았고, 79%는 재택근무를 하면서 평상복을 착용할 수 있다는 점을 재택근무의 긍정적 측면 중 하나로 평가하였다. 다른 회사들에서 실시한 조사 결과들도 재택근무를 통해 높게는 30%까지 생산성 향상이 있었고, 다른 사람들과의 사회적 교류를 위해 소비되는 시간을 유의하게 많이 줄일 수 있다는

점점 더 많은 근로자들이 재택근무를 하고 있다. 이러한 재택근무는 아이를 돌보아야 하는 근로자들이 특히 선호하는 근무방식이다.

것을 보여 주었다. 또한 재택근무를 하는 사람이라고 해서 이들의 승진 기회가 줄어드는 것 같지는 않다.

재택근무의 환경도 여러 가지 형태를 가질 수 있다. 일반적인 재택근무는 집에 표준적인 사무실 형태를 갖추고 작업하는 것을 의미할 것이다. 이 경우 본사와의 모든 의사소통은 전화나 팩스, 그리고 컴퓨터를 통해 전자적으로 이루어진다. 그러나 최근에는 진보된 전자기술을 활용하여 집에 '가상현실 사무실'을 갖추어 작업자는 마치 자신이 실제 사무실에 있는 것과 같은 느낌을 갖고 작업할 수 있도록 하고 있다. 예를 들어 가상현실 사무실을 통해 실제 사무실과 물리적으로 동일한 환경을 구현할 수 있을 뿐만 아니라 그 속에 동료들의 존재도 느낄 수 있도록 해 준다. 연구자들에 따르면 가상현실 사무실에는 사무실 복도, 개별적 사무공간 및 자신의 작업장이 매우 현실적으로 제공된다. 따라서 '일하러 가는 것'은 그저 가상적 복도를 지나 자기 사무실로 들어가면 되는 것이고, '회의에 참석하는 것'은 자기의 가상 사무실을 나와 가상 회의실로 들어가면 되는 것이다. 이러한 가상 사무실 공간은 게임 플레이어가 가상공간을 돌아다닐 수 있도록 하는 3차원 게임 환경과 매우 흡사한 느낌을 준다(Venkatesh & Johnson, 2002, p. 674).

오락 및 방송 관련 회사에서 근무하는 549명의 근로자들을 대상으로 수행된 한 대규모 연구는 '가상 사무실 공간' 형태를 갖추고 집에서 근무하는 사람들은 표준적인 사무실 형태를 갖추고 집에서 근무하는 사람들에 비해 동기 수준이 더 높고, 재택근무에 대해 더 수용적이라는 것을 보여 주었다. 앞에서도 언급했지만 가상 사무실에서 일하는 것은 실제 사무실에서 일하는 것과 매우 유사한 환경을 제공한다. 그리고 가상 사무실 근무에 관한 연구자들은 재택근무를 위한 표준적인 사무실 형태의 작업환경과는 달리 가상 작업환경은 사회적 통합감을 제공해 줄 수 있다고 결론지었다. 이 두 가지 시스템 속에서 일 년 동안 재택근무를 한 이후에 유의하게 더 많은 근로자들이 표준적 사무실 형태의 작업장보다는 '가상환경 작업장'을 선택하였다. 표준적 사무실 형태에 대해 근로자들은 이것이 뭔가 '결여되어 있고' '재미없는' 느낌을 준다고 보고하였다. 따라서 최소한 표준적 사무실 형태로 집에서 근무하는 사람을 포함하여 모든 사람들이 재택근무를 선호하는 것은 아니다. 어떤 사람들은 다른 사람과의 사회적 상호작용 기회를 가질 수 없고, 다른 사람들은 감독 없이도 꾸준히 작업하는 것을 충분히 훈련받지 못할 수도 있다. 어떤 배우자들은 자기 남편이(혹은 아내가) 집에서 다른 파트너와 같이 일하는 것에 반대할 수도 있고, 애들 때문에 집중하여 작업하지 못할 수도 있다. 어떤 관리자들은 자기 부하직원들이 직접 나타나지 않는다면 이들에 대한 자신의 권위가 상실될 것이라고 생각한다. 그리고 노조도 조합원들이 함께 직무를 수행하지 않을 경우 노조에 대한 이들의 충성심이 감퇴할 것을 우려할 수도 있다.

어떤 재택근무자들은 회사 사무실에서 일하는 것에 비해 더 열심히 일해야 한다는 압박감을 느낀다. 다른 사람들은 집에서 일하면서 한 번도 자유로운 적이 없다고 호소한다. 직무시간이 끝난 이후에도 전화나 팩스 혹은 이메일이 오면 이것에 응답하지 않으면 안 된다는 압박감에 시달린다. 재택근무 프로그램의 거의 20%는 이러한 이유들 때문에 실패하였다. 재택근무 프로그램이 실패한 또 다른 이유는 재택근무자들이 필요한 때에 회사의 기술적 지원을 제대로 받지 못한다는 점이다. 이러한 어려운 점에도 불구하고 많은 근로자들은 재택근무를 더 선호한다. 이미 인적자원 관리자들은 재택근무가 금세기에 가장 중요한 근무형태의 하나라고 보고 있다.

요 약

물리적 작업 조건들에는 사무 빌딩이나 공장의 위치, 주차장 여건, 냉난방 시스템, 엘리베이터, 탁아시설, 구내식당, 화장실 등과 같은 요소들이 모두 포함된다. **환경심리학**(environmental psychology)은 이러한 작업장 특징들이 근로자의 행동과 태도에 어떠한 영향을 미치는지 관심을 갖는다. 개방형 사무실(landscaped office)에서 근로자들은 바닥에서 천장까지 차단벽이 없는 기능적 단위로서 집단화된다.

조명의 분포와 눈부심은 작업장의 조도를 결정하는 데 반드시 고려되어야 하는 요소들이다. 소음은 청각장애를 유발할 수 있고, 근육긴장도나 혈압을 상승시키는 것과 같은 생리적 효과를 가질 수 있다. 색채는 장비들을 구분하여 나타내기 유용하고, 작업장 크기나 온도에 대해 상이한 착각을 만들어낼 수 있으며, 작업장의 미적인 특성을 향상시킬 수 있다. 어떤 근로자들은 직무수행 중에 음악 듣는 것을 좋아하지만, 연구 결과들은 이것이 생산성과는 관련이 없다는 것을 보여 주었다. 여러 유형의 작업장에 대해 어느 범위의 온도와 습도가 최적인지에 대해서는 많이 밝혀졌다. 작업장에서의 안락감 수준은 습도 수준과 공기 순환 정도에 따라서도 달라진다.

시간적 측면에서 본 작업 조건들에는 작업한 시간과 그러한 시간들이 어떻게 배열되었는지가 포함된다. 대부분의 공식적 업무 시간은 허락되지 않은 휴식을 통해 상당 부분 상실된다. **정상 근무시간**(nominal working hours)이 감소하면 생산성은 증가하는 경향이 있다. 시간제 고용(part-time employment)은 직장, 가족, 교육, 레저 혹은 그 외의 활동들을 적절하게 결합할 수 있도록 해 주고, 그 결과 생산성이 증가할 수 있다. 주 4일제 근무는 결근율을 낮추고 근무의욕을 향상시키는 것으로 보이지만 이것이 생산성에 미치는 영향은 거의 없다. **근무시간 자유선택제**(flextime)는 근로자들 사이에 상당히 인기 있는 제도이기는 하지만 생산성이나 직무만족과는 관련성이 적다. 휴식시간은 공식적으로 인정되기도 하지만 때에 따라서 근로자들은 허락되지 않은 시간에 휴식을 취하기도 한다. 휴식시간은 육체노동을 하는 사람들에게는 근육의 피로를 완화하기 위해 반드시 필요한 것이다. 앉아서 작업하는 사람들에게 휴식시간은 작업 속도에서의 변화를 제공해 주고 지루함을 줄이는 데 도움을 준다. 근무 교대는 신체 주기 리듬을 망가뜨리고, 근로자에게 사회적·심리적 문제를 가져다줄 수 있다. 일반적으로 생산성은 야간 근무 교대인 경우 더 낮고, 사고나 에러는 더 높다.

사회-심리적 작업 조건들은 직무 설계와 이것이 근로자에게 주는 영향과 관련된다. **직무 단순화**(job simplification)는 많은 직무들을 흥미 없는 따분한 일로 만들 수 있고, 이 때문에 생산성을 저하시키는 심리적·생리적 피로가 발생한다. 반복적이고 지루한 일도 근로자들을 쉽게 지치게 만든다. 지루함은 직무영역의 확대, 작업 조건의 향상 그리고 휴식시간의 적절한 조절을 통해 감소시킬 수 있다. 인종 차별이나 성차별은 작업장에서 흔히 발생하는 일이고, 그 피해자들에게 신체적·정서적 손상을 줄 뿐만 아니라 직무만족과 생산성을 저하시킨다.

컴퓨터와 통신의 발달은 많은 유형의 근로자들이 집에서 근무할 수 있도록 해 주었다. 재택근무를 통해 생산성은 향상되는 반면, 결근율을 감소시키고 사무실 유지 등에 소요되는 비용을 절감할 수 있다.

주요 용어

근무시간 자유선택제

정상 근무시간

직무 단순화 환경심리학

복습 문제

1. 생산성을 향상시킨 물리적 작업환경에서의 변화 효과를 해석하기 어려운 이유는 무엇인가?
2. 조사 자료에 따르면, 사무실 근로자들이 그들의 작업환경에 대해 주로 호소하는 불평은 무엇인가?
3. 사무실의 크기와 설계, 그리고 사무실 빌딩의 크기가 어떻게 생산성에 영향을 미치는지, 그리고 동료 작업자들과의 작업 관계에 어떻게 영향을 미치는지 설명해 보라.
4. 개방형 사무실의 장점과 단점을 기술해 보라.
5. 피트 촉광이란 무엇인가? 왜 주변보다 작업장소의 빛 강도를 더 크게 하는 것이 좋지 않은지 설명해 보라.
6. 영구적 청력 손실을 가져오는 데시벨 수준은? 높은 소음 수준 때문에 발생하는 또 다른 생리적 변화들에는 어떤 것들이 있는지 기술해 보라.
7. 작업장에서 색채가 도움이 될 수 있는 방법들에 대해 기술해 보라.
8. 직무 과정에서 매우 높은 온도에 노출될 때 어떤 문제가 발생하는가? 왜 어떤 회사에서는 사무실에 가짜 온도계를 설치하는 것일까?
9. 정상 근로시간과 실제 근로시간의 차이는 무엇인가?
10. 제2차 세계대전 중 몇 개의 회사에서 정상 근로시간이 증가하였을 때 실제 근로시간에는 어떠한 효과가 있었는가?
11. 시간제 고용, 주 4일제 근무 그리고 근무시간 자유선택제가 고용자와 피고용자에 주는 장점들은 무엇이 있는가?
12. 만일 당신이 교대 근무를 해야 한다면 당신은 어떤 근무시간대를 선택하겠는가? 그리고 그 이유는 무엇인가?
13. 언제 직무 단순화가 시작되었는가? 직무 단순화에는 어떤 것이 포함되는가? 그리고 이것이 미국 경제에 미친 영향은 무엇인가?
14. 직무 단순화와 직무수행에서의 지루함(혹은 단조로움) 사이에는 관계가 있는가? 그렇다면 이를 설명해 보라.
15. 인종 차별, 성희롱 및 성차별을 구분하여 보아라.
16. 성희롱이 여성 근로자와 남성 근로자에게 주는 영향을 각각 기술해 보아라.

17. 어떤 작업환경에서 성희롱이 가장 빈번하게 나타나는가?
18. 가장 많이 보고되지 않는 성희롱의 유형은 무엇인가? 작업장에서 성희롱을 줄일 수 있는 요인들에는 어떤 것들이 있는가?
19. 근로자들이 재택근무를 꺼려하는 이유에는 어떤 것들이 있는가? 그리고 재택근무가 고용자와 피고용인에게 주는 장점들은 무엇인가?

더 읽을거리

Avery, C., & Zabel, D. (2000). *The flexible workplace.* Westport, CT: Quorum. 근무시간 자유선택과 같은 유연한 근무시간 설정과 이러한 조건에서의 인적자원 관리를 다루고 있는 저서이다. 이 책에서는 재택근무, 근무시간 자유선택제, 단축 주당 근로시간, 직무공유, 영구적 시간제 고용, 그리고 자발적(혹은 비자발적) 감축 작업시간 등에 대한 찬성과 반대 입장을 소개하고 있다. 맞벌이 가정, 노인부양 책임, 세계화와 인력계획의 필요, 정보기술 및 환경주의 등과 같은 요인들도 주목하여 살펴보기 바란다.

Bell, P., Green, T., Fisher, J., & Baum, A. (2001). *Environmental psychology*, 5th ed. Ft. Worth, TX: Harcourt College Publishers. 환경심리학에 관한 표준적인 참고서. 이 책에서는 작업장의 물리적 특성이 근로자의 행동과 태도에 주는 영향을 다루고 있다.

Fenson, B., & Hill, S. (2003). *Implementing and managing telework: A guide for those who make it happen.* Westport, CT: Praeger. 재택근무의 실시, 운용 및 이점에 대해 기술하고 있다. 이 책에서는 성공적인 재택근무자들이 다른 사람에 대한 제휴욕구(affiliation needs)는 낮은 반면, 시간 관리기술은 더 우수하다는 것을 보여 준 연구를 인용하고 있다. 또한 가정용 컴퓨터와 회사 자료에 대한 백업 절차 등을 소개하고 있다.

Gibson, C. B., & Cohen, S. G. (Eds.) (2003). *Virtual teams that work.* San Francisco: Jossey-Bass. 이 책은 가상팀의 설계와 가상팀에서의 리더십 및 가상팀 근로자들에 대해 기술하고 있다. 이 책은 팀 상호작용, 전자통신의 문제, 문화와 언어 차이, 그리고 시간, 거리 및 조직적 경계가 갖는 문제점 등을 다룬다. 또한 다양한 과제에 대해 가상 작업팀과 면대면 작업팀이 갖는 상대적 효과성을 예시하고 있다.

Hill, E. J., Miller, B. C., Weiner, S. P., & Colihan, S. P. (1998). Influence of the virtual office on aspects of work and work/life balance. *Personnel Psychology, 31,* 667–683. IBM사의 가상 사무실 환경에서의 일하는 근로자들의 작업시간, 생산성, 그리고 근로의욕과 관련된 문제들을 다루고 있다.

Hochschild, A. R. (1997). *The time bind: When work becomes home and home becomes work.* New York: Metropolitan/Holt. 정규적으로 10시간 일하고, 작업장 이외에서 맺는 인간관계보다 사무실 동료와의 관계에서 더 많은 사회적 지지를 받음으로써 가족 구성원보다 직장 동료나 부하와 더 많은 일체감을 느끼는 근로자들이 속한 조직의 사례에 대해 기술하고 있다.

Paludi, M., & Paludi, C. A., Jr. (Eds.) (2003). *Academic and workplace sexual harassment: A handbook of cultural, social science, management, and legal perspectives.* Westport, CT: Praeger. 공공기관과 사기업에서 발생하는 성희롱 문제에 대처하기 위한 다학문적/다문화적 접근을 기술하고 있다.

Rothausen, T. J., Gonzalez, J. A., Clarke, N. E., & O'Dell, L. L. (1998). Family-friendly backlash. *Personnel Psychology, 51,* 685–706. 회사가 제공하는 사내 탁아시설이 근로자들에게 미치는 긍정적/부정적 효과에 대해 기술하고 있다.

제11장

작업장에서의 안전, 폭력 및 건강

이 장의 개요

어떤 직무는 당신을 죽일 수도 혹은 아프게 할 수도 있다. 또 사고율이 높은 직무들도 있다. 우리가 일하는 가게, 사무실 그리고 공장은 모두 위험한 장소일 수 있다. 매년 5,000명 이상이 직무 중 사고로 사망한다. 장애를 가져온 사고도 전부 보고된 것은 아니지만(예를 들어 미국노동통계국의 연구에 따르면 많은 회사들이 자신들의 열악한 안전기록 공개를 꺼려한다고 한다) 매년 400만 건을 넘는다. 이러한 상해에 의한 금전적 손실은 근로자와 조직뿐만 아니라 국가 전체에도 심각한 타격을 주고 있다. 수백만 달러가 시간이나 임금의 손실로 인해 상실되고 있고, 의료비와 산업재해와 관련된 법적 소송비용으로 지불되고 있다.

어떤 유형의 직무에 종사하는 근로자들의 건강은 이들이 작업장에서 발생하는 독성 화학물질에 노출됨으로써 심각하게 손상되고 있다. 이러한 현장 직무수행의 결과 야기되거나 악화되는 장애유발 질병은 일반적으로 사고처럼 갑자기 혹은 극적으로 근로자들을 사망하게 하거나 불구로 만드는 것이 아니라 정서적 혹은 경제적 문제들을 가져오거나 수명을 단축시킨다.

사고가 직무 중 사망의 가장 일차적 원인이지만 놀랍게도 살해는 그것의 두 번째 원인이다. 특히 여성 근로자의 사망에 대해서 이것은 가장 중요한 원인인데, 근무현장에서 사망하는 여성의 42%는 살해에 의한 것이다. 고의적인 폭력에 의한 상해도 점점 더 많아지고 있다.

이 장에서 우리는 작업장에서의 건강과 안전의 여러 측면들을 살펴볼 것이다. 그리고 산업 및 조직심리학자들이 직무에서의 사고와 폭력에 대해 지금까지 밝혀낸 결과들과 조직 차원에서 이러한 문제들을 어떻게 대처할 수 있는지 논의할 것이다. 또한 근로자의 건강이나 안전, 그리고 직무수행에 악영향을 미치는 알코올과 약물남용에 대해 다룰 것이다. 마지막으로, 컴퓨터 사용과 관련된 문제들이나 HIV를 보유하고 있는 근로자와 관련된 문제들도 논의할 것이다.

작업-관련 건강문제들

작업-관련 질병으로 인해 지불되는 경제적 손실 정도는 작업 중 사고에 의한 것만큼 충격적이다. 이러한 질병은 작업자들이 신체적 증후를 느끼기 이전까지 몇 년에 걸쳐 천천히 나타나기 때문에 갑작스럽거나 외상적인 사고와는 달리 전혀 모르는 상태에서 진행될 수 있다. 예를 들어 탄광의 광부들은 진폐증(black lung disease)이라고 불리는 호흡계 질환에 걸릴 수 있는데, 이 병은 석탄 분진을 장시간 흡입함으로써 점차적으로 나타나는 치명적 질환이다. 화학공장의 근로자들도 심각한 건강문제에 직면할 수 있는데, 이들에게 주는 영향에 대해서는 아직 완전하게 밝혀지지도 않은 상태이다. 1,000만 명 이상의 근로자들이 매일 화학물질에 노출되고 있음에도 불구하고 이러한 물질들에 대한 안전기준조차 마련되어 있지 않고 있다. 미국 환경보호국(Environmental Protection Agency, EPA)은 작업장에서 정규적으로 사용되고 있는 16,000개 이상의 화학물질을 유독성이 있는 물질로 지정하였는데, 이 중 150개는 신경독성물질이다. 다시 말해 이들은 근로자의 뇌와 신경시스템에 손상을 준다.

광부, 암석이나 광석 미쇄 공장 근로자, 조선소 근로자들은 직무 중 석면에 노출되고 있어 이들이 폐암에 걸릴 위험은 평균치보다 7배나 더 높다. 직물공장 근로자들은 목면분진 흡입으로 인해 갈색폐질환(brown lung disease)에 걸릴 위험이 높다. 또한 의료 기술자들은 방사능에 노출될 위험이 있으며, 사무실 근로자들은 실내공기 오염으로 인해 신체에 해로운 영향을 받을 수 있다.

우주 정거장에서 일하는 우주인들은 메스꺼움이나 두통 등 여러 가지 증상을 호소한다. 이러한 증상들은 화학가스나 치명적인 이산화탄소의 누적에 기인한 것으로 밝혀졌다. 미국 시카고에 있는 BP Amoco사의 연구센터에서 일하던 화학자들은 국가 평균치보다 8배나 높게 희귀한 형태의 뇌종양에 걸렸다. 그 원인을 추적해 본 결과, 이들은 일하면서 두 가지의 화학물질에 정규적으로 노출되었던 것으로 밝혀졌다. 미국 천식학회는 천식으로 고생하는 미국 근로자의 15% 정도가 직무수행 중에 접하는 라텍스, 니켈, 크롬 그리고 수은 등과 같은 화학물질로 인해 그 질환을 얻은 것으로 보고 있다. 직업성 천식은 이제 작업-관련 호흡계 질환 중 가장 흔한 것이 되었다.

직물공장의 여성 근로자와 드라이클리닝 공장의 작업자들 사이에서 증가하고 있는 직무 관련 암 발생에 대해서는 이미 경종을 울렸다. 유방암은 X-선이나 화학약품을 취급하는 간호사나 의료 기술자들 사이에서 증가하고 있고, 병원의 종양학과 간호사들이나 화학산업체에서 근무하는 여성들에서는 자연유산의 비율이 평균치보다 더 높게 나타났다. 표 11-1은 많이 사용되고 있는 물질과 이들이 건강에 미치는 영향, 그리고 이러한 물질에 정규적으로 노출되는 작업자의 유형들을 요약한 것이다.

우리는 앞에서 매년 5,000명의 근로자가 직무 중 사고로 사망하고 100만 명 이상이 상해로 고생하고 있다는 것을 살펴보았다. 그러나 이 통계치는 직장에 출퇴근하는 도중에 사망하거나 상해를 입는 사람들의 수는 포함하지 않은 것이다. 노동인력 중 남성의 비율은 전체의 반을 조금 넘지만 직무 중 사망하는 남성 근로자의 비율은 90%가 넘는다. 여기에는 분명한 이유가 있다. 다시 말해 사고가 발생했을 때 더 치명적인 결과를 초래하는 건설이나 중공업 분야에 여성보다는 남성이 더 많이 일하기 때문이다. 장거리 트럭 운전자 중에는 남성이 여성보다 더 많은데, 장거리 트럭 운전은 매년 발생하는 직무 중 사망의 20%를 차지한다. 분명히 어떤 직무는 다른 직무에 비해 더 위험하고, 이것은 어떤 근로자들은 다른 근로자들에 비해 직무 중 사망하거나 상해를 입을 위험이 더 높다는 것을 의미한다.

1970년에 미국 의회는 직업 안전 및 건강 법안을 통과시키고, 노동부 산하에 작업 안전 및 건강관리국(Occupational Safety and Health Administration, OSHA)을 설립하였다. OSHA의 목적은 연방 안전기준을 개발하고 시행하거나,

표 11-1

위험물질과 직무 관련 질병

잠재적 위험	잠재적 질병	노출되는 작업자
비소	폐암; 림프종	제련공; 화학공장이나 정유공장 근로자; 살충제 제조근로자; 스프레이 제조근로자
석면	백색폐질환(석면폐); 폐와 폐내층의 암; 다른 장기의 암	석탄광부; 광물 미쇄 근로자; 면직이나 절연제 제조 근로자; 조선소 근로자
벤젠	백혈병; 재생불량빈혈	석유화학공장이나 정유공장 근로자; 염료 사용자; 증류주 제조업자; 페인트공; 제화 근로자
비스클로로메틸에테르	폐암	화학물질 취급 근로자
석탄 분진	진폐증	탄광 광부
목화 분진	갈색폐질환; 면폐증; 만성기관지염; 폐공기종	면직물 취급 근로자
납	신장질환; 빈혈; 중추신경계 손상; 불임; 출산 결함	금속 연삭기공; 납 제련 근로자; 납-배터리 제조 근로자
방사능	감상선, 폐, 뼈의 암; 백혈병; 출산 결함(자연 유산, 유전자 손상)	의료 기술자; 우라늄 광부; 원자력 발전소 근로자
비닐 클로라이드	간암; 뇌종양	플라스틱-산업 근로자

작업장에서의 사고 원인과 예방에 관한 연구를 지원함으로써 더 안전한 작업환경을 확립하는 데 있다. OSHA의 활동은 어느 정도 작업장 안전에 도움을 주고 있지만 OSHA는 작업장을 더 안전하게 하기 위해 필요한 재정적 지원을 충분히 받지 못하고 있다. OSHA가 설립된 지 35년이 넘었지만 OSHA는 아직도 전문인력이 부족하여, 평균적인 사업체에 OSHA 검사관이 방문할 수 있는 기회는 84년만에 한 번뿐이다.

<여기서 잠깐>

빌딩 증후군

많은 사람들은 신선한 공기와 차단되어 있는 폐쇄된 공간 속에서 일한다. 창문을 열 수도 없고 —실제로 많은 빌딩들은 창문을 열지 못하도록 설계되어 있다—통풍구를 통해 들어오는 공기로 숨을 쉰다. 사무 빌딩에서 사용되는 냉난방 시스템은 비용은 적게 들 수는 있어도 그 결과는 위험할 수 있다. 우리가 들이마시는 것이 우리를 병들게 할 수도 있는 것이다.

세계보건기구에 따르면, 이러한 인공적 환경에 대해 사람들이 주로 호소하는 신체적 문제들은 눈이나 귀 혹은 목 등의 통증, 코 안의 건조증, 피부 염증, 피로, 두통, 메스꺼움 그리고 현기증 등이다. 몇 가지 사례를 살펴보자. 샌프란시스코의 새로 준공된 어느 빌딩 안의 밀폐된 사무실 빌딩에서 근무하는 250명의 근로자들은 두통, 부비동염, 알레르기 증상 혹은 일반적인 불편감 등을 호소하였다. 그러나 더 많은 신선한 공기가 환기되도록 공기여과장치를 고친 이후에는 이러한 증상들이 사라졌다. 또 다른 새 빌딩에서 근로자들은 거의 매일같이 오후가 되면(특히 더운 날에) 졸리고 정신이 혼탁해지는 것을 경험하였다. 이 문제의 원인은 지붕에 있었는데, 지붕에 바른 타르가 녹아 가스를 방출하였고, 그 가스가 냉방장치에 들어가 빌딩의 여기저기로 퍼졌던 것이다. 박테리아도 환기 혹은 냉방장치를 통해 실내로 들어 왔다.

플로리다의 3,700만 달러나 되는 10층짜리 새 사무 빌딩에서 근무하는 수백 명의 근로자들이 천식을 앓기 시작한 이후 그 빌딩은 더 이상 사용할 수 없었다. 전문가들은 건물 시공에서의 오류, 잘못된 공기조절장치, 지붕이 새는 것, 그리고 비닐로 벽지를 한 것과 같은 문제들이 복합적으로 작용하여 빌딩 안에서 곰팡이와 다른 오염물질이 생겨나게 하였다고 결론지었다.

창이 없거나 창을 열 수 없는 빌딩 안에는 맑은 공기로도 정화할 수 없는 화학물질들이 있다. 예를 들어 용매, 접착제, 세척액, 방화제, 페인트 첨가제, 단열에 사용되는 포름알데히드, 카펫을 깔거나 벽지를 바를 때 사용되는 화학물질 등은 모두 유해한 것이 될 수 있다. 복사기는 오존을 방출하는데, 이것은 두통이나 기도 상부의 감염과 관련되어 있다. 전자장비에 오래 노출되면 두통, 안구질환 그리고 신경학적 장애를 가져올 수 있다. 극초단파나 방사능의 수치가 높으면, 안구손상, 기억상실, 갑상선 장애 그리고 백혈병을 유발한다. 아마도 몇몇 빌딩들은 다음과 같은 경고문을 부착해야 할 것이다. 조심: **여기서 일하면 당신의 건강이 위험할 수 있습니다!** 빌딩 증후군에 대한 더 많은 정보를 얻으려면 아래의 인터넷 웹사이트를 참조하라.

www.epa.gov/iaq/pubs/sbs.html

사고 통계치

통계치는 거짓말을 하지 않지만 때로 사람들은 자신의 이익을 위해 통계치를 왜곡하여 사용한다. 이런 경우는 사고 통계치에서 많이 찾아볼 수 있다. 문제는 어떤 사고를 진짜 사고라고 정의할 것인가와 관련된다.

어떤 사고가 조직의 사고 통계치에 포함되기 위해서는 그것이 얼마나 심각한 것이어야 하는가? 제빵회사에서 근무하는 근로자가 100파운드 무게의 설탕 부대를 떨어뜨렸다고 가정해 보자. 이것은 사고인가? 기술적으로 말하자면 사고이다. 그러나 그 회사가 그것을 사고 목록에 포함할지의 여부는 그 행위 자체보다는 그것의 결과에 달려 있다. 만일 설탕 부대가 찢어지지 않아 설탕이 제빵 도구들을 손상시키지 않았고, 아무도 다치지도 않았다면 그것은 사고로 기록되지 않을 것이다. 그러나 설탕 부대가 그 근로자의 발 위로 떨어져 뼈가 몇 개 부러졌다면 이것은 사고인가? 반드시 그렇지도 않다. 그 근로자가 실제로 다쳐서 병원 치료를 받아야 하는 경우라도 많은 회사들은 그것을 사고로 기록하지 않으려고 한다. 그 작업자는 얼마 동안 걷지 못할 수도 있지만, 회사가 그 사람에게 책상을 마련해 주고 나을 때까지 앉아서 근무하도록 한다면 고용주가 손해 보는 시간은 없을 것이다. 분명 상해로 이어진 사고가 있었지만 이것은 사고 통계치에 포함되지 않고 그 회사의 안전기록은 깨끗하게 남아 있게 된다. 이 사례에서 사고를 정의하는 기준은 다친 근로자가 사고 때문에 근무를 하지 못하는 것이다.

몇 년 전 미국의 어느 대형 정육회사는 1,000건이 넘는 직무 관련 근로자 상해 사고를 제대로 기록하지 않아 약 300만 달러의 벌금을 내야 했다. 그리고 워싱턴 지역에서 주로 활동하는 어느 독립 저널리스트는 철도사고에 대한 정부의 공식 보고서를 반박하였다. 이 보고서에는 25건의 철도사고로 494명이 상해를 입었다고 되어 있었으나 그 독립 저널리스트는 1,338명이 상해를 입었음을 발견하였다. 근로자가 상해로 인해 직무를 수행하지 못하는 경우는 두 말할 것도 없고, 직무와 관련된 모든 상해 건수를 제대로 기록하지 않는 이러한 사례들 때문에 미국 노동통계사무국은 사고 빈도가 심각하게 축소되어 보고되고 있다고 판단하고 있다.

불완전한 기록 때문에 사고의 원인 규명과 예방에 관한 연구가 더 어려워진다. 기업체나 산업체가 보고하는 통계 자료에는 전체 사고의 일부만 포함되어 있고, 사고들의 원인에 대한 정보는 거의 제공하지 않는다. 이러한 사고 통계 자료는 작업시간을 손실한 사고만 초점이 맞춰져 있기 때문에 전반적인 안전 상황에 대해서는 부정확한 정보만 제공할 뿐이다.

조직체는 자신의 우수한 안전기록에 대해 자랑하기 좋아한다. 그 기록은 회사가 종업원들을 배려하고 있고, 이들을 위해 안전한 작업환경을 만들고자 노력한다는 것을 보여 준다. 우수한 안전기록을 유지하고 대중들로부터 호감을 얻기 위해 회사는 비공개 조사, 불완전한 보고, 그리고 진실 왜곡 등과 같은 방법을 사용할 수도 있다. 그러나 때로는 피고용인 스스로 사실을 왜곡하기도 한다. 어떤 사람들은 남들로부터 자신이 부주의하다거나 사고를 잘 내는 사람이라는 말을 듣기 싫어서 가벼운 사고는 보고하지 않을 수 있다. 또 어떤 사람들은 만일 사고가 정해진 작업 절차를 따르지 않았거나 안전장치를 작동시키지 않아서 발생한 것이라면 이에 대해 징계를 받는 것이 두려워서 사고를 보고하지 않을 수도 있다.

사고를 축소하여 보고하거나 혹은 그냥 덮어버리려고 하는 문제들은 많은 나라에서 일어나는 일이다. 일본에서는 개인적 수치심 때문에 직무 관련 상해의 증거를 감추려는 경향이 있다. 체면에 손상을 입지 않기 위해 일본 근로자들은 심지어 뼈가 부러지는 것과 같은 심각한 상해를 입어도 이를 숨기려 하고, 혹은 집에서 다친 것이라고 우기기도 한다. 관리자들도 작업장 상해를 감추는 행위를 눈감아 주는데, 그 이유는 작업장 상해가 바로 관리자들의 관리 소홀을 의미할 수도 있기 때문이다.

사고 원인

사고가 발생하는 장소(작업장, 고속도로 혹은 가정)와는 상관없이 사고의 주요 요인은 사람의 실수이다. 그러나 작업환경의 여건이나 직무의 속성도 사고 발생과 밀접한 관련이 있다.

작업장 요인

근로자들의 안전에 영향을 주는 작업장 조건들에는 산업 유형, 작업시간, 조명, 온도, 장비 설계, 안전장치, 그리고 사회 압력 등이 포함된다.

산업 유형. 사고의 빈도나 심각성은 산업 유형에 따라 달라진다. 예를 들어 제강공장은 은행보다 사고가 발생할 가능성이 더 높다. 작업자에게 주어지는 신체적 부담이 클수록 사고 가능성이 높다, 또한 스트레스가 많고, 쉽게 지치게 하는 작업도 사고율이 높다.

건설업, 도로수송 사업, 농업 그리고 광업과 같은 산업은 사고 빈도나 그 결과의 심각성이 모두 높다. 반면에 창고업, 항공기나 자동차 제조업, 통신업 등은 사고 빈도와 심각성이 모두 낮다. 시멘트나 철강공장에서는 사고의 빈도는 낮지만, 사고가 발생하면 심각한 결과로 이어진다. 전력산업에서도 사고의 빈도는 낮지만 높은 전압 때문에 사고는 심각한 결과를 초래하는 경향이 있다. 도매업 혹은 소매업은 사고율은 높지만 사고로 인한 시간상의 손실을 가져오는 것은 드문 편이다. 산업 유형에 따른 위험 수준이 표 11-2에 제시되어 있다.

표 11-2

사업과 산업 유형에 따른 위험 수준

사업/산업 유형	전일제 근로자 10만 명당 상해율
광업	23.5
농업	22.7
건설업	12.2
운송업	11.3
도매업	4.0
제조업	3.1
정부기관	2.7
소매업	2.1
서비스업	1.7
금융업	1.0

출처: Bureau of Labor Statistics, 2004. http://www.stats.bls.gov/IIF/home.htm

작업시간. 우리는 작업하는 시간이 많을수록 사고율이 높을 것이라고 생각하지만, 이에 대한 연구들은 분명한 결론을 제공하지 않고 있다. 다만 교대 근무는 사고율과 관련되는 것으로 보인다. 일반적으로 주간 근무보다는 야간 근무에서 사고율이 더 낮지만 사고가 발생했을 때의 심각성은 야간 근무가 대개 더 크다. 야간 근무의 경우에 사고율이 더 낮은 것은 조도 수준과 관련 있는 것으로 보인다. 즉, 야간 작업에 제공되는 인공조명은 주간 작업에서의 자연광 조건보다 더 좋을 수 있기 때문이다.

조명. 좋은 조명은 사고를 감소시킨다. 모든 산업체에서 발생하는 사고의 4분의 1은 불량한 조명 때문에 발생하는 것으로 보험업계는 추정하고 있다. 야간 조명이 들어오기 이전의 어스름한 저녁 무렵에 생산을 계속해야 하는 공장에서는 사고율이 높다. 자동차 사고가 많이 발생하는 시간대도 어스름한 저녁 무렵이다. 산업체에서의 조도 수준과 사고율 사이의 관계는 상당히 안정적이기 때문에 조직 경영층은 작업장의 조명 문제부터 바로잡는 것이 좋을 것이다.

온도. 공장 근로자들을 대상으로 수행된 연구들은 작업장의 온도가 섭씨 20°에서 21° 사이일 때 사고율이 가장 낮다는 것을 보여 주었다. 사고율은 온도가 오르건 아니면 내리건 상관없이 온도 변화가 심할 때 더 높아진다. 석탄 광부의 경우, 낮은 온도일 때(섭씨 약 16.7°)에 비해 높은 온도일 때(섭씨 약 29.4°) 사소한 사고 수가 3배 정도 더 많이 발생한다. 작업자들은 높은 온도로 인한 불편감 때문에 더 부주의해지는 것 같다. 나이 든 작업자들은 젊은 작업자들에 비해 극한의 기후 조건에 더 많은 영향을 받고, 온도가 높아질수록 사고 가능성이 높아진다.

장비 설계. 사고와 관련 있는 또 다른 요인은 직무 중에 사용되는 도구, 장비 및 기계의 설계이다. 예를 들어 작업자가 손을 뻗어 조작하기 어려운 곳에 정지 버튼이 위치하고 있다면 기계를 바로 멈추어야 하는 작업자에게는 치명적인 결과가 초래될 수 있다. 스위치와 제어장치의 잘못된 위치, 시스템 고장에 대한 부적절한 경고 불빛 그리고 읽기 어려운 다이얼 형태 등은 모두 사고를 유발시키는 요소들이다.

공학심리학자들은 장비들을 인간 오퍼레이터의 역량에 맞도록 하기 위해 노력하고 있다(13장을 보라). 안전한 작업장과 장비 설계에 대한 공학심리학자들의 연구들은 매우 효과적이었는데, 특히 이들의 연구는 누적 외상 장애나 수근관 증후군과 같은 반복 작업에 의한 상해 등을 줄이는 데 많은 공헌을 하였다. 이러한 상해는 손목과 손에 의해 지속적이고 반복적으로 수행되는 작업에 의해 야기되는데, 이러한 상해로 인해 근육이나 어깨 등도 영향을 받을 수 있다. 반복 작업에 의한 상해는 컴퓨터 단말기를 사용하는 사무실 근로자나 특정 유형의 공장 근로자에게서 빈번하게 나타난다. 키보드를 재설계하거나, 앉은 자세를 편하게 하는 의자를 제공하거나 혹은 휴식시간을 제공하는 것은 모두 반복 작업에 의한 상해를 줄이는 데 효과적이다.

누적 외상 장애는 전자 스캐너를 사용하여 반복적이고 빈번하게 손목을 움직여야 하는 식료품점 계산원들에게서도 많이 나타난다. 손님이 들고 온 모든 제품은 가격을 계산하기 위해 스캐너의 위로 혹은 그 앞으로 옮겨져야 한다. 계산원에게 최적의 작업대 환경은 그들이 바로 서서 어느 한 손목에 무리가 가지 않도록 양손을 번갈아가며 사용할 수 있도록 하는 것이다. 이러한 설계는 한 손만을 사용하는 경우 발생할 가능성이 높은 상해를 줄여줄 수 있다. 다음에 당신이 계산대 앞에 줄서서 순서를 기다리는 기회를 갖게 된다면 계산원이 제품 계산을 위해 한 손만 사용하는지 아니면 두 손을 모두 사용하는지 유심히 관찰해 보기 바란다.

안전장치. 시스템을 안전하게 설계하기 위해 역시 중요한 측면은 사고를 방지하기 위한 안전장치나 다른 보조수단을 개발하는 것이다. 안전장치는 움직이고 있는 날카로운 부분으로부터 작업자의 손이 닿지 않게 하거나 응급상황에서는 자동적으로 전력을 차단하는 등의 기능을 한다. 물론 이러한 장치들이 작업자의 기계 조작을 방해해서는 안 된다.

개인용 보호장비들(예를 들어 마스크, 파편이 튀어도 깨지지 않는 렌즈로 만들어진 안전 보안경, 발끝에 강철을 덧댄 신발, 귀 보호개, 그리고 안감이 들어 있는 장갑 등)도 위험한 작업을 하는 작업자를 보호하기 위해 제공될 수 있지만, 작업자들은 실제로는 이것들을 잘 사용하지 않으려 한다. 그 이유는 때로

천연가스 굴착 플랜트와 같은 위험요소가 많은 작업장에서 비상 제어장치들은 손에 쉽게 닿을 수 있도록 설계되어야 한다.

그럴만하기도 하다. 예를 들어 작업자들은 보호장치들이 일하는 데 방해를 주기 때문에 그것을 사용하기 꺼리는 것이다. 방독면은 다른 작업자들과 대화를 하기 어렵게 만들고, 두툼한 패드가 들어간 장갑은 제어 패널에 있는 버튼을 누르기 곤란하게 한다.

안전장비가 때로 잘 사용되지 못하는 또 다른 이유는 불편함이다. 작업자가 높은 온도 조건에서 마스크를 착용한 채 일해야 하는 경우 이것은 얼굴에 피부 발진을 야기할 수도 있을 것이다. 자동차 유리공장에서 일하는 30명의 작업자들을 대상으로 조사한 연구에 따르면 단 30%의 작업자들만이 마스크를 착용하고 일하는 데 문제가 없다고 보고하였다. 분명히 이러한 태도는 손상으로부터 자신을 보호해 줄 수 있지만, 사용하기에 매우 불편한 안전장비들을 작업자들이 착용할지 여부를 결정하는 데 영향을 미친다.

사회 압력. 사고는 생산 진도를 맞추거나 시간표에 따라 일을 해야 한다는 압력 때문에 발생할 수 있다. 작업자들은 자신이 계획에 따라 일을 진행하지 못할 경우 받을 징계나 해고 등의 두려움을 종종 안고 있다. 작업자들이 안전하지 못하다고 생각하여 생산라인이나 공장을 멈추는 것은 회사에 대해서는 엄청난 금전적 손실을 끼칠 수 있다. 이 때문에 그와 같은 행위에 책임이 있다고 여겨지는 근로자나 관리자는 징계를 받을 수도 있는 것이다.

악천후나 항공기 날개에 얼음이 형성되는 것 때문에 항공기 조종사들이 비행을 거부할 경우 연결 항공기를 타야 하는 승객들은 비행기를 놓칠 수도 있을 것이다. 또한 조종사들은 자기가 속한 항공사의 정시 출발 기록에 대해서도 책임을 져야 한다. 자기의 동료 조종사들이 유사한 행동으로 회사로부터 징계를 받았다면 악천후에도 항공기를 이륙시켜야 한다는 압박감을 느낄 것이다.

인적 요인

장비 설계와 작업장 환경의 물리적·사회적 조건을 향상시키는 데 주의를 기울인다면 사고의 빈도와 그 심각성을 줄이는 데 도움을 줄 수 있다. 그러나 사고와 관련해서는 인간 요소가 훨씬 더 중요한 요인이다. 산업 및 조직심리학자들에 의해 연구된 몇 가지 인적 요인들은 알코올과 약물남용, 인지능력, 건강, 피로, 작업 경험, 작업 불안정성, 연령, 그리고 성격 특성 등이다.

알코올과 약물남용. 상당히 많은 근로자들이 직무수행 중에 술을 마시거나 불법적 약물을 사용한다. 음주나 약물 문제가 있는 근로자는 그렇지 않은 근로자에 비해 사고에 휘말릴 가능성이 훨씬 높다. 그러나 퇴근 후에 술을 마시는 것도 직무수행 중의 사고를 이끌 수 있다. 38만 명 이상의 항공기 조종사들을 상대로 한 조사에서는 음주운전으로 적발된 경험이 있는 조종사들은 그러한 경험이 없는 조종사에 비해 비행하면서 술과 관련한 문제들을 일으킬 가능성이 3.5배 더 높았다(McFadden, 2002).

인지능력. 지능 수준이 낮게 측정된 작업자들은 지능 수준이 높게 측정된 작업자들에 비해 더 많은 사고를 경험할 것이라고 가정하는 것은 어느 정도 타당해 보일 것이다. 그러나 연구 결과들은 이러한 생각을 완전히 지지해 주지는 않는다. 몇 연구들은 반복적인 수동 작업보다는 판단이나 의사결정을 요구하는 것과 같은 유형의 직무에서만 사고를 내지 않는 것과 인지능력이 관련된다는 것을 발견하였다.

건강. 산업 및 조직심리학자들은 건강과 사고 사이의 관계를 연구해 오고 있다. 건강 상태가 좋지 않거나 자주 아픈 근로자들은 사고를 당할 가능성이 높

<여기서 잠깐>

운전 후에 술 한 잔?

우리는 모두 술을 몇 잔 한 후에 운전하는 것은 현명한 것이 되지 못되지만 운전한 다음에 술 몇 잔 마시는 것은 전혀 해로울 게 없다고 생각할 것이다. 과연 그럴까? 전혀 그렇지 않다. 최소한 당신이 대형버스나 세미버스 혹은 미국 샌프란시스코의 Municipal Railway System사에서 운행하는 전차(cable car)의 운전자라면 더욱 그렇다.

Municipal Railway System사에서 근무하는 1,836명의 운전자를 대상으로 한 5년간의 연구를 통해 직무 시간 외에 음주를 많이 할수록 일하는 도중에 사고나 심각한 부상을 당할 가능성이 매우 높다는 보고가 있었다. 퇴근 후에 마시는 술의 양이 1주일에 10잔 이상인 사람은 회사를 상대로 근무-관련 상해에 대한 보상을 청구할 가능성이 훨씬 높았다. 또한 퇴근 후에 마시는 술의 양은 직무 스트레스와도 직접적인 관련성이 매우 높았다. 근로자들은 직무수행 중에 스트레스를 더 많이 경험할수록 그 스트레스를 해소하기 위해 퇴근 후에 더 술을 많이 마신다고 보고하였다.

이러한 상황은 회사 입장에서 보면 경제적으로 손해를 많이 보는 것이었다. 퇴근 후 음주와 관련된 근로자 보상 청구비용은 1년에 25만 달러를 상회하였다. 이것은 퇴근 후 음주에 대한 보상치고는 너무 값비싼 것이며, 회사 입장에서는 직무 스트레스에 많이 시달리는 것으로 보이는 근로자들을 찾아 그들을 감시하는 것에 대한 충분한 이유가 된다. 이러한 근로자들에게는 상담을 받을 기회를 제공하고, 음주 이외에 스트레스에 대처할 수 있는 방법을 알려 준다면 도움이 될 것이다.

출처: Drinking after work could affect job. *St. Petersburg (FL) Times*, September 22, 2002.

다. 신체적 장애가 있는 근로자들이라고 해도 이들이 전반적으로 건강하고 자신의 능력에 맞는 직무를 수행한다면, 이들로 인한 사고는 그렇게 많지는 않다. 장애가 있는 근로자들은 대개 일을 안전하게 그리고 잘 수행하는 데에 동기가 매우 높다. 사고와 관련된 신체적 문제가 있다면 그것은 시력이다. 시력이 좋은 사람은 시력이 나쁜 사람보다 사고가 더 적은 것도 사실이지만 이것은 비단 장애가 있는 사람들만의 문제는 아니다.

피로. 피로는 생산성을 떨어뜨리는 반면 사고를 증가시킨다. 전형적인 8시간 근무인 경우, 생산성이 증가하는 동안에는 사고는 감소한다. 많은 중공업체에서 실시하고 있는 10시간 근무인 경우에는 교대 근무를 앞 둔 두 시간 동안 사고율이 급격하게 증가하는데, 그것은 아마도 피로 때문인 것으로 보인다.

피로는 고속도로 자동차 사고의 주요 요인 중 하나이다. 버스나 트럭 운전자들에게는 고속도로가 바로 작업장이라고 할 수 있기 때문에 피로에 의한 고속도로 자동차 사고는 산업 및 조직심리학자들의 주된 연구 주제이기도 하다. 운전 중에 졸음에 빠지는 피로한 버스나 트럭 운전자들이 야기하는 차대차 충돌사고는 전체 차대차 충돌사고 중 최소한 10%를 차지하고, 전체 차량단독 사고의 4분의 1을 차지한다.

작업 경험. 작업 경험(work experience)이 적을수록 사고율이 높은 경향이 있다. 직무를 시작한 지 몇 개월이 지나면 사고율이 대개 떨어지기 시작해서 작업 경험이 증가함에 따라 계속 감소하게 된다. 이러한 경향은 171명의 소방관을 대상으로 12년간 수행된 연구 결과를 통해서 입증되었다. 직무 경험이 풍부한 소방관들은 직무 경험이 적은 소방관들에 비해 사고로부터 심각한 상해를 입는 빈도가 더 낮았다(Liao, Arvey, Butler, & Nutting, 2001). 그러나 사고율과 직무 경험 사이의 관계는 항상 그렇게 명백한 것은 아닌 것으로 보인다. 대부분의 연구들이 직무 경험이 많을수록 사고율이 낮다고 보고하고 있으나 이러한 결과는 연구의 대상이 되는 근로자가 갖는 중요한 특성을 간과한 것에 의한 편파일 수 있다. 다시 말해 직무 관련 사고가 많았던 근로자들은 해고 혹은 전보되거나 좀더 안전한 직장을 찾아 그 직무를 그만두는 반면(따라서 이들은 연구 대상에 포함되지 않을 것이다) 사고 수가 더 적은 근로자들은 직장에 오래 남아 있을 수 있기 때문에(따라서 이들은 연구 대상에 포함될 것이다) 표면적으로는 직무 경험이 많을수록 사고율은 낮아지는 결과가 도출되었을 수도 있다는 것이다. 따라서 오랜 직무 경험 그 자체가 사고율의 감소를 가져온다고 결론지을 수 없을 것이다. 실제로 몇 연구 사례에서는 경험이 많을수록 사고율이 감소한다는 관계가 사고가 많은 근로자들을 배제한 결과 얻어진 것이었다.

직무관여, 권한위임, 자율성. 2,000개 이상의 회사로부터 14,466명의 근로자들을 대상으로 수행된 연구에서는 직무관여(job involvement; 즉, 직무에 대한 자율성과 책임성) 점수가 높은 근로자들은 직무만족 점수도 높다는 것을 발견하였다(이것은 8장에서 논의된 바 있다). 이 연구는 또한 직무만족과 안전인식 수준이 높은 정적 관계가 있음을 보고하였다. 따라서 이 연구는 높은 직무관여는 낮은 사고율을 가져온다고 결론지었다(Barling, Kelloway, & Iverson, 2003).

어느 화학회사의 24개 작업집단으로부터 531명의 근로자들을 대상으로 수행된 연구는 권한위임(empowerment)을 더 많이 받았다고 느끼는(즉, 자신의 일에 대해 더 큰 지배력과 권한을 가진) 근로자들은 그렇지 않은 근로자들에 비해 유의하게 좋은 안전기록을 가지고 있음을 발견하였다. 권한을 위임받은 근로자들은 그렇지 못한 근로자들에 비해 더 빈번하게 안전을 점검하거나 그 외의 다른 안전-관련 행동들을 수행하였다(Hechanova-Alampay & Beehr, 2001).

이와 유사하게 호주에서 161명의 공장 근로자들을 대상으로 실시된 연구는 지각된 직무 자율성(job autonomy)에서 높은 점수를 보인 근로자들은 이것이 낮은 근로자들에 비해 18개월 동안이나 의미 있는 더 좋은 안전기록을 보였다는 것을 보고하였다(Parker, Axtell, & Turner, 2001).

직무 불안정성. 이미 몇 명의 근로자들을 해고한 적이 있는 어느 식료품 가공처리 공장에 근무하는 231명을 대상으로 수행된 연구는, 회사에서 자신의 직무와 자신의 미래에 대해 불안정하다고 느끼는 근로자들은 안전하게 작업하거나 회사의 안전 시책을 따르려는 동기가 낮았음을 보여 주었다. 이러한 안전 의식 결여는 작업장 사고와 상해의 증가로 이어졌다(Probst & Brubaker, 2001).

연령. 연령과 사고 사이의 관계는 직무 경험과 사고율 사이의 관계와 매우 유사한데, 그 이유는 연령과 직무 경험 사이의 관계가 매우 밀접하기 때문이다. 연령과 관련 있는 또 다른 요인들은 신체적 건강과 직무에 대한 태도이다. 시력이나 청력과 같은 특정한 능력뿐만 아니라 전반적인 건강 상태는 나이가 들면서 쇠퇴한다. 그러나 나이 든 작업자들은 더 많은 직무 지식과 고도로 발달된 기술을 갖고 있다. 반응시간이나 눈-손 협응은 예전 같지 않겠지만 나이 든 근로자들은 대개의 경우 직무가 무엇을 요구하는지 잘 파악하고 있다. 안전에 대한 이들의 태도는 더욱 진지하다. 그러나 나이 든 근로자가 사고를 당했을 때는 신체적으로 더 심한 상해를 당할 뿐만 아니라 이로 인한 휴직 치료기간도 더 길어질 가능성이 높다.

성격 특성. 사고를 많이 당하는 사람들은 사고를 거의 경험하지 않는 사람들과는 달리 뭔가 독특한 성격 특질이 있을 것이라는 것이 일반적인 믿음이다. 그러나 몇 연구들이 신경증, 적대감, 불안, 사회 부적응 그리고 체념감과 같은 성격을 많이 보이는 사람들은 사고를 당하는 빈도가 높다는 것을 밝히기도 했지만 대부분의 연구들은 이런 믿음을 지지하지는 않는다. 219명의 민간인 생산 근로자와 263명의 군대 기술자들을 대상으로 수행된 연구는 성실성(conscientiousness) 점수가 높은 사람들에 비해 이 점수가 낮은 사람들은 정규적인 작업을 수행하면서 사고로 이어질 인지적 착오나 실수를 범할 가능성이 높다는 것을 발견하였다(Wallace & Vodanovich, 2003). 그러나 사고 빈도와 성격 변인 사이의 관계는 그렇게 강한 것은 아니다. 사고를 빈번하게 경험하는 사람이 사고를 경험하지 않는 사람과 분명하게 구분되는 성격 패턴을 갖고 있다고 결론지을 아무런 근거가 없다.

그러나 일시적 정서 상태는 사고와 관련될 수 있다. 자신의 배우자나 상사에 대해 화가 나 있거나 돈 문제로 고민하는 사람은 직무에 대해 주의를 많이 기울일 수 없을 것이며 이에 따라 사고를 당할 가능성이 더 높다. 이에 대한 증거는 최근 5년 동안에 자동차 사고를 경험한 127명의 미군과 자동차 사고를 경험하지 않은 273명의 미군들을 대상으로 한 연구에서 얻을 수 있었다. 이 두 집단의 차이는 분명하였다. 사고를 경험한 군인들은 사고 직전에 정서적으로 매우 흥분된 상태였다고 보고하였다. 이러한 정서적 스트레스 상태는 이혼이나 질병에서부터 차에 동승한 사람 때문에 생긴 짜증에 이르기까지 다양한 이유로 발생할 수 있다(Legree, Heffner, Psotka, Medsker, & Martin, 2003).

사고 경향성. **사고 경향성 이론**(accident proneness theory)에 따르면 어떤 사람들은 다른 사람들에 비해 사고를 경험할 가능성이 높고, 대부분의 사고는 소수의 동일한 사람에 의해 야기된다. 또한 이 이론은 사고 경향성이 높은 사람은 상황의 유형과는 상관없이 사고를 야기할 가능성이 높다고 가정한다. 이러한 가정을 검증할 수 있는 효과적인 방법 중 하나는 조사 기간을 달리하여 한 조사 기간에서 사고 기록이 있는 사람이 다른 조사 기간에서도 사고를 낸 기록이 있

사고 경향성 이론 어떤 사람들은 사고에 휘말릴 가능성이 높은 성격특질을 갖고 있으며, 대부분의 사고는 이러한 몇몇 사람들에 의해 발생하거나 이들이 관련된다고 보는 이론. 그러나 연구 결과는 이러한 생각을 지지해 주지 않는다.

<여기서 잠깐> 조심! 내 차 뒤의 운전자가 졸고 있을지 모른다.

혹시 내 차 뒤의 운전자가 졸고 있지는 않을까? 다음에 고속도로에서 운전하고 있을 때 이 생각을 한다면 머리 뒤쪽이 서늘해질 것이다. 40톤의 무게에 바퀴가 18개나 달린 트럭이 당신 근처로 질주해 오고 있는 것을 보라. 그리고 다음 통계치를 생각해 보라: 모든 트럭 운전자들 중 78%는 수면장애가 있는 사람들이다. 그 수면장애는 폐쇄성 수면 무호흡증(obstructive sleep apea)이라고 불리는 것으로 이 장애가 있는 사람은 잠을 자는 동안 순간적으로 숨을 쉬지 않다가 잠깐 잠에서 깬다. 이 장애가 있는 사람은 말 그대로 매일 밤 수백 번씩 잠에서 깨지만 그것을 기억하지는 못한다. 하지만 다음날 이 사람은 졸릴 것이다.

Stanford 대학교의 수면연구센터장이기도 한 심리학자 William Dement 박사는 "어떤 사람이 밤새도록 2~3분마다 깬다면 그것은 거의 혹은 전혀 잠을 못 잔 것이나 다름없다."고 주장한다. 그 운전자는 트레일러의 운전석 속에 올라타 10시간 혹은 12시간의 근무시간 동안 깨어 있도록 고군분투하며 130km의 속도로 운전한다. 4명의 운전자 중 3명은 수면장애로 고생하고 있다는 것을 생각하면 피로가 트럭 사고의 주요 원인이라는 것은 의심의 여지가 없을 것이다.

트럭 운전자들은 졸음운전으로 인해 매년 1,500명이 교통사고로 사망한다. 이것은 미국의 고속도로에서 운전하는 전체 운전자 중 트럭 운전자가 차지하는 비중은 단지 3%에 불과하지만 고속도로 교통사고로 인한 전체 사망자 수 중에서는 이들이 13%를 차지한다는 것을 의미한다.

혹시 당신이 폐쇄성 수면 무호흡증이 아닐까 의심이 들어도 그렇게 걱정은 하지 말기 바란다. 이 장애가 있을 확률은 일반인들에 비해 트럭 운전자들의 경우에 3배 이상 더 높다. 그 이유 중 하나는 불규칙적인 일과 수면 패턴 때문이다. 장거리 운전자들의 경우에 야간의 절반 동안은 운전하고, 2시간 정도 수면을 취한 다음 다시 운전을 계속한다. 트럭 운전자들이 폐쇄성 수면 무호흡증에 잘 걸리는 또 다른 요인들로는 이들은 정규적으로 운동하는 것이 부족하다는 것과 이들이 과체중의 경향이 있다는 것을 들 수 있다.

폐쇄성 수면 무호흡증은 치료될 수 있다. 그러나 그 전에 당신이 정말 이 장애를 갖고 있는지 확인해야 한다. 그러나 유감스럽게도 대부분의 트럭 운전자들은 자신이 이 장애를 갖고 있다는 것을 모른다. 이들은 낮 동안에 왜 그렇게 졸리는지 의아해하지만 이것을 금방 잊어버리고, 한 잔의 커피를 마신 다음 다시 운전을 계속한다. 그것이 그들의 일인 것이다.

출처: T. Hilchey, Sleeping disorder may affect truckers. *New York Times*, May 14, 1995; B. Gavzer, Is the long haul too long? *Parade Magazine*, May 16, 1999.

는지의 여부를 비교해 보는 것이다. 이러한 유형의 연구 결과에 따르면 두 기간 사이의 상관관계가 낮았는데, 이것은 어떤 개인의 과거 사고가 이 사람의 미래 사고에 대한 타당한 예언자가 아님을 시사한다.

어느 고전적 연구에서 한 심리학자가 원래 사고 경향성 이론을 지지한 것으로 해석되었던 사고 통계치를 재해석해 보았다(DeReamner, 1980). 3만 명의 운전사고 자료를 분석한 결과, 6년 동안 발생한 전체 사고 수의 36%를 사고 운전자 전체 중 4%보다 적은 수의 운전자들이 야기한 것으로 밝혀졌다. 이 자료는 소수의 운전자 집단이 다수의 교통사고에 관련되었다는 것을 시사하였다. 따라서 만일 이들이 운전하지 못하게 하였다면 사고율은 3분의 1이상 줄었을 것이다. 6년간의 자료를 각각 3년씩 두 기간으로 나누어 다시 분석해 보았다. 분석 결과, 두 기간에 각각 발생한 사고가 동일한 운전자에 의한 것이 아니라는 것이 밝혀졌다. 첫 번째 기간에 안전한 운전자라고 확인된 운전자가 두 번째 기간의 전체 교통사고 중 96%를 야기하였는데, 이러한 결과는 사고 경향성 이론에 심각한 타격을 주는 것이다. 사고 경향성 개념을 옹호하고 타당화하기 위한 최근의 시도도 성공적이지 못하였다(As, 2001; Haight, 2001을 보라).

비록 특정 유형의 작업에 대해서 어떤 작업자들은 더 많은 사고를 야기할 수 있다는 증거가 있기는 하지만 사고 경향성 이론은 예전에 비해 신빙성을 많이 상실하였다. 사고 경향성은 모든 상황에 대해 일반적으로 나타나는 것이라기보다는 특정한 작업 상황에서 관찰되는 것으로 보인다. 이것은 사고 경향성 이론의 예언적 가치를 제한하는 것이다.

사고 방지책

조직체는 근로자를 보호하고 작업장에서의 사고를 줄이기 위해 몇 가지 대책을 시행할 수 있다. 여기에는 사고의 정확한 보고, 작업장 설계에 주의를 기울이는 것, 안전 훈련, 조직관리 차원에서의 지지 그리고 안전 캠페인 등이 포함된다.

<여기서 잠깐>

사고와 청소년

학교 다니면서 일해 본 적이 있는가? 그럴 기회는 많고 당신도 고등학교 시절에 일을 한 경험이 있을지 모르겠다. 미국에서는 대략 75%의 고등학교 졸업반 학생들이 고용되어 있고, 이 중에서 거의 반 정도는 1주일에 20시간 이상을 일한다. 연구에 따르면 16~19세 사이의 연령 집단은 직무 중의 사고 위험성이 가장 높은 집단이라고 한다.

New York의 Buffalo에 소재한 중독 연구기관의 한 심리학자인 Michael Frone은 그 이유를 알고 싶었다. 어떤 특성이 고등학교나 대학교 연령의 학생들을 이러한 사고와 상해에 관련되게 하는가? 그는 이 연구를 약물이나 알코올남용에 대한 조사로부터 시작하였다. 그는 319명의 청소년들을 조사하였는데, 그 결과 직무 중 마리화나를 피우거나 술을 마시는 것은 사고나 상해와 정적인 상관이 있었다.

그는 청소년이 사고와 관련되는 또 다른 원인들도 찾아내었다. 그 중 하나는 성차이다. 남성 청소년들은 여성 청소년들에 비해 더 많은 작업-관련 상해를 당한다. 또한 과중한 작업부하, 너무 단조로운 직무, 열악한 신체 건강, 그리고 부정적인 태도 등도 사고와 관련되었다. 18살이나 19살의 나이로 세상을 사는 것은 여러 가지로 힘들겠지만, 이 나이에는 직장에서 사고 위험성도 안고 있는 것으로 보인다.

출처: M. Frone (1998). Predictors of work injuries among employed adolescence. *Journal of Applied Psychology*, *83*, 565-576.

사고 보고서

사고 방지 프로그램 못지않게 사고 보고서의 질도 중요하다. 사고 결과와는 상관없이 모든 사고는 조사되어야 하고 자세하게 보고되어야 한다. 사고 보고서가 제대로 작성되기 위해서는 다음과 같은 내용을 포함해야 한다:

- 사고가 발생한 정확한 시간과 장소
- 직무 유형과 그 직무를 수행하던 근로자의 수
- 사고 피해자의 개인적 특성
- 사고의 특징 및 밝혀졌거나 가능하다고 생각되는 사고의 원인들
- 사고의 결과-인사 상해와 공장, 장비 혹은 전기/급수시설 등에서의 손상

작업장 설계

대부분의 사고가 사람의 실수에 기인한 것이지만 물리적 작업환경이 갖는 여건에 따라서도 사고가 발생한다. 작업장 조명은 직무수행에 적합한 수준이어야 하고 온도도 안락한 수준으로 유지되어야 한다. 작업 영역은 청결하고 정돈되어 있어야 한다. 사고의 원인을 추적해 보면 많은 사고가 작업장을 제대로 유지·보수하지 못해서 생긴 것이다. 바닥에 있는 미끄러운 기름, 지면에 깔린 전선, 복도나 계단에 비치된 장비 등은 심각한 사고를 야기할 수 있다(그러나 이러한 요인들을 제대로 관리한다면 그러한 사고를 쉽게 예방할 수도 있을 것이다). 응급상자, 소화기 그리고 다른 기타의 안전장비들은 작업장 안에서 쉽게 접근할 수 있는 곳에 비치되어야 하고, 쉽게 확인될 수 있는 선명한 색으로 칠해져야 한다.

작업자가 접근하기 어렵거나 조작하기 힘든 제어장치와 너무 복잡해서 작업자가 혼동할 수 있게 하는 디스플레이와 같은 설계상의 실수도 사고를 야기할 수 있는 원인이다. 응급장치들은 접근 가능하고 쉽게 조작될 수 있어야 한다.

공학심리학자들은 안전장치의 설계에 대해 다음과 같은 두 가지의 일반적 원리를 제안하였다: (1) 안전장치가 확보되지 않은 상태에서 기계가 작동되어서는 안 된다(예를 들어 손 보호장치가 제 위치에 있지 않으면 전기톱은 작동하지 않는다); (2) 보호장치는 작업자가 작업하는 데 방해가 되거나, 보호장치를 사용하면서 동일한 양의 생산을 위해 작업자가 더 많은 힘을 사용하도록 해서는 안 된다.

안전 훈련

대부분의 조직은 사고를 방지하기 위해 시간을 들여 안전 프로그램을 실시하고 있다. 작업장의 위험상태와 위험요소가 알려지고, 과거 사고의 원인과 결과에 대한 정보가 제공된다. 응급구조 장비나 응급상자가 어디에 있는지 알려 줄 뿐만 아니라, 기계의 안전한 조작 절차를 교육한다. 안전한 작업 습관을 유지하기 위해 정기적인 안전 훈련이 실시된다. 사고율이 증가한다면 작업자들에 대한 재훈련도 요구될 것이다. 경험이 많은 작업자들은 부주의해질 수 있기 때문에 그들의 작업 습관을 바꿀 수 있는 새로운 훈련과정이 요구된다. 일반적으로 안전 훈련 프로그램을 체계적으로 지속하는 회사들은 사고와 작업시간 손실이 감소하기 때문에 경제적으로도 이득이고, 이러한 이득은 훈련 프로그램에 소요되는 비용을 충당하고도 남을 수 있다.

작업-관련 건강과 안전에 대한 추가적 정보는 작업 안전 및 건강관리국(Occupational Safety and Health Administration, OSHA)의 웹사이트(www.osha.gov)와, 미국 작업 안전 건강연구소(National Institute for Occupational Safety and Health, NIOSH)의 웹페이지(www.cdc.gov/niosh/homepage.html)를 방문해 보기 바란다.

조직관리 차원에서의 지지

감독자는 안전과 관련된 훈련과 안전 프로그램의 성공 여부에 중요한 역할을 한다. 그들은 작업자와 항상 밀접하게 상호작용하기 때문에 안전하지 못한 조건이나 작업 행태를 금방 알아차릴 수 있다. 감독자는 작업자가 안전한 작업 습관을 갖도록 일깨워주고, 작업 장비나 작업환경을 적합하게 유지하도록 하며, 조직 내에서의 안전 분위기를 강화하는 데 최상의 위치에 있다. 감독자는 또한 재훈련이 필요할 경우 이를 추천할 수도 있다. 만일 감독자가 안전한 작업 절차를 준수하도록 독려하지 않는다면 어떤 안전 프로그램도 최상의 효과를 볼 수 없을 것이다. 사례를 통해 혹은 지시를 통해 감독자는 작업자들이 안전하게 일하고자 하는 동기를 유지하고 사고를 방지할 수 있다.

이스라엘의 어느 한 유지 및 보수 회사에 근무하는 381명의 작업자와 36명의 감독자를 대상으로 한 연구는 직무에서 안전 실천을 향상하도록 감독자들을 훈련시킬 수 있다는 것을 발견하였다. 감독자들은 8주에 걸쳐 안전과 관련된 일들에 대한 피드백을 받았다. 이를 통해 감독자들의 안전에 대한 인식을 상당히 증가시킬 수 있었으며, 이것은 다시 자신이 감독하는 작업자들의 사고율을 유의하게 감소시키는 결과를 가져왔다. 또한 이러한 훈련 절차는 안전-관련 장비에 대한 작업자들의 사용 빈도를 증가시켰다(Zohar, 2002).

다른 연구들도 직무 중 안전을 확립하는데 기여하는 감독자의 핵심적 역

안면보호대와 같은 안전장비들은 사용하기 쉽고 수행하고 있는 작업을 방해하지 말아야 한다.

할을 확인하였다. 미국 육군에 소속된 127개의 수송부대들을 대상으로 수행된 연구는 높은 수준의 리더-구성원 교환관계(leader-member exchange relationship, LMXs)가 안전한 임무 수행을 강조하는 긍정적 안전 분위기를 이끌었다는 것을 보여 주었다. 이와는 대조적으로 낮은 수준의 리더-구성원 교환관계는 안전에 대한 인식 수준을 변화시키지 못했다(Hofmann, Morgeson, & Gerras, 2003).

캐나다에서 174명의 식당 종업원과 다른 여러 직종에 근무하는 164명의 젊은 근로자(25세 미만)들을 대상으로 수행된 연구도 감독자들이 직무수행 중 안전에 대해 강조하는 것이 중요하다는 것을 입증하였다. 연구 결과, 변혁적 리더십(transformational leadership)은 작업 중 안전 분위기를 향상시켜 직무에서의 상해 빈도를 감소시켰다는 것을 보여 주었다(Barling, Loughlin, & Kelloway, 2002).

그러나 감독자들의 안전 향상을 위한 노력에는 감독자들의 상사가 안전 향상을 위한 노력에 대해 어떠한 행동을 보이는지가 중요하다. 만일 경영층에서 가파르게 증가하는 사고율에 대해 별다른 반응을 보이지 않거나, 심지어 안전에 대해 중립적인 자세만 취하여도 안전을 실천하고자 하는 노력을 강화하지 못한다. 안전에 대한 고위 경영층에서의 지지는 올바른 조직 분위기를 위한 주요 요소이다. 모든 수준의 감독자들은 안전이 모두의 책임이라는 것을 자기 부하들에게 보여 주어야 한다.

호주에 있는 10개의 제조 및 광산업체에서 근무하는 1,590명의 근로자들을 대상으로 한 연구는 근로자들이 안전에 대해 적극적인 태도를 갖도록 경영층이 촉진할 경우 직무 중 안전 수행을 유의하게 증가시켰다는 것을 발견하였다(Griffin & Neal, 2000). 이스라엘의 53개의 작업집단에서 534명의 생산 근로자들을 대상으로 한 연구는 직속 감독자에 의해 만들어진 집단 안전 분위기가 직무상 상해의 비율을 감소시켰음을 보여 주었다. 또한 집단이 안전 분위기를 더 많이 지각할수록 사고율은 낮았다(Zohar, 2000).

136명의 생산 근로자들을 대상으로 수행된 한 연구는 직무 안전을 실천함에 따라 직무 불안정성이 가져오는 부정적 효과가 유의하게 감소하였다는 것을 보여 주었다. 이 연구의 연구자는 안전보다는 생산량에 초점을 맞추고 있는 조직은 근로자들에게 높은 생산성이 직장을 잃지 않는 최선의 방법이라는 메시지를 전달하고 있다고 주장하였다. 반면 안전한 작업환경을 지지하는 조직은 근로자들에게 직무를 유지하기 위해서는 안전 실천의 이행이 필요하다는 메시지를 전달한다(Probst, 2004). 오늘날 산업 및 조직심리학의 연구 주제이기도 하는 이러한 문제는, 모든 수준의 관리층이 안전 분위기를 확립하여 강화해야 하고 사고와 상해를 감소시키기 위해 노력해야 한다는 것을 시사한다.

안전 캠페인

근로자들이 배운 안전한 작업 습관을 준수하도록 근로자들을 동기화하기 위해서 많은 조직체들은 포스터와 책자, 무재해 일수를 표시한 챠트, 그리고 포상을 전제로 한 안전 콘테스트 등을 통하여 안전을 홍보하고 촉진하고자 한다.

포스터와 책자. 포스터는 안전 캠페인의 방법으로 자주 사용되는 방법이지만 그것이 갖는 효과는 포스터 안에 기재된 메시지의 유형에 따라 달라진다. 손상된 신체가 있는 섬뜩한 사진과 함께 제시되는 부정적 주제(예를 들어 "OOO를 하지 마세요—그렇지 않으면 이렇게 됩니다.")는 특히 효과적이지 못하다. 이러한 공포-지향적 호소는 회사와 메시지에 분노와 노여움을 유발한다. 가장 효과적인 안전 포스터는 긍정적인 주제를 강조하는 것이다(예를 들어 "여기에서는 안전모를 착용하세요." 혹은 "난간을 잡으세요.").

경고 표지와 포스터는 가능한 분명해야 하고, 해당 근로자들이 잘 볼 수 있는 곳에 붙여야 한다. 연구 결과에 따르면 가장 효과적인 표시 방식은 배경과의 대비가 높으면서 굵고 진한 글자체를 사용하는 것이다. 색채, 분명한 경계선, 쉽게 알아볼 수 있는 그림으로 된 심벌 그리고 반짝거리는 불빛 등을 함께 사용하는 것도 바람직하다(Wogalter, Conzola, & Smith-Jackson, 2002). 산업 및 조직심리학자들은 포스터나 경고 사인을 만들 때 다음과 같은 기준을 따르도록 권고하고 있다.

- 신호 단어. 경고 문구는 위험의 수준을 알려 주는 표시나 주요어를 포함하여야 한다(예를 들어 '위험', '경고', '권고').
- 위험요소 설명. 경고 문구에는 어떤 위험요소가 있는지 분명하게 언급되어야 한다.
- 결과. 경고 문구에는 위험요소에 의해 발생할 수 있는 결과를 분명히 알려 주어야 한다.
- 지시사항. 경고 문구에는 작업자들이 무엇을 해야 하고 혹은 하지 말아야 하는지 알려 주어야 한다. 그림 11-1에 제시된 예는 이러한 기준에 맞는 경고 문구이다.

경고	(신호 단어)
지하에 가스관이 지나감	(위험요소 설명)
폭발과 화재 위험이 있음	(결과)
굴착하지 마시오	(지시사항)

그림 11-1. 효과적인 경고 포스터의 일례

안전 지시사항이나 규칙을 담고 있는 책자는 그것이 배포된 양과는 상관없이 작업에서의 안전 실천을 증진시키는 데 상대적으로 효과적이지 못하다. 모든 작업자들에게 책자를 배포하는 것은 쉬울 수 있어도 그들이 그것을 읽어 보도록 하는 것은 매우 어렵다.

안전 콘테스트. 안전 콘테스트는 사고 방지에 대한 관심을 유지하도록 하는 데 효과적인 방법이다. 안전 콘테스트를 통해 일정 기간에 걸쳐 무사고 기록을 보인 작업자에게 개인적으로 포상하기도 하고 작업반이나 작업 부서 등과 같은 집단에 대해 포상하기도 한다. 안전 콘테스트는 작업 단위끼리 어느 쪽이 더 사고를 적게 냈는지 살펴보면서 경쟁적으로 진행될 수 있다. 그러한 안전 콘테스트는 작업자들로 하여금 좀더 안전한 절차에 따라 작업을 수행하도록 하여 사고율을 감소시킬 수도 있지만, 그 효과는 안전 콘테스트가 종료되기 전에 사라지기도 한다. 이 문제를 해결하기 위한 한 가지 방법은 근로자들이 안전에 대한 관심을 유지할 수 있도록 포상을 자주 변경하면서 안전 콘테스트를 지속하는 것이다. 안전 콘테스트의 한 가지 분명한 단점은 이것이 작업자, 감독자 그리고 관리자가 상을 받기 위해 사고를 정확하게 보고하지 않도록 할 수 있다는 점이다.

가정 내 사무공간의 안전. 지금은 재택근무 근로자의 수가 증가하고 있는데, 이에 따라 가정 내 사무공간의 안전 문제가 국가적 관심사가 되었다. 집에서 근무하는 작업자들은 컴퓨터와 관련된 불편감과 열악하게 설계된 의자 혹은 위치가 잘못된 키보드나 모니터 때문에 목, 등, 어깨 그리고 팔에 대한 손상을 호소하고 있다. 이 밖에도 콘센트 과부하, 열악한 조명, 발밑에 있을 수 있는 아이들 장난감, 혹은 너무 길게 연결한 전선 등도 위험요소들이다.

안전 전문가들은 재택근무자들이 집에서 사고가 발생한 것 때문에 재택근무 기회를 잃게 될까봐 사고를 잘 보고하지 않는다고 지적하였다. OSHA는 재택근무환경에서의 안전 문제를 중요하게 다루기 시작하였다. 가정 내 사무공간에서 재택근무자들이 상해를 입었다면 그 책임은 고용주에게 있는 것인가, 아니면 집에서 일하기로 스스로 결정한 재택근무자 본인에게 있는 것인가?

작업장에서의 폭력

살인은 직무 중 사망의 두 번째 주요 원인이며, 특히 작업장에서 여성이 사망하는 첫 번째 원인이다. 더구나 매년 200만 이상의 근로자들이 작업 중에 신체적으로 공격을 받거나 공격 위협을 경험한다. 이제 사무실, 가게 그리고 공장은 모두 위험한 장소가 된 것이다.

우리는 TV 뉴스를 통해 해고에 불만을 품은 해직자가 자기가 일하던 곳으로 와서 총을 난사하여 자기 동료였던 근로자들과 자기를 해고했던 감독자를 살해한 사건을 접해 보았을 것이다. 그와 같은 사건 중 우체국에서 발생한 사건이 사람들에게 가장 많이 알려졌기 때문에 '우체국에 간다(going postal)'라는 말은 이러한 현상을 표현하는 문구가 되었다. 그러나 실제로는 다른 유형의 작업자들에 비해 우체국에서 일하는 사람들은 직장에서 다른 사람으로부터 공격을 받을 가능성이 더 낮다.

그러나 이 문제에 대해 너무 민감하게 생각해서는 안 된다. 옆 책상에 있는 사람이 당신을 이상한 눈초리로 쳐다보고 있다고 해서 공포감을 느낄 필요는 없다. 비록 정서장애가 있던 몇 근로자들이 끔찍한 범행을 저지르기는 했지만 작업장 사망의 4분의 3은 어쩌다 발생하는 그리고 복수심에 가득 찬 행위에 의한 것보다는 계획적인 강도사건에 의해 발생한 것이다.

폭력의 피해자들은 전형적으로 택시 기사, 편의점 종업원, 피자배달 운전자 그리고 시내에 있는 소규모 식료품점이나 주류 판매 가게의 주인들이다. 해고 근로자나 동료 근로자들이 작업장 살인의 3분의 1을 저지른다. 여성은 직장 내 폭력에 특히 취약하다. 많은 여성들이 그들의 직장을 범행 장소로 선택한 남자친구나 남편에 의해 살해된다. 어떤 회사에서는 여성 근로자를 학대하는 사람으로부터 그 여성 근로자를 보호하기 위해 안전 요원을 배치하기도 한다. 작업장 폭력과 관련된 위험 요인과 예방책들에 대해서는 웹사이트 www.osha.gov/SLTC/workplaceviolence/를 방문해 보기 바란다.

산업 및 조직심리학자들은 작업장에서의 폭력 수준을 몇 가지로 구분하였는데, 가장 낮은 수준은 무례함(incivility)이다. 이것은 다른 사람이나 집단에 대해 경멸과 멸시를 보이는 것이다. 이것은 신체적 폭력은 포함하고 있지는 않지만 작업장을 불쾌하고 스트레스를 느끼게 만든다. 1,180명의 공공기관 근무자들을 대상으로 조사한 결과, 이들 중 71%의 근무자들이 지난 5년 이내에 최소한 한 번 이상 상대방으로부터 무례함을 경험한 사례가 있다고 보고하였다. 이러한 행위의 3분의 1은 조직에서 권력이 있는 지위의 사람들에 의해 발생한 것이었다. 남성에 비해 여성이 더 자주 무례함의 목표가 되지만 이 때문에 모든 근로자들은 직무만족이 낮아지고, 심리적 스트레스가 증가하며, 직무로부터 심리적 철수의 경향을 보였다(Cortina, Magley, Williams, & Lanfhout, 2003).

작업장 폭력의 그 다음 수준은 무법성(unruliness)인데, 여기에는 다음과 같은 공격적이고 폭력적인 행동들이 포함된다.

- 다른 근로자들을 위협하거나 괴롭히는 것
- 화가 나서 무엇인가를 찌르고, 발로 차고, 던지고 혹은 손상시키는 것
- 심한 욕설을 크고 거칠게 내뱉는 것
- 심기가 꼬였을 때는 감정적이고 신경질적인 행동을 보이는 것
- 회사 재산을 손상시키고 파괴하는 것

위의 행동들을 살펴보면 알 수 있겠지만, 이러한 행동들은 살인이나 신체적 공격을 포함하지는 않는다. 그러나 무법성을 지닌 행동 경향은 폭력적 분위기를 조장할 수 있고, 폭력을 촉발시키는 중요한 요인이 된다.

다른 연구들은 파괴적 행위를 보일 가능성이 높은 사람의 특징들을 열거하였는데, 이러한 특징들은 표 11.3에 제시되어 있다. 300명의 성인을 대상을 실시한 전화 설문조사에서는 알코올남용이 폭력적 행위와 정적인 상관이 있음을 발견하였다. 이 조사에서 흥미 있는 것은 과음을 하는 사람은 폭력의 희생자가 될 가능성도 높았다는 점이다(McFarlin, Fals-Stewart, Major, & Justice, 2000).

직장 내 폭력과 관련이 있는 또 다른 요인들도 많이 있다. 그 중 하나는 작업장의 지리적 위치이다. 여러 지역에 있는 250개의 공장을 대상으로 실시된 연구에서는 공격적 행동의 수준이 가장 높았던 공장은 범죄율이 높은 지역사회에 위치하고 있다는 것이 밝혀졌다. 지역사회의 범죄율이 낮을수록 그 지역에 위치해 있는 작업장에서의 공격적 행동 수준이 낮았다(Dietz, Robinson,

표 11-3

폭력적인 근로자의 특징들

- 30세에서 50세 사이의 남성
- 알코올 혹은 약물남용
- 폭력, 심각한 정신장애 및 충동적 행동에 대한 과거력
- 외상, 학대 및 무시당한 경험
- 사회적 출구가 없는 은둔자
- 직무와 강하게 동일시
- 수치심이나 모욕감을 표현

Floger, Baron, & Schultz, 2003).

또 다른 요인은 모방이다. 149명의 보건소 직원을 대상으로 조사한 연구에서는 동료 근로자가 공격적 행동을 보였거나 자신 스스로가 공격적 행동의 대상이 되었던 근로자들은 직장에서 공격적 행동을 보일 가능성이 더 컸다는 것이 발견되었다(Glomb & Liao, 2003).

다양한 조직체에서 근무하는 479명의 30대 남성들을 대상으로 한 연구에서는 자신 스스로가 폭력 피해자라고 생각하는 사람은 직장에서 공격성을 보일 가능성이 더 높았다. 이러한 지각된 희생자 효과는 다른 곳에서 알코올남용이나 반사회적 행동을 보인 과거력이 있는 사람들에게서 더 강하였다(Jockin, Arvey, & McGue, 2001). 141명의 공무원들을 대상으로 실시된 또 다른 연구는 자신이 희생자라고 생각한 사람들은 그들을 해친 사람이 조직 내에서 높은 지위에 있다면 별 다른 보복을 하지 않으려 하지만, 그러한 지위가 낮은 사람에게 괴롭힘을 당했다고 느꼈다면 이에 대해 보복하는 가능성이 더 높았다는 것을 보여 주었다(Aquino, Tripp, & Bies, 2001).

다른 연구들은 개인차에 주목하여 작업장에서의 공격성을 설명하고자 하였다. 115명의 근로자들을 분석한 한 연구에서는 특성 분노(trait anger; 거의 모든 상황에서 분노를 경험하게 하는 한 개인의 성격 특질)가 직무 현장에서의 공격성과 직접적으로 연결된다는 것을 발견하였다. 즉, 특성 분노 수준이 높을

수록 작업장에서의 공격 빈도가 많았다(Douglas & Martinko, 2001). 213명을 대상으로 한 또 다른 연구도 작업장 공격성에서의 특성 분노가 갖는 중요성을 확인하였다. 이 연구는 또한 자기-통제 점수가 낮은 근로자들은 직무 중에 더 공격적이 되는 경향이 있다고 보고하였다.

캐나다에서 71개 직종으로부터 254명의 작업자들을 대상으로 실시한 연구도 공격성과 폭력의 효과를 다루었다. 동료로부터의 공격적 행위에 희생자가 된 근로자들은 정서적·신체적 안녕감에서 낮은 점수를 보였고, 정서적으로 조직에 몰입하는 수준도 낮았다. 이 연구의 연구자들은 이로 인해 이들의 직무 만족과 직무수행 수준이 모두 감소할 것이라고 시사하였다(LeBlank & Kelloway, 2002).

폭력으로부터 근로자 보호하기

이상적으로, 회사는 폭력 성향이 있는 근로자들은 선발하지 말아야 하지만 이렇게 하기에는 현재의 근로자 선발 기법이 아직 충분히 정확한 것은 아니다. 이 문제를 해결하기 위해 두 명의 심리학자들은 '대인간 일탈(interpersonal deviance)'이라고 자신들이 명칭한 것을 측정하기 위해 몇 개의 척도를 개발하였다. 대인간 일탈이란 조직 내에서 다른 사람들에게 유해한 행동을 하는 것을 말한다(Bennett & Robinson, 2000). 이 척도는 연구에는 유용하지만 근로자 선발을 위해 이것이 사용될 수 있는지에 대해서는 아직 확실하지 않다. 더구나 매우 반사회적인 성향의 직무 지원자들이 질문들에 대해 정직하게 응답할지에 대해서는 의문의 여지가 있는 것으로 보인다. 다음 문항들을 고려해 보라.

1. 당신은 직장에서 다른 사람을 조롱한 적이 있습니까?
2. 당신은 직장에서 다른 사람의 마음을 상하게 할 수 있는 말을 한 적이 있습니까?
3. 당신은 직장에서 다른 사람의 인종적, 종교적 혹은 민족적 배경에 대해 부정적으로 말한 적이 있습니까?
4. 당신은 직장에서 다른 사람을 저주한 적이 있습니까?
5. 당신은 직장에서 다른 사람에게 비열한 장난을 한 적이 있습니까?

6. 당신은 직장에서 다른 사람에 대해 무례하게 행동한 적이 있습니까?
7. 당신은 직장에서 공개적으로 다른 사람을 창피하게 한 적이 있습니까?

당신이라면 위의 문항 중 한 문항에 대해서라도 '예'라고 응답한 지원자를 선발하겠는가?

더구나 인사 관리자들 혹은 인적자원 관리자들이 폭력 성향의 지원자를 가려낼 수 있는 인사 선발 기법을 갖고 있다 하더라도, 모든 폭력 성향의 사람들이 직장에서 폭력적 행위를 저지르는 것은 아니다. 실제로 이들이 나쁜 수행 평가 점수나 심한 질책을 받는다거나 혹은 해고되는 것 등을 포함하는 돌발적 악조건에 직면하지 않는다면, 이들은 심지어 남을 불쾌하게 만드는 사소한 행동마저 보이지 않을 수도 있는 것이다.

산업 및 조직심리학자들은 작업장 폭력에 대처하기 위한 몇 가지 긍정적 방법들을 추천하였다. 관리자들에게는 폭력적 작업자가 될 수 있는 사람을 확인할 수 있는 훈련을 받도록 할 수 있고, 어려움에 처한 근로자에게는 상담을 받을 기회를 제공할 수 있으며, 감독자들에게는 징계나 파면과 같은 나쁜 뉴스에 대해 어떻게 이야기해야 하는지를 교육할 수 있다. OSHA는 작업장 폭력을 줄이기 위해 금속탐지기, 경보 시스템, 추가 조명, 비디오 감시 카메라, 그리고 방탄 칸막이 등의 설치를 포함한 좀더 구체적인 방안들을 개발하였다. 또한 OSHA는 좀더 많은 안전요원을 고용할 것을 권고하고 있다.

항상 그렇지만 관리층으로부터의 지지는 이점이 많다. 캐나다에서 225명의 의료기관 근로자들을 대상으로 수행된 연구는 두 유형의 조직적 지지 즉, 도움이 필요한 근로자를 직접적으로 도와주는 것을 포함하는 **도구적 지지**(instrumental support)와 근로자 스스로가 어려운 문제를 해결하는데 도움이 될 수 있는 정보를 제공해 주는 것을 포함하는 **정보적 지지**(informational support)의 효과를 분석하였다. 연구 결과, 작업장에서 공격성을 경험함으로써 발생하는 심리적 건강상의 부정적 효과는 두 유형의 조직적 지지 모두에 의해 감소될 수 있다는 것이 확인되었다. 도구적 지지는 정보적 지지에 비해 상대적으로 더 강력한 것으로 밝혀졌는데, 그것은 도구적 지지가 신체적 건강문제와 직장에서의 공격에 의한 부정적 정서까지 감소시킬 수 있었기 때문이다(Schat &

Kelloway, 2003).

작업장에서의 음주문제

미국에서만 1,400만 명 이상이 알코올중독으로 알려져 있지만 실제로는 더 많을 수도 있다. 미국 공중위생국(Public Health Service)은 심장병이나 암과 함께 음주가 건강을 위협하는 주요 원인 중 하나로 보고 있다. 알코올중독은 일단 술을 마시기 시작하면 완전히 취할 때까지 음주량을 조절하지 못하는 질병으로 정의된다. 의학적으로 알코올중독은 건강에 해를 끼치고 정상적 생활을 방해하는 병리적 약물 의존이다.

미국 노동인력의 10% 정도는 알코올중독인 것으로 추정되고 있으며, 이로 인해 고용주들은 매년 1,000억 달러 이상의 비용을 지출해야 하는 것으로 여겨진다. 이러한 비용은 결근, 지각, 에러와 사고, 낮은 생산성, 비효율성, 그리고 돈과 훈련 시간이 투자된 가치 있는 근로의 해고 등에 의해 발생되는 것이다. 미국 산업계에서 알코올중독이 얼마나 심각한 문제인지에 대해서는 논란이 없지만, 직장에서의 알코올중독이 어느 정도인지에 대해서는 모든 사람들이 동의하는 것은 아니다. 직장에서의 알코올중독 문제는 치료사, 자문가, 그리고 재활프로그램센터의 운영자 등에 의해 과장되었을 수도 있다(사회가 알코올중독을 심감하게 받아들일수록 그리고 이에 대한 치료 프로그램이 효과적이라고 여겨질수록 재활프로그램센터의 운영에 도움이 될 것이다).

알코올중독 근로자들은 조직의 모든 수준에서 찾아볼 수 있다. 미국 알코올남용과 알코올중독연구소(National Institute on Alcohol Abuse and Alcoholism, NIAAA)에 따르면 알코올중독이라고 알려진 사람들의 70% 이상은 전문직, 반전문직 혹은 관리직 근로자들이고, 알코올중독자의 반 이상은 대학을 졸업했으며, 35세에서 55세 사이의 연령대에서 알코올중독이 가장 많이 발생된다.

1988년에 재정된 미국의 작업장 약물방지법(Drug Free Workplace Act)에서는 연방정부와 25,000달러 이상의 계약을 맺는 사업체의 고용주는 직장에서의 약물남용 방지에 책임을 갖도록 하였다. 이 법에 따르면 이러한 고용주는 직무 중 알코올이나 불법 약물의 소지, 판매 혹은 사용이 금지되어 있다는 점을 근로자들에게 고지해야 한다고 규정하고 있다. 만일 근로자들이 알코올이나 약물로 인해 유죄판결을 받을 경우 고용주들은 치료 프로그램에 대한 의무적 참여, 무급정직 그리고 면직 등의 조치를 취해야 한다.

직무수행에 미치는 영향

알코올중독자들은 음주가 직장에서의 직무수행에 영향을 미치지 않을 뿐만 아니라 자신의 직무수행 방식에서의 차이를 아무도 눈치 채지 못할 것이라고 믿는 경향이 있다. 그러나 사실은 그렇지 않다. 지나친 음주에 의한 신체상의 영향은 바로 눈에 띄게 된다. 그러나 초기 단계에서는 훈련된 관찰자만이 그러한 변화를 알아낼 수 있다.

비록 행동상의 변화는 점진적으로 일어나겠지만, 몇 년 동안 꾸준하게 음주를 한다면 근로자의 직무수행과 효율성은 급격하게 감소하여 감독자나 동료 작업자들이 그것을 알 수 있게 된다. 음주 기간에 따른 직무상의 수행 저하는 그림 11-2에 제시되어 있다. 직무수행상의 변화는 과도하게 많아진 결근, 긴 점심시간, 거짓말, 실수 그리고 낮은 생산성으로 나타난다. 중간 단계에서는 간과하기 어려운 더 심각한 문제들이 나타난다. 이쯤이면 알코올중독 근로자들은 대개의 경우 감독자로부터 경고를 받고, 더 이상 승진의 대상이 되지 못한다.

그림 11-2의 수행곡선이 보여 주듯이 경력, 가정생활, 명성 그리고 경제적 안정성 등 모든 측면이 하락한다. 아이러니한 것은 음주 근로자에 의해 야기되는 이러한 모든 하락은 이것이 다시 음주를 하게 하는 또 다른 이유를 제공한다는 점이다. 음주 근로자들이 이 문제를 깨닫고 도움을 받아들이지 않을 경우 이러한 악순환은 이들을 직업 실패, 투옥, 입원 그리고 조기 사망에 이르게 할 수 있다. 음주 문제를 안고 있는 사람들의 상급자들이 이 문제를 그냥 놔두는 것이 더 도움이 되거나 친절한 것이라 생각하고 지나친 음주를 계속 방관한다면 그것은 문제를 더 연장시키는 것에 지나지 않는다. 알코올중독 초기 단계에서의 개입은 알코올중독자들이 이 문제로부터 회복하는 데 매우 중요한 요소이다.

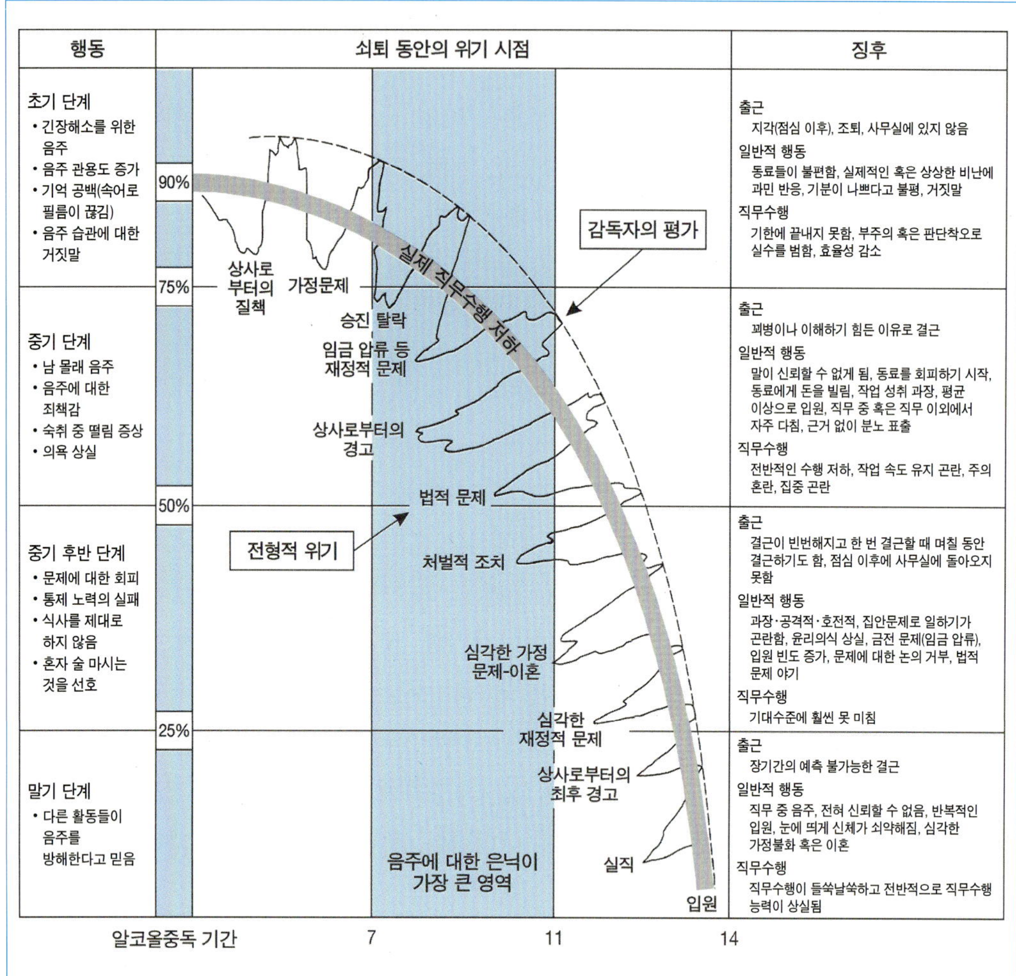

그림 11-2. 시간 경과에 따른 알코올중독자의 행동과 직무수행에서의 저하(A. Carding, "Booze and business", Administrative Management, 1967, 30, 21. Copyright Doyle Londley, Bechtel Corporation. 허락하에 재구성함.)

알코올중독 경영자

알코올중독 근로자들의 문제도 안타까운 일이지만 알코올중독자가 그 조직의 중역이라면 문제는 훨씬 더 심각해진다. 음주 문제로 인해 어떤 조직이 한 사람의 중역을 잃게 된다면 그 조직은 지금까지 상당한 훈련과 높은 수준의 임금 및 부가급부를 제공하였고, 매우 책임 있는 위치에 있었으며, 그 사람의 판단이나 의사결정 능력이 그 조직의 성공 여부에 매우 중요하다고 여겨졌던 한 사람을 잃게 되는 것이다.

알코올중독 중역들은 이들보다 낮은 수준의 근로자들에 비해 오랜 시간 동안 이 문제를 은폐할 수 있다. 이들은 자신의 상사가 갖고 있는 문제를 때로는 기꺼이 감춰주는 부하직원들의 도움을 받을 수도 있을 것이다. 이런 이유 등으로 알코올중독 중역들은 회계사무실이나 창고 혹은 생산라인에서 근무하는 사람들에 비해 더 오랫동안 다른 사람들에게 들키지 않고 지낼 수 있는 것이다.

알코올중독 중역들은 또 다른 보호수단을 갖고 있는데, 그것은 더 낮은 수준의 지위에 있는 근로자들에 비해 이들은 잘 해고되지 않는다는 점이다. 중역들은 더 오래 직장을 유지할 수 있고, 퇴직 때까지 고용되어 있을 수 있는 별도의 직무(make-work job)를 얻을 수 있다. 경영층은 생산층 근로자 중에 알코올중독자가 있다는 것은 쉽게 인정할 수 있겠지만, 자기 사무실 옆의 사무실에서 근무하는 사람의 알코올중독 문제를 받아들이는 데는 좀더 주저한다.

고위 관리자나 중역 사이에서 광범위하게 훈련되는 것 중의 하나인 협상과정에 대한 실험실 연구들은 술에 취해서 협상에 임하는 사람들은 그들의 조직에 손해를 끼치는 실수를 범한다는 것을 보여 주었다. 술이 취한 상태(혈중 알코올 농도가 0.05%인 경우)에서 협상을 진행한 실험참가자들은 맨 정신의 실험참가자들에 비해 협상 과정에서 유의하게 더 공격적이었다. 술이 취해 있던 사람들은 상대방에 대해 무례하고, 그들을 오도하거나 위협적으로 대하는 정도가 더 훨씬 심했다. 특히 술이 취한 상태로 협상에 임한 실험참가자들에게서는 인지적 손상도 찾아볼 수 있었는데, 이러한 인지적 손상은 이들이 판단에서의 실수를 하게 하거나 관련 없는 정보에 지나치게 주의를 빼앗기도록 하거나, 혹은 논의 중에 있는 문제의 핵심을 잘못 해석하거나 무시하도록 하였다 (Schweitzer & Kerr, 2000).

재활 프로그램

미국의 많은 연방정부기관들과 대기업의 반 이상이 알코올중독 재활 프로그램

근로자 지원 프로그램 알코올이나 약물남용을 포함한 근로자들의 다양한 문제를 해결하기 위한 상담이나 재활 프로그램.

을 지원하고 있다. **근로자 지원 프로그램**(employee assistance program, EAP)이라고도 불리는 이러한 노력을 통해 알코올중독 근로자들에 의한 결근율과 건강 의료 비용은 감소시키는 대신 생산성은 높임으로써 알코올중독 근로자의 재활 프로그램의 운영에 투자되는 매 1달러마다 20달러 정도의 이득을 되돌려 주고 있다. 대부분의 근로자 지원 프로그램은 근로자가 갖고 있는 다양한 문제에 대한 상담 서비스도 제공해 주지만 이 프로그램의 주요 관심사는 알코올과 약물 남용이다.

알코올중독 근로자들은 직장을 유지하고 싶어 하기 때문에 고용주들은 이러한 근로자들이 치료 기회를 찾아보도록 하는데 강력한 동기를 제공해 줄 수 있다. 알코올중독자들을 치료해 본 경험이 있는 심리학자들과 의사들은, 직장을 잃는 것이 배우자로 부터 (이혼 등의) 위협을 받는 것이나 심지어 조기 사망의 가망성보다도 더 큰 비중을 차지한다는 것에 동의한다. 알코올중독자들에게 직장을 유지하는 것은 자신의 음주문제에 대한 마지막 방어일 수도 있다. 이러한 방어가 위험에 처했다면(즉, 직장을 잃을 위험이 있다면) 대개의 경우 이들이 도움을 스스로 찾거나 혹은 권고된 도움을 받아들이고자 하는 욕구는 더 커진다.

미국 알코올중독 자문회의(National Council on Alcoholism)에서 알코올 남용 문제에 대처하기 위한 대부분의 프로그램은 제안한 대로 다음과 같은 세 단계를 따른다.

1. 관리자와 감독자 교육. 이 단계의 목적은 알코올중독은 도덕적 혹은 윤리적 문제가 아닌 의학적 문제이고 치료 가능한 병이라는 것을 관리층이 인식하도록 설득하는 것이다.
2. 알코올중독 근로자 조기 확인. 관리자들은 알코올중독의 증상과 그에 따른 결과 그리고 수행상의 변화 등을 탐지할 수 있도록 훈련받아야 한다.
3. 알코올중독 근로자들을 도울 수 있는 전문가 소개. 어떤 회사들은 알코올중독 근로자들에 대한 재활 프로그램을 감독하기 위해 자사 소속의 의사나 심리학자들의 도움을 받지만, 다른 회사들은 외부 상담기관에게 그러한 근로자들을 위탁한다. 대부분의 회사들은 근무시간에 알코올중독 근로자들이

<여기서 잠깐>

알코올중독의 추억

"브라이언은 저돌적 공격자였다." 이것은 20대 중반의 회계 관리자인 브라이언을 두고 그의 옛 친구들과 직장 동료들이 주로 하는 말이다. 그들은 또한 브라이언이 때로는 주체할 수 없을 정도로 술을 마셨다고 말하곤 했다. 그들은 브라이언이 대부분의 시간에 그렇게 많이 술을 마시리라고는 전혀 생각하지 못했다. "나는 다음날 일어나서 단지 두통을 없애기 위해 마약을 했습니다."라며 술이 덜 깬 상태에서 브라이언은 인정하였다.

그러나 브라이언은 다른 대부분의 관리자들이 그러한 것처럼 이러한 문제에 대해 몇 겹의 보호막이 있었고, 이를 통해 자신의 문제를 자신의 동료나 상사에서 감출 수 있었다. 그는 자신이 일하는 시간과 출장 계획을 스스로 정하였고, 정당한 사업적 이유로 사무실 밖에 있을 수 있었으며(여기에서는 직장 동료들에게 들키지 않고 술을 마실 수 있었다), 브라이언이 해야 했던 대부분의 일을 대신 해 주면서 그를 보호해 주려는 스탭들이 있었다. 더구나 그의 부하들도 그가 술을 너무 많이 마신다는 것을 알고 있었지만 그의 행동에 대해 발설하거나 불평했을 경우 자신에게 돌아올 보복이 두려웠다.

다른 알코올중독자들과 마찬가지로 브라이언은 자기가 문제가 있다는 것을 부인하였다. 알코올중독 중역들을 상담하고 있는 한 심리학자는 알코올중독자들이 문제를 부인하면서 자기가 수행하고 있는 일에 대해 강조한다고 말하였다. 실제로 어떤 사람은 "내가 이 모든 일을 직장에서 수행하고 있는데 내가 알코올중독자겠습니까?"라고 말한다. 마지막에, 브라이언이 도움을 받아야 한다고 말한 사람은 그의 상사가 아니었다. 그것은 그의 곁을 떠나면서 그의 아내가 한 일이었다. 그는 자기 발로 치료센터로 갔고, 지독한 금단현상을 참아냈으며, 지금은 22년째 술을 마시지 않고 있다. 또한 그는 그의 인생에서 매우 성공적이면서 새로운 운명을 맞았다. 무엇이었을까? 바로 그것은 그의 아내가 그에게 돌아온 것이다. 그러나 그는 과거에 자기가 행한 일들을 잊지 않고 있다. 그는 정기적으로 알코올중독자 지원 그룹 모임에 참석하고, 그가 다시 쉽게 술에 빠지게 할 수 있는 스트레스를 항상 경계한다. 그는 자기가 갖고 있는 아주 기분 좋은 생각에 대해 말하기를 좋아한다. "오늘날 내게 최악의 날이라도 내가 마지막으로 술을 마신 날보다 더 좋습니다."

출처: P. Olson, Detoured but not stopped by alcohol. *New York Times*, May 25, 2003.

치료를 받을 수 있도록 하고 있고, 치료 프로그램이 진행되는 동안에도 임금을 계속 지불한다.

알코올중독 치료에서 특히 효과적인 방법은 알코올중독자협회(Alcoholics Anonymous)의 구성원을 참가시키는 것이다. 알코올중독자협회는 알코올중독 문제를 해결하는 데 매우 성공적이었는데 왜냐하면 그 단체의 구성원 스스로가 그 효과를 먼저 알고 있었기 때문이다. 비록 그렇게 강하지는 않더라도 알코올중독에서 회복한 근로자들은 나중에 더 좋은 근로자들이 된다는 것을 시사하는 몇 가지 증거도 있다. 그들의 수행은 음주 문제로 더 이상 저하되지 않고, 그들은 이것이 마지막 기회라고 생각하고 더 많이 노력한다. 또한 비록 알코올중독으로부터 회복한 근로자들의 수행이 그렇게 향상되지는 않더라도 최소한 회사는 잃을 수도 있었던 경험 많은 근로자들을 재활시켜 계속 일할 수 있는 기회를 준 것이다.

직무상 알코올중독의 모든 측면들에 대한 정보는 미국 인사관리 사무국(Office of Personal Management)에서 관리하는 웹사이트 www.opm.gov/ehs/alcohol.asp를 참조하기 바란다. 또한 데이터베이스, 연구 프로그램 및 다른 자료 자원은 미국 보건원(National Institute of Health)의 미국 알코올남용과 알코올중독 연구소(National Institute on Alcohol Abuse and Alcoholism, NIAAA)에서 제공하는 웹페이지 www.niaaa.nih.gov를 참조하기 바란다. www.alcolholismhelp.com에도 관련 정보가 많이 제공되고 있다.

작업장에서의 약물 사용

직무 중 불법 약물의 사용은 심각한 문제이다. 마리화나가 가장 많이 사용되는 약물이고, 암페타민, 아편, 코카인, PCP 그리고 엑스터시 등도 작업장에서 사용되는 것으로 밝혀졌다. 이 밖에도 진정제, 진통제 그리고 흥분제와 같은 병원 처방 약물도 과용될 수 있다. 자료에 따르면 10명당 1명의 현직 근로자와 미래의 근로자들은 약물을 사용하고 있거나 앞으로 사용할 것으로 보인다. 미국 약물남용연구소(National Institute of Drug Abuse)에 따르면 약물 사용은 18세에서 25세 사이의 젊은 근로자들에게 더 만연되어 있다.

근로자 및 일반인들의 약물 사용 특징에 대한 최근의 연구 결과들을 고려해 보라(Frone, 2003).

- 1,480만 명의 미국인들이 불법 약물을 사용한다.
- 12세에서 17세 사이의 연령에 있는 11%가 불법 약물을 사용한다.
- 약물 사용 비율이 가장 높은 연령 집단은 18세에서 25세의 연령 집단이고, 21세에서 최고조에 이르러 전체 인구 중 17.4%가 불법 약물을 사용한다.
- 약물 사용은 여성(4.9%)보다는 남성(8.7%)이 더 많다.
- 약물 사용자의 77%는 직장에 다니고 있다.
- 작업장에서 불법 약물을 구할 수 있는 용이성 정도는 약물 사용률과 밀접한 관계가 있다(특히 마리화나). 불법 약물을 구하기 쉬울수록 약물 사용률은 높아진다.

비록 조직의 모든 수준에서 약물남용이 발견되었지만 숙련된 혹은 반숙련된 근로자들 사이에서 약물남용의 비율이 가장 높은 반면, 전문직 혹은 관리직의 경우에 가장 낮다. 병원 처방 약물의 과용은 중년층과 노년층에서 가장 높다. 약물 사용자들은 모든 유형의 직무에서 찾아볼 수 있다. 어떤 원자력 발전소에서는 약물을 사용하는 안전 경비원을 체포한 바 있고, 미해군의 한 항공모함 승무원들은 정기적으로 마리화나를 피웠다는 것이 밝혀졌으며, 어느 석유회사는 멕시코만 앞바다에서 유정 굴착 작업을 하던 작업자들이 가끔 불법약물을 복용한 상태에서 작업하였다는 것을 발견하였다.

약물-의존적 작업자들은 작업 생산성과 효율성에 대해 파괴적인 효과를 가져다줄 수 있다는 점에서 알코올중독 근로자들보다 더 심각한 문제를 안고 있다고 할 수도 있다. 약물 사용자들은 자신의 습관을 유지하기 위한 돈을 마련하기 위해 작업장에 있는 다른 근로자에게 약물을 팔려고 할 수 있기 때문에 특히 더 위험하다.

직무수행에 대한 효과

약물 사용이 갖는 행동상의 효과는 어떤 약물을 사용하는지에 따라 달라진다. 그러나 처음에 약물을 시작하는 사람들은 행동에서 눈에 띄는 변화를 보이는 것이 일반적이다. 자기 외모나 의복 혹은 위생에 전혀 신경을 쓰지 않고 어떤 사람들은 검은색 안경을 착용하는 습관을 갖기도 한다. 정서적 폭발은 흔한 일이고, 돈을 빌리는 경향도 많아진다. 판단과 반사에서의 손상 가능성이 높은데, 이로 인해 신체 움직임이 굼떠지고, 동공의 확장 및 수축이 느려지며, 안구가 충혈되고, 극단적인 경우에는 팔이나 신체의 다른 부위에 바늘 자국이 보인다. 이러한 행동상의 변화는 직무수행에 영향을 준다.

더구나, 약물남용자들은 다른 사람들에 비해 사고 건수에서는 4배, 결근 수와 근로자 의료보험 청구 건수에서는 각각 3배, 그리고 근로자 보상 청구 건수에서는 5배 정도 더 높다는 것이 밝혀졌다. 이들이 직장에 지각할 가능성은 훨씬 더 높고, 이들은 스스로 직무만족 수준을 낮게 평가한다.

470명의 성인을 대상으로 20대 중반과 30대 초반의 두 시기에 걸쳐 설문 조사를 실시해 본 결과, 초기의 약물 사용 경험이 있는 사람은 그 이후에도 약물남용에 빠질 가능성이 높은 것으로 밝혀졌다. 다시 말해, 20대 중반에 약물 문제를 갖고 있다고 보고한 사람들은 30대 초반에도 약물남용을 계속한다는 것이다. 이러한 지속적인 약물남용은 직무 불안정을 가져오고, 직무만족 수준을 낮추며, 일반적으로 받아들여지는 사회규범에 동의하는 경향을 낮춘다. 그러나 약물 문제에 맞서 싸울 수 있도록 초기에 사회적 지지를 받은 사람들은 두 번째 조사 시점에서는 약물을 사용하고 있을 가능성이 낮았다. 또한 이들은 초기에 사회적 지지를 받지 못했던 사람들에 비해 자신의 직무에 대한 만족 수준을 높게 평가하는 경향이 있었다(Galaif, Newcomb, & Carmona, 2001).

조직에서 훔칠 수 있는 것이 무엇인지에 따라 약물 사용은 근로자에 의한 절도도 증가시킬 수 있다. 따라서 약물 사용자들은 조직 관리의 부담을 주고, 동료들의 안전이나 근로의욕을 위협하는 '가장자리 근로자'가 될 가능성이 높다. 건설이나 교통과 같이 위험한 직업에서는 알코올중독자와 마찬가지로 약물 사용자도 일반 국민에 대한 위협이 될 수 있다. 직무현장에서의 약물검사를 옹호하는 사람들은 공공 안전이 이러한 의무적 검사를 실시하는 가장 큰 이유라고 주장한다. 일반 국민들은 자기가 이용하는 버스, 기차 그리고 항공기의 조작자들이 약물 때문에 판단능력이나 반응시간에서 손상을 받지 않았다는 것을 확인할 권리가 있는 것이다.

미국 노동부는 비교적 소규모의 사업체들(24인 이하의 근로자)은 대규모 회사들(500명 이상의 근로자)에 비해 근로자 약물남용에 의해 더 강한 영향을 많이 받는다고 보고하였다. 약물남용자로 밝혀진 13%만이 대규모 회사에서 일하는 반면 약물남용자 중 44%가 소규모 사업체에서는 일한다. 이에 대한 가능한 설명 중 하나는 소규모 사업체의 경우 약물남용자를 찾아내거나 직무 중 약물 사용에 대처할 수 있는 프로그램들을 갖고 있지 못할 가능성이 더 높다는 점이다. 따라서 소규모 사업체에서 일하는 약물 사용자들을 적발할 수 있는 가능성이 더 낮은 것이다. 더구나 소규모 회사에서 약물로 인해 손상된 한 사람의 근로자(예를 들어 25명 중 1명)에 의한 실수는 1,000명의 근로자 중 한 명의 에러에 의한 것보다 회사에는 경제적으로 더 타격이 심하고 잠재적으로 더 위험한 영향을 미친다(Report: 「Alcohol and drug abuse in America today」, 2004).

약물검사 프로그램

당신이 다음에 직장에 지원할 때는 약물검사를 받을 가능성이 매우 높다. 대부분의 회사는 약물검사에서 양성으로 나온 지원자의 채용을 거부한다. 약물검사는 이제 근로자 선발과정에서의 주요 부분이 되었고, 그 검사 결과는 당신이 선발 시험에서 거둔 다른 검사의 성적을 뒤엎을 수도 있을 것이다.

심리학자들은 약물검사 프로그램 실시에 대해 다음과 같은 가이드라인을 가능한 준수하도록 제안한 바 있다.

- 조직체는 그 조직의 약물남용과 약물검사에 대한 방침이 기술된 문건을 근로자들에게 배포하여야 한다.
- 만일 근로자들이 노동조합에 소속되어 있다면, 회사는 약물 방침과 검사 절차를 실제로 실행하기 이전에 단체교섭 과정에서 이것에 대해 명확히 언급하여야 한다. 노동조합과의 교섭을 거부하는 고용주는 부당노동행위로 처벌받을 수도 있다.
- 약물검사는 모든 근로자들에 대해 실시되어야 한다. 어떤 특정 집단도 검사에서 예외가 되어서는 안 된다.

- 현직 근로자들은 직무 손상에 대한 기록된 사례가 있거나 그 손상을 가져온 가능한 원인에 대한 타당한 지표가 있을 경우에만 검사를 받도록 해야 한다.
- 근로자들에게는 검사받을 약물의 유형, 검사 종류 및 검사를 거부했을 때의 결과 등을 포함하는 약물검사의 전반적 절차들에 대해 미리 고지해야 한다.
- 양성 검사 결과는 이차 검사를 통해 확증되어야 한다.
- 약물검사 결과는 비밀로 해야 한다.

1,484명의 전일제 혹은 파트타임 근무자들에 대한 전화 조사에서는 이전 달에 마리화나를 피운 근로자들은 그러한 경험이 없는 근로자들에 비해 고용주가 실시하는 약물검사가 불공정하다고 믿는 경향이 유의하게 더 강하다는 것을 발견하였다. 이 조사연구의 두 번째 결과는 수행을 잘못할 경우 일반 대중이나 동료 혹은 다른 근로자들에게 상해를 야기할 수 있는 안전에 민감한 직무를 수행하는 근로자는 안전에 민감하지 않은 직무를 수행하는 근로자들에 비해 자기 회사가 실시하는 약물검사가 공정하다고 믿는 경향이 더 강했다는 것이다 (Paronto, Truxillo, Bauer, & Leo, 2002).

약물검사는 논란거리가 많다. 어떤 사람들은 약물검사가 근로자의 사생활에 대한 권리, 비밀 보장 그리고 무분별한 수색과 압류로부터의 안전을 침해한다고 주장한다. 주로 이러한 이유들 때문에 어떤 조직체들은 근로자들에 대한 전면적인 약물검사 프로그램의 실시를 주저하고, 그 대신 약물 사용자라고 알려진 근로자들에 대해서는 위험한 직무로부터 다른 직무로 재배치하는 방법을 취하기도 한다.

약물검사의 타당도도 문제가 된다. 미국 질병관리 및 예방센터는 대규모 약물검사 특히 값싸고 정교하지 못한 검사들은 전체 약물 양성 반응의 사례 중 3분의 2 정도를 잘못 판정할 수 있다고 보고하였다. 양성으로 잘못 판정하는 비율이 이렇게 높다는 것은 심각한 수준으로 많은 지원자들과 근로자들이 약물 남용자로 잘못 낙인찍힐 수 있다는 것을 의미한다.

검사가 정확하지 못한 것은 결과를 잘못 판독하거나, 실험실에서 실수가 있거나 혹은 근로자들의 속임수 등에 기인한 것일 수 있다. 소변이나 혈액 샘플에 포함되어 있는 다른 물질도 불법 약물로 오인될 수 있다. 예를 들어 양귀비 씨앗은 아편을 한 것으로 잘못 판독하게 할 수 있고, 처방전 없이 구입 가능한 Contac과 같은 감기약이나, Advil 혹은 Nuprin과 같은 진통제들은 마리화나를 피운 것으로 오인하게 할 수 있다. 또한 일부 중남미 국가들에서는 정상적인 식품 중 하나인 어떤 약초 차는 코카인에 대한 양성 방응을 이끌 수 있다. 실험실 검사관들도 부주의하게 샘플을 오염시킬 수 있다. 몇 년 전, 미국 군대는 6만 명의 군인들에 대한 소변 샘플이 실험실에서 매우 부주의하게 다뤄져 어떤 검사 결과들도 신뢰롭게 판정될 수 없다는 것을 발견하였다.

약물 사용 검사를 받는 사람들도 자신의 소변 샘플을 약물을 하지 않은 사람의 소변 샘플로 대체하거나, 약물의 흔적을 지우기 위해 세탁용 표백제와 같은 혼합물을 표본에 섞는 등의 방법으로 검사 체계를 속일 수 있다. 이런 이유 때문에 대부분의 고용주들은 검사관이 입회한 가운데 근로자들의 소변 샘플을 채취하도록 하는데, 이것은 대부분의 사람들이 매우 불쾌하게 생각하는 것이다.

직무수행 중의 약물 사용에 대처하기 위해 조직체에서 일차적으로 취하는 단계는 조직이 갖고 있는 약물 사용과 약물검사에 대한 방침과 그러한 방침을 어겼을 경우 발생할 수 있는 가능한 결과 등에 대해 분명하고 직접적으로 근로자와 직무 지원자들에게 고지하는 것이다.

두 번째 단계는 모든 근로자들을 선별하는 단계인데, 여기에서는 약물검사뿐만 아니라 전체 고용경력 중 고용이 되지 않았던 시간, 범죄 경력, 불명예 군대 제대 그리고 중독을 나타낼 수 있는 신체적 특징 등에 대해서도 면밀하게 검토한다.

가장 어려운 단계인 세 번째 단계에서는 직장에서 약물을 사용하고 있거나 남에게 그것을 팔고 있는 사람들을 찾아내는 것이다. 어떤 회사는 이전에 약물 중독자였던 사람을 고용해 공장에서 이루어지는 다양한 직무에서 일하게 하여 약물 사용자를 찾아내도록 하였고, 다른 회사는 사립 탐정을 고용하여 근로자인 것처럼 행세하게 한 후 약물 사용자를 찾아내도록 하는 방법을 사용하기도 하였다. 어떤 고용주들은 마약 탐지견을 사용하여 작업장과 회사 주차장에 있는 근로자들의 차 속에 약물이 숨겨져 있는지 탐지하도록 하였다.

약물 사용자들은 직무수행 중 사고에 휘말릴 가능성이 매우 높다(Reprinted by permission of Partnership for a Drug-Free America).

대부분의 조직체들은 중독성이 없는 약물을 이따금씩 사용하는 사람과, 중독성이 강한 약물에 중독되어 있거나 이를 밀매하는 사람들을 구분한다. 만일 간헐적인 약물사용자가 좋은 직무수행을 보이고 도움을 받아들일 자세가 되어 있다고 판단된다면 회사는 거의 대부분의 경우 이들에게 치료받을 기회를 알선해 준다. 만일 그러한 근로자가 도움을 거절한다면 그들은 해고될 가능성이 높다. 약물 밀매자들은 체포될 확률이 높다.

약물 문제를 성공적으로 치료받고 직무로 돌아온 근로자들의 결근율, 사고, 병가 그리고 의료보험 청구 건수 등은 모두 감소한다. 일반적으로 근로자 지원 프로그램의 성공률은 80%에 이른다고 보고하는데, 여기서 성공이란 약물 사용 없이 생활하고 치료 후 1년 동안 만족스러운 직무를 보인 경우를 말한다. 일단 약물 사용자들이 직장을 잃으면 이들의 회복률은 5%대로 떨어지는데, 이것은 이들이 아직 직장을 갖고 있을 때 약물 사용의 탐지와 치료가 중요하다는 것을 시사한다.

260명의 시청 근로자들을 대상으로 한 연구에서는 근로자 지원 프로그램에 대한 수용과 믿음을 확립하는데 집단 훈련이 중요하다는 것을 보여 주었다. 약물남용 문제에 특별하게 중점을 두고 있는 집단 훈련은 그 훈련 프로그램이 종료된 뒤에도 6개월 이상 근로자들이 도움을 청하는 경향을 유의하게 높일 수 있었다(Bennett & Lehman, 2000).

작업장에서의 약물남용 문제에 대한 추가적인 정보는 미국 약물남용 연구소의 웹사이트 www.nida.nih.gov와 미국 노동부 웹사이트 www.dol.gov/workingpart ners/-57k를 참조하기 바란다.

컴퓨터와 신체건강

컴퓨터를 사용해야 하는 근로자들은 허리 통증, 신체적 피로 그리고 안구질환 등의 문제를 호소한다. 이러한 문제들은 작업장의 설계를 변경하거나 조명을 제대로 조절함으로써 쉽게 해결될 수 있다. 미국 캘리포니아의 샌프란시스코 시청은 안구 긴장, 근육 피로 그리고 반복성 운동 상해를 줄이기 위해 비디오 디스플레이의 사용을 규제하는 법안을 통과시켰다. 이 법안은 작업자들에게 조절 가능한 의자와 적합한 조명 그리고 분리형 키보드와 조절형 스크린이 갖춰진 컴퓨터를 제공하도록 요구하고 있다. 이 법안은 공학심리학자들의 권고사항을 따른 것이다. 또한 규칙적인 휴식시간이 없는 근로자들에게는 매 2시간마다 시간과 장소 등에 크게 구애받지 않고 일할 수 있도록 배려한 15분의 유연 근무시간을 갖도록 하고 있다.

수근관 증후군 손가락, 손 그리고 전완 등에 마비나 저림 혹은 통증을 가져오는 반복성 운동 장애.

반복적 동작으로 인한 장애의 하나인 **수근관 증후군**(carpal tunnel syndrome)은 수십 년 동안 많은 직종의 근무자들을 괴롭혀 온 질병이다. 반복적으로 동일한 혹은 유사한 동작을 요구하는 모든 직무는 손목에서의 통증과 마비를 가져오는 수근관 증후군을 이끌 수 있다. 육가공작업자, 목수, 수동착암기 조작자 그리고 생산라인 작업자와 같은 블루칼라 근로자들에 의해 주로 보고된 이 질환은 거의 주목을 받지 못했었다.

컴퓨터 사용이 증가하면서 신문기자나 편집자와 같은 화이트칼라 작업자들은 손가락의 저림과 마비를 수반하는 손과 전완(forearm)에서의 찌르는 듯한 통증을 호소하기 시작하였다. 그 이후로 수근관 증후군이 널리 알려지게 되었다. 그리고 언론계에 종사하는 사람들이 이 질병에 시달리기 시작하면서 이들은 이러한 새로 발견된 질병에 대한 글을 신문에 실었다. 심리학자들과 의료 연구자들이 이것에 대해 연구하기 시작하였고 OSHA는 긴장하게 되었다. 수근관 증후군에 대한 자세한 정보는 미국 신경성 장애 및 뇌졸중 연구센터(National Institute of Neurological Disorders and Strokes)의 웹사이트 www.ninds.nih.gov/health_and_medical/disorders/carpal_doc.htm.19k를 참조하기 바란다.

반복적 동작으로 인한 장애는 미국 노동인구 중 200만 명 이상에게 고통을 주고 있는 것으로 알려져 있다. 이들 중 많은 사람들에게는 손상된 신경을 치료하기 위한 외과적 수술이 요구된다. 샌프란시스코 시청에서 제정한 법안에 반영된 것과 같은 공학심리학자들의 가이드라인을 충실히 따른다면 이러한 문제는 어느 정도 예방할 수 있다.

컴퓨터칩을 생산하는 사람들에 대해서는 또 다른 건강문제가 있다. 이 작업은 비소, 시안화물(cyanide), 산, 그리고 독성이 있는 용제를 사용하기 때문에 잠재적인 위험성을 갖고 있다. 몇몇 작업자들은 직무 과정에서 두통과 집중곤란을 호소하고, 장기적인 건강문제에 대해 걱정하고 있다. 현재까지 연구들은 이러한 영향에 대해 확인도 부정도 하지 않고 있다. 그럼에도 불구하고 AT&T와 같은 회사들은 임신한 여성은 컴퓨터칩 생산라인에서 다른 작업장으로 옮기는 조치를 취하고 있다. 다른 회사들도 이러한 위험성에 대해 근로자들에게 알려 주고, 다른 곳에서 작업할 수 있는 기회를 제공하고 있다.

연구들에 따르면 주당 20시간 이상 컴퓨터를 사용하여 근무하는 임신 여성들은 다른 유형의 사무실 근무를 하는 임신 여성에 비해 유산율이 더 높다는 것을 보여 주었다. 동물들에 대한 실험에서는 비디오 디스플레이에서 방출되는 저주파의 전자기 방사선은 동물들의 유산이나 선천적 결손증(birth defect)을 가져올 수 있다는 것을 발견하였다. 그러나 이러한 결과가 인간에게도 적용되는지는 분명하지 않다.

심리학자들은 이러한 문제의 원천이 디스플레이 스크린으로부터 방출되는 방사선에 기인한 것이 아니라 많은 컴퓨터 오퍼레이터들이 함께 작업하는 스트레스 높은 생산라인의 분위기 때문이라고 제안한다. 몇 개의 직장에 근무하는 임신 여성들에 대한 한 조사에서는 컴퓨터 단말기를 사용하여 상당히 오랜 시간 작업하는 관리직이나 전문직 근로자들에 비해 사무직 근로자들의 유산 비율이 더 높았다는 것이 발견되었다. 관리직이나 전문직 여성 근로자들의 직무는 스트레스가 덜하고 좀더 만족스러운 것이었을 수 있다. 몇 개 나라의 임신 여성 근로자들을 대상으로 한 연구에서는 컴퓨터를 사용하는 직무 때문에 유산이나 선천적 결손증이 더 많이 발생한다는 어떠한 증거도 발견되지 않았다.

이러한 논쟁은 차별에 대한 관심을 불러 일으켰다. 몇 회사는 **보호적 배제**(protective exclusion)라고 불리는 것을 시행하고 있는데, 이것은 컴퓨터 사용 작업 때문에 유산, 선천성 결손증 혹은 다른 건강문제가 발생하였다는 사실이 나중에 재판 과정에서 밝혀지는 것이 염려되어 여성 근로자들이 컴퓨터칩 생산작업과 같은 어떤 직무를 수행하지 못하도록 회사에서 금지하는 것을 말한다. 어떤 회사는 여성 지원자에게 소변 샘플을 제출하도록 하여 이들이 전혀 모르거나 혹은 어떤 동의 절차 없이 임신 여부를 검사하기도 하였다. 그와 같은 회사의 시책 때문에 여성이 직장을 얻지 못할 경우 그것은 성차별이 된다.

보호적 배제 법적 소송을 방지하기 위해 가임 연령의 여성과 같은 특정 근로자 집단이 위험한 직무를 수행하지 못하도록 하는 것.

1991년 미국 대법원은 이러한 보호적 배제가 일종의 성차별이라고 판결하고, 태아에게 해로운 영향을 줄 수 있는 독성물질에 노출되는 직무에 대해서라도 고용주는 여성을 배제해서는 안 된다고 규정하였다. 이 재판은 Johnson Controls 전지회사를 상대로 이루어진 것인데, 이 회사는 잠재적으로 위험한 납 증기(lead fume)에 노출될 수 있는 고-임금의 생산라인 직무에서 (불임을 증명할 수 있었던 사람들을 제외한) 가임 연령의 여성 근로자들을 배제시킨 바 있다. 몇몇 여성들은 임금이 낮은 직무로 옮기는 것보다 불임 수술을 받았다. 회사의 태아 보호 정책이 남성에게는 적용되지 않았다는 점이 흥미로운데, 왜냐하면 납 증기에 의해 남성의 정자도 기형이 되거나 선천적 결손증을 야기할 수 있는 상태가 될 수도 있기 때문이다.

컴퓨터는 X-선, 적외선 그리고 자성을 띤 정전기장 등과 같은 또 다른 유형의 방사선을 방출한다. 이러한 방출이 장기적으로 어떤 영향을 줄 수 있는지는 아직 밝혀지지 않았다.

작업장에서의 HIV

작업집단 안에서 HIV 양성인 사람은 HIV에 대해 잘 모르는 근로자들이 이것에 감염되는 것에 대한 공포를 갖게 함으로써 직무수행과 근로의욕에 심대한 영향을 미친다. New England에 있는 한 통신회사에서는 동료 중의 한 사람이 HIV 양성으로 진단되었다는 이유로 30명의 근로자들이 직장을 그만두었다. 어떤 사람들은 HIV 양성 진단을 받은 사람들이 모두 동성애자들이거나 약물남용자들이라고 생각한다. 싱가포르에서 160명의 인적자원 관리자들을 대상으로 한 연구는 사람들이 HIV에 대해 더 많이 알수록 작업장에서의 HIV에 대한 노출의 공포는 낮아진다는 것을 밝힌 서구 국가들의 이전 연구 결과를 확증하여 주었다. HIV에 대한 불충분한 지식이나 정보는 근로자들로 하여금 직무상의 일상적 접촉에 의한 HIV 감염 위험성을 과장하게 만들어 HIV 양성으로 진단된 사람과 함께 일하는 것에 대해 불안을 느끼게 한다.

조직체가 직면한 또 다른 문제는 건강보험료에 대한 지출 증가이다. 조직체는 의료비용의 지출이 많은 근로자들에 대해 특히 많은 신경을 쓴다. 고용주가 지불하는 건강보험이 미국에서 근로자가 받는 부가급부의 표준이 된 이후에 AIDS 환자의 출현은 최초의 대규모 건강보험 위기를 초래하였다. 보험 가입자들은 HIV에 대해서는 보험을 적용받지 못하였다. 1991년에 실시된 연구 결과, 보험 혜택을 받지 못한다는 것과 직장에서 차별을 받는 것은 HIV/AIDS 환자들이 치료를 받고 직장에 돌아왔을 때 직면하는 중요한 장벽이라는 것이 밝혀졌다. 또한 HIV/AIDS 근로자들은 병원에 다닐 수 있는 시간을 줄 것인지 그리고 덜 힘든 일을 이들에게 맡길 것인지와 같은 것들도 이들이 직장에 다시 돌아왔을 때 고용주들이 고려해야 하는 문제들이다(Martin, Brooks, Ortiz, & Veniegas, 2003).

고용주들은 고용이나 다른 경력 결정에서 AIDS 환자들을 차별해서는 안 되고, 전염 위험성 때문에 그들을 해고할 수도 없다. 미국 질병관리센터는 AIDS가 일상적인 접촉에 의해서는 전염되지 않는다고 결론지었다. 미국의 전체 회사들 중 4분의 1만이 HIV 양성 근로자들에 대한 정책이나 프로그램을 갖고 있다. 어떤 회사들은 신문이나 책자 혹은 비디오에 담겨진 사실적 정보를 제시함으로써 이 질병에 대해 근로자들을 교육하고 있다. 의료 전문가와 함께 하는 비공식적 질문-대답 시간도 도움이 된다. 그와 같은 회사가 지원하는 교육 프로그램은 근로자들 스스로 HIV에 감염되거나 전염시키지 않는 방식으로 행동하게 하는 부가적 이점도 있다.

요 약

OSHA의 목표는 작업자들을 사고와 건강문제로부터 보호하기 위한 연방 안전규준을 실행하는 것이다. 사고에 대한 연구에서의 한 가지 문제는 많은 조직체들이 그들의 안전기록을 좋게 유지하기 위해 사고 자료를 불완전하게 보고함으로써 이를 왜곡한다는 점이다. 사고에 영향을 주는 작업장 요인들에는 산업 유형, 작업 스케줄, 조명, 온도 및 장비 설계 등이 포함된다. 사고와 관련된 개인적 요인들로는 음주와 약물사용, 건강, 피로, 직무 경험, 직무 불안정성, 연령, 직무개입 그리고 성실성 등을 포함한 성격 변인 등이 있다. **사고 경향성 이론**(accident proneness theory)은 연구를 통한 경험적 지지를 거의 받지 못하고 있다.

사고를 방지하기 위해서 조직은 사고보고와 사고분석을 완전하게 해야 하고, 직무와 작업환경에 대한 설계를 고려해야 하며, 안전한 작업 실천에 대해서는 관리적 차원에서 지지해야 하고, 안전 훈련을 실시하며, 확고한 안전 분위기를 제공해 주어야 하고, 안전에 대한 홍보 운동을 지원해 주어야 한다.

작업장 폭력은 증가하고 있는 추세이다. 무례함, 분노 그리고 적대감을 드러내는 행동은 모든 수준의 근로자들에게 위협이 된다. 작업장 폭력과 관련되는 요인들에는 지역사회에서의 폭력 수준, 작업장 폭력의 피해자 혹은 대상이 되는 것, 그리고 심리적 특성 분노 등이 있다. 폭력적 행위를 저지를 가능성이 가장 높은 사람들은 약물남용과 정신질환 경력이 있는 30세에서 50세 사이의 남성이다.

직장에서의 음주문제는 지각, 결근, 낮은 생산성 그리고 정서적 문제와 관련된다. 조직체들은 **근로자 지원 프로그램**(employee assistance program, EAP)을 통해 알코올중독 근로자들을 돕고, 관리자들이 작업자들의 알코올중독 징후를 찾아낼 수 있도록 훈련시킴으로써 직장에서의 알코올중독 문제를 해결하고자 노력하고 있다. 직장에서의 약물사용은 조직의 모든 수준에서 발견된다. 일반적으로 조직은 알코올중독 근로자들에 비해 약물남용 근로자들에 대해서 더 엄격하게 대한다. 인사 선발 과정에서의 약물검사는 비록 이것이 그렇게 정확한 것은 아니고 사생활 보호의 권리를 침해할 개연성이 있지만, 지금은 많이 사용되고 있다. **수근관 증후군**(carpal tunnel syndrome)과 같은 장기적 컴퓨터 사용에 의한 근로자의 건강문제도 활발하게 연구되고 있다.

작업장에 HIV 양성 근로자가 있다는 것은 다른 작업자들의 근로의욕과 수행에 영향을 미칠 수 있다. 그러나 이 질병에 대해 근로자들이 더 많은 정보를 가질수록 일상적인 접촉에 의해 이 질병에 감염될 수 있다는 잘못된 두려움을 낮출 수 있다.

주요 용어

근로자 지원 프로그램
보호적 배제
사고 경향성 이론
수근관 증후군

복습 문제

1. 작업은 어떠한 방식으로 여러분의 건강에 영향을 줄 수 있는가? 구체적으로 예를 들어라.
2. 빌딩 증후군의 몇 가지 증상과 그 원인에 대해 기술하라.
3. 직무상 사고를 정의하기 어려운 이유를 말해 보라.
4. 작업장의 어떤 조건들이 사고를 일으킬 수 있는가?
5. 장비 설계와 안전 장구가 어떻게 작업장 사고를 줄일 수 있는가?
6. 알코올사용과 약물사용, 건강, 연령과 직무 경험 그리고 직무 불안정과 같은 요인들이 어떻게 사고를 야기할 수 있는지 기술하라.
7. 작업장 사고에 대해 성격 특성과 직무개입의 역할은 무엇인가?
8. 직무상 사고를 줄이기 위한 안전훈련과 관리차원에서의 지지가 갖는 효과를 논의

하라.

9. 고압 전선에 너무 접근하는 것에 대해 근로자들이 조심하도록 하는 경고 포스터를 어떻게 설계할 것인지 기술해 보라.
10. 작업장에서 발생하는 폭력의 여러 수준들에 대해 기술해 보라. 각 수준의 상대적 발생빈도와 작업장 폭력이 갖는 전반적 효과에 대해 기술하라.
11. 직무 중 폭력과 관련된 요인에는 어떠한 것들이 있는가?
12. 성격 특성 분노(personality trait anger)를 정의하고, 이것이 작업장 폭력과 어떤 관계가 있는지 기술하라.
13. 왜 알코올중독 중역은 낮은 직급의 알코올중독 근로자들에 비해 잘 탐지되지 않는가?
14. 직무상 알코올남용에 대항하기 위해 미국 알코올중독 자문회의(National Council on Alcoholism)가 제안한 세 단계에 대해 기술하라.
15. 작업장에서 약물남용에 영향을 주는 요인들은 무엇인가? 근로자들 사이에서의 약물사용은 어떤 효과를 갖는가?
16. 작업장에서의 약물검사에 대한 찬성과 반대의 의견에 대해 논의해 보라. 고용주가 당신에게 고용 조건의 하나로써 약물검사를 요구한다면 당신은 어떻게 하겠는가?
17. 왜, 그리고 어떻게 고용주들은 알코올중독자들과 약물남용자들을 다르게 대하는가?
18. 장기적인 컴퓨터 사용은 신체적 건강문제와 어떻게 관련되는가? 그러한 문제는 직무에서 어떻게 감소시킬 수 있을까?
19. 당신은 관리자이고, 당신의 근로자 중 한 사람이 HIV 양성으로 진단되었다면 당신의 나머지 근로자들은 어떤 문제를 경험할 수 있을까? 당신은 이 상황을 어떻게 해결할 것인가?

더 읽을거리

Barling, J., & Frone, M. R. (Eds.) (2004). *The psychology of workplace safety*. Washington, D.C: American Psychological Association. 선진국과 개발도상국에서 발생하는 작업장에서의 상해와 사망의 원인에 대한 방지책을 개관하고 있다. 작업관련 사고를 열악한 작업자-관리층 의사소통, 안전문화의 결여, 불충분한 훈련, 그리고 인센티브에 기반한 임금체계의 결여 등과 관련지어 설명하고 있다.

Bennett, J. B., & Lehman, W. E. K. (Eds.) (2003). *Preventing workplace substance abuse: Beyond drug testing to wellness.* Washington, D.C: American Psychological Association. 작업장에서의 알코올남용자와 약물남용자에 대해 처벌이나 징계보다는 그들의 건강을 강조하는 프로그램에 대한 장기적 연구를 보고하고 있다. 또한 물질 남용의 원인이 되는 직무 스트레스, 일-가정 갈등, 사회적 지지의 결여, 불충분한 건강관리 프로그램, 그리고 열악한 대처 기술 등의 문제를 해결하기 위한 방안을 모색하고 있다.

Fox, S., & Spector, P. E. (Eds.) (2005). *Counterproductive work behavior.* Washington, D.C: American Psychological Association. 괴롭힘, 정서적 학대, 보복, 그리고 공격성 등과 같은 개인이나 조직 모두에 위험한 작업장에서의 행동들에 대해 포괄적인 조사 결과를 보고하고 있다. 가해자와 피해자의 개인적 특성뿐만 아니라 작업장의 환경적 요인들을 고려한다.

Lewis, G. W., & Zare, N. C. (1999). *Workplace hostility: Myth and reality.* Philadelphia: Taylor & Francis. 잠재적 폭력에 대한 행동적 경고 징후들(예를 들어 출근기록, 직무수행 문제, 언어적/비언어적 단서 등)을 포함한 요주의 근로자들에 대한 프로파일을 제공하고 있다. 조직에 대해서는 심리 평가, 법적 행동, 그리고 반폭력 시책 시행과 같은 대처 방안들을 제안한다.

Schwenk, C. R., & Rhodes, S. L. (Eds.) (1999). *Marijuana and the workplace.* Westport, CT: Quorum. 작업장에서의 마리화나 사용이 직무 수행과 행동에 미치는 효과를 살펴본 연구들을 개관하고 있다. 또한 폭력적 행동, 사회 일탈 행동 그리고 범죄 행위뿐만 아니라 동기, 주의, 학습과 기억 및 정신운동 기술 등을 다룬다.

제12장

작업장에서의 스트레스

이 장의 개요

〈여기서 잠깐〉 종군기자

직업 건강심리학

스트레스의 생리적 효과

직무만족과 통제감

스트레스 반응의 개인차

〈여기서 잠깐〉 장거리 출장 근무자

A 유형 성격

강인성

자기 효능감

통제소재

자존감

부정적 정서성

직업 유형

〈여기서 잠깐〉 시간이 곧 돈이다—웬디스 페스트푸드점

성차

일-가정 갈등

〈여기서 잠깐〉 퇴근 후 집에 돌아오면 스트레스를 더 받는다.

일-가족 갈등의 조직적 해결책

작업장 스트레스의 요인들

작업 과부하와 작업 과소부하

조직 변화

스트레스 환경에서 주어지는 과도하거나 불쾌한 자극 혹은 위협적인 사건에 대한 생리적·심리적 반응.

우리는 작업이 당신의 건강에 해를 줄 수 있는 몇 가지 방식에 대해 살펴본 바 있다. 직무 중 사고나 폭력, 그리고 공장이나 밀폐된 사무실에서 해로운 화학물질의 노출 등으로 매년 수많은 사람들이 사망하거나 상해를 입는다. 또 다른 요인인 **스트레스**도 수백만 명의 근로자의 건강에 영향을 미치지만 스트레스는 좀 더 은밀하고 눈에 띄지 않게 작용한다. 열악하게 설계된 의자나 독성이 있는 가스는 건강, 생산성 그리고 근로의욕에 영향을 미치는 물리적 요인인 반면, 스트레스는 우리의 신체적·정서적 건강과 직무수행 능력에 영향을 미치는 심리적 요인이다.

스트레스 관련 질병은 전 세계적으로 근로자들 사이에 만연되어 있다. 한 생명보험회사가 실시한 조사 결과에 따르면, 고용된 성인의 절반 이상이 자신이 수행하고 있는 직무가 스트레스가 매우 많은 직무라고 여기고 있다. 미국인의 3명 중 1명은 스트레스 때문에 자신의 직무를 그만두는 것에 대해 심각하게 고려하고 있다.

의사를 찾는 사람들 중 절반은 스트레스에 시달리고 있다. 더구나 신체적 증상들의 대부분은 심신질환이다. 즉, 실제의 신체적 장애들이 직무 중 스트레

휴대 가능한 전자기기를 통해 근로자들은 항상 자신의 사무실과 연결되어 있다. 지속적인 직무 관련 스트레스는 작업 효율성을 떨어뜨리고 신체적 문제들을 야기할 수 있다.

스와 같은 정서적 요인 때문에 발생한다. 스트레스와 관련된 신체적 문제들은 고혈압, 위궤양, 대장염, 심장질환, 관절염, 피부질환, 알레르기, 두통, 목이나 하요부 통증 그리고 암과 같은 것들이 포함된다. 스트레스는 감염성 질병이나 면역 체계 손상과 같은 장애와도 관련된다.

작업장에서의 스트레스는 생산성 저하, 동기 감소, 그리고 사고나 에러의 증가를 가져오기 때문에 고용주에게도 금전적으로 손해를 끼친다. 스트레스가 높으면 이직률이 높아지고, 스트레스는 약물남용이나 절도와 같은 반생산적인 행동과도 관련된다. 단 두 가지의 스트레스 관련 질병 즉, 심장질환과 위궤양만으로도 연간 450억 달러가 지출되는 것으로 추정되는데, 이것은 사고로 인해 조직이 지출하는 것보다 더 많은 금액이다. 통계에 따르면, 한 사람의 근로자가 직무 관련 사고로 사망한다고 했을 때 최소한 50명의 근로자가 어떤 유형의 심장질환을 앓고 있다고 한다. 미국과 스웨덴의 96만 명의 근로자들을 대상으로 수행된 연구는 스트레스가 높은 직무의 근로자는 스트레스가 낮은 직무 근로자

<여기서 잠깐>

종군기자

전쟁에 참여했던 군인들은 실제 전투를 할 때뿐만 아니라 제대한 이후에도 오랫동안 심한 스트레스에 시달린다는 것은 잘 알려져 있다. 하지만 당신은 TV에서 많이 보이는, 방탄조끼와 헬멧을 쓰고 전쟁 상황을 우리 안방까지 전달해 주는 종군기자가 겪는 스트레스에 대해 생각해 보았는가? 토론토 대학의 신경정신과 교수인 Anthony Feinstein 박사에 따르면 종군기자도 심각한 스트레스를 경험한다고 한다. Feinstein 박사는 몇 개의 전쟁을 취재한 140명의 6개 주요 언론사의 종군기자들에 대해 연구하였다. 이들과 전쟁 상황을 한 번도 직접 취재하지 않았던 같은 언론사 소속의 107명의 기자들과 비교하여 보았을 때 두 집단 사이에 뚜렷한 차이가 있음이 발견되었다.

종군기자들은 자신이 목격한 사건으로 인해 매우 심각한 외상을 경험하였을 뿐만 아니라, 때로 이들은 정상적인 활동을 하지 못할 정도까지 이르곤 하였다. 이들은 전쟁 지역에서 전쟁 상황을 직접 취재한 경험이 없었던 다른 기자들에 비해 현저하게 높은 수준의 우울증과 외상 후 스트레스 장애(post-traumatic stress disorder, PTSD)를 보였다. 외상후 스트레스 장애는 2년간 지속되기도 하였다. 종군기자들은 과거 장면의 재현, 반복되는 악몽, 신경과민 그리고 집중 곤란과 같은 증상을 포함한 광범위한 사회적·정서적 문제들을 보였다. 또한 이들은 집에 돌아온 다음에도 일상생활에 적응하지 못하는 경우가 빈번하였다. 그들은 옛 친구들이 비슷한 경험을 하지 않았다면 그들과 만나는 것을 꺼려하고, 다른 사람들과 개인적 인간관계를 유지하는 데 어려움을 경험한다. 그들 중 일부는 술을 통해 위안을 찾으려 하였다.

그럼에도 불구하고 연구 대상이었던 종군기자들은 자신들이 외상후 스트레스 장애일 수 있다는 것은 전혀 인정하지 않았고, 그들의 증상이 전형적인 스트레스라고 여기지도 않았다. 그들은 뭔가 잘못되어 있고 심각하게 문제가 있다는 것은 알고 있지만, 놀랍게도 무엇이 그들을 괴롭히는지에 대해서는 알지 못하였다.

출처: A. Feinstein (2002). A hazardous profession: War, journalists, and psychopathology. *American Journal of Psychiatry*, *159*(9), 1570-1579; A Goode, War horrors take a toll on reporters at the front. *New York Times*, September 17, 2002.

에 비해 심장질환에 걸릴 가능성이 네 배나 높다는 것을 보여 주었다.

영국에서 100만 명 이상의 근로자들을 대상으로 실시된 조사는 조사대상자의 반 이상이 너무 긴 근로시간에 의한 스트레스 때문에 발생하는 신체적 건강문제를 갖고 있음을 발견하였다. 또한 영국 심리학자들은 영국에서 발생하는 사고의 60% 이상이 스트레스와 관련된다는 것을 보고하였다(Cartwright, 2000).

다른 연구들도 직무 스트레스가 가장 높은 근로자들은 직무에서 스트레스를 거의 느끼지 않는 근로자들에 비해 고용주들에게 훨씬 더 많은 건강의료 비용을 부담시킨다는 것을 보여 주었다. 14개 대학에서 근무하는 근로자들에게 한 학기 동안 스트레스를 경험한 일이 있을 때마다 인터넷 일지를 통해 매일 기록하도록 한 결과, 직무 스트레스는 시간이 경과할수록 더 증가하는 것으로 나타났다. 직무 스트레스를 가져오는 각각의 스트레스 원천은 시간이 경과하여도 상대적으로 미약한 상태로 남아 있지만 이러한 스트레스들이 점차 누적되면 이들의 전체적인 효과는 심각해진다. 스트레스 수준이 증가할수록 직무만족이나 근로의욕 수준은 감소한다(Fuller et al., 2003).

스트레스는 직무 유형과 직무 수준에 상관없이 모든 근로자들에게 영향을 준다. 여러분이 대학에서 스트레스를 피할 수 없는 것처럼, 직장생활 하면서도 스트레스의 영향에서 벗어나기는 힘들다. 어느 수준의 스트레스는 당신의 직장생활의 질에 영향을 미칠 것이며, 이것은 다시 여러분의 일상생활에도 영향을 미칠 것이다.

직업 건강심리학

작업장 스트레스로 인한 계속되는 문제는 **직업 건강심리학**(occupational health psychology)이라는 학문 분야를 낳게 하였다. 직업 건강과 근로자의 안녕에 대한 관심은 산업심리학의 발전과정에서 보면 이미 초기 단계에서부터 언급된 바 있다. 하버드 대학에서 강의하였던 독일의 심리학자 Hugo Münsterberg는 산업심리학이라는 학문영역이 기초를 갖추도록 하는 데 많은 공헌을 하였다. 그가 고려하였던 연구 문제들 중에는 작업장 사고와 근로자의 안전 등이 포함되어 있었다. 제1차 세계대전(1914~1918) 중 영국 정부는 육체노동자의 비효율성과 피로를 연구하기 위한 산업피로연구위원회(Industrial Fatigue Research Board)를 설립하였다. 이후에 근로자들이 건강과 관련된 거의 모든 측면들에

직업 건강심리학 직무 스트레스와 근로자의 안녕과 관련한 다른 요인들을 다루는 학문 영역.

대해 다수의 연구가 수행되었다.

1990년에 심리학자인 Jonathan Raymond는 이러한 연구 영역을 직업 건강 심리학이라고 명명할 것을 제안하였다. 미국 경영학회는 산하의 조직행동 분과에 건강 및 복지 전문가 집단을 조직하였다. 이와 유사하게 미국 심리학회와 미국 산업안전보건연구원(NIOSH)은 직업 건강심리학이 공식적으로 발달할 수 있도록 지원하기 위한 특별 프로그램을 착수하였다. 국제 학회들이 개최되었고, 주요 대학교에 이 전공에 대한 대학원 과정이 설치되었으며, 「Journal of Occupational Health Psychology」라는 저널이 출간되기 시작하였다.

직업 건강심리학의 목표는 근로자의 건강과 안전에 영향을 미치는 스트레스의 유해한 효과를 밝혀 이에 대처하는 것이다. 이 장에서 소개되는 연구들의 대부분은 이러한 노력의 산물이라고 할 수 있다. 직업 건강심리학에 대해 자세한 정보를 구하고자 한다면 NIOSH의 웹페이지 www.cdc.gov/noish/ohp.html-27k를 방문해 보기 바란다. 그리고 스트레스에 대한 일반적 정보는 www.stress.org(미국 스트레스 협회)와 www.workhealth.org(미국 사회역학 센터의 직무 스트레스 네트워크 홈페이지)를 방문하기 바란다.

스트레스의 생리적 효과

어떤 사람들은 시험을 볼 때마다 스트레스를 경험한다. 사람들은 또한 다른 차가 정지신호를 무시하고 달려들어 자신의 차와 거의 충돌할 뻔했거나, 누군가 어두운 거리에서 자기 뒤를 따라올 때도 스트레스를 경험한다. 이러한 일들이 발생하면 우리는 불안해지고, 긴장되며, 공포를 경험한다. 스트레스에는 환경에서 주어지는 과도하고 불쾌한 자극 혹은 위협적인 사상에 대한 생리적·심리적 반응이 포함된다.

스트레스를 경험하는 도중에는 극적인 생리적 변화가 발생한다. 부신에서 방출되는 아드레날린은 모든 신체 기능들의 속도를 증가시킨다. 혈압과 심박률이 증가하고 과도한 수준의 혈당이 혈관으로 공급된다. 혈액순환이 증가하면 추가적인 에너지가 두뇌와 근육으로 공급되어 사람들이 위협에 대해 더 강하고 각성된 상태에서 대처할 수 있도록 해 준다. 스트레스 상황은 개인이 갖고 있는 에너지를 모아 정상적인 수준 이상으로 발휘되도록 한다. 이른바 **투쟁-도피 반응**(fight-or-flight response)이라고 불리는 이러한 과도한 에너지를 통해 유기체(인간이나 다른 동물들)는 스트레스 원인에 대해 투쟁하거나 그것으로부터 도피할 수 있게 되는 것이다.

투쟁-도피 현상에 대해 수행된 대부분의 연구들은 남성들을 대상으로 수행된 것이다. 최근에 와서야 여성들에 대해서도 자료가 수집되었는데, 스트레스에 대해 여성들은 남성과는 다른 방식으로 반응하는 것이 밝혀졌다. 스트레스에 대한 여성의 반응을 연구자들은 '**배려와 친화**(tend-and-befriend)'라고 불렀다. **배려**(tending)에는 스트레스로부터 자신과 자신의 자녀를 보호하기 위한 양육활동들이 포함되고, **친화**(befriending)는 스트레스에 저항하기 위해 사회적 집단이나 네트워크를 발전시키는 것을 일컫는다(Taylor et al., 2000). 그러나 스트레스에 대항하는 행동적 반응들에는 성차가 있다 하더라도, 어찌되었건 스트레스에 의한 생리적 변화들을 경험하는 것은 남녀 모두 동일하다.

대부분의 사람들은 극도로 긴급한 상황에 직면하는 일은 거의 없다. 경찰이나 소방관 혹은 전투 중인 군인이 경험하는 것과 같은 위협적인 일들에 노출되는 직무는 극히 제한적이다. 우리들 대부분이 직무수행 중에 경험하는 스트레스는 상사와의 언쟁, 불공평 대우 혹은 승진에 대한 걱정과 같이 본질적으로는 심리적 혹은 정서적인 것들이다. 이러한 것들은 우리가 흔히 일상생활에서 '열 받는 일'이라고 하는 것들이다. 스트레스 각각으로 보면 그 수준이 그렇게 높은 것은 아니지만 이러한 것들이 계속 축적됨으로써 신체적으로 좋지 못한 영향을 주게 된다. 각각의 스트레스는 이전 스트레스에 더해지고, 이것이 만들어낸 생리적 변화는 신체가 갖고 있는 에너지를 소비한다. 작업장에서 스트레스 요인들이 빈번하게 나타난다면 신체는 오랜 시간 생리적으로 높은 각성 상태 혹은 긴장 상태에 남아 있게 되는데, 이것은 정신신체 질병(psychosomatic illnesses)뿐만 아니라 생리적 손상을 가져올 수 있다.

정신신체 장애(psychosomatic disorder)는 가상적인 것이 아니다. 정신신체 장애는 특유의 피부 및 신체기관의 손상을 포함한다. 정신신체 장애의 뿌리는 심리적 혹은 정서적 요인들이지만 이들은 분명한 신체적 손상을 가져온다. 더

구나 스트레스 때문에 생긴 질병 자체가 또 다른 스트레스의 원인이 될 수도 있다. 신체적 건강이 악화되면 저항력과 신체 에너지가 감소하고, 그 결과 직무동기와 직무수행에 좋지 못한 영향을 미친다. 스트레스를 주제로 수행된 300편 이상의 연구 논문들에 대한 대규모 통합분석은 실직이나 실업에 대한 두려움과 같은 만성적 스트레스 요인은 신체의 면역체계를 억압할 수 있다는 것을 발견하였다. 면역체계가 억압되면 질병에 대항할 수 있는 생리적 자원들이 감소하여 질병에 쉽게 걸리게 된다(Segerstrom & Miller, 2004).

물론 모든 근로자들이 동일한 방식으로 스트레스의 영향을 받지는 않는다. 스트레스가 가장 높은 직무에 종사하는 항공 관제사를 생각해 보자. 항공 관제사는 특정 지점으로 모여들거나 혹은 그 특정 지점에서부터 여러 방향으로 출발하는 다양한 고도와 속도로 비행하는 수많은 항공기들을 추적하면서 몇 시간 동안 계속해서 높은 경계 상태에 있어야 한다. 이들은 작업은 매우 분주하고 어려우며 또한 수천 명의 목숨을 매일 책임져야 한다는 부담감이 수반되는 일이다. 항공 관제사의 신체 기능에 대한 연구는 이러한 직무특성이 신체에 영향을 미친다는 것을 보여 주었다. 자기 담당 구역의 항공기 수가 증가할수록 심장의 관상동맥이 더 수축되어 혈압이 상승한다. 항공 관제사들이 보이는 고혈압 빈도는 동일한 연령대의 다른 근로자들에 비해 3배 정도 더 높다.

이러한 연구들은 스트레스가 치명적인 효과를 가질 수 있음을 보여 주는 것 같다. 따라서 항공 관제사들이 보이는 심장발작, 뇌졸중 그리고 기타 스트레스 관련 장애들은 다른 일반인들에 비해 몇 배 더 높을 것으로 우리는 생각한다. 그러나 연구에 따르면 반드시 그러한 것은 아니다. 어떤 측정치에 대해서는 항공 관제사들이 다른 일반인들에 비해 훨씬 더 건강한 것으로 나타났다. 비록 어떤 항공 관제사들은 스트레스로 인해 질병을 앓거나 조기 사망하는 경우도 있지만 다른 항공 관제사들은 스트레스에 전혀 영향을 받지 않는다.

직무만족과 통제감

직무 압력이 모든 항공 관제사에게 똑같이 영향을 주지 않는 이유는 무엇인가? 그것은 항공 관제사들이 자신이 하는 일에서 얻는 직무만족의 수준에 기인한 것으로 보인다. 즉, 자기 직무에 매우 만족한다고 보고한 사람들은 스트레스의 유해한 영향을 거의 받지 않는 반면, 자신의 직무에 대해 매우 불만족스럽게 생각하는 사람들은 스트레스가 갖는 유해한 영향을 더 많이 받는다.

미국에서 1,886명의 사업체 관리자들은 대상으로 실시한 연구는 두 종류의 작업 스트레스를 찾아내었다(Cavanaugh, Boswell, Roehling, & Boudreau, 2000):

1. 도전–관련 스트레스는 만족감과 성취감을 느끼게 해 주는 시간 압력이나 높은 수준의 책임감 때문에 발생한다.
2. 방해–관련 스트레스는 목표 성취를 방해하는 과도한 직무부담과 제약(관료주의, 고위층으로부터의 열악한 지원 그리고 직무불안전성) 때문에 발생한다.

따라서 모든 스트레스가 해로운 것은 아닌 것으로 여겨진다. 도전–관련 스트레스는 작업자들의 동기를 고취시키고 직무만족과 정적으로 관련되어 있다. 반면 방해–관련 스트레스는 좌절이나 낮은 수준의 직무만족과 관련된다.

높은 직무만족 수준은 건강과 장수에 도움이 된다. 위에서 열거한 두 가지 스트레스 유형이 모두 유사한 생리적 변화를 가져오지만, 방해–관련 스트레스만이 건강에 좋지 않은 영향을 준다. 이것은 항공 관제사와 같은 높은 스트레스의 직무를 수행하는 사람들이라도 왜 어떤 사람들은 일반적으로 좋은 건강을 유지할 수 있는지를 설명해 준다.

스트레스가 높은 또 다른 직업인 기업체 경영자를 고려해 보자. 경영자들은 일반인들에 비해 매우 많은 직무 스트레스에 시달리고 그 결과 심장발작 발생비율도 더 높을 것으로 사람들은 생각한다. 그러나 반드시 그런 것은 아니다. 스트레스 수준이 상대적으로 더 낮을 것으로 여겨지는 중간층의 경영자들에 비해 고위층의 경영자들이 심장발작을 경험할 비율은 오히려 40% 정도 더 낮다.

최고위층의 경영자들이 스트레스에 상대적으로 영향을 적게 받는 이유는 이들이 중간층의 경영자들에 비해 자기 직무에 대해 더 많은 자율성과 통제를 갖고 있기 때문이다. 연구들은 작업장에서 발생하는 일들에 대해 더 많은 통제를 가질수록 지각된 직무 스트레스는 유의하게 감소한다는 것을 보여 주었다. 낮은 직무 통제 수준을 갖는 사람들은 직무 부담이나 책임에 대해 더 많은 통제를 갖는 사람에 비해 심장질환이 생길 가능성이 훨씬 더 높다.

영국에서 97명의 공무원들을 대상으로 실시된 한 연구는 자신이 수행하는 일에 대해 더 많은 선택과 통제가 있다고 생각할수록 주관적으로 보고한 정신건강, 직무수행 그리고 1년을 단위로 했을 때의 발병률 감소에서 유의한 향상이 있음이 발견되었다(Bond & Bunce, 2001). 118명의 싱가포르 경찰관들을 대상으로 한 연구에서는 매 30분마다 측정된 심박률과 혈압이 통제가 낮은 상황인 경우에서는 유의하게 증가한다는 것을 보여 주었다(Bishop et al., 2003).

스트레스 반응의 개인차

직무에 영향을 미치는 스트레스의 효과를 철저하게 검토하기 위해서는 사람들을 스트레스에 취약하게 하는 개인적 요인들도 고려하여야 한다. 작업 중에 발생하는 스트레스 원인들은 사람들에게 동일한 방식으로 영향을 주지는 않는다. 어떤 작업자의 건강을 해칠 수 있는 어떤 스트레스 원천은 함께 근무하는 동료 작업자의 건강에는 특별한 영향을 미치지 않을 수 있다.

우리는 앞에서 스트레스에 대한 개인의 취약성에 영향을 미칠 수 있는 두 가지 요인들 즉, 직무만족 수준과 작업 조건에 대한 통제의 수준에 대해 언급한 바 있다. 이 밖에 몇 가지 변인들이 스트레스가 갖는 효과의 정도를 결정짓는데 관련된다. 그 중 하나가 사회적 지지(가족이나 사회적 유대)이다. 혼자 생활하거나 다른 사람들로부터 정서적으로 소외된 사람은 가족, 친구 혹은 직장동료들과 강한 유대감을 갖는 사람들에 비해 스트레스에 대해 더 민감하다. 가족의 지지는 개인이 자기의 직무에 대해 갖는 부정적 감정들을 보상하는데 도움을 주고 자존감, 수용 그리고 자신의 진가에 대한 생각을 향상시킬 수 있다. 응집력 있는 작업그룹이나 상사와의 좋은 관계 등과 같은 직무수행에서의 사회적 지지도 스트레스가 주는 부정적 효과를 줄여줄 수 있다. 이러한 점은 영국에서 61명의 간호사와 32명의 경리 사무원에 대한 연구를 통해서도 확인되었다. 작

<여기서 잠깐>

장거리 출장 근무자

최근에 비행기로 여행해 본 적이 있는가? 보안 검색을 위한 긴 대기선, 항공기 지연, 출발 취소, 비좁은 기내 복도와 좌석 등을 떠올린다면 여러분은 비행기로 여행하는 것도 스트레스를 많이 받는 것이라는 것에 공감할 것이다. 만일 여러분이 휴가를 갈 때마다 혹은 고향에 갈 때마다 비행기를 타야 하는 것이 스트레스를 받는 것이라고 생각한다면, 비행기를 이용하여 자주 출장을 가야 하는 직장인들은 어떠할 것이라고 생각하는가? 어떤 직장인들은 월요일에는 뉴욕에서 회의, 화요일에는 덴버에서 컨퍼런스, 수요일에는 독일에서 발표회 참석 등과 같이 1주일 동안에도 몇 개의 도시로 1년에 100번 이상 비행기를 타고 출장을 가야 한다. 멋있는 일이라고 생각하는가? 당신이 자가용 제트 비행기를 소유하고 있다고 그럴 수도 있을 것이다. 그러나 대부분의 장거리 출장 근무자들은 그런 호사를 누리지 못하고 출장은 그야말로 괴로운 일이다.

빈번하게 장거리 출장을 가야 하는 사람들을 대상으로 하얏트 호텔에서 수행한 연구에 따르면, 4명 중 3명의 근로자들은 장거리 출장을 그만두기를 원하지만, 그렇게 할 경우 자신의 경력에 흠이 될 것이라고 확신한다고 한다. 이들 중 반 이상은 다음에 장거리 출장을 가야 하는 직무를 요청받는다면 이것을 거절할 것이라고 대답하였다. 가정이 있는 사람들은 특히 더 힘들어 한다. 이들은 가정에서 떨어져 있어야 한다는 것과 자녀들과 같이 지내지 못하는 것에 대해 죄책감까지 든다고 한다.

다른 조사 결과에 따르면 장거리 출장 근무자들의 50% 이상은 항공기 지연이 가장 스트레스를 받는 것이라고 생각한다는 것을 보여 주었다. 또한 짐을 찾기 위해 오래 기다려야 하는 것도 조사대상의 30%에게는 매우 짜증나는 일이었다. 힐튼호텔의 고객을 대상으로 한 설문조사에서는 비행기로 여행할 때 좌석이 편안하고 기내 서비스도 좋은 퍼스트 클래스나 비즈니스 클래스를 이용할 때도 응답자의 반 이상은 제대로 수면을 취하지 못했다고 응답하였다.

장거리 사업 출장 근무자들이 겪는 또 다른 문제는 이들이 집을 떠나 있을 때의 건강문제이다. 코카콜라사에서 해외 출장 근무자들을 대상으로 수행한 연구에서는 조사대상자들이 호소하는 가장 흔한 건강문제는 설사병이었고, 그 다음이 비행기 안의 열악한 실내공기로 인한 감기와 호흡계 질환이었다. 응답자의 반 이상은 출장 중에는 과식을 하게 되고, 응답자의 4분의 1은 평소보다 과음한다고 보고하였다. World Bank는 자주 장거리 출장을 가는 근로자들은 출장을 가지 않은 근로자들에 비해 80% 더 많은 의료비를 청구한다고 보고하였다. 또한 빈번하게 출장을 가야 하는 근로자들은 그렇지 않은 근로자들에 비해 불안이나 급성 스트레스 증상에 대한 심리적 도움을 더 많이 찾는다. 심지어 출장을 자주 가야 하는 사람들의 배우자조차도 문제를 보인다. 이들의 배우자들이 심리적 장애 때문에 청구하는 보험금은 출장을 가지 않는 근로자들의 그것보다 거의 두 배 이상 많다.

분명히 장거리 출장 근로자가 되는 것은 쉬운 일이 아니다. 장거리 출장은 여러분이 생각하는 것과는 딴판일 수 있다.

출처: R. S. DeFrank, R. Knonpaske, & J. M. Ivancevich (2000). Executive travel stress: Perils of the road warrior. *Academy of Management Executive*, *14*(2), 58-71; J. Sharkey, Business travel. *New York Times*, January 12, 2000; A. Tugend. All Stress out and everywhere to go. *New York Times*, May 25, 2004.

업환경에서 동료나 감독자로부터 낮은 사회적 지지를 받은 사람들은 근무시간뿐만 아니라 퇴근 후에도 높은 심박률을 보였다(Evans & Steptoe, 2003).

따라서 사회적 지지가 결여되어 있다면 심장병에 걸릴 위험을 증가시킨다. 일반적으로 사회적 지지 수준이 낮을수록 건강상의 위험 정도는 더 증가한다. 하루의 작업에도 사회적 지지 수준이 변화함에 따라 혈압도 변하는 것이 관찰되었다. 즉, 다양한 직업에서 근무하는 남녀 근로자들을 대상으로 관찰해 보았을 때 사회적 지지가 낮으면 혈압이 상승하는 반면 사회적 지지가 높은 경우에는 혈압이 떨어졌다.

일반적인 신체 건강도 스트레스에 대한 민감성과 관련된다. 신체적으로 건강한 상태에 있는 사람들은 그렇지 못한 사람들에 비해 스트레스가 있는 작업환경으로부터 주어지는 해로운 효과에 대해 영향을 더 적게 받는다. 운동을 하는 것도 일반적인 안녕감을 향상시키는 데 좋은 방법이다. 많은 회사에서는 근로자들이 스트레스의 효과를 경감시킬 수 있도록 하기 위해 운동 시설을 제공하고 있다.

직무를 수행하는 능력도 스트레스에 어느 정도 저항할 수 있게 해 준다. 높은 직무 기술을 가진 사람들은 그렇지 않은 사람들에 비해 자신의 작업에서 스트레스를 덜 느낀다. 여러분도 이것을 충분히 알고 있을 것이다. 강의를 제대로 따라오지 못하는 학생은 강의에서 요구되는 내용들을 습득하는 데 별로 어려움을 경험하지 않은 학생들에 비해 시험에 대해 더 많은 불안감을 경험한다.

A 유형 성격

성격 유형과 스트레스에 대한 저항성 사이에 대해서는 많이 연구되어 왔다. 이러한 관계는 **A 유형 성격**과 **B 유형 성격**에서 분명히 나타난다. 특히 이 두 가지 성격 유형은 심장질환에 대한 취약성과 관련하여 많이 연구되었는데, 우리가 앞에서 살펴본 바와 같이 심장질환은 스트레스 때문에 나타나는 주요한 증상이다(Friedman & Rosenman, 1974). 흡연이나 비만 혹은 운동부족과 같은 요인들도 심장질환과 관련되지만 이들이 전체 심장질환의 원인으로 차지하는 비율은 25%를 넘지 않는다. 나머지는 A 유형 성격이 갖는 특징들과 관련되는 것으로 보인다. 반면 B 유형 성격의 사람들은 이들이 수행하는 직무특성이나 개인적 생활습관과는 관련 없이 70세 이전에는 심장발작을 거의 경험하지 않는다.

A유형/B유형 성격 스트레스에 대한 저항과 관련된 개인의 성격 패턴. A유형 성격의 사람들은 심장질환, 분노, 적의, 시간적 조바심 그리고 우울과 관련이 많다. B유형 성격의 사람들은 A유형 성격의 사람들만큼 열심히 일하지만 상대적으로 스트레스의 효과를 덜 받는다.

A 유형 성격의 두 가지 주요 특징은 높은 경쟁 욕구와 지속적인 조바심이다. A 유형 성격을 가진 사람들은 흔히 매우 의욕적이고 공격적이며, 성취하기 위해 항상 애쓰고, 시간에 쫓기며, 자기 스스로 정해 놓은 시한(deadline)에 맞춰 바쁘게 살아가는 사람으로 묘사된다. 이들은 스트레스가 높고, 진행 속도가 빠르며, 경쟁적이고, 할 일이 많은 직무를 좋아한다. 캐나다에서 175명의 병원 근무자와 110명의 통신회사 근로자들을 대상으로 수행된 연구는 A 유형 성격이 건강문제뿐만 아니라 높은 직무 스트레스와 관련이 많다는 것을 확인하였다(Jamal & Baba, 2003).

A 유형 성격은 지속적인 긴장과 끊임없는 스트레스에 놓여 있다고 생각된다. 자신의 작업환경이 비교적 자유롭고 스트레스가 없다 하더라도 이들은 자기 성격의 근본적인 부분으로 자기 나름대로의 스트레스를 지니고 있다. 이들은 또한 외향적이고 자존심이 높으며, 직무관여도가 높고, 성취와 권력에 대한 욕구가 강하다. 표 12-1은 몇 가지 전형적인 A 유형 행동을 보여 주고 있다.

B 유형 성격의 사람들도 A 유형만큼 의욕적이기는 하지만 이들과는 다른 몇 가지 특성을 지니고 있다. B 유형은 일하거나 쉴 때 스트레스를 덜 받는다. B 유형은 A 유형과 유사하게 힘든 일을 하거나 스트레스가 있는 환경에 있다 하더라도 스트레스가 주는 해로운 영향은 덜 받는다. 이 두 가지 성격 유형은 자신들이 거의 통제할 수 없는 장기간의 스트레스에 대해 서로 다르게 반응한

표 12-1

당신은 A 유형인가?

당신은

_____ **모든 일을 빨리 합니까?** A 유형의 사람들은 매우 활기차게 먹고, 움직이고, 걷고, 말한다. 그들은 특정한 단어를 특히 강조하면서 말하고, 문장의 시작보다는 문장의 끝부분을 훨씬 더 빠르게 말한다.

_____ **일이 완수되는 속도에 매우 조급해합니까?** A 유형 사람들은 누가 이야기 하든지 끊임없이, "맞아, 맞아" 혹은 "음, 음"이라고 말하며, 심지어 다른 사람이 말을 끝내기 전에 자기가 대신 다른 사람의 말을 끝낸다. 이들은 자신의 자동차 앞에서 꾸물거리는 다른 자동차나, 식당 혹은 극장에서 길게 늘어선 그러나 매우 느리게 나아가는 대기선에 대해 격분한다. 이들이 책을 읽을 때는 매우 빠르게 대충 훑어가며 읽고, 책의 요약이나 축약본을 더 좋아한다.

_____ **두 개 이상의 일을 동시에 하려고 하거나 혹은 실제로 그렇게 합니까?** 예를 들어 A 유형 사람은 다른 사람과 이야기하면서 이야기 주제와는 전혀 다른 일을 생각하거나, 운전하면서 식사하는 등 주어진 시간에 더 많을 것을 완수하기 위해 애쓴다.

_____ **휴가를 가거나 몇 시간 쉬는 것에 대해 죄책감을 느낍니까?**

_____ **흥미 있거나 아름다운 것을 모르고 지나치는 경우가 많습니까?** A 유형 사람들은 멋진 석양이나 새로 핀 봄꽃을 잘 알아차리지 못한다. 또한 이들은 방금 방문했던 사무실이나 가정의 가구 종류나 배치 등에 대해 이야기해 보도록 하면 그것을 잘 회상해내지 못한다.

_____ **당신이 참석할 수 있는 것보다 더 많은 약속이나 모임을 계획합니까?** 이것은 A 유형 사람들이 느끼는 조바심의 또 다른 형태이다.

_____ **어떤 것을 주장하고 싶을 때 주먹을 불끈 쥐거나 책상을 내리치는 것과 같은 과민한 몸짓을 보입니까?** 이러한 몸짓은 A 유형 성격의 사람들이 근본적으로 갖고 있는 지속적 긴장감의 발현이다.

_____ **수량화된 용어로 당신의 가치를 일관적으로 평가합니까?** A 유형 사람들은 숫자를 사용하여 자신의 성취와 자신의 중요성을 표현하기 좋아한다. A 유형 경영자는 자신의 연봉이나 회사의 소득으로, A 유형 의사는 자신이 몇 명이나 수술했는지로, A 유형 학생은 A 학점을 몇 개나 받았는지로 자신을 표현한다. 이들은 인생에서 질적인 측면보다는 양적인 측면을 더 많이 강조한다.

다. 예를 들어 A 유형은 어려운 환경을 극복하려고 애쓰다가 이것이 실패할 경우 좌절하고 포기하지만, B 유형은 유사한 상황에서 가능한 효과적으로 기능하려고 노력하고 포기하지 않는다.

1960년대와 1970년대에 실시된 A 유형과 B 유형 성격 차원에 대한 초기 연구들은 A 유형 성격과 관상 심장질환 사이의 명백한 관련성을 밝혔다. 그러나 이후 연구들은 이 두 가지 사이의 관련성은 그렇게 일관적인 것은 아니라는 것은 발견하였고, 심지어 몇 연구자들은 A 유형 성격과 심장질환 사이에 관련성이 전혀 없다고 주장하기도 하였다. 예를 들어 87개의 연구들에 대한 통합분석은 A 유형 성격과 심장질환 사이에는 약한 관련성이 있는 반면, 심장질환과 정서적 분노, 적대감 혹은 우울 사이에는 강한 관련성이 있다고 보고하였다. 이 통합분석의 연구자들은 관상 심장질환에 잘 걸리는 사람들은 위에서 언급한 성격 특징들뿐만 아니라 분노와 불안과 같은 부정적인 정서를 가진 사람들이라고 결론지었다(Booth-Kewley & Friedman, 1987).

강인성

스트레스의 취약성에 영향을 미치는 또 다른 성격요인은 **강인성**(hardiness)이다. 강인한 사람들은 스트레스에 좀더 저항적일 수 있게 해 주는 태도를 가지고 있다. 강인한 사람들은 자신의 삶 속에서 벌어지는 일들에 대해 통제감과 영향력이 있다고 믿는다. 이들은 자신의 직무와 관심 있는 일에 적극적으로 몰입하고, 변화를 두려워하기보다는 이를 흥미롭고 해 볼 만한 것으로 생각한다.

강인성 스트레스 취약성에서의 개인차를 설명할 수 있는 성격의 한 요인. 이른바 강인한 사람은 자신의 삶 속에서 일어나는 일들을 통제할 수 있다고 믿기 때문에 스트레스에 대해 더 저항적일 수 있다.

강인성은 통제, 개입 및 도전감의 세 요소를 측정하도록 만들어진 20 문항의 척도로 측정될 수 있다(Kobasa, 1979, 1982). 강인한 사람들은 그렇지 못한 사람들에 비해 스트레스가 매우 높은 상황에서 신체적 문제들을 별로 경험하지 않는다. 그리고 실직과 같은 스트레스가 높은 상황이 발생했을 때는 강인성 척도 점수가 높은 사람들은 이 점수가 낮은 사람들에 비해 자기가 처한 상황에 대한 문제해결이나 재평가와 같은 대응전략을 다양하게 사용한다(Crowley, Hayslip, & Hobdy, 2003).

따라서 강인성은 개인의 삶 속에서 발생하는 사건과 경험을 평가하고 해 성격요인 중 강인성(hardness)의 수준이 높은 사람들은 스트레스에 더 강하다. 이들은 자신의 작업에 몰입하고, 자신의 삶 속에서 발생하는 일들을 통제할 수 있다고 믿으며, 변화를 흥미롭고 부딪혀 볼 만한 것으로 생각한다.

석하는 방식을 통해 스트레스의 효과를 경감시켜 줄 수 있다.

자기 효능감

자기 효능감이란 자신이 어떤 과제를 성취할 수 있다는 믿음을 말한다. 자기 효능감은 생활 속에서 주어지는 부담에 대해 우리가 얼마나 적절하고, 효율적이며, 능력 있게 대처할 수 있는지를 반영한다. 높은 자기 효능감을 갖고 있는 사람은 그렇지 못한 사람에 비해 스트레스의 영향을 덜 받는다. 예를 들어 매우 긴 근무시간과 극심한 신체적 부담을 겪게 함으로써 심리적·생리적으로 스트레스를 느끼도록 한 2,293명의 미군들에 대한 연구에서 자기 효능감 점수가 높은 군인들은 이 점수가 낮은 군인들에 비해 스트레스 원인들에 대해 좀더 긍정적으로 반응한다는 것이 관찰되었다(Jex, Bliese, Buzzel, & Primeau, 2001).

미국에서 226명의 은행출납원들을 대상으로 수행된 연구는 자신의 직무에 대해 높은 통제감을 갖고 있다고 믿는 사람들은 자기 효능감이 낮은 사람들에 비해 심리적 스트레스에 더 저항적임을 보여 주었다(Schaubroeck, Lam, & Xie, 2000). 특히 자신의 직무에 대해 높은 통제감을 갖고 있는 사람들이라 할지라도 이들의 자기 효능감이 낮다면 이들은 여전히 스트레스의 영향을 받았다. 이를 통해 연구자들은 스트레스에 저항하도록 하는 결정적 요인은 자기 효능감이라고 결론지었는데, 이러한 결론은 설문조사 기관에서 근무하는 217명의 근로자들을 대상으로 한 추후 연구에 의해서도 지지 받았다(Schaubroeck, Jones, & Xie, 2001). 자기 효능감에 대한 추가적 정보는 www.emory.edu/education/mfp/effpage.html-101k를 참조하기 바란다.

통제소재

내적 혹은 외적 **통제소재**(locus of control)의 성격 변인도 스트레스에 대한 개인의 반응에 영향을 준다. 내적 통제감이 높은 사람은 자신의 삶 속에서 벌어지는 일들에 자기가 영향을 미칠 수 있다고 믿는다. 반면 외적 통제감이 높은 사람은 삶이 다른 사람들 혹은 운이나 기회와 같은 외부의 사상이나 힘에 의해 결정된다고 믿는다. 독일에서 361명의 간호사들을 대상으로 수행된 연구에서는 외적 통제소재 점수가 높은 사람은 내적 통제소재 점수가 높은 사람에 비해 자신의 직무에서 더 높은 수준의 스트레스와 탈진(burnout)을 경험한다고 보고하였다(Schmitz, Neumann, & Oppermann, 2000).

통제소재 결과의 근원이 어디에 있는지에 대한 개인의 믿음. 내적 통제소재를 갖고 있는 사람은 직무수행, 임금 혹은 승진이 자신의 통제 안에 있고 자신의 행동에 따라 달라진다고 믿는다. 외적 통제소재를 지닌 사람은 이와 같은 것들이 외적인 요인(예를 들면, 운)에 의해 결정된다고 믿는다.

조직 기반 자존감 자신이 고용되어 있는 조직 안에서 자신의 적합성과 가치를 스스로 평가하는 것과 관련된 성격 차원.

자존감

자기 효능감과 유사한 개념인 자존감은 우리 자신에 대해 우리가 어떻게 느끼는지를 일컫는다. 특히 작업장에서의 자존감은 **조직 기반 자존감**(organization-based self-esteem, OBSE)이라고 불린다. OBSE가 높은 사람들은 개인적 충만감이 있고, 조직에서 자기 자신을 중요하고, 효과적이며, 가치 있는 사람으로 생각한다. 연구들에 따르면 낮은 OBSE를 갖는 사람들은 높은 OBSE를 갖는 사람들에 비해 직무에서 스트레스를 더 많이 받는다. 낮은 OBSE를 갖는 사람들은 역할갈등(이것은 작업장에서 경험하는 주된 스트레스 원인이다)에서 오는 문제나 상사로부터의 부족한 지지 등에 더 많은 영향을 받을 수 있다. 낮은 OBSE를 갖는 사람들은 또한 스트레스에 대처하는 데 더 소극적인 경향이 있다.

<여기서 잠깐> 시간이 곧 돈이다—Wendy's 패스트푸드점

"안녕하세요, 손님. 무엇으로 주문하시겠습니까?"라고 말해 보라. 이와 똑같은 말을 하루에도 수백 번씩 반복한다고 생각해 보라. 손님들이 줄서 기다리고 있고, 이 말을 가능한 빨리 해야 한다면 당신은 뭐라고 말할 것인가? 아마도 "다음 손님?" 정도 되지 않을까? 더구나 당신의 보스가 뒤에 서서 당신이 얼마나 빨리 주문을 받는지 스톱워치로 시간을 재고 있다고 생각해 보라. 정말 스트레스 받는 일 아닌가? 그러나 이러한 일은 세상에서 가장 빠르게 손님의 주문을 처리하고자 애쓰는 Wendy's라고 불리는 패스트푸드 체인점에서는 실제로 일어나고 있는 일이다.

"우리에게는 매 초가 돈입니다."라고 Wendy's의 한 매니저가 시계에서 눈을 떼지 않으면서 설명한다. 그는 기뻤다. 왜냐하면 그의 가게가 차를 탄 채로 음식을 주문하고 갖고 가는 테이크아웃 처리의 평균 시간을 8초 정도로 단축하였기 때문이다. 25개의 패스트푸드점을 조사한 한 연구에서는 손님이 차를 몰고 테이크아웃 주문을 위한 메뉴보드 앞에 오는 순간부터 주문한 음식을 가지고 떠나는 시간까지 평균 203.6초가 걸린다는 것을 밝혀냈다. 그러나 Wendy's는 이 시간을 150.3초로 단축시켰는데, 이것은 McDonald's보다는 16.7초, Burger King보다는 21초나 빠른 것이다.

그러나 이것만으로는 충분하지 않다. 손님이 차를 타고 메뉴보드 앞에 와서 주문을 할 때의 처리 시간을 6초 단축할 때마다 판매액은 1% 증가한다. 어떤 체인점이 이 주문 시간을 10% 줄일 수 있다면 그 체인점은 판매액을 매년 50,000달러 이상 높일 수 있다고 한다.

당신이 일을 마치기 전에 부저 소리가 들린다면 당신은 일을 늦게 처리하고 있는 것이다. 당신이 1분 이내에 주문받고, 주문 내용을 바꾸고, 음식을 전달해 주지 못한다면 당신은 너무 느린 것이다. 만일 당신이 300개의 버거를 한 개당 7초 이내로 만들지 못한다면 당신은 주방에서 나오는 것이 차라리 낫다. 매 초가 지나가고 있고, 당신의 보스는 그 시간을 재고 있다.

출처: Faster Food. *St. Petersburg (FL) Times*, May 19, 2000.

부정적 정서성 삶과 직무에 대해 일반화된 불만족을 보이고, 생활 속에서 일어나는 부정적 측면에 초점을 맞추는 성격 차원.

부정적 정서성

스트레스에 대한 취약성에 영향을 미치는 또 다른 성격 특성은 **부정적 정서성**(negative affectivity)인데, 이것은 Big 5 성격 차원의 하나인 신경증과 밀접하게 관련되어 있다. 부정적 정서성이 높은 사람들은 단지 직무수행뿐만 아니라 생활의 모든 측면에서 스트레스와 불만족을 경험한다. 이들은 자신이 경험한 것 중 부정적인 것에 더 초점을 맞추고, 자신의 실패, 약점 그리고 단점에 지나치게 신경을 쓴다. 비록 몇 연구들이 자기보고식 검사들의 측정치를 통해 부정적 정서성을 가진 사람들은 높은 스트레스 수준을 보인다는 것을 보여 주었지만, 다른 연구들은 그러한 효과를 확인하지 못하였다 (Spector, Chen, & O'Connell, 2000). 이 부분에 대해서는 분명히 추가적인 연구가 필요하다고 할 수 있다.

건설작업은 물리적 위험요소뿐만 아니라 공사 기한을 맞추는 것과 같은 다른 외부 요인에 의해 스트레스가 많을 수 있다.

직업 유형

스트레스 수준은 직업에 따라 달라진다. NIOSH는 스트레스가 높은 순으로 120개의 직무를 열거하였는데, 스트레스가 가장 높은 직업은 육체노동자, 비서, 임상실험실 기술자, 간호사, 일선 감독자, 식당종업원, 기계조작자, 농장작업자, 그리고 광부 등이다. 스트레스가 높은 또 다른 직업들로는 경찰관, 소방관, 컴퓨터 프로그래머, 치과기술자, 전기기술자, 배관공, 사회복지사, 전화교환원 그리고 도시버스 운전사 등이다. 스트레스가 가장 적은 직업 중 하나는 교수이다. 일반적으로 사무직이나 블루칼라 작업자들은 관리직이나 전문직 종사자보다 더 많은 스트레스를 경험하는데, 그 이유는 주로 이들에게 자신의 작업에 대해 스스로 의사결정을 할 수 있는 기회가 더 적고, 자신의 작업 조건에 대한 통제가 부족하기 때문이다.

성 차

여성은 남성보다 스트레스가 더 크다고 일관적으로 말한다. 연구들에 따르면 여성 근로자들은 남성 근로자들에 비해 두통, 불안, 우울, 수면장애 그리고 식이장애 등을 더 빈번하게 호소한다. 여성들은 또한 작업장에서의 스트레스 때문에 흡연이나 음주 혹은 다른 약물에 더 많이 의존한다고 보고하였다. 스트레스가 높은 직무에 종사하는 여성은 그렇지 않은 여성에 비해 자연유산이나 월경주기가 더 짧아지는 것 등을 경험할 가능성이 높다. 그러나 다행스러운 것은 여성은 남성에 비해 그들이 스트레스를 이겨낼 수 있도록 사회적 지지를 더 많이 받는다는 점이다(Nelson & Burke, 2000). 가정주부도 많은 스트레스를 겪는다. 가사와 어머니 혹은 아내로서의 역할이 주는 부담은 여성들을 과로, 불만족, 통제 상실감 그리고 가정 밖에서 일자리를 찾는 것과의 갈등 등과 같은 문제들을 가져올 수 있다. 많은 여성들은 우울을 경험한다고 보고하고 있고, 직장에서 일하는 여성보다 가정주부가 겪는 부담이 더 크다고 믿는다.

일-가정 갈등

남성이나 여성 모두 가정이 주는 부담과 직무가 주는 부담 사이에서 갈등을 경험하지만 그 어려움의 정도는 대개 여성의 경우가 더 크다. 일과 가정 사이의 갈등에 대해서는 여러 국가의 근로자들을 대상으로 연구되었는데(예를 들어 Yang, Chen, Choi, & Zou, 2000), 중요한 특징 중 하나는 이러한 갈등의 강도가 나라마다 다르다는 것이다. 이러한 특징은 15개국 2,487명의 관리자들을 대상으로 수행된 대규모 연구에서 찾아볼 수 있다. 이 연구에서 15개 조사대상국 중 서양 문화권에는 미국, 캐나다, 호주, 영국 및 뉴질랜드가, 아시아 문화권에는 홍콩, 대만 그리고 중국이, 그리고 라틴 문화권에는 아르헨티나, 브라질, 콜롬비아, 에콰도르, 멕시코, 페루 및 우루과이가 포함되어 있다.

연구 결과, 개인주의 성향이 강한 서양 문화권에서는 집단주의 성향이 강한 아시아나 라틴 문화권에 비해 관리자들의 작업시간과 일-가정 갈등 수준 사이에 더 강한 관계가 있음이 발견되었다. 연구자들은 이러한 결과에 대해 서양 문화권의 근로자들은 시간 외 근로시간이 가정으로부터 자신을 빼앗아가는 것으로 여기고 있고, 이 때문에 죄책감과 일-가정 사이의 갈등이 더 커진다고 해석하였다. 반면 다른 문화권의 근로자들은 더 긴 근무시간의 필요성을 더 잘 받아들이는 경향이 높았는데, 그 이유는 일반적으로 이 문화권에서의 경제적 생활수준이 낮고 생활비를 버는 것이 쉽지 않기 때문이었다(Spector et al., 2004, p. 135).

일-가정 갈등과 관련된 스트레스는 분명 직무 유형이나 작업 조건의 구분 없이 발생하고, 일반 근로자뿐만 아니라 관리자에게도 영향을 미친다. 오늘날 미국에서는 6세 혹은 이보다 더 어린 자녀를 둔 전체 여성 중 60% 이상이 가정 이외의 장소에서 근무하고 있다. 이러한 일하는 여성들은 본질적으로 직장과 가정에서 전일제로 일을 하고 있다고 보아야 한다. 배우자가 도와줄 수도 있지만 가사에 대한 책임은 여전히 여성의 몫이다. 일반적으로 학교나 보육시설에서 아이가 아플 때 전화를 받는 사람은 아이의 어머니이고, 노부모를 돌보아야 할 필요가 있을 때는 주로 여성이 자신의 작업 스케줄을 조정해야 한다.

미국의 Fortune 500 회사에서 근무하는 513명의 근로자를 대상으로 수행된 연구는 근무시간이 길어질수록 직업이 가정생활을 방해한다고 느끼는 수준과 스트레스 수준이 높아진다는 것을 보여 주었다. 더 긴 시간 동안 근무하는 근로자들은 자기의 경력을 매우 중요시한다. 이들은 매일매일 자신이 모든 일

남성과 여성 근로자 모두 가정생활과 직무요구 사이에 갈등을 경험하지만 그 정도는 대개의 경우 여성 근로자가 더 크다.

<여기서 잠깐>

퇴근 후 집에 돌아오면 스트레스를 더 받는다.

Susan은 New Jersey의 Basking Ridge에 있는 AT&T의 관리직 근로자이며, 그녀도 직무나 직무 이외의 과도한 일 때문에 발생하는 스트레스의 피해자 중 한 명이다. 5시에 퇴근한다 해도 그녀의 일이 끝나려면 아직 멀었다. Susan과 같은 많은 여성들에게는 하루 중 가장 어려운 일들이 이제부터 시작될 참이다.

그녀는 회의가 진행되는 도중이라 할지라도 1분도 늦지 않고 정확하게 5시에 사무실을 나서야 한다. 그녀는 "정말 미친 듯이 사무실에서 빠져나와야 해요, 정말 스트레스 받는 일 아닌가요?"라고 말한다. 무엇이 그녀를 그렇게 서두르게 하는 것일까? 그녀는 보육시설에서 4살짜리 아들을 데려온 다음, 러시아워의 정점에 있는 시내 도로를 가로질러 방과 후 학교에 있는 7살짜리 딸을 데려와야 한다. 제시간에 도착하지 못한다면 엄마를 기다리다 안달이 난 아이와 몹시 짜증이 나 있는 교사를 만나야 할 것이고(아마 이 교사 자신도 아이들을 데려오는데 늦을 수도 있을 것이다), 늦게 아이를 찾아 간 대가로 추가적인 지불을 해야 할 것이다.

저녁 식사를 차리기 위해 식료품 가게에 잠깐 들러 찬거리를 사고, 집으로 달려와 개를 밖에 내보내고, 저녁 식사를 준비하고, 싸우는 아이들을 말려야 하고, (집안일을 거의 도와주지 않는) 남편에 신경 쓰고, 아이들 숙제를 도와주고, 빨래하고... 할 일이 너무 많다.

아이들을 재우는 것으로 그녀의 12시간 이상의 하루 근무가 끝난다. 그녀가 녹초가 되고 스트레스를 받는 것은 전혀 놀라운 일이 아닐 것이다. 그러나 Susan만 그러한 것은 아니다. 애들을 돌보거나 가사를 남편이 분담하여 도와주는 아내들에게도 이러한 일들의 일차적인 책임은 그들에게 주어진다. 만일 남편이 없는 일하는 주부라면 상황은 더 나빠진다.

그들이 어떻게 그 많은 일을 해낼 수 있을까? 그들은 어디에서 시간과 에너지를 찾아내는 것일까? 300명의 아이가 있는 일하는 가정주부들을 연구한 한 사회학자에 따르면 그들은 "자기 자신으로부터 시간과 에너지를 훔친다." 아이들과 시간을 함께 하기 위해 그들은 잠자는 시간과 자유시간을 줄인다. 오늘날, 아이가 있고 가정 이외의 장소에서 일하는 주부들은 그러한 직업이 없으면서 아이가 있는 주부들에 비해 주당 거의 6시간 덜 자고, 자신만의 활동을 위해 보내는 시간이 12시간 정도 더 짧다. 어느 한 여성은 "개인적 취미나 사회적 활동을 할 시간이 거의 없어요. 마지막으로 언제 외출했는지 모르겠군요."라고 말하였다.

직장도 갖고 가정일도 모두 해야 하는 것은 항상 너무 많은 스트레스를 안겨준다.

출처: A. L. Kelly. For employed moms, the pinnacle of stress comes after work ends. *New York Times*, June 13, 1999; Working moms don't shirk time with kids. *St. Petersburg (FL) Times*, March 28, 2000.

을 완수하는 데에는 시간이 항상 부족하다고 믿고, 자신의 상사는 그들이 더 오래 일하기를 기대한다고 생각한다(Major, Klein, & Ehrart, 2002).

충분히 예상 가능한 것이지만 여성은 남성보다 일-가정 갈등의 영향을 더 많이 받는데, 그 주된 이유는 여성들은 일을 마치자마자 가정으로 돌아와 그들의 두 번째 직무 즉, 아이들과 남편을 돌보아야 하고 집안일을 해야 하기 때문이다. 가정 이외의 장소에서 근무하는 523명의 남성과 여성을 대상으로 수행된 연구는 여성은 남성에 비해 평균적으로 매주 7시간 이상 가정에 더 많은 시간을 투여한다는 것을 발견하였다. 또한 남성은 여성에 비해 주당 평균 2시간 이상 개인적으로 자유로운 시간을 갖는다(Rothbard & Edwards, 2003).

그러나 가정-일 갈등에서의 이러한 성차에도 불구하고, 전업 주부보다는 가정 밖에서 일을 하는 여성들의 건강이 일반적으로 더 좋다. 직장이 있는 여성 근로자들은 심리적 안녕감 측정치에서 높은 점수를 보였고, 심혈관 질환의 위험성도 더 낮았다. 일하는 여성들이 갖는 심리적·신체적 건강의 이점은 고위 직급일수록 더 컸다(Nelson & Burke, 2000).

일-가족 갈등에 대한 조직 차원의 해결책

일-가정 갈등에 대한 연구가 계속되고, 이것이 주는 유해한 영향에 대한 자료가 축적됨에 따라 조직체들은 이것의 영향을 줄이기 위한 방법을 모색하기 시작하였다. 예를 들어 사내에 보육시설을 제공해 주는 것은 어린 자녀를 둔 근로자들이 갖는 염려를 어느 정도 감소시켜 준다. 이 외에도 유연한 작업시간 스케줄, 지지적 감독, 통신 그리고 파트타임 근무제 등도 이 문제의 해결책에 포함될 수 있다.

연구들은 작업시간을 유연하게 편성하거나 감독자가 지지적이라면 근로자들이 경험하는 가정-일 갈등을 줄이는 데 매우 효과적이라는 것을 밝혀내었다. 자신의 상사가 지지적이거나 작업시간을 유연하게 선택할 수 있도록 하는 것은 근로자들이 자신의 직업과 가정에 대해 어느 정도의 통제감을 가질 수 있도록 해 준다. 이러한 통제감의 정도가 커지면 이것은 갈등이나 스트레스 수준을 낮추고 직무만족 수준을 높여준다.

일-가정 갈등을 해결하는 데 조직 차원에서 할 수 있는 또 다른 방법은 남성과 여성 근로자들에게 육아휴가를 갖도록 해 주는 것이다. 1993년 미국에서는 가정 및 의료 휴가 법령이 제정되어 최장 12주까지 육아휴가를 사용할 수 있도록 하고 있다. 그러나 임금과 직급이 높은 전문직 혹은 관리직 여성 근로자들이 육아휴가를 너무 많이 사용할 경우 이에 대해 제재를 받을 수도 있다는 몇 가지 증거도 있다. 휴가를 너무 자주 사용할 경우 승진과 임금 인상에서 불리하고 수행평가도 더 낮아졌다.

일-가정 갈등을 줄이는데 근로자들에게 도움을 준 회사들은 이것으로부터 경제적인 이익도 얻을 수 있다. 231개의 Fortune 500 회사들을 대상으로 수행된 연구는 일-가정 갈등을 줄이는 프로그램을 제공해 준 회사는 그렇지 않은 회사에 비해 주가가 더 많이 상승하여 주주들에게 더 많은 이익을 돌려줄 수 있었다(Arthur, 2003). 그러나 그러한 일-가정 갈등 해소를 위한 프로그램을 실시한 것과 그 회사의 주가가 상승한 것과의 상관이 높았던 것은 그 회사에 대한 일반적 평가나, 또 다른 요인들에 기인한 것일 수 있다. 우리가 2장에서 살펴보았지만 상관관계는 반드시 인관관계를 의미하지는 않는다.

작업장 스트레스 요인들

작업환경이 갖는 많은 측면들이 스트레스를 유발할 수 있다. 여기에는 작업과부하, 작업 과소부하, 조직변화, 역할갈등 그리고 역할 모호성 등이 포함된다.

작업 과부하와 작업 과소부하

작업 과부하 작업 과부하는 주어진 시간 안에 수행해야 할 일이 너무 많거나, 근로자가 수행하기에는 너무 어려운 작업을 수행해야 하는 조건에서 발생한다.

심리학자들은 일반적인 작업부담 조건을 기술하기 위해 **작업 과부하**(work overload)란 용어를 사용한다. 작업 과부하에는 두 가지 유형이 있는데, 하나는 양적 작업 과부하와 다른 하나는 질적 작업 과부하이다.

양적 작업 과부하는 주어진 시간 안에 수행해야 할 작업들이 너무 많은 조건에서 발생한다. 이것은 분명히 중요한 스트레스 원인 중 하나이며, 관상 심장질환과 같은 스트레스 관련 질병과도 관련되어 있다. 주요 요인은 작업량 그 자체보다는 작업자가 작업의 진행 속도에 대해 갖는 통제의 정도인 것으로 보인다. 일반적으로 작업자가 작업 진행 속도에 대한 통제를 적제 가질수록 스트레스가 커진다. 질적 작업 과부하는 수행해야 하는 작업이 너무 어려운 경우에 나타난다. 어떤 직무를 수행하는데 능력이 모자란다면 스트레스를 받을 것이다. 상당한 능력이 있는 근로자라 할지라도 직무의 요구가 부응하지 못하는 상황에 처할 수도 있다.

영국의 한 회계 사무소에서 근무하는 94명의 근로자들을 대상으로 수행된 연구는 작업 과부하가 주관적으로 보고된 심리적 스트레스와 탈진(burnout), 그리고 작업이 가정생활을 방해한다는 믿음과 직접적인 관련성이 있음을 밝혀내었다(Harvey, Kelloway, & Duncan-Leiper, 2003). 캐나다에서 241명의 대상으로 실시된 설문조사 결과, 다른 작업자들보다 더 직무 부담이 높다고 생각하는 작업자들은 직무 부담이 낮다고 생각하는 작업자들에 비해 운동을 훨씬 더 적게 하는 것으로 나타났다. 이러한 높은 직무 부담으로 인한 스트레스와 운동 부족 사이의 관계는 앞에서 언급한 직무 관련 스트레스와 관상 심장질환 사이의 관계와도 일치한다.

작업 과부하와 반대의 조건인 **작업 과소부하**(work underload)는 해야 할 일이 너무 단순하거나 시간이 너무 많이 남거나, 혹은 개인의 능력에 비해 너무 쉬운 작업을 하는 경우로 이것 역시 스트레스이다. 63명의 심포니 오케스트라 연주자들을 대상으로 수행된 연구는 이들이 때로 작업 과부하와 과소부하는 모두 경험하는데, 작업 과부하는 연주해야 할 곡이 너무 어려운 경우에, 반면 작업 과소부하는 자신의 기술을 충분히 사용하지 못하는 (너무 쉬운) 곡을 연주를 할 때 경험한다(Parasuraman & Purohit, 2000). 다른 연구들은 작업 과소부하가 무료함과 단조로움을 증가시키는 반면(이것 역시 스트레스 요인이다), 직무만족은 떨어뜨린다.

작업 과소부하 작업 과소부하는 작업이 너무 너무 쉽거나 개인의 능력에 비해 도전감을 제대로 유발하지 못하는 작업을 수행하는 조건에서 발생한다.

따라서 작업장에서 수행하는 일이 그리 어렵지 않은 것이라고 항상 좋은 것은 아니다. 직무 스트레스가 어느 정도 있는 것은 오히려 의욕을 고취시키고, 활기를 돋아 주는 바람직한 것이 될 수 있다. 좋은 건강 상태를 유지하며 일을 제대로 할 수 있는 최적의 작업 수준은 어느 정도인지 찾아내어, 지나친 작업 과부하나 작업 과소부하가 발생하지 않도록 하는 것이 우리의 목표이다.

조직 변화

또 다른 스트레스 요인은 변화이다. 변화를 두려워하는 사람들에 비해 이를 흥미롭고 해 볼 만한 것으로 생각하는 사람은 스트레스의 영향을 상대적으로 더 적게 받는다. 따라서 변화 때문에 발생하는 스트레스는 변화 그 자체보다는 변화에 대해 우리가 어떻게 생각하고 반응하는지에 따라 달라진다. 많은 사람들은 변화를 싫어하고 충분히 기대할 수 있는 익숙한 일들을 더 선호한다.

근로자와 감독자의 관계를 고려해 보라. 일단 그러한 관계가 만들어지고, 또한 그 관계가 긍정적인 것이라고 한다면 근로자나 관리자는 서로에게 무엇을 기대하고 있는지 알 수 있기 때문에 이 관계를 편안하게 느낄 것이다. 상황은 예측 가능하고, 안전하며, 안정적이다. 그러나 감독자가 떠나고 근로자가 새로운 상사를 만나게 된다면 그 근로자는 상사가 어떤 행동을 묵인해 줄 수 있고, 자신이 얼마나 많은 일을 하기를 기대하며, 그들의 수행이 어떻게 평가할지 더 이상 알 수 없을 것이다. 작업환경에서 발생할 수 있는 그러한 변화는 스트레스를 안겨준다. 스트레스를 주는 또 다른 변화 유형들은 작업 절차의 수정, 훈련과정의 요구 그리고 새로운 작업 시설 등이다. 자신이 다니던 회사가 다른 회사에 합병된다면 자신이 해고되지는 않을지, 자신의 상사는 누가 될지 혹은 조직 정책은 어떻게 바뀔지 등에 대해 걱정하지 않을 수 없다.

나이가 많은 근로자들은 자신이 일하는 작업장에 더 젊거나 혹은 다른 인종적 배경을 갖고 있는 근로자들이 새로 들어와 자신에게 익숙하지 않은 태도, 습관 혹은 문화적 가치를 가져오는 경우에 스트레스를 경험할 수 있다. 또한 의사결정 과정이나 조직문화에 변화를 가져올 때 근로자들이 참여하는 것은 고위직 관리자들에게는 스트레스가 된다.

역할 모호성과 역할갈등

역할 모호성 직무 책임이 구조화되지 않았거나 열악하게 정의된 상황에서 발생한다.

조직 안에서 근로자의 역할은 스트레스의 원천이 될 수 있다. **역할 모호성**(role ambiguity)은 직무 범위와 책임이 구조화되지 않고 열악하게 정의된 경우에 발생한다. 근로자들은 무엇이 기대되는지 심지어 무엇을 해야 하는지 확실히 알지 못한다. 이것은 직무수행에 대한 지침이 분명하지 않은 신참 근로자에게는 특히 더 그렇다. 신참 근로자에게 충분히 오리엔테이션을 시키거나 사회화 프로그램을 적용한다면 이러한 역할 모호성을 감소시킬 수 있다.

산업 및 조직심리학자들은 역할 모호성에 포함되는 세 가지의 요소들을 밝혀내었다.

- 수행 준거 모호성-작업자의 직무수행을 평가하는 데 사용되는 기준들의 불확실성
- 작업 방법 모호성-성공적인 직무수행에 요구되는 방법이나 절차의 불확실성
- 작업 계획 불확실성-작업의 진행 순서나 작업 수행 시점의 불확실성

우리는 대부분의 직무에 대해 관리자들이 일관적인 기준과 절차를 마련함으로써 역할 모호성을 어렵지 않게 경감할 수 있다는 것을 살펴보게 될 것이다.

역할갈등(role conflict)은 직무에 포함된 요구사항 안에, 혹은 직무가 요구하는 것과 근로자가 갖고 있는 가치나 기대 사이에 불일치가 있을 때 발생한다. 예를 들어 어떤 감독자가 자신의 부하 직원들이 의사결정 과정에 참여하도록 하라고 지시받는 것과 함께 생산량을 높여야 한다는 것에 대해서도 압박감을 가지고 있다면 이 감독자는 분명 갈등에 직면하고 있는 것이다. 하루 빨리 생산목표를 달성하기 위해서는 권위적 행동이 필요하겠지만 부하들을 의사결정에 참여시키는 것에 대해서는 민주적 행동이 요구되기 때문이다.

역할갈등 직무요구와 근로자의 개인적 기준 사이에 괴리가 있을 때 발생한다.

어떤 판매원이 열악하거나 위험하다고 알려진 제품을 팔도록 강요받는 경우처럼 직무가 근로자의 도덕적 규범과 맞지 않는 행동을 하도록 요구한다면 역할갈등이 발생할 수 있다. 그 판매원은 역할갈등 때문에 직장을 그만둘 수도 있을 것이다. 그러나 실직에 대한 두려움은 역할갈등보다 더 심한 스트레스 원인일 수 있다.

기타 스트레스 원인들

감독자와 관리자들은 그들의 부하 직원들에게는 스트레스의 주요 원천이 될 수 있다. 연구들은 감독자가 자신의 부하들에게 지지적이지 못하거나 의사결정

과정에 자신의 부하들을 참여시키지 않는 것과 같이 열악한 리더십 행동을 보인다면 그것은 스트레스를 유발할 수 있다는 것을 보여 주었다. 임금이나 승진 혹은 해고를 결정하기 위해 근로자들을 평가하는 것, 인센티브나 보상을 주는 것 그리고 매일 근로자들의 산출을 관리하는 것 등은 모두 스트레스를 가져올 수 있다. 직무 요소 중에 다른 사람을 감독하는 것이 포함되지 않는 회계 직원과 같은 근로자들에 비해 관리자들은 스트레스와 연관된 신체적 문제들을 더 많이 호소한다.

컴퓨터 사용도 스트레스의 원천이다. 18세에서 24세 사이의 스웨덴 근로자들을 대상으로 수행된 연구는 이들이 컴퓨터가 제공하는 이점을 충분히 인정하면서도 컴퓨터 사용에서 불편감을 느끼고 있다는 것을 발견하였다. 이 근로자들은 컴퓨터를 사용하는 것이 일반적으로 삶의 질을 향상시켰다고 생각하지만, 작업이나 정보의 과부하와 다른 사람들과의 직접적인 교류의 차단과 같은 부정적 효과도 갖고 있다고 보고하였다. 이들은 또한 컴퓨터 때문에 자신들은 항상 이메일이나 인터넷상의 정보에 신속하게 반응해야 하는 것과 같은 부담감도 갖고 있다고 보고하였다(Gustafson, Dellve, Edlund, & Hagberg, 2003).

오스트리아에서 26명의 인터넷 사용자들을 대상으로 한 연구에서는 온라인 검색 중에 시스템이 느리거나 멈추는 경우에는 심박률이나 정서적 활동의 증가(이것은 피부전도 반응을 통해 측정되었다)와 같은 생리적 스트레스 징후들이 나타난다는 것을 발견하였다(Trimmel, Meixner-Pendleton, & Haring, 2003).

직무에서 스트레스를 잘 받지 않는 사람도 스트레스를 받고 있는 자신의 상사나 동료들로 인해 부정적인 영향을 받을 수 있다. 스트레스를 갖고 있는 사람들을 때로 스트레스-보유자(stress-carrier)라고 부른다. 스트레스를 갖고 있는 근로자가 보이는 불안은 다른 근로자에게 쉽게 전달된다. 여러 직종에서 근무하는 109명의 여성 근로자를 대상으로 한 연구에서는 작업장에서의 대인간 갈등은 스트레스의 주요 원천이며 정서적 안녕감에 영향을 미치는 것으로 밝혀졌다. 그러나 작업장 이외의 장소에서 발생하는 대인간 갈등은 스트레스를 거의 주지 않는 것으로 지각되었다(Potter, Smith, Strobel, & Zautra, 2002).

영국의 458명의 근로자를 대상으로 수행된 연구는 정규 근로자들에 비해 임시적 근로자들은 직무에서 경험하는 스트레스 수준이 더 낮다는 것을 발견하였다. 이에 대해 연구자들은 임시 계약 근로자들은 의사결정에 참여해야 하는 것과 같은 스트레스가 있는 조건이나, 역할 과부하 혹은 역할갈등 등을 덜 경험하기 때문이라고 해석하였다(Parker, Griffin, Sprigg, & Wall, 2002).

조립라인에서 일하는 근로자들은 자신이 수행하는 작업이 너무 반복적이고, 단조로우며, 시끄럽고, 도전감이나 통제감을 전혀 주지 못하기 때문에 스트레스를 경험할 수 있다. 또한 극한의 온도나 열악한 조명, 교대 근무 그리고 실내 공기오염 등도 이들이 경험하는 직무 스트레스 흔한 요인들이다.

컴퓨터가 작업자의 수행 방식을 유도하거나 감시하는 것도 작업자에게는 스트레스로 작용한다. 우편 분류나 반복적인 키보드 입력과 같은 작업이 기계에 설정된 속도로 이루어져야 하는 경우 이것은 근육 피로를 유발할 뿐만 아니라 근로자들의 높은 결근율과 저조한 수행과도 관련된다. 상사가 작업자의 작업을 어깨 너머로 감시하는 경우와 마찬가지로, 작업자의 키입력이나 키보드 사용시간 등을 자동적으로 감시하는 시스템도 스트레스 요인이다.

9·11 사건

2001년 9월 11일 미국 뉴욕과 워싱턴 DC에서 테러 공격이 있은 지 며칠 후에 전국적으로 실시된 조사 결과, 조사에 응답한 사람들의 90%가 하나 이상의 스트레스 증상을 갖고 있다고 보고하였다. 그러나 그 이후 미국과 다른 국가에서 실시된 추가적인 설문조사에 따르면, 9·11 테러 공격에 대한 직접적인 스트레스 반응은 많이 사라진 것으로 나타났다. 9·11 사건이 있은 지 3개월 이후에 5,860명의 근로자들을 대상으로 온라인으로 실시된 설문조사에서는 가장 두드러지는 스트레스 반응이 공포, 부정 및 분노라는 것을 발견하였다. 응답자들의 분노는 테러리스트에 대한 것이 아니라 오히려 근로자가 필요로 하는 정서적 도움이나 개인적 안전에 대해 회사가 주의를 기울여 주지 않았다는 것에 대한 것이 더 컸다. 또한 9·11 사건 이후 근로자들은 회사나 자기의 직속 상사에 대한 신임도 더 낮아졌다고 보고하였다. 그리고 여성, 자녀가 있는 사람 그리고 뉴욕시의 세계무역센터로부터 반경 150마일 이내에 거주하던 사람들은 다른 사람들보다 9·11 사건 직후에 경험한 스트레스 반응 수준이 더 높았다(Mainiero & Gibson, 2003).

9·11 사건이 발생할 당시 어느 한 다국적 기업에서는 근로자들을 대상으로 매년 실시하는 조사를 수행하고 있었기 때문에, 이 조사를 통해 9·11 사건이 발생하기 직전과 직후에 근로자들이 보인 태도의 변화를 비교해 볼 수 있는 기회를 얻을 수 있었다. 조사에는 미국, 서유럽, 아시아, 중남미 그리고 호주에서 근무하는 70,000명 이상의 근로자들이 포함되었다. 조사 결과, 회사나 조직에 대한 근로자들의 느낌이나 태도 그리고 개인적인 스트레스 반응에서 9·11 테러 직전과 직후에 유의한 변화가 있다는 증거가 발견되지 않았다. 그러나 이 연구에 포함되었던 근로자들 중에는 테러가 발생하였던 뉴욕이나 워싱턴에 있던 사람은 한 명도 포함되지 않았다는 점을 주목해야 한다(Ryan, West, & Carr, 2003).

작업장에서의 스트레스 효과

지금까지 우리는 스트레스에 의한 장기적인 건강문제를 살펴보았다. 이러한 정신신체 장애들은 스트레스가 있는 상황에 오랜 시간 노출된 결과로 발생하는 것이다. 이뿐만 아니라 스트레스는 정신적 긴장감, 우울, 신경과민, 불안, 저하된 자존감, 분노, 심리적 피로 그리고 신경증과 같은 장기적인 심리문제들도 초래한다. 연구들은 작업-관련 스트레스가 배우자나 아동 학대, 그리고 공공연한 적대감이나 직무태만과 같은 직무에서의 공격적 행동들과도 관련된다는 것을 밝혔다. 이 외에도 작업 스트레스는 집단 심인성 질병, 심신쇠약 그리고 여러 형태의 일중독 증상들도 초래한다.

집단 심인성 장애 스트레스 관련 장애의 일종으로 여러 신체적 증후들이 나타나 작업자 집단 사이로 급속하게 확산되는 것이 특징이다. 흔히 생산라인 히스테리라고 불린다.

집단 심인성 질병

생산라인에서 일하는 근로자들이 보이는 스트레스 관련 장애 중 하나는 **집단 심인성 질병**(mass psychogenic illness)인데, 이것은 생산라인 히스테리라고 더 잘 알려져 있다. 이 스트레스 관련 질병은 전형적으로 남성보다는 여성에게 더 많은 영향을 미친다. 이 질병은 갑자기 나타나서 생산 시설 전체로 급속하게 번지기 때문에 생산라인을 정지해야 하는 경우도 있다.

오하이오에 있는 어느 한 전자회사 공장의 사례를 생각해 보자. 어느 날 아침 생산라인에서 일하던 한 근로자가 어지러움, 메스꺼움, 근육 무력감 그리고 호흡 곤란 등의 증세를 호소하였다. 몇 분이 지나지 않아 40명의 근로자들이 같은 증상을 호소하며 사내 보건소를 찾았다. 이 질병은 계속 번졌고 공장은 멈춰져야 했다. 관리자들은 공장 내의 공기에 아마도 어떤 화학물질, 가스, 바이러스 혹은 다른 감염 인자 등이 섞여 문제를 일으켰다고 생각하였다. 이 때문에 의사, 독성학자 그리고 산업 위생사 등이 이를 조사하기 위해 소집되었다. 그러나 이들은 공장에서 이 문제를 설명할 수 있는 것을 발견할 수 없었고, 결국 근로자들이 호소한 증상은 집단 심인성 질병 때문이었다고 결론지었다. 집단 심인성 질병은 아무런 물리적 원인이 없이 다른 사람과의 접촉을 통해 전염되는 스트레스 관련 질병의 일종이다.

또 다른 포장 라인에서 일하던 근로자들은 배송을 위해 생선을 포장하는 일을 하고 있었는데, 한 근로자가 무슨 이상한 냄새가 난다고 이야기하였다. 그러자 갑자기 다른 근로자들이 어지러움, 메스꺼움 그리고 호흡 곤란 등을 경험하면서 숨이 막히기 시작하였다. 공장은 폐쇄되었고 조사관들이 공장 빌딩을 조사하기 위해 소집되었다. 그러나 그들은 아무 문제도 발견할 수 없었다. 공기, 음료 그리고 그들이 작업하던 생선에도 독성물질은 전혀 없었다. 그 질병을 설명할 수 있는 명백한 물리적 원인은 전혀 없었던 것이다. 그러나 근로자들이 신체적으로 아팠다는 것 역시 부정할 수 없는 사실이었다.

비록 공기 조절 시스템 안의 바이러스나 음료수 속의 오염물질과 같은 물리적 원인은 없다하더라도 작업장 안에서의 물리적 스트레스 요인들이 집단 심인성 질병의 시작을 촉발하는 것으로 알려져 있다. 예를 들어 조립생산라인에서의 흔한 소음, 너무 빠른 작업 진행 속도, 열악한 조명, 부적합한 실내 온도, 불쾌한 냄새 그리고 작업 과부하 등과 같은 요소들은 집단 심인성 질병을 이끌 수 있다. 종종 생산라인에서의 생산량을 늘려야 한다는 압박감은 이 질병을 야기하는 원인이 된다. 이 상황에서는 과도한 시간외 근무(overtime work)가 요구될 수 있는데, 생산라인에서 일하는 작업자들이 이것을 거부하기는 매우 어려울 것이다. 상사와의 좋지 못한 관계도 이 질병의 한 원인이 될 수 있는데, 만일 관리 체계에 공식적인 고충처리 절차가 확립되어 있지 못하거나, 관리자와 근로자 사이의 의사소통이나 피드백 전달 과정이 열악하다면 이 때문에 생기는 양측의 마찰은 스트레스의 원인이 된다.

집단 심인성 질병과 관련되는 또 다른 요인은 사회적 고립이다. 시끄럽거나 너무 빠른 작업 속도 때문에 다른 사람과 이야기를 주고받을 수 없는 근로자는 사회적 고립감을 경험하고, 또한 상사나 동료로부터 얻을 수 있는 사회적 지지가 부족하다고 생각할 수 있을 것이다. 스트레스의 주요 원인 중 하나이며 여성에게 특히 흔한 일-가정 갈등을 생각해 보면, 왜 남성보다는 여성이 더 쉽게 생산라인 히스테리에 빠질 수 있는지 알 수 있을 것이다.

스트레스에 의한 탈진

탈진 과로에 의해 나타나는 직무 스트레스의 한 유형.

과로에 의한 직무 스트레스 효과는 **탈진**(burnout)을 통해 더 잘 이해될 수 있다. 탈진을 경험하는 근로자들은 직무수행에서 훨씬 활동적이지 못하고 자신의 직무에 대해 흥미를 갖지 못한다. 이들은 정서적으로 소진되거나 무감각하고, 우울하며, 과민하게 반응하고, 지루함을 경험한다. 이들은 또한 동료 작업자를 포함하여 작업환경에서 있는 모든 측면들에 대해 흠을 잡으려 하고, 다른 사람의 충고에 부정적으로 반응한다. 그들이 보인 작업의 질은 떨어지지만 작업의 양까지 항상 같이 감소하는 것은 아니다.

탈진을 경험하는 근로자들은 작업 수행에서 규칙이나 절차를 강박적으로 준수하는 것과 같은 경직된 행동을 보이는 경향이 있는데, 그것은 이들이 유연하게 행동하거나 다른 대안적 접근들을 제안하기에는 너무 소진되어 있기 때문이다. 시간이 지남에 따라 탈진된 근로자는 동료나 부하 직원의 정서적 건강이나 작업 효율성에 좋지 못한 영향을 줄 수 있다. 탈진의 정도가 높아지고 그 시간이 오래 경과됨에 따라 원기, 자존감, 자기 효능감, 직무 개입의 정도 등은 더 떨어지는 반면, 신체적 스트레스 증상이나 이직, 그리고 사회적 지지가 가장 필요한 시점임에도 불구하고 사회적 철회(social withdrawal) 정도는 더 증가한다. 눈에 띄게 직무수행은 저하되고, 이것은 결국 직무수행평가에서 열등한 점수를 얻는 결과로 이어진다(Cropanzano, Rupp, & Byrne, 2003; deCroon, Sluiter, Blonk, Broerson, & Frings-Dresen, 2004; VanderPloeg, Dorrestejin, & Kleber, 2001).

연구자들은 탈진 증상에 포함되는 세 가지 요소를 다음과 같이 제안하였다(Maslach, Schaufeli, & Leiter. 2001).

1. 정서적 소진—극도의 심리적 혹은 정서적 부담에 의해 자신의 힘이 완전히 고갈된 듯한 느낌이나 매우 공허한 느낌
2. 자아상실감(depersonalization)—무력감과 냉소 혹은 타인에 대한 민감성의 감소
3. 개인적 성취감 감소(비효능감)—자신의 노력이나 행위가 쓸모없고 낭비된다는 느낌

이러한 특성을 측정하기 위해 Maslach 탈진 척도(Maslach Burnout Inventory, MBI)가 개발되었다(Maslach & Jackson, 1986). 이 척도는 네 개의 하위척도들을 포함하고 있는데, 이 중 세 개의 하위척도는 위에서 언급한 탈진의 세 가지 요소들 즉, 정서적 소진, 자아상실감, 그리고 개인적 성취를 측정하기 위한 것이고, 나머지 하나는 탈진의 세 요소와 관련된 개인적 관여 정도를 측정하기 위한 것이다. 연구 결과, 이 척도의 신뢰도와 타당도는 모두 높은 것으로 밝혀졌다. 이 척도의 점수가 높다는 것은 직무에서의 소진감과 작업 과부하를 더 많이 경험한다고 것을 의미한다.

탈진 척도에 포함된 문항의 예로 다음과 같은 것들이 있다. 독자들도 주변에 아래와 같은 사람이 있는지 생각해 보기 바란다.

- 나는 내 직무 때문에 정서적으로 고갈된 느낌을 받는다.
- 나는 일을 마칠 무렵에는 녹초가 된다.
- 나는 최악의 상황에 몰린 느낌이다.
- 나는 내 직무가 정서적으로 어렵게 하고 있다고 생각한다.

연령은 직무탈진과 밀접한 관련이 있는데, 직무탈진은 대개의 경우 직무 경력 초기에 나타나는 현상이다. 따라서 40세 이상의 근로자들보다 더 젊은 근

로자들에게서 발생할 가능성이 높다. 여성은 남성에 비해 직무탈진을 경험할 가능성이 더 낮고, 기혼 근로자보다는 미혼이나 이혼을 한 근로자들이 정서적 소진감을 경험할 가능성이 더 높다. 승진 기회의 부족도 정서적 소진감을 유발하는 요인이다. 직무탈진은 전형적으로 자신의 직무에 매우 헌신적이고 직무 개입이 높은 근로자들(이들은 정규 근무시간이 지난 이후에도 일하고, 일감을 집으로 가지고 가며, 주말에도 출근한다)에게서 더 잘 관찰된다.

시간 압박감, 역할 모호성과 역할갈등 그리고 상사로부터의 열악한 사회적 지지 등도 직무탈진과 관련이 있다. 독일의 산업 분야, 교육 및 보건 분야(교사 및 간호사), 그리고 교통 분야(항공 관제사)에서 근무하는 374명의 근로자들을 대상으로 수행된 연구에서는 지나친 직무 부담과 직무 자원의 부족이 작업에서의 소진감이나 이탈과 유의하게 관련된다는 것을 발견하였다(Demeruoti, Bakker, Nachreiner, & Schaufeli, 2001).

독일에서 591명의 항공기 승무원, 여행사 직원 그리고 신발 판매원들을 대상으로 수행된 또 다른 연구는 고객을 대하는 일이 직무 스트레스와 직무탈진을 일으키는 데 가장 중요한 요인이라는 것을 밝혔다. 이 연구에서는 네 가지의 고객 관련 사회적 스트레스 요인들에 대해 기술하였는데, 이러한 요인들은 고객의 요구가 과도한 경우, 언어적으로 공격적인 고객, 적대적이고, 딱딱하고, 불쾌한 고객, 그리고 고객의 요구가 불분명한 경우(이 경우는 근로자의 역할갈등을 초래한다) 등이다(Dormann & Zapf, 2004).

사무직, 관리직 그리고 전문직에서 일하는 40명의 관리자와 125명의 다른 근로자들을 대상으로 실시된 연구에서는 자신의 일과 관련한 의사결정 과정에 참여할 수 있는 기회를 가지고 있는지의 여부는 직무탈진과 부적으로 관련된다는 것이 발견되었다. 직무탈진(특히 세 가지 요소들 중에서 자아상실감 요소)은 근로자가 자신의 직무와 관련된 의사결정에 참여할 기회가 적을 때 발생할 가능성이 더 높다. 근로자들은 자신들이 그들의 직무에 대해 영향력을 적게 가지고 있다고 느낄수록 그들이 경험하는 직무탈진의 효과는 더 커진다(Posig & Kichul, 2003).

몇 가지의 성격 요소들도 직무탈진과 관련이 있다. 병원 응급실에서 근무하는 296명의 간호사들을 대상으로 수행된 연구는 Big 5 성격검사 척도들 중에서 신경증 척도 점수가 높은 사람들은 그렇지 않은 사람들에 비해 직무탈진을 경험할 가능성이 훨씬 더 높다는 것을 발견하였다. 반면 외향성과 친화성에서 높은 점수를 받은 사람들은 직무탈진을 경험할 가능성이 더 낮은데, 그 주된 이유는 이러한 성격 특성을 가진 근로자들이 자신의 직무 스트레스에 대해 동료들과 이야기하는 것과 같은 대인간 혹은 사회적 활동에 적극적이기 때문이다. 외향성이나 친화성 점수가 높은 근로자들에게는 그와 같은 대인관계가 사회적 지지를 제공할 수 있었지만 이러한 점수들이 낮은 근로자들은 별로 경험해 보지 못한 일이었다(Zellars & Perrewe, 2001). 직무에서 탈진은 A 유형 성격의 근로자, 강인함 점수가 낮은 근로자, 외부적 통제소재 점수가 높은 근로자 혹은 자존감이 낮은 근로자들이 경험할 가능성이 더 높다.

비록 아직까지 확실한 것으로 밝혀진 것은 아니지만, 직무탈진은 문화에 따라서도 달라진다. 몇 연구들은 미국의 근로자들에 비해 유럽의 근로자들이 경험하는 직무탈진 수준이 유의하게 더 낮고, 일본이나 대만의 근로자들이 경험하는 직무탈진의 수준이 가장 높다는 것을 발견하였다. 다른 연구들은 영어권 근로자들이 일반적으로 높은 수준의 직무탈진을 경험한다는 것을 보여 주었다(Maslach, Schaufeli, & Leiter, 2001; Savicki, 2002).

직무탈진은 다양한 방식으로 개인의 삶에 영향을 미친다. 직무탈진을 경험하고 있는 사람은 불안하고 불만족스러운 생활을 할 것이다. 이들은 자존감이 낮고 직장 밖에서는 인정을 받지 못하기 때문에 직무에서 이러한 것들을 만회하고자 할 것이다. 열심히 일하고 회사에 눈에 띄는 기여를 함으로써 이들은 존경심과 실질적인 보상을 받을 뿐만 아니라 그들 자신이 가치 있는 사람이라는 것을 증명하고자 할 것이다. 그러나 장기적인 과로는 스트레스의 축적과 신체적 에너지의 고갈이라는 대가를 치르게 된다. 그렇게 될 경우 이것은 다시 신체적·심리적 문제로 이어진다.

일중독인가 아니면 직무 열의인가?

일중독 불안이나 불안정성 때문에 혹은 일하는 것을 정말로 좋아해서 나타나는 일에 대한 중독.

직무탈진을 경험하는 사람들 중에는 사람들이 흔히 **일중독자**(workaholic)라고 부르는 사람들이 많은데, 일중독자란 말 그대로 일에 중독된 사람이다. 그러나 일중독자라고 불리는 사람들이 모두 일을 잘 수행하려고 노력하는 것은 아닌데, 왜냐하면 이들은 불안과 불안정성 때문에 일에 매달리기 때문이다. 일중독자 중에는 정말 자신의 일을 좋아하고 거기에서부터 만족감을 얻을 수도 있을 것이다. 뿐만 아니라 일은 이들의 삶에 더 건강하고, 풍요로우며, 활기찬 요소를 제공할 수 있을 것이다. 이런 일중독자들은 자신의 일을 즐기는 행복하고 잘 적응된 사람들이다. 이들은 휴가 가는 일이 거의 없는데 왜냐하면 이들은 일로부터 탈출해야 할 필요가 전혀 없기 때문이다. 그러나 이들은 직무에 대해 강한 개입감을 갖고 있기 때문에 다른 사람들에게 이들은 스트레스 원인이 될 수 있다.

심리학자들은 전체 근로자들 중에 5%가 일중독자인 것으로 추정하고 있고 이들 대부분은 일하는 것에 대해 만족하고 있는 것으로 여겨진다. 이러한 건전한 일중독자는 자기에게 지지적인 가족이 있고, 직무는 자율성과 다양성이 보장되며, 자기의 지식, 기술 및 능력 수준에 걸맞은 직무를 수행할 가능성이 높다. 그러나 이러한 특징들을 갖고 있지 못하는 일중독자들은 자기 직무에 대해 불평하고 불만족을 느끼는 경향이 높으며, 직무탈진에 빠지거나 스트레스에 의한 부정적 영향을 받기 쉽다. 이러한 특징을 종합하면 건전한 일중독자와 건전하지 못한 일중독자를 구분할 수 있을 것이다. 건전한 일중독자 혹은 작업 열성파들은 자신의 직무에 고도로 개입되거나 혹은 관여하고 있고, 이것으로부터 강한 즐거움을 얻을 수 있는 사람들이다. 따라서 이들이 직무수행에서 일종의 중독적인 행동을 보이더라도 이들이 그것으로부터 고통을 받고 있다고 생각하는 것은 적절하지 못하다. 산업 및 조직심리학자들은 자신의 직무를 진정으로 사랑하는 근로자들의 행동을 기술하기 위해 **직무 열의**(job engagement)라는 용어를 제안하였다(Maslach, Schaufeli, & Leiter, 2001).

직무 열의 활력, 직무관여 및 효능감에서 높은 점수를 받은 사람들이 보이는 일에 대한 진정한 즐거움.

직무 열의는 직무탈진에 포함된 세 가지 요소들(즉, 정서적 소진감, 자아상실감, 비효능감) 측면에서 정의할 수도 있지만, 직무 열의는 활력, 직무관여 및 효능감의 용어로 주로 기술된다. 따라서 직무 열의가 높은 사람은 활력적이고, 직무관여 수준이 높으며, 자기 효능감도 높은 사람들이라고 말할 수 있을 것이다. 또한 이들은 원기왕성하고, 쾌활하며, 완전하게 자신의 일에 몰입하고자 하고, 거의 피로를 느끼지 않으며, 난관에 직면했을 때 쉽게 포기하지 않는다. 이들은 자신의 일에 대해 열의와 자부심을 갖고 있다. 일은 이들의 삶의 중심이자 주요 관심사이고, 이들은 일로부터 자신을 분리하려 하지도 않고 또 그렇게 할 수도 없다. 이들에게 일은 만족감, 도전 그리고 충만함의 원천이다.

여러분이 건전한 일중독자인지 아니면 건전하지 못한 일중독자인지 확인하고 싶다면 Workaholic Anonymous의 인터넷 주소 www.workaholicc-anonymous.org/를 방문해 보기 바란다. 그리고 일중독에 대한 다양한 지원 프로그램에 대해서는 www.io.com/~workanon을 방문하라.

작업장 스트레스의 대처

조직 차원의 스트레스-관리 개입 방법들에는 조직 분위기를 바꾸고, 직원 지원 프로그램(employee assistance program, EAP)을 적용하여 이에 대처하는 방법 등이 포함된다. 개인 차원의 스트레스 대처방법에는 이완 훈련, 바이오피드백 그리고 행동 수정 등이 포함된다.

조직적 기법

조직 분위기 개선. 최근의 조직 생활이 주는 스트레스 요인 중 하나는 변화이기 때문에 조직은 근로자들이 그러한 변화에 충분히 적응할 수 있도록 해 주어야 한다. 조직은 근로자들로 하여금 작업환경과 조직 구조의 변화에 대한 의사결정에 참여할 수 있도록 함으로써 이러한 스트레스가 주는 영향을 방지하거나 감소할 수 있다. 근로자들의 참여는 근로자들이 변화를 수용하는데 도움이 되고, 그들의 의견이나 근로자들 사이의 분위기 등을 이야기할 기회를 준다.

통제 제공. 자신이 수행하고 있는 일에 대해 통제를 가지고 있다는 믿음은 스트레스의 효과를 상당히 줄여준다. 이것은 2,048명의 미국 근로자들을 대상으로 전국 규모로 실시된 한 조사연구를 통해 입증되었는데, 자신의 직무에 대해 고충을 별로 느끼지 않고 의사결정의 참여 기회가 더 많다고 생각하는 사람은 그렇지 못한 사람들에 비해 직무 스트레스 수준이 더 낮았다(Ettner & Grzywacz, 2001). 조직은 직무 충실화, 직무 확충 혹은 직무 확장 등을 통하여 근로자들에게 더 많은 책임과 의사결정 권한을 제공함으로써 근로자들이 통제감을 가질 수 있도록 할 수 있다.

근로자 역할의 명시. 역할 모호성에 기인한 스트레스를 줄이기 위해서 관리자들은 부하직원들이 무엇을 해야 하고 그들의 직무 책임이 무엇인지에 대해 분명하게 알려 주어야 한다.

작업 과부하와 작업 과소부하의 제거. 적합한 근로자 선발과 훈련 프로그램, 형평성 있는 승진, 작업의 공정한 분배 그리고 직무요구와 근로자의 능력을 적당하게 맞추는 것 등은 작업 과부하와 작업 과소부하에 의한 스트레스를 없애는데 도움을 줄 수 있다.

사회적 지지의 제공. 사회적 지지는 스트레스에 대한 개인의 취약성을 줄여줄 수 있다. 211명의 경찰관을 대상으로 실시된 연구는 직무탈진 정도가 가장 낮았던 경찰관들은 자기의 상사나 가족으로부터의 사회적 지지를 받는 정도가 가장 높다는 것을 발견하였다(Baruch-Feldman, Brondolo, Ben-Dayan, & Schwartz, 2002). 조직은 응집력 있는 작업집단을 장려하고, 자신의 부하직원들에 대해 관심과 공감을 표시하도록 감독자들을 훈련함으로써 사회적 지지를 향상시킬 수 있다.

애완동물을 직장에 데려오기. 점점 더 많은 수의 회사들이 근로자들로 하여금 자신의 애완동물(대개의 경우 개)을 직장으로 데려올 수 있도록 하고 있다. 고용주가 애완동물을 직장에 데려오는 것을 허락한 회사에 근무하는 193명의 근로자들을 대상으로 조사한 결과에 따르면, 이들 중 실제로 애완동물을 직장에 데려온 근로자들은 애완동물을 직장에 데려오지 않았거나 애완동물이 없었던 근로자들에 비해 스트레스 수준이 더 낮았다(Wells & Perrine, 2001).

스트레스-관리 프로그램의 제공. 직원 지원 프로그램(EAP)에는 스트레스 관리를 위한 가정 내 상담도 포함하고 있다. 개인이 스트레스를 통제하도록 훈련하는 기법이나, 이완, 바이오피드백 혹은 인지적 재구조화와 같은 면역기법들을 포함하는 직원 지원 프로그램들에 대한 평가 연구 결과, 이러한 기법들이 높은 스트레스 때문에 발생하는 생리적 흥분 수준을 감소시킬 수 있다는 것을 보여주었다. 행동적·인지적 이완 프로그램을 마친 참가자들은 긴장감과 수면장애가 줄어든 반면, 작업장 스트레스 요인에 대처하는 능력은 향상되었다고 보고하였다.

협동적 스트레스-관리 프로그램에 참가한 130명의 네덜란드 근로자들을 대상으로 실시된 연구는 이들의 불안과 심리적 압박감은 감소하고, 적극성은 향상되었다는 것을 발견하였는데, 이 효과는 6개월 이상 지속되었다. 이틀 동안의 스트레스 관리 훈련 프로그램에 참가한 사회복지사와 다른 근로자들은 고도로 훈련된 임상 심리학자만큼 매우 효과적으로 다른 사람들이 스트레스에 대처하는데 도움을 줄 수 있었다. 전문적인 임상 심리학자들보다는 훈련받은 근로자들이 다른 사람들의 스트레스 관리를 도와주도록 할 수 있다면 스트레스-관리 프로그램의 실시에 소요되는 비용은 분명 많이 줄일 수 있을 것이다.

체력 단련 프로그램 제공. 현재 직업 보건을 위해 건강 및 신체 단련 프로그램을 제공해 주는 조직의 수는 80% 이상이다. 신체적·정서적 안녕을 향상시킴으로써 근로자들은 스트레스에 대한 취약성을 좀더 줄일 수 있을 것이다. 여기서의 초점은 근로자들이 건강하지 못한 행동을 바꾸고 건강한 생활 스타일을 유지할 수 있도록 하는 것이다. 그와 같은 프로그램들은 조직의 지원을 받아 이루어지는 것이기는 하지만 건강을 위한 구체적 행동들 즉, 운동, 적당한 다이어트 그리고 금연 등은 근로자들이 직접 실행하지 않으면 안 된다.

어떤 협동적 스트레스-관리 프로그램들은 관상 심장질병을 줄이기 위해 A 유형 경영자들을 주요 대상으로 실시되었다. Xerox사의 추정에 따르면, 한 사람의 경영자를 잃는 것은 회사에는 600,000달러의 손실을 가져온다. 스트레스 경감 및 행동 변화 프로그램의 운용에 소용되는 비용은 이보다는 훨씬 적을 것이다. A 유형 행동을 변화시키는 훈련에는 말을 천천히 하고, 다른 사람이 이야기할 때 끼어들지 않도록 노력하는 것이 포함된다. 그와 같은 프로그램을 통해 경영자는 책임을 위임하고, 일일목표를 설정하며, 우선순위를 설정하고, 스트레스가 유발될 수 있는 상황을 피하는 것과 같은 훈련을 받을 수 있을 것이다.

개인적 기법

스트레스에 대처하기 위한 개인적 기법들은 회사가 지원하는 직원 지원 프로그램이나 스트레스-경감 프로그램 등을 통해 실시될 수 있다. 다른 것들은 운동 프로그램에 참가하는 것 등 개인적 수준에서도 이루어질 수 있을 것이다. 운동은 근력과 지구력을 향상시키고, 관상 심장질환의 위험을 감소시키며, 긴장을 완화시킬 수 있다. 많은 회사들은 신체 단련 프로그램과 작업장 내에 운동 시설이나 달리기를 위한 트랙 등을 마련해 주고 있다. 이외의 스트레스를 줄이기 위한 개인적 기법들에는 이완 훈련, 바이오피드백 그리고 행동 수정 등이 있다.

이완 훈련 신체 부위를 차례로 옮겨가며 이완시키는 데 집중하는 스트레스-경감 기법의 일종.

이완 훈련. 이미 1930년대부터 스트레스를 경감시키기 위한 **이완 훈련**(relaxation training)이 장려되었다. 환자들은 신체의 각 부위를 차례로 옮겨가며 특정 부위에 집중하여 그 부위의 근육을 체계적으로 긴장시키고 이완시킨다. 이완된 상태에서 느껴지는 감각에 집중함으로써 환자들은 더 깊은 수준의 이완을 점차적으로 경험하게 된다. 심리학자들은 이러한 기본적인 절차에 대해 몇 가지 좀더 세련된 기법을 제안하였다. 자율 훈련(autogenic training)에서 참가자들은 신체의 사지가 점차 따듯해지고 무거워진다고 상상함으로써 이완을 학습한다. 명상(meditation) 기법에서는 깊고 규칙적인 호흡을 하면서 반복되는 구절이나 음악에 집중한다. 이완-반응 접근(relaxation-response approach)은 이 두 가지 기법을 조합한 것이다. 심리안정-반사 기법(quieting-reflex technique)은 참가자들에게 좀더 빠르게 이완된 상태에 이르도록 학습시킨다. 이러한 이완 기법들에는 근육 긴장에 대한 객관적 피드백과 이완 훈련 이전과 이후의 혈압에 대한 참가자들의 주관적 측정치도 함께 사용된다.

바이오피드백 생리적 과정의 변화를 전기적 측정치를 통해 감시함으로써 사람들이 근육긴장, 혈압 혹은 뇌파를 제어하는 것을 학습하도록 하는 스트레스-경감 기법의 일종.

바이오피드백. **바이오피드백**(biofeedback)은 스트레스를 다스리기 위해 많이 사용되는 기법이다. 바이오피드백에는 심박률, 혈압, 근육 긴장도와 같은 생리적 과정에 대한 전기적 측정치들이 사용된다. 이러한 측정치들은 불빛이나 소리와 같은 신호로 바뀌어 신체 과정이 어떻게 진행되고 있는지에 대한 피드백을 제공한다.

이러한 피드백을 이용하여 사람들은 자신의 내부 상태를 제어할 수 있는

<여기서 잠깐>

휴가가세요-그런데 그 효과는 장담 못해요.

미국 근로자들은 스트레스, 작업 과부하 그리고 직무탈진을 피하는 데 도움이 되는 재충전이나 일하는 속도의 조절에 필요한 시간을 충분히 갖지 못하고 있다. 유럽인들은 미국인들에 비해 연간 휴가일수가 훨씬 더 많다. 미국 근로자들은 프랑스나 독일 근로자들에 비해 유급 휴가일수가 더 적고, 이들 중 많은 사람들은 자기가 신청한 휴가 일수를 다 보내지도 못한다. 온라인 여행업체인 Expedia사가 2,019명의 미국 성인들을 대상으로 실시한 조사에 따르면, 휴가를 신청한 사람 중 최소한 30%가 자기가 받은 휴가일수를 다 채우지 못한다고 한다. 미국의 모든 전일제 근로자들은 평균적으로 1년에 3일의 휴가일을 다 쓰지 못하고, 더구나 매년 휴가로 보내는 시간이 줄어들고 있다.

Expedia의 조사는 또한 휴가를 가는 사람들 중 32%는 회사 일을 모두 잊고 휴가를 보내기보다는 이메일이나 보이스메일을 체크하면서 휴가 중에도 일을 안고 있다는 것을 보여 주었다. 그들은 직무 스트레스를 그대로 가지고 휴가를 보내는 것이다. 이 때문에 Radio Shack과 같은 회사는 종업원들의 직무탈진과 같은 문제를 우려하여 종업원들이 회사 일을 잊고 휴가를 보낼 수 있는 방법을 도입하였다. 그 중 하나가 '무죄 휴가' 프로그램이다. Radio Shack사의 단순하면서도 유일한 규칙은 이것이다: '휴가 중에는 회사에 전화하지 말 것!' 이 문제에 대해 다른 회사들은 지위와 상관없이 모든 근로자들이 추가 수당 때문에 휴가를 가지 않는 것이 아니고 실제로는 주어진 휴가일을 모두 사용한다고 주장하기도 한다.

휴가는 효과가 있는 것일까? 휴가는 스트레스를 줄이고 직무탈진을 방지하기 위한 최선의 방법인가? Tel Aviv 대학교의 Dov Eden 박사는 76명의 사무직원을 대상으로 휴가 전후의 스트레스 차이를 비교하였는데, 그 결과는 실망스러운 것이었다. 휴가의 이점은 단 3주 만에 사라져버린 것이다. 근로자들은 휴가 이전의 상태로 빠르게 돌아와 버렸고, 휴가를 전혀 갖지 못한 사람들처럼 보였다. Arlington에 소재한 Texas대학의 조직 행동 교수인 James Quick 교수는 사람들이 주말을 보낸 다음인 월요일 아침에 심장발작을 일으키는 경우가 증가한다는 것을 발견하였다. 더구나 그는 더 긴 휴가 기간이라면 이러한 위험이 더 커질 수도 있다고 지적하였다. 당신의 선택은 무엇인가? 당신의 일은 스트레스 받는 일이지만 이제 휴가도 건강에 좋지 않을 수 있다고 하니...이것 참!...

출처: D. Galant. Now for the hard part: It's over. *New York Times*, July 11, 2000; Bosses beg workers to get away. *St. Petersburg (FL) Times*, July 7, 2000.; Yahho Financail News, June 6, 2004(www.biz.yahoo.com).

방법을 습득하게 된다. 예를 들어 심장이 느린 비율로 뛰고 있을 때마다 모니터에 불빛이 제시된다고 가정해 보자. 연습을 계속함에 따라 당신은 느린 비율의 심장이 뛰도록 유지하면서 모니터에 그 불빛이 계속 나타나게 하는 것을 학습할 수 있을 것이다. 어떻게 해야 이렇게 할 수 있는지는 아직 알려지지 않았지만 충분한 연습을 함에 따라 심장 박동률을 제어할 수 있게 되고 나중에는 모니터상의 불빛과 피드백이 필요 없게 된다.

바이오피드백은 근육 긴장, 혈압, 체온, 뇌파 그리고 위산의 양 등을 제어하는 데도 사용될 수 있다. 스트레스에 수반되어 나타나는 생리적 변화를 줄임으로써 사람들은 스트레스 관련 장애가 나타날 가능성을 줄일 수 있다.

행동 수정. 행동 수정 기법은 A 유형의 사람들이 스트레스에 덜 취약하도록 하는데 효과적이다. 행동 수정을 통해 지나친 욕구, 기한을 스스로 설정하여 고민하는 것, 그리고 지나친 활동성 등을 바꿀 수 있다. 이 기법에는 스트레스가 있는 일에 대해 긍정적으로 반응하는 것에 대한 보상 등을 통해 행동을 수정하는 것이 포함된다.

요 약

직업 건강심리학(occupational health psychology)은 작업장에서 발생하는 스트레스의 효과를 다룬다. 스트레스는 생산성을 떨어뜨리고, 결근과 이직을 증가시키며, 생리적 변화를 야기한다. 장기간의 스트레스는 정신신체 장애의 주요 원인이 되는데, 여기에는 심장병, 소화 기관의 문제, 천식, 피부병, 알레르기, 두통, 그리고 암 등이 포함된다. 스트레스를 줄이는 요인들에는 높은 직무만족, 통제, 높은 자율성과 권한, 사회적 지지, 좋은 건강, 직무 기술, 그리고 몇 가지 성격 특징들이 포함된다.

A 유형(Type A)으로 분류되는 사람들은 심장발작을 일으킬 가능성이 높을 수 있다. 이들은 강한 경쟁심, 시간적 조급함, 높은 적대감, 공격성 분노 그리고 참을성 부족 등의 특징을 갖고 있다. **B 유형**은 이러한 특징들이 적고 스트레스에 대해서도 취약성이 덜하다. **강인성**(hardiness)은 개인이 자신의 삶을 통제할 수 있다는 믿음, 일에의 몰입, 그리고 변화를 긍정적으로 보는 것 등이 포함되고, 이러한 요인 역시 사람들이 스트레스에 강할 수 있게 해 준다. 이와 유사하게 자기 효능감, 내부 **통제소재**, 그리고 자존감이 높고,

부정적 정서성이 낮은 것도 사람들도 하여금 스트레스에 강하게 한다.

스트레스의 원인들은 일-가정 갈등, **작업 과부하**(work overload), **작업 과소부하**(work underload), 조직 변화, **역할 모호성**(role ambiguity), **역할갈등**(role conflict), 경력개발 문제, 감독, 스트레스를 안고 있는 사람과 접촉하는 것, 기계의 속도에 맞추는 작업, 그리고 작업장의 물리적 여건 등이 포함된다. 스트레스는 장기적으로는 정신신체 장애를 가져오고, 단기적으로는 건강, 행동 그리고 직무수행에 부정적 영향을 미친다.

집단 심인성 질병(mass psychogenic illness)은 남성보다는 여성에 더 많은 영향을 주고 같이 일하는 작업자들 사이에서 급속하게 번진다. 이것은 신체적·심리적 스트레스와 관련된다. **직무탈진**(burnout)은 장시간의 과로, 시간압박감, 높은 역할갈등이나 역할 모호성 그리고 사회적 지지의 부족 등에 의해 야기된다. 직무탈진으로 인해 생산성 저하, 신체적 소진, 신경쇠약, 강박적 일 처리 그리고 사회적 철수 등이 나타난다. A 유형 성격을 가지면서 Big-5 성격 요소 중 신경증 점수가 높은 사람은 직무탈진을 경험할 가능성이 매우 높다. 직무탈진을 경험하는 사람들 중에는 우리가 흔히 **일중독자**(workaholic)라고 부르는 사람들이 많은데, 일중독자는 자신의 삶에서 경험하는 불안전성과 불만족 때문에 강박적으로 일을 열심히 하는 사람이다. **직무 열의**(job engagement)가 높은 건전한 일중독자는 일하는 것에서 만족감을 얻고, 직무탈진에 의한 스트레스를 받지 않는다.

조직 차원에서 스트레스에 대처하는 방법들에는 정서적 분위기 개선, 사회적 지지, 근로자 역할의 명확화 그리고 작업 과부화와 작업 과소부하의 제거 등이 포함된다. 개인적 스트레스 대처 기법들에는 운동, **이완 훈련**(relaxation training), **바이오피드백**(biofeedback), 행동 수정, 휴가 그리고 스트레스가 높은 직무를 그만두는 것 등이 포함된다.

주요 용어

- 강인성
- 부정적 정서성
- 역할갈등
- 이완 훈련
- 작업 과부하
- 조직 기반 자존감
- 직무탈진
- 집단 심인성 질병
- 바이오피드백
- 스트레스
- 역할 모호성
- 일중독
- 작업 과소부하
- 직무 열의
- 직업 건강심리학
- 통제소재

A 유형/B 유형 성격

복습 문제

1. 당신이 스트레스를 받고 있다는 것을 어떻게 알 수 있는가? 몇 가지 정신적·신체적 특징들을 기술해 보라.
2. 직업 건강심리학의 역사와 목적에 대해 기술해 보라.
3. 스트레스에 반응할 때 신체에서 일어나는 생리적 변화들은 무엇인가?
4. 일상생활에서 사소한 말다툼이나 '열 받는 일'이 축적되면 우리 건강에 어떤 효과를 갖게 되는지 설명해 보라.
5. 직무 스트레스의 유해한 효과를 방지할 수 있는 직무 관련 요인들에는 어떤 것들이 있는가?
6. 왜 중간 수준의 직위에 있는 관리자들보다 항공 관제사나 최고위 경영자들은 스트레스를 덜 받는지 설명해 보라.
7. A 유형 성격과 B 유형 성격의 특징을 기술해 보라. 왜 A 유형 성격은 B 유형 성격에 비해 스트레스에 취약할까?
8. 강인함, 자기 효능감, 통제소재 그리고 부정적 정서성과 같은 성격 특성들이 스트레스에 반응하는 개인들의 차이를 어떻게 설명할 수 있는지 기술해 보라.
9. 조직 기반 자존감의 개념을 정의해 보라. 이것은 개인이 직무 스트레스에 반응하는데 어떤 영향을 줄 수 있을까?
10. 왜 일-가정 갈등은 남성보다는 여성에게 일반적으로 더 크게 나타나는가?
11. 일-가정 갈등에 대해 서양, 아시아 그리고 중남미 문화가 서로 어떻게 다른지 기술해 보라. 이러한 차이가 나타나는 것에 대한 당신의 견해는 무엇인가?
12. 조직은 일-가정 갈등과 관련된 문제를 줄이기 위해 어떤 것을 할 수 있을까?
13. 질적 작업 과부하와 양적 작업 과부하 사이의 차이를 설명해 보라.
14. 작업 과소부하가 작업 과부하만큼 스트레스가 될 수 있는 이유를 설명해 보라.
15. 다음과 같은 것들이 어떻게 스트레스 요인이 될 수 있는지 기술해 보라: 조직 변화, 역할 모호성, 역할갈등.
16. 미국 근로자들을 대상으로 수행된 연구 결과, 9·11 테러 공격에 의한 스트레스에 대해 어떻게 응답하였는가?
17. 집단 심인성 질병과 관련된 물리적·심리적 요인들에 대해 기술해 보라. 이 질병은

어떤 유형의 직무에서 발생할 가능성이 높은가?

18. 직무탈진의 주요 원인과 주요 요소는 무엇인가? 직무탈진과 관련이 깊은 성격 특성은 무엇인가?
19. 직무 열의를 정의해 보라. 이것은 일중독과 어떻게 다른가? 직무 열의 점수가 높은 사람들이 보이는 특징들을 기술해 보라.
20. 직무 스트레스를 줄이기 위한 조직 차원의 접근 방법들은 무엇이 있는가? 여러분은 여러분의 삶에서 겪는 스트레스에 어떻게 대처하고 있는가?

더 읽을거리

Allen, D. (2001). *Getting things done: The art of stress-free productivity*. New York: Viking. 스트레스를 최소화하고 생산성은 최대화하기 위한 의사결정에 대한 조언을 제공한다. 과제를 몇 개의 범주(즉, 직접 할 과제, 남에게 맡길 과제, 연기할 과제, 포기할 과제)로 나눌 것을 제안하고 있다.

Cooper, C. L., Dewe, P. J., & O'Driscoll, M. P (2002). *Organizational stress: A review and critique of theory, research, and applications*. Thousand Oaks, CA: Sage. 작업 스트레스와 탈진에 대한 전반적 이해를 위해 수백 편의 연구 결과들을 체제화하고 있다.

Maslach, C., Schaufeli, W. B., & Leiter, M. P. (2001). Job burnout. *Annual Review of Psychology, 52*, 397-422. 장기적인 정서적/대인관계 직무 스트레스인 탈진에 대해 소진, 냉소주의 그리고 비효능감 등의 용어로 기술한다. 탈진과 대비되는 개념인 "열의"에 대해 검토한 최근의 연구들을 기술하고 있는데, 이 연구들에서는 탈진 증상을 완화하기 위해 사용될 수 있는 방법들도 제안되어 있다.

Nelson, D. L., & Burke, R. J. (2000). Women executives: Health, stress, and success. *Academy of Management Executive, 14*(2), 107-121. 가정 이외의 장소에서 높은 임금을 받는 여성 근로자가 갖는 특징적인 건강문제를 탐구한다. 스트레스 원인, 대처방법 및 스트레스가 조직의 효과성에 미치는 영향도 기술한다.

Nelson, D. L., & Burke, R. J. (Eds.) (2002). *Gender, work stress, and health*. Washington, D.C: American Psychological Association. 스트레스 대처반응에서의 성차를 살펴본 실험 연구들과 문헌개관 연구들의 결과를 요약한다. 예방 및 개입 방략

들을 기술하고, 추가적 연구 영역의 제안하고 있다.

Quick, J. C., & Tetrick, L. E. (Eds.) (2003). *Handbook of occupational health psychology.* Washington, D.C: American Psychological Association. 스트레스를 다양한 심인성 질병과 피로, 탈진, 가족 역기능, 그리고 직무 불만족과 관련지어 여러 국가에서 수행된 직업 건강문제에 대한 연구들을 소개하고 있다.

Wright, T. A., & Cropanzano, R. (2000). The role of organizational behavior in occupational health psychology. *Journal of Occupational Health Psychology, 5,* 5-10. 근로자의 건강과 안녕에 대한 조직의 영향을 다룬 9편의 논문들이 실린 특집호를 소개하고 있다.

제5부

공학심리학

공학심리학의 목표는 작업장을 안락하고, 안전하며, 효율적으로 만드는 것이다. 사무실 의자나 컴퓨터 모니터에서부터 자동차 제어장치들에 이르기까지, 심리학자들은 근로자들이 직무에서 스트레스를 덜 느끼고 생산적으로 일하도록 하기 위한 많은 측면들을 연구한다. 13장에서는 근로자의 요구와 능력에 부합하도록 하기 위해 공학심리학자들이 도구, 장비 그리고 작업 영역의 설계에서 어떤 기여를 하고 있는지 살펴보고자 한다.

제13장

공학심리학

이 장의 개요

공학심리학의 역사와 연구영역

지금까지 우리는 근로자의 효율성, 생산성 그리고 직무만족을 향상시키고자 하는 조직의 목표에 산업 및 조직심리학자들이 어떻게 기여했는지 살펴보았다. 또한 우리는 최상의 능력을 가진 근로자가 어떻게 모집되어 선발되고, 직무수행에 대한 훈련을 받으며, 효과적으로 감독받고 동기화될 수 있는지 알아보았고, 작업 생활의 질과 작업환경을 최적화하기 위해 적용될 수 있는 기법들에 대해서도 기술하였다. 그러나 우리는 지금까지 논의된 것들만큼 중요한 한 가지 요인에 대해서는 간략하게만 살펴보았는데, 그것은 근로자들이 직무수행을 위해 사용하는 기계나 장비, 그리고 그러한 과제들이 수행되는 작업장의 설계 문제이다.

도구, 장비 그리고 작업장은 그것들을 사용하는 작업자들의 특성에 부합적으로 설계되어야 한다. 우리는 이것을 인간이나 기계 중 어느 한쪽만으로는 수행할 수 없는 일을 이 두 요소가 같이 기능함으로써 달성하게 하는 일종의 팀을 운영하는 것으로 생각할 수도 있을 것이다. 이러한 인간-기계 시스템 안에서 인간과 기계가 순조롭게 작업하고자 한다면 이 양자는 상대방의 장점을 살리고, 필요하다면 상대방의 약점을 보완할 수 있도록 서로에게 부합적이어야 한다.

공학심리학 인간이 사용하는 기계와 장비를 설계하고, 기계를 효율적으로 조작할 수 있는 인간의 행동을 결정하는 학문 영역. 공학심리학은 인간공학, 혹은 어고노믹스라고도 불린다.

오퍼레이터와 기계를 짝짓는 것은 **공학심리학**(engineering psychology) 혹은 인간공학(human factors 혹은 human engineering)이라고 불리는 학문 영역의 주요 관심사다. 영국의 심리학자들은 이 용어를 어고노믹스(ergonomics)라고 부르는데, 이것은 '일한다'를 의미하는 그리스어인 *ergon*과, '자연법칙'을 의미하는 *nomos*에서 유래한 것이다. 심리학자들은 공학자들과 협력하여 작업에 대한 자연법칙을 공식화하는 데 심리학 영역에서 얻어진 지식을 적용한다. 따라서 공학심리학은 인간이 사용하는 기계와 장비를 설계하고 그러한 기계와 인간이 효율적으로 상호작용할 수 있도록 하는 것을 목표로 하는 과학이라고 할 수 있다.

1940년대까지 기계, 장비 및 산업 공장들을 설계하는 것은 전적으로 공학자들이 담당하였다. 그들은 기계적, 전기적, 공간적 그리고 물리적 크기 등을 고려하여 설계방식을 결정하였고, 정작 그것을 사용해야 하는 작업자들에 대해서는 거의 주의를 기울이지 않았다. 사람의 요구와는 상관없이 기계는 한 번 만들면 변경할 수 없는 것으로 여겨졌다. 장비가 아무리 불편하고, 짜증나고, 안전하지 못해도 (인간-기계 시스템에서 유일하게 유연한 요소인) 인간 오퍼레이터는 작업 상황을 최상으로 유지하기 위해 스스로를 기계가 요구하는 방식에 맞춰 작업해야 했다.

작업자를 기계에 맞추는 것은 공학심리학의 초기 연구 주제였던 시간-동작 연구를 통해 이루어졌다. 시간-동작 연구에서 직무는 어떻게 단순화될 수 있는지의 측면에서 분석되었다. 물론, 기계를 사용하는 사람의 요구를 무시한 채 기계를 설계하고자 했던 이러한 접근 방식은 오래 가지 못했다. 기계는 너무 복잡해졌고, 그것을 감시하고 조작하는 사람의 역량을 벗어나는 수준까지 작업 속도, 기술 그리고 주의를 요구하였다.

제2차 세계대전에서 사용할 목적으로 개발되었던 무기들은 인간의 근력뿐만 아니라 감각, 지각, 판단 및 의사결정에 이르기까지 거의 모든 측면에서 인간 오퍼레이터에게 과중한 부담을 안겨주었다. 예를 들어 지나치게 복잡하게 설계된 전투기의 조종사들에게는 이들이 위험한 상황을 지각하고, 이에 대처하기 위한 행위를 결정하여 적절하게 반응하기에는 시간이 턱없이 부족하였다. 레이더나 음파탐지 오퍼레이터들에게도 높은 수준의 기술이 요구되었다. 일반적으로 전시에 사용된 무기들은 잘 작동하기는 하였지만 오퍼레이터의 실수도 빈번하였다. 그때 당시로는 가장 정확하다고 평가되었던 폭격조준기도 정확한 폭격을 이끌어내지 못했고, 아군의 군함이나 항공기가 적기로 오인되어 포격을 당했으며, 심지어 고래가 잠수함으로 오인되기도 하였다. 비록 기계 자체는 제대로 기능하는 것으로 보였지만 인간과 기계의 상호작용 시스템은 분명히 그렇지 못했던 것이다.

공학심리학의 발전에 획기적 기여를 한 것은 바로 제2차 세계대전 때 드러난 이러한 문제들이었는데, 이것은 제1차 세계대전 당시 군인들을 선별하고 선발하기 위해 대량의 심리검사들이 만들어진 배경과 유사하였다. 정부는 전반적 인간-기계 시스템이 효율적으로 작동하기 위해서는 기계를 설계할 때 인간의 역량과 한계가 고려되어야 한다는 것을 인식하게 되었다. 곧이어 심리학자,

생리학자 그리고 의학자 등이 항공기 조종석, 잠수함과 탱크의 내부 그리고 군복의 여러 요소들에 대한 설계에 공학자와 공동으로 작업하게 되었다.

이렇게 설계된 항공기는 많은 미국 조종사들의 생명을 구할 수 있었다. 한때 항공기 조종석에 설치되는 디스플레이와 제어장치의 배열방식은 일관적이거나 표준적이지 못했고, 이 때문에 항공기 종류에 따라 이들의 배열 위치는 상이하였다. 어느 한 유형의 항공기에 익숙했던 조종사가 갑자기 다른 유형의 항공기를 조종해야 했다면 이들은 디스플레이와 제어장치의 상이한 배열방식에 당황했을 것이다. 예를 들어 항공기 바퀴를 들어 올리는 레버는 다른 항공기에서는 보조익을 제어하는 위치에 설치되었을 수도 있었을 것이다. 자동차의 액셀러레이터와 브레이크 페달의 위치가 뒤바뀐 경우를 상상해 보라. 응급상황에서 브레이크라고 생각하고 밟은 페달이 실제로는 액셀러레이터일 수도 있는 것이다.

항공기 제어장치들의 작동방식에도 일관성이 없었다. 동일한 조종석 안에서도 무엇인가를 켜기 위해서는 어떤 제어장치는 위로 올려야 한 반면 다른 제어장치는 아래로 내려야 했다. 동일한 노브 형태를 가진 많은 제어장치들이 너무 근접하게 위치하고 있어서 주의가 분산된 조종사들은 그러한 제어장치들을 한 번에 구별하기 매우 어려웠다. 이러한 문제들이 인식되고 수정되기는 하였지만 원래 항공기 자체가 실제로 항공기를 조종하는 조종사의 관점에서 설계된 것이 아니었기 때문에 많은 조종사들이 잘못된 설계로 인해 희생될 수밖에 없었다.

열악한 설계는 다른 유형의 사고도 야기하였다. 1979년에 펜실베이니아의 쓰리마일 아일랜드(Three Mile Island)에 있는 원자력 발전소에서 재앙이 발생하였다. 이 사고는 오퍼레이터의 경계 수준이 떨어져 있던 야간 교대 근무시간에 발생하였지만 이 문제의 일부는 인간 오퍼레이터의 특성을 간과한 것에 기인한 것이었다. 이 원자력 발전소의 관제실에서는 계기 다이얼과 제어장치들이 서로 너무 떨어진 곳에 위치해 있었다. 오퍼레이터들이 디스플레이에 표시된 경고 신호를 탐지한 이후 소중한 시간이 지나버렸는데, 그것은 발전소의 오작동을 교정하는 데 필요한 제어장치들이 다른 곳에 설치되어 있어서 그것들을 작동시키기 위해서는 오퍼레이터들이 여기저기로 옮겨 다녀야 했기 때문이다.

이러한 문제의 재발을 막기 위해 미국 원자력규제위원회(Nuclear Regulatory Commission)는 인간 오퍼레이터의 능력을 고려하여 원자력 발전소의 관제실을 변경하도록 명령하였다.

항공기 사고와 관련된 인간 요인 문제(전체 항공기 사고의 66%가 조종사의 실수에 의한 것이다)를 해결하기 위해 미국 연방교통안전위원회(National Transportation Safety Board)는 공학심리학자들을 스탭들로 채용하였다. 이들의 직무는 조종사와 승무원의 피로, 교대 근무 스케줄, 건강문제, 스트레스 그리고 장비 설계 등 사고의 원인이 될 수 있는 모든 문제들을 연구하는 것이다.

많은 연구들이 자동차를 더욱 안전하게 설계하기 위해 수행되었다. 이러한 연구에 포함된 변인들은 자동차나 오토바이 헤드라이트의 밝기, 정지등의 위치, 색상 및 밝기 그리고 대시보드 제어장치들과 계기들의 배열방식 등이다. 1985년 이후 미국에서 운행되는 모든 자동차들에는 뒷유리에 정지등을 설치하도록 의무화하고 있다. 8,000대의 차량을 대상으로 수행된 인간공학적 연구는 이러한 뒷유리 장착 정지등이 추돌 사고를 50% 정도 감소시켰다는 것을 보여주었다.

공학심리학자들은 자동차 번호판과 교통 표지들이 야간에도 잘 보일 수 있는 방법이나, 음주가 운전에 미치는 영향, 그리고 운전자의 반응시간(즉, 운전자들이 어떻게 위험상황을 지각하고 이해하여 반응하는지) 등에 대해서도 연구한다.

공학심리학자들이 관심을 갖고 있는 또 다른 연구 주제는 자동차 유리의 선팅* 이 가시도(visibility)에 미치는 효과이다. 연구 결과에 따르면 유리를 선팅한 자동차의 운전자들은 후진할 때 유리창을 통해 보행자나 다른 차량을 잘 탐지하지 못한다. 또한 어떤 연구는 선팅 때문에 가용한 빛이 반밖에 투과하지 못한다는 것을 밝혔는데, 이러한 연구 결과를 기초로 많은 주 정부는 안전을 위해 선팅을 규제하는 법안을 시행하고 있다. 고령 운전자들은 젊은 운전자들에

*[역자 주] 우리나라에서 흔히 '선팅'이라고 부르는 것의 원래 용어는 'tinting'이다. 그러나 우리나라에서는 '선팅'이라는 용어가 일반적으로 사용되고 있기 때문에 본문에서는 이것을 '선팅'으로 표기할 것이다.

비해 자동차 유리의 선팅에 더 많은 영향을 받는다. 한 연구는 60세에서 69세 사이의 고령 운전자들은 20세에서 29세 사이의 젊은층 운전자들에 비해 빛에 대한 대비 민감도가 훨씬 더 감소한다는 것을 발견하였다(LaMotte, Ridder, Yeng, & Deland, 2000).

공학심리학자들이 수행한 연구는 운전 중 휴대전화 사용이 반응시간을 증가시켜 모든 연령의 운전자들에게 더 큰 사고 위험을 가져다줄 수 있다는 것을 밝혔다(특히, 운전 중 휴대전화 사용으로 인한 반응시간의 증가는 고령 운전자에서 더 컸다). 자동차 유리의 선팅 문제에 대한 연구와 마찬가지로 이러한 연구들도 운전 중 휴대전화 사용을 규제하는 법규의 시행 근거가 되었다.

공학심리학자들은 의료장비, 카메라, 칫솔, 자동차용 좌석 등을 포함한 다양한 제품의 설계에 기여하고 있다. 이들은 또한 우편배달부들이 사용하는 우편행낭의 재설계에도 관여한 바 있다. 왜 그랬을까? 그것은 우편배달부의 20% 이상이 어깨에 걸치는 우편행낭으로 인해 하요부 통증과 같은 근골격장애에 시달리고 있기 때문이다. 허리-보호(waist-support) 혁대가 있는 우편행낭이나, 양쪽 어깨로 걸칠 수 있도록 한 이중 우편행낭 등은 근육피로를 감소시켜 주는 것으로 밝혀졌다.

작업장 설계 분야를 포함하여 자동차, 전자 및 식품 산업체 등에서는 가장 수준 높은 인간공학 프로그램들이 적용되고 있다. 인간공학적 연구 결과를 작업장과 제품생산에 적용하고 있는 기업들은 General Motors, Daimler-Chrysler, SAAB, Volvo, 그리고 IBM을 포함한 컴퓨터 제조업체 등이다(Hagg, 2003을 보라).

인간공학 연구들을 적용할 때 기업체가 얻을 수 있는 순이득은 인간공학적 개입에 드는 비용보다 1%에서 12% 정도 더 많다는 연구 결과가 있다. 거의 대부분 이러한 경제적 이득은 인간공학적 노력이 적용된 후 1년 이내에 나타난다. 한 가지 예가 자동차의 뒷유리에 정지등을 설치한 경우이다. 자동차 뒷유리에 정지등을 설치하는 데 자동차 한 대당 약 10달러 정도의 추가비용이 들었지만, 추돌 사고가 50% 정도 줄어듦으로써 얻어진 자동차 수리비용의 감소로 연간 4억 3,400만 달러의 이득이 발생하였다(Staton & Baber, 2003).

공학심리학은 여러 학문분야가 혼합된 것이기 때문에 공학심리학자들이 다양한 학문적 배경을 가지고 있다는 것은 그리 놀랄만한 것은 아니다. 미국 인간공학회(Human Factors and Ergonomics Society)의 회원은 주로 심리학자와 공학자로 구성되어 있지만 의학, 사회학, 인류학, 컴퓨터 사이언스 그리고 다른 행동과학이나 자연과학의 전문가들도 포함되어 있다. 지난 십여 년 사이에 공학심리학을 전공하는 석사 수준의 심리학자들의 수가 크게 증가하였다. 공학심리학은 매우 역동적으로 성장하고 있으며, 그 연구 결과들도 많은 유형의 조직체에서 활발히 적용되고 있다.

시간-동작 연구

시간-동작 연구(time-and-motion study)는 도구와 장비를 재설계하고 작업자들의 직무수행 방식을 개선하기 위해 일찍부터 시도된 공학심리학적 연구 방법이다. 이것은 세 사람의 선구자들에 의해 시작되었는데, 이들은 육체노동을 좀 더 효율적으로 수행하는 방식이 무엇인지에 주로 관심을 가졌다.

시간-동작 연구 작업도구를 재설계하고, 반복적이고 일정한 직무를 수행하는 작업자들의 작업방식을 개선하기 위해 시도된 공학심리학의 한 연구 분야.

특정 직무수행에 대한 최초의 연구는 1898년 과학적 경영의 주창자인 Fredrick W. Taylor에 의해 수행되었다. Taylor는 미국의 어느 대형 철강제조업체의 의뢰를 받아 삽을 이용한 작업의 특성을 연구하였다. Taylor가 작업자들을 관찰한 결과, 작업자들은 크기와 형태가 상이한 삽을 사용한다는 것을 발견하였다. 이 때문에 각각의 작업자가 한 번의 삽질로 들어 올리는 무게의 범위는 3.5파운드(약 1.6kg)에서 38파운드(약 17.2kg)로 다양하였다. 여러 수준의 무게에 대해 실험을 실시한 결과, 작업자가 한 번의 삽질로 들어 올리는 가장 효율적인 무게는 21.5파운드(약 9.7kg)임이 밝혀졌다. 이보다 더 가볍거나 아니면 더 무거운 무게는 일일 총산출을 감소시켰다. Taylor는 작업자가 무엇을 들어 올리는지에 따라서 다양한 크기의 삽을 사용하도록 하였는데, 예를 들어 철광석을 들어 올릴 때는 작은 삽을, 반면 재를 들어 올릴 때는 큰 삽을 사용하도록 하였다. 이러한 변화가 사소한 것으로 보일지 모르겠지만, Taylor의 연구는 회사가 78,000달러를 절약할 수 있도록 해 주었다. 이것은 그때 당시로는 매우 큰 액수였다. 새로운 작업방식의 도입으로 이전에는 500명의 작업자가 수행해야 할 일을 140명의 작업자로도 가능하게 되었다. 더 많은 생산성에 대해서는 임금을 더 많이 주는 인센티브를 제공했는데, 이를 통해 작업자들의 임금이 60% 정도 인상되는 효과가 발생하였다(Taylor, 1911).

Taylor의 연구는 작업도구와 작업자 효율성 사이의 관계에 대한 최초의 실험적 증거를 제시해 주었다. 시간-동작 연구에서 두 번째 선구자는 공학자인 Frank Gilbreth와 심리학자인 Lillian Gilbreth였는데, 이들은 누구보다도 시간-동작 연구를 진전시킨 사람들이다. Taylor의 관심이 주로 작업도구 설계와 인센티브 임금 체계였던 반면, Gilbreth 부부는 직무수행의 기제에 더 관심이 많았다. 이들의 연구 목표는 불필요한 모든 동작들을 제거하는 것이었다(Gilbreth, 1911).

그것은 Frank Gilbreth가 17세에 견습 벽돌공으로 일할 때 시작되었다. 일하기 시작한 첫날부터 그는 벽돌공들이 일하면서 불필요한 동작을 많이 하고 있음을 알아차렸다. Gilbreth는 일을 더 빠르고 쉽게 할 수 있도록 작업을 재설계할 수 있을 것으로 생각하였고, 일 년이 지나기 전에 그는 작업장에서 가장 빠른 벽돌공이 되었다. 그는 또한 동료들에게 자기 방식을 따라 일하도록 권유하였는데, 그 결과 작업반 전체가 지치지 않고 훨씬 더 많은 일을 해낼 수 있게 되었다.

Gilbreth는 작업자들이 작업할 때 항상 편리한 높이에서 일할 수 있도록 하기 위해 위아래로 높이를 조절할 수 있는 비계(scaffold)도 설계하였다. 벽돌을 쌓는 데 필요한 손과 팔의 동작을 분석하여 이들을 가장 효율적인 방식으로 바꾼 결과, 작업자들은 1시간에 이전의 120개보다 훨씬 더 많은 350개의 벽돌을 쌓을 수 있었다. 생산성에서의 이러한 증가는 작업자들에게 빨리 작업하도록 억지로 시켰기 때문이 아니라 하나의 벽돌을 쌓는 데 요구된 동작의 수를 18개에서 5개로 줄인 결과였다.

Gilbreth 부부는 자신들의 일상생활도 시간-동작 경제성 원리에 기초하여 체계화하였다. 모든 활동이 시간을 낭비하지 않는 방식으로 이루어졌다. 예를 들어 Frank Gilbreth는 조끼를 입을 때 단추를 항상 아래에서 위쪽으로 채웠는데 그 이유는 이 방식이 위에서 아래로 단추를 채우는 것에 비해 4초가 덜 걸렸기 때문이었다. 면도하기 위해 얼굴에 비누거품을 칠할 때는 한 손에 하나씩 두 개의 솔을 사용하였는데 이것은 17초를 줄여주었다. 그는 또한 두 개의 면도기를 동시에 사용하여 면도하는 것도 시도하였는데, 아이러니하게도 이 방식으로 줄어든 시간보다 더 많은 시간을 면도하다 벤 곳에 밴드를 붙이는 데 써야 했다. Gilbreth 부부가 12명의 자녀들의 활동에 대한 시간짜기에 쏟아부은 노력은 『한 다스로 더 싸게(Cheaper by the Dozen)』라는 제목의 유명한 책과 영화에 자세히 나와 있다. Taylor의 삶과 연구에 대해 더 알고 싶은 독자는 웹사이트 www.netmba.com/mgmt/scientific/을 방문해 보기 바란다. Gilbreth 부부에 대해서는 www.gilbrethnerwork.tripod.com을 참조하기 바란다.

시간-동작 공학자(이들은 때로 **효율성 전문가**라고 불린다)는 직무의 수행에 요구되는 동작의 수를 줄이기 위해 많은 유형의 직무에 Gilbreth의 기법을 적용하였다. 일반적인 수술실에서 흔히 볼 수 있는 것처럼 간호사가 의사의 손에 수술 도구를 건네주는 절차는 시간-동작 분석을 통해 얻어진 하나의 산물이다. 이전에는 의사가 스스로 수술 도구를 찾아 사용해야 했는데 이것은 수술 시간을 상당히 증가시키는 결과를 초래하였다.

다음에 United Parcel Service사의 배달부가 배달하는 것을 볼 수 있는 기회가 있다면, 그들이 어떻게 행동하는지 유심히 관찰해 보기 바란다. 신속한 배달을 위해 그들이 보이는 모든 동작들은 시간-동작 분석에 기초하여 미리 정해져 있다. 배달부들은 배달 가방을 항상 왼팔의 아래쪽에 두고, 배달 트럭에서 내릴 때는 오른쪽 발을 먼저 땅에 디디며, 걸을 때는 최소한 초당 세 걸음을 속도로 걷고, 배달 차량의 키는 열쇠의 이빨 부분이 위쪽으로 오도록 한다. 불필요하고 낭비적인 동작들은 모두 제거되어 있다. 이러한 절차들은 배달부들이 추가적인 작업이나 스트레스 없이 일을 빠르고 좀더 효율적으로 할 수 있도록 해 준다.

시간-동작 분석의 결과를 가장 효과적으로 적용할 수 있었던 작업 형태는 규칙적이고 반복적인 작업이다. 전형적인 동작 연구에서는 작업자의 움직임이 비디오를 통해 녹화된 후 수정해야 하는 동작은 무엇인지, 혹은 제거해야 하는 비효율적이고 낭비적인 동작은 없는지 분석한다(운동선수의 수행을 분석하기 위해 스포츠 심리학자나 코치들도 이와 동일한 방식을 적용한다).

수년간의 연구를 통해 심리학자들은 효율적 작업을 위한 몇 가지 가이드

<여기서 잠깐>

세계 최고의 여성 공학자

Lillian Moller는 자신이 너무 평범해서 아무도 그녀에게 청혼을 하지 않을 것이라 생각하고 결혼 대신 직장을 갖기로 했다. 1900년 당시에 22살 여성이 직장을 갖는다고 생각하는 것은 쉽지 않은 결정이었다. 그 해에 그녀는 Berkeley에 있는 캘리포니아 대학교를 졸업하였는데, 학교 역사상 졸업 연설을 하도록 뽑힌 최초의 여성이기도 하였다. 그녀는 대학교에 계속 남아 박사과정의 전공으로 영문학을, 그리고 부전공으로 심리학을 공부하였다. 공부를 계속하고자 했던 그녀의 계획은 1904년에 잘 생기고, 카리스마 넘치며, 건설회사를 소유한 부유한 젊은이를 만난 다음 바뀌게 된다.

Frank Gilbreth는 그녀보다 열 살이 더 많았다. 그는 Boston에 살고 있었는데, Lillian은 친구 몇 명과 유럽에 가는 도중 그곳에 잠시 머물렀다. 그들이 유럽에서 돌아왔을 때 Frank는 부두에서 꽃을 들고 그녀를 기다리고 있었다. 얼마 되지 않아 Frank는 그녀의 부모를 만나기 위해 California로 갔고, 결혼 날짜를 잡았다. Frank는 아내와 자녀들, 그리고 가정생활에서 누릴 수 있는 모든 행복을 원했지만 그가 하고 있던 일의 파트너도 바라고 있었다. 그의 설득으로 그녀는 전공을 심리학으로 바꾸고 보스턴 대학교 대학원에 등록하였다. 그녀는 건설현장에서 Frank 곁에서 일하기 시작했다. 그녀는 사다리를 오르고, 높이 설치된 철제 거더(girder) 사이를 옮겨 다니며 다른 남자 작업자들 못지않게 일했다. 무서움이 없고 무엇이든지 빨리 배웠던 Lillian은 얼마 되지 않아 건설작업을 좀더 효율적으로 하기 위해 어떻게 해야 하는지 결정해야 하는 Frank를 도울 수 있는 위치가 되었다. 그녀는 Frank에게 건설업을 그만두고 그 대신 작업수행과 효율성에 대한 그들의 아이디어를 좀더 넓은 직무 영역까지 확대하여 적용할 수 있도록 경영 자문가가 되기를 권유하였다.

그러나 당시는 여성이 그러한 일을 하는 것은 쉽지 않았다. Lillian은 여러 방식으로 이러한 한계를 경험해야 했다. 예를 들어 1911년에 Lillian과 Frank는 『Motion Study』라는 책을 저술하였는데, 출판사는 여성의 이름이 책의 저자로 나올 경우 사람들이 책의 신빙성을 의심한다고 주장하며, 책의 공동저자로 그녀의 이름을 표기하는 것을 거부하였다. 몇 년 후에 그녀의 두 번째 저술을 출판할 때도 똑같은 일이 일어났다. 1914년에 Lillian은 심리학 박사과정을 마치고 그녀의 학위논문을 저서 형태로 출판하고자 하였다. 그러나 출판사는 완고한 사업가들은 여성이 저술한 경영심리학에 대한 책은 절대로 사보지 않을 것이라고 주장하며 Lillian이라는 그녀의 이름을 사용하는 것을 반대하였다(그 결과 책의 표지에 표기된 저자의 이름은 L. M. Gilbreth였다).

20년 후, 번창하는 자문 사업체를 운영하고 12명의 자녀들을 돌보던 Lillian Moller Gilbreth는 미망인이 되었다. 그녀는 Frank와 같이 했던 일을 계속하고 싶어했지만, 수년간 Gilbreth 부부가 자문을 해 주었던 대부분의 사업체 최고경영자들은 이제는 그녀를 외면하였다. 그들은 남편을 돕는 아내로서의 그녀를 마지못해 인정했지만 그녀 혼자에게서는 아무것도 얻을 것이 없다고 생각한 것이다.

Frank와 함께 기틀을 잡은 작업장에서의 시간-동작 연구를 더 이상 계속할 수 없다고 판단한 그녀는 다른 사람에게 이것을 교육하기로 결심하였다. 그녀는 산업 관리에 대한 여러 워크숍을 조직하였는데, 이 워크숍은 세계 여러 나라에서 온 참가자들의 관심을 사로잡았다. 이러한 워크숍들과 그녀가 배출한 훈련생들의 높은 자질 등을 통해 그녀의 명성은 높아졌고, 결국 사업체와 산업적 조직체들은 그녀의 조언을 찾기 시작했다.

수년 동안 Lillian은 매우 성공적이고 영향력 있는 인물이었다. 그녀는 다수의 명예학위를 수여받았고, 대통령 자문위원회의 위원으로 지명되었으며, 남성 위주의 미국 공학회에서 표창을 받기도 하였다. 어느 사업가는 그녀를 '세계 최고의 여성 공학자'라고 치켜세웠다. Lillian과 Frank는 1950년에 그들이 시간-동작 연구의 원리에 따라 그들의 자녀들을 어떻게 길렀는지 책으로 쓴 『한 다스로 더 싸게(Cheaper by the Dozen)』가 영화화되었을 때 다시 한 번 유명해졌다(이 영화는 2003년에 Steve Martin 주연의 ≪열두 명의 웬수들≫이라는 제목으로 리메이크되었다).

Lillian Gilbreth는 1972년 90세의 나이로 세상을 떠났다. 그러나 과학적 관리 영역에서 그녀의 연구는 아직도 활발하게 적용되고 있다. 그녀는 일을 효율적으로 수행하는 것에 대한 아이디어를 공장뿐만 아니라 가정에도 적용하였다. 다음에 당신이 냉장고 문을 열어 볼 기회가 있다면 냉장고 문 안쪽에 달린 선반을 찾아보기 바란다. 냉장고 문 안쪽에 선반을 부착하는 것은 Lillian의 아이디어였다. 당신이 사용하고 있는 쓰레기통에는 발로 뚜껑을 열 수 있게 하는 페달이 부착되어 있는가? 쓰레기통 뚜껑을 허리를 굽혀 여는 것보다 발로 뚜껑을 여는 것이 훨씬 더 쉬울 것이다. 그렇지 않은가? 이것도 역시 Lillian의 아이디어였다. 오늘날에는 이러한 것들이 사소한 것으로 들릴지 모르겠지만 시간-동작 경제성 원리의 적용에서 Lillian Gilbreth이 기여한 바는 매우 광범위해서, 가정에서의 일상생활뿐만 아니라 공장, 가게 그리고 사무실 등에서 모든 사람들의 작업을 더 쉽게 해 주었다. 2004년에는 그녀에 대한 새로운 전기가 출간되었는데(Lancaster, 2004), 이것은 그녀가 끼친 영향과 그녀의 명성이 21세기인 지금까지 남아 있다는 것을 보여 준다.

출처: R. M. Kelly & V. P. Kelly (1990). Lillian Moller Gilbreth (1878-1972). In A. N. O'Connell & N. F. Russo (Eds.), *Women in psychology: A bio-bibliographic sourcebook* (pp. 117-124). New York: Greenwood Press.

라인을 개발하였다. 신체적 작업을 더 쉽고, 빠르며, 정확하게 하기 위한 몇 가지 규칙들에는 다음과 같은 것들이 포함된다.

1. 작업자들이 도구나 장비에 도달하기 위한 거리 혹은 기계들을 조작하기 위해 필요한 거리를 최소화하라.
2. 양 손은 동시에 동작을 시작하고 또 동시에 동작을 마쳐야 한다. 동작은 가능한 대칭이 되어야 한다. 오른손은 오른쪽에 있는 물체를 잡기 위해 오른쪽으로, 왼손은 왼쪽에 있는 물체를 잡기 위해 왼쪽으로 움직이도록 해야 한다.
3. 휴식시간이 아니라면 손들은 하는 일을 멈추어서는 안 된다.
4. 신체의 다른 부분, 특히 다리와 발로 수행될 수 있는 과제를 손으로 수행해서는 안 된다. 또한 발 조작장치가 가끔 사용됨으로써 손이 바쁘게 일하는 것을 덜어 줄 수 있다.
5. 가능하면 다루고 있는 작업물은 손으로 직접 들고 하는 것보다 바이스(vise)와 같은 기계적 장치를 사용하여 작업해야 한다.
6. 작업대는 서서 혹은 높은 의자에 앉아 작업할 수 있도록 충분히 높아야 한다. 자세를 바꾸면 피로를 경감할 수 있다.

당신은 직무를 단순화하는 이러한 가이드라인이 많은 호응을 얻어 받아들여졌을 것이라고 생각할 것이다. 이를 통해 회사는 많은 이윤을 남길 수 있었고, 근로자의 직무는 더 용이해진 것이 사실이다. 그러나 이에 대한 경영층과 작업자들의 평가는 달랐다. 경영층에서는 시간-동작 연구 결과를 일반적으로 반겼지만 작업자와 노동조합은 이에 대해 회의적이었고, 심지어 적대적이기까지 하였다. 이들은 시간-동작 연구를 수행하는 것은 단지 근로자들을 더 빠르게 작업하도록 독려하기 위한 것이라고 주장하였다. 이들은 시간-동작 연구가 더 적은 근로자로도 기존의 생산량을 유지하는 것이 가능하게 하기 때문에, 결국은 임금을 낮추고 근로자의 해고를 가져올 것이라고 생각하였다. 또한 작업자들은 직무 단순화가 무료함을 가져오고, 책임감이나 도전감을 상실케 하며, 직무동기를 낮추어 궁극적으로는 생산성을 낮출 수 있다고 주장하였다.

오늘날 시간-동작 연구는 조립생산 직무와 같이 일정한 순서로 진행되는 과제에 가장 잘 적용된다. 조작방식, 장비 그리고 기능들이 좀더 복잡하고 사람과 기계 사이의 전반적 관련성이 고려되어야 한다면 인간-기계 상호작용에 대한 좀더 정교한 접근이 요구된다.

인간-기계 시스템

인간-기계 시스템(person-machine system)이란 인간과 기계가 하나의 과제를 완수하기 위해 함께 일하는 것을 의미한다. 이 두 가지 요소 중 어느 쪽도 다른 쪽이 없으면 가치가 없다. 잔디깎기를 사용하고 있는 사람은 일종의 인간-기계 시스템이다. 차를 운전하는 사람이나 비디오 게임을 하고 있는 사람은 좀더 복잡한 인간-기계 시스템이다. 여객 항공기와 각자의 특정한 일을 담당하는 전문화된 승무원들도 좀더 정교한 수준에서의 인간-기계 시스템이라고 할 수 있다. 항공 관제망은 수많은 인간-기계 시스템들로 구성되는데, 각각의 인간-기계 시스템은 전체 항공 관제망에서 빠져서는 안 되는 부분이다. 기계이건 인간이건 상관없이 어느 한 부분이 잘못되면 시스템의 다른 부분도 영향을 받게 된다.

인간-기계 시스템 특정 과제를 수행하기 위해 인간과 기계가 함께 작동하는 시스템.

인간-기계 시스템에서 인간 오퍼레이터는 디스플레이를 통해 기계의 상태에 대한 입력(input)을 받아들이고, 이 정보에 기초하여 필요한 행동을 취하기 위해 제어장치를 사용하여 장비를 조작한다(그림 13-1 참조). 당신이 고속도로

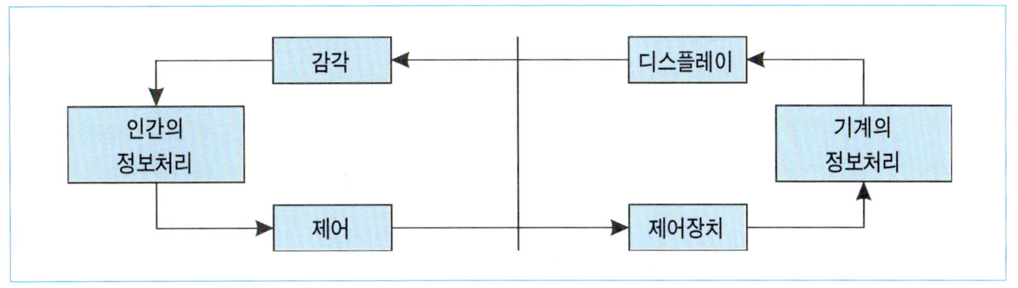

그림 13-1. 인간-기계 시스템("Human Factors in the Workplace" by W. C. Howell, 1991. In M. D. Dunnette and L. M. Hough (Eds.), *Handbook of Industrial and Organizational Psychology*, 2nd ed., vol. 2, p. 214. Palo Alto, CA: Consulting Psychologists Press.)

항공기 조종실은 매우 복잡한 인간-기계 시스템 중 하나이다. 디스플레이는 기계의 상태에 대한 정보를 제공하고 조종사들은 그러한 정보를 처리하여 적합한 제어장치를 조작함으로써 행위를 취한다.

위를 일정한 속도로 운전한다고 가정해 보자. 당신은 속도계를 통해 입력을 받아들이고, 이것을 정신적으로 처리하며, 너무 빨리 운전하고 있다고 판단할 수 있을 것이다. 액셀러레이터를 세게 밟고 있던 발을 조금 느슨하게 하는 제어 행동을 통해 연료 분사장치가 엔진에 공급하는 연료를 줄일 수 있을 것이고, 이것은 차량의 속도를 줄일 것이다. 이렇게 줄어든 속도는 속도계를 통해 당신에게 다시 제시되고 이러한 과정이 계속 반복된다.

운전자는 또한 외부 환경으로부터도 정보를 받아들인다. 예를 들어 당신은 운전 중에 제한속도가 변경된다는 것을 알려 주는 도로표지나 당신의 차선을 막고 서행하고 있는 다른 차량과 같은 정보를 받아들인다. 당신이 이러한 정보를 처리하고 자동차의 속도를 늦춘다면 새로 변경된 자동차의 상태가 다시 속도계를 통해 제시될 것이다. 이러한 순환적 관계는 매우 복잡한 인간-기계 시스템에도 동일하게 적용된다. 공학심리학자들이 하는 일은 바로 이러한 총체적 시스템에서 출발한다.

인간-기계 시스템은 인간 오퍼레이터가 얼마나 적극적이고 지속적으로 관여하는지의 정도에 따라 다양한 형태를 가질 수 있다. 항공기를 조종하거나 항공관제소에서 항공기들을 관제할 때 등은 대부분의 시간에서 오퍼레이터들이 필수적인 요소이다. 항공기가 자동항법장치에 의해 순항하고 있는 시간에도 승무원들은 긴급상황에 대해 대비하고 있어야 한다. 인간-기계 시스템에서 인간이 기계와 상호작용하는 정도는 이보다는 약할 수 있다. 정유공장과 같은 대규모 생산처리 공장들은 대부분 고도로 자동화되어 있고, 어떤 제품들은 전적으로 산업용 로봇에 의해 조립될 수 있다. 그러나 이렇게 자동화된 장비들이 스스로 작동할 수 있다고 해도, 그 자체가 스스로를 설계하거나, 만들거나 혹은 유지하는 것은 아니다. 심지어 자신에게 필요한 전구를 갈아 끼우지도 못한다. 따라서 인간 오퍼레이터가 장비를 직접적으로 혹은 지속적으로 조작하는 것은 아니더라도, 인간 오퍼레이터는 자동화된 제조 시스템에서 여전히 중요한 요소인 것이다.

자동화는 공학심리학자들의 일을 복잡하게 만들었다. 자동화된 장비를 감시해야 하는 근로자들은 이전에 기계를 직접 조작하던 것에 비해 이것이 훨씬 더 피곤하고 따분한 일이라는 것을 알았다. 공학심리학자들은 오퍼레이터들이 방심하지 않고 경계 수준을 유지하여 기계의 에러와 오작동을 탐지하고 즉각적이고 적절하게 반응할 수 있도록 감시 장비를 설계해야 한다.

일반적으로 작업자가 얼마나 기계의 작동에 관여하는지와 상관없이 인간-기계 시스템의 정의와 요구사항은 동일하다. 지금까지 기계 스스로 다른 기계를 설계하고 만들어 유지하는 기계는 만들지 못했다. 인간은 여전히 인간-기계 시스템에서 핵심적인 요소인 것이다.

기능할당

인간-기계 시스템 설계의 최초 단계는 인간 오퍼레이터와 기계가 각자 어떻게 일을 분담할 것인지 결정하는 것이다. 이를 위해 전체 시스템이 기능하는 각 단계 혹은 처리과정이 인간-기계 시스템의 속도, 정확성, 수행되는 빈도 및 가능한 스트레스 등의 측면에서 분석되어야 한다. 이러한 정보들이 평가된 이후에 공학심리학자들은 인간-기계 시스템이 요구하는 것에 대해 인간의 능력과 기계의 역량을 조화있게 분담하여 맞출 수 있을 것이다. 이 시스템의 두 요소 즉, 인간과 기계는 각각 장점과 단점을 모두 가지고 있다.

심리학자, 생리학자 및 의학자들에 의해 수행된 연구를 통해 인간의 강점과 한계, 다시 말해 기계에 비해 더 우수하거나 혹은 더 열등한 인간의 기능에 대해 많은 정보를 얻을 수 있었다. 일반적으로 기계는 인간에 비해 다음과 같은 기능을 수행하는 데 더 우수하다.

1. 기계는 레이더파나 자외선 등과 같은 인간의 감각 역량을 벗어난 자극을 탐지할 수 있다.
2. 기계는 미리 프로그램되어 있거나 규정된 자극을 상당히 오랜 시간 동안 신뢰롭게 감시할 수 있다.
3. 기계는 대량의 숫자를 신속하고 정확하게 계산할 수 있다.
4. 기계는 매우 정확하고 엄청난 양의 정보를 저장하고 인출할 수 있다.
5. 기계는 큰 물리적 힘을 빠르고 지속적으로 발휘할 수 있다.
6. 기계는 유지만 적절하게 해 준다면 수행의 저하 없이 반복적 활동을 지속할 수 있다.

물론 기계는 완벽한 존재는 아니다. 기계는 다음과 같은 약점과 한계를 지니고 있다.

1. 기계는 매우 유연하지 못하다. 고도로 정교한 컴퓨터라 해도 프로그램되어 있는 것만 수행할 수 있다. 변화되는 상황에 적응하는 능력이 요구되는 경우에서는 인간-기계 시스템에서 기계 요소는 불리함을 갖고 있다.
2. 기계는 에러를 통해 학습하거나 이전 경험에 기초하여 행동을 수정할 수 없다. 인간-기계 시스템에서의 모든 변화는 새롭게 구현되거나 인간 오퍼레이터가 만들어야 한다.
3. 기계는 즉석에서 스스로 임시변통하여 행동할 수 없다. 기계는 추론하거나 프로그램되지 않은 대안들을 검토할 능력이 없다.

어떤 공학자들은 인간-기계 시스템에서 인간 오퍼레이터는 주변적 역할만 하도록 하고, 가능한 모든 기능들을 자동화해야 한다고 생각한다. 그러나 완전 자동화된 시스템은 오작동할 수 있고, 경우에 따라서 그러한 오작동은 재앙으로 이어질 수 있다. 대중교통 시스템을 고려해 보자. 어떤 지하철 노선의 기관사는 전동차의 속도를 직접 제어할 수도 없고, 역에 도착했을 때는 전동차를 멈출 수도 없다. 그러한 기능들은 컴퓨터가 제어한다. 플로리다의 마이애미에서 운행되고 있는 Metrorail 시스템에 대한 한 연구에서는, 컴퓨터 제어에 의한 전체 정차 횟수 중 10% 정도는 잘못 제어된다는 것이 밝혀졌다. 기관사는 전동차를 신속하게 정차시키기 위해 긴급 버튼을 눌러야 하는데, 이럴 경우 전동차는 거의 대부분 정차해야 하는 지점을 지나치게 된다. 만일 기관사가 중간에 긴급 버튼을 누리지 않는다면 전동차는 자동적으로 다음 역에 정차하여 승객들을 잘못된 지점에 데려다 놓는다. 이러한 시스템에서 기관사들은 전동차의 운전수가 아닌 오기능이 있을 경우에만 활동하는 단순한 감시자로 그 역할이 축소된 것이다. 기관사들은 그들이 할 일이 너무 없을 때는 지속적으로 경계태세를 유지하기 매우 힘들다고 말한다. 그러한 직무는 따분하고, 도전감이나 책임감을 느낄 수 없고, 기관사들이 갖고 있는 기술을 발휘할 기회를 거의 주지 않는다. 오퍼레이터가 컴퓨터가 제어하는 장비에 더 의존하게 될수록 응급상황에서 중요한 의사결정을 해야 하는 능력이 점점 떨어지게 된다. 그들이 철저하게 훈련을 받았더라도 그들이 자신의 기술을 사용할 기회를 갖지 못한다면 그들의 기술은 점차 저하된다.

이와 유사한 문제가 여객 항공기에서도 발견된다. 유럽에서 만들고 있는 에어버스 항공기의 설계와 미국에서 만들고 있는 보잉 777의 설계에 깔린 철학에서의 차이를 비교해 보자. 에어버스 항공기는 대부분 컴퓨터가 통제하도록 되어 있어 항행 중에 조종사가 취할 수 있는 행위가 매우 제한적이다. 이에 비해 보잉 항공기의 조종사들은 언제든지 기내에 탑재된 컴퓨터의 기능을 취소하거나 무시하고 컴퓨터가 하던 역할을 자신이 직접 수행할 수 있다. 그럼에도 불구하고 오늘날의 대형 여객 항공기들은 거의 대부분 매우 효율적인 비행 컴퓨터, 항행 장비 그리고 자동항법 장치 등과 같은 것들을 갖추고 있어서 조종사는 항공기를 능동적으로 조종하여 비행하기보다는 단지 정보 디스플레이들을 감시하는 데 대부분의 시간을 사용한다. 이 때문에 조종사들은 쉽게 무료해지고 부주의하게 된다. 미국 연방항공국(Federal Aviation Administration, FAA)은 조종사들이 자동화된 시스템에 너무 많이 의존하는 결과 그들의 기본적인 비행 기술이 저하될 수 있다는 염려는 공식적으로 표명한 바 있다. 오늘날의 항공기의 기능 중 너무 많은 부분이 기계에 할당되어 있는 반면 인간 조종사에게는 충

<여기서 잠깐>

인간 혹은 기계–누가 맞나?

2002년 7월 1일 밤 11시 40분, 두 대의 항공기가 독일 상공에서 서로 충돌할 수 있는 경로로 날고 있었다. 한 대 혹은 두 대의 항공기 모두가 즉각적으로 행동을 취하지 않을 경우 당신이 이 글의 한 단락을 읽는 시간보다도 더 짧은 시간 안에 두 항공기는 충돌할 수 있는 상황이었다. 한 항공기는 두 명의 승무원이 탑승한 화물기였다. 다른 항공기는 어린이 43명을 포함해 승객 71명을 태우고 있던 러시아 전세기였다. 두 항공기 모두 자동화된 충돌 경고장치가 장착되어 있었는데, 이 장치는 임박한 위험을 인식하여 두 항공기 조종사 모두에게 긴급한 지시와 함께 청각 경고와 시각 경고를 제공한다.

이 자동화된 장치는 화물기 조종사에게 더 낮은 고도로 하강하도록 지시했고, 조종사는 그렇게 했다. 이와 유사한 장치가 러시아 항공기 조종사에게 고도를 높이라고 지시하였는데, 이 조종사는 그 지시에 대해 즉각적으로 행동하는 대신 항공 관제소에 추가적인 정보를 요청하였다.

그날 밤에는 관제소에서는 두 명의 관제사가 일하도록 되어 있었지만 한 명은 휴가 중이었다. 다른 한 명만 자신이 맡은 구역에 있는 5대의 항공기를 계속 추적하고 있었다. 관제소에도 자동화된 충돌 경고시스템이 있었다. 정상적인 상황이라면 그 시스템은 두 대의 항공기가 서로 충돌할 수 있는 경로에 위치하고 있다는 정보를 그 관제사에게 제공하였을 것이다. 그러나 그때 그 시스템은 정기적 보수를 위해 꺼져 있었다. 관제사의 판단을 뒷받침해 줄 수 있는 보조수단이 없었던 것이다.

러시아 항공기의 조종사가 관제사에게 조종실에서 주어지는 경고에 대해 보고하였을 때, 관제사는 고도를 내리라고 지시하였다. 관제사의 이러한 지시는 조종실의 충돌 경고장치가 지시하였던 것과는 반대의 지시였다. 이제 70명의 목숨을 책임져야 하는 조종사는 서로 반대되는 두 개의 행동(즉, 고도를 높일 것인지 아니면 내릴 것인지) 중 하나를 선택해야 했다. 그 조종사는 인간(즉, 항공관제사)을 믿어야 했을까, 아니면 기계로부터 전달되는 경보를 믿어야 했을까? 그 관제사는 인간 쪽을 선택하였다. 11시 43분에 두 항공기는 충돌하였고, 두 항공기의 탑승자 전원이 사망하였다.

이 비극 이후에 발생한 일에 대해서도 언급하지 않을 수 없을 것 같다. 몇 개월이 지난 2004년 2월 26일, 그 불운한 조종사는 스위스 취리히 근처의 자기 집 현관문에서 들리는 노크 소리에 문을 열어주었다. 방문객은 그 사고로 아내와 두 자녀를 잃은 사람이었고, 그 관제사를 칼로 찔러 살해했다.

출처: G. Johnson, To err is human. *New York Times*, July 14, 2003; Revenge suspected as motive for killing of air controller, *Chechen Times*, February 26, 2004(www.chechentimes.org/); Silence for slain air controller, BBC News, World Edition, March 5, 2004(www.news.bbc.co.uk).

분히 기능이 할당되지 않고 있다.

27명의 민간항공기 조종사들을 대상으로 한 연구에서, 이들 중 반 정도는 눈 때문에 날개가 얼음으로 덮였을 때 이에 대한 적절한 조치를 취하는 데 실제 얼음 형상량을 제시해 주는 상태 디스플레이보다는 항공기 제어장치들이 주는 '느낌'에 더 의존한다고 보고하였다. 따라서 이러한 결과는 조종사들이 실제 정보를 제공해 주는 항공기 디스플레이보다는 자신의 판단을 더 많이 신임하고 있다는 것을 시사한다(Sartet & Schroeder, 2001).

미국의 주요 항공사에 근무하는 30명의 조종사들은 대상으로 수행된 연구에서는 자동화된 시스템들이 인간 오퍼레이터와의 상호작용 없이 항공기의 다른 기계적 부분들과만 서로 통신하면서, 스스로 결정하고 행동을 취하는 경향이 더 증가하고 있다는 것을 발견하였다. 비행 시뮬레이터를 통한 실험 연구들에서는, 시간 압력하에 있는 조종사들은 비행 시스템이 항공기에 악영향을 줄 수 있는 부적합하고 불충한 제어 결정을 내리는 상황을 전혀 눈치 채지 못하였다. 매우 중요한 의사결정 상황에서는 인간-기계 시스템에서 인간 부분이 역할을 제대로 하지 못한 것이다(Olson & Sarwe, 2001).

공학심리학의 다양한 연구 문제들에 대한 추가적 정보는 www.ergonomics.ucla.edu와 Ergonomics Society의 홈페이지 www.ergonomics.org/uk/를 참조하기 바란다.

작업장 설계

열악한 작업장 설계 때문에 발생하는 유해한 효과는 미 육군의 M-1 Abrams 탱크를 통해 살펴볼 수 있다. 탱크 내부는 탱크병의 작업장이기 때문에 이것이 어떻게 설계되느냐에 따라 이들의 직무수행(즉, 탱크병의 전투 효율성)이 달라진다. 그 탱크는 공학심리학 연구 결과를 적용하지 않고 설계되었기 때문에 탱크병들의 능력이나 요구사항이 설계에 전혀 반영되지 않았다. 탱크를 테스트할 때, 29명의 탱크병 중 27명이 병원 치료가 필요할 정도로 심각한 목과 허리에서의 통증을 호소하였다. 뿐만 아니라 운전병들은 탱크의 바로 앞 8미터까지 볼 수 없었는데, 이 때문에 장애물을 피하거나 참호를 건너는 것이 매우 어려웠다.

탱크 엔진과 포탑 환풍기가 작동되었을 때 탱크 안에 있는 사수, 장전병 그리고 운전병의 반 이상이 소음이 너무 커서 다른 사람들과 의사소통하기가 매우 어려웠다고 보고하였다. 모든 탱크병들의 가시도 문제도 보고되었다. 또한 운전병과 탱크 지휘관이 개방된 해치 위에 앉아 탱크를 이동시킬 경우, 탱크의 전방 흙받기의 설계가 너무 열악해서 튀어 오르는 자갈이나 흙으로부터 이들을 보호해 주지 못하였다. M-1 탱크의 설계자들은 이들을 직접 조작하는 사람들의 인간 요인에 대해서는 전혀 고려하지 않았던 것이다.

전자부품 조립 작업자의 의자이든지, 신문 광고문안 작성자가 보는 디스플레이 스크린이든지 아니면 철도 기관사를 위한 기관실이든지, 인간 오퍼레이터가 사용하는 작업장을 설계할 때는 시간-운동 연구와 공학심리학 연구에서 얻어진 다음과 같은 원리들을 따라야 한다:

1. 모든 작업재료, 공구 및 설비 등은 작업자의 동작 경로가 지속적으로 이루어질 수 있도록 사용되는 순서에 따라 위치되어야 한다. 각 부품이나 공구가 항상 동일한 지점에 위치해 있다면 그것을 찾는 데 요구되는 시간과 불편함을 줄여줄 것이다.
2. 공구들은 사용자가 바로 사용할 수 있는 위치에 두어야 한다. 예를 들어 스크루드라이버를 반복적으로 사용하는 작업이라면 작업 영역의 위쪽에 (코일 스프링 등으로) 스크루드라이버를 매달아 놓는다면 작업자가 이것을 사용해야 할 때 단순히 그것을 잡아 당겨서 바로 사용할 수 있을 것이다.
3. 모든 부픔이나 공구들은 편안하게 손을 뻗어 닿을 수 있는 곳에 두어야 한다(약 28인치 이내 혹은 약 70cm 이내). 작업자가 정상적 작업영역 밖에 도달하기 위해 자주 자세를 바꾸는 것은 피로감을 유발하기 때문이다.

좋은 작업장 설계의 예로 그림 13-2에 제시된 사례를 보라. 이것은 레이더 오퍼레이터나 발전소 통제실의 감시자를 위한 작업공간이다. 전형적으로 작업자는 표시등, 다이얼 그리고 스위치 등이 장착된 계기판이나 제어탁자 앞에 아 복잡한 장비를 감시하거나 제어한다. 감시용 제어탁자는 오퍼레이터들이

We don't buy just any seats. We design them.

GM begins with detailed studies of the human body. Biomedical research. The kind of comprehensive investigation of anatomy da Vinci undertook in the 1500s.

As a leader in the field of Human Factors Engineering, we design interiors scientifically to minimize the possible distractions from your driving.

It may take us two years and countless clay models to arrive at a more comfortable, durable seat for new GM cars and trucks. But we think it's worth it.

And we believe old Leonardo would have thought so, too.

We believe in taking the extra time, giving the extra effort and paying attention to every detail. That's what it takes to provide the quality that leads more people to buy GM cars and trucks than any other kind. And why GM owners are the most loyal on the road.

That's the GM commitment to excellence.

Nobody sweats the details like GM.

공학심리학자들은 다양한 작업장 요소들의 설계를 돕는다(General Motors의 허락하에 게재함).

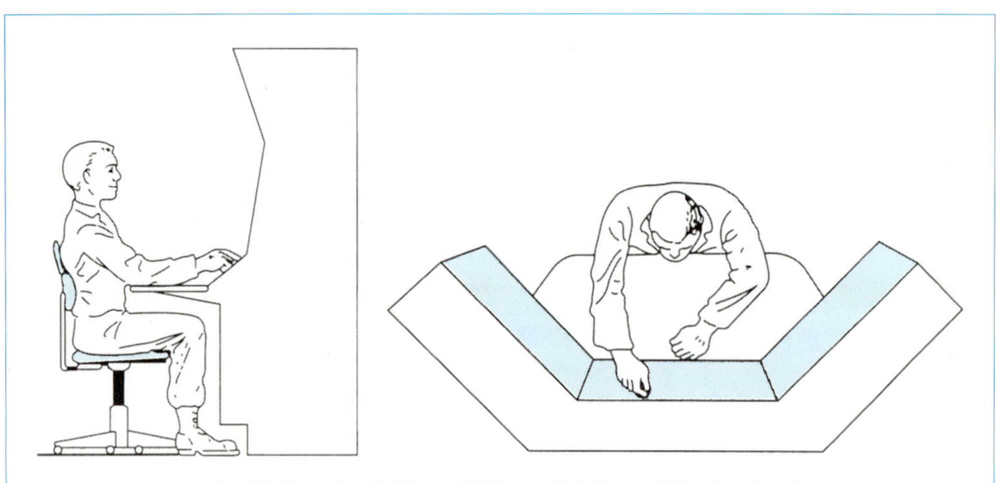

그림 13-2. 제어탁자 감시 작업을 위한 배열(K. Kroemer, H. Kroemer, & K. Kroemer-Elbert, *Ergonomics: How design for ease and efficiency*, 2nd ed., Upper Saddle River, NJ: Prentice Hall, 2000, p. 384)

자리를 벗어나거나 정상적인 앉은 자세에서 지나치게 떨어진 곳까지 팔을 뻗지 않고 성공적인 직무수행에 필요한 모든 것을 눈으로 보거나 손으로 도달 가능하도록 설계되어야 한다.

작업장 설계에서 고려해야 하는 또 다른 중요한 요인은 반복적으로 사용되어야 하는 개인용 수공구의 크기와 형태이다. 공학심리학적 원리들을 적용하면 망치와 같은 가장 기본적인 공구들도 사용하기 더 쉽고, 더 안전하며, 피로를 덜 느끼게 설계할 수 있다. 수공구는 작업자들이 손목을 굽히지 않고 사용할 수 있도록 설계되어야 한다. 손목을 곧게 하고 사용한다면 손목에 상해를 입는 것을 막을 수 있다. 공학심리학의 원리들이 적용되어 설계된 플라이어의 예가 그림 13-3에 제시되어 있다.

수공구를 어떻게 설계하는지에 따라 생산성, 만족감 그리고 신체적 건강이 영향을 받을 수 있다. 손목을 구부려야 하는 수공구를 계속 사용한다면 반복적 동작에 의한 수근관 증후군과 같은 신경 손상이 야기될 수 있다. 수근관 증후군은 통증이 심하고 몸을 쇠약하게 할 수 있다. 수근관 증후군은 또한 피아노를 치거나 뜨개질을 하거나 혹은 비디오 게임을 하는데 오랜 시간을 보내는 사람들에게서 흔히 발견된다. 자신의 취미를 선택할 때 이것을 고려하기 바란다.

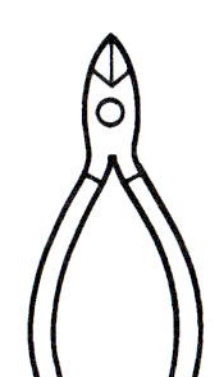

손바닥을 압박할 수 있는 짧은 공구 손잡이는 피하라. 손바닥은 연약하기 때문에 쉽게 손상을 입을 수 있다.

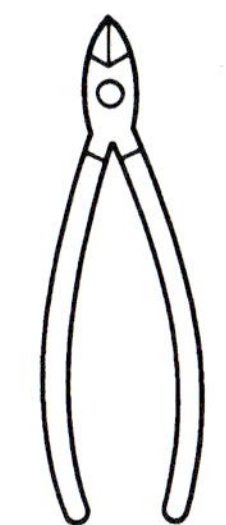

손의 작은 영역에 큰 압력이 집중되는 좁은 공구 손잡이는 피하라.

손목을 구부리지 않고 곧게 펴고 공구를 사용하거나 작업을 수행하도록 하라. 손목을 곧게 펴고 작업하면 큰 힘을 발휘할 뿐만 아니라 상해를 입을 가능성도 낮아진다.

그림 13-3. 플라이어 설계에 대한 인간공학 원리의 적용("Ergonomics", 1986, *Personnel Journal*, *65*(6), p. 99)

시청에서 근무하는 87명의 사무직 근로자들을 대상으로 수행된 연구에서는 인간공학적 원리를 적용하여 작업공간을 재설계했을 때의 효과를 조사하였다. 이 연구에서는 좌석, 키보드, 컴퓨터 재배치 및 컴퓨터 스크린 교체의 네 가지 영역에서 인간공학적 변화가 이루어졌다. 이러한 변화들에는 의자 자체를 바꾸거나 의자 쿠션, 등받이, 손목 받침대, 그리고 컴퓨터 모니터의 눈부심 방지 스크린 등을 새로 제공하는 것이 포함되었다. 이러한 변화들의 대부분은 단순하고 비용이 적게 드는 것들이지만 등과 어깨의 통증을 줄였고, 그러한 설계에 대해 큰 만족감을 주었으며, 작업공간에서의 효율성이 증가하였다는 점에서 그 이점은 상당히 컸다(May, Reed, & Schwoerer, 2004).

인체 측정학(human anthropometry)이라고 불리는 공학심리학의 한 분야는 인체의 신체적 구조의 측정을 주로 다룬다. 다양한 활동을 수행하는 전집으로부터 다수의 대표적 표본이 갖는 신체 측정치들이 수집되었다. 구체적인 자료에는 신장(선 자세 혹은 앉은 자세에서 측정), 어깨 너비, 등 높이, 가슴 두께, 발과 손의 길이, 무릎각도 등이 포함되어 있다(그림 13-4 참조). 작업장 설계를

인체 측정학 인체의 신체적 구조를 측정하는 것과 관련되는 공학심리학의 한 영역.

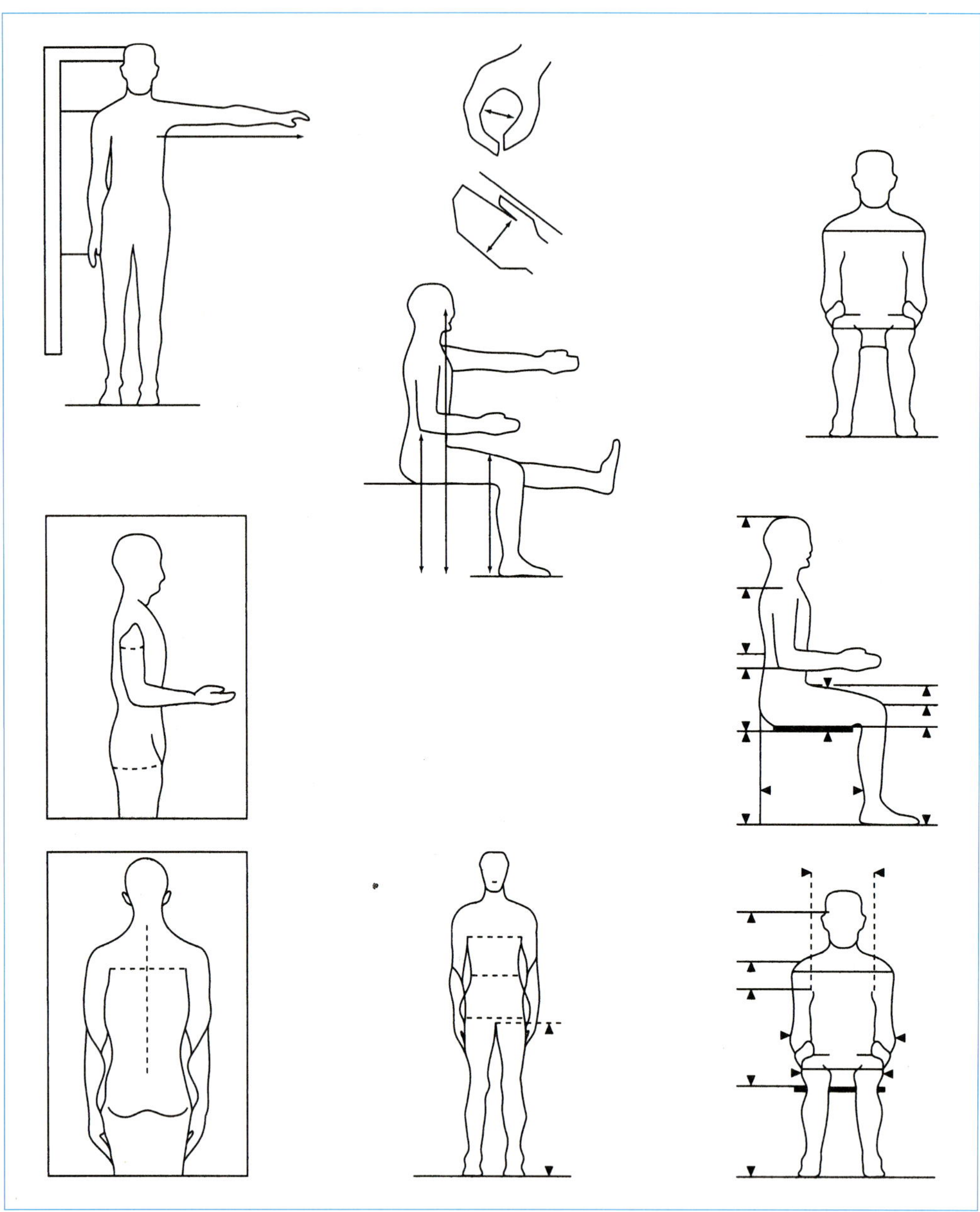

그림 13-4. 신체 측정치(인체 측정 자료) 수집을 위한 전형적 자세(R. S. Bridger, *Introduction to ergonomics*, 2nd ed., London & New York: Taylor & Francis, 2003, p. 64)

예를 들면, 이러한 측정치는 정상 혹은 최대 도달 가능 거리, 공구나 책상의 높이와 배열, 의자의 크기와 형태, 그리고 비디오 디스플레이 터미널의 시야각(viewing angle) 등을 결정하기 위해 사용된다.

노동인력이 세계화되면서 작업공간을 효율적으로 설계하기 위해서는 각 나라의 작업자들에 따라 다를 수 있는 신체 측정치의 '평균치'를 고려할 필요가 있다. 이러한 문제는 아시아인을 대표하는 중국 작업자들과 백인을 대표하는 독일 작업자들에 대한 인체 측정학적 자료의 비교에서 두드러졌다. 전형적으로, 중국 작업자들은 독일 작업자들에 비해 긴 상체와 짧은 다리, 그리고 더 큰 머리와 팔을 가지고 있음이 밝혀졌다. 따라서 두 인종이 같은 장소에서 작업해야 하는 경우에는 의자나 공구 그리고 작업복 등이 두 집단에 모두 맞지는 않을 수 있다(Shan & Bohn, 2003).

많은 사람들이 책상이나 작업대에 앉아서 작업하기 때문에, 사용되는 의자가 제대로 설계되지 않으면 등이나 목의 통증과 피로감을 가져올 수 있고, 이 때문에 궁극적으로는 생산효율성이 저하된다. 작업장 좌석 설계에 대해서는 거의 대부분의 측면에서 연구가 이루어졌으며, 다양한 직무 유형에 대한 가이드라인도 제시되었다. 예를 들어 당신은 의자들이 이전에 비해 더 커지고 넓어졌다는 것을 발견할 수 있을 것이다(왜냐하면, 우리의 신체가 이전 세대에 비해 더 커졌기 때문이다). 쉽게 바뀌지 않을 것 같았던 비행기 좌석, 경기장이나 극장의 관람석 그리고 지하철 좌석도 이제는 조금 여유 있게 설치되었다. 워싱턴주의 Puget Sound를 왕복하는 페리는 18인치 의자를 사용해 250명의 승객을 태웠었다. 그러나 페리의 소유주는 더 넓은 좌석을 설치해야 했고, 이제는 각각의 페리에 230명만 태울 수 있게 되었다.

지도에서부터 칫솔에 이르기까지 잘못된 설계를 비꼬는 재미있고 때로는 유머러스한 자료는 www.baddesigns.com/indew.shtml을 찾아보기 바란다.

디스플레이: 정보제시

인간-기계 시스템에서 오퍼레이터는 신체 감각을 통해 기계로부터 입력을 받아들인다. 예를 들어 운전할 때 당신은 자동차의 작동 상태에 대한 정보를 시각 디스플레이(속도계, 온도계, 연료계 등)와 청각 디스플레이(안전벨트 미착용을 경고하거나 자동차 도어가 잘 닫히지 않았다는 것을 알려 주는 벨소리)를 통해 받아들인다. 뿐만 아니라 자동차 시동이 꺼질 때 차가 흔들리는 것과 같은 촉각으로부터도 정보를 받아들인다.

인간-기계 시스템의 설계 요소 중 정보 제시 방식에 대해 일찍부터 연구된 문제는 가장 효과적인 의사소통 방식이 무엇인지를 선택하는 것이었다. 정보를 제시하는 양식(mode) 중에서 가장 많이 사용되는 시각적 정보 제시는 다음과 같은 경우에 사용하는 것이 바람직하다.

- 메시지가 길고, 어려우며, 추상적일 때
- 청각적 메시지로 정보를 전달하기에는 주변 환경이 너무 시끄러운 경우
- 정보 교환을 위한 청각 채널이 과부하된 경우
- 메시지가 동시에 제시되어야 하는 여러 가지 유형의 정보를 포함하고 있을 때

정보의 청각적 제시는 아래의 경우에 더 효과적이다.

- 정보가 짧고, 단순하고, 구체적인 경우
- 메시지 전달이 시급한 경우: 청각 신호는 시각 신호에 비해 사람들의 주의를 더 잘 끈다.
- 환경이 너무 어둡거나 시각적으로 정보 교환이 불가능한 경우
- 오퍼레이터가 자리를 옮겨가며 작업해야 하는 경우: 귀로는 모든 방향으로부터 전달되는 정보를 받아들일 수 있는 반면, 눈은 디스플레이를 보아야만(눈이 그곳으로 가야만) 정보를 얻을 수 있다.

시각 디스플레이

시각적 정보 제시에서 흔히 나타나는 오류 중 하나는 오퍼레이터가 기계를 작동시키는 데 필요한 정보보다 더 많은 정보를 제공하는 것이다. 예를 들어 대부분의 운전자는 엔진의 회전속도계는 잘 보지 않고 운전한다. 그러나 일반적인

항공 관제탑의 시각 디스플레이는 단어, 상징 및 그래프를 이용하여 정보를 제공한다.

승용차에 엔진의 회전속도계를 제공해 주는 것이 그렇게 큰 문제가 되는 것은 아닐지라도, 매우 중요한 정보가 많이 제공되어야 하는 항공기의 경우에 불필요한 정보를 제공하는 것은 디스플레이 문제를 가중시키고 잠재적으로는 조종사를 혼란스럽게 할 수 있다. 이러한 경우 공학심리학자들은 특정 정보가 기계를 작동하는 데 반드시 필요한지의 여부를 검토할 것이다. 만일 인간-기계 시스템이 그 정보가 없이도 기능할 수 있다면 그것은 바쁜 오퍼레이터에게는 차라리 제공되지 않는 것이 더 좋을 것이다. 그러나 그 정보가 시스템을 작동하는 데 매우 중요한 것이라면 그것을 제시해 주는 가장 효과적인 방법은 무엇일까?

인간-기계 시스템에서 흔히 사용되는 세 가지 유형의 시각 디스플레이들은 양적 디스플레이, 질적 디스플레이 그리고 점검-판독 디스플레이(check-reading display) 등이다.

양적 시각 디스플레이 속도, 고도 혹은 온도와 같은 정보를 정확한 수치로 제공하는 디스플레이.

양적 디스플레이. **양적 시각 디스플레이**(quantitative visual display)는 정확한 수치를 제시해 준다. 예를 들어 속도, 고도 혹은 온도 등이 중요한 상황이라면 오퍼레이터는 시스템의 상태에 대한 정확한 수치를 알고 있어야 한다. 조종사는

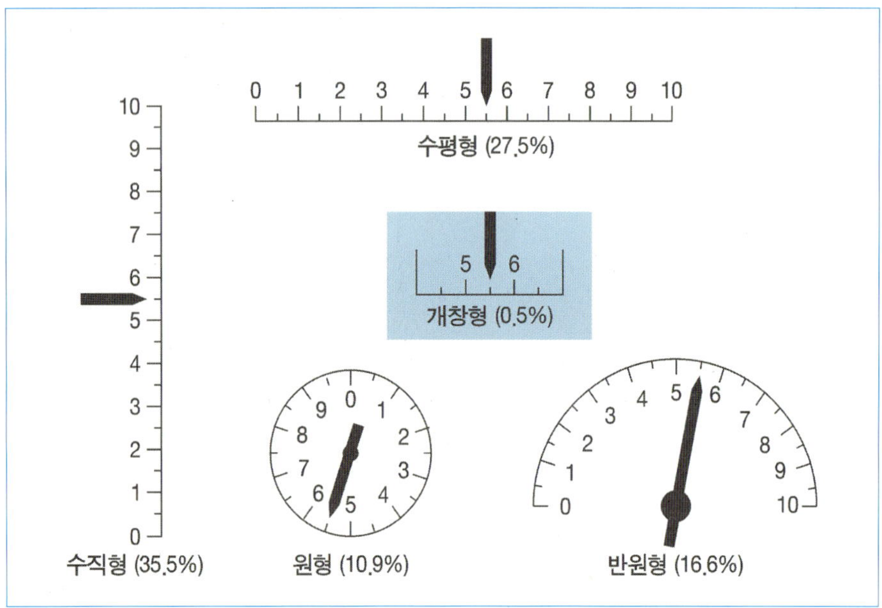

그림 13-5. 다섯 가지 유형의 양적 디스플레이를 판독할 때 보이는 에러율("The Effect of Instrument Dial Shape on Legibility" by R. Sleight, 1948, *Journal of Applied Psychology*, *32*, p. 177. Copyright 1948 by the American Psychological Association. 허락하에 게재함.)

원래의 항해 계획에 지정된 것에 따라 현재의 고도가 제대로 유지되고 있는지 확인하여야 한다. 정확한 고도값이 아닌 대략적인 고도값으로 항행한다면 자신의 비행기가 다른 비행기의 경로로 끼어들어 가거나 안개 속에서 산과 충돌할 수도 있는 것이다.

다섯 가지의 양적 디스플레이 유형과 이들의 상대적인 판독 정확성(괄호 안의 %값)이 그림 13-5에 예시되어 있다. 그림에서도 나타나 있듯이 개창형 디스플레이(open-window display)가 가장 적은 에러로 판독될 수 있었다. 수직형 디스플레이에서는 전체 판독 횟수 중 3분의 1이상에서 판독 오류가 관찰되었다. 지금은 고전적인 연구가 된 이 연구 결과는 실험실 실험을 통해 얻어진 것이었다. 이 연구에서 실험참가자들은 다양한 디스플레이에서 제시되는 정보를 짧은 시간 동안 관찰하여 그 수치를 보고하도록 하였다.

개창형 디스플레이보다 수치를 더 쉽게 읽을 수 있는 디스플레이는 실제 수치들이 제시되는 디지털 디스플레이 혹은 카운터(counter)이다. 우리가 주변에서 많이 볼 수 있는 디지털 시계 혹은 디지털 손목시계는 이러한 디스플레이 유형의 한 가지 사례이다. 디지털 디스플레이는 DVD 플레이어나 전자오븐과 같은 전자제품들에서 흔히 볼 수 있다.

비록 디지털 디스플레이가 다른 유형의 디스플레이에 비해 더 빠르고 더 적은 에러로 판독될 수 있다 하더라도 이것이 모든 상황에서 사용될 수 있는 것은 아니다. 만일 제시되는 정보가 빠르고 계속해서 변한다면 인간 오퍼레이터는 일련의 수치들을 충분히 판독하여 처리하지 못할 것이다. 또한 수치들의 변화 방향이나 변화율을 관찰하는 것이 중요한 상황(예를 들어 엔진 온도가 상승하고 있는지 아니면 떨어지고 있는지, 그리고 그 변화가 얼마나 빠르게 이루어지는지를 관찰해야 하는 상황)이라면 디지털 디스플레이는 적합하지 못하다.

질적 디스플레이. **질적 시각 디스플레이**(qualitative visual display)는 정확한 수치 판독이 필요하지 않은 경우에 사용될 수 있다. 예를 들어 대부분의 운전자들은 엔진 온도에 대한 정확한 수치보다는 엔진 온도가 안전한 수준인지의 여부에만 관심이 있을 것이다. 많은 인간-기계 시스템에서 오퍼레이터는 단지 시스템이 적절한 수준에서 기능하고 있는지 혹은 값이 시간에 따라 증가하는지 아니면 감소하는지만 알면 된다.

질적 시각 디스플레이 정보에 대한 정확한 수치보다는 수치의 범위를 제공하는 디스플레이. 이러한 디스플레이는 엔진 온도와 같은 요소들이 안전한 범위에서 혹은 불안전한 범위에서 작동하고 있는지 알려 주기 위해 주로 사용된다.

전형적인 질적 디스플레이의 한 예가 그림 13-6에 제시되어 있다. 작동 범

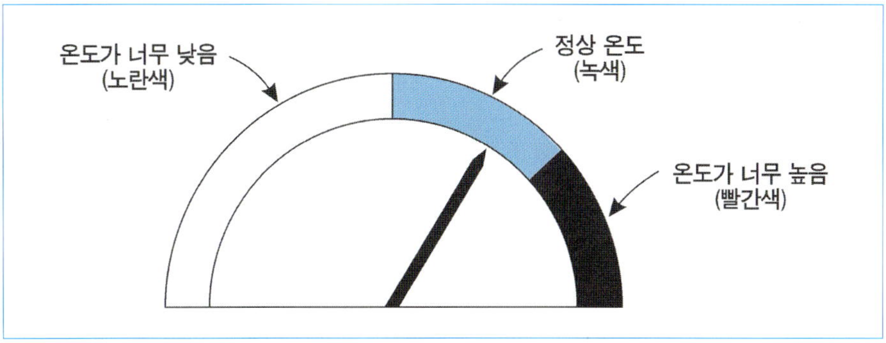

그림 13-6. 질적 시각 디스플레이의 일례(*Human Factors in Engineering and Design* (p. 76) by E. J. McCormick, 1976, New York: McGraw-Hill)

위는 때로 색을 사용하여 부호화되는데 예를 들어 위험한 수준(혹은 온도가 높은 경우)은 빨간색으로, 반면 안전한 수준은 녹색으로 부호화된다. 이와 같은 디스플레이는 시스템 상태를 정확하고 빠르게 확인할 수 있게 해 주며, 오퍼레이터들이 받아들여야 하는 기술적 정보량을 많이 감소시켜 준다.

몇 개의 질적 디스플레이들을 빈번하게 확인하여야 하는 경우라면 이들을 일관적인 배열 형태로 제시하는 것이 이들을 더 쉽고 빠르게 판독할 수 있게 해 준다(그림 13-7). 시스템이 정상적 작동 범위에 있을 경우 다이얼들이 모두 동일한 곳에 위치할 수 있도록 한다면 디스플레이들을 쭉 훑어보거나 비정상적인 범위에 있는 수치를 탐지하는 것이 더 용이할 것이다. 형태가 일정하지 않게 배

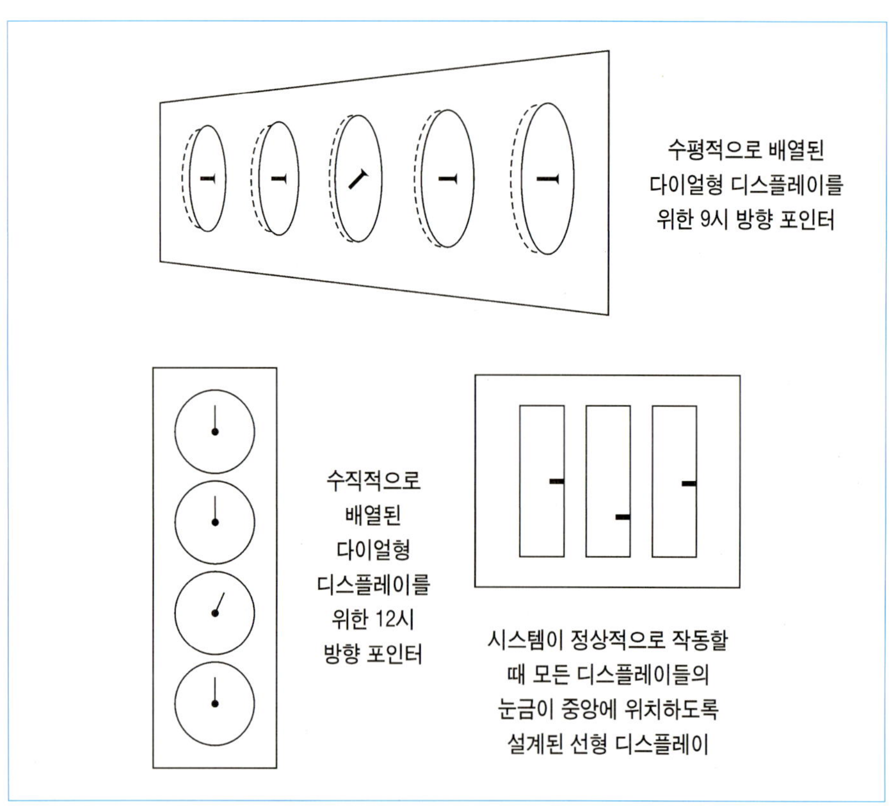

그림 13-7. 신속한 판독을 위해 포인터들이 배열된 다이얼형 디스플레이 사례들(K. Kroemer, H. Kroemer, & K. Kroemer-Elbert, *Ergonomics: How design for ease and efficiency*, 2nd ed., Upper Saddle River, NJ: Prentice Hall, 2000, p. 491)

열된 디스플레이들은 오퍼레이터가 각각의 디스플레이를 따로 확인해야 하는 부담을 안겨준다. 여러 개의 디스플레이들이 일정한 규칙에 따라 배열되어 제시되는 방식은 항공기 조종실, 발전소의 통제실 그리고 자동화된 생산 공장 등에서 많이 사용된다.

점검-판독 디스플레이. **점검-판독 시각 디스플레이**(check-reading visual display)는 시각 디스플레이들 중에서 가장 단순한 형태이다. 이들은 오퍼레이터에게 시스템이 켜져 있는지 아니면 꺼져 있는지, 안전한지 아니면 불안전한지, 혹은 정상적으로 작동하는지 아니면 오작동하고 있는지의 여부만 알려 준다. 예를 들어 자동차 엔진 온도에 대해서는 단순히 경고등만 제시해 주어도 당신은 안전하게 운전을 계속할 수 있는지, 아니면 엔진이 과열될 우려가 있기 때문에 차를 멈춰야 하는지를 충분히 알 수 있을 것이다. 이러한 유형의 디스플레이는 때로 '적합/부적합 디스플레이(go/no-go display)'라고 불린다. 즉, 적합/부적합 디스플레이는 현재의 시스템 상태가 시스템을 계속 작동시키기에 적합한지 아니면 부적합하기 때문에 시스템을 정지시키거나 다른 조치를 취해야 하는지의 여부만을 알려 준다.

점검-판독 디스플레이 오퍼레이터에게 시스템이 켜져 있는지 아니면 꺼져 있는지, 안전한지 아니면 불안전한지, 혹은 정상적으로 작동하는지 아니면 오작동하고 있는지의 여부를 알려 주는 디스플레이.

점검-판독 디스플레이의 가장 흔한 형태 중 하나는 경고등이다. 경고등의 불빛이 점등되지 않으면 시스템은 정상적으로 작동하고 있다는 것을 의미한다. 반대로 경고등의 불빛이 점등되면 오퍼레이터가 즉각적으로 이를 교정하는 작업을 해야 할 정도로 시스템이 심각하게 오기능하고 있다는 것을 나타낸다.

경고등의 설계에서 고려해야 할 것 중 하나는 불빛의 밝기 수준이다. 몇 개의 광원들이 사용되고 있는 계기판이라면 경고등은 오퍼레이터의 주의를 끌기에 충분한 수준으로 배경에 비해 최소한 두 배 이상 더 밝아야 한다. 또한 이들은 오퍼레이터의 시각장 안에서 중심 영역에 오도록 배치되어야 한다. 작업자들이 시각장의 중앙부에 모여 있는 디스플레이나 제어장치에 주의를 기울이고 있을 때에는 계기판의 한쪽으로 너무 치우쳐 위치해 있는 경고등은 눈에 잘 띄지 않을 수도 있을 것이다. 또한 점멸되는 경고등은 계속 점등되어 있는 경고등에 비해 주의를 더 많이 끈다.

<여기서 잠깐>

가상공간 속의 인간, Jack에게 맡기세요.

「New York Times」의 한 기자는 다음과 같은 기사를 썼다. "15년의 직장생활 동안, Jack은 탄광에 갇히기도 하고, 그의 등을 부러뜨릴 수 있는 물체를 들어 옮겨야 했고, 임신했을 때—맞다. Jack은 임신했었다!—는 자동차 페달을 제대로 밟을 수 있는지 확인하기 위해 불편한 몸으로 운전석에 앉아 있어야 했다. 그러나 Jack은 불평하는 일이 없었다. 왜냐하면 Jack은 소프트웨어의 일종이고, 다양한 형체를 지닐 수 있는 가상현실 속의 인간이기 때문이다. Jack은 걸을 수 있고, 방해물을 피할 수 있으며, 손을 뻗고, 물체를 들어 올릴 수 있다. 그러나 만일 그가 어떤 과제를 수행하지 못하면 이것을 알려 주는 어떤 이미지를 보여 주는데, 예를 들어 컴퓨터 스크린에 신체의 상이한 부분을 다른 색으로 표시한다. Jack은 우리를 대신에 수고를 마다하지 않는다."

가상현실 헬멧을 착용하고, 자동차나 항공기 조종실 혹은 작업장의 설계자들은 Jack의 눈을 통해 운전자, 조종사, 공장 작업자 혹은 사무실 관리자가 될 수 있다. 이를 통해 공학심리학자 혹은 인간공학자들은 어떤 것을 실제로 만들기 이전에 그것이 어떻게 작동하는지 아니면 왜 작동하지 못하는지 미리 확인해 볼 수 있다.

예를 들어 스포츠카에 설치된 라디오까지의 도달거리를 변화시키면 실수로 기어의 위치를 중립으로 할 수 있다는 것을 발견할 수도 있을 것이다. 혹은 새로 설계된 트랙터를 운전하는 농부가 트랙터의 뒤쪽에서 흙을 뒤엎고 있는 블레이드를 제대로 볼 수 있는지의 여부도 확인할 수 있을 것이다. 농기계 제조업체인 John Deere사가 새로 설계된 트랙터 운전석에서는 Jack이 블레이드를 제대로 볼 수 없다는 것을 알았을 때, 그 단계에서 설계를 바꾸는 데는 추가적인 비용이 거의 요구되지 않았다. 그러나 만일 그 트랙터가 이미 생산라인에서 조립되고 있었다면 그것을 재설계하기 위해 엄청난 비용이 요구되었을 것이다.

착한 Jack은 절대 실패하지 않는다. 피곤해지지도 않고, 까다롭지도 않으며, 감기몸살로 회사에 늦거나 결근하지도 않는다. Jack을 운용하는 데는 고작 25,000달러이면 충분하다. 오늘날의 시장에서 Jack은 거저인 셈이다.

출처: Jack is put through the wringer so you won't be. *New York Times*, May 11, 2000.

오늘날의 시각 디스플레이는 우리가 이미 익숙해 있는 불빛이나 다이얼 그리고 게이지(gauge) 이외에도 더 다양한 방식으로 정보를 제공해 준다. 대부분의 정보들은 비디오 스크린을 통해 단어나 심벌 및 그래픽의 형태로 제시된다. 항공기와 항공 관제소의 레이더 스크린에서 사용되는 전자항공정보시스템은 항공기 위치에 대한 정확한 정보를 제시하기 위해 선, 숫자 그리고 회화적인 심벌 등이 조합된 형태의 정보를 제공한다. 조종실 디스플레이에 색상을 추가적으로 사용하면 항공기 승무원이 정보를 판독하거나 처리하는데 에러와 반응 시간을 줄여줄 수 있다.

모든 시각 디스플레이들이 첨단기술을 사용하는 것은 아니다. 예를 들어 우리가 흔히 볼 수 있는 '미시오/당기시오'로 표시되는 출입문은 가게, 공장 혹은 사무실을 출입하는 수백만 명의 사람들이 매일 사용하는 정보 제시방식이다. 어떤 출입문은 밀어야 열리는 반면 다른 출입문은 당겨야 열린다. 이러한 기초적인 정보를 어떻게 제시해 주어야 사용자들이 지시를 정확하게 따를 수 있을지 밝히기 위해 실험실 조건에서 60명의 실험참가자들을 대상으로, 그리고 실제 장면에서 1,100명의 참가자들을 대상으로 연구가 수행되었다. 이 연구에서는 열한 가지 유형의 표시들이 검증되었다. 연구 결과, 가장 효과적인 표시 형태(즉, 신속하게 확인할 수 있고 사람들이 가장 잘 따르는 표시 형태)는 화살

그림 13-8. 문 여는 방법을 나타낸 잘된 표시와 잘못된 표시(T. J. B. Kline & G. A. Beitel, "Assessment of push/pull door signs: A Laboratory and field study." *Human Factors*, 1994, *36*, p. 688)

표와 손 모양의 그림을 '미시오 혹은 당기시오'라고 수평적으로 쓰인 단어와 함께 제시하는 방식이었다(그림 13-8 참조). 이러한 연구는 단순한 시각 디스플레이라 할지라도 공학심리학적 연구를 통해 크게 향상될 수 있음을 보여 준다.

청각 디스플레이

청각 디스플레이 인간-기계 시스템에서의 청각적으로 제공되는 경보나 경고 신호. 청각 디스플레이는 시각 디스플레이에 비해 주의를 더 잘 끌 수 있다.

청각 디스플레이(auditory display)는 다음과 같은 이유 때문에 시각 디스플레이보다 더 우수한 디스플레이 유형이 될 수 있다: (1) 우리 귀는 항상 열려 있지만, 눈은 그렇지 못하다; (2) 우리는 청각 정보를 어느 방향에서도 받아들일 수 있다; (3) 우리의 시감각은 때로 처리 용량에서의 부담을 경험할 수 있다. 표 13-1은 청각 경보의 주요 유형들을 보여 주고 있다.

아무리 청각 경보가 크게 혹은 효과적으로 제시되더라도 인간 오퍼레이터가 그것에 대해 어떻게 반응하는지에 따라 그 효과가 달라진다. 우리는 앞에서 언급한 러시아 조종사의 사례(즉, 그 조종사는 청각적 충돌 경고 시스템이 지시하는 것을 따르지 않았다)를 통해 이를 확인하였다. 경보 시스템을 무시하는 것은 그렇게 특별한 행동은 아니다. 사람들은 가끔 경보가 요구하는 반응을 하

표 13-1

청각 경보의 특성들

경보	강도	주의 환기 능력
선박의 안개 경보	매우 높음	좋음
경적	높음	좋음
호각소리	높음	간헐적이라면 좋음
사이렌	높음	음고가 오르내린다면 매우 좋음
벨	중간	좋음
부저	낮음-중간	좋음
인간의 음성	낮음-중간	괜찮음

출처: "Auditory and Other Sensory Forms of Information Presentation" by B. H. Deatherage, 1972. *Human Engineering Guide to Equipment Design*, Washington, D. C: U. S. Government Printing Office.

지 않는다. 예를 들어 캐나다에서 원자력 발전소의 작동 상태를 매일 감시하는 오퍼레이터를 대상으로 수행된 장기간의 연구는 50% 이상의 경보가 인간 오퍼레이터에게 유용하거나 의미 있는 정보를 제공해 주지 않아 오퍼레이터들이 문제를 해결하는 데 필요한 적절한 행동을 취하지 않는다는 것을 발견하였다. 이른바 '혼입 경보(nuisance alarm)'라고도 불리는 이러한 경보들은 중요하고 부담이 있는 직무의 수행에 혼잡을 더하고 오퍼레이터들을 혼란스럽게 할 뿐이다(Mumaw, Roth, Vicente, & Burns, 2000). 24회의 수술 과정에서 고도로 훈련된 24명의 간호사-마취과 의사들을 대상으로 수행된 연구 결과, 의료 장비에서 제공되는 청각 경보의 거의 반 이상이 무시되었다는 것이 밝혀졌다. 이 경보에 대해 시스템을 수정하는 반응은 전혀 이루어지지 않았는데 그것은 실제로 그러한 행동이 필요하지 않았기 때문이다. 수술팀은 그 경고들이 혼입 경보일 가능성이 높다고 생각한 것이다(Seagull & Sanderson, 2001).

때로 매우 신중하게 설계된 인간-기계 시스템이라 할지라도 의도된 대로 작동하지 않을 수 있는데, 그것은 인간 오퍼레이터가 시스템이 작동하고 있는 상황에서 요구되는 조건에 위배되는 행동을 하기 때문이다. 1987년 5월 17일 밤, 페르시아만에서 임무를 수행하고 있던 미해군 대잠용 해상 호위함인 USS Stark호에서는 한 레이더 감시병이 부근에서 전달되는 거의 모든 레이더 신호를 추적하고 있었다. 이 시스템은 적기가 탐지될 경우 이를 오퍼레이터에게 알려 주기 위한 시각 및 청각 경고 장치들을 갖추고 있었다. 이 시스템의 설계자들은 시각 및 청각 디스플레이 모두를 통해 정보가 제공되기 때문에 오퍼레이터가 경고를 놓칠 가능성은 거의 없을 것이라고 믿었다. 만일 오퍼레이터가 시각 디스플레이 스크린으로부터 다른 곳으로 눈을 돌린다 해도 청각 디스플레이(빠르게 제시되는 '삡' 소리)는 확실하게 탐지될 것이기 때문이었다.

그러나 그날 밤, 적기가 탐지되어 시각 경고 신호가 디스플레이를 통해 점멸되고 있었지만 오퍼레이터는 그것을 보지 않았고, 청각 디스플레이는 소리를 통해 신호를 제공해 주지 못하였다. 그 오퍼레이터 혹은 이전의 근무 교대자가 청각 디스플레이가 짜증을 유발한다는 이유로 그것을 꺼버렸기 때문이었다. USS Stark호는 적국 영해 안에 있었기 때문에 청각 경보 장치가 매우 빈번하게 울려댔고, 승무원들은 그것이 혼입 경보라고 생각하였다.

청각 경보 장치는 작동을 하지 않고, 시각 경보 신호는 관찰되지 못한 상황에서 이라크로부터 날아 온 전투기 한 대가 USS Stark호에 엑소세(Exocet) 대함 미사일을 발사했고, 37명의 미군들이 사망했다. 이 경우 인간-기계 시스템에서 장비 부분은 제대로 기능했지만 인간 오퍼레이터 부분은 그렇지 못했던 것이다.

청각 신호는 복잡한 정보를 전달하는 데도 사용될 수 있다. 한 가지 사례가 바다 밑에 있는 물체를 탐지하는데 배 위에서 수중 음파탐지기(sonar)를 사용하는 것이다. 고주파음이 선박의 밑 부분으로부터 물속을 통해 전달된다. 그 음파가 충분히 큰 어느 대상에 닿으면 그 신호는 다시 선박으로 반사되고, 우리가 오래된 전쟁 영화에서 많이 들었던 익숙한 음으로 재생된다. 그 음파가 전달해 주는 메시지나 정보를 해석하는 것은 매우 어려운 일이 될 수 있다. 다양한 음파를 구분하는 능력을 갖추려면 고도의 훈련이 필요하다. 수중 음파탐지기의 경우 만일 탐지된 물체가 선박으로부터 멀어지는 경우라면 반사된 음은 원래 전달된 음에 비해 더 낮은 주파수를 갖는 반면, 선박 쪽으로 접근해 오는 물체는 더 높은 주파수의 음파를 반사하게 된다.

사람은 청각을 통해 다양한 정보를 받아들이고 해석할 수 있다. 우리는 대부분의 사람들이 알고 있는 공식적인 신호음(경고 경적, 호루라기나 부저소리 등)뿐만 아니라 개인적으로 경험하는 소리들(시동이 걸리지 않는 자동차 엔진 소리, 잘못 감겨진 비디오테이프가 돌아가면서 내는 소리 혹은 당신의 기말 과제물을 날려버리면서 컴퓨터가 꺼지는 소리 등)을 구분하고 그에 반응할 수 있는 능력을 갖고 있다.

제어장치: 행위하기

인간-기계 시스템에서 인간 오퍼레이터가 디스플레이를 통해 입력을 받아들이고 그 정보를 정신적으로 처리한 다음에는 기계에 대해 어떤 제어 행동을 취해야 한다. 인간 오퍼레이터는 스위치, 누름식 버튼, 레버, 크랭크, 스티어링 휠, 마우스, 트랙볼 그리고 발 페달 등을 이용하여 기계에 제어 내용을 전달한다.

공학심리학자들은 오퍼레이터가 수행하는 과제가 어떤 특징을 갖고 있는지(예를 들면, 불을 켜야 하는 것인지 아니면 시스템의 다른 요소를 활성화시키는 것인지) 결정하기 위해 과제의 본질을 분석하였다. 다양한 라디오 주파수대에서 특정 주파수를 맞추는 것과 같이 과제가 정교한 조절을 포함하고 있는가? 과제는 제어장치를 빈번하고 신속하게 조작할 것을 요구하는가 아니면 한 번의 설정(setting)으로 충분한 것인가? 그 과제를 수행하기 위해 오퍼레이터는 얼마만큼의 힘을 발휘해야 하는가? 제어장치가 추운 온도 조건에서 조작되어야 한다면 장갑을 착용하는 것이 제어장치 조작을 방해하지는 않는가? 만일 제어장치가 낮은 조도 조건에서 활성화되어야 한다면 제어장치는 형태만으로도 쉽게 확인될 수 있는가?

제어장치 설계 가이드라인. 제어장치를 '켜거나 끄는' 것과 같이 두 개의 불연속적 설정을 요구하는 것이라면 손이나 발을 사용하는 누름식 버튼이 적절할 것이다. 만일 네 가지 이상의 불연속적 설정이 요구된다면 손가락을 이용한 몇 개의 누름식 버튼이나 회전형 선택 스위치가 더 선호된다. 연속적인 설정을 위해서는 노브나 크랭크가 최상의 선택이다. 컴퓨터 디스플레이에 있는 요소들을 선택하기 위해서는 마우스, 라이트펜 혹은 터치패드가 사용될 수 있다. 제어장치들과 각각의 제어장치를 조작하기 위해 요구되는 행위들이 그림 13-9에 제시되어 있다. 또한 제어장치는 다음과 같은 두 개의 기준을 만족해야 한다.

1. 제어장치-신체 대응. 어떤 제어장치들은 머리나 어깨로도 활성화시킬 수 있지만 대부분의 제어장치들은 손이나 발로 조작한다. 그러나 손이나 발 어느 한 부분이 너무 많은 과제를 수행하도록 해서는 안 된다. 손은 제어장치를 더 정확하게 조절할 수 있는 역량을 가진 반면, 발은 더 큰 힘을 발휘하여 제어장치를 조작할 수 있도록 해 준다.
2. 제어장치-과제 부합성. 제어 행위는 그것이 만들어내는 시스템의 움직임과 유사하게 이루어져야 한다. 예를 들어 항공기의 조종간을 오른쪽으로 당기면 항공기는 오른쪽으로 움직인다. 항공기 보조익이나 랜딩 기어를 내리고자 한다면 제어는 아래쪽 방향으로 이루어져야 할 것이다. 전형적으로 기계를 켜기 위해 우리는 노브를 오른쪽(시계 방향)으로 돌린다. 기계

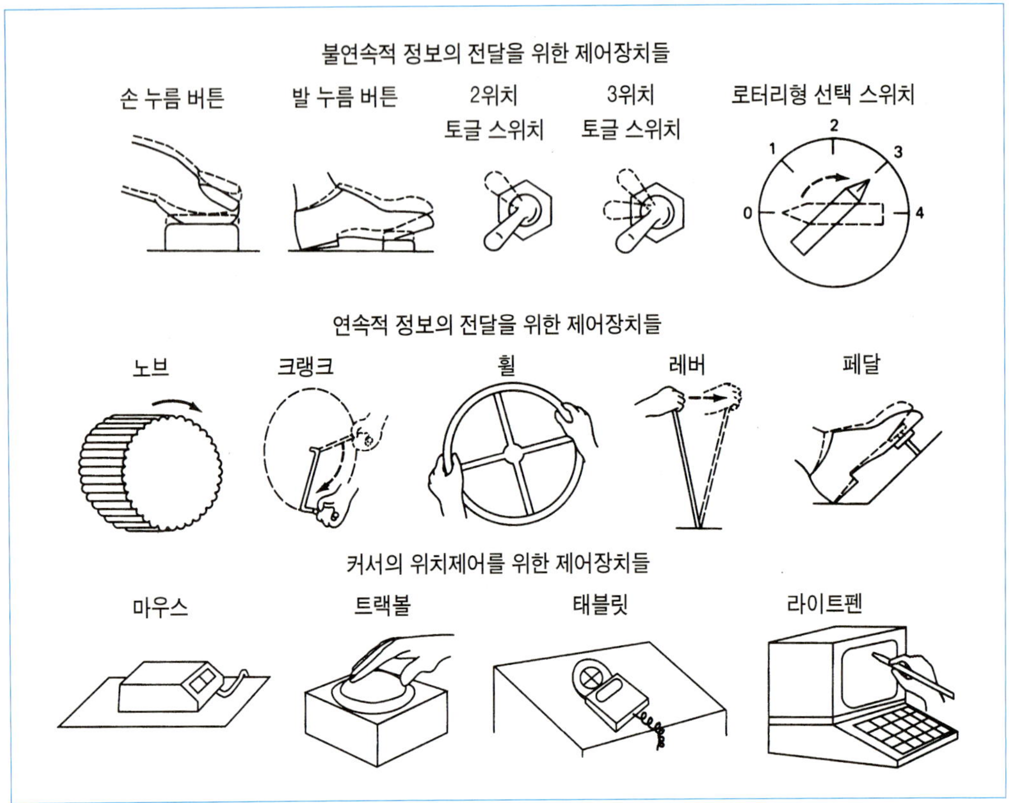

그림 13–9. 제어장치와 최적 정보전달을 위한 제어장치 유형(M. S. Sanders & E. J. McCormick, *Human Factors in Engineering and Design*, 6th ed., p. 261. New York: McGraw–Hill, 1987. Copyright, McGraw–Hill Book Co. 허락하에 사용됨.)

를 활성화시키기 위해 노브를 왼쪽으로 돌려야 한다면 대부분의 사람들은 어려움을 경험할 것이다.

관련된 제어장치 결합하기. 가능하다면, 유사하거나 관련된 조작을 수행하는 제어장치들은 결합하여 사용하는 것이 더 효율적이다. 예를 들어 간단한 라디오는 대개의 경우 세 가지의 제어 기능들(즉, 전원, 볼륨조절 그리고 방송국 선택)을 가지고 있다. 그러나 라디오에는 두 개의 제어장치만 있는데, 그것은 전원 제어장치와 볼륨조절 제어장치가 유사한 기능을 하기 때문에 인간 조작자의 행위 수를 줄이고 제어판의 공간을 절약하기 위해 이 두 가지 기능이 하나의 제어장치로 조합되었기 때문이다.

제어장치의 확인. 제어장치는 분명하게 표시되고 지정되어 이것을 정확하고 빠르게 확인할 수 있도록 해야 한다. 자동차 제조업자들은 제어장치의 기능을 나타내기 위해 회화적 심벌들을 사용하여 계기판을 부호화한다(예를 들어 자동차의 앞 유리 와이퍼 모양을 단순화한 심벌이 붙어 있는 제어장치는 그것이 앞 유리 와이퍼의 제어장치라는 것을 충분히 알 수 있게 해 준다). 혼잡한 계기판 속에서 쉽게 확인 가능한 제어장치들은 엉뚱한 제어장치를 활성화시킴으로써 야기될 수 있는 에러를 최소화해 준다.

형태 부호화(shape coding)란 제어판이나 제어콘솔 위에 있는 각각의 노브를 충분히 구분할 수 있도록 서로 다른 형태로 설치하는 것을 의미한다(그림 13-10 참조). 이렇게 함으로써 제어하고자 하는 제어장치를 신속하게 찾을 수 있고, 조도가 낮거나 눈이 다른 곳을 주시해야 하는 경우에도 손으로 만져서 이들을 쉽게 찾아낼 수 있게 해 준다. 때로 제어장치의 형태는 그 기능을 상징적으로 나타내기도 한다. 미공군의 항공기들에서 착륙용 보조날개를 제어하기 위한 제어장치는 착륙용 보조날개의 형태를 하고 있고, 랜딩 기어 제어장치는

형태 부호화 만져만 보고도 어떤 것인지 구분할 수 있도록 제어판에 있는 제어장치들의 형태를 서로 상이하게 설계하는 것.

그림 13-10. 형태 부호화를 위한 핸들의 다양한 형태(W. Woodson, B. Tillman, & P. Tillman, *Human actors design handbook*, 2nd ed., New York: McGraw-Hill, 1992, p. 439)

타이어 모양을 하고 있다. 각각의 제어장치는 촉감과 외형에서 매우 독특하기 때문에 그것이 제어기능을 빠르게 학습할 수 있다. 모든 항공기에서 제어장치들을 표준화하는 것은 조종사의 에러 가능성을 줄여준다.

제어장치의 배치. 제어장치의 종류와 형태가 선택되면 공학심리학자들은 이들을 제어판의 어디에 위치시킬지 결정한다. 이들은 또한 제어장치와 정보 디스플레이 사이의 관련성도 고려한다. 제어장치의 배치를 결정할 때 일차적으로 고려해야 하는 것은 배치의 일관성 혹은 통일성이다. 예를 들어 우리는 자동차의 액셀러레이터는 브레이크 페달의 오른쪽에 항상 위치하고, 마찬가지로 컴퓨터 Enter 키는 키보드의 오른쪽 부분에 위치하고 있을 것이라고 기대한다. 제어장치 배열의 표준화 정도가 더 클수록, 사람들이 동일한 시스템의 서로 다른 모델들과 상호작용하는 것이 더 용이하고 안전해진다. 이것은 매우 당연한 것처럼 들릴지 모르지만, 공학심리학자들의 연구 결과가 받아들여지고 항공기의 계기판이 표준화되기까지는 적지 않은 시간이 요구되었다. 이러한 기초적인 설계 원리는 많은 소비재 제품에서는 아직도 지켜지지 않고 있다.

주방에서 흔히 쓰는 레인지를 한 번 고려해 보라. 전형적으로 레인지 위쪽에는 네 개의 버너가 사각형 형태로 배치되어 있고, 이를 제어하기 위한 노브들은 앞쪽 패널에 옆으로 설치되어 있다. 그러나 이것은 버너와 노브 사이의 일관적 관련성이 매우 부족한 배치방식이다. 49개의 전기레인지(electric range)* 와 가스레인지(gas range)를 관찰한 결과, 노브와 버너가 대응하는 방식이 여섯 가지나 된다는 것이 발견되었다. 항공기 조종실 설계에서 표준화의 부족으로 인해 발생한 문제와 비교해서 비록 이것이 그렇게 심각한 문제를 만들어내는 것은 아니겠지만, 이것은 화상이나 다른 사고를 야기할 수 있다. 가스레인지의 경우 우리가 노브를 돌리면 바로 가스불이 보이기 때문에 즉각적인 피드백을 얻을 수 있을 것이다. 그러나 전기레인지의 경우는 버너가 가열되어 빨갛게 달아오르기 전까지는 버너가 켜졌는지 잘 알지 못할 수 있다.

지금은 한 나라에서 생산된 제품이 여러 나라에서 팔린다. 즉, 시장이 세계

---

*[역자 주] 마이크로웨이브 레인지(microwave range) 혹은 '전자레인지'가 아님.

화되었다. 이 때문에 인간공학자들은 디스플레이와 제어장치의 대응과 같은 제품 사용에서의 문화적 차이에 주목하여야 한다. 예를 들어 한 연구에서는 네 개의 버너가 있는 전기레인지를 사용할 때 대만 사용자들과 미국 사용자들은 각각 선호하는 버너-노브의 대응방식이 서로 다르다는 것을 발견하였다. 대만 사용자들은 동일한 버너를 켜는 데 미국 사용자들과는 다른 노브를 습관적으로 선택하였다. 이것은 아마도 대만 사람들은 그들의 글을 읽을 때 위에서 아래로 쓰인 문장을 오른쪽부터 왼쪽으로 읽는 반면, 영어를 사용하는 미국 사람들은 옆으로 쓰인 문장을 왼쪽부터 오른쪽으로 읽기 때문인 것 같다. 이 두 문화권에서 제어장치를 '자연스럽게' 사용하는 방식은 서로 다를 수 있는 것이다.

긴급상황에서 사용되어야 하는 제어장치들은 정상 시선(normal line of sight) 범위 안에서 다른 장치와 쉽게 구분될 수 있는 곳에 위치하여야 하고, 오퍼레이터는 긴급 제어장치에 빠르게 접근할 수 있어야 한다. 또한 긴급 제어장치는 실수로 작동되지 않도록 덮개나 차폐물로 보호되어야 한다.

노브를 돌려 다이얼이 맞춰져야 하는 경우처럼 디스플레이가 제어장치와 기능적으로 연합되어 있다면 이들은 가능한 공간적으로 근접하여 배치되어야 한다. 그리고 디스플레이와 제어장치들은 기능에 따라 집단화되는 것이 바람직하다. 예를 들어 항공기 조종실에는 엔진 출력과 관련된 제어장치와 디스플레이가 집단화되어 있다. 작동 순서가 일관적이라면 디스플레이와 제어장치는 이 순서에 맞게 집단화되어야 한다.

일상생활에서의 인간공학

인간공학 연구와 그 결과의 응용은 차를 운전하는 것에서부터 전화로 음성 메뉴를 사용하는 것에 이르기까지 우리 일상생활의 많은 부분에서 찾아볼 수 있다. 인간공학은 이제 더 이상 탱크, 항공기 혹은 작업장에 관한 연구에만 국한되지 않는다. 예를 들어 텔레매틱스(telematics)는 인간공학 연구가 적용되는 비교적 최근의 영역이다. 텔레매틱스는 GPS 내비게이션 시스템, 위성 라디오, 무선전화 등에서 볼 수 있는 무선 정보기술을 의미한다. OnStar와 같이 마치 당신의 차가 어디를 달리고 있는지 항상 알고 있는 것 같은 자동화된 충돌 경고시스템이나 당신 차의 에어백이 터졌을 때 이를 자동으로 관련기관에 알려 주는 시스템 등도 텔레매틱스의 또 다른 예들이다. 최근에 연구되고 있는 영역들로는 자동차 안에서의 이메일이나 인터넷 사용, 블루투스(Bluetooth)* 지원, 그리고 PDA(personal digital assistants)** 사용 등이다. 그러나 이러한 장비들이 갖는 분명한 문제 중 하나는 이들이 운전자의 주의를 분산시켜 사고로 이어지게 할 수 있다는 점이다. 공학심리학자들은 이러한 주의 분산의 본질은 무엇이고 그 정도는 얼마나 되는지, 그리고 인간 오퍼레이터가 이들을 제대로 다루게 하기 위해서는 이들을 어떻게 설계해야 하는지 등에 대해 연구를 수행하고 있다.

운전 중 휴대전화 사용도 사고의 주요 원인이라고 여겨지지만 이에 대한 연구자료는 아직은 부족한 상태이다. 아직은 대부분의 국가에서 교통사고 보고서에 사고 당시 휴대전화의 사용 여부에 대한 정보는 요구하지 않고 있다. 최근에 밝혀진 연구 결과에 따르면 운전 중에 휴대전화를 사용하면 그렇지 않은 경우에 비해 교통사고에 휘말릴 가능성이 4.3배 더 높다고 한다.

운전 중 휴대전화 사용과 관련하여 일본에서 수행된 연구에 따르면, 교통사고의 가장 주된 원인이 운전 중 전화를 받는 것이고, 그 다음으로 빈번한 원

---

*[역자 주] 근거리에 놓여 있는 컴퓨터와 이동단말기·가전제품 등을 무선으로 연결하여 쌍방향으로 실시간 통신을 가능하게 해 주는 규격을 말하거나 그 규격에 맞는 제품을 이르는 말이다. 1994년 스웨덴의 에릭슨(Ericsson)사가 처음 연구하였으며, 1998년 2월 에릭슨이 주축이 되어 IBM, 인텔, 노키아, 도시바 등이 참여하여 결성한 블루투스 SIG(Special Interest Group)에 의해 본격화되었다. 2001년 12월 마이크로소프트와 3Com, 루슨트 테크놀로지, 모토롤라 등의 참여로 전 세계적 규격으로 자리 잡았다. 10세기 덴마크와 노르웨이를 통일한 바이킹 헤럴드 블루투스(Harald Bluetooth; 910~985)의 이름에서 따온 명칭으로, 블루투스가 스칸디나비아 반도를 통일한 것처럼 개인용 컴퓨터와 휴대전화 및 각종 디지털기기 등을 하나의 무선통신 규격으로 통일한다는 상징적 의미를 지닌다(네이버 백과사전에서 인용).

**[역자 주] 개인 정보를 관리하거나, 컴퓨터와 정보를 주고받을 수 있는 휴대용 컴퓨터의 일종이다. 손으로 정보를 직접 써서 입력받을 수 있고, 무선인터넷도 가능하다(네이버 백과사전에서 인용).

인은 전화를 거는 것이었다. 세 번째는 운전 중에 전화로 상대방과 대화를 하는 것이었다. 또한 핸즈-헬드 전화기와 핸즈-프리 전화기의 사용 사이에는 유의한 차이가 관찰되지 않았다. 실제로, 운전 중 휴대전화 사용으로 인한 주의분산의 본질이 이 두 가지 경우에서 서로 유사하다는 것이 밝혀졌다(Green, 2003).

도심에서 운전 중 GPS 내비게이션 시스템 사용에 대한 초기 연구는 운전자가 터치스크린을 사용할 경우 목적지를 선택하는데 평균 3.4초가 소요된다는 것을 보여 주었다. 위치 확인을 위해 스크린을 볼 때는 평균 1.32초가 요구되었다. 이 연구의 연구자들은 목적지를 손으로 입력하는 것보다 음성으로 입력할 수 있다면 운전자의 과제가 더 단순화되고, 스크린에 눈의 초점을 맞추는데 요구되는 운전자의 주의량을 줄일 수 있다고 제안하였다(Chiang, Brooks, & Weir, 2004).

현실감이 높은 운전 시뮬레이터뿐만 아니라 실제 도로에서 자동차를 사용하여 수행된 연구들은 앞 차에 너무 접근하여 주행하는 운전자에게 청각 경고를 들려줄 경우 선행 차량과의 차간거리를 더 멀리(안전하게) 유지하도록 하여, 추돌 사고율을 50% 정도 줄여준다는 것을 발견하였다(Ben-Yaacov, Maltz, & Shinar, 2002; Lee, McGehee, Brown, & Reyes, 2002).

다른 인간공학 연구들은 전화음성 메뉴시스템에 초점을 맞추었다. 18세에서 60세 사이의 114명의 참가자들을 대상으로 수행된 연구는 젊은 사람들에 비해 나이 든 사람들이 자신이 원하는 메뉴를 확인하는데 더 많은 어려움을 경험한다는 것을 보여 주었다. 이 연구는 또한 사용방법을 녹음하여 들려줌과 동시에 시각적 보조수단을 제공해 주면 나이 든 사람들의 메뉴옵션 선택 수행이 많이 향상될 수 있다는 것도 발견하였다(Sharit, Czaja, Nair, & Lee, 2003).

여러분의 학교 강의실에 있는 의자나 책상도 인간공학적 연구의 대상이다. 그리스에서 180명의 초등학교 학생(7~12세)들을 대상으로 수행된 인체 측정학 연구 결과, 사용이나 안락감 측면에서 의자나 책상이 열악하게 설계되어 있다는 것이 확인되었다. 의자는 너무 높았고, 좌석이나 책상은 너무 깊었다. 이것은 앉은 자세를 불편하고 자연스럽지 못하며 구부정하게 하여 척추와 등에 압력을 받게 한다(Panagiotopoulou, Christoulas, Papanckolaou, & Mandroukas, 2004). 이러한 연구 결과는 미국 Michigan에서 수행된 한 연구 결과와도 유사한데, 이 연구에서는 학생들(11~14세)의 80%가 자신의 신체에 비해 너무 높고 깊은 의자, 그리고 너무 높은 책상을 사용하고 있는 것으로 밝혀졌다. 이러한 연령대의 학생들에 대한 인체 측정학 연구에 주의를 좀더 기울인다면 자신의 신체에 맞지 않은 의자나 책상의 사용으로 인한 불편감이나 신체적 손상을 상당히 줄일 수 있을 것이다.

이제 다시 비행기에 대해 이야기를 좀더 해 보자. 당신은 일등석에 타는 승객들은 가죽으로 된 의자를 사용하는 반면, 이코노미 클래스를 주로 타는 우리들 대부분은 섬유로 커버를 씌운 좌석을 사용한다는 것을 눈치 챈 적이 있는가? 그들이 부러운가? 그럴 필요 없다. 독일에서 수행된 연구에 따르면 사람들은 섬유좌석이 가죽좌석에 비해 더 안락하다고 평가하였는데, 그 이유는 섬유좌석은 공기를 통하게 할 수 있기 때문이다. 가죽으로 덮인 의자에 앉은 사람들은 땀을 흘릴 가능성이 더 높다(Bartles, 2003).

그 다음, 주방기구는 어떤가? 예를 들어 아이스크림 국자 혹은 아이스크림 주걱을 생각해 보자. 인간공학적 연구는 이 영역에서도 이루어졌다. 연구에 따르면 아이스크림이 섭씨 영하 14°보다 더 차갑지 않으면 아이스크림 가게의 종업원들이 아이스크림 국자를 반복적으로 사용함으로써 발생하는 신체적 스트레스가 많이 감소할 수 있다는 것을 보여 주었다. 또한 최소한 한 달에 한 번 아이스크림 국자의 날을 날카롭게 갈아준다면 이를 사용할 때의 신체적 부담이 많이 줄어든다. 그리고 아이스크림 국자 안에 부동액을 발라 사용한다면 아이스크림 국자로 아이스크림을 떠내는 일이 훨씬 더 쉬워진다. 그러나 이 부동액이 아이스크림 속으로 흘러들어가는 것을 방지할 수 있는 설계는 아직 개발되지 않았고, 아이스크림 국자에 부동액을 발라 사용한다는 것은 어쩐지 바람직한 사업 방법은 아닌 것으로 보인다(Dempsey, McGorry, Cotnam, & Braum, 2000).

중국에서 수행된 인간공학 연구는 요리사가 요리하면서 음식을 뒤집기 위해 사용하는 주걱이 수근관 증후군이나 팔 부위에 외상 장애를 가져올 수 있다는 것을 보여 주었다. 이 연구의 연구자들은 주걱 손잡이의 길이와 음식을 뒤집는 부분과 주걱 손잡이 사이의 각도를 다양화하였는데, 이 두 가지 요인은 모두 요리사 손목의 틀기, 굽히기 및 각도 등에 중요한 영향을 미친다는 것이 밝혀졌다. 손목을 곧게 펴고 요리할수록 신체적 부담은 줄어들었다. 인간공학적 연구의 관점에서 보면, 최상의 주걱은 손목 굽힘을 최소화할 수 있는 것인데, 이것은 주걱의 길이가 25cm, 그리고 주걱을 들었을 때의 각도는 25°인 경우이다. 이 정도 크기의 주방기구로 요리할 경우 요리사는 신체적 손상이나 통증을 최소화하면서 더 많은 음식을 요리할 수 있었다(Wu & Hsieh, 2002).

지금까지 소개된 연구들 및 이와 유사한 연구들이 매우 다양한 영역, 예를 들어 교통, 가구 설계, 주방기구, 가정 내 작업공간 그리고 다른 소비재 제품 등 사용하기 더 편하고, 효율적이며, 장기간의 사용으로 인한 불편감을 최소화하는 데 적용되고 있다.

컴퓨터

수많은 사람들이 직무수행을 위해 혹은 일상생활에서 컴퓨터를 사용하고 있다. 인간공학적 측면들을 무시하고 컴퓨터 단말기와 컴퓨터용 가구를 설계한다면 이를 사용하는데 신체적 부담이나 불편감이 발생한다. 장기간의 컴퓨터 사용이 근로자의 건강에 미치는 영향을 심각하게 고려하기 시작한 것은, New York Times사의 두 근로자가 비디오 디스플레이 터미널의 장기적 사용으로 인해 백내장에 걸렸다는 것이 세상에 알려지면서부터이다. 이 일이 있은 이후 많은 컴퓨터 사용자들은 시야 혼탁, 눈 피로 그리고 색채 지각에서의 변화 등을 호소하였다. 그러나 국립과학원(National Academy of Science)은 컴퓨터가 시각 손상을 야기한다는 아무런 과학적 증거가 없다고 결론지었다.

공학심리학자들은 근로자들이 호소하는 대부분의 시각 문제들이 비디오 터미널 때문이 아니라 장비 요소와 작업장의 설계에서의 결함 때문이라고 제안하였다. 잠재적인 위험성을 가질 수 있는 장비 요소들에는 음극선관 안에 있는 형광물질, 스크린의 크기, 스크린상에 제시된 문자들의 깜박임 정도, 그리고 문자들이 생성되는 속도 등이 포함된다.

또한 작업장에서의 조도나 눈부심 수준도 눈 피로의 원인이 될 수 있는데, 눈부심 방지 코팅이나 차광막 등을 사용하면 이 문제를 줄여줄 수 있다. 작업

영역의 전반적 조명 수준을 낮추거나 벽을 좀더 어두운 색으로 칠하는 것 혹은 머리 위에서 비추는 형광등을 간접 조명으로 바꾸는 것 등도 눈 피로를 줄이는 데 도움이 된다.

사람들은 종이 위에 쓰인 것보다 컴퓨터 스크린에 제시된 것을 읽는 속도가 더 느리다는 연구 결과가 있다. 연구들은 이 현상을 설명하기 위해 디스플레이의 특정 요인들과 사용자의 컴퓨터 사용 특성(예를 들어 컴퓨터 터미널을 사용하는 시간 길이)에 초점을 맞추고 있다. 산업 및 조직심리학자들은 컴퓨터에 제시된 내용을 읽는 속도가 더 느린 것은 스크린에 제시되는 자극 이미지의 질(예를 들어 자극의 크기, 글자 형태, 명료성 그리고 배경과의 대비 등)과 관련이 있을 수 있다고 제안한다.

사람들은 스크린을 통해 읽은 것보다 종이에 쓰인 것을 더 잘 이해한다. 이것은 113명의 대학생들을 대상으로 수행된 연구를 통해 밝혀졌는데, 이 연구에서 실험참가자들에게 두 개의 잡지에 실린 기사를 읽은 후 질문에 대답하도록 하였다. 실험 참가자들의 한 집단에게는 종이 위에 쓰인 기사가 제공되었고, 다른 집단에게는 컴퓨터를 통해 이것을 제시하였다. 컴퓨터를 통해 기사를 읽었던 사람들에 비해 종이에 제시된 기사를 읽었던 사람들은 기사가 재미있고 설득력이 있다고 보고하는 경향이 더 컸다. 또한 이들은 기사의 내용에 대해 이해하는 정도가 더 높았다(Greenman, 2000).

컴퓨터 사용자들이 호소하는 또 다른 문제들은 피로감과 손목, 손, 어깨, 목 그리고 등에서의 통증이다. 이러한 모든 문제들은 인간공학적 설계를 고려하지 않아 발생한 것일 수 있다. 예를 들어 컴퓨터 장비와 함께 사용되는 책상이나 의자는 장시간 앉아서 작업해야 하는 직무에는 잘 맞지 않게 설계되는 경우가 종종 있다. 최상의 의자는 컴퓨터 오퍼레이터가 자신의 키나 체중 혹은 자세에 적합하게 조절하여 사용할 수 있는 의자이다. 이따금씩 자세를 바꾸는 것은 피로감을 줄여줄 수 있는데, 이것은 조절이 가능한 의자를 사용할 수 있다면 쉽게 할 수 있는 일이다. 키보드와 모니터를 각각 다른 높이에 두고 작업할 수 있는 책상이나 높이를 조절할 수 있는 책상도 사용자가 좀더 편한 자세로 작업할 수 있게 해 준다. 숙련된 타이피스트를 실험참가자로 하여 표준적인 키보드와 가운데가 분리 가능한 키보드를 비교해 보았을 때, 근골격 통증에 대해서는 이 두 가지 유형 사이에 차이가 없었다. 그러나 타이핑을 할 때 쿠션이 있는 손목 받침을 사용한 사람들은 그렇지 않은 사람들에 비해 팔꿈치와 전완(forearm)에서 통증을 덜 느낀다고 보고하였다.

컴퓨터와 작업장의 설계에 대해서는 상당히 많은 인간공학적 연구들이 수행되었다. 잘 확립된 몇 개의 가이드라인들이 그림 13-11에 예시되어 있다. 그림에서도 보이듯이 15°로 기울어진 컴퓨터 키보드는 목과 어깨의 불편감을 줄여준다. 모니터를 너무 높거나 너무 낮게 배치하면 목과 하요부(lower back)에서 통증을 가져올 수 있다. 시각도(visual angle)는 사용자의 자세에 큰 영향을 미치는데, 대략 17° 정도의 시각도는 등, 목 그리고 어깨가 최상의 자세로 배열될 수 있도록 해 준다(Psihogios, Sommerich, Mirka, & Moon, 2001; Simoneau, & Marklin, 2001; Sommerich, Joines, & Psihogios, 2001).

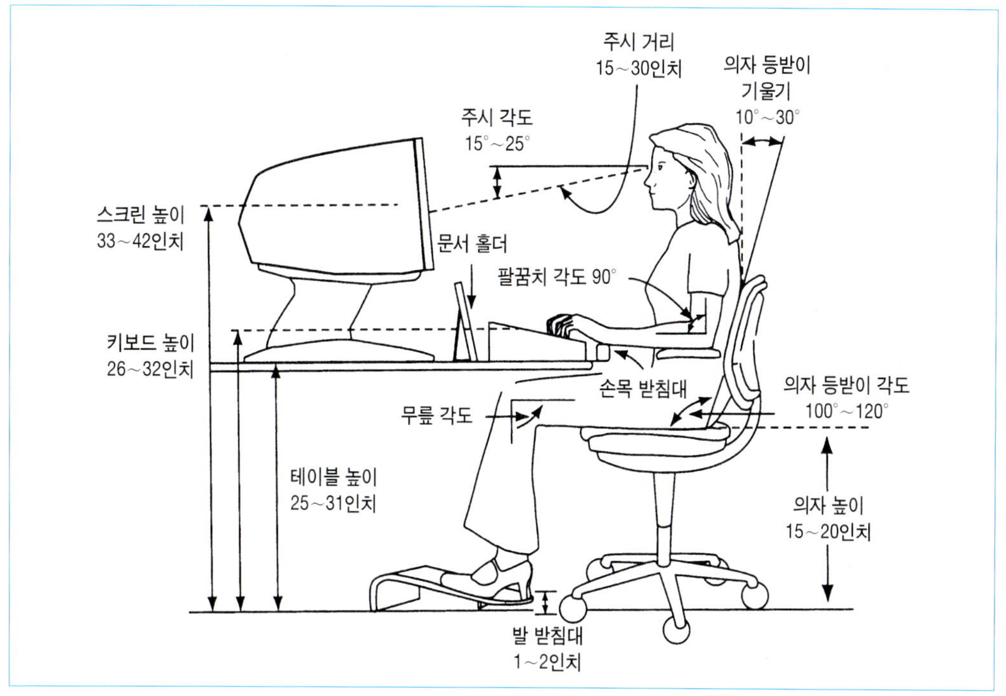

그림 13-11. 컴퓨터 작업대 설계를 위한 가이드라인(M. S. Sanders & E. J. McCormick, *Human Factors in Engineering and Design*, 6th ed., p. 358. New York: McGraw-Hill, 1987. Copyright, McGraw-Hill Book Co. Used with permission)

<여기서 잠깐>

점심시간에는 노트북을 두고 가세요.

그것은 매일 일어나는 것이다. 또 당신도 그럴 수 있다. 당신은 컴퓨터 앞에 앉아 웹사이트를 돌아다니거나 이메일을 보낸다. 그러다가 음식을 키보드 위에 떨어뜨린다. 키보드 위에 초콜릿 쿠키, 피자, 치즈를 떨어뜨리거나 커피나 소다수 등을 쏟으면 컴퓨터가 고장날 수 있다. 당신의 첨단 사무실은 콜란 캔 하나 때문에 망가질 수 있는 것이다. 이것은 절대 농담이 아니다. 점점 더 많은 사람들이 책상에 앉아 컴퓨터로 작업하면서 점심을 먹거나 구내식당까지 노트북을 들고 나간다.

모든 음식물이나 음료는 오늘날의 매우 민감한 전자제품을 엉망으로 만들 수 있다. 시카고에 소재한 ExecuSpace사의 한 여직원은 1,000달러짜리 디지털 전화에 아이스티를 쏟은 이후 그것을 쓰레기통에 던져버려야 했다. 설탕이 들어 있는 끈적끈적한 액체가 최악이다. 이것은 누름식 키나 버튼을 잘 움직이지 않게 하고, 심지어 벌레를 불러들이는 원인이 되기도 한다. 시카고의 어느 해충 구제업자(아마도 이 사람의 사업은 날로 번창하고 있을 것이다)는 "요즘 점점 더 많은 사무실들이 바퀴벌레, 쥐 그리고 개미에 의한 문제로 시달리고 있다는 것을 알 수 있어요."라고 말한다. 날로 심각해져 가는 이러한 문제를 해결하기 위해 Texas의 Dallas에 있는 Amherst-Merritt International사는 '컴퓨터 콘돔'을 만들고 있다. SafeSkin이라고 불리는 단순한 플라스틱 덮개인 이것은 당신을 짜증나게 만드는 벌레나 부스러기들로부터 당신의 키보드를 보호해 준다고 한다.

하지만 이미 당신의 키보드가 망가졌을 경우에는 어떻게 해야 하는가? 너무 늦은 것은 아닌가? Gateway사의 한 관계자는 다음과 같은 조언을 해 주었다. "그 키보드를 목욕탕으로 가지고 가세요(물론 전원을 뽑은 상태로). 그리고 샤워기를 이용하여 따듯한 물로 잘 씻어낸 다음 2주 동안 엎어서 말려주세요. 그렇게 하면 그 키보드는 다시 사용 가능할 수도 있습니다. 물론 확실한 것은 아니지만..."

출처: Desk dining may be hazardous to office's health. *St Pertersburg (FL) Times*, April 18, 2000.

표준적 마우스에 대해서도 다른 입력장치 유형들과 비교하는 연구가 수행되었다. 마우스를 사용하기 위해서는 손목과 전완(forearm)을 많이 움직여야 한다. 스웨덴에서 수행된 연구는 마우스를 가지고 작업하는 것은 비디오게임을 할 때 사용하는 가상적 마우스 형태의 조이스틱에 비해 그다지 편안하지 못하며 이 때문에 생산성이 낮다고 제안하였다(Gusstafsson & Hagberg, 2003).

가상적 마우스로 작업할 때는 손으로 스틱을 감싸고 엄지손가락을 사용해 클릭하기 때문에, 손이 수직적 자세를 유지할 수 있다. 따라서 이 경우에는 손목과 전완의 근육 긴장이 발생하지 않는다.

Eastman Kodak사의 인간공학 연구팀은 근로자들이 매일 컴퓨터를 사용하면서 경험하는 문제들을 파악하기 위한 질문지를 개발하였다. 이러한 질문지를 개발한 목적은 근로자들로부터 정보를 얻어 피로, 스트레스 그리고 신경과 근육에서의 장애를 줄이기 위한 것이었다(Eastman Kodak, 2004). 이제 여러분도 컴퓨터 앞에 앉아 표 13-2에 제시된 질문들에 대해 '예' 혹은 '아니오'로

표 13-2

작업장 설계에 관한 질문지

아래의 질문에 대해 '예' 혹은 '아니오'로 응답해 주십시오.

1. 머리를 앞으로 숙이거나 혹은 뒤로 젖히지 않고도 컴퓨터 스크린을 볼 수 있습니까?
2. 컴퓨터 스크린을 바로 앞에서 볼 수 있습니까?
3. 원고걸이는 스크린 옆에, 그리고 당신의 눈으로부터 스크린과 같은 높이와 거리에 위치하고 있습니까?
4. 어깨나 등을 앞으로 기울이거나 웅크리지 않고도 작업물을 볼 수 있습니까?
5. 스크린의 대비나 밝기는 당신이 편안하게 느끼는 수준으로 맞춰져 있습니까?
6. 스크린은 눈부심이나 반사 혹은 주변의 작업환경에 의한 흰색 반점은 없습니까?
7. 전화를 들고 있을 때 목을 구부리거나 어깨를 웅크리지 않아도 됩니까?
8. 당신이 책상 혹은 키보드 위에 손을 올려놓으면 팔의 각도는 대략 90° 정도입니까?
9. 작업할 때 대부분의 경우 중립적 자세에서 손목은 대부분 곧게 펴져 있습니까?
10. 작업 영역에는 당신의 손목이나 전완과 닿는 날카로운 모서리가 있습니까?
11. 팔을 뻗지 않고도 자주 사용하는 물건(마우스, 서류, 커피 머그, 펜 등)을 집을 수 있습니까?
12. 무릎 뒤 근육의 압박감 없이도 의자 뒤쪽까지 앉을 수 있습니까?
13. 의자는 허리를 충분히 받쳐주는 등받이가 있습니까?
14. 발은 바닥에 혹은 발 받침대에 충분히 닿습니까?
15. 당신은 작업하다가 서거나, 팔을 뻗거나, 혹은 다른 곳으로 눈을 돌리기 위한 짧은 휴식을 취합니까?

출처: Eastman Kodak Company (2004). *Kodak's Ergonomic Design for people at Work* (2nd ed.). New York: Wiley, p. 131.

답하고, 당신의 점수는 몇 점이 되는지 확인해 보기 바란다. 모든 질문들에 대한 당신이 응답이 '예'라면 당신은 컴퓨터와 관련된 신체적 문제를 경험하지 않으면서 매우 편안하게 컴퓨터를 사용한다는 것을 의미한다. 이 질문들 중 어느 하나에 대해서라도 '아니오'라고 응답한다면 당신의 작업 영역에서 몇 가지는 아마도 수정을 해야 할 것이다.

요 약

공학심리학(engineering psychology)은 사용자의 능력에 부합하도록 도구, 장비 그리고 작업장을 설계하는 문제를 주로 다룬다. 심리학자들은 효율적인 **인간-기계 시스템**(person-machine system)을 만들기 위해 장비가 갖는 특성뿐만 아니라 사용자의 능력과 한계를 고려한다. 공학심리학의 초기 연구는 Fredrick Taylor와 Gilbreth 부부에 의해 선도된 **시간-동작 연구**(time-and-motion study)였다. 이 연구를 통해 장비와 임금 체계를 재설계하고 직무수행에서의 불필요한 동작을 제거하고자 하였다. 시간-동작 연구는 일상적인 직무에 적용되는 반면, 공학심리학 연구는 좀더 복잡한 시스템을 포함하는 수준 높은 직무의 수행에 주로 적용된다.

인간-기계 시스템의 일차적 단계는 인간 오퍼레이터와 기계 사이에 기능을 할당하는 것이다. 인간 오퍼레이터는 다양한 범위의 자극 탐지, 혼란스러운 배경에서 매우 드물게 혹은 낮은 수준으로 제시되는 자극 탐지, 흔하지 않은 혹은 기대하지 않은 자극에 대한 감각과 재인, 관련 정보의 회상, 의사결정에서의 과거 경험 사용, 다양한 상황에 대한 신속한 반응, 연역적 추론의 사용, 문제해결에서의 유연성 등에서 기계에 비해 더 우수하다. 반면 기계는 인간의 감각 능력 밖에 있는 자극 탐지, 장시간에 걸친 감시, 신속하고 정확한 계산, 대용량 데이터의 저장과 인출, 물리적 힘의 발휘, 그리고 수행의 저하 없이 반복적 과제를 지속적으로 수행하는 것 등에서는 인간 오퍼레이터에 비해 더 우수하다.

작업장 설계에서는 **인체 측정학**(human anthropometry) 자료를 참조해야 할 뿐만 아니라 동작 경제성의 원리를 따라야 한다. 시각 정보 디스플레이에는 양적 디스플레이, 질적 디스플레이 그리고 점검-판독 디스플레이 등이 있다. **양적 디스플레이**(quantitative display)는 정확한 수치를 제공해 준다. **질적 디스플레이**(qualitative display)는 상대적인 작동 조건에 대한 지표를 제공해 준다. 그리고 **점검-판독 디스플레이**(check-reading display)는 시스템이 정상적으로 작동하고 있는지 혹은 켜져 있는지의 여부를 알려 준다. **청각 디스플레이**(auditory display)는 시각 디스플레이에 비해 오퍼레이터의 주의를 더 많이 끌 수 있는데 그것은 귀가 모든 방향에서 제시되는 청각 자극을 받아들일 수 있기 때문이다.

행위를 위한 제어장치는 수행하는 과제 유형이나 작업자의 능력에 모두 부합되도록 설계되어야 한다. 제어장치는 유사하거나 관련된 조작 행위와 조합되어 배치되어야 하고, 쉽게 확인될 수 있도록 해야 한다. 회화적 심벌이나 **형태 부호화**(shape coding)를 사용하면 제어장치를 쉽게 확인하는 데 도움이 된다. 제어장치는 다양한 문화적 배경을 지닌 사용자들에 따라 수정될 수 있어야 한다. 공학심리학 연구들은 텔레매틱스(무선정보기술)와 자동차에서 강의실의 책상, 그리고 아이스크림 국자나 주방용품의 설계에 이르기까지 매우 다양한 영역에서 응용되고 있다.

컴퓨터는 사용자에게 문제를 가져다줄 수 있는 인간-기계 시스템이다. 컴퓨터는 인간의 기술과 직무만족 수준을 저하시키고, 무료감, 근육긴장 그리고 신체적 통증을 유발할 수 있다. 컴퓨터 작업환경을 설계할 때 인간공학적 측면에 주의를 기울인다면 이러한 문제들은 상당히 많이 없앨 수 있는 것들이다.

주요 용어

공학심리학
양적 시각 디스플레이
인체 측정학
질적 시각 디스플레이
형태 부호화
시간-동작 연구
인간-기계 시스템
점검-판독 디스플레이
청각 디스플레이

복습 문제

1. 어고노믹스(ergonomics)를 정의하고 작업장에서의 이것이 갖는 역할과 기능을 기술하라.
2. 인간공학은 언제부터 시작되었는가? 이것은 초기 노력들은 군대 조종사들의 생명을 어떻게 구할 수 있었는가?

3. 인간공학 연구들이 자동차 사고를 줄이는 데 기여한 사례들을 들어 보라.
4. Fredrick Taylor는 누구이고, 그가 삽질 작업을 어떻게 향상시켰는지 기술하라.
5. Gilbreth 부부는 직무수행 방식을 어떻게 변화시켰는가?
6. Gilbreth 부부는 시간–동작 연구를 일상생활에 어떻게 적용하였는가?
7. 시간–동작 연구를 통해서 밝혀진 수동 작업의 용이성, 속도 및 정확성을 증가시키는 몇 가지 규칙들을 기술해 보라.
8. 인간–기계 시스템에서 디스플레이, 제어장치 및 인간 오퍼레이터는 어떤 관계가 있는가? 인간–기계 시스템의 예를 들어보라.
9. 인간이 기계에 비해 우월한 측면들은 어떤 것들이 있는가? 기계는 인간에 비해 어떤 측면이 더 우월한가?
10. 휴대전화를 조립하고 검사하는 작업자가 작업을 신속하고 안전하게 하도록 하기 위해 당신은 작업장을 어떻게 설계할 것인가?
11. 인체 측정학(human anthropometry)이란 무엇인가? 이것은 작업장 설계에 어떻게 적용되는가? 그리고 이것은 지하철과 같은 교통기관에는 어떻게 사용되고 있는가?
12. 어떤 조건에서 청각 정보에 비해 시각 정보를 제공하는 것이 좋은가? 자동차를 예로 들어 기술해 보라.
13. 시각 디스플레이의 세 가지 유형을 들고, 각각에 대해 어떤 정보를 제공하는 것이 가장 좋은지 기술해 보라.
14. 청각 경보 시스템이 가질 수 있는 문제들은 무엇인가? 이 문제를 당신은 어떻게 해결할 것인가?
15. 텔레매틱스(telematics)란 무엇인가? 이것은 공학심리학에서 왜 중요한가?
16. 인간공학 연구를 통해 (a) 운전 중 휴대전화 사용, (b) 가죽 의자 혹은 섬유 의자, (c) 강의실 가구 등에 대해 어떤 결과를 얻을 수 있었는가?
17. 근육 긴장을 최소화하는 가장 효율적인 아이스크림 국자를 만들기 위한 연구를 당신은 어떻게 설계할 것인가?
18. 컴퓨터 작업환경을 설계하기 위해 어떤 요인들이 고려되어야 하는가?
19. 컴퓨터 사용자들이 가장 흔히 호소하는 문제는 무엇인가?
20. 당신은 잡지를 읽을 때 컴퓨터로 제시된 것을 읽을 것인가, 아니면 종이에

인쇄된 것을 읽을 것인가? 어떤 형태가 잡지를 빨리 읽고 더 많이 이해할 수 있게 하는가?

더 읽을거리

Carroll, J. M. (1997). Human-computer interaction. *Annual Review of Psychology, 48*, 61-83. 사용자-중심 시스템이 초점을 맞추어 인간-컴퓨터 상호작용 영역에서의 연구와 응용을 개관하고 있다.

Chiles, J. R. (2001). *Inviting disaster: Lessons from the edge of technology*. New York: Harper Business. 갱도폭발, 화학공장 사고, 선박 침몰, 석유굴착선 사고, 항공기 사고, 그리고 우주선 폭발 참사 등과 같은 극적인 사고에 대해 기술한다. 또한 그와 같은 사고에는 기계의 오작동과 결부된 인간 에러(부실관리, 피로, 당황, 부주의, 그리고 불충분한 훈련 등)가 중요한 역할을 한다고 제안한다.

Dekker, S. W. A. (2004). *Ten questions about human error: A new view of human factors and system safety*. Mahwah, NJ: Frlbaum. 이 책은 사고 조사, 정책 수립, 훈련, 그리고 인간 에러에 대한 연구 등과 관련된 연구 주제들을 다룬다. 또한 이러한 영역에서의 복잡성을 다루고 있는 모델들을 제안하고 있다.

Lancaster, J. (2004). *Making time: Lillian Moller Gilbreth: A life beyond "Cheaper by the Dozen."* Boston: Northeastern University Press. 이 책은 어머니로서, 아내로서, 그리고 남성의 직업 영역에서 활동한 여성으로서 Lillian Gilbreth가 살아온 이야기를 생동감 있고 상세하게 기술하고 있다. 뛰어난 공학자이자 유능한 전문가였던 그녀는 시간-동작 연구의 발전을 도왔을 뿐만 아니라 작업자들에 대한 애정을 보여 주었다. 그녀는 5명의 미국 대통령 재임 동안 여성문제와 관련한 대통령 자문위원으로도 활동하였다. 그녀가 당면했던 문제는 오늘날의 여성 근로자들이 겪는 문제이기도 하다.

Meister, D., & Enderwick, T. P. (2002). *Human factors in system design, development, and testing*. Mahwah, NJ: Erlbaum. 과제 분석에서 공식적 실험에 이르기까지 인간공학적 문제들을 포괄적으로 개관하고 있다.

Nelson, N. A., & Silverstein, B. A. (1998). Workplace changes associated with a reduction in musculoskeletal symptoms in office workers. *Human Factors, 40*,

337-350. 사무실 작업자들이 경험하는 손/팔과 목/어깨/등에서의 불편감과 관련된 작업장 요인들을 밝히고 있다.

O'Brien, T. G., & Charlton, S. G. (Eds.) (1996). *Handbook of human factors testing and evaluation*. Hillsdale, NJ: Erlbaum. 인간-기계 시스템의 요소들을 평가하는 원전(sourcebook)이다.

Shih, H. M., & Goonetilleke, R. S. (1998). Effectiveness of menu orientation in Chinese. *Human Factors*, *40*, 569-576. 인간공학적 응용에서의 문화적 차이를 다른 논문이다. 이 논문에서는 컴퓨터 메뉴의 형태(즉, 메뉴의 좌우 배열 혹은 상하 배열)에 따라 읽기와 쓰기 수행에 어떠한 차이가 있는지 살펴보고 있다.

제6부

소비자심리학

모든 사람이 조직에서 일하는 것은 아니며, 우리 모두는 많은 조직에서 생산하는 제품과 서비스를 소비하는 소비자이다. 우리는 자동차, 화장품, 의복, 그리고 휴대폰 등을 구매한다. 우리는 정치후보에게 투표하며 여론조사에서 여러 논점에 관해 우리의 견해를 표현한다. 우리는 자선모금과 특정한 이익 집단에 동참한다.

우리는 모든 이러한 조직으로부터의 커뮤니케이션–기업, 정부, 그리고 우리로 하여금 어떤 식으로든 행동하도록 자극하는 다른 집단 등으로부터의 메시지–에 의해 공격을 받는다. 이러한 수많은 광고 소구는 TV, 컴퓨터 모니터, 옥외광고판, 잡지와 신문 등에 나타난다.

소비자심리학자들은 소비자와 조직 간의 상호작용에 관심이 있다. 광고인들은 우리의 선택에 영향을 주기 위해 엄청난 돈을 지출하며, 그들의 많은 설득 기법들은 심리학자들에 의해 고안되었다. 또한 소비자심리학은 근로자인 당신에게도 중요하다. 만일 사람들이 당신 회사에서 생산한 제품을 구매하지 않는다면 어떻게 되겠는가?

14장은 생산자–소비자 상호작용의 주요한 면들을 다루는데, 이것들은 소비자 행동과 소비자 선호를 연구하는 방법; 광고의 특성; 포장의 중요성, 상표, 그리고 제품 이미지; 그리고 TV 프로그램에 대한 반응의 평가 등이다.

제14장

소비자심리학

이 장의 개요

소비자심리학의 범위

우리는 소비자심리학*의 영향에서 벗어날 수 없다. 잡지에서, 라디오나 TV에서, 온라인에서, 광고판이 늘어서 있는 길에서, 거의 모든 곳에서 당신은 매일 수많은 광고 메시지의 공세에 시달릴 것이다. 전화국은 당신에게 청구서와 함께 광고 전단을 보낸다. 슈퍼마켓은 영수증 뒷면에 광고를 인쇄한다. 영화관에서는 영화와 함께 광고를 보여 준다. 공공건물은 화장실 칸막이 안쪽에 광고를 부착한다.

은행은 현금인출기에서 광고를 하는데 현찰과 함께 돈을 절약할 수 있는 쿠폰도 내보낸다. 사무실 빌딩은 고객에게 광고를 보여 주기 위해 승강기에 고화질 컬러 모니터를 설치한다. 케이블 TV는 화면 아래쪽에 뉴스 헤드라인, 운동 경기 점수, 날씨와 교통 정보, 광고 등을 내보낸다. 당신은 슈퍼마켓 계산대, 주유소 주유 펌프, 우체국, 병원 등과 같이 사람들이 기다려야 하는 곳 어디서든지 광고를 볼 수 있을 것이다.

향이 나는 종이는 우리가 그 종이에 대한 광고를 보지 않더라도 우리로 하여금 제품의 냄새를 맡게 한다. 향수, 초콜릿, 세제, 그리고 롤스로이스 자동차의 가죽 쿠션까지도 잡지에 가득하다. 매년 수많은 향이 유통되고, 이로 인해

*[역자 주] 소비자심리학은 산업 및 조직심리학과는 별도로 1960년대부터 독립적인 학문 분야로 발전하고 있다.

사람들은 알레르기로 고생하기도 한다. 소금 알갱이만한 마이크로칩으로 인해 우리는 인쇄물에서 광고를 들을 수 있다. 수년 전 잘 알려진 한 보드카 회사는 독자가 페이지를 넘길 때 '징글벨'을 연주하는 크리스마스 광고에 100만 달러를 지출하였다. 그 기업은 그 광고가 회사 역사상 가장 많은 크리스마스 시즌 판매를 가져왔다고 보고하였다.

우리는 소비자를 지향한 모든 메시지에 주의하거나 적절하게 반응하는 것은 불가능하며, 만일 우리가 온전한 정신을 유지하기를 원한다면, 그렇게 해서도 안 된다. 우리는 의식적으로 우리 주변의 메시지 대부분을 지각하지 않으며, 비록 우리가 많은 광고의 세부 내용을 알지 못할지라도, 광고가 진행되고 있음을 확실히 알고 있고, 많은 사람들이 광고를 좋아하지 않는다. 광고대행사 미국협회(American Association of Advertising Agencies)를 위해 2004년에 실시된 대규모의 전국적 조사에서 나타난 결과들은 광고대행사를 행복하게 만들지 못하였다. 몇몇 결과는 다음과 같다(Elliott, 2004):

1. 54%의 응답자들은 광고로 자신들을 압박하는 제품을 의도적으로 피한다고 하였다.
2. 60%는 수년 전보다 광고에 대한 자신들의 견해가 더 부정적이라고 하였다.
3. 61%는 그들이 접촉한 광고의 양이 통제 범위를 벗어났다고 하였다.
4. 69%는 광고를 제거하거나 방해하는 제품과 서비스에 관심이 있다고 하였다.
5. 45%는 광고와 마케팅이 일상생활의 질을 낮춘다고 하였다.

비록 광고가 우리를 귀찮게 하는 것이 사실이더라도, 광고는 또한 우리에게 정보와 즐거움을 준다. 광고는 우리에게 신제품, 현 제품의 신모델, 제품의 세부특성과 가격, 제품 구매장소, 그리고 세일 등에 관해 말해 준다. 어떤 광고는 매력적이고 똑똑하며 재미있다. 광고는 일상의 부분이며 산업 및 조직(I/O) 심리학자들의 주요한 연구주제이기도 하다.*

사실상 소비자 행동은 I/O 심리학이 시작한 이래로 I/O 심리학자들에게 관심의 대상이었다. I/O 심리학을 세상에 알린 것은 소비자 행동의 연구였다.

---

*[역자 주] 오늘날 광고는 I/O 심리학이 아니라 소비자심리학의 주요 연구주제이다.

산업심리학은 20세기 초 Walter Dill Scott의 광고와 판매연구에 의해 시작되었다. 심리학에서 행동주의 학파의 창시자인 John B. Watson은 1921년에 인간 행동에 관한 자신의 아이디어를 기업의 문제에 적용하였다. 그는 소비자 행동이 다른 행동들처럼 조건형성될 수 있고, 따라서 예측과 통제가 가능하다고 제안하였다. 그는 실험과 조사 방법을 마케팅에 가져왔으며, 아울러 광고가 실체와 사실보다는 오히려 스타일과 이미지에 초점을 두어야 한다고 주장하였다. 그는 또한 최초로 유명인을 광고 모델로 사용하였다.

초창기 이래 소비자심리학은 학문 범위와 영향력을 계속 확대하였다. 지난 1960년대 후반에 소비자연구협회(The Association for Consumer Research)가 설립되었고 최초의 소비자 행동 교재가 출판되었다. 1960년에 소비자심리학회(The Society for Consumer Psychology)가 미국 심리학회(American Psychologycal Association)의 23번째 분과로 설립되었다.* 심리학 이외에도, 사회학, 인류학, 경제학, 경영학 등의 학문분야에서도 소비자 행동을 연구한다.

연구 방법

대부분의 소비자심리학 연구는 2장에서 기술한 기법들(예: 실험실 실험과 조사)을 사용하며, 그 연구는 다양한 상황(예: 대학 실험실, 가정, 쇼핑센터, 제조회사의 사무실과 광고대행사, 온라인 등)에서 수행되었다.

조사와 여론 조사

조사의 전제는 간단하다. 즉 누군가가 사람들에게 물어볼 때, 대부분의 사람들은 자신의 느낌, 반응, 의견, 욕구 등을 표현할 수 있고 표현할 거라는 것이다. 이 가정은 땅콩버터의 신상표 또는 대통령 후보에 대한 소비자 또는 유권자의

---

*[역자 주] 국내의 소비자심리학은 1999년에 (사)한국심리학회의 11번째 학회(명칭: 한국소비자·광고심리학회)로 설립되었다.

표 14-1

다양한 조사 기법들의 장점과 단점

	우편	전화	개별 면접	온라인
비용	저	중	고	저
속도	느림	즉각적	느림	빠름
반응률	저	중	고	자기-선별적
지역 유연성	월등	좋음	나쁨	월등
면접원 편향	해당 없음	중	큼	해당 없음
면접원 감독	해당 없음	수월	어려움	해당 없음
반응의 질	제한적	제한적	월등	월등

출처: Schiffman, L. & Kanuk, L. (2004). *Consumer behavior* (8th ed.). Upper Saddle River, NJ: Prentice Hall, p. 351.

반응을 결정하려 할 때도 적용된다. 우리는 조사방법이 종종 잘 작동하는지 알기 위해 시장검증에 근거하여 사전 선거조사가 선거결과를 얼마나 정확히 예측했는지를 또는 신제품이 얼마나 성공적으로 시장에 진출했는지를 파악해야만 한다. 그러나 선거결과를 예측하지 못하거나 제품의 성공을 예측하지 못한 경우도 있다. 표 14-1은 여러 조사기법들의 장점과 단점을 보여 준다.

조사의 어려운 점은 인간 행동이 복잡하고 변화 가능하기 때문이다. 어떤 사람들은 금요일에 조사원에게 공화당에 투표할 의향이 있다고 말하다가 화요일에는 마음을 바꿔 민주당에 투표하는 경우도 있다. 응답자들은 면접원에게 값비싼 수입맥주를 마신다고 말할 수 있지만, 냉장고를 살짝 들여다보면 이름도 생소한 상표의 순한 캔맥주가 들어 있을 수도 있다. 이들은 자신을 세련되게 보이고 싶다는 생각에 수입맥주를 마신다고 말한 것일 수 있다.

쓰레기통에 대한 조사는 사람들이 소비자 조사에서 말한 것보다 평균 두 배나 많은 맥주와 도수가 높은 술을 마심을 보여 주었다. 조사 응답자들은 일관되게 그들이 먹는 고칼로리-저영양가 음식의 양에 대해 낮게 보고하며, 그들이 소비하는 신선한 과일과 다이어트 음료의 양에 대해서는 높게 보고한다. 사람들은 자신의 지위를 높일 것이라고 그들이 믿는 진술문으로 구성된 조사와 여

많은 소비자심리학 연구는 조사에 의존한다. 소비자는 자신이 사용하고 있는 제품에 관해 그들이 얼마나 자주 그 제품을 구매하는지 그리고 왜 특정한 상표를 선택했는지 질문을 받을 수 있다.

론조사에 반응하는 경향이 있으며, 이런 기이한 특성으로 인해 선거에서 지고 제조회사는 망한다.

통신판매 카탈로그를 받았던 2,448명을 대상으로 한 조사는 그 통신판매 회사에서 제품을 구매했었다는 사람들 중 10%가 그 회사로부터 어떤 제품도 구매한 적이 없었다고 보고하였다. 게다가 구매를 하지 않았던 사람들 중 40%가 실제로는 무언가를 구매했다고 보고하였다. 이러한 잘못된 반응의 원인이 기억에서 사라진 것이든 왜곡된 것이든 무엇이든 간에, 이러한 결과는 조사 질문에 대한 부정확한 반응이 문제임을 드러낸다(Woodside & Wilson, 2002).

조사방법에 대한 다른 연구는 우편조사의 경우, 조사의 타당도를 확보하기 위해 통화 가능한 전화번호가 포함된 우편엽서를 잠재적 응답자들에게 보내는 것이 사전 알림 또는 접촉 정보 없이도 우편조사의 응답률을 유의하게 증가시켰음을 발견하였다(McPheters & Kossoff, 2003).

전화 조사의 활용이 점점 더 어려워짐을 2장에서 다루었다. 발신자 확인체계의 발달과 연방정부의 '통화불가(Do Not Call)' 등록제 이후 응답률이 유의하게 감소하였다. 연구는 자동응답기를 갖고 있는 사람들 또는 발신자 확인 서비스에 가입한 사람들 중 43%가 그들의 통화를 선별적으로 차단하며 그들이 알지 못하는 번호에 대해서는 응답하지 않는 경향이 있다고 보고하였다. 통화를 선별하는 경향은 18~29세, 독신자, 아프리칸-아메리칸, 집에 어린아이가 있는 사람들 등에서 높게 나타났다. 아울러 이러한 행동은 소도시 이하의 지역보다 대도시와 대도시 주변 지역서 높게 나타났다(Tuckel & O'Neill, 2002).

따라서 많은 시장조사자들이 온라인 조사로 방향을 전환하고 있는데, 온라인 조사는 소비자 행동과 태도에 대한 자료를 얻는 데 있어서 빠르고 적은 비용이 든다. 웹사이트는 온라인 조사에 응답하도록 유인(예: 휴가 상품권 또는 TV 등)을 제공해 왔다. 한 조사 사이트(예: www.greenfieldonline.com)는 다양한 웹사이트에서의 광고를 통해 120만 명의 응답자를 등록시켰다.

2000년에는 모든 시장조사의 단지 10%만이 온라인에서 행해졌다. 2003년에는 23%로 증가하였다. 2006년에는 33%에 도달한 것으로 추정되었다. 「Consumer Reports」는 2003년에 처음으로 연간 제품조사를 실시하여 온라인 응모자수가 400만 명에 도달하였다. 회수율은 25%이었고, 우편을 이용하였던 이전 년도의 회수율은 14%이었다. 온라인 조사의 비용은 우편조사 비용의 절반이었다(Jackson, 2003).

초점집단

널리 사용되는 조사방법으로 **초점집단**(focus groups)이 있는데, 초점집단은 8~12명 정도가 집단으로 만나 제품, 포장, 광고, 또는 정치후보의 아이디어와 논점 등에 대해 기술하는 소비자의 작은 표집이다. 초점집단의 구성원은 보통 참여 대가로 보수를 받으며, 평균적인 유권자의 프로필 또는 특정 제품에 관련되는 소비자의 프로필과 일치하도록 선별된다. 예를 들어 개 사료 광고를 검사하기 위한 초점집단에는 애완동물을 키우는 사람만이 선정될 것이다. 아기를 키우는 엄마만이 새로운 일회용 기저귀를 평가하도록 선정될 것이다. 초점집단은 연령, 소득, 교육 수준, 또는 제품과 관련되는 다른 변수에 근거해 구성될 수 있다.

초점집단 제품이나 광고 또는 특정한 논점에 대한 반응을 기술하기 위해 돈을 받고 참여하는 8~12명의 집단 구성원을 통해 대중적인 견해를 조사하는 방법.

초점집단은 인구의 여러 다른 세부 부분들에 따라 다르게 구성될 필요가 있다. 예를 들어 청소년 집단에 대해서는 아동의 좁은 주의범위 또는 중년의 지각 및 인지 수준과는 다르게 접근해야 한다. 영국에서 행해진 60~88세 연령층의 구성원들로 이루어진 초점집단에 대한 연구는 노년층이 짧은 회기, 간단하고 짧은 질문, 밝은 조명, 큰 글씨, 그리고 친숙한 환경 등에서 더 잘 반응한다는 것을 보였다(Barrett, 2000).

<여기서 잠깐>

초점집단에서 생활하기

만일 당신이 초점집단 운영자들이 듣고 싶어 하는 것을 그들에게 말한다면, 당신은 초점집단에서 생활할 수 있다. 대중잡지에 실린 이 글을 읽고 스스로 결론을 내봐라.

"나는 내 생애에 많은 초점집단의 구성원이 되어 봤다. 여행에 관한 조사의 경우, 나는 몽고를 배낭여행한 강인한 모험가였다. 방향제 집단의 경우, 나는 조건에 상관없이 땀이 지나치게 많이 나서 내분비선에 문제가 있다고 외쳤다. 이런 모든 일은 내가 18~34세의 미혼-백인-남성이라는 사회 소집단으로 광고 패널의 정식 회원으로서의 나의 지위를 깨닫게 되면서 시작되었다. 그 자체로 나의 의견은 가치가 있다. 초점집단은 참가의 대가로 돈을 지불한다. 초점집단은 다른 남성들과 함께 자리를 하여서 다양한 주제에 관해 언급한 대가로 시간당 75달러에서 300달러를 지불한다. 이러한 선별은 신선하고 참신한 통찰력이 가득한 사람을 제외시키는 이론적으로 완벽한 통제집단을 구성한다. 대부분의 초점집단은 누구도 6개월에 한 번 이상 이 집단에 참여할 수 없다는 규칙을 갖고 있지만, 이것은 허풍이다. 만일 당신이 초점집단을 잘 안다면, 당신은 한 주에 한 번, 때때로 더 많이 초점집단에 참가할 수 있다. 만일 (모집자가) 당신에게 지난 6개월 내에 (초점집단에) 참가했냐고 물으면 아니라고 말해라. 그들은 절대 확인하지 않는다. 만일 그들이 엉뚱하게 "작년에 러닝머신을 구매한 적 있나요?"와 같이 묻는다면, '예'라고 말해라; 만일 그것이 그들이 원했던 답이 아닐지라도 그들은 묻지 않을 것이다. 만일 그들이 당신에게 가장 자주 구매하는 상표를 묻는다면, 항상 대기업 상표를 말하라: 스프린트, 버드와이저, 말보로. 그들은 대기업들 중 하나를 대신하거나 또는 당신을 몰래 빼낼 방도를 궁리하는 중소기업들 중 하나를 대신한다. 그리고 가장 중요한 것은 모집자가 당신을 이끌게 하는 것이다. 당신이 질문에 대해 확신할 수 없는 답변을 하기 전에, 몇 초를 머뭇거려라. 그들은 매번 도와줄 것이다.

"일단 당신이 초점그룹에 실제로 참가하면, 가능한 눈에 띄지 않는 것이 필수적이다. 만일 광고인의 조사와 일치하지 않는 의견을 갖는 문외자로 확인된다면, 당신은 다시 초대받지 못할 것이다. 당신은 사람이 아니다; 당신은 인구통계학의 대상일 뿐이다. 그래서 남자답게 행동해라. 여성적이거나 겁쟁이를 의미하는 제품을 거부해라. 또는 당신이 퇴근 후에 동료들과 항상 어울린다고 언급해라." 조니 워커 블랙을 위한 한 집단에서는 마케터가 우리들이 자사 제품을 특별한 경우를 위한 상류층용으로 고려해 주기를 원한다는 것이 분명하였다. 이를 느끼자마자, 나는 내 가장 친한 친구와 관련된 얘기를 만들어 마케터에게 말했다. "조니 워커 타임!" 그 마케터가 나를 포옹할 것처럼 보였다.

"모호한 것 또한 중요하다. 여행에 관한 초점집단 동안, 면접원이 방문하려는 국가에 대해 도덕적인 불안감을 갖고 있는 국가가 있는지를 나에게 물었다. 정답은 '전혀 없어요.'이다. 그러나 나는 무심코 말하길, '남아프리카', 인종 차별정책에 대해 내가 갖고 있던 몇 가지 불충분한 생각들도 함께. 면접원의 얼굴이 날카로워졌고, 그는 내게 질문을 해대기 시작하였다. 나는 극히 중요한 규칙을 잊어버렸다: 그들은 당신의 생각을 원하지 않는다. 그들은 그들이 이미 생각한 것을 당신이 확인해 주기를 원한다. 그들이 당신에게 원하는 것이 무엇이든지 당신은 갓 난아기일 뿐이다."

출처: W. Leitch, Group thinker. *New York Times*, June 21, 2004.

초점집단 회기는 차후분석을 위한 일방경과 비디오 촬영을 통해 관찰된다. 초점집단으로부터 얻어진 자료—참가자의 진술과 반응—는 대규모 실증조사의 설문에서 얻어진 자료보다 질적이다. 때때로 초점집단 구성원들은 직접적인 질문에 응답하는 대신에 신제품을 사용하는 관찰 대상이 되기도 한다. 일회용 면도기를 평가하는 회기에서, 관찰자는 많은 남성이 면도를 할 때 포장에 수록된 사용법이 분명하지 않아서 벤다는 것을 발견하였다.

조사에서, 초점집단 참가자들은 그들의 답변을 왜곡할 수 있는데, 이는 다른 사람들이 듣기를 원한다고 그들이 생각하는 것 또는 다른 사람들이 듣기 원하는 것을 말하기 때문이다. 초점집단이 모발이식 수술을 하는 기업의 광고에 대해서 토의한다고 생각해 보자(Lauro, 2000). 초점집단의 남성들은 모두 머리카락이 없어서 개인적으로 괴롭지는 않지만, 그들 모두 조지아 주 애틀랜타 시에서 뜨거운 날에 모자를 쓴다고 말하였다. 이러한 행동이 초점집단에서 타인에게 그들이 말했던 것보다 머리카락이 없는 것에 대한 그들의 태도를 더 진실하게 반영했었을 수도 있지만, 어떻게 확실히 알 수 있을까?

가상 초점집단이 면대면 집단에서와 유사한 방식으로 온라인에서도 운영되며, 이 집단은 저비용과 고효율의 장점을 제공한다. 가상 초점집단은 초점집단 면접을 위해 모임장소에 올 시간과 교통편에 불편을 겪는 다양한 집단의 사람들을 표집할 수 있다.

실제 초점집단과 가상 초점집단의 응답이 다를 수 있다. 보통 면대면 모임에서는 한 번에 한 사람이 의견을 말한다. 때때로 한 개인이 집단을 좌지우지할 수 있다. 온라인 모임에서는 모든 참가자가 동시에 말할 기회가 있고 따라서 타인의 의견에 영향을 덜 받는 경향이 있다. 건강과 같은 민감한 주제를 다룰 때, 온라인 모임의 특징인 프라이버시 보장과 익명성이 사람들로 하여금 더 솔직하게 말하게 할 수 있다(Collins, 2000).

동기 연구

우리는 사람들로 하여금 자신의 진짜 의도와 느낌을 감추거나 왜곡하게 만드는 질문을 함으로써 모든 인간 동기를 밝혀낼 수 없다. 이러한 깊고 숨겨진 동기를 탐색하기 위해, 어떤 심리학자들은 심층면접이나 투사기법을 사용한다. 동기 연구 분야의 개척자는 비엔나 출신의 Ernest Dichter(1907~1992)로, 그는 Sigmund Freud에게서 교육받았던 심리학자였다. Dichter는 1938년에 미국으로 이주하였다. 그는 신경증적 행동의 무의식 동기를 발견하기 위한 Freud의 정신분석학을 소비자 행동에 적용하였고, 이를 통해 사람들이 어떤 특정한 제품은 구매하지만 다른 제품은 구매하지 않는 이유를 연구하였다.

Dichter의 첫 번째 업적은 포장된 케이크 믹스였는데, 이 제품은 대략 1940년에 등장하였다. 케이크를 굽기 위해 필요한 모든 것이 상자에 들어 있었다: 설탕, 밀가루, 쇼트닝, 말린 달걀. 단지 물을 붓고 저어서 팬에 놓고 구우면 된다. 이 제품은 케이크 제빵의 일대 혁신이었다. 쉽고, 빠르고, 복잡하지 않고, 갓 구운 빵 향이 가득한 집에서 만든 케이크로 결코 실패할 수 없는 제품이었다. 단 하나의 문제는 소비자가 이를 거부했다는 것이다. 왜? Dichter는 General Mills 회사가 직면한 이 문제를 해결하였는데, 그는 소비자가 거부하는 진짜 이유를 밝히기 위해 정신분석학 기법을 사용하였다. 소위 전형적인 주부인 여성 소비자 표집에 질문을 하여, 그는 주부들이 가족을 위해 케이크를 굽는데 아무 일도 하지 않아서 죄책감이 든다는 느낌을 발견하였다. 해결책은 소비자가 무언가를 하도록 하는 것이었다. 이 사례에서 Dichter는 말린 달걀을 빼고 소비자가 신선한 달걀을 케이크 믹스에 직접 넣게 하라고 회사에 권하였다. 그 결과, 판매는 치솟았고, Dichter는 부와 명예를 얻었고, 그의 동기조사 기법은 소비자 행동을 이해하는 필수 도구가 되었다(Schiffman & Kanuk, 2004; Stern, 2002 참조).

우리는 4장에서 몇 가지 투사기법(예: 로샤검사, 주제통각검사(TAT), 문장완성검사)을 기술하였다. 투사기법의 이론은 그 기법이 인사 선발에 적용되거나 또는 소비자 행동에 적용되거나 간에 동일하다. 사람들이 데칼코마니 형태의 잉크얼룩과 같은 애매모호한 자극을 받을 때, 그들은 그 자극을 해석하기 위해 자신의 욕구, 공포, 가치를 그 자극에다 투사시킬 것이다. 소비자 행동을 연구하기 위해 투사기법을 사용한 고전적인 예는 조그만 플라스틱 상자로 포장된 바퀴벌레 살충제의 새로운 상표에 대한 저소득층 남부 여성의 반응을 알아본 것이었다. 조사 결과, 소비자가 플라스틱 상자 살충제가 구형의 스프레이 살충제보다 훨씬 더 효과적일 것임을 믿는다고 말했지만, 그들은 계속 스프레이 살충제를 구매하였다. 이러한 불일치에 대한 이유를 알기 위해 여성들에게 바퀴벌레의 그림을 그리고 그것에 대한 이야기를 작성하도록 요청하였다. 연구자들은 여성 소비자의 가능한 동기에 관해 다음과 같이 보고하였다:

> 결과는 매우 유익하였다—그림에서 모든 바퀴벌레는 남자였고, 이러한 남자는 '여자를 버리고 여자를 가엾고 힘없게 만든 상징이었다.' 조사대상이었던 여성들은 바퀴벌레에다 스프레이 살충제를 뿌리고 바퀴벌레가 죽는 것을 바라봄으로써 그들의 적개심을 드러내는 것이었다(Foxall & Goldsmith, 1994, p. 162).

직접적인 질문은 이러한 동기를 밝히질 못할 것이다.

이론적으로, 투사기법은 종업원 선발에 사용되는 투사검사와 동일한 장점, 즉 보다 깊은 수준의 동기에 도달하고 객관적 검사에 의해 평가될 수 없는 느낌과 욕망을 밝혀내는 능력을 제공한다. 그러나 투사기법은 신뢰도와 타당도가 낮다. 소비자 행동 연구에서 투사기법을 사용하여 성공한 예들이 있었지만, 광고업체들이 이 기법을 적용하여 실패했던 사례들을 보고하지 않았기에, 이 기법의 성공범위를 결정하는 것은 어렵다.

쇼핑 행동의 관찰

동기 조사에서 사용된 기법 유형과 소비자 조사는 기본적인 약점을 공유한다. 이것들은 사람들이 믿는다고 또는 할 것이라고 말하는 것을 반영할 뿐이다. 이런 의도들이 항상 행동과 일치하는 것은 아니다. 이러한 불일치로 인해, 어떤 소비자심리학자들은 소비자가 제품을 구매할 때 또는 다른 상표에 비해 한 상표를 선택함으로써 자신의 선호를 표현할 때의 소비자 행동을 관찰하는 것을 좋아한다. 일반적으로 새로운 제품 또는 광고 캠페인의 수용이 차후 판매 계수에서 반영될 것이다. 예를 들어 어떤 치약 상표의 판매가 광고 캠페인에 뒤따라 6개월 내에 두 배로 증가하였다면, 그 캠페인은 성공적임에 틀림없을 것이다. 그러나 판매에 영향을 줄 수 있는 다른 모든 변수들을 통제하지 않는다면, 우리는 새로운 광고 프로그램이 전적으로 또는 심지어 부분적으로 판매 증가에 책임이 있었다고 확실하게 결론을 내릴 수 없다.

기업의 공격적인 판매로 치약이 6개월 동안 현저하게 선반에 진열되었다고 가정해 보자. 눈에 띄게 되었기 때문에 많은 판매가 이루어지고, 이는 광고와 독립적인 일일 수도 있다. 혹은 경쟁하는 선두 기업이 유해한 성분을 치약에 넣어 정부의 규제를 받았다고 가정해 보자. 그러한 비판이 다른 치약의 판매에 기여했을 수도 있다. 따라서 판매 자료는 평가되는 요인 이외의 요인을 반영할 수 있고, 모든 가능한 영향 변수들을 통제하지 못한다면, 우리는 판매에서의 증가 또는 감소의 원인을 정확하게 결정할 수 없다.

구매행동을 연구하는 가장 직접적인 방법은 비디오카메라로 촬영하거나 매장에서 관찰하는 것이다. 연구자들은 어린아이와 함께 시리얼과 과자를 쇼핑하는 엄마들을 관찰하였다. 관찰 동안 65% 이상의 아이들이 특정 제품을 요구하였다. 그리고 절반 이상의 엄마가 아이들이 요구하는 제품을 구매하였다. 이러한 자료는 성인이 아닌 아동이 시리얼과 과자 광고의 표적이 돼야 함을 지적한다는 면에서 가치가 있다. 그러나 조사에서 엄마들에게 직접 질문을 한다면, 엄마들은 아이들의 영향을 깨닫지 못하거나 또는 아이들이 결정하는 것이 아니라 엄마 자신이 선택한다고 대답할 것이다.

구매행동의 또 다른 관찰은 제품 진열에서의 변화를 가져왔다. 슈퍼마켓 관찰자들은 성인들이 개밥을 구매하는 반면에, 아동 또는 노인들은 종종 개 애완용품을 선택한다는 것을 알았다. 그러나 개 애완용품은 보통 진열대 높은 곳에 놓여 있었다. 숨겨진 카메라는 아동들이 진열대에 올라가서 개 과자를 꺼내는 것을 포착하였고, 노부인은 쿠킹호일 상자 또는 긴 물건을 사용하여 애용하

<여기서 잠깐>

당신은 미니밴 또는 SUV?

소비자 연구자들은 다양한 제품이 다양한 사람들을 끌어들인다고 말한다. 이는 특히 우리가 운전하는 자동차의 경우에 사실인 것 같다. 미니밴과 SUV(sport utility vehicles)를 소유한 5,400명에 대한 조사는 소유한 자동차의 유형이 소유자의 성격에 관해 많은 것을 말해 준다고 하였다. 그리고 아마도 이것이 자동차를 선택한 이유가 될 수 있을 것이다.

이 조사는 미니밴을 구매했던 사람들보다 SUV 소유자들이 더 침착하지 못하고, 더 즐거움을 추구하며, 덜 사교적이고, 범죄에 대해 더 두려움을 나타내는 경향이 있음을 보여 주었다. SUV 운전자들보다 미니밴 소유자들은 자신감이 더 높고, 사교적이며, 결혼과 출산에 대해 더 편하게 생각하는 경향이 있었다.

두 집단은 그들이 그들의 차를 '통제하기를' 원한다고 말했지만, 그 표현대로 동일한 것을 의미하지는 않는다. 미니밴 소유자들의 통제는 안전함, 운전 시 조절 능력, 주차 용이성 등을 의미하였고, SUV 소유자들의 통제는 그들 주변의 모든 사람에 대한 지배감을 의미하였다.

SUV 운전자들이 더 공격적이고, 주변의 다른 차량의 운전자들에게 덜 관심을 갖는다는 것은 놀라운 것이 아니다. Ford, GM, Daimler Chrysler 등의 자문인 한 프랑스 인류학자는 "SUV는 남성적이고 독단적으로, 종종 18륜 트럭의 후드와 닮은 후드 그리고 살쾡이 이빨 모양을 내기 위해 라디에이터그릴을 가로지르는 수직 금속조각을 장착한 것으로 설계된다. SUV는 미국인들의 폭력과 범죄에 대한 심원한 두려움에 소구하기 위해 디자인된다."고 말하였다.

SUV는 무기('전장을 위한 장갑차')와 같다고 그는 결론을 내렸다. SUV의 메시지는 '나를 방해하지 말라'이다.

당신은 어떤 차를 운전하시겠습니까? 음…?

출처: K. Bradsher. Was Freud a minivan or an SUV kind of guy? *New York Times*, June 17, 2000.

는 개 비스킷을 떨어뜨리는 것을 목격하였다. 개 애완용품을 진열대에서 낮고 접근이 용이한 위치로 옮김으로써, 판매는 돌연히 증가하였다.

비록 실제 구매행동을 관찰하는 것이 유용할 수 있을지라도, 이는 비용과 시간이 많이 든다. 아울러 다른 문제점도 있다. 하나는 쇼핑행동의 적절한 표집과 관련이 있다. 다른 지역(예: 도심 또는 교외)의 점포들은 상이한 욕구와 소득수준을 가진 고객들을 끌어 모은다. 예상할 수 있듯이, 도시와 교외 쇼핑객들은 다른 유형의 점포를 선호하고, 다른 유형의 제품을 선택하며, 쇼핑을 위한 가처분 소득의 양도 다르다.

다양한 유형의 쇼핑객들이 낮 또는 주간의 여러 다른 시간대에 동일한 매장에 나타날 수 있다. 저녁과 주말에 쇼핑하는 사람들은 낮 동안 쇼핑하는 사람들과 다른 구매 습관을 가질 수도 있다. 연구 설계는 지역이나 쇼핑시간 등을 고려한 적절한 표집에서 관찰함으로써 이러한 문제를 다루어야만 하지만, 이는 연구비용을 증가시킨다.

구매행동관찰의 또 다른 문제는 다른 영향요인에 대해 실험통제를 할 수 없다는 것이다. 이는 모든 관찰 조사연구의 약점이다. 예를 들어 도시와 교외 지역에서 슈퍼마켓 쇼핑패턴을 관찰하는 데 있어서 발견된 차이들이 사회경제 수준, 인종구성, 진열대 배열, 또는 재고 등의 함수인지를 결정하는 것은 어렵다. 모든 요인들이 연구 결과에 영향을 줄 수 있다. 그러나 이러한 한계에도 불구하고, 쇼핑 행동의 직접적인 관찰은 다른 방법으로는 얻기 어려운 가치 있는 마케팅 정보를 종종 제공한다.

상표 동일시와 선호 연구

소비자심리학자는 소비자가 얼마나 잘 특정 제품의 상표를 인식하고, 확인하며, 또는 회상하는가에 흥미를 갖는다. 많은 이러한 연구는 경쟁상표들을 구별하는 능력에 초점을 맞춘다. 인식할 수 있는 모든 단서들(예: 제품 이름, 포장 등)이 제거됐을 때, 소비자가 콜라의 한 상표를 다른 상표와 정말 구별할 수 있을까? 연구들은 많은 사람들이 음료수, 담배, 맥주, 마가린 등과 같은 제품의 상표들을 서로 구별할 수 없음을 일관되게 보여 준다. 연구자들은 소비자 선호와 충성도가 제품의 맛이나 다른 본질적인 품질 이외의 요인들에 근거한다고 결론지었다.

광고에 대한 반응 측정

소비자심리학자의 주요한 연구활동은 광고와 촉진 캠페인의 효과를 측정하는 것이다. 가장 직접적인 접근은 사람들에게 광고에 대한 그들의 반응을 묻는 것이다. 광고가 사람들로 하여금 광고된 제품을 구매하길 원하게 만드는가? 사람들이 특정 광고를 믿는가? 한 제품에 대한 두 가지 광고 중 어떤 것이 더 재미있는가? 이러한 질문의 경우, 응답자들이 특정 제품이 의도했던 모집단의 대표적 표본이어야 한다는 것이 필수적이다. 아기 음식의 광고를 사전 조사하기 위해 독신남성이나 노부인을 사용하는 것은 유용한 결과를 가져오지 못할 것이다.

보조회상. 광고효과를 측정하는 가장 보편적인 방법이 **보조회상**으로, 이는 광고 내용이 기억될 수 있는 정도를 결정하기 위해 사용된다. 일단 광고가 잡지나 방송(라디오 혹은 TV)에 나타나면, 소비자의 표본에게 그들이 잡지를 읽었는지 또는 광고가 나온 프로그램을 듣거나 보았는지를 보통 다음 날 물어본다. 만일 그렇다면 그들은 그들이 회상할 수 있는 만큼의 촉진 메시지를 말하도록 요청받는다. 면접원은 특정 광고의 특성에 관한 세부적인 질문을 하는데, 이것이 회상을 돕는다. 그러나 광고에 대한 높은 회상률이 소비자로 하여금 제품을 구매하게 하지는 않는다.

보조회상 광고 내용이 회상될 수 있는 정도를 결정하여 광고효과를 측정하는 방법. 면접원은 세부적인 질문을 함으로써 회상을 돕는다.

재인. 광고효과를 측정하는 또 다른 방법은 **재인**이다. 특정한 TV 프로그램이나 잡지를 본 사람에게 특정 광고의 카피를 보여 주고 이에 대해 질문한다. 소비자는 특정 광고를 인식하고 그것을 어디서 봤는지 기억하는가? 소비자는 제품의 이름을 회상하는가? 소비자는 메시지를 읽었는가? 불행하게도, 소비자는 그들이 광고를 안 보았을 때조차도 광고를 봤다고 말할지 모른다. 연구자가 소비자에게 매체에 아직 등장하지 않은 광고를 보여 줬을 때, 어떤 응답자는 그것을 봤다고 주장하였다. 보조회상과 재인의 비교는 재인이 TV 광고에 대한 기억을 보다 민감하게 측정함을 보여 주었다.

재인 소비자가 특정 광고를 인식하는지, 그들이 그것을 어디서 봤는지, 그리고 그들이 그것에 관해 회상할 수 있는지 등을 소비자에게 질문하여 광고효과를 측정하는 방법.

생리적 측정. TV 광고는 시청자에게서 감정반응이 나오도록 기획되기 때문에, 이러한 감정반응에 대한 생리적 현상을 측정하는 것이 광고효과의 효과적인 측정방법이다. 예를 들어 연구 참가자로 활동하는 소비자의 한 집단이 다양한 TV 광고에 노출되는 동안 그들의 생리적 반응이 근전계(EMG)로 측정되는데, 근전계는 근육의 전기활동에서의 변화를 탐지한다. 얼굴 근육에서의 변화가 탐지됐을 때, 이는 감정자극에 대한 반응이다. 이러한 소비자는 나중에 그들이 광고를 얼마나 좋아했는지 또는 광고가 얼마나 그들을 즐겁게(또는 다른 감정) 했는지에 근거하여 각각의 광고를 평정하도록 요청된다. 만일 결과가 얼굴 EMG 자료와 광고평정 간에 높은 긍정적 상관이 있음을 보인다면, 광고는 효과적인 것으로 여겨질 것이다.

판매조사 방법 선별된 검사마켓에 새로운 광고를 소개함으로써 광고효과를 측정하는 방법.

판매조사. 어떤 심리학자는 광고효과의 의미 있는 유일한 측정은 광고에 의한 많은 판매라고 주장한다. 그러나 우리는 광고 성공의 측정치로서 판매자료를 사용하는 것에 따른 한계에 주목하였다. **판매조사 방법**은 이 방법이 가외변수에 대한 실험적 통제를 가능하게 하기 때문에 이러한 문제를 감소시키도록 설계된다. 판매조사는 판매에 미치는 광고의 효과를 평가하는 상당히 정확한 방법임이 밝혀졌다.

판매조사에서, 광고 캠페인이 특정한 이웃, 도시, 또는 다른 지리학적 영역 등과 같은 선별된 검사마켓에 소개된다. 검사마켓과 가능한 한 유사한 다른 지역이 통제지역으로 작용하는데, 이러한 통제지역에는 새로운 광고가 나가지 않는다. 만일 검사지역과 통제지역을 비교할 수 있다면, 검사지역에서의 판매변화가 그 광고로 귀인될 수 있다. 가능한 영향변수에 대한 통제가 판매조사의 주요 장점이다. 판매조사 연구자는 광고에서의 흥미 또는 연구 참가자들이 기억한다고 말하는 것을 측정하지 않고, 그들이 광고에 근거하여 제품을 정말 구매하는지를 측정한다.

광고효과를 측정하기 위해 판매조사를 사용하는 것에는 한계가 있다. 충분한 판매조사는 비용이 많이 든다. 이는 정리하는데 시간이 들고, 많은 사람들의 구매행동에 대한 정확한 계산을 요구한다. 또 다른 문제는 통제시장으로 선정된 지역에서 생긴다. 통제시장의 소비자는 새로운 광고에 노출되지 않기에, 기업은 경쟁자에게 판매를 빼앗길 위험이 있다.

쿠폰 회수. 잡지와 신문광고의 효과는 쿠폰회수를 평가함으로써 측정할 수 있다. 제품샘플을 얻기 위해 또는 콘테스트에 참여하기 위해 쿠폰이 제조회사로 회수되면, 쿠폰은 독자의 관심도에 대한 측정치를 제공한다. 소비자가 제품을 구매하기 위해 또는 할인(센트-절약 쿠폰)을 받기 위해 쿠폰을 사용할 때, 쿠폰은 소비자의 실제 구매행동을 측정할 수 있다. 그러나 만일 쿠폰을 회수하기 위한 유인자극이 West Coast 우편판매점이 무료 땀 양말 한 켤레를 제공했을 때

<여기서 잠깐>

쿠폰이 돈을 벌게 한다.

쿠폰의 시작은 Georgia주의 Atlanta시에 사는 Asa Chandler가 자신의 간이식당에서 코카콜라 한 잔을 무료로 준다는 쿠폰을 배포한 백년도 더된 1895년이다. 오늘날에는 3,350억 장으로 추정되는 센트-할인, 무료제품, 리베이트 쿠폰 등이 매년 배포되며, 모든 미국 가정에 평균 3,000장 이상이 배포된다. 우리는 쿠폰을 신문과 잡지에서 잘라 내거나 인터넷에서 다운받으며 이것을 제품(치약, 두통약, 과자, 아침식사용 시리얼 등) 구매를 위해 점포에 가져간다. 약국은 처방약의 할인을 위해, 백화점은 특별세일을 위해, 공동묘지는 묘지를 위해 쿠폰을 발행한다.

쿠폰으로 돈을 절약할 수 있다. 쿠폰을 사용하는 가정에서는 1년에 대략 700달러 정도를 절약할 수 있으며, 이 금액은 쿠폰을 오리고, 모으고, 정리하는 데 걸리는 시간을 보상해 줄 수도 있다. 추가적인 쿠폰을 얻기 위해 여러 가지 일요신문을 구매하는 것으로 알려져 있는 매우 심한 쿠폰사용자들은 더 많은 돈을 절약한다.

대부분의 사람은 여전히 일요신문에서 쿠폰을 얻으며 주로 슈퍼마켓에서 그것을 사용한다. 그러나 이러한 상황은 많은 사람들이 온라인에서 쿠폰을 탐색함으로써 빨리 변하고 있다. 집에서 온라인 쿠폰을 출력하여 점포와 여행사 같은 서비스 제공자에게 상환하는 것은 수월하다. 2003년에 미국 소비자는 2억 4,200만 장의 쿠폰을 다운받았는데, 이는 전년대비 111% 증가한 것이다. 비록 여전히 쿠폰시장에서 점유율은 작지만, 온라인 쿠폰의 성장은 신문과 잡지에서 오려지는 쿠폰을 곧 뛰어넘을 것이다.

온라인 쿠폰은 마케터와 연구자에게 쿠폰을 다운로드하는 사람에 관한 즉각적인 개인정보와 같은 주요한 이득을 제공한다. 예를 들어 쿠폰을 온라인에서 발행하는 한 회사인 www.smartsource.com의 홈페이지에 로그인하려는 사람은 회원등록을 해야 하는데, 이때 자기 자신, 가족구성원, 애완동물, 수입, 선호하는 점포 등에 관한 상세한 정보를 제공해야 한다. 그 대가로, 그들은 대략 14달러 값어치에 달하는 하루 최대 35장의 쿠폰을 무료로 다운로드할 수 있다. 사람들이 이 쿠폰을 사용할 때, 쿠폰의 코드번호가 누가 어디서 쿠폰을 사용하여 어떤 제품으로 교환했는지를 회사에 말해 준다. 이러한 자료는 신문쿠폰으로는 얻을 수 없는 것이다.

이제 접속하여 쿠폰을 받으시오. 그러나 당신은 당신의 사생활을 조금은 포기해야 할 것이다. 당신은 이것이 공정한 거래라고 생각하는가?

출처: No more clipping. Newsweek, April 1, 1996. It all started with a coupon for a free Coke. *St. Petersburg (FL) Times*, January 11, 1996. More consumers are clicking for online coupons. *St. Peterburg (FL) Times*, April 21, 2003.

처럼 매력적이면, 소비자는 제품에 흥미가 없더라도 반응할 위험이 있다. 많은 소비자는 공짜를 원한다. 또한 어떤 사람들은 메일 받기를 좋아하기 때문에 쿠폰을 돌려보내는 경우도 있다. 쿠폰을 돌려보내는 소비자가 습관적 쿠폰 사용자인지 제품에 정말 관심이 있는 사람인지를 결정하는 것은 어렵다.

쿠폰회수는 광고의 주목성을 나타낼 수는 있지만, 판매에 대한 광고의 영향을 직접 측정하는 것은 아니다. 쿠폰이 제품가격을 낮출 때, 쿠폰은 적어도 일시적으로 소비자로 하여금 상표전환을 하게 할 수 있다. 슈퍼마켓에서 쿠폰을 돌려줌으로써 얻는 가격인하가 점포에서 제공하는 동등한 금액의 가격인하보다 판매를 더 많이 촉진한다.

한 연구에서, 900명 이상의 소비자가 여러 매장을 나섰을 때 설문지를 제공받았고 연구자에게 우편으로 그것을 보내도록 요청받았다. 연구 결과는 쿠폰을 사용했던 소비자는 사용하지 않았던 소비자와 달랐음을 보여 주었다. 쿠폰을 많이 사용하는 소비자는 자신이 똑똑한 소비자라고 생각하고, 쿠폰을 사용하는 것의 경제적 이득을 믿었으며, 가격에 더 민감하고 가치 의식적이었으며, 그리고 돈을 절약하기 위해 쿠폰을 모우는 데 시간을 투자하였다. 또한 쿠폰을 많이 사용하는 소비자는 쿠폰을 적게 사용하는 소비자보다 쇼핑을 더 즐긴다고 보고하였다(Garretson & Burton, 2003).

광고의 특성과 범위

제품과 서비스 판매자가 소비자로 하여금 그들의 제품을 구매하도록 격려하고, 설득하며, 자극하고, 조작하는 몇 가지 기법에 대해 알아보자. 여러 다른 형태의 광고가 있다. 비록 가장 빈번히 사용되는 것은 소비자로부터 즉각적인 반응을 일으키는 직접 판매 형태이지만, 다른 광고는 다른 목적으로 만들어진다.

소비자 인식. 광고의 또 다른 유형은 신제품, 개선된 제품 또는 용기, 또는 가격변화에 대한 소비자 인식을 끌어내도록 설계된다. 이러한 광고는 또한 상표명을 강화시킨다. 많은 구매행동이 상표와 연결되기 때문에, 기업은 기업과 상표에 대한 대중적 인식을 유도하고 유지하기 위해 상당한 비용을 지출한다.

제품 이미지. 어떤 광고는 제품이나 서비스의 이미지를 구축하기 위해 노력한다. 많은 제품이 성분과 품질에 근거하여 서로 구분이 쉽지 않기 때문에, 광고제작자는 이미지, 상징, 또는 감정에서 차이가 나도록 노력한다. 예를 들어 자동차는 운송 이상의 것을 제공해야 하고, 립스틱은 컬러 이상의 것을 제공해야 한다. 광고제작자는 이미지에 의해 소유자가 젊게, 스포티하게, 더 매력적으로 느끼게 해야 하며 또는 자신의 권위와 경제적 지위를 높이게 해야 한다. 남성과 여성의 향수를 만드는 기업의 회장은 "공장에서는 화장품을 만들지만, 매장에서는 희망을 판다."고 말했다.

기업 광고. 기업광고의 목적은 기업이 좋은 이웃이며 공동체 후원자임을 대중에게 설득하려는 것이다. 한 가지 예는 정유회사가 자사의 휘발유 상표를 판매하는 것보다 고속도로의 안전을 촉진하는 광고 캠페인이다. 기업은 자사제품이 환경에 좋고, 기업이윤의 일부를 기부하고, 또는 어린이 야구팀을 후원한다고 광고한다. 기업광고는 대중적 선의를 구축할 수 있고, 판매를 증가시킬 수 있으며, 고용을 도울 수 있고, 종업원의 사기를 개선할 수 있으며, 기업의 주식 가격을 올릴 수 있다.

정보 광고. 어떤 광고는 소비자가 더 현명한 구매결정을 할 수 있도록 정보를 제공한다. 이러한 광고에서 제공된 정보는 가격, 품질, 성능, 구성성분, 이용성, 영양 정보, 보증, 안전기록 등을 포함한다. 정보 광고의 사용은 10년 전 평균 20%에서 오늘날 65% 이상으로 급증했다. 잡지광고는 TV광고보다 더 많은 정보를 제공하는 경향이 있다. 케이블 TV광고는 네트워크 TV광고보다 더 정보적이다.

광고 매체. 광고 매체는 지난 수년에 걸쳐서 변하고 있다. 예를 들어 맥도날드는 마케팅 예산의 3분의 1을 TV광고에 배정하였지만, 5년 전에는 3분의 2를 배정하였다. 많은 기업이 TV광고 비용을 줄이고 대신에 표적 청중에 도달하기 위해 다른 매체에 비용을 투자하고 있다. 맥도날드는 30초용 네트워크 광고에 투자했던 돈을 많은 히스패닉 고객을 기반으로 하는 주점에 보내지는 폐회로 스포츠 프로그램, 흑인 고객 대상의 이발소로 배포되는 Upscale 잡지의 광고,

직판 광고는 제품에 대한 소비자 인식을 촉진하고 호화롭고 재미있는 이미지를 설정하기 위해 노력한다(포드 자동차사의 허락하에 게재함).

To help awaken them to the plight of the world's rainforests, Julie Gawel's students created one of their own.

Julie, an art teacher at Killough Middle School in Houston, Texas, designed the multi-disciplinary program for her students utilizing reading, writing, science, and art. After researching the rainforest environment, the students practiced drawing its inhabitants; learning about paint, color mixing, and texture in the process. Then they transformed their classroom with wall-size murals and papier-mâché trees filled with a menagerie of plants and wildlife.

Finally, the students invited parents and local business leaders to their rainforest, where the children made presentations and passed along the lessons they learned about conservation.

For teaching her students how to be wild about art – and the world's rainforests – Julie Gawel is our newest Good Neighbor Award winner.

State Farm is pleased to contribute $5,000 in her name to Alief Independent School District.

기업광고는 특정기업이 좋은 이웃이며 공동체의 후원자라는 생각을 촉진한다(State Farm 보험사의 허락하에 게재함).

표 14-2

TV광고의 다양한 형태에 대한 관심

제품	시청자가 TV광고를 무시하는 비율	비디오 리코더를 사용하여 건너뛴 광고비율
맥주	5	32
음료수	22	83
패스트푸드	45	96
자동차	53	69
신용카드	63	94
TV프로그램 예고	75	94

출처: *Business Week*, July 12, 2004.

Foot Locker의 매장 내 비디오, 여성잡지의 인쇄광고, 그리고 야후와 같은 웹사이트의 팝업광고 등에 투자한다. TV광고는 어떻게 된 것일까? 많은 소비자들이 TV보다는 컴퓨터에서 시간을 보낸다. 심지어 사람들이 TV를 볼 때조차도, 그들은 광고를 무시하거나 TiVo와 같은 개별 비디오 리코더를 가지고 광고를 지나쳐버리는 경향이 강하다. 다른 채널로 돌려버리는 경향이 강하다. 표 14-2는 다양한 소비재를 위한 TV광고에의 관심이 적어짐을 보여 준다.

광고 소구의 유형

광고 캠페인이 소비자로 하여금 제품을 구매하도록 설득할 수 있는 주요 방법은 광고 소구를 이용하는 것이다. 다시 말해, 소비자를 위해 무언가를 한다고 약속하는 것이다. 잡지광고를 보라. 특정 제품이 사람들의 욕구나 동기를 만족시킬 거라고 약속하는가? 심리학자들은 많은 인간욕구를 확인하였다: 음식, 물, 집, 안전, 성욕 등과 같은 생래적이거나 기본적 욕구; 힘, 지위, 성취, 자존감, 유친 등과 같은 학습되거나 이차적 욕구. 이러한 이차 동기는 우리의 개인적 경험에 의존하기에 사람과 문화에 따라서 변할 것이다.

제품과 서비스를 판매하기 위해 광고인은 관련욕구를 확인해야 하고 메시지를 적절한 표적시장에 제시해야 한다. 많은 광고는 한 가지 이상의 욕구를 만족시키려 한다. 예를 들어 수입맥주 광고는 기본적 욕구인 갈증 해소와 이차 욕구인 지위와 소속감의 욕구를 만족시킨다고 약속할 수 있다. 구강청결제와 방향제 광고는 소비자에게 당황스런 상황을 피하도록 도울 수 있고 따라서 호감을 높일 수 있음을 약속한다. 만일 소비자가 적절한 화장수를 사용한다면, 소비자가 사랑을 찾을 것이고 따라서 사회적 지원과 자존심의 욕구를 만족시킬 것임을 광고인은 확신시킨다. 적절한 자동차를 운전하는 것이 이성에게 매력적으로 보이려는 소망과 더불어 힘, 명예, 성취 등을 제공할 수 있다. 광고인은 다양한 인간욕구에 소구하는 여러 기법을 사용한다.

유명 모델. 유명 연예인 또는 운동선수를 모델로 사용하는 제품은 소비자로 하여금 그 유명인의 성공과 동일시하게 한다. 비록 유명인이 실질적인 구매에 영향을 주는지에 관한 공개적 증거는 없을지라도, 광고에서 유명인이 제품판매를 위해 자주 등장한다. 대학생을 대상으로 한 연구는 특정한 품목을 구매하려는 그들의 의도에 미치는 유명인의 지위, 매력, 신뢰, 지각된 전문성 등의 영향력을 살펴보았다. 유명인의 지각된 전문성만이 구매의도와 긍정적으로 관련되었다. 예를 들어 테니스 프로는 테니스 라켓의 믿을 만한 모델로, 미남 배우는 남성용 화장수의 효과적인 촉진자로, 패션모델은 디자이너 진의 적절한 대변인으로 생각되었다.

어떤 유명인은 하나 이상의 여러 제품에 등장하는데, 이는 광고후원자 또는 기업에 문제를 일으킬 수 있다. 연구는 한 유명인이 등장하는 제품의 수가 증가할 때, 그 유명인의 신뢰성은 유의하게 감소함을 보여 준다. 더욱이 광고에 대한 태도도 유의하게 덜 호의적이었다.

긍정적 및 부정적 소구. 광고 소구는 긍정적이거나 부정적일 수 있다. 메시지는 만일 소비자가 이 제품을 사용한다면 무언가 좋은 일이 일어날 것이라거나 만일 소비자가 이 제품을 사용하지 않으면 좋지 않은 일이 일어날 것임을 제안할 수 있다. 방향 비누의 광고는 비누를 사용했기에 행복해 보이는 사람들을 보여 줄 수 있고 또는 비누를 사용하지 않아 교제상대 없이 낙심한 채 집에 홀로 앉아 있는 사람을 보여 줄 수 있다. 관련된 책략은 사람들로 하여금 특정 제품을

어떤 광고는 애정, 로맨스, 아름다움과 같은 정서적 욕구와 느낌에 호소한다(Perugina 초콜릿 사의 허락하에 게재함).

구매하지 않아 죄책감을 느끼게 만드는 것으로, 이러한 책략은 어린아이를 갖고 있는 어머니에게 특히 효과적이다.

부정적 소구는 어떤 제품유형에는 효과적이지만, 그 결과가 지나치게 불쾌하면 효과가 없다. 안전운전을 촉진하기 위한 섬뜩한 자동차 사고의 사진 또는 금연캠페인에서 손상된 폐의 사진 등은 비효과적인 것으로 알려졌다. 이러한 공포소구는 사람들로 하여금 메시지로부터 멀어지게 만든다. 이는 죄책감 소구에도 적용된다. 연구는 죄책감을 유발하는데 있어서 강한 소구가 중간수준의 소구보다 유의하게 덜 효과적임을 보여 주었다. 강한 죄책감 소구는 광고와 광고 후원자인 기업에 대해 화가 나도록 만들 수 있다. 빈번히 사용되는 책략은 소구의 두 가지 유형을 결합하는 것으로, 먼저 특정 제품을 사용하지 않아 생기는 부정적 결과를 보여 준 다음에 그 제품을 사용하여 생기는 긍정적 결과를 보여 주는 것이다.

부정적 소구가 광고에서 효과적이지 않을 수도 있는 반면에, 충격소구(의도적으로 소비자를 놀라게 하거나 기분 상하게 하는 광고)는 효과적일 수 있다. 세 가지 유형의 광고－정보, 공포, 충격－를 105명의 대학생에게 보여 주었다. 메시지는 HIV/AIDS를 예방하기 위해 콘돔을 사용하자는 내용이었다. 충격광고는 얼싸안고 있는 누드 커플을 보여 주며 메시지는 “멍청이가 되지 마라 씨...”이었다. 공포광고는 만기 날짜에 동그라미가 그려진 운전면허증을 보여 주며 메시지는 “만일 당신이 지금 AIDS 바이러스에 감염되면, 당신과 당신의 면허는 동시에 만기될 수 있다.”였다. 정보광고는 약성어 AIDS와 ‘면역결함 획득’이란 단어를 보여 주었다.

결과는 충격소구가 다른 어떤 소구보다도 회상, 재인, 메시지 주의에서 유의하게 높은 점수를 가져왔다. 또한 충격광고 집단과 공포광고 집단에서 더 많은 사람들이 실험실 책상에 놓여 있던 에이즈 관련 정보자료를 가져갔다(Dahl, Frankenberger, & Manchanda, 2003).

우월성 암시. 널리 사용되는 소구는 우월성 암시로, 이는 경쟁제품에 비해 특정 제품의 우월성을 직접 언급하는 것이 아니라 소비자가 추론하게 만드는 것이다. 예를 들어 만일 모든 두통약이 진통을 위해 동일한 용법(양과 투약회수)을 갖고 있다면, 한 기업은 어떤 경쟁제품도 자사 제품보다 더 빠른 진통효과를 주지 못한다고 주장할 수도 있다. 사실상 어떠한 제품도 다른 제품보다 더 빠르게 작용하지는 못하지만, 이러한 문구는 사람들로 하여금 이 상표가 더 빨리 작용하는 것처럼 들리게 하여 이 상표가 뛰어나다고 결론을 내리게 유도할 수도 있다. 광고는 또한 광고주장이 과학적 연구에 근거한다는 것을 간접적으로 제안하기도 한다.

트레이드마크

친숙한 트레이드마크(등록상표)는 광고효과를 촉진하는데, 이는 트레이드마크가 특정 제품과 연합되는 감정과 이미지의 간결한 상징으로 작용하기 때문이다(그림 14-1 참조). 트레이드마크는 제품의 주요 특성들을 확인하고 예증한다. 대부분의 트레이드마크는 브랜드(상표)명을 갖는데, 예로 코카콜라, 크리넥스, 제록스 등을 들 수 있다. 트레이드마크가 시장에서 확고하게 자리를 잡을 때,

WAL★MART®

그림 14-1. 트레이드마크(Wal-Mart, AT&T, Toyota사의 허락하에 게재함)

어떤 다른 광고메시지가 없어도, 트레이드마크 자체가 소비자로 하여금 제품을 회상하도록 자극할 수 있다.

브랜드명과 트레이드마크에 대한 조사에서, 경영자들은 자사의 평판, 경영 능력, 투자 잠재력 등에 근거하여 브랜드명과 트레이드마크를 평정하였다. 두 번째 조사에서는 1만 명 이상의 무선표본이 브랜드명을 제품품질, 기업비전, 리더십 등에 근거하여 평정하였다. 순위는 표 14-3에 제시되어 있고, 그 순서는 인기에 의한 내림차순이다. 단지 세 가지 이름—코카콜라, 월트 디즈니, 존슨 앤 존슨—만이 양쪽 목록에 나타난다. 그런데 경영자가 선정한 기업들은 소비자의 무선표본이 선정한 기업과 다르다. 따라서 최고의 브랜드명은 그것을 선정하도록 요청된 사람에 의거하여 달라짐이 분명하다.

기업은 제품 트레이드마크와 브랜드명을 개발하는 데 많은 시간과 비용을 투자한다. 작명 컨설턴트들은 제품과 기업의 이름을 정하는 것을 전문으로 한다. 예를 들어 California Airlines는 새로운 이름이 소비자에게 더 큰 영향을 준다는 초점집단면접 결과에 의해 AirCal로 명칭을 변경하였다. Allegheny Airlines는 지역보다는 전국적 의미를 나타내기 위해 USAir(지금은 US Airways)로 이름을 변경하였다.

표 14-3

평판과 브랜드명 인식에 의한 미국 기업의 순위

경영자	무선 표본
Coca-Cola	**Johnson & Johnson**
Microsoft	**Coca-Cola**
Walt Disney	Hewlett-Packard
Campbell Soup	Intel
Johnson & Johnson	Ben & Jerry's
General Electric	Wal-Mart
FedEx	Xerox
Procter & Gamble	Home Depot
Hershey Foods	Gateway
Harley-Davidson	**Walt Disney**

연구는 또한 기업에게 제품명이 소비대중에게 얼마나 인식될 수 있으며 그것이 표적시장에서 어떠한 의미를 가지는지를 말해 줄 수 있다. 이는 미국 기업의 제품이 해외로 수출될 때 특히 중요해진다. 때때로 트레이드마크가 타 언어로는 의도하지 않거나 비호의적인 의미를 가질 수 있다. Chevrolet의 Nova는 밝기와 에너지에서 갑자기 커지는 별을 의미하지만, 스페인어로 'no va'는 '가지 않는다'는 뜻으로 자동차 이름으로는 매우 좋지 않다. 코카콜라는 중국에서 이름을 바꾸었는데, 중국어로 코카콜라는 '밀랍 올챙이를 물어뜯다'를 의미했기 때문이었다. 펩시 역시 유사한 문제를 가졌다. '펩시 세대와 함께 활기차게'는 중국어로 '펩시는 당신 조상이 망자임을 상기시킬 것이다'로 번역되었다. 켄터키 프라이드치킨의 '손가락 핥기가 좋으냐?'는 중국어로 '당신의 손가락을 물어뜯어라'가 되었다.

트레이드마크는 한 제품의 모든 브랜드를 대표할 만큼 효과적일 수 있다. 예를 들어 크리넥스는 지금 모든 유형의 화장용 티슈를 의미하는 것으로 사용되고 있고, 제록스는 복사기를 의미하며, 페덱스는 빠른 메일 배달원을 의미한다. 이러한 경우, 그 기업은 자신의 정체성과 시장에서의 독점적 점유율을 잃을 수 있다.

수년 동안 성공적이었던 트레이드마크는 시장문화에서의 변화를 반영하기 위해 변경될 수도 있다. Betty Crocker의 이미지—General Mills의 많은 음식제품을 위한 가상의 여성 트레이드마크—는 1996년에 미국인의 인종과 민족에서의 다양성을 반영하기 위해 새롭게 수정되었다. 새로운 Betty Crocker는 75명의 실제 미국인 얼굴을 컴퓨터로 섞어 만든 것이다. 미국사회를 보다 더 정확하게 묘사하려는 시도에서 많은 인종을 반영하도록 디자인된 그녀는 지금 다문화적으로 보인다.

제품 이미지

제품의 트레이드마크와 종종 연합되는 것이 제품 이미지로, 이미지는 특정 제품의 성격과 연합되는 아이디어, 사고, 느낌 등이다. 성공적인 제품 이미지—소비자가 동일시하기 원하는 이미지—의 개발은 기업에게 강점을 줄 수 있다. 제품 이미지는 제품 자체의 품질보다 더 중요할 수 있다.

때때로 제품 이미지는 라코스테 셔츠의 작은 악어와 같은 상징에 의해 전달된다. 이 상징은 그 제품을 입은 사람의 이미지를 전달하는 것 같다. 지금은 고전이 된 연구는 평범한 니트 셔츠를 입은 사람과 악어, 여우, 폴로선수 로고 등이 새겨진 셔츠를 입은 사람에 대한 소비자 지각을 비교하였다. 평범한 셔츠를 입은 사람은 자신감이 있고, 관대하며, 만족해하고, 우호적인 인물로 평가되었다. 여우 로고가 새겨진 셔츠를 입은 동일 인물은 자신감 있고, 열정적이며, 리더로 묘사되었다. 폴로선수 로고가 새겨진 셔츠를 입은 사람은 다른 셔츠를 입은 사람보다 자신감이 덜하고, 관대하며, 열정적이고, 만족해하며, 우호적인 인물로 묘사되었다. 악어 로고의 셔츠를 입은 동일 인물은 부유층 자제처럼 묘사되었지만 동시에 리더도 추종자도 아닌 것으로 묘사되었다. 셔츠는 모든 경우에 동일하였고, 유일한 차이는 로고뿐이었다(Swartz, 1983).

제품 이미지를 개발하는 데 있어서 가장 어려운 문제는 잠재고객을 끌어들일 품질을 결정하는 것이다. 제품 이미지 연구에 대한 한 가지 방법은 다양한 제품에 대한 소비자의 지각을 물어볼 소비자 표본을 선정하여 집단면접을 실시하는 것이다. 이러한 심층접근은 특정 제품에 대한 긍정적 및 부정적 느낌을 이끌어내려고 한다.

보다 객관적인 방법은 형용사 체크리스트를 사용하는 것으로, 이는 특정한 로고가 새겨진 셔츠 연구에서 사용되었다. 소비자는 기술적인 형용사와 문구의 목록을 제공받으며, 특정 제품에 대한 그들의 느낌 또는 특정 제품을 구매할 특정인에 대한 그들의 생각을 기술하는 형용사나 문장을 선택한다.

제품 포장

광고 캠페인의 또 다른 중요한 특성이 제품의 포장으로, 포장은 소비자가 구매결정의 순간에 보는 제품의 일부이다. 과자의 여러 경쟁상표들이 놓여 있는 슈퍼마켓의 진열대 앞에서 과자를 찾고 있는 소비자는 지난밤에 보았던 TV광고나 지난주에 읽었던 잡지광고를 기억 못할 수도 있다. 구매순간에 포장이 결정요인으로 작용할 수도 있다. 제품에 대한 소비자의 태도는 제품의 품질이 아니라 제품을 싸고 있는 포장에 의해 종종 형성된다.

가장 유명한 예는 커피 맛에 대한 초기 소비자 연구이다. 두 집단의 사람들에게 질문을 하였는데, 한 집단의 경우 보통의 전기 커피메이커에서 커피를 따랐고, 나머지 다른 집단은 화려하게 무늬가 새겨진 앤티크한 은주전자에서 커피를 따랐다. 추측 가능하듯이 커피가 양 집단에서 동일했음에도 소비자는 보통의 커피메이커에서 따른 커피보다 은주전자에서 따른 커피가 훨씬 더 맛있다고 평정하였다. 사람들의 맛 지각에서의 차이를 설명하는 것은 용기—포장—였다.

이러한 유형의 다른 연구에서는 환자와 의사 두 집단에 알약이 제공되었고, 두 집단은 약의 효능을 평정하였다. 두 집단 모두 더 큰 알약이 더 효과가 있을 것이라고 보고하였다. 사실상 큰 알약이 작은 알약보다 절반도 안 되는 효능을 가졌다.

제품과 포장의 디자인 및 매칭은 소비자 조사에 의해 결정된다. 조사자는 소비자로 하여금 현재의 또는 제안된 포장의 디자인에 대해 자유연상 반응을 하게 하여 디자인에 의해 유발되는 긍정적 또는 부정적 이미지를 드러내게 한다. 또한 조사와 투사기법이 포장의 영향과 선호를 결정하기 위해 사용될 수 있다.

포장은 제조와 마케팅 과정에서 비용이 많이 드는 부분으로, 대부분의 슈퍼마켓 품목들의 비용 중 3분의 1 이상을 차지한다. 여러분이 음식, 약, 화장품, 의복, 가전제품에 지출하는 모든 금액에서 대략 35센트가 용기에 투자된다.

성적 광고

매력적이며 옷차림새가 부실한 남성과 여성 모델을 사용하는 것은 광고에서 흔히 있는 일이기에, 이러한 모델의 효과에 대해서는 의심의 여지가 없다고 가정할 수 있다. 그러나 광고에서 성적 이미지의 가치에 대해서는 이를 지지하는 실증연구는 거의 없고 단지 믿음뿐이다. 성적소구가 소비자의 주의력을 높이는 효과는 있다. 눈동자 카메라를 사용한 연구는 잡지를 보고 있는 대부분의 소비자가, 한 페이지에 있는 여러 개의 광고를 볼 때, 성적 요소를 내포하고 있는 광고를 즉각적으로 볼 것이라고 하였다. 그러나 그 다음엔? 일반적으로 여성의 자극적인 그림을 크게 다룬 광고에서의 정보는 남성보다는 여성에 의해 더 읽혀진다. 남성은 그림을 보지만, 여성은 메시지를 읽으며, 이러한 차이는 성적 광고가 잘못된 표적과 의사소통함을 의미한다. 유사한 결과가 매력적인 남성 사진을 다룬 광고에서도 발견되었다; 광고메시지는 여성보다는 남성에 의해 더 읽혀졌고, 역시 잘못된 표적을 끌어들인 것이다.

또한 성적 광고에 대한 보다 더 실망스런 연구 결과는 성적삽화를 포함하고 있는 정보의 회상이 매우 나쁘다는 것이다. 한 기업은 잡지광고의 두 가지 버전을 출간하였는데, 각각의 광고는 부수적인 정보를 얻기 위한 쿠폰을 갖고 있었다. 한 광고는 비키니 차림의 젊은 여성을 보여 주었고, 다른 하나는 그렇지 않았다. 회수된 쿠폰의 양은 섹시한 모델이 없는 광고에서 유의하게 더 많았다.

실험실 연구는 이러한 현장 관찰의 결과를 지지한다. 한 연구에서 남성 참가자들은 몇 가지 광고를 보았는데, 이러한 광고들 중 몇몇은 성적삽화를 가지고 있었고 다른 것들은 아니었다. 참가자들은 상표명이 생략된 동일한 광고를 본 후에 제품 또는 광고주를 확인하였다. 참가자들은 24시간 후에 다시 동일한 질문을 받았고, 그 결과 성적 광고와 비성적 광고에 대한 회상률에서 차이가 없었다. 7일이 경과한 후, 참가자들은 비성적 광고보다는 성적 광고를 유의하게 더 많이 망각하였다.

잘못된 표적이 성적 광고의 메시지를 읽으며, 비록 많은 사람들이 성적 광고를 즐겨 볼지라도, 그들은 광고된 제품을 기억하지 못할 것임이 명백하다. 그러나 광고인들은 성적소구에 계속해서 의존하며 특히 향수, 속옷, 진 등의 제품을 위한 성적소구의 사용은 매년 증가하고 있다.

광고 캠페인의 효과

판매자에게 가장 중요한 질문은 광고가 제품이나 서비스의 판매를 증가시키는데 효과적인가이다. 많은 경우, 효과를 결정하는 것이 어렵기에 광고대행사와 기업도 그 답을 모른다. 더군다나 기업은 그들의 실패를 공개하는 것을 꺼리고 성공을 과장하는 경향이 있다.

TV광고에 대한 연구는 대부분의 사람들이 광고를 싫어함을 지속적으로 보여 준다. TV시청자는 방송되는 광고의 절반도 보지 않는다. 그들은 광고가 방송되는 동안 자리를 뜨거나, 리모컨으로 소리를 줄이거나 채널을 바꾸며, VTR에 녹화된 광고를 지워버리거나 빨리 감기를 한다. 360명의 홍콩 TV시청자를 대상으로 한 연구는 81%가 광고를 시청하지 않았음을 보고하였다(Tse & Lee, 2001).

광고대행사는 대부분의 사람이 TV광고를 시청하지 않거나 주의를 기울이지 않음을 인식한다. 광고대행사는 TV시청자가 한 채널에서 다른 채널로 돌아다니기에 그들을 '방랑자'라고 부른다. 소비자심리학자는 세 가지 유형의 시청자를 기술하였다.

1. 채널 방랑자: 흥미로운 프로그램을 찾아 채널을 이리저리 옮겨다니는 사람. 뉴욕시에서 시청자들은 평균 3분26초마다 채널을 바꾼다.
2. 정신적 방랑자: 저녁을 준비하거나, 통화를 하거나, 아이와 놀아주는 등 여러 다른 일에 관심을 가지면서 다중작업을 하는 사람. 이들은 아주 가끔 TV를 슬쩍 본다.
3. 신체적 방랑자: 집안의 다른 장소에서 분주하다가 TV가 있는 방을 지나갈 때 프로그램과 광고를 급히 보는 사람.

TV광고를 시청하는 사람들이 광고를 안 들리게 하거나, 채널을 바꾸거나, 방을 떠날 수 없도록 조작한 실험실 상황에서, 참가자들은 광고시청 직후에 그들이 본 것에 대해 질문했을 때, 광고의 대략 3분의 1 정도를 기억하지 못하거나 잘못 이해하였다. 하루가 지난 후, 참가자들은 그들이 본 광고의 4분의 3 정도를 잊어버리거나 잘못 이해하였다. 이러한 수치는 잡지광고에서 더 높았다. 물론 모든 사람들이 모든 시간에 모든 광고를 피할 수 있는 것은 아니다. 30초 광고에 200만 달러가 넘게 드는 슈퍼볼 방송시간 동안 방영된 광고에 대한 연구에서 게임 중간에 광고된 영화들이 동시에 방송은 되었지만 게임 중간에 광고되지 않은 영화들보다 거의 40% 정도의 수익을 더 올렸다. 이 경우, 광고비용을 지불하고 남을 만큼 충분히 많은 사람들이 게임 중간에 방송된 영화 광고

어떤 광고인은 전통적인 가정주부의 역할범위를 넘어서는 제품에 대한 여성의 구매력을 인식한다(Samsonite사의 허락하에 게재함).

를 시청하였다(Yelkur, Tomkovick, & Traczyk, 2004). 당신이 좋아하는 프로그램의 최근 순위를 보기 위해서는 www.ytv.yahoo.com/nielsen 그리고 인터넷 순위를 알아보려면 www.nielsen-netratings.com을 참고하면 된다.

요즘 영화를 보러 가면, 당신은 영화가 시작되기 전에 점점 더 많은 광고가 나온다는 것을 알 것이다. 남아프리카에서 행해진 한 연구에서 14,400명이 광고를 극장과 TV에서 보았고, 추가적인 1,291,800명이 동일한 광고를 극장에서만 보았다. 그 결과 극장에서 본 광고의 회상률이 TV에서 본 광고의 회상률보다 더 높았다. 이러한 결과는 젊은 성인(주요 영화 관람객)과 중장년층에서 동일하였다. 연구자들은 극장에서는 광고를 피할 수 있는 가능성이 거의 없기 때문에 아마도 극장광고에 더 많은 주의를 기울이는 것 같다고 제안하였다(Ewing, DuPlessis, & Foster, 2001).

많은 다른 요소들이 광고 회상에 영향을 줄 수 있다. 예를 들어 418명의 성인을 대상으로 한 전화 조사는 대상자들이 싫어하는 광고보다 좋아하는 광고를 유의하게 더 잘 기억한다고 보고하였다. 대상자의 65%가 싫어한 광고를 기술할 수 있었던 반면(이 비율도 상당한 수준이지만), 90% 이상의 사람들은 자신들이 좋아한 광고를 기술할 수 있었다(Stone, Besser, & Lewis, 2000).

우리가 광고에 대해 일반적으로 어떻게 느끼는가가 우리가 광고를 얼마나 잘 기억하는가에 영향을 미칠 수 있다. 한 연구에서 1,914명 성인의 광고에 대한 태도를 먼저 측정하였다. 비록 참가자들 중 45%가 광고가 정보적이라고 믿을지라도, 77%는 광고가 성가시고 속이려고 하며 많은 제품들이 광고의 주장에 못 미친다고 믿고 있었다. 이러한 결과들은 광고인에게 광고가 유용할 수 있다고 생각하는 사람들조차도 광고에 대해 부정적인 태도를 지닐 수 있음을 말해 준다. 연구 참가자들이 일련의 잡지광고를 보고 그 다음날 광고를 회상하였을 때, 광고에 대해 매우 호의적인 태도를 지닌 사람들이 광고에 대해 매우 부정적인 태도를 지닌 사람들보다 유의하게 더 많이 광고를 회상하였다(Mehta, 2000).

인종 동일시도 광고태도의 영향요소가 될 수 있다. 160명의 흑인성인 집단이 실험에 참가하였는데, 그들 중 일부는 백인여성이 접이식 가방을 들고 있는 광고를, 나머지는 흑인여성이 동일한 가방을 들고 있는 광고를 보았다. 그들의 반응은 흑인문화와 그들을 동일시하는 수준에 따라 달라지는 것으로 나타났다. 동일시를 높게 하는 사람들이 흑인모델이 등장한 광고를 더욱 호의적으로 보았다. 흑인문화와의 동일시가 낮은 사람들은 두 모델에 대한 선호에서 차이가 없었다(Whittler & Spira, 2002).

잡지광고의 효과에 대해 많은 연구가 수행되었다. 한 연구는 논쟁의 여지가 있지만 널리 퍼져 있는 처방약 광고를 다루었다. 잡지를 자주 읽는다고 한 18세 이상의 여성 1,475명을 대상으로 한 갤럽의 조사는 처방약 광고가 효과적임을 보여 주었는데, 이는 치료를 주장하는 약의 광고에서 제시한 증상들 중 하나를 가지고 있다고 믿은 여성들에게서 특히 효과적이었다. 그러한 증상을 가지고 있는 사람들의 절반이 그 광고를 읽었다고 하였으며, 43%는 의사에게 그 약에 대해 물어보았다고 하였다. 나이가 많은 응답자들에게서 광고내용의 회상률이 더 높았으며, 연령에 관계없이 조사대상의 62%가 처방약 광고가 중요한 정보를 제공한다고 믿었다(Mehta & Purvis, 2003).

매스마켓 광고는 중국에서 비교적 최근의 현상이지만 급속히 성장하고 있다. 18~64세의 825명 성인을 대상으로 전화 조사를 통해 이루어진 중국에서의 광고효과에 대한 연구는 중국성인이 미국성인보다 광고에 대해 더 호의적인 태도를 지니고 있음을 밝혔다. 응답자의 대다수(69%)가 광고가 정보를 제공한다고 보고했으며, 56%가 구매결정을 할 때 광고를 종종 이용한다고 말하였다. 젊은 사람들이 가장 긍정적인 태도를 나타내었는데, 이들은 광고가 오락적이며 정보적이라고 생각하였다. 정규교육을 더 많이 받은 사람이 정규교육을 덜 받은 사람보다 광고에 대해 더 긍정적인 태도를 나타냈다(Zhou, Zhang, & Vertinsky, 2002).

웹 광고

인터넷은, 비록 배너광고의 효과가 아직까지 입증되지 않았지만, 광고인에게 광고메시지를 전달할 수 있는 새로운 방법을 제공한다. 지금까지의 노력은 미비하였지만 인터넷은 성장 잠재력을 가지고 있다. 한 조사는 인터넷을 사용하는 사람들의 40%가 쇼핑을 위해 인터넷을 이용한다고 하였다. 인터넷 사이트에서 실제로 구매를 하지 않는 소비자조차 인터넷을 좋은 정보원이라고 생각한다. 인터넷에서 자주 구매되는 품목들은 컴퓨터, 서적, 꽃, 음악, 여행서비스, 투자제품 등이다. 그러나 모든 성공사례들에도 불구하고, 많은 기업이, 특히 크리스마스 쇼핑시즌에, 자사의 웹사이트에 대한 반응에 실망해 왔다. 많은 연구들이 잠재적인 인터넷 구매자의 특성과 이들을 끌어들일 최상의 방법을 알아낼 필요가 있다.

한 조사는 온라인 쇼핑을 고려해 보거나, 실제로 경험해 본 사람들의 85%가 고객서비스 수준과 관련해 좌절을 경험했다고 보고하였다. 또 다른 68%가 이메일이나 전화로 판매원과 접촉하기를 원했지만 쇼핑사이트의 40%가 이러한 역량을 제공하지 않음을 발견하였다. 51%의 사람들은 웹사이트가 너무 많은 개인정보를 요구하기 때문에 온라인 구매가 완료되기 직전에 그것을 취소했다고 말하였다(Wells, Burnett, & Moriarty, 2003). 또 다른 조사는 사람들이 온라인 구매를 꺼려하는 몇 가지 이유를 제시하였다(표 14-4 참조).

한 소비자 연구자는 소비자를 상업적인 웹사이트로 끌어들일 수 있을 것 같은 직접우편(DM) 인쇄광고의 유형을 알아내고자 하였다. 골동품의 복제품을 제작하는 한 회사의 다섯 가지 다른 광고가 2,000명의 골동품 딜러, 실내 장

표 14-4

온라인에서 쇼핑을 하지 않는 이유

이유	비율
배송비용	51
제품을 보거나 만져볼 수 없음	44
제품 반송이 쉽지 않음	32
신용카드 안전에 대한 염려	24
질문을 할 수 없음	23
웹페이지를 띄우는데 오래 걸림	16
배송시간에 대한 염려	15
직접 쇼핑하는 것을 즐김	10

출처: Wells, W., Burnett, J., & Moriarty, S. (2003). *Advertising: Principles and Practice* (6th ed.). Upper Saddle River, NJ: Prentice-Hall, p. 489.

식가, 디자이너 등에게 우송되었다. 각 광고에는 웹주소가 들어 있었다. 웹사이트 방문을 가장 많이 이끌어낸 광고는 웹주소를 가장 많이 언급한 광고였다. 가장 적은 반응을 이끌어낸 광고는 웹주소를 단 한 번만 광고의 마지막에 제시했던 광고였다. 광고 윗부분에 걸쳐서 웹과 같은 그래픽 라인이 들어가 웹페이지처럼 보이도록 디자인된 광고가 가장 높은 반응률을 이끌어냈다(Bellizzi, 2000).

성인과 대학생 집단을 대상으로 웹페이지의 디자인에 대해 살펴본 연구는 복잡성이 광고 효과에 부정적인 영향을 미침을 보여 주었다. 웹페이지 디자인이 단순할수록, 진열된 제품의 구매의도가 더 높았다. 또한 단순한 웹페이지는 기업과 광고에 대해 더 호의적인 태도를 유발하였다(Bruner & Kumar, 2000; Stevenson, Bruner, & Kumar, 2000).

4개의 호텔 웹사이트를 검토한 311명 성인에 대한 연구에서, 편의시설의 가상체험과 온라인 예약시스템과 같은 특성뿐만 아니라 웹사이트와의 지각된 상호작용의 높은 수준이 호텔과 웹사이트에 대한 매우 긍정적인 태도를 유발하였다. 이러한 특성을 제공하지 못하는 웹사이트는 긍정적인 평가를 받지 못하였다(McMillan, Hwang, & Lee, 2003).

16~60세 사이의 307명의 인터넷 사용자의 구매행동에 대한 온라인 조사에서 인터넷을 자주 사용하는 사람은 인터넷을 자주 사용하지 않는 사람들보다 책, CD, 음악제품, 전자제품, 오락과 여행서비스를 더 많이 구매하는 것으로 나타났다. 인터넷 쇼핑행동에 대한 이 연구에서 나이는 영향을 미치는 요인이 아니었다. 나이든 응답자들도 젊은 응답자들만큼 많은 품목을 구매하였다. 여성보다 남성이 더 활발히 구매를 하는 경향이 있었고, 수입이 적은 사람보다 많은 사람이 더 많은 품목을 온라인에서 구매하였다(Kwak, Fox, & Zinkhan, 2002).

미국, 유럽, 남미의 12개국에서 인터넷 사용자 299명을 대상으로 한 국제적인 연구는 웹사이트에 대한 소비자 신뢰가 온라인에서의 제품구매 결정에 주요한 요인임을 밝혔다. 이러한 신뢰는 사이트가 고객 서비스 보증, 경험 있는 고객으로부터의 리뷰 및 증언, 권위 있는 소비자 기관과 같은 독립적인 출처로부터의 인증 등의 특성을 가질 때 더욱 높아지는 것으로 나타났다(Lynch, Kent, & Srinivasan, 2001).

앞에서 남성이 여성보다 온라인에서 더 자주 구매한다고 언급하였다. 이 결과는 온라인에서 적어도 한 번은 구매를 했던 18세 이상의 성인 227명을 대상으로 한 설문조사에서 확인되었다. 여성은 남성보다 온라인 쇼핑이 감정적으로 덜 만족스러우며 덜 편리하다고 응답하였다. 여성은 남성보다 웹사이트 광고주장에 신뢰를 덜 보였고 더 회의적이었다(Rodgers & Harris, 2003).

국제적 시장조사 기업인 Harris Interactive(www.harrisinteractive.com)는 그들의 조사 결과에 근거하여 여섯 가지 유형의 온라인 소비자를 제안하였다(표 14-5 참조).

웹사이트 광고의 효과에 대한 연구자료가 점점 더 많이 출판되고 있다. 한 연구에서, 다양한 제품을 광고하고 판매하는 13개 사이트에 띄워진 팝업 설문지를 13,000명 이상의 접속자들이 작성하였다. 배너광고의 효과는 사이트에 머무른 시간과 부가적인 정보를 얻기 위해 클릭한 횟수로 측정되었다. 그 결과는 고급 승용차와 같은 고-관여 제품을 위한 사이트가 기저귀와 같은 저-관여 제품을 위한 사이트보다 더 효과적인 광고를 제공한다(사람들은 사이트에서 더 오랜 시간을 보내고 더 많은 정보들을 클릭하였다)는 것을 보였다(Dahlen, Rasch, & Rosengren, 2003). 명백히 사람들은 단순히 기능적인 제품보다 그들에게 중요하고, 매력적이며, 바람직한 제품에 대한 정보를 탐색하는 데 더 많은 시간을 보낼 것이다.

이것은 웹사이트나 어떤 다른 매체에서 광고를 보는데 더 많은 시간을 소비하는 사람이 광고를 보는데 적은 시간을 소비하는 사람보다 광고내용을 더 많이 기억할 것인가 하는 질문을 제기한다. 뉴질랜드에서 수행된 한 연구는 예라고 하였다. 149명의 대학생은 다양한 시간 길이(페이지당 20~60초)를 가진 웹사이트 광고에 노출되었다. 그 다음 그들에게 그들이 방금 보았던 광고에 대해 보조회상과 재인검사를 실시하였다. 광고를 포함하는 웹페이지에 더 오랜 시간 노출되었을수록, 노출 후의 광고회상과 재인은 더 좋아졌다(Danaher & Mullarkey, 2003).

인터넷을 적어도 1주일에 한 시간 사용하는 105명의 한국 서울 거주자를 대상으로 한 개별 면접은 저-관여 제품보다 고-관여 제품에서 접속시간이 더 길다는 것을 보여 주었다. 이러한 결과는 앞서 언급한 연구의 결과와 유사하

표 14-5

인터넷 구매자의 여섯 가지 유형

E-미숙자(E-bivalent newbies)
온라인 쇼핑인구의 약 5% 정도이며, 이 집단은 인터넷에 미숙하며, 어느 정도 나이가 있고, 온라인 쇼핑을 가장 덜 좋아하며, 온라인에서 가장 적은 돈을 소비한다.

시간민감적 물질주의자(Time-sensitive materialists)
온라인 구매자의 약 17%를 차지하며, 이 집단은 편의성과 시간절약에 가장 관심이 많으며, 제품리뷰를 읽거나 가격을 비교하거나 쿠폰사용을 하지 않는 편이다.

클릭과 반죽(Clicks and mortar)
온라인 구매자의 약 23%를 차지하며, 이 집단은 온라인에서도 구매를 하지만 상점에서 구매하는 것도 선호하며, 여성 가정주부들이 많은 편이고, 온라인에서 구매할 때 사생활과 안전에 대해 걱정하며, 다른 집단의 사람보다 쇼핑몰을 더 자주 방문한다.

중독-온라인-싱글(Hooked, online, and single)
온라인 구매자의 약 16%로, 이 집단은 소득이 높은 젊은 미혼 남성들이 많은 편이며, 인터넷을 가장 오랜 시간 사용하고, 게임을 하거나 소프트웨어를 다운받거나 은행 업무를 보고 투자하는 것을 좋아하며, 온라인에서 가장 자주 구매를 한다.

사냥꾼-수집자(Hunter-gatherers)
온라인 구매자의 약 20%로, 이 집단은 전형적으로 두 자녀를 가진 30~49세의 성인이며, 제품과 가격의 분석과 비교를 제공하는 웹사이트를 가장 자주 방문한다.

상표 충성자(Brand loyalists)
온라인 구매자의 약 19%로, 이 집단은 그들이 아는 회사의 사이트로 직접 접속하며, 온라인 쇼핑에 대해 가장 큰 만족을 표현하고, 온라인에서 가장 많은 돈을 소비한다.

출처: L. Schiffman & L. Kanuk (2004). *Consumer Behavior* (8th ed.). Upper Saddle River, NJ: Prentice Hall, p. 70, after www.harrisinteractive.com.

다. 그러나 전반적으로 연구자들은 인터넷 광고가 TV광고만큼 새로운 소비자로 하여금 고급제품을 고려하도록 부추기는 데 효과적이라는 것을 발견하지 못하였다. TV광고가 연구된 네 가지 제품(예: 고급 승용차, 고가의 시계, 패스트푸드, 샴푸) 모두에서 효과가 더 있었다. 또한 신문, 잡지 그리고 라디오 등이 사람들로 하여금 새 제품을 구매하도록 하는 데 효과적이었다(Yoon & Kim,

표 14-6

소비자 온라인 지출에 있어 가장 빠르게 성장하는 범주

범주	2002년 판매(달러)	2001년과의 비율변화
가구, 전자제품	316,189,127	154%
집, 정원	899,882,381	101%
일반 서비스	201,415,914	80%
스포츠, 휘트니스	482,503,210	77%
여행	14,773,387,316	71%
공연 티켓	1,249,576,972	68%
사무실	3,218,368,617	51%
비디오 게임	121,492,909	47%
컴퓨터 하드웨어	4,662,862,978	45%
영화, 비디오	434,872,979	39%

2001).

웹사이트 광고의 효과에 대한 전반적인 측정치는 온라인에서 구매하는 사람의 수이다. 비록 온라인 구매가 상점이나 카탈로그를 통한 직접구매에 비해 적은 비율을 차지하지만, 온라인 쇼핑의 성장률은 증가하고 있다. 표 14-6은 열 가지 유형의 제품과 서비스의 연간 판매 성장률을 보여 주고 있다.

오늘날 온라인 쇼핑의 절반은 직장에서 사무실 컴퓨터를 통해 이루어진다. 약 3분의 1 정도는 집에서 이루어진다. 미국 기업의 온라인 쇼핑의 약 15%는 다른 국가의 소비자에 의해 이루어지며, 이는 미국 제품과 서비스의 국제 온라인 판매를 위한 커다란 잠재시장을 시사한다(Cappo, 2003).

온라인 쇼핑의 주요 강점으로 편리함과 가격이 종종 언급된다. 22~24세의 성인 147명을 대상으로 한 조사에서 이러한 요인들이 온라인 쇼핑을 위한 주요 원인임을 확인하였다. 또한 응답자들은 직접 느끼거나 시용해 보기를 원하는 의복과 같은 '경험 제품'보다 책 또는 음악처럼 리뷰 정보를 얻을 수 있는 '탐색 제품'을 온라인에서 더 많이 구매한다고 하였다(Chiang & Dholakia, 2003).

마지막으로 표 14-7은 가장 자주 사용되는 매체를 통한 광고의 상대적인

표 14-7

다른 매체를 통한 광고의 장점과 단점

마케팅 품질	웹	라디오	신문	정기간행물	TV	DM
전국적으로 많은 청중	예	?	?	?	?	예
국제적 노출	예	아님	아님	?	?	아님
특정한 청중 대상	예	아님	아님	?	아님	예
청중이 편리할 때 광고를 볼 수 있음	예	아님	예	예	아님	예
상대적 비용	낮음	?	?	높음	높음	높음
즉각적인 고객과의 상호작용	예	아님	아님	아님	아님	아님

출처: Kuegler, T. (2000). *Advertising and marketing* (3rd ed.). Rocklin, CA: Prima Publishing.

장점과 단점을 보여 주는데, 매체는 DM, TV, 라디오, 정기간행물, 신문, 그리고 웹 등이다. 자료에서 볼 수 있듯이, 웹이 가장 효과적인 매체가 될 수 있는 잠재력을 갖고 있다.

소비자 행동과 동기

소비자는 구매를 결정할 때 광고 이외의 시장요인에 의해 영향을 받을 수 있다. 상점의 분위기와 청결함, 주차 용이성, 통로의 길이 등과 같은 모든 것들이 구매자 행동에 영향을 줄 수 있다. 예를 들어 슈퍼마켓에서의 쇼핑행동에 관한 연구는 사람들이 짧은 통로는 걸어서 지나가기보다는 쳐다볼 가능성이 높다는 것을 발견하였다. 그들은 긴 통로를 따라 걸어가고 그 결과 긴 통로에서 충동구매를 할 가능성이 더 높다. 게다가, 통로의 끝부분과 계산대 주변에 진열된 제품은 충동적으로 구매될 가능성이 훨씬 더 높다. 당신은 제조사들이 최대한 잘 보이게 하기 위해 그들의 제품을 어디에 진열하기 원할지 쉽게 알 수 있다.

소비자 행동에 영향을 주는 개인적 요인은 쇼핑 가능한 지각된 시간, 쇼핑에 대한 태도, 쇼핑목적, 구매자의 기분과 성격 등과 같은 인지적 요인과 함께 표준적인 인구통계학적 특성(예: 나이, 성별, 교육 수준, 사회경제적 지위, 민족 등)을 포함한다. 예를 들어 공공연히 자의식적인 사람(타인에게 주는 인상이나 타인이 자신을 어떻게 생각하는가에 지나치게 신경을 쓰는 사람)은 그들이 구매하는 제품에 붙은 상표에 신경을 쓰는 경향이 있다. 아마도 그들은 상표가 알려지지 않은 제품이나 점포 자체 상표보다는 전국적인 상표를 구매할 때 다른 사람들이 자신을 더 좋게 볼 것이라고 생각할지도 모른다.

심리학자에게 관심이 가는 소비자 행동에 영향을 주는 다른 요인은 상표 껴 넣기, 구매 습관, 상표 충성, 그리고 제품가격의 효과 등이다.

상표 껴 넣기(간접광고)

당신이 TV를 시청하거나 영화를 본다면, 상표 껴 넣기*를 피하는 것은 불가능하다. 영화 속 인물이 특정한 스포츠 자동차를 운전하고 특정한 상표의 맥주를 마실 때, 당신은 별도의 광고가 아니라 이야기 맥락 속에서 상표 껴 넣기의 예를 본다. 황금시간대의 TV프로그램 112개를 분석한 결과 매 시간마다 평균 30개의 상표 껴 넣기가 나타났다(Avery & Ferraro, 2000). 광고인은 사람들이 광고가 나올 때 하는 것처럼 소리를 없애거나, 빨리 감기를 하거나, 방을 떠나거나, 이리저리 채널을 돌리지 않을 것을 알기에 영화, TV쇼, 비디오 게임 등에 상표를 껴 넣기 좋아한다. 게다가, 보통 상표 껴 넣기는 인기 있는 스타가 그 제품을 사용하는 것을 포함하기에 따라서 유명 모델의 효과도 얻을 수 있다.

연구는 영화 속의 주요 인물이 특정 제품을 사용하고, 운전하며, 마실 때, 그 상표에 대한 관람객의 회상은 증가한다고 하였다. 관람객은 잘 알려진 배우가 특정 제품을 사용할 때 그 제품을 더 긍정적으로 평가하는 경향이 있다. 또한 사람들은 상표 껴 넣기가 영화나 TV프로그램을 더 현실적으로 보이게 하기 때문에 상표 껴 넣기가 그들의 시청경험을 향상시켰다고 보고하였다(Yang, Roskos-Ewoldson, Roskos-Ewoldson, 2004).

6~12세의 105명의 아동을 대상으로 한 연구에서, 절반의 아동에게 펩시

---

*[역자 주] 상표 껴 넣기는 product placement advertising(PPL 광고)을 의미한다.

<여기서 잠깐>

팁 여기 있습니다.

소비자심리학자는 인간행동과 동기에 관해 가능한 한 많은 정보를 축적하고자 한다. 즉, 우리가 어디에서 쇼핑을 하고, 무엇을 구매하며, 왜 구매하고, 어떤 광고를 좋아하며, 어떤 광고를 피하는지 등에 관한 정보를 수집한다. 소비자심리학자의 정밀한 조사를 벗어나는 것은 많지 않은데, 심지어 식당에서 팁을 주는 것조차도 말이다. 음식을 나르고 식탁을 정리하는 사람들에게 팁은 그들 수입의 대부분을 차지한다. 그러므로 그들의 서비스에 대해 당신이 얼마의 팁을 남기기로 결정했는가는 그들에게 매우 중요하다.

식당 식탁에 팁으로 남겨지는 돈은 연간 총 120억 달러가 넘는다. 연구자들은 팁을 주는 것은 고객이 받은 서비스 품질에 대한 고객의 의견과는 거의 관련이 없으며 고객에 대한 종업원의 의견과 더 관계가 있음을 발견하였다. 다시 말해, 연구자들이 주장하듯이, 고객은 종업원이 자신을 평가하고 있다고 믿기 때문에 종업원을 기쁘게 하기 위해 팁을 준다는 것이다. 당신은 이것을 받아들이겠는가?

당신은 식당에서 팁의 양을 어떻게 결정하는가? 당신은 팁을 후하게 주는 편인가? 아니면 당신은 아주 조금의 팁을 남기고 종업원이 알아채기 전에 서둘러 나가는가? 여기 당신의 팁의 크기에 영향을 주는 몇 가지 요인이 있다.

- **당신의 계산서에 얼마나 청구되었는가?** 당신이 지불할 식사비용이 팁을 얼마나 남길지에 대한 가장 좋은 예측원이다. 당신이 많이 지불할수록, 팁도 커진다.
- **당신의 담당종업원이 얼마나 친절했는가?** 이것은 새로운 종업원이 첫 번째로 알아야만 하는 것이다. 그들이 친절할수록 팁을 더 많이 받는다. 미소를 짓고 자신의 이름을 소개하는 종업원이 그렇지 않은 종업원보다 더 많은 돈을 버는 경향이 있다. 또한 주문을 받을 때 당신의 높이에 맞춰 몸을 구부리거나 쪼그리고 앉는 종업원이 서있는 종업원보다 더 많은 팁을 받는다. 계산서에 웃는 얼굴을 그려 넣는 여성 종업원이 그렇지 않은 여성 종업원보다 더 많은 팁을 받지만, 웃는 얼굴을 그려 넣는 남성 종업원은 팁을 적게 받는다.
- **서비스가 얼마나 전문적이었는가?** 연구들은 서비스 품질에 대한 고객평가와 팁의 양 사이의 약한 관계를 보여 준다. 따라서 친절함이 주문과 관련한 실수를 보상할 수도 있을 것이다.
- **서버가 얼마나 매력적이었는가?** 많은 사회적 활동에서처럼, 매력적인 사람이 덜 매력적인 사람보다 더 나은 대우를 받는다. 이 경우에 매력적인 종업원이 그 차이가 유의하지는 않더라도 약간 더 많은 팁을 받는 경향이 있다.
- **당신의 일행이 몇 명인가?** 당신은 다른 사람들과 함께할 때보다 혼자 식사를 할 때 더 많은 팁을 남길 것이라 기대하는가? 팁의 양은 일행의 크기가 증가함에 따라 감소하는 것으로 보인다. 혼자 식사하는 사람은 평균적으로 계산서의 20%를 팁으로 남긴다. 2명이 함께 식사할 때는 평균 17%의 팁을 남긴다. 그러나 일행이 4명 이상이 되면, 팁의 양은 13%까지 떨어진다.

- **당신이 얼마나 자주 그곳에서 식사를 하는가?** 식당의 단골 고객은 처음 찾아온 고객이나 그곳에서 가끔 식사를 하는 고객보다 더 많은 팁을 남기는 경향이 있다. 명백히 사람들은 자신이 그 식당을 다시 애용할 것이라 생각할 때 팁에 대해 다르게 느끼는 것 같다.
- **현금 혹은 카드?** 식사비용을 카드로 계산하는 사람은 현금으로 계산하는 사람보다 더 많은 팁을 남긴다. 아마도 카드를 사용할 때는 '진짜 돈'처럼 보이지 않는 모양이다.

최근의 전국적인 조사는 미국인의 30%가 식당에서 15~20%의 팁을 남기는 것이 통례라는 것을 모르고 있음을 발견하였다. 그들은 종업원에게 얼마를 남겨야 하는지 전혀 모르고 있었던 것이다! 조사를 수행했던 코넬대학의 소비자 행동 교수는 결과에 놀랐다. 그는 "그 30% 중의 꽤 많은 수가 '나는 1달러나 2달러를 남겨요'라고 말했고, 나는 충격을 받았다. 나는 미국인의 90% 정도가 15~20%의 팁을 남겨야 한다는 것을 알고 있을 것이고, 아마도 미국인의 10% 정도가 모를 것이라 생각했다."라고 기술하였다. 당신은 팁을 얼마나 남기는가?

출처: S. Daley, Hey, big spender. *Washington Magazine*, May 1996, p. 194. W. Grimes, Tips: Check your insecurity at the door. *New York Times*, February 3, 1999. J. Sharkey, He parked your car. She retrieved it. Who gets a tip? *New York Times*, April 25, 2004.

콜라가 언급되고 탁자에 쏟아지는 짧은 영화를 보여 주었다. 나머지 아동은 펩시 대신에 상표가 없는 음식과 우유가 사용된 동일한 짧은 영화를 보았다. 아동에게 그 영화를 기술하도록 한 후에, 아동은 펩시콜라와 코카콜라 중에서 선택할 수 있는 기회를 가졌다. 상표 껴 넣기에 노출되었던 아동이 콕보다 펩시를 유의하게 많이 선택하였다. 이 결과는 자신이 영화 속에서 펩시를 봤다는 것을 회상하지 못한다고 말한 아동에게서도 나타났다. 나이가 많은 아동보다 어린 아동이 자신이 본 상표를 잘 회상하지 못했지만, 콕에 비해 펩시를 선택하는 데 있어서는 연령차가 없었다. 이 경우에 상표 껴 넣기는 효과가 있었다(Auty & Lewis, 2004).

구매 습관과 상표 충성

소비자는 쇼핑매장과 구매제품을 습관에 근거하여 선택한다. 일단 우리가 좋아하는 제품을 발견하면, 그 제품을 계속해서 구매하는 것이 새로운 제품을 찾는 것보다 더 간단하다. 구매 습관의 영향을 예증하기 위해서, 한 슈퍼마켓은 캔 스프의 진열을 다시 정렬하였다. 상표명에 따라 분류되어 있던 스프를 스프의 종류에 따라 알파벳순으로 진열하여 서로 다른 상표가 섞이도록 하였다. 비록 새로운 배열을 설명하기 위한 표지를 게시했지만, 60% 이상의 고객이 속아 넘어갔다. 습관이 고객이 원하던 스프를 얻었던 이전의 선반 위치로 고객을 이끌었다. 질문을 했을 때, 고객은 스프가 예전과 같이 진열되어 있었다고 대답했다. 그들은 쇼핑카트에 다른 스프가 있는 것을 발견하고 놀랐다. 소비자가 습관이 자동적으로 그들이 원하는 제품이 있는 위치로 이끌지 못하는 새로운 상점에서 쇼핑을 할 때, 그들은 예전보다 다른 상표를 더 많이 구매하는 경향이 있다.

지속적인 구매 습관을 바꾸기 위한 광고 캠페인을 제작하는 것은 도전이다. 연구들은 주요 상표에 대한 소비자 충성이 8년 정도까지 바뀌지 않고 그대로 유지될 수 있다는 것을 보여 준다. 1923년에 제품범주에서 가장 잘 팔렸던 16개 상표는 60년 후에도 그들의 자리를 유지하였는데, 이것들은 캠벨 스프, 립튼 티, 코닥 카메라, 위글리 껌 등을 포함하였다. 이러한 결과는 어릴 때 상표 선호를 형성하는 것이 중요함을 광고인에게 강조한다. 한 번 형성되면, 소비자는 특정 상표에 대한 충성을 수년 동안 유지하며 그 충성을 자신의 아이에게까지 물려주는 경향이 있다.

구매 습관과 상표 충성을 구별하는 것은 연구자에게 때때로 어렵다. 두 가지 모두 반복 구매행동으로 규정되며, 소비자가 경쟁상표의 광고에 비교적 영향을 받지 않는 결과를 가져온다. 일부 기업들, 특히 항공사, 호텔, 렌터카 회사 등은 거래가 반복될수록 점점 더 큰 보상을 제공함으로써 효과적인 상표 충성 프로그램을 개발하였다. 예를 들어 항공사를 자주 이용하는 고객에게는 무료 비행, 일등석으로의 업그레이드, VIP 수속라인, 조기탑승, 스카이라운지 멤버십 등의 보상을 제공한다. 이러한 프로그램은 고객충성을 일으키는 데 매우 효과적인 것으로 보인다.

643명의 성인에 대한 조사 결과, 상표 충성을 형성하기 위해서, 제품구매에 대해 작거나 중간 정도의 보상을 하는 것이 구매의도에 대하여 높은 보상을 해 주는 것보다 더 비용-효과적이었다. 이 결과는 높은 보상을 제공하는 것이

상표 충성을 형성하는 데 있어서 기업에 더 비용-효과적일 것이라 믿었던 300명의 상표관리자에 대한 조사 결과를 반박하였다(Wansink, 2003).

제품 가격

제품가격은 광고와 제품품질과 독립적으로 구매행동에 중요한 영향을 미칠 수 있다. 소비자는 객관적인 가격이 높을수록 제품이 더 좋아야 한다는 가정에 근거하여 가격을 제품품질의 지수로 종종 사용한다. 일부 제조업자들은 이러한 믿음을 이용하여 동등한 품질의 제품에 대해서 자신의 경쟁사보다 더 높은 가격을 책정한다. 단지 가격에서만 차이가 나는 동일한 제품들은 종종 제품가격에 의해서만 평가받고, 높은 가격의 제품이 품질이 더 좋은 것으로 간주된다.

그러나 어떤 소비자는 특정 품목을 구매할 때 가격을 고려하지 않는다. 슈퍼마켓 구매자를 관찰한 결과, 대부분의 소비자는 아침식사용 시리얼, 커피, 음료수와 같은 기본 식료품을 구매할 때 가격정보에 주의를 주지 않으며, 최근의 가격을 정확하게 보고할 수도 없다. 각각 다른 크기와 무게로 포장되기 때문에,

슈퍼마켓 고객은 가격에 기초하여 제품의 우월성을 판단할 수도 있다.

어떤 상표가 싸고 좋은 물건인지를 결정하는 데 필요한 계산을 하는 것이 종종 불가능하다. 슈퍼마켓이 일인분당 가격이나 품목당 가격과 같은 단가정보를 제공할 때, 일부 구매자는 구매결정을 내리는데 이 정보를 사용하기도 한다.

새로운 제품이나 용기를 판매하는 대중적인 방법은 출시특가로 낮은 가격을 책정하는 것이다. 이 방법의 의도는 일단 소비자가 그 제품을 구매하면, 가격이 경쟁제품의 수준까지 인상되더라도 습관적으로 계속하여 구매할거라는 것이다. 연구는 이 생각을 지지하지 않는다. 보통 출시특가 기간 동안에 판매는 증가하지만 가격이 인상되면 판매는 떨어진다. 출시기간 동안 가격을 낮추지 않는 매장에서는 판매가 전형적으로 안정하게 유지된다. 리베이트*가 구매유인으로서 가격할인을 제공하는 더 효과적인 방법이다. 리베이트 형식의 가격할인이 동등한 수준의 판매시점 가격할인보다 보통 더 많은 판매를 가져온다.

아동과 청소년에 대한 광고

4~12세까지의 연령집단은 약 150억 달러의 가처분 소득을 가진 3,500만 명의 아동을 포함한다. 이러한 젊은 소비자를 위해 빠르게 성장하는 소비 품목은 신발, 의복, 시리얼, 사탕, 음료, 그리고 스낵 등이다. 아동의 이러한 높은 수준의 구매력에 대한 심리학자의 한 가지 설명은 부모의 죄책감이다. 소비자심리학자는 편부모 가정, 맞벌이 가정, 부모가 출산을 30대까지 미룬 가정에서, 아동이 더 많은 돈을 지출하고 가족 구매결정에 더 많은 영향력을 행사한다고 제안하였다.

아동을 대상으로 하는 마케팅은 슈퍼마켓에서 진열대 낮은 곳에 제품 배치하기, 아동을 위한 TV프로그램에 만화광고 내보내기, 제품의 이름이나 로고가 들어간 연필, 잡지, 책표지 등을 학교에 배포하기 등의 기법을 사용하지만, 아동에게 도달하는 주요 방법은 전자매체를 통하는 것이다.

---

*[역자 주] 리베이트(rebate): 가격할인과 관련되는 기법으로 제품구매 후 사전에 정해진 금액을 돌려받는 것.

많은 10대 고객들이 가족을 위한 식료품 구매에 책임을 진다.

아동은 연간 평균 4만 개의 TV광고에 노출된다. 미국에서, 2세와 18세 사이의 아동과 청소년은 텔레비전, 컴퓨터, 비디오, 영화, 비디오 게임, 휴대폰, 라디오를 포함하는 전자매체에 주당 거의 40시간을 소비한다. 평균적인 미국 아동은 다른 어떠한 것을 하는 것보다 스크린을 쳐다보는 데 더 많은 시간을 소비한다(Levin & Linn, 2004).

십대들은 의복, 화장품, 그리고 비디오테이프, 오디오테이프, CD와 같은 개인적인 품목에 연간 300억 달러를 소비하는 것으로 추정된다. 그들은 또한 가계비 지출의 많은 부분에 책임이 있다고 추정된다. 많은 청소년은 식료품 목록을 작성하고, 특정 상표에 관한 결정을 내리며, 가족을 위한 쇼핑을 한다. 십대 소녀의 60% 이상과 십대 소년의 40% 이상이 일상적인 식료품 쇼핑을 하는 것으로 생각된다.

거의 200명의 십대를 대상으로 한 연구에서 절반이 하루에 3시간까지 텔레비전을 시청하는 데 시간을 보내며, 3분의 1은 같은 양의 시간을 라디오 듣는 데 소비한다고 응답하였다. 십대는 또한 인터넷 사용이 증가하여 집과 학교에서 더 많은 시간을 웹서핑에 소비한다. 너무나 많은 광고가 청소년을 대상으로 하고 있으며, 이러한 광고는 청소년이 자신을 바라보는 방식과 또래 및 성인과의 상호작용에 영향을 미치는 인기 있는 상표의 신발, 청바지, 휴대폰, 자동차를 소유하는 것의 중요성을 전달한다. 한 아동심리학자는 "아동이 본래 불안정하고 정체성을 찾는 발달단계인 십대에 이를 즈음이면, 그들은 이미 물질소유가 중요하다는 것을 배웠다."라고 언급하였다(Kersting, 2004, p. 61). 그들은 너무나 자주 그들이 영화와 TV에서 본 이미지로 자신을 규정한다.

<여기서 잠깐>

광고가 아동을 부당하게 이용하는가?

대답은 '그렇다'이다. 2004년 미국 심리학회는 어린 아동은 그들이 보고 듣는 것이 사실이며 공평하다고 가정하는 경향이 있기 때문에 8살 이하의 아동을 대상으로 하는 광고는 제한되어야 한다고 보고하였다. 그리고 심지어 광고인조차도 광고가 아동을 부당하게 이용한다는 것을 인정한다. 한 광고대행사의 대표는 "가장 좋은 광고는 그 제품이 없이는 사람들이 패배자라고 느끼게 만드는 것이다. 아동은 그것에 매우 민감하다. 만약 당신이 아동에게 무언가를 구매하라고 말한다면, 그들은 저항할 것이다. 그러나 만약 당신이 그들에게 그것을 구매하지 않으면 바보라고 말한다면, 당신은 그들의 주의를 얻게 된다. 당신은 감정적인 취약성을 건드린 것이고, 아동에게 그렇게 하는 것은 쉽다."

광고인은 제품의 '괴롭힘 요소'를 언급한다. 즉 광고인이 아동으로 하여금 부모가 특정 제품을 사 줄 때까지 부모를 얼마나 많이 괴롭히게 할 수 있는가에 관한 것이다. 한 임상심리학자는 부모가 이렇게 보채는 아이에 대해서 어떻게 대응해야 하는지에 대해 상당한 정서적인 혼란을 경험한다고 말하였다. 부모는 아이가 원하는 불량식품이나 폭력적인 비디오 게임이 아이에게 나쁘다고 믿기 때문에 그것들을 사주는 것에 대해 죄책감을 느낀다. 또한 부모는 그들이 반대하는 것에 대해서도 죄책감을 느끼는데, 이는 아이에게 신발이나 가방을 사주지 않는 것이 아이의 우울이나 불안, 낮은 자존감으로 이어질까 염려하기 때문이다.

광고인은 또한 비평가가 아이들이 자라서 자신의 개인적 특성 대신에 그들의 소유물로 자신의 가치를 규정하게 만든다고 비판하는 물질주의적 태도를 가능한 한 빨리 발달시키려 한다.

자 이제, 비평가가 크게 비난하는 그 조작과 기만은 어떠한가? 심리학자는, 그들 중 일부가 아동이 제품을 사도록 설득하기 위한 효과적인 기법을 개발할 수 있도록 광고인을 돕는다 할지라도, 그것이 발생한다는 데 동의한다. 한 심리학자는 "그들의 제품을 위해 마케터가 일상적으로 지어내는 인기, 성공, 매력에 대한 거짓 약속은 너무나 흔해서 우리는 그들의 부정직함에 익숙해진다. 그러나 어른이 지속적으로 아이를 속이고 조작할 때 그것이 우리 아이의 다른 사람을 신뢰하고 세상 속에서 안전하다고 느낄 수 있는 능력을 손상시키게 됨을 우리는 알고 있다."고 말하였다.

아동은 어린 나이부터 광고가 실제 삶과 같지 않으며 그것을 심각하게 받아들여서는 안 된다는 것을 배우는가? 누구를 그리고 무엇을 신뢰해야 하는지를 배우는 것이 성장의 일부인가? 그리고 비록 심리학자가 전혀 관여하지 않는다 하더라도, 광고인이 동일한 일을 하고 있지는 않을까? 여기 광고업계의 본심이 있다: 만일 기업이 제품을 팔기 위해 광고책략을 사용하지 않는다면, 그들은 파산할 것이고 대부분 아이들을 가지고 있는 수많은 근로자를 해고해야만 할 것이다. 당신은 동의하는가?

출처: R. A. Clay, Advertising to children: Is it ethical? *Monitor on Psychology*, August 2000, 52–53; A. D. Kanner & T. Kasser (2000). Stuffing our kids: Should psychologists help advertisers manipulate children? *The Industrial–Organizational Psychology*, *38*(1), 185–187. Ads that target kids are unfair, studies say. *St. Petersburg (FL) Times*, February 24, 2004.

한 조사에서 18~24세까지의 대학생 329명에게 여러 다른 매체에서의 광고가 얼마나 정보를 제공하는가를 질문하였다. TV광고와 신문/잡지광고가 정보의 가치에서 높게 평가되었다. 모든 매체를 고려할 때, 이 표본의 여성은 남성보다 광고를 더 정보적인 것으로 생각하였다(Wolburg & Pokyrwczynski, 2001).

노년층 광고

변화하는 인구통계학적 경향은 광고인에게 또 다른 중요한 시장을 제공하는데, 이는 50세 이상의 노동인력이다. 수적으로 그리고 부가 증가하고 있는 이 소비자층은 2020년까지 인구의 3분의 1 이상을 차지할 것이다. 50세 이상 집단은 첫 번째 베이비 붐 세대를 포함하며 자유롭게 지출할 수 있는 많은 가처분 소득을 가진 7,600만 명의 시장이다. 50세가 넘는 사람은 미국에서 자유재량 수입의 절반을 가지고 있으며, 65세 이상의 사람은 연간 소득에서 25~34세의 사람보다 두 배나 많다.

50세 이상 집단은 재화와 서비스에서 수십 억 달러의 시장을 대변한다. 광고인은 노인 소비자에 대한 고정관념을 깨고 광고에서 노인의 이미지를 바꾸는 것을 통해 이러한 추세에 대응하고 있다. 매력적인 노인모델을 사용하는 광고는 화장품, 모발관리 제품, 호화로운 관광, 자동차, 의복, 보석, 헬스클럽, 투자 등을 촉진하고 있다.

65세 이상의 은퇴한 사람은 의류, 가구, 여행, 오락, 건강관리 제품과 서비스의 커다란 시장을 구성한다. 그들은 신문과 잡지를 더 많이 읽는 경향이 있으며, 그들이 선호하는 TV프로그램은 뉴스와 스포츠 프로그램을 포함한다. 따라서 그들은 매스미디어 광고에 의존하며 또한 쇼핑을 위해 인터넷을 사용하기도 한다. 20세 이하의 인터넷 사용자보다 50세 이상의 인터넷 사용자가 더 많다. 50세 이상 집단은 책, 주식, 컴퓨터 장비 등을 50세 이하 집단보다 더 자주 온라인에서 구매하는 경향이 있다. 컴퓨터를 사용할 수 있는 65세 이상의 사람들 중 90% 이상이 온라인에서 쇼핑을 한다. 노인 소비자는 젊은 사람만이 재미있을 수 있다는 내용을 암시하는 광고에 매우 비판적이다.

요 약

소비자심리학은 조사, **초점집단**, 동기 연구, 행동관찰, 그리고 상표 동일시와 선호연구를 통해 소비자 행동을 연구한다. 광고효과는 직접 질문, **보조회상**과 **재인**, 생리측정, **판매조사**, 쿠폰회수 등을 통해 측정된다. 광고유형은 직접 판매, 제품 이미지, 소비자 인식, 기업이미지 등을 포함한다. 광고 소구는 긍정적, 부정적, 또는 혼합된 것일 수 있고, 또는 유명인 모델을 포함할 수 있다. 많은 광고는 소비자가 믿는 경향이 있는 암시된 우월성을 주장한다.

등록상표는 제품 이미지와 마찬가지로 효과적인 광고수단이 될 수 있다. 포장 또한 구매시점에 영향력이 있을 수 있다. 섹시한 이미지는 광고에서 일반적으로 사용된다. 그것은 사람의 주의를 끌기는 하나 광고메시지의 회상에 영향을 미치지 않는 것으로 보인다. 대부분의 사람은 TV광고를 싫어하며, 그것을 회피하고, 그들이 본 광고의 4분의 3을 기억하지 못한다. 인터넷 광고는 증가하였다. 배송료, 신용카드 안전성, 실제로 제품을 만지거나 볼 수 없다는 이유로 아직도 온라인 쇼핑을 하지 않는 소비자가 존재하지만, 단순한 웹페이지 디자인은 광고제품을 소비자가 구매하게 하는 데 효과적이다. 남성이 여성보다 더 자주 온라인에서 쇼핑을 한다. 웹사이트에 대한 신뢰 또한 온라인 쇼핑의 한 요인이다. 온라인 광고를 보는데 더 많은 시간을 보내는 사람이 광고메시지를 회상하거나 제품을 인식할 가능성이 더 높다.

상표 껴 넣기(예를 들어 영화나 TV프로그램의 등장인물이 제품을 사용하게 하는 것)는 제품에 대한 소비자 의견에 영향을 미치는 데 있어서 효과적이다. 상표 충성은 소비자가 경쟁제품의 광고에 영향을 안 받게 할 수 있다. 제품가격은 종종 품질에 대한 지수로 사용된다. 특정 집단을 표적으로 하는 광고는 아동, 청소년, 노년층 등을 포함한다.

주요 용어

보조회상 검사	재인 검사
초점집단	판매조사 기법

복습 문제

1. John B. Watson은 소비자행동 연구에 어떠한 공헌을 했는가?
2. 미국 광고대행사 협회의 광고에 대한 대중적인 의견에 대한 전국적인 조사 결과를 기술하시오.
3. 전화나 대면으로 진행되는 조사보다 온라인 소비자 조사가 가지는 장점은 무엇인가?
4. 초점집단이 어떻게 진행되는지 묘사하시오. 조사와 비교하여 초점집단의 장점과 단점을 논의하시오
5. Ernest Dichter의 포장된 케이크 믹스에 대한 연구가 소비자 연구에 어떤 영향을 미쳤는가?
6. 당신이 도시의 슈퍼마켓에서 과자구매에 대한 연구를 수행하는 직업을 가지고 있다면, 어떻게 프로젝트를 설계할 것인가? 당신이 이 연구를 수행하는 데 어떤 문제들을 해결해야 할까?
7. 광고에 대한 반응을 검사하는데 소비자심리학자가 사용하는 기법들을 기술하시오.
8. 신문과 잡지광고의 효과를 결정하는데 쿠폰의 사용이 얼마나 효과적인가? 신문에서 쿠폰을 오려내는 것에 비해 온라인에서 쿠폰을 받는 것의 장점은 무엇인가?
9. 어떤 소구가 광고에서 더 효과적인가: 긍정적 혹은 부정적 소구? 충격 혹은 공포소구? 각 유형에 대한 예를 드시오.
10. 제품포장, 제품가격 책정, 광고에서 성적소구를 사용하는 것의 소비자 행동에 미치는 영향을 기술하시오.
11. 우리가 본 광고를 기억하도록 돕는 요인은 무엇인가? 처방약에 대한 광고는 얼마나 효과적인가?
12. 웹 광고의 장점과 단점은 무엇인가?
13. 온라인 쇼핑을 좋아하는 사람은 온라인 쇼핑을 싫어하는 사람과 어떻게 다른가?
14. 온라인에서 가장 많이 구매되는 제품은 무엇인가? 온라인에서 가장 구매되지 않는 제품은 무엇인가?
15. 상표 껴 넣기는 무엇인가? 성인을 대상으로 할 때 상표 껴 넣기는 얼마나 효과적인가? 아동을 대상으로 할 때는?
16. 당신은 8세 이하의 아동에게 광고를 하는 것이 윤리적이라고 생각하는가? 그 이유는 무엇인가?

더 읽을거리

Kasser, T., & Kanner, A. D. (Eds.) (2004). *Psychology and consumer culture: The struggle for a good life in a materialistic world.* Washington, D.C: American Psychological Association. 소비주의와 소비주의가 사람의 삶과 사회에 주는 효과에 대한 심층적인 심리분석. 소비자 행동을 민족학, 아동기 발달, 성역할, 작업스트레스, 정신병리 등과 관련시킨다.

Lewis, D., & Bridger, D. (2000). *The soul of the new consumer: Authenticity—What we buy and why in the new economy.* London: Nicholas Brealey. 마켓연구가들은 쇼핑경험과 텔레비전 광고에 대한 소비자 조사로부터 결과를 제시한다. 그들은 현대 소비자를 개인주의적이며 박식한 존재로 기술한다.

Longinotti-Buitoni, G. L. (1999). *Selling dreams: How to make any product irresistible.* New York: Simon & Schuster. Ferrari사의 북미지역 CEO인 저자는 제품 이미지와 제품기능 간의 정서적 연결에 관한 자신의 연구를 기술한다. 그는 자신의 아이디어를 자동차, 호텔, 잡지, 미용제품, 와인, 의류, 전자제품 등에 적용한다.

Reichert, T., & Lambiase, J. (Eds.) (2003). *Sex in advertising: Perspectives on the erotic appeal.* Mahwah, NJ: Frlbaum. 광고에서 성에 관한 질문에 답하려 한다. 광고에서의 성은 무엇인가? 그것은 효력이 있는가? 왜 인기가 있는가? 그것이 여러 다른 소비자 집단에 어떻게 영향을 주는가? 그것은 새로운 매체에 의해 어떻게 사용되는가? 사회에 미치는 효과는 무엇인가?

Simonson, I., Carmon, Z., Dhar, R., Drolet, A., & Nowlis, S. M. (2001). Consumer research. *Annual Review of Psychology, 52,* 249-275. 소비자 행동의 이론, 사회 및 인지적 영향, 그리고 연구 방법(온라인 행동, 현장실험, 실험실 연구를 포함) 등을 고찰한다.

Tourangeau, R., Rips, J. L., & Rasinski, K. (2000). *The psychology of survey response.* New York: Cambridge University Press. 조사응답의 심리적 기제에 관한 연구를 요약하고 고찰한다. 조사질문의 표현에서의 사소한 변화가 근로자 이해, 판단, 응답에 영향을 줄 수 있음을 보여 준다.

Twitchell, J. B. (2001). *20 ads that shook the world: The century's most groundbreaking advertising and how it changed us all.* New York: Crown. 코카콜라, 폭스

바겐, 리스테린, 나이키, 리디아 F. 핑크햄의 Vegetable Compound의 고전적 광고캠페인을 돌이켜보며, 자신에게 필요하다는 것을 소비자가 전혀 알지 못하는 제품을 위한 마켓이 어떻게 창출될 수 있는지를 보여 준다.

Underhill, P. (1999). *Why we buy: The science of shopping*. New York: Simon & Schuster. 한 도시 지리학자가 슈퍼마켓, 서점, 백화점 등에서 쇼핑객을 20년간 관찰한 것에 근거하여 자신의 발견을 제시한다.

Williams, J. D., Lee, W.-N., & Haugtvedt, C. P. (Eds.) (2004). *Diversity in advertising: Broadening the scope of research directions*. Mahwah, NJ: Erlbaum. 편견과 차별, 성 선입관, 언어, 정보처리에서의 집단차이, 사회맥락, 유명인 모델, 민족적 정체성과 표적 마케팅, 문화 삽입 광고, 종교적 상징주의, 그리고 사회가치 등을 포함하는 광고 다양성에 관한 연구를 고찰한다.

용어 해설

A 유형/B 유형 성격 스트레스에 대한 저항과 관련된 개인의 성격 패턴. A유형 성격의 사람들은 심장질환, 분노, 적의, 시간적 조바심 그리고 우울과 관련이 많다. B유형 성격의 사람들은 A유형 성격의 사람들만큼 열심히 일하지만 상대적으로 스트레스의 효과를 덜 받는다.

X 이론/ Y 이론 X 이론은 사람들이 게으르고 일을 싫어하기 때문에 반드시 이끌어 주고 가르쳐야 한다는 가정을 기본으로 한 경영의 접근 방식이다. Y 이론은 사람들은 일에서 만족을 추구하며, 개인 및 조직의 목표를 향해 (의사)결정과 직무에 참여하도록 하는 상사 밑에서 일할 때 종업원들은 높은 직무만족과 최상의 수행을 보인다는 것이다.

강인성 스트레스 취약성에서의 개인차를 설명할 수 있는 성격의 한 요인. 이른 바 강인한 사람은 자신의 삶 속에서 일어나는 일들을 통제할 수 있다고 믿기 때문에 스트레스에 대해 더 저항적일 수 있다.

강제배분기법 상사가 사전에 정해진 분포에 맞추어 부하들을 평가하는 수행 평정기법.

강제선택기법 상사가 제시된 선택 기술문에서 평가대상인 부하를 가장 대표하는 진술문과 대표하지 못하는 진술문을 선택하도록 하는 하나의 수행 평정기법.

개방형 질문 응답자가 자신의 말로 자신의 견해를 진술하는 조사 질문. 대학교 시험에서의 에세이 질문과 유사하다.

개인검사 한 시점에서 한 사람에게 실시되도록 설계된 심리검사.

개인-조직 적합성 종업원의 가치와 조직의 가치 사이의 일치도.

객관식 검사 채점과정이 개인의 판단 또는 편향에 영향받지 않는 검사.

거래적인 리더 리더와 부하 간의 특정 수준의 요구와 수행의 상호작용에 초점을 둔 리더십 유형.

검사 규준 검사를 수행하는 직무 지원자들의 특성과 유사한 많은 사람들이 보여 준 검사점수들의 분포.

검사-재검사법 동일한 집단의 사람들에게 검사를 두 번 실시하여 두 검사점수의 상관관계를 보는 것.

경력 자기관리 조직에 의한 것보다 오히려 종업원들에 의해 주도되는 기술 향상과 교육에 대한 생애적 접근법.

경로-목표 이론 리더가 부하들의 개인적·조직적 목표를 달성하기 위해 도움을 주는 행동에 초점을 맞춘 리더십 이론.

경영진 코칭 직무수행의 특정 부분을 향상시키기 위해 지도를 하는 개인적인 부문들.

고정대안 질문 응답자의 답변을 제시된 선택대안으로 제한하는 조사 질문. 대학교 시험에서 사지선다형 질문과 유사하다.

공학심리학 인간이 사용하는 기계와 장비를 설계하고, 기계를 효율적으로 조작할 수 있는 인간의 행동을 결정하는 학문 영역. 공학심리학은 인간공학, 혹은 어고노믹스라고도 불린다.

과학적 관리법 종업원들을 기계와 같이 생각해서 생산성 증가에 초점을 둔 관리 철학.

과학적 방법 통제되고 객관적이며 체계적인 연구 방법.

관료제 기업을 경영에 공식적·지시적·이성적으로 접근하는 방식.

관료주의 기업을 경영에 공식적·지시적·이성적으로 접근하는 방식.

구성타당도 검사로 측정한 심리적 특성들을 확인하기 위한 타당도의 한 유형.

구조 주도적 리더십 기능 부하의 작업 행동을 조직화, 정의, 지시하는 것에 관심을 둔 리더십 행동.

구조적 면접 특정 직무에 지원한 모든 지원자들에게 질문할 질문목록들이 사전에 결정된 면접.

권위주의적인 리더십 리더가 모든 의사결정과 부하들에게 해야 할 일을 지시하는 리더십 유형.

귀인 평가자가 부하의 행동에 대해 정적 또는 부적 설명에 원인을 돌리는 수행평가에서의 오류.

근로자 지원 프로그램 알코올이나 약물남용을 포함한 근로자들의 다양한 문제를 해결하기 위한 상담이나 재활 프로그램.

근무시간 자유선택제 일일 전체 작업시간 중에서 의무적으로 수행하여야 하는 핵심적 작업시간의 전후로 일을 시작하거나 마치는 시간을 근로자가 정할 수 있는 유연한 작업시간 시스템.

기술통계 연구자료를 간결하고 의미 있는 형태로 기술하거나 묘사하는 방법.

내용타당도 검사문항들이 검사가 측정하려고 하는 기술들을 정확이 반영하고 있는지를 평가하는 타당도의 한 유형.

능력검사 정해진 시간제한 없이 지원자들은 문제풀이에 필요한 충분한 시간을 가질 수 있는 검사.

다양성 훈련 종업원들로 하여금 자신의 편견을 인식하게 하고, 타인의 관점 및 관심에 민감하게 만들기 위한 훈련 프로그램.

대응집단 설계 종속변수에 영향을 줄 수 있는 연령, 직무 경험, 지능 등과 같은 특성에서 실험집단과 통제집단의 참가자를 일치시켜 두 집단 간에 유사성을 확보하려는 방법.

대인 감정 타인에 대한 개인적 느낌 또는 정서. 수행평가에서 상사와 부하 간의 정서적 관계는 부정적, 긍정적인 것에 상관없이 평가에 영향을 미칠 수 있다.

도제교육 현장 경험과 학급지도를 수반하는 숙련된 장인을 양성하기 위한 훈련 프로그램.

독립변수 실험에서 참가자의 행동에 미치는 효과를 결정하기 위해 실험자가 조작하는 자극변수.

동료평가 같은 직위에 있는 관리자 또는 임원들이 서로의 능력과 직무 행동에 관해 평가하는 하나의 수행 평정기법.

동시타당도 현직자의 검사점수와 직무수행 점수 간의 상관관계에 대한 검토를 통해 준거관련 타당도를 입증하는 하나의 방법.

동형검사법 동일한 집단의 사람들에게 검사를 두 번 실시하여 두 검사점수의 상관관계를 보는 방식으로 신뢰도를 결정하는 방식.

리더 없는 그룹토의 평가센터에서 사용하는 기법으로, 지원자들은 시간 압박하에서 실제 비즈니스 문제를 토론한다. 일반적으로 집단에서 출현한 리더가 토론의 방향을 제시한다.

메타분석 이전 연구 결과에 대한 대규모 재분석.

목표-설정 이론 직무상에서 주요 동기는 특정 목표를 달성하고자 하는 욕구로 정의된다는 동기 이론.

목표에 의한 관리 일정 기간 동안 달성해야 하는 목표에 대하여 종업원과 관리자 간의 상호 합의를 포함하는 하나의 수행 평정기법.

무선집단 설계 실험참가자를 실험집단과 통제집단에 무선으로 할당하여 두 집단 간에 유사성을 확보하려는 방법.

민주적인 리더십 리더가 부하와 함께 문제를 검토하고 일에 관한 의사결정을 내리는 리더십 유형.

바이오피드백 생리적 과정의 변화를 전기적 측정치를 통해 감시함으로써 사람들이 근육긴장, 혈압 혹은 뇌파를 제어하는 것을 학습하도록 하는 스트레스-경감 기법의 일종.

반분법 동일한 집단의 사람들에게 하나의 검사를 실시하여 전체를 반으로 나누어 이들 간의 상관관계를 보는 방식으로 신뢰도를 결정하는 방식.

배려적 리더십 기능 부하의 감정에 대한 지각과 감수성을 포함하는 리더십 행동.

밴딩 소수집단 직무 지원자의 검사점수를 묶어서 선발률을 같게 만들려는 논란이 있는 조치.

변혁적인 리더 부하의 관점에 제약받지 않고 부하의 관점을 변화시키는 리더십 유형.

변화 담당자 변화를 시행하고 집단 자신감과 효율성을 발전시키기 위한 조직 변화 촉진자.

보조회상 광고 내용이 회상될 수 있는 정도를 결정하여 광고효과를 측정하는 방법. 면접원은 세부적인 질문을 함으로써 회상을 돕는다.

보호적 배제 법적 소송을 방지하기 위해 가임 연령의 여성과 같은 특정 근로자 집단이 위험한 직무를 수행하지 못하도록 하는 것.

부정적 정서성 삶과 직무에 대해 일반화된 불만족을 보이고, 생활 속에서 일어나는 부정적 측면에 초점을 맞추는 성격 차원.

불리효과 선발 결정에서 소수집단의 직무 지원자가 다수집단의 직무 지원자에 비해 눈에 띄게 부당한 대우를 받는 효과.

불충분한 정보 오류 평가자가 부하에 대한 부정확하고 불충분한 정보 때문에 발생하는 수행평가에서의 오류.

비구조적 면접 면접의 형식과 질문이 면접관에 따라 결정되는 면접.

비즈니스 게임 의사결정기술과 문제해결의 개발을 촉진시키는 복잡한 조직 상황을 모사하는 훈련 방법.

빈도 분포 각 점수가 나타난 횟수를 보여 주는 원자료에 대한 그래프 묘사.

사고 경향성 이론 어떤 사람들은 사고에 휘말릴 가능성이 높은 성격특질을 갖고 있으며, 대부분의 사고는 이러한 몇몇 사람들에 의해 발생하거나 이들이 관련된다고 보는 이론. 그러나 연구 결과는 이러한 생각을 지지해 주지 않는다.

사례연구 피훈련자들이 경영 문제를 분석하고 해결책을 제공하는 경영진 훈련의 방법.

사회적 태만 사람들이 혼자서 일을 할 때 집단에 있을 때만큼 열심히 안 하는 현상.

사회화 신참자가 조직 내 위계에서의 역할, 조직의 가치, 작업집단에서 받아들일 수 있는 행동을 학습하는 적응과정.

산업 및 조직심리학 심리학의 방법, 사실, 원리 등을 근무하는 사람에게 적용.

상관 두 변수 간의 관계. 관계의 강도와 방향이 상관계수에 의해 표현된다.

상사-부하 교환 리더-부하 관계가 리더십 과정에 영향을 미치는 과정에 초점을 둔 리더십 이론.

상여금 제도 생산량이 많을수록 더 많은 봉급을 지급하는 주로 생산직 종업원에 대한 임금 체계.

상황 면접 개인적 성격 또는 직무 경험보다는 성공적인 직무수행에 필요한 행동에 초점을 둔 면접.

상황 이론 리더십 이론의 하나로 리더의 영향력은 리더의 개인적인 특성과 리더십 상황에서의 특성과의 상호작용에 의해 이루어진다.

상황검사 종업원 선발 및 수행평가를 위한 평가센터의 초기 이름이다. 종업원들은 묘사된 직무 상황에 배치되고, 스트레스 상황하에서 이들의 행동은 관찰되고 평가받는다.

서류함 기법 평가센터에서 사용하는 기법으로 지원자들을 전향적인 관리자의 서류함에서 볼 수 있는 메모, 편지, 지시사항에 대해 처리하게 한다.

서류함 기법 평가센터에서 사용하는 기법으로, 지원자들은 전형적인 관리자의 서류함에서 볼 수 있는 메모, 편지, 지시사항에 대해 처리해야 한다.

선발률 고용 가능한 사람의 수와 고용된 사람 수 사이의 관계

성격검사 개인의 특성과 감정을 평가하기 위한 심리검사.

성과급 직무수행의 수준에 기초해서 지급되는 봉급 체계.

성과평정 직무수행에 대한 객관적인 평가를 하기 위해 설계된 객관적인 평정방법들.

성취동기 무엇인가를 이루고, 수행을 잘하고, 최고가 되려는 동기에 초점을 둔 동기 이론.

속도검사 정해진 시간제한이 있어서, 제한 시간 동안 문제를 풀어야 하는 검사.

수근관 증후군 손가락, 손 그리고 전완 등에 마비나 저림 혹은 통증을 가져오는 반복성 운동 장애.

수행평가 경력에 관한 의사결정을 목적으로 종업원의 수행에 대한 주기적이고 공식적인 평가.

순위법 상사가 부하들의 능력 및 직무 숙련도에 대해 최고에서 최저까지 순서를 매기는 하나의 수행 평정기법.

스트레스 환경에서 주어지는 과도하거나 불쾌한 자극 혹은 위협적인 사건에 대한 생리적·심리적 반응.

시간-동작 연구 작업도구를 재설계하고, 반복적이고 일정한 직무를 수행하는 작업자들의 작업방식을 개선하기 위해 시도된 공학심리학의 한 연구 분야.

신뢰도 검사에 대한 반응의 일관성 혹은 안정성을 말한다.

실습장 훈련 가상 작업공간에서 하는 훈련.

실험법 실험참가자의 수행 또는 행동에 미치는 변수의 효과를 결정하기 위한 과학적 방법.

실험집단 실험에서 독립변수에 노출된 참가자의 집단.

안면타당도 검사문항들이 해당 직무와 얼마나 관련되어 보이는지에 대한 주관적인 인상.

암묵적 리더십 이론 과거 서로 다른 유형의 리더에 대한 경험을 바탕으로 좋은 리더를 기술하는 리더십 이론.

양적 시각 디스플레이 속도, 고도 혹은 온도와 같은 정보를 정확한 수치로 제공하는 디스플레이.

업무생활의 질 조직의 의사결정 및 정책수립에 능동적으로 종업원을 참여시키는 조직 프로그램.

역차별 모집, 고용, 승진 및 기타 인적자원 의사결정시 소수집단에 대한 선호가 다수집단에 대한 차별을 일으키는 현상.

역할 모호성 직무 책임이 구조화되지 않았거나 열악하게 정의된 상황에서 발생한다.

역할 연기 피훈련자들이 부하들이 겪는 상황들에서 다양한 행동을 연기해 보고, 상사의 역할을 연기해 보는 경영 훈련 기법.

역할갈등 직무요구와 근로자의 개인적 기준 사이에 괴리가 있을 때 발생한다.

역할갈등 직무요구와 종업원 개인의 기준이 불균형을 이루는 상황.

역할갈등 직무요구와 종업원의 개인적 기준 간의 차이가 있을 때 일어나는 상황.

역할모호성 종업원들의 직무가 제대로 구조화되지 못하거나 정의되지 않은 상황.

예측타당도 새로운 검사가 모든 직무 지원자들에게 실시되고, 검사점수와 상관없이 모두 채용이 되는 방식으로 준거관련 타당도를 입증하는 하나의 방법. 후속적으로 직무수행 점수를 확보하여 검사점수와 직무수행 점수의 상관관계를 통해 검사가 직무 성공을 얼마나 잘 예측해 주는지를 검토한다.

요구분석 훈련 프로그램을 설계하기 전에 공공과 개인의 목표들에 대한 분석을 하는 것.

욕구위계 이론 생리적, 안전, 소속감, 존중 및 자기실현 욕구를 포함하는 동기 이론.

위생동기(2요인) 이론 직무 과업과 작업환경 특성 측면에서 작업 동기와 직무만족을 설명하는 동기 이론.

유인가-도구성-기대(VIE) 이론 사람들이 어떤 방식으로 행동할 때 특정 보상이 수반될 것이라는 기대를 바탕으로 선택을 한다는 동기 이론.

이론적 타당도 검사의 속성과 내용에 관련된 타당도를 나타내는 것으로 직무수행 측정치와의 관련성과는 무관하다.

이완 훈련 신체 부위를 차례로 옮겨가며 이완시키는 데 집중하는 스트레스-경감 기법의 일종.

인간-기계 시스템 특정 과제를 수행하기 위해 인간과 기계가 함께 작동하는 시스템.

인상관리 좋은 인상을 만들고, 자신을 바람직하게 보이기 위해 의도적으로 하는 행동.

인종규준 소수집단 지원자들의 점수를 상향 조정하여 선발률을 같게 만드는 현재는 불법인 논란이 있는 조치.

인체 측정학 인체의 신체적 구조를 측정하는 것과 관련되는 공학심리학의 한 영역.

일관성 오류 평가자가 사용하는 기준의 차이에 의해 발생하는 수행평가에서의 오류.

일중독 불안이나 불안정성 때문에 혹은 일하는 것을 정말로 좋아해서 나타나는 일에 대한 중독.

자기관리 작업집단 구성원들이 신입사원의 선발, 고용, 훈련에서 휴가까지 직무의 모든 측면을 관리, 통제, 감독하는 작업집단.

자기관리 작업집단 작업집단의 구성원들이 모집, 선발, 훈련에서 휴식을 가지는 시간까지 작업의 모든 측면을 관리, 감독, 통제하는 종업원 집단.

자기보고식 성격검사 특정한 상태, 증상, 느낌에 관한 문항을 포함하는 성격평가검사로 수검자들은 각 문항들이 자신을 얼마나 잘 설명하고 있는지 혹은 각 문항에 대해 얼마나 동의하는지를 답하게 된다.

자기평가 관리자들이 자신의 능력과 직무수행에 대해 평가하는 하나의 수행 평정기법.

자연주의적 관찰 독립변수의 실험조작 없이 자연스런 상태에서 행동을 과학적으로 관찰하는 방법.

작업 과부하 작업 과부하는 주어진 시간 안에 수행해야 할 일이 너무 많거나, 근로자가 수행하기에는 너무 어려운 작업을 수행해야 하는 조건에서 발생한다.

작업 과소부하 작업 과소부하는 작업이 너무 너무 쉽거나 개인의 능력에 비해 도전감을 제대로 유발하지 못하는 작업을 수행하는 조건에서 발생한다.

재인 소비자가 특정 광고를 인식하는지, 그들이 그것을 어디서 봤는지, 그리고 그들이 그것에 관해 회상할 수 있는지 등을 소비자에게 질문하여 광고효과를 측정하는 방법.

적성검사 기계적 특성 또는 사무적성과 같은 특정 능력을 측정하기 위한 심리검사.

전기검사 지원자의 과거 행동, 태도, 선호 및 가치와 같은 것을 포괄하는 종업원 선발 기법.

전사적 품질관리 종업원 관여와 책임감의 증가를 특징으로 하는 참여적 관리 프로그램.

점검-판독 디스플레이 오퍼레이터에게 시스템이 켜져 있는지 아니면 꺼져 있는지, 안전한지 아니면 불안전한지, 혹은 정상적으로 작동하는지 아니면 오작동하고 있는지의 여부를 알려 주는 디스플레이.

정규분포 대부분의 점수가 중심 근처에 위치하고 소수가 좌우 극단에 위치하는 종모양의 분포.

정상 근무시간 근로자들이 직무수행에 사용하도록 정해진 시간. 정상 근무시간에 포함된 시간이 실제로는 모두 직무 과제를 수행하는 데 사용되는 것은 아니다.

조사연구법 사람들이 자신의 느낌이나 의견에 관해 무엇을 말할지 또는 그들이 주어진 상황에서 어떻게 행동할 것이라고 말할지를 파악하기 위해 설계된 면접, 행동관찰 및 설문.

조직 기반 자존감 자신이 고용되어 있는 조직 안에서 자신의 적합성과 가치를 스스로 평가하는 것과 관련된 성격 차원.

조직개발 계획된 조직 변화의 연구와 실행.

조직문화 조직의 모든 구성원의 행동을 안내하는 신념, 기대, 가치의 일반적 유형.

종속변수 실험에서 독립변수의 조작에 따라 나타나는 참가자의 결과적 행동.

주관식 검사 서술식 질문 같은 문항들이 포함된 검사. 채점과정이 개인의 특성과 채점자의 속성에 의해 영향받을 수 있다.

주도성 자신의 환경에 영향을 미치거나 변화시키려고 시도하는 경향성.

준거관련 타당도 검사점수와 후속적인 직무수행 간의 관계를 확인하는 것과 관련된 타당도의 한 유형.

중대사건기법 직무상에서 바람직한 또는 바람직하지 않은 결과를 일으키는 구체적 행동을 규명하기 위한 방법.

중앙치 통계분포의 중간지점에 있는 점수; 점수의 반은 중앙치 아래에 나머지 반은 위에 놓인다.

직무 단순화 비숙련된 혹은 반숙련된 작업자도 능숙하게 작업할 수 있도록 하기 위해 제조과정을 가장 단순한 형태로 축소하는 것.

직무 순환 몇 년에 걸쳐 다양한 직무와 부서에 피훈련자들을 배치시키는 경영 훈련기법.

직무 열의 활력, 직무관여 및 효능감에서 높은 점수를 받은 사람들이 보이는 일에 대한 진정한 즐거움.

직무 확충 특정 직무 영역을 확장시키는 노력을 통해 종업원들이 계획, 수행, 평가에 있어서 더 큰 역할을 하게 하는 것.

직무만족 우리가 직무에 대해 느끼는 긍정적·부정적 감정과 태도.

직무분석 작업자가 수행하는 과업의 본질에 대해 세부적으로 기술하는 방식.

직무일치성 개인의 능력과 직무요구 간의 일치.

직무특성 이론 특정한 직무특성이 심리적 상태를 유발하고 결과적으로 높은 성장욕구를 가진 종업원들에게 동기, 수행, 만족에서 이점을 준다는 동기 이론.

직업 건강심리학 직무 스트레스와 근로자의 안녕과 관련한 다른 요인들을 다루는 학문 영역.

직업분석 한 직무에서 다른 직무로 전환될 수 있는 특정한 과업과 기술에 관한 연구.

질적 시각 디스플레이 정보에 대한 정확한 수치보다는 수치의 범위를 제공하는 디스플레이. 이러한 디스플레이는 엔진 온도와 같은 요소들이 안전한 범위에서 혹은 불안전한 범위에서 작동하고 있는지 알려 주기 위해 주로 사용된다.

집단 심인성 장애 스트레스 관련 장애의 일종으로 여러 신체적 증후들이 나타나 작업자 집단 사이로 급속하게 확산되는 것이 특징이다. 흔히 생산라인 히스테리라고 불린다.

집단 응집력 소규모 작업집단의 응집점, 결속력, 공통의 관심사.

집단검사 한 시점에서 다수의 사람에게 실시되도록 설계된 심리검사.

짝진 비교기법 종업원 각자의 수행을 한 부서의 다른 모든 종업원 수행과 비교하는 하나의 수행 평정기법.

청각 디스플레이 인간-기계 시스템에서의 청각적으로 제공되는 경보나 경고 신호. 청각 디스플레이는 시각 디스플레이에 비해 주의를 더 잘 끌 수 있다.

초점집단 제품이나 광고 또는 특정한 논점에 대한 반응을 기술하기 위해 돈을 받고 참여하는 8~12명의 집단 구성원을 통해 대중적인 견해를 조사하는 방법.

최빈치 자료 분포에서 가장 빈번하게 획득된 점수.

최신 수행 오류 평가자가 가장 최근의 행동에 기초하여 평가하는 수행평가에서의 오류.

추리통계 확률에 의해 관계를 드러내는 연구자료를 분석하는 방법.

친사회적 행동 조직에 도움이 되는 상사, 동료 및 고객에 대한 행동.

카리스마적 리더십 자기 발전적 성격, 높은 수준의 에너지, 위험 감수 경향으로 특징지어지는 리더십 유형. 카리스마적 리더는 부하들을 독립적으로 사고할 수 있게 자극한다.

컴퓨터 보조 교수법 피훈련자들이 자신의 학습 속도에 맞게 훈련자료를 학습하고 향상 속도에 대한 즉각적인 피드백을 받는 컴퓨터 기반 훈련 방법.

컴퓨터 활용 검사 특정 문항에 대한 지원자의 반응에 따라 후속문항의 난이도가 결정되는 방식으로 진행되는 심리검사를 실시하는 한 가지 방법.

타당도 심리검사 또는 다른 선발도구가 측정하려고 하는 것을 측정하고 있는지를 결정하는 것.

타당도 일반화 한 상황에서 타당한 검사가 다른 상황에서도 타당할 것이라는 개념.

탈진 과로에 의해 나타나는 직무 스트레스의 한 유형.

통계 유의성 실험결과에 대해 우리가 가질 수 있는 확신 수준. 유의성은 확률계산에 근거한다.

통제소재 결과의 근원이 어디에 있는지에 대한 개인의 믿음. 내적 통제소재를 갖고 있는 사람은 직무수행, 임금 혹은 승진이 자신의 통제 안에 있고 자신의 행동에 따라 달라진다고 믿는다. 외적 통제소재를 지닌 사람은 이와 같은 것들이 외적인 요인(예를 들면, 운)에 의해 결정된다고 믿는다.

통제집단 실험에서 독립변수에 노출되지 않은 참가자의 집단.

투사기법 수검자들이 잉크반점과 같은 모호한 자극에 대해 자신의 느낌을 제시하는 방식으로 구성된 성격평가검사.

판매조사 방법 선별된 검사마켓에 새로운 광고를 소개함으로써 광고효과를 측정하는 방법.

편포 대부분의 점수가 높거나 낮은 한 극단에 위치한 자료의 비대칭 분포.

평가센터 지원자들이 실제 직무상의 문제를 해결하는 것을 묘사한 직무 상황을 포함하는 하나의 선발 및 훈련방법.

평균 산술평균; 자료분포의 중심경향을 기술하는 방법.

평균평정 오류 평정자가 부적이든 정적이든 극단적인 점수를 부여하지 않으려는 수행평가에서의 오류로, 결과적으로 대부분의 평정은 평균에 위치하게 된다.

평정척도 상사가 각각의 직무 관련 특성에 대해 부하가 얼마나 어떻게 잘 하고 있는지를 나타내는 하나의 수행 평정기법.

표준편차 분포분산도의 측정치로 분포의 기준선에 따른 정확한 거리.

표준화 심리검사 실시에 관한 조건과 과정의 일관성.

표준화 표본 검사 규준을 설정하기 위해 사용된 사람들의 집단. 표준화 표본들의 점수들은 수검자들의 상대적 위치를 결정하기 위한 비교점으로서의 기능을 한다.

피그말리온 효과 부하의 직무수행 수준에 대한 상사의 기대가 실제 직무수행에 영향을 미친다는 자기 충족적 예언.

할당 표집 조사를 위해 모집단의 대표적인 표본을 구성하는 방법. 표본이 모집단의 구성 비율을 반영해야 하기 때문에, 할당은 연령, 성별, 인종 등과 같은 다양한 범주에서 정해진다.

행동 수정 바람직한 직무 행동에 대해 종업원들에게 보상으로써 정적 강화를 주는 훈련 프로그램.

행동관찰 척도 상사가 중대한 부하의 행동의 빈도에 대해서 평정하도록 하는 하나의 수행 평정기법.

행동기준 평정척도 상사가 중대한 부하 행동에 대해서 평정하도록 하는 하나의 수행 평정기법.

행동적 모델링 피훈련자들이 성공적인 상사들의 직무 행동을 따라 하려는 경영 훈련 기법.

현실적인 직무 소개 구직 희망자들에게 직무에 대한 긍정 및 부정적 측면에 대한 정보를 제공하는 모집 방법.

현장 훈련 직무에서 직접적으로 이뤄지는 훈련.

형태 부호화 만져만 보고도 어떤 것인지 구분할 수 있도록 제어판에 있는 제어장치들의 형태를 서로 상이하게 설계하는 것.

형평 이론 직무에 대한 동기는 우리가 얼마나 공정하게 대접받는지에 대한 지각에 의해서 영향받는다는 동기 이론.

호손 연구 일리노이 주의 호손에 있는 Western Electric사 공장에서 장기간에 걸쳐 수행된 연구. 근로자 행동에 미치는 다양한 관리 및 조직요인의 영향력을 보고함.

확률 실험과 통제집단의 평균 간의 차이가 우연에 의해 일어날 수 있다는 생각.

확률 표집 조사를 위해 모집단의 대표적인 표본을 구성하는 방법. 모집단에 있는 각각의 사람은 표본에 포함될 동동한 확률과 기회를 갖고 있다.

환경심리학 작업장 설계가 사람들의 행동이나 태도에 어떠한 효과를 미치는지 연구하는 학문.

후광효과 사람의 한 가지 특성을 근거로 긍정적 혹은 부정적 방향으로 그 사람의 전체적인 특성으로 일반화하는 경향.

후광효과 하나의 속성에 기초하여 개인의 모든 행동 및 특성에 대한 평가를 하는 방법.

흥미 검사 개인의 흥미와 선호를 평가하기 위한 심리검사. 이러한 검사들은 경력 상담시 주로 사용된다.

참고 문헌

Alcohol and drug abuse in America today. (2004). Washington, D.C.: U.S. Department of Labor.

Allen, T., Eby, L., Poteet, M., Lentz, E., & Lima, L. (2004). Career benefits associated with mentoring for proteges: A meta-analysis. *Journal of Applied Psychology, 89*, 127-136.

Antonioni, D. (1994). The effects of feedback accountability on upward appraisal ratings. *Personnel Psychology, 47*, 349-356.

Antonioni, D., & Park, H. (2001). The effects of personality similarity on peer ratings of contextual work behavior. *Personnel Psychology, 54*, 331-360.

Aquino, K., Tripp, T., & Bies, R. (2001). How employees respond to personal offense: The effects of blame attribution, victim status, and offender status on revenge and reconciliation in the workplace. *Journal of Applied Psychology, 86*, 52-59.

Arthur, M. (2003). Share price reactions to work-family initiatives: An institutional perspective. *Academy of Management Journal, 46*, 497-505.

Arthur, W., Bennett, W., Edens, P., & Bell, S. (2003). Effectiveness of training in organizations: A meta-analysis of design and evaluation features. *Journal of Applied Psychology, 88*, 234-245.

Arthur, W., Day, E., McNelly, T., & Fdens, P. (2003). A meta-analysis of the criterion-related validity of assessment center dimensions. *Personnel Psychology, 56*, 125-154.

As, S. (2001). *The measurement of accident proneness.* Groningen, Netherlands: Groningen University.

Atkins, P., & Wood, R. (2002). Self-versus others' ratings as predictors of assessment center ratings: Validation evidence for 360-degree feedback programs. *Personnel Psychology, 55*, 871-904.

Atkinson, J. W., & Feather, N. T. (1996). *A theory of achievement motivation.* New York: Wiley.

Atwater, L., Waldman, D. A., Atwater, D., & Cartier, P. (2000). An upward feedback field experiment. *Personnel Psychology, 53*, 275-295.

Auty, S., & Lewis, C. (2004). The "delicious paradox": Preconscious processing of product placements by children. In L. Schrum (Ed.), *The psychology of entertainment media: Blurring the lines between entertainment and persuasion*. Mahwah, NJ: Erlbaum.

Avery, D. (2003). Reactions to diversity in recruitment advertising: Are differences Black and White? *Journal of Applied Psychology, 88*, 6 72-679.

Avery, R., & Ferraro, R. (2000). Verisimilitude or advertising? Brand appearance on prime-time television. *Journal of Consumer Affairs, 34*, 2 17-244.

Bailey, D. (2004). Number of psychology PhDs declining. *Monitor on Psychology, 35*(2), 18-19.

Bandura, A., & Locke, E. (2003). Negative self-efficacy and goal effects revisited. *Journal of Applied Psychology, 88*, 87-99.

Bargh, J., & McKenna, K. (2004). The Internet and social life. *Annual Review of Psychology, 55*, 573-590.

Barling, J., Kelloway, E., & Iverson, R. (2003). High-quality work, job satisfaction, and occupational injuries. *Journal of Applied Psychology, 88*, 276-2 83.

Barling, J., Loughlin, C., & Kelloway, F. (2002). Development and test of a model linking safety-specific transformational leadership and occupational safety. *Journal of Applied Psychology, 87*, 488-496.

Barling, J., Zacharatos, A., & Hepburn, C. G. (1999). Parents' job insecurity affects children's academic performance through cognitive difficulties. *Journal of Applied Psychology, 84*, 437-444.

Barrett, J., & Kirk, S. (2000). Running focus groups with elderly and disabled elderly participants. *Applied Ergonomics, 31*, 621-629.

Barrick, M., Stewart, G., & Piotrowski, M. (2002). Personality and job performance: Test of the mediating effects of motivation among sales representatives. *Journal of Applied Psychology, 87*, 43-51.

Barron, K., & Harackiewicz, J. (2001). Achievement goals and optimal motivation: Testing multiple goal models. *Journal of Personality and Social Psychology, 80*, 706-722.

Baruch-Feldman, C., Brondolo, E., Ben-Dayan, D., & Schwartz, J. (2002). Sources of social support and burnout, job satisfaction, and productivity. *Journal of Occupational Health Psychology, 7*, 84-93.

Bass, B., Avolio, B., Jung, D., & Berson, Y. (2003). Predicting unit performance by assessing transformational and transactional leadership. *Journal of Applied Psychology, 88*, 207-218.

Beal, D., Cohen, R., Burke, M., & McLendon, C. (2003). Cohesion and performance in groups: A meta-analytic clarification of construct relations. *Journal of Applied Psychology, 88*, 989-1004.

Bellizzi, J. A. (2000). Drawing prospects to F-commerce Websites. *Journal of Advertising Research, 40*, 43-53.

Bennett, J., & Lehman, W. (2001). Workplace substance abuse prevention and help seeking: Comparing team-oriented and informational training. *Journal of Occupational Health Psychology, 6*, 243-254.

Bennett, R. J., & Robinson, S. L. (2000). Development of a measure of workplace deviance. *Journal of Applied Psychology, 85*, 349-360.

Ben-Yaacov, A., Maltz, M., & Shinar, D. (2002). Effects of an in-vehicle collision avoidance warning system on short- and long-term driving performance. *Human Factors, 44*, 335-342.

Bergman, M., Langhout, R., Palmieri, P., Cortina, L., & Fitzgerald, L. (2002). The (un)reasonableness of reporting: Antecedents and consequences of reporting sexual harassment. *Journal of Applied Psychology, 87*, 230-242.

Birnbaum, M. (2004). Human research on data collection via the Internet. *Annual Review of Psychology, 55*, 803-832.

Bishop, G. D., Enkelmann, H., Tong, E., Why, Y., Diong, S., Ang, J., & Kaader, M. (2003). Job demands, decisional control, and cardiovascular responses. *Journal of Occupational Health Psychology, 8*, 146-156.

Bishop, J. W., & Scott, K. D. (2000). An examination of organizational and team commitment in a self-directed team environment. *Journal of Applied Psychology, 85*, 439-450.

Bobko, P., Roth, P. L., & Potosky, D. (1999). Derivation and implications of a meta-analytic matrix incorporating cognitive ability, alternative predictors, and job performance. *Personnel Psychology, 52*, 561-589.

Bolino, M., & Turnley, W. (2003). Going the extra mile: Cultivating and managing employee citizenship behavior. *Academy of Management Executive, 17*(3), 60-71.

Bond, F., & Bunce, D. (2001). Job control mediates change in work reorganization intervention for stress reduction. *Journal of Occupational Health Psychology, 6*, 290-302.

Bond, F., & Bunce, D. (2003). The role of acceptance and job control in mental health, job satisfaction, and work performance. *Journal of Applied Psychology, 88*, 1057-1067.

Bono, J., & Judge, T. (2003). Self-concordance at work: Toward understanding the motivational effects of transformational leaders. *Academy of Management Review, 46*, 554-571.

Booth-Kewley, S., & Friedman, H. S. (1987). Psychological predictors of heart disease. *Psychological Bulletin, 101*, 343-362.

Boudreau, J., Boswell, W., Judge, T., & Bretz, R., Jr. (2001). Personality and cognitive ability as predictors of job search among employed managers. *Personnel Psychology, 54*, 25-50.

Brett, J., & Stroh, L. (2003). Working 61 plus hours a week: Why do managers do it? *Journal of Applied Psychology, 88*, 67-78.

Bridger, R. S. (2003). *Introduction to ergonomics* (2nd ed.). London: Taylor & Francis.

Brief, A., & Weiss, H. (2002). Organizational behavior: Affect in the workplace. *Annual Review of Psychology, 53*, 2979-307.

Broad, W., & Wade, N. (1982). *Betrayers of the truth*. New York: Simon & Schuster.

Brooks, M., Grauer, E., Thornbury, E., & Highhouse, S. (2003). Value differences

between scientists and practitioners: A survey of STOP members. *The Industrial-Organizational*

Psychologist, *40*(4), 17-23.

Brown, K. (2001). Using computers to deliver training: Which employees learn and why? *Personnel Psychology*, *54*, 271-296.

Brown, M., Sturman, M., & Simmering, M. (2003). Compensation policy and organizational performance: The efficiency, operational, and financial implications of pay levels and pay structure. *Academy of Management Journal*, *46*, 752-762.

Bruner, G. C., II, & Kumar, A. (2000). Web commercials and advertising hierarchy-of-effects. *Journal of Advertising Research*, *40*, 35-42.

Burnett, J. J. (2000). Gays: Feelings about advertising and media used. *Journal of Advertising Research*, *40*, 75-84.

Bushman, B., & Bonacci, A. (2002). Violence and sex impair memory for television ads. *Journal of Applied Psychology*, *87*, 557-564.

Button, S. (2001). Organizational efforts to affirm sexual diversity: A cross-level examination. *Journal of Applied Psychology*, *86*, 17-28.

Bycio, P., Hackett, R. D., & Allen, J. S. (1995). Further assessments of Bass's (1985) conceptualization of transactional and transformational leadership. *Journal of Applied Psychology*, *80*, 468-478.

Cable, D., & Parsons, C. (2001). Socialization tactics and person-organization fit. *Personnel Psychology*, *54*, 1-23.

Caligiuri, P. M. (2000). The Big Five personality characteristics as predictors of expatriates' desire to terminate the assignment and supervisor-rated performance. *Personnel Psychology*, *53*, 67-88.

Callister, R. R., Kramer, M. W., & Turban, D. B. (1999). Feedback seeking following career transitions. *Academy of Management Journal*, *42*, 429-438.

Campion, M., & Berger, C. (1990). Conceptual integration and empirical test of job design and compensation relationships. *Personnel Psychology*, *43*, 525-554.

Campion, M., Outtz, J., Zedeck, S., Schmidt, F., Kehoe, J., Murphy, K., & Guion, R. (2001). The controversy over score banding in personnel selection: Answers to ten key questions. *Personnel Psychology*, *54*, 149-185.

Cappo, J., (2003). *The future of advertising: New media, new clients, new consumers in the post-television age*. New York: McGraw-Hill.

Cartwright, S. (2000). Taking the pulse of executive health in the U.K. *Academy of Management Executive*, *14*(2), 16-23.

Cascio, W. F. (1998). The virtual workplace. *The Industrial-Organizational Psychologist*, *35*(4), 32-36.

Cavanaugh, M. A., Boswell, W. R., Roehling, M. V., & Boudreau, J. W. (2000). An empirical examination of self-reported work stress among U.S. managers. *Journal of Applied Psychology*, *85*, 65-74.

Chandler, A. D., Jr. (1988). Origins of the organization chart. *Harvard Business Review*, *66*(2), 156-157.

Chattopadhyay, B, & George, E. (2001). Examining the effects of work externalization through the lens of social identity theory. *Journal of Applied Psychology, 86*, 781-788.

Chen, G., & Klimoski, R. (2003). The impact of expectations on newcomer performance in teams as mediated by work characteristics, social exchanges, and empowerment. *Academy of Management Journal, 46*, 591-607.

Chiang, D., Brooks, A., & Weir, D. (2004). On the highway measures of driver glance behavior with an example automobile navigation system. *Applied Ergonomics, 35*(3), 215-223.

Chiang, K., & Dholakia, R. (2003). Factors driving consumer intention to shop online: An empirical investigation. *Journal of Consumer Psychology, 13*, 177-183.

Church, A. (2001). Is there a method to our madness? The impact of data collection methodology on organizational survey results. *Personnel Psychology, 54*, 937-969.

Clay, R. A. (2000). Advertising to children. *Monitor on Psychology, 31*(8), 52-53.

Clevenger, J., Pereira, G., Weichmann, D., Schmitt, N., & Harvey, V. (2001). Incremental validity of situational judgment tests. *Journal of Applied Psychology, 86*, 410-417.

Colella, A., Paetzold, R., & Belliveau, M. (2004). Factors affecting co-workers' procedural justice inferences of the workplace accommodations of employees with disabilities. *Personnel Psychology, 57*, 1-23.

Collins, C., & Stevens, C. (2002). The relationship between early recruitment-related activities and the application decisions of new labor-market entrants: A brand equity approach to recruitment. *Journal of Applied Psychology, 87*, 1121-1133.

Cortina, L., Magley, V., Williams, J., & Langhout, R. (2001). Incivility in the workplace: Incidence and impact. *Journal of Occupational Health Psychology, 6*, 64-80.

Coy, P. (2004, March 22). The future of work: Flexible, creative, and good with people? You should do fine in tomorrow's job market. *Business Week*, 50-52.

Cropanzano, R., & Greenberg, J. (1997). Progress in organizational justice: Tunnneling through the maze. In C. Cooper & I. Robertson (Eds.), International review of industrial and organizational psychology. New York: Wiley.

Cropanzano, R., Rupp, D., & Byrne, Z. (2003). The relationship of emotional exhaustion to work attitudes, job performance, and organizational citizenship behaviors. *Journal of Applied Psychology, 88*, 160-169.

Crosby, F., Iver, A., Clayton, S., & Downing, R. (2003). Affirmative action: Psychological data and the policy debates. *American Psychologist, 58*, 93-115.

Crowley, B., Hayslip, B., Jr., & Hobdy, J. (2003). Psychological hardiness and adjustment to life events in adulthood. *Journal of Adult Development, 10*, 237-248.

Dahl, D., Frankenberger, K., & Manchanda, R. (2003). Does it pay to shock? Reactions to shocking and nonshocking advertising content among university students. *Journal of Advertising Research, 43*, 268-280.

Dahlen, M., Rasch, A., & Rosengren, S. (2003). Love at first site? A study of Website advertising effectiveness. *Journal of Advertising Research, 43*, 25-34.

Danaher, P., & Mullarkey, G. (2003). Factors affecting online advertising recall: A study of students. *Journal of Advertising Research, 43*, 252-264.

Davidson, O. B., & Eden, D. (2000). Remedial self-fulfilling prophecy. *Journal of Applied Psychology, 85*, 386-398.

Davis, B. L., & Mount, M. K. (1984). Design and use of a performance appraisal feedback system. *Personnel Administrator, 29*(3), 91-97.

Davis-Blake, A., Broschak, J., & George, E. (2003). Happy together? How using nonstandard workers affects exit, voice, and loyalty among standard employees. *Academy of Management Journal, 46*, 475-485.

Day, D., Schleicher, D., Unckless, A., & Hiller, N. (2002). Self-monitoring personality at work: A meta-analytic investigation of construct validity. *Journal of Applied Psychology, 87*, 390-401.

Dayan, K., Kasten, R., & Fox, S. (2002). Entry-level police candidate assessment center: An efficient tool or a hammer to kill a fly? Personnel Psychology, 55, 827-849.

DeAngelis, T. (2000). Is Internet addiction real? *Monitor on Psychology, 31*(4), 24-26.

deCroon, E., Sluiter, J., Blonk, R., Broersen, J., & Frings-Dresen, M. (2004). Stressful work, psychological job strain, and turnover: A two-year prospective cohort study of truck drivers. *Journal of Applied Psychology, 89*, 442-454.

Deatherage, B. H. (1972). *Human engineering guide to equipment design*. Washington, D.C.: U.S. Government Printing Office.

DeFrank, R. S., Konopaske, R., & Ivancevich, J. M. (2000). Executive travel stress. *Academy of Management Executive, 14*(2), 58-71.

de Jong, G. M., & Emmelkamp, P. M. G. (2000). Implementing stress management training. *Journal of Occupational Health Psychology, 5*, 309-320.

Dembowski, J. M., & Callans, M. C. (2000, April). Comparing computer and paper forms of the Wonderlic Personnel Test. Paper presented at the meeting of the Society for Industrial and Organizational Psychology, New Orleans, LA.

Demerouti, E., Bakker, A., Nachreiner, F., & Schaufeli, W. (2001). The job demands-resources model of burnout. *Journal of Applied Psychology, 86*, 499-512.

DeNisi, A. S., & Kluger, A. N. (2000). Feedback effectiveness. *Academy of Management Executive, 14*(1), 129-139.

Dietz, J., Robinson, S., Folger, R., Baron, R., & Schulz, M. (2003). The impact of community violence and an organization's procedural justice climate on workplace aggression. *Academy of Management Journal, 46*, 317-326.

Dineen, B., Ash, S., & Noe, R. (2002). A Web of applicant attraction: Person-organization fit in the context of Web-based recruitment. *Journal of Applied Psychology, 87*, 723-734.

Dirks, K., & Ferrin, D. (2002). Trust in leadership: Meta-analytic findings and implications for research and practice. *Journal of Applied Psychology, 87*, 611-628.

Donovan, M. A., Drasgow, F., & Probst, T. M. (2000). Does computerizing paper-and-pencil job attitude scales make a difference? *Journal of Applied Psychology, 85*, 305-313.

Donovan, J. J., & Radosevich, D. J. (1999). A meta-analytic review of the distribution of practice effect. *Journal of Applied Psychology, 84*, 795-805.

Dormann, C., & Zapf, D. (2004). Customer-related social stressors and burnout. *Journal of Occupational Health Psychology*, *9*, 61-82.

Douglas, S., & Martinko, M. (2001). Exploring the role of individual differences in the prediction of workplace aggression. *Journal of Applied Psychology*, *86*, 547-559.

Druskat, V., & Wheeler, J. (2003). Managing from the boundary: The effective leadership of self-managing work teams. *Academy of Management Journal*, *46*, 435-457.

Eagly, A., Johannesen-Schmidt, M., & Van Fngen, M. (2003). Transformational, transactional, and laissez-faire leadership styles: A meta-analysis comparing men and women. *Psychological Bulletin*, *129*, 569-591.

Eisenberger, R., Armeli, S., Rexwinkel, B., Lynch, P., & Rhoades, L. (2001). Reciprocation of perceived organizational support. *Journal of Applied Psychology*, *86*, 42-51.

Eisenberger, R., Stingchamber, F., Vandenberghe, C., Socharski, I., & Rhoades, L. (2002). Perceived supervisor support: Contributions to perceived organizational support and employee retention. *Journal of Applied Psychology*, *87*, 565-573.

Eklund, J. A. E. (1995). Relationships between ergonomics and quality in assembly work. *Applied Ergonomics*, *26*(1), 15-20.

Ellin, A. (2004, February 29). When it comes to salary, many women don't push. *New York Times*.

Elliott, S. (2004, April 14). Advertising: A survey of consumer attitudes reveals the depth of the challenge that the agencies face. *New York Times*.

Ellis, A., West, B., Ryan, A., & DeShon, R. (2002). The use of impression management tactics in structured interviews: A function of question type? *Journal of Applied Psychology*, *87*, 1200-1208.

Ely, R. J. (1995). The power in demography. *Academy of Management Journal*, *38*, 589-634.

Epitropaki, O., & Martin, R. (2004). Implicit leadership theories in applied settings: Factor structure, generalizability, and stability over time. *Journal of Applied Psychology*, *89*, 293-310.

Ettner, S., & Grzywacz, J. (2001). Workers' perceptions of how jobs affect health:
A social ecological perspective. *Journal of Occupational Health Psychology*, *6*(2), 101-113.

Evans, D. (2003). A comparison of other-directed stigmatization produced by legal and illegal forms of affirmative action. *Journal of Applied Psychology*, *88*, 121-130.

Evans, G. W., & Johnson, D. (2000). Stress and open-office noise. *Journal of Applied Psychology*, *85*, 779-783.

Evans O., & Steptoe, A. (2001). Social support at work, heart rate and control: A self-monitoring study. *Journal of Occupational Health Psychology*, *6*(4), 361-370.

Everton, W., Mastrangelo, P., & Jolton, J. (2003). Surfin' USA: Using your work computer for personal reasons. *The Industrial-Organizational Psychologist*, *40*(4), 90-93.

Ewing, M., DuPlessis, E., & Foster, C. (2001). Cinema advertising reconsidered. *Journal of Advertising Research*, *4*(1), 78.

Facteau, J., & Craig, C. (2001). Are performance appraisal ratings from different rating sources comparable? *Journal of Applied Psychology*, *86*, 215-227.

Farmer, S., Tierney, B, & Kung-Mclntyre, K. (2003). Employee creativity in Taiwan: An application of role identity theory. Academy of Management Journal, 46, 6 18-630.

Feinstein, A. (2002). A hazardous profession: War, journalists, and psychopathology. *American Journal of Psychiatry*, *159*, 1570-1579.

Feldman, D., & Klass, B. (2002). Internet job hunting: A field study of applicant experiences with online recruiting. *Human Resource Management*, *41*, 175-192.

Ferdman, B. (2003). Accounts of inclusion (and exclusion). *The Industrial-Organizational Psychologist*, *40*(4), 81-86.

Fiedler, F. E. (1978). The contingency model and the dynamics of the leadership process. In L. Berkowitz (Ed.), *Advances in experimental social psychology*. New York: Academic Press.

Fiedler, F. E. (2002). The curious role of cognitive resources in leadership. In R. Riggio, S. Murphy, & F. Pirozzolo (Eds.), *Multiple intelligences and leadership* (pp. 91-104). Mahwah, NJ: Frlbaum.

Fitness, J. (2000). Anger in the workplace: An emotion script approach to anger episodes between workers and their superiors, co-workers, and subordinates. *Journal of Organizational Behavior*, *21*, 147-162.

Florey, A. T., & Harrison, D. A. (2000). Responses to informal accommodation requests from employees with disabilities. *Academy of Management Journal*, *43*, 224-2 33.

Forth, J., & Millward, N. (2004). High-involvement management and pay in Britain. *Industrial Relations*, *43*, 98-119.

Foxall, G. R., & Goldsmith, R. E. (1994). *Consumer psychology for marketing*. London: Routledge.

Frame, J. H., & Beaty, J. C., Jr. (2000, April). An investigation of high-technology survey methods at Hewlett-Packard. Paper presented at the meeting of the Society for Industrial and Organizational Psychology, New Orleans, LA.

French, H. (2003, July 25). Japan's neglected resource: Female workers. *New York Times*.

Frese, M., Beimel, S., & Schoenborn, S. (2003). Action training for charismatic leadership: Two evaluations of studies of a commercial training module on inspirational communication of a vision. *Personnel Psychology*, *56*, 671-697.

Friedman, M., & Rosenman, R. H. (1974). *Type A behavior and your heart*. New York: Knopf.

Frone, M. (1998). Predictors of work injuries among employed adolescents. *Journal of Applied Psychology*, *83*, 565-576.

Frone, M. (2003). Predictors of overall and on-the-job substance abuse among young workers. *Journal of Occupational Health Psychology*, *8*, 39-54.

Fugate, M., Kinicki, A., & Scheck, C. (2002). Coping with an organizational merger over four stages. *Personnel Psychology*, *55*, 905-928.

Fuller, J., Stanton, J., Fisher, G., Spitzmueller, C., Russell, S., & Smith, C. (2003). A lengthy look at the daily grind: Time series analysis of events, mood, stress, and satisfaction. *Journal of Applied Psychology*, *88*, 1019-1033.

Fulmer, I., Gerhart, B., & Scott, K. (2003). Are the 100 best better: An empirical investigation of the relationship between being "a great place to work" and firm performance. *Personnel Psychology, 56*, 965-993.

Galaif, E., Newcomb, M., & Carmona, J. (2001). Prospective relationships between drug problems and work adjustment in a community sample of adults. *Journal of Applied Psychology, 86*, 337-350.

Ganzach, Y. (1998). Intelligence and job satisfaction. *Academy of Management Journal, 41*, 526-539.

Ganzach, Y., Pazy, A., Ohayun, Y., & Brainin, E. (2002). Social exchange and organizational commitment: Decision-making training for job choice as an alternative to the realistic job preview. *Personnel Psychology, 55*, 613-637.

Garretson, J., & Burton, S. (2003). Highly coupon and sale prone consumers: Benefits beyond price and savings. *Journal of Advertising Research, 43*(2), 162-173.

George, J., & Zhou, J. (2001). When openness to experience and conscientiousness are related to creative behavior: An interactional approach. *Journal of Applied Psychology, 86*, 513-524.

Glomb, B., & Liao, H. (2003). Interpersonal aggression in work groups: Social influence, reciprocal, and individual effects. *Academy of Management Journal, 46*, 486-496.

Gilbreth, F. B. (1911). *Motion study*. Princeton, NJ: Van Nostrand.

Goldman, B. (2001). Toward an understanding of employment discrimination claiming: An integration of organizational justice and social information processing theories. *Personnel Psychology, 54*, 361-386.

Goldstein, H., Yusko, K., & Nicolopoulos, V. (2001). Exploring Black-White subgroup differences of managerial competencies. *Personnel Psychology, 54*, 783-807.

Gomez, C., & Rosen, B. (2001). The leader-member exchange as a link between managerial trust and employee empowerment. *Group and Organization Management, 26*, 53-69.

Gomez-Mejia, L., Larraza-Kintana, M., & Makri, M. (2003). The determinants of executive compensation in family controlled public corporations. *Academy of Management Journal, 46*, 226-237.

Gosling, S., Vazire, S., Srivastava, S., & John, O. (2004). Should we trust Web-based studies? A comparative analysis of six preconceptions. *American Psychologist, 59*, 93-104.

Gowan, M. A., Riordan, C. M., & Gatewood, R. D. (1999). Test of a model of coping with involuntary job loss following a company closing. *Journal of Applied Psychology, 81*, 75-86.

Graen, G., & Schliemann, W. (1978). Leader-member agreement. *Journal of Applied Psychology, 63*, 206-212.

Green, P. (2003). Motor vehicle driver interfaces. In J. Jacko & A. Sears (Eds.), *The human-computer interaction handbook* (pp. 844-860). Mahwah, NJ: Erlbaum.

Greguras, G., Robie, C., Schleicher, D., & Goff, M. (2003). A field study of the effects of rating purpose on the quality of multisource ratings. *Personnel Psychology, 56*, 1-21.

Griffith, K., & Hebl, M. (2002). The disclosure dilemma for gay men and lesbians: "Coming out" at work. *Journal of Applied Psychology*, *87*, 1191-1199.

Grow, B. (2004, March 15). Is America ready? *Business Week*.

Gustafsson, E., Delive, L., Edlund, M., & Hagberg, M. (2003). The use of information technology among young adults: Experience, attitudes, and health beliefs. *Applied Ergonomics*, *34*, 565-570.

Gustafsson, E., & Hagberg, M. (2003). Computer mouse use in two different hand positions: Exposure, comfort, exertion and productivity. *Applied Ergonomics*, *34*, 107-113.

Haaland, S., & Christiansen, N. (2002). Implications of trait-activation theory for evaluating the construct validity of assessment-center ratings. *Personnel Psychology*, *55*, 137-163.

Hackman, J. R., & Oldham, G. R. (1976). Motivation through the design of work. *Organizational Behavior and Human Performance*, *16*, 250-279.

Hackman, J. R., & Oldham, G. R. (1980). *Work redesign*. Reading, MA: Addison-Wesley.

Hagg, G. (2003). Corporate initiatives in ergonomics: An introduction. *Applied Ergonomics*, *34*, 3-15.

Haight, F. (2001). *Accident proneness: The history of an idea*. Irvine, CA: University of California Institute of Transportation Studies.

Hardy, G., Woods, D., & Wall, T. (2003). The impact of psychological distress on absence from work. *Journal of Applied Psychology*, *88*, 306-314.

Harned, M., Ormerod, A., Palmieri, P., Collinsworth, L., & Reed, M. (2002). Sexual assault and other types of sexual harassment by workplace personnel: A comparison of antecedents and consequences. *Journal of Occupational Health Psychology*, *7*, 174-188.

Harris, M. (2003). Speeding down the information highway: Internet recruitment and testing. *The Industrial-Organizational Psychologist*, *41*(2), 103-106.

Hart, P. M. (1999). Predicting employee life satisfaction. *Journal of Applied Psychology*, *84*, 564-584.

Harter, J., Schmidt, F., & Hayes, T. (2002). Business-unit-level relationship between employee satisfaction, employee engagement, and business outcomes: A meta-analysis. *Journal of Applied Psychology*, *87*, 268-279.

Harvey, S., Kelloway, E., & Duncan-Leiper, L. (2003). Trust in management as a buffer of the relationships between overload and strain. *Journal of Occupational Health Psychology*, *8*(4), 306-315.

Hausknecht, J., Trevor, C., & Farr, J. (2002). Retaking ability tests in a selection setting: Implications for practice effects, training performance, and turnover. *Journal of Applied Psychology*, *87*, 243-254.

Hechanova-Alampay, R., & Beehr, T. (2001). Empowerment, span of control, and safety performance in work teams after workforce reduction. *Journal of Occupational Health Psychology*, *6*(4), 275-282.

Heil, G., Bennis, W., & Stephens, D. (2000). *Douglas McGregor, revisited: Managing the human side of the enterprise*. New York: Wiley.

Hepworth, W., & Towler, A. (2004). The effects of individual differences and charismatic leadership on workplace aggression. *Journal of Occupational Health Psychology, 9*(2), 176–185.

Herbert, B. (2003, December 29). The white-collar blues. *New York Times.*

Herold, D., Davis, W., Fedor, D., & Parsons, C. (2002). Dispositional influences on transfer of learning in multistage training programs. *Personnel Psychology, 55*, 851–869.

Herscovitch, L., & Meyer, J. (2002). Commitment to organizational change: Extension of a three-component model. *Journal of Applied Psychology, 87*, 474–487.

Herzberg, F. (1966). *Work and the nature of man.* Cleveland: World.

Herzberg, F. (1974). Motivator-hygiene profiles. *Organizational Dynamics, 3*(2), 18–29.

Hofmann, D., Morgeson, F., & Gerras, S. (2003). Climate as a moderator of the relationship between leader-member exchange and content specific citizenship: Safety climate as an exemplar. *Journal of Applied Psychology, 88*, 170–178.

Hogan, R., Curphy, G. J., & Hogan, J. (1994). What we know about leadership. *American Psychologist, 49*, 493–504.

Hollingworth, H. L. (1929). *Vocational psychology and character analysis.* New York: Appleton.

Holton, B., Lee, T., & Tidd, S. (2002). The relationship between work status congruence and work-related attitudes and behaviors. *Journal of Applied Psychology, 87*, 903–915.

Hosodo, M., Stone-Romero, E., & Coats, G. (2003). The effects of physical attractiveness on job-related outcomes: A meta-analysis of experimental studies. *Personnel Psychology, 56*, 431–462.

Hough, L. M., & Oswald, F. L. (2000). Personnel selection. *Annual Review of Psychology, 51*, 631–664.

House, R. J. (1971). A path-goal theory of leader effectiveness. *Administrative Science Quarterly, 16*, 321–338.

House, R. J., & Mitchell, T. (1974). Path-goal theory of leadership. *Journal of Contemporary Business, 3*, 81–97.

Hovorka-Mead, A., Ross, W., Jr., Whipple, T., & Renchin, M. (2002). Watching the detectives: Seasonal student employee reactions to electronic monitoring with and without advance notification. *Personnel Psychology, 55*, 329–362.

Howell, J. M., & Hall-Merenda, K. E. (1999). The ties that bind. *Journal of Applied Psychology, 84*, 680–694.

Hsueh, Y. (2002). The Hawthorne experiments and the introduction of Jean Piaget in American industrial psychology, 1929–1932. *History of Psychology, 5*, 163–189.

Huffcutt, A., Conway, J., Roth, P., & Stone, N. (2001). Identification and metaanalytic assessment of psychological constructs measured in employment interviews. *Journal of Applied Psychology, 86*, 897–913.

Huffcutt, A., Weekley, J., Wiesner, W, DeGroot, T., & Jones, C. (2001). Comparison of situational and behavior description interview questions for higher-level positions. *Personnel Psychology, 54*, 619–644.

Huseman, R. C., Hatfield, J. D., & Miles, E. W. (1987). A new perspective on equity theory. *Academy of Management Review, 12*, 222-234.

Ilies, R., Hauserman, N., Schwochau, S., & Stibal, J. (2003). Reported incidence rates of work-related sexual harassment in the United States: Using metaanalysis to explain reported role disparities. *Personnel Psychology, 56*, 609-631.

Ilies, R., & Judge, T. (2003). On the heritability of job satisfaction: The mediating role of personality. *Journal of Applied Psychology, 88*, 750-759.

Iverson, R., & Deery, S. (2001). Understanding the "personological" basis of employee withdrawal: The influence of affective disposition on employee tardiness, early departure, and absenteeism. *Journal of Applied Psychology, 86*, 856-866.

Jackson, N. (2003, August 3). Opinions to sjiare? Click here. *New York Times.*

Jacobs, D. (2004). Douglas McGregor: The human side of enterprise in peril [book review]. *Academy of Management Review, 29*, 293-296.

Jamal, M., & Baba, V. (2003). Type A behavior, components and outcomes: A study of Canadian employees. *International Journal of Stress Management, 10*, 39-50.

James, E., Brief, A., Dietz, J., & Cohen, R. (2001). Prejudice matters: Understanding the reactions of Whites to affirmative-action programs targeted to benefit Blacks. *Journal of Applied Psychology, 86*, 1120-1128.

Jansen, P., & Stoop, B. (2001). The dynamics of assessment-center validity: Results of a nine-year study. *Journal of Applied Psychology, 86*, 741-753.

Janssen, O., & Van Yperen, N. (2004). Employees' goal orientations, the quality of leader-member exchange, and the outcomes of job performance and job satisfaction. *Academy of Management Journal, 47*, 368-384.

Jawahar, I. (2001). Attitudes, self-monitoring, and appraisal behaviors. *Journal of Applied Psychology, 86*, 875-883.

Jeanneret, P., & Strong, M. (2003). Linking O*NFT job analysis information to job requirement predictors: An O*NFT application. *Personnel Psychology, 56*, 465-492.

Jett, Q., & George, J. (2003). Work interrupted: A closer look at the role of interruptions in organizational life. *Academy of Management Review, 28*, 494-507.

Jex, S., Bliese, P., Buzzell, S., & Primeau, J. (2001). The impact of self-efficacy on stressor-strain relations: Coping style as an explanatory mechanism. *Journal of Applied Psychology, 86*, 401-409.

Jockin, V., Arvey, R., & McGue, M. (2001). Perceived victimization moderates self-reports of workplace aggression and conflict. *Journal of Applied Psychology, 86*, 1262-1269.

Johnson, J. W., & Ferstl, K. L. (1999). The effects of interrater and self-other agreement on performance improvement following upward feedback. *Personnel Psychology, 52*, 271-303.

Judge, T., & Bono, J. (2000). Five-factor model of personality and transformational leadership. *Journal of Applied Psychology, 85*, 751-765.

Judge, T., & Bono, J. (2001). Relationship of core self-evaluations traits- self-esteem, generalized self-efficacy, locus of control, and emotional stability-with job satisfaction and job performance: A meta-analysis. *Journal of Applied Psychology, 86*, 80-92.

Judge, T., Bono, J., Ilies, R., & Gerhardt, M. (2002). Personality and leadership: A qualitative and quantitative review. *Journal of Applied Psychology, 87*, 765-780.

Judge, T., Bono, J., & Locke, E. (2000). Personality and job satisfaction. *Journal of Applied Psychology, 85*, 237-249.

Judge, T., & Cable, D. (2004). The effect of physical height on workplace success and income: Preliminary test of a theoretical model. *Journal of Applied Psychology, 89*, 428-441.

Judge, T., Colbert, A., & Ilies, R. (2004). Intelligence and leadership: A quantitative review and test of theoretical propositions. *Journal of Applied Psychology, 89*, 542-552.

Judge, T., Heller, D., & Mount, M. (2002). Five-factor model of personality and job satisfaction: A meta-analysis. *Journal of Applied Psychology, 87*, 530-541.

Judge, T., & Ilies, R. (2002). Relationship of personality to performance motivation: A meta-analytic review. *Journal of Applied Psychology, 87*, 797-807.

Judge, T., Piccolo, R., & Ilies, R. (2004). The forgotten ones? The validity of consideration and initiating structure in leadership research. *Journal of Applied Psychology, 89*, 36-51.

Judge, T., Thoresen, C., Bono, J., & Patton, G. (2001). The job satisfaction-job performance relationship: A qualitative and quantitative review. *Psychological Bulletin, 127*, 376-407.

Judge, T., Thoresen, C., Pucik, V., & Welbourne, T. M. (1999). Managerial coping with organizational change. *Journal of Applied Psychology, 84*, 107-122.

Kacmar, K., Witt, L., Ziunuska, S., & Gully, S. (2003). The interactive effect of leader-member exchange and communications frequency on performance ratings. *Journal of Applied Psychology, 88*, 764-772.

Kalimo, R., Tans, T., & Schaufeli, W. (2003). The effects of past and anticipated future downsizing on survivor well-being: An equity perspective. *Journal of Occupational Health Psychology, 8*(2), 91-109.

Kammeyer-Mueller, J., & Wanberg, C. (2003). Unwrapping the organizational entry process: Disentangling multiple antecedents and their pathways to adjustment. *Journal of Applied Psychology, 88*, 779-794.

Kanner, A. D., & Kasser, T. (2000). Stuffing our kids. *The Industrial-Organizational Psychologist, 38*(1), 185-187.

Kark, R., Shamir, B., & Chen, G. (2003). The two faces of transformational leadership: Empowerment and dependency. *Journal of Applied Psychology, 88*, 246-255.

Kates, S. M. (2000). Out of the closet and out on the street! *Psychology and Marketing, 17*, 493-513.

Katkowski, D., & Medsker, G. (2001). SIOP income and employment: Income and employment of STOP members in 2000. *The Industrial-Organizational Psychologist, 391*, 21-36.

Kelly, R. M., & Kelly, V. P. (1990). Lillian Moller Gilbreth (1878-1972). In A. N. O'Connell & N. F. Russo (Eds.), *Women in psychology* (pp. 117-124). New York: Greenwood.

Kerr, N., & Tindale, R. (2004). Group performance and decision making. *Annual Review of*

Psychology, 55, 623-655.

Kersting, K. (2004a). How do you test on the Web? Responsibly. *Monitor on Psychology, 35*(3), 26-27.

Kersting, K. (2004b). Driving teen egos and buying through branding. *Monitor on Psychology, 35*(6), 60-61.

Kim, Y., & Kang, J. (2001). The effects of ethnicity and product on purchase decision making. *Journal of Advertising Research, 41*(2), 39.

Kinicki, A., McKee-Ryan, F., Schriesheim, C., & Carson, K. (2002). Assessing the construct validity of the Job Descriptive Index: A review and meta-analysis. *Journal of Applied Psychology, 87*, 14-32.

Klein, H. J., & Kim, J. S. (1998). A field study of the influence of situational constraints, leader-member exchange, and goal commitment on performance. *Academy of Management Journal, 41*, 88-95.

Klein, H. J., Wesson, M. J., Hollenbeck, J. R., & Alge, B. J. (1999). Goal commitment and the goal-setting process. *Journal of Applied Psychology, 84*, 885-896.

Klein, K., Conn, A., & Sorra, J. (2001). Implementing computerized technology: An organizational analysis. *Journal of Applied Psychology, 86*, 811-824.

Kluger, J. (2004, April 5). Just too loud. *Time*.

Kobasa, S. C. (1979). Stressful life events, personality, and health. *Journal of Personality and Social Psychology, 37*, 1-11.

Kobasa, S. C. (1982). The handy personality. In G. Sanders & J. Suls (Eds.), *Social psychology of health and illness* (pp. 3-32). Hillsdale, NJ: Erlbaum.

Kodak's ergonomic design for people at work (2nd ed.). (2004). New York: Wiley.

Kolmstetter, E. (2003). 1-0's making an impact: TSA transportation security screener skill standards, selection system, and hiring process. *The Industrial-Organizational Psychologist, 40*(4), 39-46.

Korsgaard, M., Brodt, S., & Whitener, E. (2002). Trust in the face of conflict: The role of managerial trustworthy behavior and organizational context. *Journal of Applied Psychology, 87*, 312-319.

Korsgaard, M., Sapienza, H., & Schweiger, D. (2002). Beaten before begun: The role of procedural justice in planning change. *Journal of Management, 28*, 497-516.

Koys, D. (2001). The effects of employee satisfaction, organizational citizenship behavior, and turnover on organizational effectiveness: A unit-level longitudinal study. *Personnel Psychology, 54*, 101-114.

Kraut, R., Olson, J., Banaji, M., Bruckman, A., Cohen, J., & Couper, M. (2004). Psychological research online: Report of the Board of Scientific Affairs' Advisory Group on the Conduct of Research on the Internet. *American Psychologist, 59*, 105-117.

Kravitz, D. (2003). More women in the workplace: Is there a payoff in firm performance? *Academy of Management Executive, 17*(3), 148-149.

Kravitz, D., & Klineberg, S. L. (2000). Reactions to two versions of affirmative action among Whites, Blacks, and Hispanics. *Journal of Applied Psychology, 85*, 597-611.

Kroemer, K., Kroemer, H., & Kroemer-Elbert, K. (2000). *Ergonomics: How to design for ease and efficiency* (2nd ed.). Upper Saddle River, NJ: Prentice Hall.

Kuegler, T. (2000). *Advertising and marketing* (3rd ed.). Rocklin, CA: Prima Publishing.

Kuncel, N., Hezlett, S., & Ones, D. (2004). Academic performance, career potential, creativity, and job performance: Can one construct predict them all? *Journal of Personality and Social Psychology, 86*, 148-161.

Kwak, H., Fox, R., & Zinkhan, G. (2002). What products can be successfully promoted and sold via the Internet? *Journal of Advertising Research, 42*(1), 23-39.

LaFerle, C., Edwards, S. M., & Lee, W.-N. (2000). Teens' use of traditional media and the Internet. *Journal of Advertising Research, 40*(3), 55-65.

Lam, S., Yik, M., & Schaubroeck, J. (2002). Responses to formal performance appraisal feedback: The role of negative affectivity. *Journal of Applied Psychology, 87*, 192-201.

LaMotte, J., Ridder, W., Yeung, K., & DeLand, P. (2000). Effect of aftermarket automobile window tinting films on driver vision. *Human Factors, 42*, 327-336.

Lancaster, J. (2004). *Making time: Lillian Moller Gilbreth: A life beyond "Cheaper by the dozen."* Boston: Northeastern University Press.

Landrum, R., & Harrold, R. (2003). What employers want from psychology graduates. *Teaching of Psychology, 30*(2), 131-133.

Lawler, E. E., III. (1986). *High-involvement management.* San Francisco: Jossey-Bass.

LeBlanc, M., & Kelloway, E. (2002). Predictors and outcomes of workplace violence and aggression. *Journal of Applied Psychology, 87*, 444-453.

Lee, J., McGehee, D., Brown, T., & Reyes, M. (2002). Collision warning timing, driver distraction, and driver response to imminent rear-end collisions in a high-fidelity driving simulator. *Human Factors, 44*, 314-334.

Lee, K., & Allen, N. (2002). Organizational citizenship behavior and workplace deviance: The role of affect and cognitions. *Journal of Applied Psychology, 87*, 131-142.

Lefkowitz, J. (1970). Effect of training on the productivity and tenure of sewing machine operators. *Journal of Applied Psychology, 54*, 81-86.

Legree, P., Heffner, T., Psotka, J., Medsker, G., & Martin, D. (2003). Traffic crash involvement: Experiential driving knowledge and stressful contextual antecedents. *Journal of Applied Psychology, 88*, 15-26.

Levin, D., & Linn, S. (2004). The commercialization of childhood: Understanding the problem and finding solutions. In T. Kasser & A. Kanner (Eds.), *Psychology and consumer culture: The struggle for a good life in a materialistic world* (pp. 213-232). Washington, D.C.: American Psychological Association.

Lewis, K. (2000). When leaders display emotion: How followers respond to negative emotional expression of male and female leaders. *Journal of Organizational Behavior, 21*, 221-234.

Liao, H., Arvey, R., Butler, R., & Nutting, S. (2001). Correlates of work injury frequency and duration among firefighters. *Journal of Occupational Health Psychology, 6*(3), 229-242.

Liden, R. C., Wayne, S. J., & Sparrowe, R. T. (2000). An examination of the mediating role of psychological empowerment on the relations between the job, interpersonal relationships, and work outcomes. *Journal of Applied Psychology, 85*, 407-416.

Lievens, F., Harris, M., Van Keer, E., & Bisqueret, C. (2003). Predicting cross-cultural training performance: The validity of personality, cognitive ability, and dimensions measured by an assessment center and a behavior description interview. *Journal of Applied Psychology, 88*, 476-489.

Lim, V. (2003). Managing HIV at the workplace: An empirical study of HIV and HR managers in Singapore. *Journal of Occupational Health Psychology, 8*(4), 235-246.

Locke, E. A. (1968). Toward a theory of task motivation and incentives. *Organizational Behavior and Human Performance, 3*, 157-189.

Locke, E. A., & Latham, G. P. (1990). *A theory of goal setting and task performance*. Upper Saddle River, NJ: Prentice Hall.

Locke, E. A., & Latham, G. P. (2002). Building a practically useful theory of goal setting and task motivation: A 35-year odyssey. *American Psychologist, 57*, 705-717.

Locke, E. A., & Latham, G. P. (2004). What should we do about motivation theory? Six recommendations for the 21st century. *Academy of Management Review, 29*, 388-403.

Lord, R., Brown, D., & Freiburg, S. (1999). Understanding the dynamics of leadership: The role of follower self-concepts in the leader-follower relationship. *Organizational Behavior and Human Decision Processes, 78*, 167-203.

Lord, R., & Maher, K. (1993). *Leadership and information processing: Linking perceptions and performance*. London: Routledge.

Lundberg, U., & Lindfors, P. (2002). Psychophysiological reactions to telework in female and male white-collar workers. *Journal of Occupational Health Psychology, 7*(4), 354-364.

Lynch, P., Kent, R., & Srinivasan, S. (2001). The global Internet shopper: Evidence from shopping tasks in 12 countries. *Journal of Advertising Research, 41*(3), 15-31.

Lyness, K., & Thompson, D. (2000). Climbing the corporate ladder. *Journal of Applied Psychology, 85*, 86-101.

Maier, G., & Brunstein, J. (2001). The role of personal work goals in newcomers job satisfaction and organizational commitment: A longitudinal analysis. *Journal of Applied Psychology, 86*, 1034-1042.

Mainiero, L., & Gibson, D. (2003). Managing employee trauma: Dealing with the emotional fallout from September 11th. *Academy of Management Executive, 17*(3), 130-143.

Major, V., Klein, K., & Ehrart, M. (2002). Work time, work interference with family, and psychological distress. *Journal of Applied Psychology, 87*, 427-436.

Margulies, A. (2004). 2004 SIOP tour: Hamburger University. *The Industrial Organizational Psychologist, 41*(3), 168-169.

Markham, S., Scott, K., & McKee, G. (2002). Recognizing good attendance: A longitudinal, quasi-experimental field study. *Personnel Psychology, 55*, 639-660.

Martell, R., & Desmet, A. (2001). A diagnostic-ratio approach to measuring beliefs about the leadership abilities of male and female managers. *Journal of Applied Psychology, 86*,

1223–1231.

Martin, D., Brooks, R., Ortiz, D., & Veniegas, R. (2003). Perceived employment barriers and their relation to workforce-entry intent among people with HIV/AIDS. *Journal of Occupational Health Psychology, 8*(3), 181–194.

Maslach, C., & Jackson, S. E. (1986). *Maslach Burnout Inventory manual* (2nd ed.). Palo Alto, CA: Consulting Psychologists Press.

Maslach, C., Schaufeli, W., & Leiter, M. (2001). Job burnout. *Annual Review of Psychology, 52,* 397–422.

Maslow, A. (1970). *Motivation and personality* (2nd ed.). New York: Harper & Row.

Maslyn, J., & Uhl-Bien, M. (2001). Leader-member exchange and its dimensions: Effects of self-effort and others' effort on relationship quality. *Journal of Applied Psychology, 86,* 697–708.

Maurer, T., Solamon, J., Andrews, K., & Troxtel, D. (2001). Interviewee coaching, preparation strategies, and response strategies in relation to performance in situational employment interviews. *Journal of Applied Psychology, 86,* 709–717.

Maurer, T., Weiss, E., & Barbeite, F. (2003). A model of involvement in work-related learning and development activity: The effects of individual, situational, motivational, and age variables. *Journal of Applied Psychology, 88,* 707–724.

May, D., Reed, K., & Schwoerer, C. (2004). Ergonomic office design and aging: A quasi-experimental field study of employee reactions to an ergonomics intervention program. *Journal of Occupational Health Psychology, 9*(2), 123–135.

Mayer, R. C., & Davis, J. H. (1999). The effect of the performance appraisal system on trust for management. *Journal of Applied Psychology, 84,* 123–136.

McClelland, D. C. (1961). *The achieving society.* New York: Free Press.

McClelland, D. C. (1975). *Power.* New York: Irvington.

McClelland, D. C., Atkinson, J. W., Clark, R. A., & Lowell, E. L. (1953). *The achievement motive.* New York: Appleton-C entury-Crofts.

McDaniel, M., Morgeson, F., Finnegan, E., Campion, M., & Braverman, F. (2001). Use of situational judgment tests to predict job performance: A clarification of the literature. *Journal of Applied Psychology, 86,* 730–740.

McElroy, J., Morrow, P., & Rude, S. (2001). Turnover and organizational performance: A comparative analysis of the effects of voluntary, involuntary, and reduction-in-force turnover. *Journal of Applied Psychology, 86,* 1294–1299.

McFadden, K. (2002). DWI convictions linked to a higher risk of alcohol-related aircraft accidents. *Human Factors, 44,* 522–529.

McFarlin, S. K., Fals-Stewart, W., Major, D. A., & Justice, E. M. (2000, April). Alcohol use and workplace aggression. Paper presented at the meeting of the Society for Industrial and Organizational Psychology, New Orleans, LA.

McGregor, D. (1960). *The human side of enterprise.* New York: McGraw-Hill.

McKinney, A., Mecham, K., D'Angelo, N., & Connerly, M. (2003). Recruiters' use of CPA in initial screening decisions. *Personnel Psychology, 56,* 823–845.

McLean, L., Tingley, M., Scott, R., & Rickards, J. (2001). Computer terminal work and the benefit of microbreaks. *Applied Ergonomics, 32*, 225-237.

McMillan, S., Hwang, J., & Lee, G. (2003). Effects of structural and perceptual factors on attitudes toward the Web site. *Journal of Advertising Research, 43*(14), 400-410.

McNatt, D. B. (2000). Ancient Pygmalion joins contemporary management. *Journal of Applied Psychology, 85*, 314-322.

McPheters, R., & Kossoff, J. (2003). Effects of differential enhancements on mail response rates. *Journal of Advertising Research, 43*(1), 14-16.

Mehta, A. (2000). Advertising attitudes and advertising effectiveness. *Journal of Advertising Research, 40*(3), 67-72.

Mehta, A., & Purvis, S. (2003). Consumer response to print prescription drug advertising. *Journal of Advertising Research, 43*(2), 194-206.

Melamed, S., Fried, Y., & Froom, P. (2001). The interactive effect of chronic exposure to noise and job complexity on changes in blood pressure and job satisfaction: A longitudinal study of industrial employees. *Journal of Occupational Health Psychology, 6*(3), 182-195.

Meyer, J. P., & Allen, N. J. (1991). A three-component conceptualization of organizational commitment. *Human Resource Management Review, 1*, 61-98.

Morrison, E. (2002). Newcomers relationships: The role of social network ties during socialization. *Academy of Management Journal, 45*, 1149-1160.

Morrison, E. W., & Phelps, C. C. (1999). Taking charge at work. *Academy of Management Journal, 42*, 403-419.

Muchinsky, P. (2004). When the psychometrics of test development meet organizational realities: A conceptual framework for organizational change, examples, and recommendations. *Personnel Psychology, 57*, 175-209.

Mumaw, R., Roth, E., Vicente, K., & Burns, C. (2000). There is more to monitoring a nuclear power plant than meets the eye. *Human Factors, 42*, 36-55.

Munson, L. J., Hulin, C., & Drasgow, F. (2000). Longitudinal analysis of dispositional influences and sexual harassment. *Personnel Psychology, 53*, 21-46.

Münsterberg, H. (1913). *The psychology of industrial efficiency*. Boston: Houghton Miff lin.

Naglieri, J., Drasgow, F., Schmit, M., Handler, L., Prifitera, A., Margolis, A., & Velasquez, R. (2004). Psychological testing on the Internet: New problems, old issues. *American Psychologist, 59*, 150-162.

Nelson, D. L., & Burke, R. J. (2000). Women executives. *Academy of Management Executive, 14*(2), 107-121.

Neubert, M., & Cady, S. (2001). Program commitment: A multi-study longitudinal field investigation of its impact and antecedents. *Personnel Psychology, 54*, 421-448.

Neuman, G. A., & Wright, J. (1999). Team effectiveness. *Journal of Applied Psychology, 84*, 376-389.

Noguchi, Y. (2004, June 6). Hola! Stay in touch? Telecom companies are eager to help Hispanic families do just that. *Washington Post*.

Offermann, L., & Malamut, A. (2002). When leaders harass: The impact of target perceptions of organizational leadership and climate on harassment reporting and outcomes. *Journal of Applied Psychology, 87*, 885-893.

Olson, G., & Olson, J. (2003). Human-computer interaction: Psychological aspects of the human use of computing. *Annual Review of Psychology, 54*, 491-516.

Olson, W., & Sarter, N. (2001). Management by consent in human-machine systems: When and why it breaks down. *Human Factors, 43*, 255-266.

O'Neil, B., & Mone, M. (1998). Investigating equity sensitivity as a moderator of relations between self-efficacy and workplace attitudes. *Journal of Applied Psychology, 83*, 805-816.

Panagiotopoulou, G., Christoulas, K., Papanckolaou, A., & Mandroukas, K. (2004). Classroom furniture dimensions and anthropometric measures in primary school. *Applied Ergonomics, 35*(2), 121-128.

Parasuraman, S., & Purohit, Y. S. (2000). Distress and boredom among orchestra musicians. *Journal of Occupational Health Psychology, 5*, 74-83.

Parker, S. (1998). Enhancing role-breadth self-efficacy. *Journal of Applied Psychology, 83*, 835-852.

Parker, S., Axtell, C., & Turner, M. (2001). Designing a safer workplace: Importance of job autonomy, communications quality, and supportive supervisors. *Journal of Occupational Health Psychology, 6*(3), 211-228.

Parker, S., & Griffin, M. (2002). What is so bad about a little name-calling? Negative consequences of gender harassment for overperformance demands and distress. *Journal of Occupational Health Psychology, 7*(3), 195-210.

Parker, S., Griffin, M., Sprigg, C., & Wall, T. (2002). Effect of temporary contracts on perceived work characteristics and job strain: A longitudinal study. *Personnel Psychology, 55*, 689-719.

Parkes, K. (2003). Shiftwork and environment as interactive predictors of work perceptions. *Journal of Occupational Health Psychology, 8*(4), 266-281.

Paronto, M., Truxillo, D., Bauer, T., & Leo, M. (2002). Drug testing, drug treatment, and marijuana use: A fairness perspective. *Journal of Applied Psychology, 87*, 1159-1166.

Payne, N., Jones, F., & Harris, P. (2002). The impact of working life on health behavior: The effect of job strain on the cognitive predictors of exercise. *Journal of Occupational Health Psychology, 79*(4), 342-353.

Peterson, N., Mumford, M., Borman, W., Jeanneret, P., Fleishman, E., Levin, K., Campion, M., Mayfield, M., Morgeson, F., Pearlman, K., Gowing, M., Lancaster, A., Silver, M., & Due, D. (2001). Understanding work using the occupational information network O*NET: Implications for practice and research. *Personnel Psychology, 54*, 451-492.

Peterson, R., Smith, D., Martorana, P., & Owens, P. (2003). The impact of chief executive officer personality on top management team dynamics: One mechanism by which leadership affects organizational performance. *Journal of Applied Psychology, 88*, 795-807.

Ployhart, R., Weekley, J., Holtz, B., & Kemp, C. (2003). Web-based and paper-and-pencil testing of applicants in a proctored setting: Are personality, biodata, and situational judgment tests comparable? *Personnel Psychology*, *56*, 733-752.

Posig, M., & Kickul, J. (2003). Extending our understanding of burnout: Test of an integrated model in nonservice occupations. *Journal of Occupational Health Psychology*, *8*(1), 3-19.

Posthuma, R., Morgeson, F., & Campion, M. (2002). Beyond employment interview validity: A comprehensive narrative review of recent research and trends over time. *Personnel Psychology*, *55*, 1-81.

Potter, P., Smith, B., Strobel, K., & Zautra, A. (2002). Interpersonal workplace stressors and well-being: A multi-wave study of employees with and without arthritis. *Journal of Applied Psychology*, *87*, 789-796.

Powell, G., & Butterfield, D. (2002). Exploring the influence of decision-makers' race and gender on actual promotion to top management. *Personnel Psychology*, *55*, 397-428.

Price, R., Choi, J., & Vinokur, A. (2002). Links in the chain of adversity following job loss: How financial strain and loss of personal control lead to depression, impaired functioning, and poor health. *Journal of Occupational Health Psychology*, *9*(4), 302-312.

Probst, T. (2000). Wedded to the job. *Journal of Occupational Health Psychology*, *5*, 63-73.

Probst, T. (2004). Safety and insecurity: Exploring the moderating effect of organizational safety climate. *Journal of Occupational Health Psychology*, *9*(1), 3-10.

Probst, T., & Brubaker, T. (2001). The effects of job insecurity on employee safety outcomes: Cross - sectional and longitudinal explorations. *Journal of Occupational Health Psychology*, *6*(2), 139-159.

Psihogios, J., Sommerich, C., Mirka, G., & Moon, S. (2001). A field evaluation of monitor placement effects in VDT users. *Applied Ergonomics*, *32*, 313-325.

Ragins, B., & Cornwell, J. (2001). Pink triangles: Antecedents and consequences of perceived workplace discrimination against gay and lesbian employees. *Journal of Applied Psychology*, *86*, 1244-1261.

Ragins, B., & Cotton, J. L. (1999). Mentor functions and outcomes. *Journal of Applied Psychology*, *84*, 529-550.

Reilly, R. R., Smither, J. W., & Vasilopoulos, N. L. (1996). A longitudinal study of upward feedback. *Personnel Psychology*, *49*, 599-612.

Rhoades, L., & Eisenberger, R. (2002). Perceived organizational support: A review of the literature. *Journal of Applied Psychology*, *87*, 698-714.

Rhoades, L., Eisenberger, R., & Armeli, S. (2001). Affective commitment to the organization: The contributions of perceived organizational support. *Journal of Applied Psychology*, *86*, 825-836.

Richtel, M. (2000, July 6). The lure of data: Is it addictive? *New York Times*.

Roberts, B., Caspi, A., & Moffitt, T. (2003). Work experiences and personality development in young adulthood. *Journal of Personality and Social Psychology*, *84*, 582-593.

Rodgers, S., & Harris, M. (2003). Gender and e-commerce: An exploratory study. *Journal of Advertising Research*, *43*(3), 322-330.

Roethlisberger, F. J., & Dickson, W. J. (1939). *Management and the worker.* Cambridge, MA: Harvard University Press.

Rogelberg, S. G., Luong, A., Sederburg, M. E., & Cristol, D. S. (2000). Employee attitude surveys. *Journal of Applied Psychology, 85,* 284-293.

Rosenthal, R., & Jacobson, L. (1968). *Pygmalion in the classroom.* New York: Holt.

Rospenda, K. (2002). Workplace harassment, services utilization, and drinking outcomes. *Journal of Occupational Health Psychology, 7*(2), 141-155.

Roth, P., Bevier, C., Bobko, P., Switzer, F., & Tyler, P. (2001). Ethnic group differences in cognitive ability in employment and educational settings: A metaanalysis. *Personnel Psychology, 54,* 297-330.

Rothbard, N., & Edwards, J. (2003). Investment in work and family roles: A test of identity and utilitarian motives. *Personnel Psychology, 56,* 699-736.

Rotundo, M., Nguyen, D., & Sackett, P. (2001). A meta-analytic review of gender differences in perception of sexual harassment. *Journal of Applied Psychology, 86,* 914-922.

Rotundo, M., & Sackett, P. (1999). Effect of rater race on conclusions regarding differential prediction in cognitive ability tests. *Journal of Applied Psychology, 84,* 815-822.

Ryan, A., West, B., & Carr, J. (2003). Effects of the terrorist attacks of September 11, 2001, on employee attitudes. *Journal of Applied Psychology, 89,* 647-659.

Rynes, S., Brown, K., & Colbert, A. (2002). Seven common misconceptions about human resource practices: Research findings versus practitioner beliefs. *Academy of Management Executive, 16*(3), 92-102.

Sacco, J., Scheu, C., Ryan, A., & Schmitt, N. (2003). An investigation of race and sex similarity effects in interviews: A multilevel approach to relational demography. *Journal of Applied Psychology, 88,* 852-865.

Saks, A. (2002). So what is a good transfer of training estimate? *The Industrial-Organizational Psychologist, 39*(3), 29-30.

Saks, A., & Ashforth, B. (2002). Is job search related to employment quality? *Journal of Applied Psychology, 87,* 646-654.

Salas, E., & Cannon-Bowers, J. (2001). The science of training: A decade of progress. *Annual Review of Psychology, 52,* 471-499.

Salgado, J., Anderson, N., Moscoso, S., Bertua, C., & Fruyt, F. (2003). International validity generalization of general mental ability and cognitive abilities: A European community meta-analysis. *Personnel Psychology, 56,* 573-605.

Salgado, J., Anderson, N., Moscoso, S., Bertua, C., Fruyt, F., & Rolland, J. (2003). A meta-analytic study of general mental ability validity for different occupations in the European community. *Journal of Applied Psychology, 88,* 1068-1081.

Sanders, M. S., & McCormick, E. J. (1987). *Human factors in engineering and design* (6th ed.). New York: McGraw-Hill.

Sarchione, C. D., Cuttler, M. J., Muchinsky, P. M., & Nelson-Gray, R. O. (1998). Prediction of dysfunctional job behavior among law enforcement officers. *Journal of Applied*

Psychology, 83, 904–912.

Sarter, N., & Schroeder, B. (2001). Supporting decision making and action selection under time pressure and uncertainty: The case of in-flight icing. *Human Factors, 43*, 573–583.

Savicki, V. (2002). *Burnout across 13 cultures: Stress and coping in child and youth care workers.* Westport, CT: Praeger/Greenwood.

Schat, A., & Kelloway, E. (2003). Reducing the adverse consequences of workplace aggression and violence: The buffering effects of organizational support. *Journal of Occupational Health Psychology, 8*(2), 110–122.

Schaubroeck, J., Jones, J., & Xie, J. (2001). Individual differences in utilizing control to cope with job demands: Effects on susceptibility to infectious disease. *Journal of Applied Psychology, 86*, 265–278.

Schaubroeck, J., & Lam, S. (2002). How similarity to peers and supervisor influences organizational advancement in different cultures. *Academy of Management Journal, 45*, 1120–1136.

Schaubroeck, J., Lam, S., & Xie, J. (2000). Collective efficacy versus self-efficacy in coping responses to stressors and control. *Journal of Applied Psychology, 85*, 512–525.

Schiffman, L., & Kanuk, L. (2004). *Consumer behavior* (8th ed.). Upper Saddle River, NJ: Prentice Hall.

Schmidt, F. L., & Hunter, J. E. (1998). The validity and utility of selection methods in personnel psychology. *Psychological Bulletin, 124*, 262–274.

Schmidt, F. L., & Hunter, J. E. (2004). General mental ability in the world of work: Occupational attainment and job performance. *Journal of Personality and Social Psychology, 86*, 162–173.

Schminke, M., Ambrose, M. L., & Cropanzano, R. S. (2000). The effect of organizational structure on perceptions of procedural fairness. *Journal of Applied Psychology, 85*, 294–304.

Schmitt, N., & Kunce, C. (2002). The effects of required elaboration of answers to biodata questions. *Personnel Psychology, 55*, 569–587.

Schmitz, N., Neumann, W., & Oppermann, R. (2000). Stress, burnout, and locus of control in German nurses. *International Journal of Nursing Studies, 37*(2), 95–99.

Schneider, K. T., Hitlan, R. T., & Radhakrishnan, P. (2000). An examination of the nature and correlates of ethnic harassment experiences in multiple contexts. *Journal of Applied Psychology, 81*, 3–12.

Scholz, U., Dona, B., Sud, S., & Schwarzer, R. (2002). Is general self-efficacy a universal construct? Psychometric findings from 25 countries. *European Journal of Psychological Assessment, 18*(3), 242–251.

Schriesheim, C. A., Neider, L. L., & Scandura, T. A. (1998). Delegation and leader-member exchange. *Academy of Management Journal, 41*, 298–318.

Schweitzer, M. E., & Kerr, J. L. (2000). Bargaining under the influence. *Academy of Management Executive, 14*(2), 47–57.

Scott, W. D. (1903). *The theory and practice of advertising.* Boston: Small.

Seagull, J., & Sanderson, P. (2001). Anaesthesia alarms in context: An observational study.

Human Factors, 43, 66-78.

Seashore, S. E., & Bowers D. G. (1970). Durability of organizational change. *American Psychologist, 25*, 227-233.

Segerstrom, S., & Miller, G. (2004). Psychological stress and the human immune system: A meta-analytic study of 30 years of inquiry. *Psychological Bulletin, 130*, 601-630.

Seibert, S., Crant, J., & Kraimer, M. (1999). Proactive personality and career success. *Journal of Applied Psychology, 84*, 416-427.

Seibert, S., Kraimer, M., & Crant, J. (2001). What do proactive people do? A longitudinal model linking proactive personality and career success. *Personnel Psychology, 54*, 845-874.

Seifert, C., Yukl, G., & McDonald, R. (2003). Effects of multisource feedback and a feedback facilitator on the influence behavior of managers toward subordinates. *Journal of Applied Psychology, 88*, 561-569.

Shah, P. P. (2000). Network destruction. *Academy of Management Journal, 43*, 101-112.

Shalley, C. E., Gilson, L. L., & Blum, T. C. (2000). Matching creativity requirements and the work environment. *Academy of Management Journal, 43*, 215-223.

Shan, G., & Bohn, C. (2003). Anthropometrical data and coefficients of regression related to gender and race. *Applied Ergonomics, 34*, 327-337.

Sharit, J., Czaja, S., Nair, S., & Lee, C. (2003). Effects of age, speech rate, and environmental support in using telephone voice menu systems. *Human Factors, 45*, 234-251.

Shaw, J., Duffy, M., Mitra, A., Lockhart, D., & Bowler, M. (2003). Reactions to merit pay increases: A longitudinal test of a signal sensitivity perspective. *Journal of Applied Psychology, 88*, 538-544.

Sherony, K., & Green, S. (2002). Co-worker exchange: Relationships between co-workers, leader-member exchange, and work attitudes. *Journal of Applied Psychology, 87*, 542-548.

Shin, S., & Zhou, J. (2003). Transformational leadership, conservation, and creativity: Evidence from Korea. *Academy of Management Journal, 46*, 703-714.

Shore, L., Cleveland, J., & Goldberg, C. (2003). Work attitudes and decisions as a function of manager age and employee age. *Journal of Applied Psychology, 88*, 529-537.

Simoneau, G., & Marklin, R. (2001). Effect of computer keyboard shape and height on wrist extension angle. *Human Factors, 43*, 287-298.

Simons, T., & Roberson, Q. (2003). Why managers should care about fairness: The effects of aggregate justice perceptions on organizational outcomes. *Journal of Applied Psychology, 88*, 432-443.

Simonson, I., Carmon, Z., Dhar, R., Drolet, A., & Nowlis, S. (2001). Consumer research. *Annual Review of Psychology, 52*, 249-275.

Smith, D. (2004, April 14). When flour power invaded the kitchen. *New York Times*.

Smith, D., & Ellingson, J. (2002). Substance versus style: A new look at social desirability in motivating contexts. *Journal of Applied Psychology, 87*, 211-219.

Smith, D., Hanges, P., & Dickson, M. (2001). Personnel selection and the 5-factor model: Reexamining the effects of applicant's form of reference. *Journal of Applied Psychology,*

86, 304-315.

Smither, J., London, M., Flautt, R., Vargas, Y., & Kucine, I. (2003). Can working with an executive coach improve multisource feedback ratings over time? A quasi-experimental study. *Personnel Psychology*, *56*, 23-44.

Smither, J., & Walker, A. (2004). Are the characteristics of narrative comments related to improvement in multirater feedback ratings over time? *Journal of Applied Psychology*, *89*, 575-581.

Smith-Jentsch, K. H., Jentsch, F. G., Payne, S. C., & Salas, E. (1996). Can pretraining experiences explain individual differences in learning? *Journal of Applied Psychology*, *81*, 110-116.

Smith-Jentsch, K. H., Salas, E., & Brannick, M. (2001). To transfer or not to transfer? Investigating the combined effects of trainee characteristics, team leader support, and team climate. *Journal of Applied Psychology*, *86*, 279-292.

Snape, E., & Redman, T. (2003). An evaluation of a 3-component model of occupational commitment: Dimensionality and consequences among United Kingdom human resource management specialists. *Journal of Applied Psychology*, *88*, 152-159.

Sommerich, C., Joines, S., & Psihogios, J. (2001). Effects of computer monitor viewing angle 'and related factors on strain, performance, and preference outcomes. *Human Factors*, *43*, 39-55.

Sonnentag, S. (2003). Recovery, work engagement, and proactive behavior: A new look at the interface between nonwork and work. *Journal of Applied Psychology*, *88*, 518-528.

Spector, P. E., Chen, P. Y., & O'Connell, B. J. (2000). A longitudinal study of relations between job stressors and job strains while controlling for prior negative' affectivity and strains. *Journal of Applied Psychology*, *85*, 211-218.

Spector, P. E., et al. (2004). A cross-national comparative survey of work-family stressors, working hours, and well-being: China and Latin America versus the Anglo world. *Personnel Psychology*, *57*, 119-142.

Stajkovic, A. D., & Luthans, F. (1998). Self-efficacy and work-related performance. *Psychological Bulletin*, *124*, 240-261.

Stajkovic, A. D., & Luthans, F. (2003). Behavioral management and task performance in organizations: Conceptual background, meta-analysis, and test of alternative models. *Personnel Psychology*, *56*, 155-194.

Stanton, E. (2002, December 29). If a resume lies, truth can loom large. *New York Times*.

Stanton, N., & Baber, C. (2003). On the cost-effectiveness of ergonomics. *Applied Ergonomics*, *34*, 407-411.

Stark, S., Chernyshenko, O., Chan, K., Lee, W., & Drasgow, F. (2001). Effects of the testing situation on item responding. *Journal of Applied Psychology*, *86*, 943-953.

Steers, R., Mowday, R., & Shapiro, D. (2004). The future of work motivation theory. *Academy of Management Review*, *29*, 379-387.

Stern, B. (2002). The importance of being Ernest: A tribute to [Ernest] Dichter. *Journal of Advertising Research*, *42*, 19-23.

Steinberg, R. (2003). WICS: A model of leadership in organizations. *Academy of Management Learning and Education*, *2*, 386-401.

Stevenson, J. S., Bruner, G. C., II, & Kumar, A. (2000). Web page background and viewer attitudes. *Journal of Advertising Research*, *40*, 29-34.

Stone, G., Besser, D., & Lewis, L. F. (2000). Recall, liking, and creativity in TV commercials. *Journal of Advertising Research*, *40*, 7-18.

Sutton, R. I., & Rafaeli, A. (1998). Untangling the relationship between displayed emotions and organizational sales. *Academy of Management Journal*, *31*, 461-487.

Sverke, M., Hellgren, J., & Naswall, K. (2002). No security: A meta-analysis and review of job insecurity and its consequences. *Journal of Occupational Health Psychology*, *7*(3), 242-264.

Swartz, T. A. (1983). Brand symbols and message differentiation. *Journal of Advertising Research*, *23*, 59-64.

Tan, H., & Aryee, S. (2002). Antecedents and outcomes of union loyalty: A constructive replication and an extension. *Journal of Applied Psychology*, *87*, 715-722.

Taylor, F. W. (1911). *Scientific management*. New York: Harper.

Taylor, S. E., Klein, L. C., Lewis, B. P., Gruenewald, T. L., Gurung, R. A. R., & Updegraff, J. A. (2000). Biobehavioral responses to stress in females. *Psychological Review*, *107*, 411-429.

Tenopyr, M. L. (1992). Reflections of a pioneering woman in industrial psychology. *Professional Psychology*, *23*, 172-175.

Tepper, B., Duffy, M., & Shaw, J. (2001). Personality moderators of the relationship between abusive supervision and subordinates' resistance. *Journal of Applied Psychology*, *86*, 974-983.

Thompson, L., Surface, E., Martin, D., & Sanders, M. (2003). From paper to pixels: Moving personnel surveys to the Web. *Personnel Psychology*, *56*, 197-227.

Tierney, P., & Farmer, S. (2002). Creative self-efficacy: Its potential antecedents and relationship to creative performance. *Academy of Management Journal*, *45*, 1137-1148.

Tierney, P., Farmer, S., & Graen, G. B. (1999). An examination of leadership and employee creativity. *Personnel Psychology*, *52*, 591-620.

Toegel, G., & Conger, J. (2003). 360-degree assessment: Time for reinvention. *Academy of Management Learning and Education*, *2*, 297-311.

Torres, I., & Gelb, B. (2002). Hispanic-targeted advertising. *Journal of Advertising Research*, *42*(6), 69-76.

Tourangeau, R. (2004). Survey research and societal change. *Annual Review of Psychology*, *55*, 775-801.

Trimmel, M., Meixner-Pendleton, M., & Raring, S. (2003). Stress response caused by system response time when searching for information on the Internet. *Human Factors*, *45*, 615-621.

Tse, A., & Lee, R. (2001). Zapping behavior during commercial breaks. *Journal of Advertising Research*, *42*(3), 3-28.

Thckel, P., & O'Neill, H. (2002). The vanishing respondent in telephone surveys. *Journal of*

Advertising Research, 42(5), 26-51.

Van der Ploeg, E., Dorresteijn, S., & Kleber, R. (2003). Critical incidents and chronic stressors at work: Their impact on forensic doctors. *Journal of Occupational Health Psychology, 8*(2), 157-166.

Van der Zee, K., Bakker, A., & Bakker, P. (2002). Why are structured interviews so rarely used in personnel selection? *Journal of Applied Psychology, 87*, 176-184.

Van Dierendonck, D., Schaufeli, W., & Buunk, B. (2001). Burnout and inequity among human service professionals: A longitudinal study. *Journal of Occupational Health Psychology, 6*(1), 43-52.

Van Vianen, A. E. M. (2000). Person-organization fit. *Personnel Psychology, 53*, 113-149.

Van Yperen, N., & Hagedoorn, M. (2003). Do high job demands increase intrinsic motivation or fatigue or both? The role of job control and job social support. *Academy of Management Journal, 46*, 339-348.

Van Yperen, N., & Janssen, O. (2002). Fatigued and dissatisfied or fatigued but satisfied? Goal orientations and responses to high job demands. *Academy of Management Journal, 45*, 1161-1171.

Vecchio, R., & Bullis, R. (2001). Moderators of the influence of supervisor-subordinate similarity on subordinate outcomes. *Journal of Applied Psychology, 86*, 884-896.

Venkatesh, V., & Johnson, P. (2002). Telecommuting technology implementations: A within- and between-subjects longitudinal study. *Personnel Psychology, 55*, 661-685.

Vera, D., & Crossan, M. (2004). Strategic leadership and organizational leaving. *Academy of Management Review 29*, 222-240.

Viswesvaran, C., Schmidt, F., & Ones, D. (2003). The moderating influence of job performance dimensions on convergence of supervisory and peer ratings of job performance: Unconfounding construct-level convergence and rating difficulty. *Journal of Applied Psychology, 87*, 345-354.

Waclawski, J., Church, A., & Berr, S. (2002). The 2002 SIOP member survey results. *The Industrial-Organizational Psychologist, 40*(1), 16-27.

Wagner, S., Parker, C., & Christiansen, N. (2003). Employees that think and act like owners: Effects of ownership beliefs and behaviors on organizational effectiveness. *Personnel Psychology, 56*, 847-871.

Waldman, D., & Korbar, T. (2004). Student assessment center performance in the prediction of early career success. *Academy of Management Learning and Education, 3*(2), 151-167.

Walker, A. G., & Smither, J. W. (1999). A five-year study of upward feedback. *Personnel Psychology, 52*, 393-423.

Wallace, J., & Vodanovich, S. (2003). Workplace safety performance: Conscientiousness, cognitive failure, and their interaction. *Journal of Occupational Health Psychology, 8*(4), 316-327.

Walsh, M. (2002, November 19). Number of women in upper ranks rises a bit. *New York*

Times.

Walz, S., & Niehoff, B. (2000). Organizational citizenship behaviors; Their relationship to organizational effectiveness. *Journal of Hospitality and Tourism Research*, *24*(3), 301-319.

Wanberg, C. R., & Banas, J. T. (2000). Predictors and outcomes of openness to changes in a reorganizing workplace. *Journal of Applied Psychology*, *85*, 132-142.

Wanberg, C. R., & Kammeyer-Mueller, J. D. (2000). Predictors and outcomes of proactivity in the socialization process. *Journal of Applied Psychology*, *85*, 373-385.

Wansink, B. (2003). Developing a cost-effective brand loyalty program. *Journal of Advertising Research*, *43*(3), 301-310.

Wayne, S., Shore, L., Bommer, W., & Tetrick, L. (2002). The role of fair treatment and rewards in perceptions of organizational support and leader-member exchange. *Journal of Applied Psychology*, *87*, 590-598.

Weber, M. (1947). *The theory of social and economic organization*. New York: Oxford University Press.

Wells, M., & Perrine, R. (2001). Critters in the cube farm: Perceived psychological and organizational effects of pets in the workplace. *Journal of Occupational Health Psychology*, *6*(1), 81-87.

Wells, W., Burnett, J., & Moriarty, S. (2003). *Advertising: Principles and practice* (6th ed.). Upper Saddle River, NJ: Prentice Hall.

Whittier, T., & Spira, J. (2002). Model's race: A peripheral cue in advertising messages? *Journal of Consumer Psychology*, *12*(4), 291-301.

Wilk, S., & Cappelli, P. (2003). Understanding the determinants of employer use of selection methods. *Personnel Psychology*, *56*, 103-124.

Witt, L., Burke, L., Barrick, M., & Mount, M. (2002). The interactive effects of conscientiousness and agreeableness on job performance. *Journal of Applied Psychology*, *87*, 164-169.

Witt, L., & Ferris, G. (2003). Social skill as moderator of the conscientiousness-performance relationship: Convergent results across four studies. *Journal of Applied Psychology*, *88*, 809-820.

Wogalter, M., Conzola, V., & Smith-Jackson, T. (2002). Research-based guidelines for warning design and evaluation. *Applied Ergonomics*, *33*, 219-230.

Wolburg, J., & Pokyrwczynski, J. (2001). A psychographic analysis of Generation Y college students. *Journal of Advertising Research*, *41*(5), 33-53.

Woodside, A., & Wilson, E. (2002). Respondent inaccuracy. *Journal of Advertising Research*, *42*(5), 7-20.

Woodson, W., Tillman, B., & Tillman, P. (1992). *Human factors design handbook* (2nd ed.). New York: McGraw-Hill.

Wright, T., & Bonett, D. (2002). The moderating effects of employee tenure on the relation between organizational commitment and job performance: A meta-analysis. *Journal of Applied Psychology*, *87*, 1183-1190.

Yang, M., Roskos-Ewoldson, B., & Roskos-Ewoldson, D. (2004). Mental models for brand placement. In L. Shrum (Ed.), *The psychology of entertainment media: Blurring the lines between entertainment and persuasion* (pp. 79-98). Mahwah, NJ: Erlbaum.

Yang, N., Chen, C. C., Choi, J., & Zou, Y. (2000). Sources of work-family conflict. *Academy of Management Journal, 43*, 113-123.

Yelkur, R., Tomkovick, C., & Traczyk, P. (2004). Super Bowl advertising effectiveness: Hollywood finds the games golden. *Journal of Advertising Research, 44*(3), 143-159.

Yoon, S., & Kim, J. (2001). Is the Internet more effective than traditional media? Factors affecting the choice of media. *Journal of Advertising Research, 41*(6), 53-61.

Yrle, A., Hartman, S., & Galle, W. (2002). An investigation of relationships between communication style and leader-member exchange. *Journal of Communications Management, 6*(3), 257-268.

Yukl, G., & Taber, T. (1983). The effective use of managerial power. *Personnel, 60*(2), 37-44.

Zellars, K., & Perrewe, P. (2001). Affective personality and the content of emotional social support: Coping in organizations. *Journal of Applied Psychology, 86*, 459-467.

Zellars, K., Tepper, B., & Duffy, M. (2002). Abusive supervision and subordinates' organizational citizenship behavior. *Journal of Applied Psychology, 87*, 1068-1076.

Zhou, D., Zhang, W., & Vertinsky, I. (2002). Advertising trends in urban China. *Journal of Advertising Research, 42*(3), 73-82.

Zohar, D. (2002). Modifying supervisory practices to improve subunit safety: A leadership-based intervention model. *Journal of Applied Psychology, 87*, 156-163.

찾아보기

〈ㅋ〉

〈ㅌ〉

〈ㅍ〉

〈ㅎ〉

〈기타〉

역자 소개

양윤

- 성균관대학교 산업심리학과 학사
- 동 대학원 심리학과 석사
- 미국 Kansas State University, 심리학 Ph.D.(소비자심리학 전공)
- 현, 이화여자대학교 사회과학대학 심리학전공 교수
  한국소비자・광고심리학회장 역임

이재식

- 서울대학교 심리학과 문학사
- 서울대학교 심리학과 문학석사
- 미국 University of Iowa, Department of Psychology, Ph.D.
- 현, 부산대학교 심리학과 교수

신강현

- 성균관대학교 산업심리학과(학사)
- 성균관대학교 심리학과(석사: 산업 및 조직 심리학 전공)
- 미국 Kansas State University(박사: 산업 및 조직 심리학 전공)
- 현, 아주대학교 사회과학대학 심리학전공 조교수
  한국 산업 및 조직 심리학회 총무이사

일과 심리학

인 쇄 일 2008년 2월 25일 초판인쇄
발 행 일 2008년 3월 5일 초판발행
저 자 Duane P. Schultz・Sydney Ellen Schultz 지음
역 자 양윤・이재식・신강현 옮김
발 행 인 구본하
발 행 처 도서출판 **박학사**
주 소 서울시 마포구 서교동 460-26 동아빌딩 2층
전 화 (02)3142-3764~5
팩 스 (02)3142-3766
E-mail pakhaksa@kornet.net
웹사이트 www.pakhaksa.co.kr
등록번호 제10-2230호

가격 25,000원 ISBN 978-89-91633-43-8